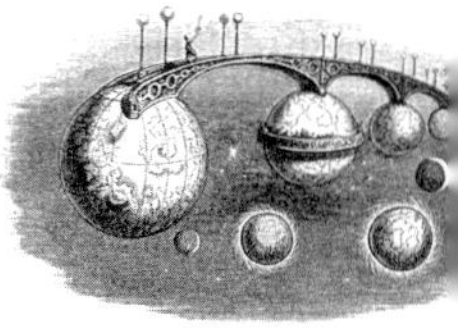

# 파편과 형세

—발터 벤야민의 미학

서강학술총서
035

# 파편과 형세

## 발터 벤야민의 미학

최문규 지음

서강대학교출판부

서강학술총서 035
파편과 형세
—발터 벤야민의 미학

초판발행 | 2012년 1월 17일
지 은 이 | 최문규
발 행 인 | 이종욱
편 집 인 | 우찬제
발 행 처 | 서강대학교 출판부
등록번호 | 1978년 9월 28일 제313-2002-170호

주 소 | 서울특별시 마포구 신수동 1번지
전 화 | (02) 705-8212
팩 스 | (02) 705-8612


ISBN 978-89-7273-196-2 94160
ISBN 978-89-7273-139-9(세트)

값 35,000원



* '서강학술총서'는 SK SUPEX 기금의 후원으로 제작됩니다.

## 책머리에

벤야민 미학을 관통하는 핵심 개념으로는 파편, 알레고리, 몽타주, 문지방, 형세, 사유이미지, 유사성, 미메시스, 비평, 범속한 각성, 몸이미지, 현재성, 역사적 유물론, 순간성, 메시아니즘 등 다양하다. 이 핵심 개념들은 심미적 · 철학적 · 정치적 · 역사적인 의미 지평에 따라 서로 다르면서도 유사한 의미망을 형성하고 있다.

'파편과 형세'를 이 책의 제목으로 삼았지만 사실 그것 이외에도 '사유와 이미지의 문지방에서', '파괴와 구성', '알레고리커로서의 발터 벤야민' 등 다양한 제목이 가능하다. 어떤 제목이든 벤야민 미학은 다양한 방법과 사상이 파편적으로 산재한 가운데 매순간 매주제에 따라서 어떤 형세가 만들어지는 연금술과도 같은 특성을 지닌다. 파편(Fragment)은 사물의 조각, 아포리즘 형식, 이미지적 사유 등과 관계하는 것으로 일종의 형식 개념이다. 별자리 · 성좌 · 형세 · 무리 등 다양하게 번역되는 독일어 'Konstellation'이라는 개념은 이념적 · 사상적 측면을 나타낸다. 'Konstellation'은 수많은 별들이 흩어져 있다가도 갑작스럽게 어떤 별자리 모양을 만드는 것을 뜻하는데 오랜 고민 끝에 '형세'로 번역했다. 파편과 형세는 벤야민 사상의 초기 · 중기 · 후기 혹은 부분과 전체에 모두 해당된다. 다시 말하면, 파편과 형세는 한편으로 수많은 주제를 건드려온 벤야민의 사상의 전체 흐름을 나타내기도 하지만, 다른 한편으로 매순간 특정 주제를 다룰 때 항상 그 양자를 부유하는 벤야민의 글쓰기 특성을 대변한다. 전자에서나 후자에서 모두 파편과 형세가 변증법적으로 작동하는 것은 분명하지만, 문제는 그것이 천문학에서처럼 큰곰자리 · 처녀자리 · 삼각형자리 · 황소자리 같은 어떤 하나의 별자리로 명명되거나 고정될 수 없다는 것이다. 물론 개개 해석자에게 주어지는 명명의 행위까지 부인할 수는 없지만, 그 누구도 궁극적으로 하나의 완전한 모양을 그려낼 수 없을 것 같다. 그렇게 벤야민의 사유와 글은 언제나 미완의 열린 상태로 남는다.

그동안 벤야민에 관해서는 두 편의 글을 발표한 적이 있다. 그 두 글이 부분적으로 재수록된 것처럼 보여도 사실상 근본적으로 해체되거나 새롭게 보강된 상태로 다시 씌어졌다. 솔직히 벤야민에 관한 단행본을 써보겠다는 생각을 해본 적은 없었다. 정말이지 우연한 계기로 시작된 이 단행본이 벤야민 텍스트 전체와 사상의 흐름을 모두 완벽하게 다루었다고 하기에는 너무 미흡한 점이 많다. 다양한 심미적 · 철학적 · 정치적 사상들이 셀 수 없을 만큼 수많이 흩어져 있는 그의 글 전체를 체계적이고 일관성 있게 구성하는 일은 처음부터 불가능하게 여겨졌기 때문이다. 따라서 책의 기획이나 실행에서 목표처럼 다가온 것은, 그의 글과 사유 세계를 건너갈 수 있는 몇 개의 징검다리 돌만을 놓으려는 것이었다. 그런 마음에서 나온 이 작은 시도가 벤야민의 사상 체계에 접근하는 데 있어서 조금이라도 짐을 덜어줄 수 있으면 좋겠다. 어려운 책의 집필을 지원해준 서강학술총서 간행위원회에게 심심한 감사를 전한다.

2012년 신촌에서

최문규

## 차례

제1장

# 삶과 사상의 궤적

## 1. 비극적 삶의 형세

비교적 짧은 생애에도 불구하고 문학 · 역사학 · 철학 · 신학 · 정치학 · 정신분석학 등 인문학의 전체 영역에 큰 발자취를 남긴 발터 벤야민(1892~1940), 그의 사유와 글쓰기를 한마디로 정리하면 무엇이라고 할 수 있을까? 그것은 거의 불가능한 일이지만 "모든 단계에서 벤야민은 주체의 몰락과 인간의 구원을 동시에 사유했다"[1]는 아도르노의 언술이 비교적 가장 함축적이고 적절한 표현 가운데 하나로 손꼽힌다.

벤야민은 1892년에 독일 베를린에서 골동품과 예술품을 판매하는 상인 에밀 벤야민과 부인 파울리네 벤야민의 세 아들 중 장남으로 태어난다. 독일 사회에 동화된 유대인계의 비교적 부유한 가정에서 자라난 벤야민은 사회적 빈부 차이를 전혀 인식하지 못하다가 후에 경제적 · 정치적

**1** Th. W. Adorno, Über Walter Benjamin. Aufsätze, Artikel, Briefe, herausgegeben und mit Anmerkungen versehen mit Rolf Tiedemann, Frankfurt am Main 1970, p. 11.

으로 어려운 시기를 겪었으며 뒤늦게 깨달은 자신의 사회적 인식을 『1900년경 베를린의 유년시절』(이하 『베를린의 유년시절』로 표기함)에서 다음과 같이 적은 바 있다. "가난한 이들—내 나이 또래의 부유한 아이들은 그들을 거지로 간주했다. 형편없는 임금이 지불되는 노동의 치욕 속에서 내가 처음으로 빈곤을 깨달았을 때 인식의 커다란 발전이 있게 되었다."[2] 1902년에 벤야민은 베를린의 샤를롯텐부르크 근처에 있는 카이저 프리드리히 초등학교를 다닌다. 『베를린의 유년시절』의 기초 작업인 『베를린 연대기』에서 그는 "가장 불투명하고 가장 볼품없는 무리"로서 "부르주아적 성격"의 학생 집단뿐만 아니라 엄숙함과 단조로움이 지배해 있던 당시의 학교생활을 다음과 같이 비판적으로 묘사하고 있다. "교실 복도들, 어느 교실 앞 복도는 아주 확실하게 나를 짓누르는 전율에 속하며 꿈 안으로 들어온다. 즉 기괴한 사건의 현장이 됨으로써 매번 교실 문턱을 들어설 때마다 누구에게나 엄습해오는 저 차가운 무감각, 단조로움에 복수를 가하는 꿈으로."[3]

초등학교를 마친 후 벤야민은 튀링엔 주의 소도시 하우빈다에 있는 기숙학교를 이 년 정도 다닌다. 그곳에서 교사로 재직 중인 교육학자 구스타프 뷔네켄(Gustav Wyneken) 박사를 만나게 되는데 대학생 시절에 쓴 1912년 10월의 어느 편지에서 벤야민은 자신의 은사가 추구한 자유로운 교육과 기존의 억압적인 교육 간의 차이를 다음과 같이 적고 있다. "[……] 내가 거의 이십 개월 정도 머물렀던 기숙사 시설을 갖춘 어느

---

2 Walter Benjamin, Gesammelte Schriften. Unter Mitwirkung von Theodor W. Adorno und Gershom Scholem, hrsg. von Rolf Tiedemann und Hermann Schweppenhäuser Bde. 1-7, Suppl. 1-3, 1. Frankfurt a. M. 1972~1999, Bd. 4, p. 287. 이하 인용에서는 'GS'라는 약호와 함께 권수 및 쪽수를 병기한다.

3 GS 6, 473.

시골 학교에는 후에 자유로운 학교 공동체를 창립했던 나의 은사 뷔네켄 박사가 있었다. 일 년인가 혹은 이 년 후 나는 헤겔 철학을 토대로 세워진 그의 자유로운 학교 프로그램에 관한 글을 읽었다. 그 사이 나는 공립학교 체제를 철저히 배운 바 있어서 그 대립은 나를 강렬하게 사로잡았다."[4] 흔히 말하는 대안학교와 공립학교 간의 차이를 인식했던 셈이다. 그러나 벤야민은 1914년에 제1차 세계대전이 발발하면서 은사 뷔네켄이 점차 민족주의적 성향을 띠자 그와 멀어지게 된다. 뷔네켄 같은 지성인의 모습은 문명과 인위적인 교육을 거부하고 자연친화적이고 자유로운 교육 등을 외친 당시의 사상가들과 비슷한 패턴을 띠게 되는데, 가령 반더포겔(Wandervogel) 사상을 외치다가 점차 민족 · 조국 같은 이념을 내세우고 후에는 파시즘 이데올로기를 쫓아가는 철새로 전락하는 사상가들의 모습이 그것이다.

이 년 동안 시골 학교를 다닌 후 베를린으로 다시 돌아온 벤야민은 1912년에 카이저 프리드리히 중등학교를 졸업하면서 아비투어(대학입학자격시험)를 치른다. 시골 학교에서의 짧은 기간, 독일 남부에 있는 프라이부르크대학, 뮌헨대학, 스위스 베른대학 등 외지에서 보낸 짧은 기간을 제외하고는 대부분의 시기를 대도시 베를린에서 지냈던 벤야민은 후에 대도시적 감수성을 토대로 근대 사회와 예술의 관계에 관한 수많은 주옥 같은 비평적 에세이를 남긴다. 이 무렵 벤야민은 서서히 사회적 현상에 대한 마르크스주의적 인식을 갖게 되지만 동시에 세계의 총체적 변혁이 불가능할 수도 있다는 허무주의적 감성에 젖기도 한다. 그와 같은 당시의 심정을 벤야민은 「잠자는 숲속의 공주」라는 미출간 이론 텍스트에서 다음과 같이 피력한 바 있다. "젊은 청년, 특히 대도시인이 적어도 이따금

4 GS 2, 836.

씩 허무주의에 젖지 않은 채 어떻게 가장 심각한 문제인 사회적 불행과 마주할 수 있겠는가? 이 경우 그 어떤 대항 논거가 있을 수 없고 단지 다음과 같은 의식만이 도움을 줄 수 있다. 즉 세계가 그렇게 좋지 않다면, 그 세계를 극복하기 위해 네가 온 것이라는 의식 말이다. 그것은 거만함이 아니라 책임감일 뿐이다."[5] 물론 희망적인 언술이지만 동시에 애처로움을 지울 수 없는 구절이다.

1912년부터 1915년까지 벤야민은 프라이부르크대학 · 뮌헨대학 · 베를린대학에서 철학 · 독문학 · 심리학 등을 공부한다. 요즘도 그렇지만 독일 대학의 교육 시스템은 누구나 자유롭게 수시로 다른 대학으로 옮겨서 공부하는 것을 허락하고 있었기에 벤야민은 자신의 학문적 스승을 찾아서 여러 대학에서 수학할 수 있었다. 프라이부르크대학 시절 벤야민은 시를 쓰는 친구 크리스토프 프리드리히 하인레(Christoph Friedrich Heinle)를 사귀며[6] 또한 어린 시절의 은사 뷔네켄 박사를 다시 만나서—아직 결별하기 이전이지만—교육 개혁 잡지인 『출발』을 발행하는 작업에 참여한다. 서서히 사회적 삶을 뼈저리게 인식한 벤야민은 대학에서의 학문에 매우 비판적이었는데 그 주된 초점은 삶과의 연관성이 결여되어 있는 대학 교육에 놓여 있었다. " '학문이 삶과 아무 관련이 없기에', 바로 그 때문에 학문은 학문을 추구하는 자의 삶만을 형성해나갈 게 틀림없다. 그런데 학문에 대한 저 순수하고 아주 허위적인 특권은 다음과 같은 기대감을 불러일으킨다. 즉 직업을 구하는 데 학문이 누구에게나 도움을 줄 것이라는 그런 기대감 말이다."[7] 매우 아이로니컬한 톤으로 기존 학문을 비판하면서

5 GS 2, 10.
6 하인레와의 관계에 대해서는 벤야민의 『베를린 연대기』를 참조할 것(GS 6, 477 sqq.).
7 GS 2, 76.

학문의 새로운 사회적 역할, 비판적 인식 등을 강조했던 벤야민은 하인레와 함께 베를린대학으로 옮기며 그와 함께 급진적인 단체인 '자유 학생회'에 가입하여 학생 운동을 전개하기도 한다. 학생회 내의 '예술과 문학 부서'에서 일했던 벤야민은 무엇보다도 표현주의 그룹의 예술 활동에 각별한 관심을 갖게 된다.

1914년에 제1차 세계대전의 절망적인 상황으로 인해 절친 하인레가 연인과 함께 자살한 사건은 벤야민에게 커다란 충격을 주는데, 하인레의 자살 사건은 아마도 1940년에 벤야민이 자살을 결심하는 데 어느 정도 영향을 끼쳤을 것으로 추측된다. 정신적으로 힘들었던 이 시기에 그는 결혼 상대자인 도라 소피 폴락(Dora Sophie Pollak)을 만나게 된다. 뮌헨대학 시절인 1915년에 벤야민은 자신보다 다섯 살 아래인 친구 게르숌 숄렘(Gershom Scholem)을 사귀며 그로부터 카발라(Kabbalah, 유대교의 신비론)에 대해 많은 점을 배운다.[8] 당시 지인들과 이야기를 나눌 때의 벤야민의 모습을 숄렘은 다음과 같이 회상하고 있다. "벤야민에게서 인상적이었던 첫 번째 특징은, 대화를 나눌 때 그는 결코 조용히 앉아 있지 않고 자신의 의견을 제시했으며 또는 가능한 의견을 흡사 실험하듯 만들어냈다는 것이다. 동시에 누군가와 함께 있을 경우 그는 상대방을 커다란 눈으로 주시하곤 했다. 반면에 이미 언급한 것처럼 특히 여러 사람들 사이에서 말할 경우 그는 천장의 가장 먼 모서리를 응시하곤 했다. 그런 모습으로 인해 그는 상당히 신비스럽게 보

8 숄렘은 『유대교의 신비론』(1957)이라는 제목으로 카발라에 관한 연구서를 출간하였다. 그에 의하면, 카발라는 신과의 신비롭고도 비밀스런 접촉 같은 점을 강조하는 신비주의적 기독교와는 근본적으로 다르며 '비밀 교의로서의 전통'을 뜻한다. 그 비밀 교의는 한편으로 인간 삶의 가장 비밀스럽고 심오한 대상을 다루며, 다른 한편으로 반드시 전문가들 내에서만 전승된다는 것이다(G. Scholem, Die jüdische Mystik, Frankfurt am Main 1980, p. 20 sq.).

였다."[9]

뮌헨대학에서 스위스 베른대학으로 옮기면서 벤야민은 특히 철학적 인식 이론에 대해 상당한 관심을 갖게 되지만 동시에 스위스 다다이즘을 주도하였던 시인 후고 발(Hugo Ball)을 만나면서 새로운 예술 트렌드인 다다이즘에 관한 시각도 얻게 된다. 베른대학에서 싹튼 '경험'에 대한 철학적 관심사는 다음과 같이 기록되어 있다. "이것으로 현재 철학에 대한 주된 요청이 제시되었고 동시에 그것의 성취 가능성이 주장되었다. 즉 칸트식 사유의 유형학 아래에서 더욱 숭고한 경험 개념을 인식이론적으로 정립해보려는 계획이 그것이다."[10] 이 시기에 벤야민은 도라 폴락과 결혼하고 1918년에 친구 에른스트 블로흐(Ernst Bloch)를 만나게 된다. 블로흐의 주된 관심사인 유토피아 연구에 관해 벤야민은 그리 높이 평가하지는 않았지만 인간 블로흐에 대한 평가는 달랐다. "이런저런 부족한 점이 많이 드러나 있다. 그렇지만 나는 그 책에서 많은 점을 배웠고 또한 저자는 그 책보다 열 배 정도 더 훌륭하다."[11]

1919년에 베른대학에서 벤야민은 리하르트 헤르베르츠(Richard Herbertz) 교수의 지도 하에 『독일 낭만주의의 예술비평 개념』이라는 박사학위논문을 제출하여 최고 점수를 받는다. 이 초기 저작은 두 가지 의미를 지닌다. 이 작업을 통해 한편으로 벤야민은 자신의 문학비평적 작업을 위한 이론적 토대를 구축하게 되며, 다른 한편으로 비록 당시에는 학술적

---

**9** G. Scholem, Walter Benjamin. Die Geschichte einer Freundschaft, Frankfurt a.M. 1995, p. 15.

**10** GS 2, 160.

**11** Walter Benjamin, Gesammelte Briefe, hrsg. v. Ch. Gödde/H. Lonitz, Frankfurt a.M. 1995~2000, Bd. II, p. 46. 이하 인용에서는 'GB'라는 약호와 함께 권수 및 쪽수를 병기한다.

가치를 크게 인정받지 못했던 그 학위논문은 50년이 지난 1970년대에 독일 초기 낭만주의를 새롭게 활성화하는 데 결정적인 기여를 하게 된다. 피히테, 슐레겔, 노발리스 등으로 대변되는 초기 낭만주의의 반(反)이상주의적 철학과 문학을 새롭게 해석하는 가운데 벤야민은 특히 정통 마르크스주의에서 부정적으로 인식되었던 성찰(Reflexion) 개념을 긍정적으로 전환시키고 있으며, 또한 성찰의 주체를 작가가 아니라 예술작품 자체로 파악함으로써 그의 시각은 후기구조주의적 이론과 깊은 연관성을 갖게 된다.

학위논문을 마치고 1920년에 베를린으로 돌아온 벤야민은 경제적으로 상당히 어려운 처지에 놓이게 되지만 동시에 괴테에 관한 글 「괴테의 친화력」을 비롯한 다양한 주옥같은 에세이를 집필하면서 자유기고가로서의 길을 닦는다. 특히 「괴테의 친화력」에서 벤야민은 "비평(Kritik)은 예술작품의 진리내용을, 주석(Kommentar)은 예술작품의 실상내용을 찾는다"라는 유명한 정의를 남김으로써 비평과 관련된 문예학의 의미심장한 이론적 기틀을 제시한다. 실상내용은 신화, 가상, 서술된 것, 사유된 것 같은 측면과 관계하고 진리내용은 진리, 세계, 서술, 사유 방식 등과 관계하는데, 문학작품을 완전히 이해해나가는 길 위에서 비평과 주석은 당연히 서로 긴밀한 관계를 맺어야만 한다. 그런데 그 양자의 관계를 파악하는 데 있어서 벤야민은 매우 흥미로운 시각을 제시한다. 즉 껍데기와 같은 실상내용을 벗겨내어 진리내용을 찾아야 한다는 식(즉 비평은 주석을 극복해야 한다는 식)이 아니라 진리내용은 실상내용에 침잠해야만 한다는 식(즉 비평은 주석에 몰입해야 한다)의 시각을 강조함으로써 벤야민은 인식과 역사, 내용과 형식 간의 불가분의 관계를 주장했던 것이다.

주로 예술내재적인 시각으로 예술작품을 분석하던 이 시기에 벤야민은 카프리 섬에서 러시아 출신의 여류 영화감독 아샤 라시스(Asja Lacis)와 사랑에 빠진다. 북유럽에 위치해 있는 리트비아의 수도 리가(Riga)에서 프롤레타리아 어린이 극단을 운영하고 있던 라시스는 급진적 레닌주의자로서 당시 브레히트, 마야꼽스키, 피스카도르 등과 교류하고 있었으며 벤야민에게 마르크스주의적 시각을 열어주었던 결정적인 연인이었다. 1923년경에 벤야민은 라시스 이외에도 아도르노, 칼 크라카우어(K. Kracauer) 같은 동료를 사귀게 된다. 이들과의 교류를 통해서 벤야민은 일명 비판이론이라고 불리는 프랑크푸르트학파의 근원지인 '사회연구소'(Institut für Sozialforschung)와 본격적으로 접촉하게 되며 동시에 마르크스주의와 정신분석학을 접목하는 시각을 공유하게 된다.

1923~1924년 프랑크푸르트대학에서 벤야민은 『독일 바로크 비극의 기원』이라는 교수자격 취득논문(Habilitation)을 제출한다. 그런데 그 논문 제출과 함께 벤야민은 일생일대의 충격적인 사건을 겪게 된다. 그의 표현을 빌리자면 "아무것도 이해하지 않으려는" 두 명의 부심에 의해 자신의 연구서가 통과되지 않는 사건이 벌어진다. 심사위원들이 거부했던 주된 이유는 그 책이 학문적이고도 문헌학적 형식과 내용을 제대로 갖추지 않았다는 것인데, 당시 논문 심사를 맡았던 철학과 한스 코르넬리우스(Hans Cornelius)는 "불명료한 표현방식" 때문이라고 지적하였다. 사실 『독일 바로크 비극의 기원』을 자세히 들여다보면 그것은 전혀 체계적이지 않은 열린 구조를 띠고 있다. 그것은 논문 구성에서 벤야민이 의도적으로 소위 트락타트(Traktat) 형식을 취했기 때문인데, 트락타트 형식은 후에 『일방통행로』에서 다음과 같이 설명되고 있다.

> 트락타트는 아라비아식 형식이다. 그 외양은 벗겨지지 않고 눈에 띄지도 않으며 안마당에서야 그 구조가 눈에 띄는 아라비아식 건축물의 전면과도 흡사하다. 트락타트의 짜여진 구조는 외부에서 지각될 수 있는 것이 아니라 내부에서만 열린

> 다. 여러 장들이 트락타트를 구성하고 있다면 그 장들은 말로써 제목을 달고 있는 것이 아니라 숫자로 표시된다. 트락타트의 신중한 사유 평면은 회화적으로 생동감을 띠는 것이 아니라 오히려 간극 없이 서로 얽혀 있는 장식 망들로 덮여 있다. 이와 같은 서술의 장식적 밀집 상태에서는 주제적 서술과 보론적 서술 간의 차이가 사라진다.[12]

명확하고 확실한 체계를 구축해야만 하는 학계의 관습적인 서술 방식에서 일탈하는 차원에서 벤야민이 의도적으로 아라비아식의 형식과 구조를 지닌 트락타트라는 서술 방식을 취했음을 알 수 있다. 그런데 위에서 정의된 트락타트를 자세히 읽어보면, 독일 관념론 이후 정착되어 있는 체계적이고 통일적인 사유와 글쓰기에 저항했던 "철학적 트락타트"(예: 니체와 비트겐슈타인)를 뛰어넘어서 벤야민의 글쓰기 형식은 한 걸음 더 나아가 "내부에서만 열리는 구조", "서로 얽혀 있는 장식망들", "서술의 밀집 상태", 주제와 보론 간의 차이 지양 같은 표현이 암시해주듯 일종의 "예술적 트락타트"를 취하고 있음을 알 수 있으며, 철학 전공의 심사자들은 그런 글쓰기의 구조와 특성을 전혀 이해하지 못했던 것으로 보인다. 어쨌든 파격적인 글쓰기 형태를 취함으로써 벤야민의 논문은 결국 동시대의 편협한 제도권에 의해서 거부되며 그 결과 대학에서 연구와 강의를 병행할 수 있는 자격을 얻지 못하게 된다. 그러나 시대를 앞서가는 선취적인 시인이나 철학자가 항상 뒤늦게 인정되듯이, 상징과 알레고리 개념에 대해 독창적인 분석과 관점을 제시한 벤야민의 저서는 현재 아방가르드 예술, 마르크스주의, 해체론 등의 맥락에서 논의되고 수용될 수 있을 정도로 그 가치를 새롭게 인정받고 있으니 이는 역사의 아이로니컬한 모습이 아닐

---

**12** GS 4, 111.

수 없다.

교수자격 취득논문이 학문적으로 인정되지 않음으로써 대학 교수의 길이 좌절되지만 벤야민은 이후 본격적으로 비평을 본업으로 삼는 자유기고가의 길을 걷게 된다. 비평가는 경제적인 측면에서 결코 안정적인 직업은 아니었지만 그런 비평가의 길을 택함으로써 벤야민은 오히려 제도적인 틀에서 벗어나 더욱 자유롭게 자신의 비평적 안목과 필력을 펼쳐나갈 수 있게 된다. 주로 「프랑크푸르트 신문」의 수필란과 잡지에 다양한 글을 발표하는데, 이 시기에 집필된 대표적인 비평적 에세이로는 「후고 폰 호프만스탈」(1926), 「앙드레 지드와의 대화」(1930), 「배회자의 도래」(1929), 「초현실주의」(1929), 「지성인의 정치화」(1930), 「폴 발레리」(1931). 「프란츠 카프카」(1934), 「좌파적 멜랑콜리」(1937), 「에두아르트 푹스」(1937), 「서사극이란 무엇인가」(1939) 등 수십 편의 글이 있다. 이밖에도 「폭력의 비판」, 「미메시스적 능력에 관하여」, 「언어 일반과 인간의 언어에 관하여」 같은 글도 씌어졌지만 미출간 원고로 남는다. 또한 간간히 파리를 비롯한 유럽의 대도시를 방문하면서 「도시 기행문」이라는 글을 쓴다. 이밖에 친구 프란츠 헤셀(Franz Hessel)과 함께 프루스트 작품을 번역하기도 한다.

1926~1927년에 벤야민은 모스크바를 방문한다. 그곳에서 아샤 라시스와 재회한 후 1927년에 파리로 돌아와 『파사젠-베르크』(Passagen-Werk)[13]에 착수한다. 1927년에 시작하여 1940년 사망 시까지 지속되는

**13** 벤야민의 미완성 후기작 제목은 "Passagen-Werk"로 명명된다. 프랑스어 파사주(Passage)는 통로 · 통행 · 길 · 복도 등을 뜻하며, 독일어 베르크(Werk)는 작업 · 작품 · 일 등을 뜻한다. 'Passagen-Werk'는 흔히 아케이드 프로젝트, 아케이드 베르크 등으로 번역되지만 이 책에서는 '파사젠-베르크'로 음역을 취한다(독일어 '파사젠'은 파사주의 복수형이다). 8장에서 자세히 분석되겠지만 파사주는 벤야민의 대도시 분석에서 핵심적인 개념이다. 파사주는 본래 귀족 소유의 거대한 건축물이었지만 오늘날에는 쇼핑 아케이드나 아파트로 사용된다. 파리의 대표적인 파사주는 루브르 박물관 건너편에 위치한 팔레 로얄(Palais Royal)이다. 따

『파사젠-베르크』에서 벤야민은 근대 자본주의의 상품 및 소비문화에 직면하여 대도시, 상품, 계급, 수집가, 배회자, 꿈과 깨어남 등 다양한 주제별로 인용문, 주석, 단편 등을 통해서 일종의 유물론적 문화 분석을 시도하고 있다. 파리에 관한 두 개의 글을 서문으로 제시하고 있음에도 불구하고 『파사젠-베르크』는 대부분 자료 수집 차원에서 수많은 글을 모아놓은 일종의 단편 모음집으로 머물고 만다. 인용문, 아포리즘적 단편, 이론적 시각 등을 다양하게 수집하고 기록해놓은 형태가 궁극적으로 책의 이름을 지니는 것인지 아니면 일종의 거대한 카드함(책이나 논문 등을 읽으면서 자신이 추후 인용하고 싶은 내용을 적어놓거나 혹은 스쳐지나가는 자신의 단상을 기록해놓은 카드함)으로 남는 것인지에 대해서는 최종 답변이 불가능하다. 여기서 책이라는 전통적인 형태만이 고집될 필요는 없는데, 그것은 벤야민이 카드함이라는 새로운 지식의 보고(寶庫) 형태를 중시했기 때문이다. 두 개의 카드함, 즉 저자의 카드함과 수용자(독자)의 카드함 간의 대화적 관계를 위해 책은 단지 매개 역할만을 수행한다는 벤야민의 다음과 같은 언급은 매우 흥미롭다.

> 요즘의 학문적 생산방식이 가르쳐주듯이, 오늘날 책이란 이미 두 개의 서로 다른 카드함 체계를 연결해주는 낡은 매개체다. 왜냐하면 모든 핵심적인 것은 책을 집필한 연구자의 카드함 속에 들어 있는데, 그 책을 연구하는 학자는 그 책을 자기 자신의 카드함에 동화시키기 때문이다.[14]

라서 원어로는 통로를 뜻하지만 지붕이 있고 긴 내부 통로에 미술품이나 골동품을 파는 가게, 카페 등 수많은 작은 상점들이 들어서 있는 상점가라는 근대적인 의미로 흔히 아케이드로 번역된다.

14 GS 4, 103.

서로 다른 카드함 간의 파편적이고 우연히 연결되는 대화만이 가능할 뿐이다. 즉 책을 집필한 이의 카드함과 그 책을 연구하는 이의 카드함만이 중시되는데, 여기서 후자는 전자의 카드함에 대해서는 전혀 알 수 없을 뿐 단지 그의 책만을 대할 뿐이다. 그런데 전자가 남긴 책의 모든 내용과 맥락은 수용자(책을 연구하는 이)에게 그대로 전달되지 않고 수용자의 카드함에 동화되는 방식으로만 남게 된다. 이는 특정한 책에서 인용한 내용은 본래 내용에서 벗어나 완전히 다른 맥락으로 들어간다는 것, 더욱이 새로운 의미를 획득한다는 것을 뜻한다. 따라서 벤야민 자신의 거대한 카드함 같은 『파사젠-베르크』에서 거론되는 수많은 이론가와 작가의 저서 혹은 그 저서에서 가져온 인용문은 벤야민 카드함 자체 내에서 동화되어 새롭게 생성된 의미로 출현한다. 다시 말하면, 『파사젠-베르크』에서 언급되거나 인용된 마르크스, 프로이트, 보들레르 등은 이미 벤야민의 카드함 속에서 작동하는 내용으로만 존재하는 것일 뿐, 그것을 본래 작가의 저서 내에서의 의미로 파악하고 수용하는 것은 완전히 무의미한 일이다.

『파사젠-베르크』의 특성과 관련하여 굳이 언급하자면 그것은 벤야민이 오랫동안 작업해왔던 미완성의 카드함처럼 보인다. 그것이 보들레르, 기술적 복제시대에서의 예술작품, 초현실주의, 역사적 유물론 등과 관련된 수많은 글의 집필을 위한 기본 자료들의 모음으로서 일종의 아카이브(archive)의 성격을 지니는 것인지, 아니면 나름의 정교한 구성 등으로 보아—『파사젠-베르크』 내의 한 단편에서 벤야민이 역사적 유물론과 관련하여 "아주 작고, 예리하고 날카롭게 제조된 건축요소들로 커다란 구성물을 만들어내는 것"[15]에 관해 말한 것처럼—수많은 단상을 바탕으로 하나의 독자적인 거대한 책을 기획한 것인지는 정확히 알 수 없다. 물론 이 양자를 나름대로 통합하는

---

**15** GS 5, 575.

시각도 가능하다. 가령 알파벳순의 묶음과 번호 매김 등을 보면 "포괄적인 독자적인 텍스트 구성을 말해주지만, 이를 벤야민은 한편으로 다른 텍스트를 전개하기 위해 이용하기도 했지만 다른 한편 마찬가지로 마지막 시점까지 새로운 자료들을 덧붙인 것으로 보아 파사주 영역 내에서 생겨난 관련 텍스트와는 무관한 하나의 파사주 저서를 집필하려는 목적을 지닌 것으로 보인다."[16] 혹은 독일 낭만주의의 반체계적이고 파편적 글쓰기 방식을 정확히 알고 있던 벤야민이 단편 모음 자체를 하나의 형식적 기획으로 세웠던 것이 아닌가 추측해볼 수도 있다. 이 경우 각각의 단편 자체는 거대한 체계적인 틀 내에서의 역할이나 기능과는 무관하게 그 자체 의미를 지니면서 또한 갑작스럽게 서로 연결될 수 있는 형식적 힘을 갖게 된다. 가령 "모든 결합을 위해 단편은 가장 뛰어난 형식이다"[17]는 슐레겔의 인식은 벤야민의 글쓰기에도 충분히 적용될 수 있다.

그런 거대한 작업을 기획하면서도 벤야민은 학문적 · 논증적 글쓰기에서 벗어나 더욱 자유롭고 파편적인 글쓰기로 전환하는 일종의 분기점이라고 할 수 있는 『일방통행로』를 1928년에 발표한다. 이 책은 초현실주의와 관련하여 벤야민 스스로 사용했던 소위 "범속한 각성"이 구체화된 글쓰기라고 할 수 있는데, 즉 가벼운 진지함, 일상적 신비함, 시적인 삶 같은 모순성이 작동하는 글의 특성을 띠고 있다. 이러한 글쓰기에는 전통적인 아포리즘 형식과 에세이 같은 문체 및 분위기가 뒤섞여 있는데, 이는 후에 아도르노가 자신의 『한 줌의 도덕』의 글쓰기 형식으로 받아들일 정

**16** Timo Skrandies, Unterwegs in den Passagenkonvoluten, in: Benjamin. Handbuch. Leben-Werk-Wirkung, hrsg. v. B. Lindner, Stuttgart/Weimar 2006. p. 279.

**17** Kritische-Friedrich-Schlegel-Ausgabe, herausgegeben von Ernst Behler unter Mitwirkung von Jean- Jacques Anstett und Hans Eichner, Paderborn/München/Wien 1958 sqq, Bd. XVIII, p. 347(이하 'KA'로 축약하고 권수를 병기한다).

도로 매력적으로 작용했다.[18]

1928년부터 벤야민의 글과 사유에는 거대한 변화가 일어나는데, 그것은 바로 아샤 라시스의 소개로 처음으로 브레히트를 만나는 계기에서 촉발된다. 벤야민과 브레히트의 당시 만남에 대해 숄렘은 매우 부정적으로 반응했는데, 그 결정적인 이유는 사회 개혁을 위해 벤야민이 문학을 부차적인 것으로 여기는 듯이 보였기 때문이다. 그런 점에서 숄렘은 브레히트와의 만남을 "재앙적"이라고 간주했고 또한 아도르노도 브레히트의 시각을 천박한 마르크스주의라고 비판한 바 있다. 그러나 동시대의 친구들의 반응과는 무관하게 숄렘(신학), 아도르노(철학), 브레히트(예술)는 각기 벤야민의 전체 사상에서 매우 중요한 계기와 의미를 구성하며, 특히 벤야민 스스로는 브레히트와의 만남을 "자신의 전체 입장의 핵심들, 가장 중요하고도 잘 무장된 핵심들 가운데 하나"[19]라고 간주한 바 있다. 브레히트의 서사극으로부터 강한 영향을 받은 나머지 벤야민은 후에 「서사극이란 무엇인가」라는 글까지도 발표한다. 브레히트를 일종의 "현실원칙"으로 여김으로써 벤야민은 기존의 신비로운 사유나 문체로부터 벗어날 수 있었다는 하버마스의 설명은 일면 설득력 있는 것처럼 보인다.[20] 그렇지만 사실 역사적 유물론에 의한 상품 및 대도시 분석, 그리고 역사적 유물론과 메시아니즘을 결합하는 후기의 글에서도 벤야민은 결코 심미적 시각이나 신비로운 사유를 포기하지 않았다. 더욱이 브레히트와의 만남과 수

---

**18** 이 점에 대해서는 하인츠 슐라퍼(Heinz Schlaffer)도 지적한 바 있다(H. Schlaffer, Denkbilder. Eine kleine Prosaform zwischen Dichtung und Gesellschaftstheorie, in: Poesie und Politik, hrsg. v. Wolfgang Kuttenkeuler, Stuttgart u.a. 1973, p. 137~154).

**19** GB IV, p. 299.

**20** Jürgen Habermas, Bewußtmachende oder rettende Kritik: Die Aktualität Walter Benjamins, in: S. Unseld (Hg.), Zur Aktualität Walter Benjamins, Frankfurt 1972, p. 175.

용을 반드시 마르크스주의적 사상에만 제한시킬 필요는 없으며 오히려 예술에 대한 새로운 시각의 열림이라는 의미가 더욱 중시된다.

1930년에 도라 폴락과 이혼한 후 벤야민은 브레히트와 함께 '위기와 비판'(Krisis und Kritik)이라는 제목의 잡지 발간을 기획하지만 실행에 옮기지 못한다. 그런 가운데 그는 『베를린 연대기』, 『베를린의 유년시절』 등을 집필한다.[21] 나치가 집권했던 1933년에 벤야민은 파리로 망명한다. 파리

21 두 글은 내용상 전체적으로 상당 부분 일치하는데, 사실 『베를린 연대기』는 『베를린의 유년시절』의 토대로 작용한다. 그러나 두 글의 결정적인 차이는, 전자의 경우 비교적 벤야민 스스로의 자서전적 · 사적인 내용과 흐름의 성격을 띠고 있다면, 후자의 경우 독자적 제목을 지닌 수많은 파편적 단편으로 구성되어 있으며 그 내용도 개인적인 회상의 성격을 벗어나고 있다. 『기술복제 시대의 예술작품』과 마찬가지로 『베를린의 유년시절』의 판본도 매우 여러 가지로 구분된다. 벤야민의 아들 이름을 빌려 일명 '스테판-원고'라고 불리는 첫 번째 판본은 24개의 산문이 실린 28쪽의 원고로서 1932년에 씌어진 것으로 추측된다. 또한 독일 기센대학 독문학과 교수인 클레멘스 헤젤하우스(C. Heselhaus)는 1965년에 캐나다 몬트리올의 고서적상에게서 벤야민의 지인 마르틴 돔케가 소유하고 있던 다수의 유고를 구입하여 대학도서관에 소장하게 되는데, 그 유고 안에 『베를린의 유년시절』의 두 번째 판본이 들어 있다. 일명 '기센 판'이라고 불리는 타자기로 작성된 이 두 번째 판본은 1932~1933년에 씌어진 것으로 추측되며, 유대인이라는 이유로 당시 출판을 거부당한 원고로서 결국 2000년에 출간되었다. 세 번째 판본은 '최종 판'이라 불리는 것으로서 벤야민이 파리에서 탈출하기 직전 프랑스 국립도서관에 보관하도록 친구 조르주 바타이유에 넘긴 일련의 원고 뭉치에 담겨 있었다. 바타이유가 죽은 후 그의 부인이 1981년에야 그 원고들을 국립도서관에 넘겨주었는데, 당시 이탈리아어 벤야민 전집을 발행 중이던 철학자 아감벤(G. Agamben)이 그 원고들 가운데서 「역사의 개념에 대하여」를 포함하여 『베를린의 유년시절』의 '최종 판'을 발견했다. 이밖에 마지막으로 주로 많이 인용되는 판본은, 벤야민 생존시 각종 신문에 발표되었던 단편들, '슈테판 원고', '펠리치타스-원고' (펠리치타스는 아도르노의 부인 그레텔 아도르노의 별명)를 모아서 아도르노가 1950년에 출간한 것으로 후에 벤야민 전집 4권에 실리게 된다. 최근에는 이미 완벽한 체계를 갖춘 '기센 판'에 대한 연구가 자주 진행되고 있으며, 특히 '기센 판'과 '최종 판'은 구성상 다른 식으로 배열되어 있고 특정 단편은 생략되거나 다른 단편으로 대체되어 있기에 그 차이점을 밝히는 작업이 중시된다. 벤야민의 유고는 복잡하다. '베를린 시절의 유고', '파리 시절의 유고', '모스크바 시절의 유고', '프랑크푸르트 시절의 유고' 등으로 불리는 글은 여전히 발견과 정리의 과정 중에 있다. 『베를린의 유년시절』을 중심으로 기센대학에 정리 보관되어 있는 벤야민 유고 및 기타 유고의 현황은 다음의 글을 참조할 것. Peter Reuter, Walter Benjamin in Gießen. Die Benjamin-Sammlung in der

에서 한나 아렌트(H. Arendt), 쿠르트 바일(Kurt Weil) 등과 교류하면서 그는 호르크하이머, 아도르노, 브레히트 등과 함께 프랑크푸르트학파의 제1세대로서 본격적으로 '사회연구소' 회원으로 활동한다. 망명지 파리에서 경제적으로 어려웠던 벤야민은 이미 뉴욕으로 활동 공간을 옮긴 사회연구소로부터 경제적인 지원을 받기도 한다. 1934년에 그는 덴마크에 머물고 있던 브레히트를 방문하고 동시에 간간히 『파사젠-베르크』를 위해 자료를 수집한다. 1936년에 그 유명한 『기술복제 시대의 예술작품』이 출간되며,[22] 1937년부터 1939년까지 보들레르에 관한 책이 기획되고 집필된다. 보들레르에 관한 글은 『파사젠-베르크』 내에서 매우 중요한 일부분을 형성하는데, 글의 집필은 '사회연구소'로부터 청탁을 받아 착수된다. 보들레르와 파리를 중심적으로 다루려 했던 단행본은 본래 「샤를 보들레르. 고도 자본주의 시대에서의 서정시인」이라는 제목 하에 크게 세 개의 장으로 구성되어 각기 "이념과 이미지, 고대와 근대, 새로운 것과

---

Universitäsbibliothek, in: http://geb.uni-giessen.de/geb/volltexte/2010/7381/pdf/UB_Festschrift_2007_ 224_257.pdf. 『베를린 연대기』와 『베를린의 유년시절』을 비교한 최근 연구에 대해서는 다음을 참고할 것(Ulrike Landfester, "Die ganze entstellte Welt der Kindheit." Walter Benjamins Berliner Labyrinthe, in: Walter Benjamin und die romantische Moderne, hrsg. v. Heinz Brüggemann/Günter Oesterle, Würzburg 2009, pp. 263~297).

**22** 『베를린의 유년시절』과 마찬가지로 『기술복제 시대의 예술작품』의 경우도 여러 가지 판본이 있다. 우선 첫 번째 판본은 1935년에 씌어진 원고로서 전집 1권에 수록되어 있다. 첫 번째 판본을 손질하여 프랑스어로 씌어진 두 번째 판본이 있는데, 이는 사회연구소 구성원(호르크하이, 아도르노 등)과의 논쟁을 거친 후 1936년에 『사회 연구』 잡지에 발표되었다. 다시 프랑스어본을 손질하고 보충하여 1936년에 독일어로 작성된 세 번째 판본이 있는데, 이 글의 복사본은 1973년에 호르크하이머의 유고에서 발견되었으며 전집 7권에 수록되어 있다. 마지막 네 번째 판본은 벤야민이 다시 프랑스어본을 포함하여 여러 곳을 수정하여 작성한 것으로 1939년에 그레텔 아도르노(아도르노 부인)에게 보낸 최종 판본이다. 이 판본은 1955년에 두 권의 벤야민 전집 발행시 수록되었다가 1972년에 발행된 전집 1권에 재수록되었다. 향후 네 가지 판본을 비교 연구한다면 이는 매우 흥미롭고도 의미심장한 작업으로 평가될 수 있다.

언제나 같은 것"을 다루는 체계로 기획되었지만, 우선적으로 「보들레르에게서의 제2제정기의 파리」가 집필되어 연구소에 전달된다. 그러나 미국에 망명 중이던 아도르노는 1938년 11월 10일 벤야민에게 보낸 편지에서 그 글에 대해 비판적 의견을 제시한다. 요컨대 파리, 자본주의, 보들레르 문학을 서로 연관하여 분석한 그 글에는 "이론적 해석이 부재하고", 헤겔식의 "매개가 없으며", 대도시에 대한 마르크스의 핵심 개념인 "환등상"의 경우도 전혀 "객관적인 역사철학적 범주"가 되지 못한다는 것이다. 요컨대 아도르노는 벤야민의 글이 "실증주의와 마술 사이의 갈림길에 놓여 있다"고 혹독하게 비판하였다.[23] 이러한 비판에 적지 않게 실망한 벤야민은 단행본의 일부분보다는 보들레르에 관한 별도의 글을 집필하여 미국으로 보낸다. 그 글은 바로 「보들레르에게서의 몇 가지 모티브에 관하여」로서 발표되자마자 뉴욕에서 호평을 받는다. 벤야민 사후에 발행된 전집 2권에는 보들레르와 관련된 글로 「샤를 보들레르. 고도 자본주의 시대에서의 서정시인」이라는 제목 하에 『보들레르에게서의 제2제정기의 파리』, 「보들레르에게서의 몇 가지 모티브에 관하여」, 「중앙공원」이 실려 있다.

1940년에 프랑스를 점령한 나치 세력은 유대계 문인들을 철저히 감시하였기에 이미 상당수 벤야민의 동료들은 미국이나 스위스로 망명을 떠난 상황이었다. 독일을 포함한 유럽의 참담한 상황 속에서 외롭게 남아

23 W. Benjamin, Briefe, hrsg. v. G. Scholem und Th. W. Adorno, Frankfurt a.M. 1978, Bd. II, pp. 782~790. 물론 벤야민의 사유 전반(가령 변증법적 이미지, 자본주의의 상품 분석 등)에 대해서 아도르노는 이미 1935년 8월 2일의 장문의 편지(이는 슈바르츠발트 지역에 있는 작은 마을 호른베르크에서 보낸 편지로서 일명 '호른베르크 편지'로 불린다)에서 벤야민의 분석은 비변증법적 · 탈변증법적이라고 비판하고 있다(W. Benjamin, Briefe, Bd. II, pp. 671~683).

있던 벤야민은 한때 3개월 정도 수용소에 감금되지만 곧 풀려난다. 결국 벤야민도 미국에 있던 호르크하이머의 도움으로 스페인을 거쳐 미국으로 도피하려는 계획을 세운다. 그러나 1940년 9월 26일에 벤야민은 자신의 마지막 글인 「역사의 개념에 대하여」를 남기고 스페인 국경에서 다량의 아편을 복용하는 방법으로 자살하고 만다. 체포될 것을 미리 짐작하여 스스로 목숨을 끊었다고 알려져 있지만, 유대인 출신의 명성 있는 지성인들을 추적해오던 나치에 의해 사살되었다는 추측도 있다.[24]

벤야민 사후 미출간 원고들은 미국과 독일에서 동료들에 의해 틈틈이 정리되고 발표되었다. 이후 친구 아도르노, 숄렘 등의 도움 하에 롤프 티데만(R. Tiedemann)과 헤르만 슈베펜호이저(H. Schweppenhäuser)가 총 편집자 역할을 맡아서 이미 발표된 글과 수많은 미출간 유고들을 정리하여 1972년부터 1999년까지 7권의 저작과 3권의 해설 판을 묶어서 총 10권(분권으로 나눈 것을 모두 합하면 총 17권)의 전집을 발행하였다.[25] 이후 총 21권으로 기획된 벤야민 전집 발행이 새롭게 시도되고 있는데, 2008년부터 크리스토프 괴데(Ch. Gödde)와 헨리 로니츠(H. Lonitz)가 핵심 편집을 맡아서 『작품과 유고. 원전 비평 전집』이라는 제목 하에 개개 완성본이 간헐적으로 출간되고 있다.[26] 이밖에도 아도르노와의 서신 교환, 숄렘과의 서신 교환 등이 간간히 단행본으로 출간되었고, 마침내 괴데(Ch. Gödde)와 로니츠(H. Lonitz)가 1995년부터 2000년까지 세심한 노력을 기울여 벤야

24 벤야민 생애와 관련해서는 국제 발터 벤야민 학회(Internationale Walter Benjmain Gesellschaft)의 홈페이지에 제시된 내용을 참조하였음(http://www.iwbg.uni-duesseldorf.de/Walter_Benjamin).

25 각주 2 참조.

26 Werke und Nachlaß. Kritische Gesamtausgabe, hrsg. v. Henri Lonitz/Christoph Gödde, 21 Bände (geplant), Frankfurt am Main/Berlin 2008 ff.

민이 지인들과 교환한 모든 편지를 수집하여 총 6권의 서신 전집을 발행하였다.[27] 지금까지 벤야민에 관한 자서전이나 개론서가 상당수 발행되었지만, 현재 가장 뛰어난 연구서로 평가받고 있는 것은 파리 1대학에서 미학과 예술사 교수로 재직하다 일찍 세상을 떠난 장-미셸 팔미에(Jean-Michel Palmier)가 집필한 『발터 벤야민. 넝마주이, 천사 그리고 난쟁이. 발터 벤야민의 미학과 정치』(*Le chiffonnier, l'Ange et le Petit Bossu. Esthétique et politique chez Walter Benjamin*)라는 저서다.[28] 사후에 출간된 무려 천 쪽이 넘는 방대한 저서에서 팔미에는 벤야민의 개인적 삶과 이론적 사상을 균형 있게 다루고 있는데, 그의 저서는 가벼운 자서전과 무거운 이론서의 특성을 잘 배합한 뛰어난 범례로 간주된다. 팔미에의 연구서는 한 개인이 집필할 수 있는 자서전적 연구서 사례 가운데 가장 모범적인 형태로 간주되며 독일에서도 2009년에 번역 출간되면서 벤야민 연구자들에 의해 상찬되고 있다.

그동안 벤야민에 대한 이차 연구서도 수없이 발표되었지만 획기적인 전환점은 1992년에 벤야민 탄생 백주년을 기념하여 열린 '벤야민 국제학술대회'의 결과물이다. 세계 전 지역에서 벤야민의 다양한 수용 가능성을 입증해주었던 그 국제학술대회에는 총 109편의 글이 발표되었으며 이후 7년 동안의 작업을 거쳐 세 권으로 출간되었다.[29] 이밖에 반드시 거론되어야만 하는 몇 가지 연구서가 있다. 가장 중요한 대표적인 예는 미하엘

---

27 각주 11 참조.

28 Jean-Michel Palmier, Le chiffonnier, l'Ange et le Petit Bossu. Esthétique et politique chez Walter Benjamin, editions Lincksieck, 2006(독일어 번역본은 다음과 같다. Jean-Michel Palmier, Walter Benjamin. Lumpensammler, Engel und bucklicht Männlein. Ästhetik und Politik bei Walter Benjamin, Frankfurt am Main 2009).

29 global Benjamin. Internationaler Walter-Benjamin-Kongreß 1992, hrsg. v. K. Garber und L. Rehm, München 1999.

오피츠(M. Opitz)와 에르트무트 비치스라(E. Wizisla)가 책임 편집하고 총 23명의 집필자가 참여하여 『벤야민의 개념들』[30]이라는 제목으로 발행된 두 권의 책이다. 이 책은 벤야민 사상에서의 핵심 개념들, 예컨대 유사성, 알레고리, 아우라, 파괴/구성, 변증법적 이미지, 경험, 기억, 에로스, 깨어남/꿈, 이야기하기, 역사, 이념, 비판, 예술비평, 신화, 아케이드, 구원, 혁명, 수집가, 운명, 언어, 신학, 인용 같은 개념들을 매우 체계적으로 정리하고 치밀하게 분석해주고 있다. 또 다른 예로는 부르크하르트 린트너(B. Lindner)가 책임 편집하고 총 47명의 연구자들이 참여하여 집필한 『벤야민 핸드북. 삶－작품－영향』[31]이라는 연구서로서 벤야민의 생애, 벤야민 연구 진행 과정 및 현재적 상황을 총정리해주고 있다는 점에서 각별한 의미를 지닌다. 섬세하고 체계적으로 접근한 두 연구서는 벤야민 연구서들 가운데 가장 뛰어난 성과물로 평가되는데, 특히 수많은 연구 인력은 부러움 그 자체다. 독일의 경우 문학사 · 자서전 · 개론서 같은 형태에서 자주 관찰되는 흥미로운 현상은, 나홀로 집필하는 방식을 지양하고 그 대신 다수의 연구자들로 구성된, 팀워크를 중시하는 집단적인 글쓰기 방식이 중시된다는 것이다. 이런 경향에 비추어보면 거대한 아카이브 같은 벤야민 글의 세계를 홀로 지나가려는 필자의 시도는 이미 시작부터 한계를 드러내고 있는 셈이다.

어쨌든 국내의 경우 그와 같은 연구서를 기대할 수 있는 상황이 전혀 아니다. 사실 더욱 시급한 것은 어쩌면 벤야민 연구서보다는 오히려 번역 작업일지도 모른다. 그런 연유에서 벤야민을 최초로 소개해준 매우 귀중

---

**30** Benjamins Begriffe, hrsg. v. M. Opitz/E. Wizisla, Frankfurt a.M. 2000.

**31** Benjamin. Handbuch. Leben-Werk-Wirkung, hrsg. v. B. Lindner, Stuttgart/Weimar 2006.

한 번역서를 언급하지 않을 수 없다. 우선 국내 최초로 벤야민의 대표적인 글을 선별적으로 번역한 『발터 벤야민의 문예이론』(반성완 역)을 들 수 있다. 이 번역서를 뛰어넘어서 이제 벤야민의 다른 글까지도 접할 수 있도록 해주는 두 가지 중요한 번역 작업이 있다. 그 하나는 최성만의 주도하에 몇 명의 독문학자가 번역진으로 참여한 『발터 벤야민 선집 전 10권』이며, 다른 하나는 『파사젠-베르크』를 단독으로 번역하여 다양한 제목의 여섯 권으로 발행한 조형준의 『아케이드 프로젝트』(I, II)이다. 번역의 완성도, 가독성 같은 점을 떠나서 두 작업은 벤야민 활성화를 위해 매우 귀중한 작업으로 평가된다. 이밖에도 벤야민 자서전과 관련된 다수의 이차문헌 번역도 눈길을 끈다.[32]

사실 벤야민에 관한 이론적 연구나 자서전적 연구는 서구에서 충분히 진행된 상태다. 위에서 몇몇 대표적인 연구 결과물만이 언급되었을 뿐 학위논문 등을 포함하면 벤야민에 관한 연구서는 셀 수 없을 정도로 무한하다. 그리고 대부분의 결과물을 보면 대체로 이론적 연구가 압도적이며 이 책의 시도도 그런 성격을 띠고 있다. 이처럼 이론적인 천착이 다양하다는 것은 곧 벤야민의 글이 이론적으로 그만큼 까다롭다는 점을 간접적으로 입증해준다. 그렇지만 향후 다른 식의 연구 작업이 더욱 적극적으로 요청되는데, 그것은 벤야민의 이론적인 글의 분석에서 창작적인 글의 분석으로 전환되어야만 한다는 것이다. 가령 『베를린의 유년시절』, 『사유이미지』, 『일방통행로』 같은 에세이집에 실린 주옥같은 단편에 대한 해석적 작업은 독일이나 국내에 여전히 부족하며, 그런 텍스트에 담겨진 다양한

**32** 벤야민의 전기와 관련된 역서로는 다음을 참조할 것. ① 베르너 풀트, 『발터 벤야민: 그의 생애와 시대』, 이기식 · 김영옥 역, 문학과지성사, 1985. ② 베른트 비테, 『발터 벤야민』, 안소현 · 이영희 역, 역사비평사, 1994(베른트 비테, 『발터 벤야민』, 윤미애 역, 한길사, 2001). ③ 게르숌 숄렘, 『한 우정의 역사』, 최성만 역, 한길사, 2002.

시적 풍경과 철학적 인식을 고샅고샅 훑어보는 해석적 작업이 활발히 전개될 때 비로소 벤야민 연구가 한층 높은 단계로 나아갈 것으로 보인다.

## 2. 사유의 갈래

벤야민의 글은 대부분 주제나 대상에 대해 자유롭게 천착한 비평적인 글로 구성되어 있다. 그것은 낭만주의, 바로크 비극, 언어, 영화 매체, 초현실주의, 유물론 같은 특정 사조 및 주제와 관련되거나 혹은 괴테, 횔덜린, 카프카, 보들레르, 발레리, 호프만스탈 같은 여러 작가와 작품에 대한 간결하지만 정곡을 찌르는 비평의 모습을 띠기도 한다. 그런 점에서 벤야민의 글은 언뜻 보기에 주제나 작가에 관한 이차적인 글, 다시 말하면 참고문헌처럼 보인다. 그러나 기술복제에 의해서 마침내 예술작품이 "제식에 기생하는 자신의 현존재"[33]로부터 해방되었듯이, 벤야민의 비평도 원전에 기생하는 이차문헌의 존재 양식에서 벗어나 자신만의 고유한 심미적 언어 감각, 독특한 관점과 이론 등을 만들어냄으로써 일차문헌의 특성, 즉 창작적인 글의 성격을 획득한다. 그 점은 그의 글이 이차문헌으로 인용되기보다는 오히려 일차문헌으로 자리 잡고 있으며 나아가 수많은 이차문헌이 재생산되고 있는 현재적 정황을 통해 간접적으로 입증된다. 따라서 벤야민의 글이 특정 주제나 대상을 제대로 이해했는지, 괴테, 카프카 같은 작가(작품)를 문헌학적으로 제대로 파악했는지, 바로크 비극, 낭만주의, 초현실주의 같은 예술사적 현상을 정확히 짚어냈는지는 전혀 중요하지 않다. 그 대신 그가 제시한 새로운 철학적, 정치적 사유 방식,

**33** GS 1, 481.

그리고 그러한 사유 방식이 심미적인 언어와 관점에 의해서 어떻게 구축되고 있는지를 파악하는 것이 더욱 중시된다.

잘 알려진 「번역가의 과제」라는 글에서 벤야민은 번역이란 "문학과 가르침[철학을 말함: 역자]의 사이"[34]에 놓여 있다고 말한다. 사실 번역은 이중적 열세를 극복할 수 없는 처지에 놓여 있다. 즉 수사적 · 심미적 언어의 측면에서 번역은 문학적 텍스트에 뒤처져 있으며 마찬가지로 인식적 · 개념적 언어의 측면에서 철학적 텍스트에 뒤처져 있다. 그러나 다른 각도에서 보면 비록 각각의 측면에서는 열세일지라도 그 두 가지 측면을 동시에 포함하고 있다는 점에서 번역은 개개 문학적 텍스트와 철학적 텍스트를 훨씬 능가하는 강점을 지닌다. 문학과 철학의 사이에 놓인 상태, 즉 양쪽을 모두 취하고 있는 번역의 특성이 어쩌면 벤야민의 비평적 글에도 그대로 적용될 수 있을 것 같다. 사실 벤야민의 모든 사유와 글쓰기는 근본적으로 심미성과 사회성 사이에서 부유한다(여기서 사회성은 매번 철학 · 종교 · 매체 · 정치 등 그 이름을 달리한다). 그런 부유의 특성을 양가적 특성이라고 부를 수 있으며, 철학적 상상력, 개념적 형상화, 사유이미지처럼 복합적으로 명명될 수도 있다. 철학적 상상력이란 철학과 문학이 서로 결합될 경우에만 가능하며, 그런 언어 조합의 이름이 붙여지는 글은 철학 혹은 문학이라는 각각의 고유 영역에서는 부조리하고도 모순적인 글로 받아들여지거나 혹은 각각의 고유 영역을 위협하는 기괴하고 일그러진 글로 여겨진다. 이처럼 철학에 속하지 못하고 동시에 문학에 속하지도 못하는, 양자 사이에서 부유하는 철학적 상상력으로 씌어진 글은 벤야민 스스로 즐겨 사용한 "문지방"이라는 속성을 지닌다.

심미성과 사회성 사이에서 부유하는 벤야민의 모습은 몇 가지 예에서

---

**34** GS 4, 17.

쉽게 찾아질 수 있다. 우선 문학과 철학에서 부유하는 모습은 그의 초기 대표작인 『독일 낭만주의의 예술비평 개념』에서 읽어낼 수 있다. 거기서 칸트와 피히테로 대변되는 관념론 철학의 핵심 개념인 성찰(Reflexion)을 벤야민은 예술내재적인 자기 전개와 접목시키고 나선다. 그런데 주목할 점은, 성찰 개념이 주관주의적 관념론의 맥락보다는 오히려 탈주관주의적 시각에 의해서 파악되고 있다는 것이다. 그에 의하면, 성찰 개념은 개인(예를 들면 작가)의 주관주의적 행위가 아니라 완전한 예술을 향한 예술작품의 객관적인 자기 전개 행위에 다름 아니다.

> 초기 낭만주의의 의미에서 성찰의 중심은 자아가 아니라 예술이다. [……] 사유의 사유로 결코 자아의식을 파악하지 않았다는 것, 바로 이 점에 낭만주의 예술관이 근거한다. 자아로부터 자유로운 성찰은 다름 아닌 예술이라는 절대성 내에서의 성찰이다.[35]

철학에서 성찰 행위는 사유하는 자아의 의식 특성에 귀속되지만, 낭만주의 예술관에서 성찰은 예술의 자기 전개와 관련된 특성으로 파악된다. 오늘날 텍스트가 다른 텍스트와 관계한다는 상호텍스트성이라는 개념을 통해 예술작품의 자기 준거성 및 예술의 자기 전개가 설명되고 있듯이, 다양한 형식을 취하는 예술작품의 지속적인 출현은 벤야민이 설명한 예술의 성찰적 자기 전개를 통해서 설명될 수 있다. 요컨대, 특정 예술작품의 형식은 다른 예술작품의 형식에 대한 성찰적 반응에 다름 아니다. 마찬가지로 비평도 그와 같은 예술의 성찰적 자기 전개 내로 흡수된다. 초기 낭만주의 이론에서 비평과 번역 같은 예술 형식이 궁극적으로 예술작

**35** GS 1, 40.

품으로 이해되듯이, 그런 초기 낭만주의를 수용하는 선상에서 벤야민 또한 "비평도 예술"이라는 결론에 이미 도달해 있었음에 틀림없다. 이처럼 예술의 자기 전개를 위한 매개로서의 성찰을 강조하는 벤야민의 시각은 독일 초기 낭만주의에 관한 일반적인 연구 경향과는 완전히 다른, 매우 독보적인 의미를 지닌다. 이처럼 초기 저작에서 강조된 예술의 자기성찰적 측면은 벤야민의 여타 글 내에도 그 흔적을 남기고 있는데, 특히 그 점은 역사학 · 심리학 · 정치학 등과의 대화적 관계 속에서도 예술의 자기성찰성을 결코 포기하지 않으려는 측면에서 쉽게 읽어낼 수 있다.

심미성과 사회성 사이에서 부유하는 또 다른 예로는 교수자격 취득논문으로 제출했던 『독일 바로크 비극의 기원』을 들 수 있다. 여기서도 문학과 철학, 문학과 역사학 간의 미결정적인 관계가 중시된다. 이 연구서에서 벤야민은 상징 전통에 대항하여 알레고리를 강조하고 나서는데, 무엇보다도 특정 이념의 구체적 형상화라는 식으로 알레고리를 파악해왔던 서구의 수사학 전통과 거리를 취하면서 새로운 해석을 가하고 있다. 그렇게 벤야민이 알레고리를 재해석할 수 있었던 결정적인 동인은, 바로 그가 문학과 철학, 문학과 역사를 수단과 목적의 관계에서 파악한 것이 아니라 오히려 양자 간의 미결정적인 상태에서 사유했기 때문이었다. 다시 말하면, 알레고리 자체에 내재해 있는 심미적 특성과 인식론적 특성, 허구적 특성과 역사적 특성을 동시적으로 바라보았기 때문에 그 새로운 해석이 가능했던 것이다. 더욱이 알레고리와 관련하여 벤야민은 전통적인 시각뿐만 아니라 동시대의 시각을 한 걸음 앞서 나가는 진취성까지도 보여주는데, 가령 형식과 내용, 특수성과 보편성, 이념과 형상 간의 일치와 통일성을 지양하고 그 대신 파편적 결합, 불일치의 미학 등을 옹호하는 파격적인 시각이 강조되고 있다.

심미성과 사회성 사이에서 부유하는 벤야민의 모습은 가령 예술과 매체 간의 관계에도 확장된다. 대중매체 사회와 관련하여 매우 뛰어난 글로 평가받는 『기술복제 시대의 예술작품』에서 벤야민은 기술적 변혁으로 인해 전통 예술과 현대 예술이 서로 다른 기능을 수행하고 수용자의 지각 방식도 완전히 다르게 변한다는 견해를 피력한다. 아우라(Aura) 개념을 도입하여 전통 예술과 현대 예술의 차이를 분석하는 그 글은 그러나 벤야민 연구에서는 상당히 논쟁적인 글 가운데 하나로 손꼽힌다. 논쟁의 핵심은 마찬가지로 심미성과 사회성 사이의 미결정적인 관계에 집중된다. 즉 벤야민이 대중적 생산 및 수용 가능성을 바탕으로 새로운 기술 매체의 장르(사진 · 영화)를 긍정적으로 고찰하고 있을지라도, 그가 과연 전통적인 예술에 내재해 있는 아우라를 완전히 포기한 것일까 하는 점이다. 『기술복제 시대의 예술작품』만을 보면 분명 전통적인 예술과 단호하게 결별하는 측면이 분명하지만, 그러나 그 글은 단지 예외적일 뿐 다른 글에서 벤야민은 여전히 아우라를 지닌 예술작품과 명상적인 수용 방식을 결코 포기하지 않았다.

물론 『기술복제 시대의 예술작품』은 예술과 매체의 관계에서만 의미 있는 글이 아니라 사실 심미성과 사회성, 예술과 정치의 관계가 글의 핵심을 이룬다. 그 글은 당시 마르크스주의적 이념과의 연관성에서 프롤레타리아 계급 혁명을 위해 영화라는 대중매체를 사용하려는 데 그 목적을 두고 있다. 그러나 대중을 총체적으로 동원하기 위해서는 마르크스주의뿐만 아니라 당시 독일 파시즘 체제도 마찬가지로 라디오 · 영화 같은 기술적 매체를 적극 이용하였으며, 벤야민은 그 점을 정확히 파악하고 있었다. 따라서 예술과 매체, 예술과 정치가 서로 연결되는 지점에서 사실 매우 복잡한 논리가 전개된다. 가령 벤야민은 파시즘 세력의 매체 사용을 "정치의 심미화"로 규정하고 자신을 포함한 마르크스주의적 매체 이론을 "예술의 정치화"라고 밝힘으로써 파시즘과 마르크스주의를 구분하려 했다면, 이와 달리 벤야민의 절친인 아도르노는 집단적이고 맹목적인 위험성 때문에 영화라는 장르를 거부했다. 이러한 역사적 정황을 고려한다면 영화에 대한 옹호는, 비록 마르크스주의라는 이념에서 출발했을지라도, 대중 전체를 총체적으로 동원하려 했던 파시즘적 위험성에 상당히 근접해 있는 셈이다.

심미성과 사회성, 예술과 정치, 예술과 종교, 신화와 계몽 등 다양한 양면성 사이에서 부유하는 벤야민의 모습은 수많은 문화분석적 단편들이 축적된 상태로 그친 『파사젠-베르크』, 그리고 아마도 이 대작을 위해 집필된 것으로 보이는 「역사의 개념에 대하여」에서도 지속한다. 특히 후기에 집필된 다양한 글의 경우 벤야민은 마르크스주의적 사상을 적극 받아들이는 듯이 보이지만 동시에 여전히 자신만의 독특한 심미적 시각을 견지한다. 예술과 정치의 관계가 그렇게 간단하지 않은 까닭은, 벤야민을 포함한 모든 비판이론가들(아도르노, 브레히트 등)이 수정주의라고 비판 받을 정도로 종래의 정통 마르크스주의적 관점을 변화시켰기 때문이다. 즉 그들은 상부구조와 하부구조 간의 상호연관성을 강조함으로써 이미 경제결정론적 정통 마르크스주의에서 훨씬 벗어나 있었던 것이다. 가령 그들은 예술을 현실을 은폐하는 상부구조의 이데올로기적 생산물로 간주하지 않았으며 또한 현실의 단순한 반영물로 여기지도 않았다. 삶의 모든 영역이 자본주의의 경제적 논리에 의해 식민지화되고 탈색되고 있는 상황에서 그들은 그런 상황을 비판해주거나 혹은 그런 상황에서 벗어나도록 해주는 유일한 희망을 다름 아닌 예술의 자율성에서 찾았다. 그렇게 예술을 중시하는 시각으로 인해 아도르노와 벤야민은 소위 현실도피적인 사조로 분류되어왔던 동시대의 상징주의 · 유미주의 · 모더니즘 내의 보들레르, 프루스트, 발레리, 카프카 같은 작가들을 적극 수용하였으며 그들 작품 내에서 사회비판성과 심미적 가능성의 결합을 모색하려 했다는 것이다.

이 점은 후에 아도르노가 『미학이론』에서 남긴 저 유명한 명제, 즉 예술은 "자율성과 사회적 사실"(Autonomie und fait social)이라는 이중적 특성을 지닌다는 표현으로 압축되어 있다.[36] 또한 정치적인 혁명이라는 개념을 파악하는 차원에서도 벤야민은 당시의 정통 마르크스주의와는 다른 시각을 펼친다. 가령 마르크스가 혁명을 "세계사의 전동차"라고 설명하였다면, 벤야민은 혁명을 "그 전동차를 타고 여행하는 인간들이 비상 브레이크를 잡는 행위"[37]라고 덧붙인다. 비록 자본주의를 비판했지만 역사의 발전에 대한 믿음을 포기하지 않은 정통 마르크스주의와는 달리 벤야민은 그 "전동차"라는 비유에 "비상 브레이크"라는 또 다른 비유를 덧붙임으로써 특유의 심미적이고 정치적인 의식을 발휘하였던 것이다.

그렇다면 심미성과 사회성, 상상력과 실천성이 동시적으로 작동하는 벤야민의 글에는 과연 하나의 소실점이 존재하는 것일까? 다시 말하면, 다양한 이념적 지평(관념론, 마르크스주의, 정신분석학, 유대인의 카발라 전통, 허무주의 등)과 심미적 이미지가 궁극적으로 서로 조우하여 양자의 모순이 해체되는 어떤 지점이 존재하는 것일까? 그에 대한 대답은 회의적이다. 소실점이 부재할 수밖에 없는 까닭은 근본적으로 심미성의 기반이 되는 "상상력" 때문이다. 요컨대, 상상력은 그 어떤 조화로운 통일된 정지 상태를 허용하지 않고 끊임없이 변용하는 힘으로 작용하고 있는 것이다. 그런 상상력을 정의하는 데 있어서도 벤야민은 매우 흥미로운 방식으로 인식적이면서도 심미적인 서술을 제시하고 있다.

상상하는 능력이란 아주 작은 것에서 보간하는(혹은 변형하는) 능력, 즉 집약된

---

**36** Th. W. Adorno, Ästhetische Theorie, in: GS, Bd. 7, p. 340.
**37** GS 1, 1232.

것으로서의 응집된 것에서 그것의 새로운, 밀려오는 많은 것을 꾸며내는 능력을 뜻한다. 그것은 이미지를 마치 접어놓은 부채의 이미지, 즉 펼쳐지면서 숨을 쉬고, 새롭게 넓게 펼쳐지면서 연인의 용모를 내부에서 보여주는 부채의 이미지처럼 받아들이는 능력이기도 하다.[38]

벤야민은 상상력을 "아주 작은 것에서 보간하는"(im unendlich Kleinen zu interpolieren) 능력이라고 정의했지만, 그런 상상력에 대한 벤야민의 정의를 부연 설명하는 아도르노는 기이하게도 "아주 작은 것에서의 외삽"(Extrapolation)[39]이라고 덧붙이고 있다. 왜 서로 다른 용어를 사용하고 있는 것일까? 보간과 외삽은 수학에서 사용되는 개념으로서 두 개념의 공통점은 서로 떨어져 있는 특정한 두 점을 기준으로 가능한 값을 구하는 데 있다. 그러나 차이점은 전자가 특정한 두 점 안쪽에서 놓여 있는 가능한 값을 구한다면 후자는 특정한 두 점 바깥에 놓여 있는 가능한 값을 구한다는 데 있다. 수학적 용어로 사용되는 개념이지만 사실 보간(Interpolation)이 문학에서 사용될 경우 그 의미는 단어 · 문장 · 단락 등을 덧붙임으로써 본래의 글을 바꾸는 것으로 '변형하다'(umgestalten), '위조하다'(verfälschen), '왜곡하다'(entstellen) 등을 뜻한다. 아도르노는 벤야민이 사용한 "interpolieren"이라는 단어를 수학적 용어로 이해하고 동시에 보간을 외삽으로 대체하고 있지만, 벤야민은 그 개념을 수학적 의미보다는 "아주 작은 것에서의 변형", 즉 새롭게 많은 것을 만들어내고 꾸며내는 그런 문학적 의미로 사용한 듯싶다. 요컨대, 상상력이란 아주 작은 것 속에서도 끊임없이 변형을 가하는 능력, 응집된 것을 다양한 것으로

**38** GS 4, 117.

**39** Th. W. Adorno, Über Walter Benjamin, p. 24.

풀어내는 능력, 접어지고 펼쳐지는 부채의 이미지처럼 모든 현상을 숨기고 동시에 드러내는 능력 등을 뜻한다. 비슷한 표현 방식으로 『베를린 연대기』의 경우 "있었던 것에서 무한하게 변형하는 능력인 기억"[40]이 언급되고 있다. 기억에서는 있었던 것이 완벽하게 재현되는 것이 아니라 어쩔 수 없이 변형이 작동할 수밖에 없으며, 이는 곧 상상력과 연결된다. 상상력과 기억은 "아주 작은 것에서의 변형"과 "있었던 것에서의 무한한 변형"으로 각기 정의되지만 양자의 공통점은 바로 변형의 힘에 있다.

그렇게 상상력에 의해 생산된 글은 알레고리 · 모자이크 · 몽타주 같은 다양한 실험 형식을 취한다. 그런 형식의 글은 대상이나 정황을 구체적으로 재현하는 것이 아니라 무한정 구축해나갈 뿐이며, 그것의 의미를 파악하는 일은 오로지 독자에게만 부여된다. 그런 점에서 벤야민은 자신의 글에도 다음과 같은 특성을 부여한다.

> 이 작업의 방법은 바로 문학적 몽타주다. 나는 그 어떤 것도 말하지 않고 단지 제시할 뿐이다. 나는 그 어떤 가치 있는 것을 가로채지 않을 것이며 그 어떤 재치 있는 표현도 내 것으로 삼지 않을 것이다. 넝마, 쓰레기, 나는 이것들을 조사하려는 것이 아니라 유일무이한 가능한 방법으로 그것들이 제대로 권한을 갖도록 해주려고 할 것이다. 즉 그것들을 사용할 것이다.[41]

이 단편에서 알 수 있듯이 벤야민의 글쓰기는 나름대로 원칙을 세우고 있다. 사용이라는 의미를 지닌 동사와 관련하여 벤야민은 두 가지 동사 "entwenden"과 "verwenden"을 구분하고 있다. 여기서 전자의 동사가

---

**40** GS 6, 476.
**41** GS 5, 574.

다른 것을 자신의 것으로 삼는다는 의미에서 일종의 "가로채다"를 뜻한다면, 후자의 동사는 나의 의도가 개입되지 않은 채 다른 것을 그대로 적용해보는 것을 뜻한다. 결국 벤야민이 어떤 대상이나 개념을 가져올 때 그것은 자신의 의도대로 구성해내려는 전통적인 의미에서의 목적론적 · 주체적 글쓰기 행위에서 출발하는 것이 결코 아니다. 오히려 자신의 어떤 목적과 의도를 거부하는 글쓰기, 모든 사상과 표현을 자신의 것으로 삼지 않은 채 그대로 보여주는 글쓰기 방식이 요청되는 것이다. 특히 넝마 · 쓰레기 같은 은유적 언어는 거대 담론에 의해 그동안 주시되지 않은 작은 것들, 주변적인 것들이 다시금 그 권리를 찾을 수 있도록 해주는 그런 글쓰기 방식을 암시하고 있다.

이상과 같이 상상력, 다양한 형태의 글쓰기, 의도의 배제 같은 측면은 사실 문학적이고 심미적인 특성과 관련된 것이라고 할 수 있다. 그렇다면, 사회성과 관련되지만 동시에 심미성 속으로 들어올 수밖에 없는 다양한 대상과 인식은 어떻게 제시되는가? 그것들 또한 결코 하나로 고정되지 않으며 일종의 형세(Konstellation)만을 이룬다. 이미 언급한 바 있듯이 분리와 결합, 산종과 구성 같은 두 가지 의미를 동시적으로 지닌 형세 개념은 천문학에서 차용된 것으로서 별자리 · 성좌 · 배열 등으로 번역될 수 있으며 무수히 흩어져 있는 별들이 어느 순간 특정한 모양을 만들어내는 것을 뜻한다. 흩어져 있는 조각들이 순간적으로 어떤 형태를 이루는 상황에 대한 비유적인 예로서 『베를린의 유년시절』에서는 "다채로운 색깔의 창문들", "비눗방울의 색채 놀이"에 빠져드는 이야기가 언급되고 있는데, 이때 흥미로운 점은 흔들리지 않는 정체성과 의식을 지닌 '나'라는 주체가 각각의 풍경이나 책 속으로 사라지고 만다는 것이다.

우리 정원에는 을씨년스럽고 낡아빠진 정자가 있었다. 나는 다채로운 창문 때문에 그 정자를 좋아했다. 내가 창문 유리 하나하나를 안쪽에서 닦아내면 나 자신의 모습도 바뀌었다. 나는 마치 풍경처럼 나 자신을 색칠했다. 가령 때론 타오르는 듯, 때론 먼지처럼 사라지는 듯, 때론 검게 그을린 듯, 때론 울창한 수목처럼 그렇게 창문에 놓여 있는 풍경처럼 말이다. [……] 비슷한 현상이 비눗방울 놀이에서도 나타났다. 나는 비눗방울을 내뿜으면서 방들을 돌아다녔는데 그것들이 터질 때까지 둥근 모양의 비눗방울 색채 놀이 안으로 들어갔다. 하늘이나 장식품, 어떤 책들을 대하면서 나는 색채들에 빠져들었다.[42]

어떤 책을 열어본다는 것, 그것은 나를 책의 품 안으로 데려가는 듯했다. 즉 변화하는 우울한 텍스트가 구름으로 변하는 품 안으로 말이다. 그 텍스트는 색채들을 품고 있었다. 그것들은 끓어오르고 순식간에 사라지는 색채들이었지만, 그러나 언제나 그 색채들은 도살되는 가축의 내장에서 생겨나는 것처럼 보이는 그런 보라색으로 되고 말았다.[43]

후에 『기술복제 시대의 예술작품』에서 비판적으로 언급된 "자기가 완성한 그림을 바라보면서 그 안으로 빠져들어갔다는 어느 중국 화가에 대한 전설"과도 비슷한 경험이지만, 여기서는 그러한 침잠이나 몰입이 오히려 긍정적으로 묘사되고 있다. 그렇게 주체의 의식은 해체되며 또한 그런 의식과 결부된 하나의 이념, 하나의 사상도 마찬가지로 해체된다. 그 대신 다양한 학문적 단초(관념론 · 유물론 · 정신분석학 · 초현실주의 · 독일낭만주의 · 신학 · 정치학 · 문학비평 · 문예학)가 흩어져 있다가 순간적으로 어떤 모양으로 결합하곤 다시금 순식간에 사라진다. 순식간에 우연히 만들어진

**42** GS 4, 263.
**43** GS 4, 275.

어떤 모양은 당연히 다양한 사상적 단초에 의해 만들어진 것이기에 특정한 사상으로 환원될 수 없다. 설혹 순간적으로 만들어진 모양도 다시금 해체될 수밖에 없다. 가령 『파사젠-베르크』도 형세를 이루는 다양한 형상들로 가득하다. 즉 단순한 자료 모음집의 형태를 넘어서 『파사젠-베르크』에는 분리와 결합, 산종과 구성 간의 변증법이 작동하고 있는 셈이다. 그런 형세의 가능성은 곧 역동과 정지의 역사관, 가령 파편화된 역사적 흔적들이 흩어져 있다가도 갑작스럽게 하나의 형상을 만들어내는 잠재력을 말한다.

형세 개념은 벤야민에게서 매우 중요한 의미를 지닐 뿐만 아니라 후에 아도르노에게도 상당한 영향을 끼쳤다. 형세의 대표적인 모델을 "언어"[44] 속에서 찾았던 아도르노는 자물쇠를 여는 비밀 번호의 결합이라는 비유를 통해서 형세로서의 이론적 사유를 적절하게 설명해준 바 있다.

> 그 형세 속에서의 대상 인식이란 대상이 자신 속에 쌓아놓은 과정의 인식이다. 형세로서 이론적 사유는 자신이 열고 싶어 하는 개념 주위를 맴돈다. 하나의 열쇠 혹은 하나의 번호에 의해서가 아니라 여러 번호의 결합에 의해서 열리는 잘 간직된 금고의 자물쇠처럼 그 개념이 갑자기 열리기를 기대하면서.[45]

---

44 Th. W. Adorno, Negative Dialektik, in: Gesammelte Schriften, hrsg. v. Rolf Tiedemann unter Mitwirkung von Gretel Adorno/Susan Buck-Morss/Klaus Schultz, Frankfurt am Main 1970~1980, Bd. 6, p. 164(이하 'GS'로 표기하고 권수와 쪽수를 병기함). 다양한 개념들이 들어서는 형세는 "대상의 전문성을 비추는데, 즉 고전적인 방식에 무관심하거나 혹은 짐이 되는 그런 대상 말이다. 이에 대한 모델은 바로 언어 행위다. 언어는 인식기능을 위한 단순한 기호체계를 제공하지 않는다. 언어가 본질적으로 언어로서 나타나는 곳에서 언어는 자신의 개념을 정의하지 않는다. 언어는 개념들에 그 객관성을 다음과 같은 방식으로만 마련해 주는데, 즉 실상을 중심으로 모여든 개념들을 언어가 어떤 관련 속으로 올려놓는 그런 방식 말이다."

45 Th. W. Adorno, Negative Dialektik, in: GS, Bd. 6, p. 165 sq.

물론 여러 번호의 결합으로 열리는 자물쇠의 예가 주어졌다고 해서 그것이 마치 인식주체만이 알고 있는 특정한 번호의 결합을 통해 열리는 자물쇠를 뜻하는 것은 결코 아니다. 다시 말해, 그것은 어떤 체계적이고 이론적 사유를 인식주체가 비밀스럽게 소유하고 있음을 뜻하는 것이 아니다. 인식주체 자신에게도 비밀 번호는 결코 주어져 있지 않다. 비밀 번호 자체가 주어지지 않은 상황에서 인식주체가 할 수 있는 행위는 마치 퍼즐을 맞추듯 오로지 이런 저런 번호를 결합시키는 일뿐이다. 다시 말하면, 이론적 사유를 전개하는 주체는 그 어떤 확실하고도 흔들리지 않는 자신만의 방법이나 체계를 갖지 못한 채 다양한 시각과 방법을 끌어들이는 불완전한 과정을 걸어 나갈 뿐이다. 다양한 인자를 결합하고 해체하는 사유 과정 중에 갑자기 어떤 모양이 형성되는데, 결국 순간, 우연성 같은 비합리적인 시간성이 어떤 모양으로서의 형세를 좌우한다. 전통적인 철학의 경우 대상을 총체적으로 인식하고 관장하는 주체가 완결된 체계를 만들어낸다면, 벤야민의 경우 주체는 형세로서의 열린 사유 속에서 개방성과 다양성을 즐길 뿐이며 이에 적합한 글쓰기 형식으로는 에세이를 들 수 있다. 열린 글의 형태인 에세이는 합리성과 진지함을 추구하는 것이 아니라 "행운과 유희"[46]에 의존되어 있을 뿐이다. 그렇다고 모든 사유가 무조건 행운에 맡겨지는 것은 결코 아니다. 오히려 끝없는 성찰의 즐거운 고통, 즉 파괴하다가 구성하는 혹은 역으로 구성하다가 파괴하는 변증법적 상상력의 과정을 끊임없이 밟아나가는 일이 주어져 있는 것이다. 대상을 어떤 체계적이고 논증적인 틀 속에 집어넣는 것이 아니라 중심과 주변에 대한 분명한 구분 없이, 대상을 근시적이고도 원시적 차원에서 동시적으로

46 Th. W. Adorno, Der Essay als Form, in: GS, Bd. 11, p. 10.

다각도로 들여다보는 성찰 행위는 아도르노의 심미적 사유에서도 매우 중시되는 방법 아닌 방법이다. 『미학 이론』의 편집자(G. Adorno/R. Tiedemann)가 전하는 아도르노의 편지 구절에는 그와 같은 형세로서의 철학적 성찰 행위가 다음과 같이 서술되어 있다.

> 오직 중요한 점은 다음과 같다. 즉 철학적으로 그 어떤 첫 번째의 것이 존재하지 않는다는 나의 이론적 정률에서 다음과 같이 추론될 수 있다. 즉 일반적인 단계별로 어떤 논증적인 연관성을 구축하는 것이 아니라 일련의 부분들의 복합체에서 전체를 조립해내야만 한다는 것이다. 그 부분들의 복합체는 흡사 동등한 가치를 지니며 집중적으로 배열되어 있고 같은 단계에 놓여 있다. 그리고 결과가 아니라 그것들의 형세가 이념이 되어야만 한다.[47]

첫 번째의 것(본질 · 진리)이 부재하고 논증적 연관성의 구축을 거부하는 사유, 그런 사유에 유일한 방법으로 주어진 것은 바로 모든 부분들을 위계질서 없이 배열하는 글쓰기일 뿐이다. 그렇기 때문에 아도르노와 벤야민은 서로 약속이나 한 듯이 형세 · 몽타주 · 에세이 같은 방식을 중시하였다. 사실 형세 개념은 벤야민과 아도르노의 글쓰기를 관통하는 키워드와도 같다. 개념들이나 사상 조각들은 서로 애매하고 느슨하게 연결되어 있으면서도 어느 순간에 형세를 이루는데, 그 형세는 서로 이질적인 단편 요소들이 결합되어 있는 불완전한 몽타주와도 같다. 그런 형세와 몽타주가 가장 잘 구체화되는 공간은 다름 아닌 문학이며, 문학에서도 작은 에세이 혹은 그것을 최대한 압축시킨 단편 같은 글쓰기 형식을 통해서 나타난다. 따라서 벤야민과 아도르노가 칸트나 헤겔처럼 거대 체계와 고정된

47 Th. W. Adorno, Ästhetische Theorie, in: GS, Bd. 7, p. 541.

개념틀로 엮어지는 글쓰기 형태를 거부하고 주로 에세이와 단편 같은 글쓰기 형식을 취했던 것은 결코 우연이 아니다. 그런데 이와 같은 글쓰기는 이미 독일 초기 낭만주의에서 실행된 것이며 낭만주의를 연구하는 가운데 벤야민은 그로부터 상당히 영향을 받았던 것으로 추측된다. 낭만주의와 벤야민의 밀접한 연관성에 대해서는 아도르노도 적절하게 서술해준 바 있다.

> 박사학위 논문에서 독일 초기 낭만주의의 핵심적인 이론적 측면을 다루었을 때 벤야민은 단 한 가지 점에서는 평생 동안 프리드리히 슐레겔과 노발리스를 따르고 있었다. 단편을 철학적 형식으로 구상하고 있었던 점이 그것이다. 단편이라는 철학적 형식은 포괄적인 기획에서 달아나버리는, 보편적인 것의 힘으로부터 어떤 것을 파편적이고 불완전한 것으로 붙잡는 것이다. 벤야민의 글이 단편적으로 머무는 것은 불행한 운명의 탓으로 돌려질 수 있는 것이 아니라 그의 사유의 구조, 예전부터 갖고 있던 이념에 근거한다. 그가 생존시 집필했던 포괄적인 책인 『독일 바로크 비극의 기원』도 전체적으로 세심한 구조를 지니고 있음에도 불구하고, 촘촘하게 짜인 세부 소주제들은 흐르는 듯한 사유 과정의 도식에 따라 다음 사유 과정으로 나아가는 방식이 아니라 흡사 한숨을 돌리고 새롭게 다시 숨을 내쉬는 듯이 구성되어 있다.[48]

이처럼 아도르노는 벤야민의 『독일 바로크 비극의 기원』의 구성 방식, 즉 수많은 작은 에세이들과 단편들에 의해 촘촘히 묶여져 있는 트락타트 같은 특성을 정확하게 간파하고 있었다. 그런데 흥미로운 점은 아도르노 자신도 후에 그와 같은 에세이 내지는 단편들의 모음 형식으로 자신의

---

**48** Th. W. Adorno, Über Walter Benjamin, p. 37 sq.

『미학이론』을 전개했다는 것이다. 이런 점을 고려한다면 기획 단계에서 그쳤다고 하는 벤야민의 『파사젠-베르크』의 경우도, 설혹 그것이 완성 단계에 도달했을지라도, 아마도 그 최종 모습은 파편화된 단편들의 모음집이나 혹은 위에서 아도르노가 언급한 것처럼 "부분들의 복합체"라는 조립된 모습에서 크게 벗어나지 않았을 것이다. 벤야민의 사유와 글쓰기를 대할 경우 철학적 · 심미적 · 종교적 · 정치적 · 정신분석학적 차원에서 발생한 다양하고 복합적인 꼭짓점들이 서로 연결됨으로써 마침내 어떤 형세가 만들어질 수 있을 것으로 기대되지만, 그렇지만 그것이 궁극적으로 어떤 형태인지를 단언하기는 쉽지 않다. 다시 말하면 그의 사유와 글쓰기를 하나의 완전한 체계 속으로 옮겨내는 작업은 처음부터 불가능하다. 왜냐하면 아도르노의 말처럼, 벤야민은 본래부터 "간극 없는 일치"를 거부하였고 그 대신 불일치와 간극을 야기하는 "단편적인 것을 원칙으로 삼았기" 때문이다.[49] 자신의 이력서에서 벤야민은 예술작품을 대할 때 "한 시대의 종교적, 형이상학적 · 정치적 · 경제적 경향의 통합적인 표현, 즉 그 어떤 한쪽 영역에 치우치지 않는 통합적인 표현"[50]을 인식해야 한다고 말한 바 있다. 따라서 다양한 사유의 파편들로 가득한 그의 사유와 글쓰기를 대하는 독자에게도 이제 그와 같은 "통합적 읽기"가 요청됨은 두말할 나위 없다.

---

**49** Th. W. Adorno, Über Walter Benjamin, p. 23.
**50** GS 6, 219.

LAIT THE
COLAT

제2장

# 바로크 시대의 심미적 비평가

## 1. 바로크와 근대

벤야민은 아도르노를 만나면서 프랑크푸르트학파(비판이론)에 참여하지만 사실은 그 학파의 주변에 머물고 있었고 또한 생을 일찍 마감했기에 그 학파와 함께 자신의 철학적 · 심미적 사상을 발전시킬 수도 없었다. 만약 망명이 성공되어 벤야민이 제2차 세계대전의 종전, 미국의 대중문화, 68년 학생운동 등 다양한 사회적 · 문화적 환경의 변화를 계속 경험할 수 있었더라면, 그의 사상적 깊이와 폭은 아마도 아도르노를 능가했을지도 모른다. 물론 짧은 생애에도 불구하고 벤야민이 이미 다른 사상가들 못지 않은, 아니 그들을 뛰어넘는 통찰력과 분석력을 남겼지만 말이다.

벤야민이 집중적으로 분석하고자 했던 가장 흥미로운 대상은 그 스스로 경험했던, 아니 우리도 여전히 경험하고 있는 시대의 모습, 즉 근대 사회의 모습이다. 그런데 이 근대 사회를 규정하기란 그렇게 단순하지 않다. 근대 사회는 개인주의, 자율적 예술, 희생의 역사, 상품의 범람, 기술적 매체, 언어의 타락 등 다양한 현상이 공존하는 기괴한 모습을 띠고 있으며, 이러한 모습을 담아낼 수 있는 은유로서 벤야민 연구가인 클라우스 가르버(K. Garber)는 바로크(Barock)라는 개념을 제안한 바 있다. 바로크는 본래 포르투갈어이며 "과다한", "과장된", "기괴한" 같은 의미를 지니지만 흔히 예술사에서 17~18세기의 예술양식을 지칭하는 명칭으로 사용된다. 그런 개념이 은유로 사용되었다는 것은, 바로크 예술양식 자체가 실제로 과다하고도 기괴한 모습을 띠었는지는 전혀 중요하지 않다는 것을 말해준다. 또한 지나간 역사적 양식을 지칭하는 개념이 은유로 전이되는 순간 더 이상 역사적으로 제한될 필요가 없다. 요컨대, 바로크는 현재적인 개념인 셈이다.

그렇다면 은유로서의 바로크, 즉 근대라는 이념에 의해 움직이는 사회는 어떤 의미를 지니는 것일까? 근대는 다름 아닌 계몽의 시대 혹은 역사철학적 시대라고 불리며, 이러한 시대에서는 인간의 합리적 이성과 함께 역사의 진보 이념이 표방된다. 그런데 역사의 낙관적인 발전을 꿈꾸는 근대를 자세히 들여다보면 근대의 진보는 수많은 희생을 대가로 얻어진 승리, 일종의 "피러스(Pyrrhus)의 승리"와도 같다. 수많은 희생을 외면한 채 진보의 결과만을 추구하는 역사철학적 계몽의 시대에서는 진보 자체를 절대화하는 신화가 생성되는데, 그러한 발전의 신화는 사실 일종의 희생이며 파국에 다름 아니다. 이처럼 발전/진보(Fortschritt)를 파국으로 읽어낸 벤야민의 시각과 계몽의 변증법이라는 논리로 근대를 비판적으로 읽어낸 아도르노/호르크하이머의 시각은 서로 비슷한 인식을 공유하고 있다. 즉 발전사를 희생사로 읽고, 계몽을 신화로 읽는 아도르노의 방식은 바로 벤야민이 자신의 마지막 글인 「역사의 개념에 대하여」에서 표현했던 "역사의 결을 그 반대 방향에서 솔질하는"[1] 방식을 뜻한다.

벤야민은 근대의 근원을 역사적인 바로크 시기에서 찾았다. 그렇지만 다시 한 번 강조하자면, 바로크는 역사적인 특정 시기에만 국한되는 것이 아니라 역사의 무한한 진보 혹은 세계의 탈주술화를 꾀했던 근대, 그러나 실상은 몰락의 길을 걷고 있는 근대 전체를 뜻한다. 여기서 흥미로운 점은, 벤야민이 분석 대상으로 삼았던 역사적인 예술사조인 바로크와 벤야민의 동시대 예술적 경향인 표현주의는 상호 유사성을 넘어서 낙관주의적 이념이 발생하고 부정적인 차원에서 그 절정에 도달하고 동시에 그러한 근대를 비판할 수 있는 가능성을 담고 있는 대상이라는 것이다. 근대 내의 반근대적 양상이라고 할까? 따라서 근대는 비판되어야만 하는 대상이지만 동시에 비판적 대안까지도 도출해낼 수 있는 대상이다. 이 점과 관련하여 가르버는 상당히 설득력 있는 논지로 근대의 근원으로서의 바로크 개념을 다음과 같이 설명해주고 있다.

> 이런 의미에서 바로크 시대가 사실 근대의 근원으로서 그 역할을 도맡고 있다는 사실은 새로운 타당성을 얻는다. 또한 예술적 형성물에서 흔히 제시되는 화해의 모습과 형상(이미지)은 언제나 다시금 파괴되어야 한다는 점, 그리고 완성되지 않은 것, 고통으로 가득 찬 것, 역사에 의해서 지속적으로 생산되고 있는 악몽 등이 현재에도 존속한다는 점, 이에 대한 증거로서 알레고리가 그 역할을 맡고 있다는 점도 새로운 타당성을 얻는다. 포스트모더니즘에서 벤야민을 끌어들인다는 것은 곧 바로크, 보들레르, 근대에 대한 벤야민의 이념을 끌어들인다는 것을 뜻한다. 그리고 이러한 요청은 계몽 · 이상주의 · 역사에 대한 각양각색의 낙관주의, 의미 잠재력, 목적론적 기대감, 진보의 은유, 유토피아적 지평 같은 의무에 대해 저항한다는 것을 뜻한다. 또한 인식이론적으로 말하자면, 작품/장르/시대의 형상을 항구적으로 해체하는 작업을 외면한 채, 그리고 말하고 글 쓰는 주체 내에서 그것을 새롭게 생산하고 재생산해내는 작업을 외면한 채, 오로지 폐쇄적

**1** GS 1, 697.

이고 통일적인, 조화로운 작품/장르/시대의 형상만을 고집하는 시각에 대해서도 저항한다는 것을 뜻한다.[2]

이처럼 근대에 대한 은유로서 바로크는 이중적이다. 바로크는 한편으로 이데올로기(계몽 · 낙관주의 · 이상주의 · 완결성 · 폐쇄성 · 통일성)가 생산된 근원이자 동시에 그것을 파괴하고 해체할 수 있는 잠재력을 나타낸다. 심미적 범주로 표현하자면, 근대에는 아름다움과 숭고함, 총체성과 파편성이 동시적으로 존재하고 있는 셈이다. 근대는 낙관과 비관이 함께 뒤섞여 있는 상태다. 진보 이데올로기를 통해 자신을 낙관적으로 구성하면서 동시에 그런 구성을 허무적으로 해체하는 일종의 야누스적인 모습을 띤 근대, 벤야민의 심미적 주관성과 글쓰기는 그런 바로크로서의 근대와 밀접하게 연결되어 있다. 그런데 더욱 흥미로운 점은, 벤야민 연구의 최근 동향에서는 우리가 존재하고 있는 현재의 탈근대(포스트모더니즘)라는 시기를 마치 바로크가 다시 도래하는 시기처럼 간주하고 있다는 것이다. 이 경우 인식 주체의 소멸 · 파편화 · 불일치 · 알레고리 같은 다양한 개념들은 근대와 탈근대를 연결해주는 공통점으로 작용한다. 바로크를 근대의 근원으로 파악했던 벤야민의 사유를 포스트모더니즘적 사유와 연결하는 것은 어쩌면 모순처럼 보일 수도 있다. 그러나 근대와 탈근대를 어떻게 이해하고 관찰하는가에 따라서 그 양자는 자연스럽게 결합되고, 그 결과 바로크 개념은 근대와 탈근대에 적용될 수 있다.

2 K. Garber, Barock und Moderne im Werk Benjamins, in: Literaturmagazin, Bd. 29(1992), p. 44.

## 2. 벤야민 수용의 지형도

벤야민 텍스트는 위에서 언급한 대로 심미성과 사회성 사이에서 부유하는 특성을 지닌다. 다시 말하면, 벤야민의 텍스트는 한편으로 은유적이고 밀폐적이며, 다른 한편으로 철학적(논리적)이고 사회적이다. 이 두 가지 특성은 서로 긴장 관계를 유지한다. 즉 벤야민의 글은 심미적 상상력에 귀속할 수 없을 정도로 대단히 철학적이고 사회적이지만, 동시에 철학적 · 사회적 의미로 소급하기 힘들 정도로 대단히 문학적이고 비논리적이다.

이와 같은 특성으로 인해 벤야민을 수용하고 해석하는 데 있어서 연구자들 또한 서로 상이한 시각을 제시하고 있는데, 그것은 대체로 두 가지 방향으로 나뉜다. 그 하나는, 바로크에서 낭만주의를 거쳐 초현실주의로 이어지는 소위 심미화 전통 선상에서 벤야민을 해석하는 시각이다. 이 시각은 심미적 비평가로서의 벤야민을 강조한다. 다른 하나는 예술적 · 심미적 언술을 모두 철학적 · 사회적 인식을 위한 수단으로 파악하면서 벤야민을 정치이론가(혹은 사회철학자)로서 파악하는 시각이다. 이와 같은 대립은 한나 아렌트와 프리츠 라다츠(F. Radatz)의 상반된 입장을 통해 좀 더 정확하게 서술될 수 있다. 우선 아렌트는 상부구조와 하부구조의 연관성을 강조하면서 "어려움 없이 벤야민은 상부구조 이론을 은유적 사유의 궁극적인 원리로 파악할 수 있었다"[3]고 말하면서 정치이론가로서의 벤야민을 부각하고 있다. 여기서 벤야민을 정치이론가로 파악하기 위해서는 몇 가지 내적인 조건들이 전제된다. 그 가운데 가장 중요한 조건으로는

**3** Hannah Arendt, Benjamin-Brecht. 2. Aufl, München 1986, p. 22.

벤야민이 취하고 있는 마르크스주의라는 정치적 입장을 폭넓게 이해해야만 한다는 것이며, 특히 정치와 예술, 정치와 종교 등을 대립적으로 보는 것이 아니라 오히려 상호 결합시킬 정도로 유연해야만 한다는 것이다. 심미성이나 종교성(유대인 신비주의 전통)이 마르크스주의의 정치경제학적 시각에 의해서 비판되는 것이 아니라 오히려 정치와 예술, 정치와 종교의 결합이 적극 인정되어야만 한다.

사실 벤야민 텍스트를 마르크스주의적으로 수용할 경우 마르크스주의 자체는 새롭게 정의되어야만 한다. 더욱이 "마르크스주의적 예술이론은 때론 허풍적이고, 때론 현학적이다"[4]라고 비판했던 벤야민의 시각을 염두에 둔다면 벤야민이 수용한 마르크스주의는 기존의 사회과학에서 주장된 교조주의적 마르크스주의와 동일시될 수 없음은 분명하다. 또한 벤야민이 취한 마르크스주의는 은유적이고 밀폐적인 언어로 씌어진 문학작품뿐만 아니라 극단적인 비합리적인 실험성을 전개하는 아방가르드적 예술도 적극 수용하는 그런 포용력과 유연성을 지니는 마르크스주의다. 신학적 · 종교적 입장과 관련해서도 마찬가지다. 종교를 아편으로 비판했던 레닌식의 마르크스주의 시각에서도 벗어나 벤야민의 마르크스주의는 유물론과 종교를 결합시킬 정도로 유연한 사고를 펼치고 있는 것이다. 물론 초기에 씌어진 미완성 글 「종교로서의 자본주의」(1921)에서 벤야민은 제식적 종교 구조를 답습한 자본주의를 비판하고 있지만,[5] 그런 자본주의를 극복하기 위해 그는 과학적이고 합리적인 사유를 펼치기보다는 다른 식의 종교적이고 심미적인 언술을 끌어들였던 것이다. 이처럼 종교 · 예술 · 정치를 다채롭게 연결시키는 것, 이것이 벤야민이 받아들인 유연한

4 GS 5, 581.

5 GS 6, 100~103.

마르크스주의의 핵심 측면이라고 할 수 있다. 그런 점에서 전통적으로 비합리적 · 비매개적이라고 비판되었던 관조성을 옹호하거나 혹은 비합리적인 우연성 미학의 핵심인 몽타주 수법을 역사 서술과 인식 속으로 받아들여야만 한다는 벤야민의 언술은 마르크스주의의 수정 가능성과 관련해서 매우 중요한 의미를 지닌다.

> 마침내 주시되어야만 하는 역사적 유물론의 핵심 문제는 다음과 같다. 과연 반드시 역사의 관조성을 그 대가로 치르면서 역사의 마르크스주의적 이해를 얻어내야만 하는 것인지 하는 문제다. 아니면, 고양된 관조성과 마르크스주의적 방법의 실행을 서로 연결할 경우 그것이 어떤 방식으로 가능한지 하는 문제다. 그 방식의 첫 번째 단계는 몽타주 원칙을 역사 속으로 받아들이는 것이다. 아주 작고, 예리하고 날카롭게 제조된 건축요소들에서 커다란 구성물을 만들어내는 것, 작은 개별적인 동기를 분석하는 가운데 총체적 사건의 결정체를 발견해내는 것, 그러니까 역사적인 천박한 자연주의와 결별하는 것이다. 그 자체로서의 역사 구성을 포착하는 것이다. 주석의 구조로.[6]

몽타주 같은 방식, 즉 작고 부분적인 계기나 단초를 조합하는 방식을 요청함으로써 벤야민은 거대 담론과 법칙을 중시하는 기존 마르크스주의의 과학적이고 합리적인 방법을 극복하려 했으며, 이를 "천박한 자연주의와 결별"하는 것이라고 표현하고 있다. 역사 속으로 몽타주 방식을 끌어들이는 것은 마치 역사의 심미화 방식처럼 여겨지는데, 나중에 분석하겠지만 이는 역사의 연속성을 주장하는 기존 보수주의적 역사주의를 위협하는 방식이기도 하다.

---

**6** GS 5, 575.

이렇듯 벤야민은 프랑크푸르트학파에 속하지만 동료들과는 전혀 다른 시각과 방식을 취하고 있었다. 후에 하버마스가 명명한 "구원적 비판"이라는 종교적 시각 이외에도 나름의 고유한 심미적 시각을 제시함으로써 벤야민은 동료들과 차별성을 내보이는데, 가령 아도르노, 호르크하이머, 마르쿠제, 하버마스 같은 이들이 정치철학적 · 사회학적 시각으로 문학과 예술의 심미적 현상을 일정 부분 받아들였다면 벤야민은 예술적 · 심미적 시각을 바탕으로 정치철학적 현상을 관찰하고 서술해내고 있었다. 따라서 그 어떤 "역사적인 근거나 객관적이고 철학적인 근거가 전혀 중요치 않는", 오로지 "자기치유적이고 방법적인 자극"으로서만 기존 유물론을 받아들인 "아주 기이한 마르크스주의자"로서 벤야민을 이해하는 것이야말로 가장 설득력 있는 해석으로 여겨진다.[7]

그런데 "아주 기이한 마르크스주의자"라는 측면이 그 자체 마르크스주의를 해체하는 요인으로 작용한다. 즉 기이한 측면을 특별히 강조할 경우 벤야민은 더 이상 마르크스주의적 정치이론가로 머물지 않고 오히려 탈이데올로기적 차원에서의 심미적 비평가 내지는 문학이론가로 해석될 수 있는 것이다. 그런 의미에서 라다츠는 벤야민을 철저히 허무주의적 문학비평가로 간주한다. "역사에서의 도피는 벤야민의 경우 문학으로의 귀환이다. [……] 언뜻 보기에 유물론적이라고 할 수 있는 글자 아래에 사실은 심오하게 회의하는 사유, 즉 비역사성이 담겨 있다."[8] 가령 마르크스주의적 의식을 강렬히 표방하면서도 벤야민이 "비평은 아티스트의 언어로 말해야만 한다"[9]고 밝혔던 점을 생각해보면, 그것은 바로 문학이론가

---

7 D. Schöttker/E. Wizisla(Hg.), Arendt und Benjamin: Texte, Briefe, Dokumente, Frankfurt am Main 2006, p. 57

8 Fritz J. Radatz, Revolte und Melancolie, Frankfurt a.M. 1982, p. 201 sq.

9 GS 4, 108.

로서의 벤야민의 면모를 암시하는 구절로 여겨진다. 다시 말하면, 의식의 검투사에서 언어의 아티스트로 전환하는 벤야민의 모습 말이다. 또 다른 구절도 그러한 측면을 받쳐준다. "우리가 관여하는 영역에서는 인식이 오로지 섬광(번개)처럼 존재한다. 텍스트는 오랫동안 울리는 천둥이다"[10] 라는 언술의 경우, 이는 천둥처럼 울리는 텍스트에서 독자가 섬광처럼 빛나는 인식을 얻어내야 한다는 점을 뜻하지만, 사실 그런 의미에 앞서 천둥과 섬광이라는 비유를 통해 텍스트와 인식의 관계를 그려낸 문학이론가로서의 벤야민에게서 엿보이는 언어적 심미성에 감탄의 눈길을 보내지 않을 수 없다. 또한 벤야민의 비평적 글을 단순히 진리 발견 같은 인식론적 작업의 소산으로만 받아들이려 한다면 이것도 적절한 수용 자세는 아닐 것이다. 왜냐하면 그 진리 발견이라는 인식론적 노력은 또 다른 측면, 즉 예술적 허구를 중시하는 측면에 의해 흔들릴 수 있기 때문이다. 가령 「생산자로서의 작가」에서 제시된 "한 작품의 경향이 문학적으로 일치할 때만 정치적으로도 일치할 수 있다"[11]는 구절은 분명 문학의 형식적 · 심미적 측면을 우선적으로 강조하고 있으며, 이러한 점은 정치철학적 관점을 중시하는 연구자들에게 당혹감을 야기한다. 이렇듯 벤야민을 예술과 문학을 우선시하는 문학비평가로 간주하면, 『기술복제 시대의 예술작품』의 후기에서 벤야민이 스스로 구분했던 "예술의 정치화"와 "정치의 심미화"에 대한 개념 구분도 다르게 적용될 수 있다. 물론 그 글에서 벤야민은 정치의 심미화를 추구하는 것이 파시즘 세력이고 이에 대한 대항으로서 마르크스주의는 예술의 정치화를 추구한다고 선언하고 있으며 그런 점에서 『기술복제 시대의 예술작품』은 당연히 예술의 정치화를 표방하는 대

**10** GS 5, 570.
**11** GS 2, 684.

표적인 예에 속한다. 그러나 소위 관찰의 관찰이라는 각도에서 보면 『기술복제 시대의 예술작품』이야말로 사실 영화라는 매체와 마르크스주의적 정치 이론의 결합을 주관주의적이고도 심미적 차원에서 옹호하는 성격을 띠는데, 요컨대 정치의 심미화를 꾀하는 글로 간주될 수도 있다. 물론 그런 정치의 심미화는 파시즘적 의미와는 완전히 다른 차원에서, 즉 자신의 글을 전개하는 데 있어서 고유한 심미적 주관성의 논리를 결코 포기하지 않는 심미적 비평가라는 의미에서 이해되어야만 한다. 요컨대, 정치적 논리가 자신의 주관적 상상력에서 만들어진다는 그런 의미 말이다.

벤야민 텍스트 자체의 다채로운 특성뿐만 아니라 그것의 수용과 관련해서도 복잡하고도 상반된 경향을 엿볼 수 있다. 그것은 대체로 1990년대를 기점으로 그 이전과 이후의 맥락 속에서 각기 다르게 변주된다. 그 하나는 1968년 학생 운동을 정신적으로 이끈 마르크스주의적 · 역사적 유물론의 지성인으로서 벤야민을 강조하는 경향에서 출발하여 혁명이 좌절된 1970~1980년대의 애처롭고도 허무적인 분위기 속에서 다시금 혁명적 실천의식을 점화할 수 있는 "좌파적 멜랑콜리"(Linke Melancholie)의 대표적인 인물로서 벤야민을 부각시키는 경향이다. 잘 알려진 것처럼 좌파적 멜랑콜리라는 표현은 벤야민 스스로가 에리히 케스트너(Erich Kästner)의 특성을 서술하는 글에 붙인 제목이기도 하다. 그 글에서 벤야민은 케스트너의 급진성을 그 어떤 정치적 진영에 속하지 않는 것으로 설명하고 있지만 사실 이는 케스트너뿐만 아니라 어쩌면 벤야민 자신에게도 적용될 수 있는 그런 서술이다.

> 요컨대, 이 좌파적 급진성은 그 어떤 정치적 행동이 더 이상 부합하지 않는 그런 자세다. 이 급진성은 이런저런 방향의 왼쪽에 서 있는 것이 아니라 있을 수 있는 모든 것의 왼쪽에 그냥 서 있을 뿐이다. 왜냐하면 이 급진성은 애초부터 오로지

부정주의적인 평온 속에서 스스로를 만족시키는 일만을 염두에 두고 있기 때문이다. 정치적 투쟁이 결단을 향한 강요에서 향유의 대상으로 변화하는 것, 즉 생산수단에서 소비수단으로 변화하는 것—이것이 바로 이 문학의 마지막 핵심적인 특징이다.[12]

그 어느 진영에도 속하지 않는 급진성, 더욱이 좌파 진영 내에서도 항상 다시 좌파로 있을 수밖에 없는 그런 우울한 급진성, 그렇지만 결국은 실천적 행위의 결단에서 스스로를 자본주의 사회가 향유하는 대상으로 만들어버리고 마는 그런 비관적인 모습은 비단 케스트너뿐만 아니라 그 이전의 보들레르 및 벤야민 스스로에게도 모두 해당되는 운명이기도 하다. 이와 같은 좌파적 멜랑콜리 차원에서 벤야민을 부각시키는 연구 경향은 특히 1982년 벤야민 전집 가운데 『파사젠-베르크』가 발행되는 시기와 맞물린다. 이에 대한 대표적인 예로는 부르크하르트 린트너(Burkhardt Lindner)가 편집한 『"왼쪽에서 여전히 모든 것이 해독되어야만 했다 [……]." 문맥 내의 발터 벤야민』(1982), 노베어트 볼츠(Norbert Bolz)와 베른트 비테(Bernd Witte)가 편집한 『파사젠. 발터 벤야민의 19세기 근원사』(1984), 노베어트 볼츠(Nobert Bolz)와 리하르트 파버(Richard Faber)가 편집한 『고대와 근대: 발터 벤야민의 '파사젠'에 관하여』(1986), 그리고 예외적으로 1980년대 말 미국에서 출간된 수잔 벅-모스(Susan Buck-Morss)의 『보기의 변증법. 발터 벤야민과 파사젠-베르크』(1989)를 들 수 있다.[13] 물

**12** GS 3, 281.

**13** B. Lindner(Hg.), "Links hatte noch alles sich zu enträtseln [……]". Walter Benjamin im Kontext, Frankfurt/M. 1978; N. Bolz/B. Witte(Hg.), Passagen. Walter Benjamins Urgeschichte des XIX. Jahrhunderts, München 1984; N. Bolz/R. Faber(Hg.), Antike und Moderne. Zu Walter Benjamins "Passagen", Würzburg 1986; S. Buck-Morss, Dialektik

론 마르크스주의자로서의 벤야민을 강조하는 분위기 속에서도 이 다양한 연구서는 넓은 의미로 정치와 종교 간의 전통적인 대립을 지양하고, 좁은 의미로 계급투쟁과 메시아니즘, 낙관적 행동과 허무적 의식을 미묘하게 결합하기도 한다. 벤야민의 글 「신학적-정치적 단편」과 관련하여 그의 정치적 의식을 정리해주는 최근의 다음과 같은 언술에서도 그런 미묘한 결합을 엿볼 수 있다. “정치의 목적은 행복이다. 그런데 결론적으로 말하면 그것의 방법은 허무주의다. [……] 정치가 범속한 것에 제한됨으로써 그것의 목적 설정은 궁극적으로 허무적이다.”[14] 행복을 위한 허무주의가 강조되고 있으며, 이는 벤야민을 정통 마르크스주의적으로 읽어내는 방식을 뛰어넘어 현재의 신자유주의를 비판할 수 있는 또 다른 식의 정치적 읽기를 가능하게 해준다.

1970~1980년대에는 벤야민의 언술처럼 “왼쪽에서 여전히 모든 것이 해독되어야만 했다”는 시각이 지배적이었다면, 1990년 이후에는 그러한 벤야민의 언술을 패러프레이즈한 바바라 클라이너의 “왼쪽에서 어떤 것도 더 이상 해독될 필요가 없다”[15]는 표현처럼 다른 경향이 우세해진다. 여기서는 언어이론, 번역이론, 알레고리이론 같은 측면이 강조되고 있으며 동시에 비판이론, 포스트모더니즘, 해체론 등을 서로 결합하는 차원에서 벤야민의 모습이 재조명되고 있다. 1970~1980년대의 마르크스주의

des Sehens. Walter Benjamin und das Passagen-Werk(Eng.: The Dialectics of Seeing. Walter Benjamin and the Arcades Project, Cambridge 1989), Frankfurt a.M. 1993. 이 책은 다음과 같은 제목으로 번역되었음(수잔 벅 모스, 『발터 벤야민과 파사젠-베르크』, 김정아 역, 문학동네, 2004).

**14** U. Steiner, Der wahre Politiker. Walter Benjmains Begriff des Politischen, in: Internationales Archiv für Sozialgeschichte der deutschen Literatur, 25(2000), p. 54 sq.

**15** Barbara Kleiner, Links hat sich nichts mehr zu enträtseln. Benjamin-Rezeption in Italien, in: Merkur 40 (1986), pp. 82~86.

적 수용과 해석이 주로 벤야민의 후기 글에 집중되었다면, 1990년 이후에는 언어이론, 신학, 인식이론 등과 관련된 초기와 중기의 글이 더욱 활발히 분석되고 있는 상황이다. 이에 대한 대표적인 예로는 빈프리트 메닝하우스(Winfried Menninghaus)의 『발터 벤야민의 언어주술의 이론』(1980), 베티네 멘케(Bettine Menke)의 『언어형상들. 이름, 알레고리, 이미지와 벤야민』(1991), 지그리트 바이겔(Sigrid Weigel)의 『일그러진 유사성. 발터 벤야민의 이론적 글쓰기 방식』(1997) 같은 단행본을 들 수 있다. 이러한 독일 연구자들의 연구 성과 이외에 간과될 수 없는 매우 중요한 작업으로는 피에르 미삭(Pierre Missac)의 『발터 벤야민의 파사주』(*Passage de Walter Benjamin*, 1987)라는 연구서를 들 수 있다. 벤야민 생존 당시 바타이유를 통해 그를 직접 만났고 벤야민 연구가들 가운데 가장 뛰어난 학자로 인정받는 미삭은 그 연구서에서 정치와 종교, 마르크스주의와 유대교 신학 같은 일반적인 경향에서 벗어나 철저히 문학적 · 철학적 차원에서 벤야민의 다양한 측면을 천착해줌으로써 1990년 이후 벤야민 연구에서 매우 중요한 이정표를 제시한다.[16] 아울러 위에서 언급된 연구서들 가운데 멘케의 저서도 중요한 의미를 지닌다. 멘케의 작업은 이름 · 알레고리 · 이미지라는 벤야민의 세 가지 핵심 개념을 데리다와 폴 드 만의 해체론적 독서 방식으로 읽어낸 매우 뛰어난 연구서로 평가되고 있다. 물론 멘케에 의하면, 벤야민과 데리다는 이론적으로나 언술적인 차원에서 서로 명확하게 일치하기보다는 단지 "단초 차원에서" 서로 비교될 수 있을 뿐이라고 한다. 이와 비슷한 선상에서 안젤름 하버캄프(A. Haverkamp)가 편집한 『폭력과 정의. 데리다-벤야민』(1994), 알프레드 히르쉬(Alfred Hirsch)가 편집한 『번역과 해체』(1997) 같은 연구서에는 다양한 분석들이 엿보이는데, 가

**16** P. Missac, Walter Benjamins Passage, Frankfurt am Main 1991(독일어 번역본).

령 벤야민의 사유와 글쓰기를 해체론적으로 분석하거나 혹은 벤야민의 사유와 해체론적 사유를 접목하려는 시도가 그것이다.[17]

이와 같은 수용의 양극단화는 주로 벤야민 텍스트의 경향, 즉 1930년 전후에 씌어진 『일방통행로』(1928), 『사유이미지』(대략 1930~1932년으로 추정)를 기점으로 양방향으로 분리되곤 하는 벤야민의 사유와 글쓰기에 기인한다. 가령 벤야민 연구가인 린트너는 벤야민의 사유를 크게 전기와 후기로 구분한 바 있다. 그에 따르면, 벤야민은 전기에서 낭만주의적 · 사변적인 근원사를 추적하거나 혹은 신화를 추상적으로 역사화하는 경향을 띠고 있었고 그러한 점을 크라우스, 카프카, 초현실주의 등에서 찾아내려 했지만, 후기의 경우 마르크스주의적 사유에서 출발하지만 공산주의 이론의 형이상학적 유물론에서 벗어나 몸공간과 이미지공간을 중시하는 인간학적 유물론을 더욱 중시하였다는 것이다.[18] 그런 벤야민 자체의 특징과 벤야민을 수용하는 과정을 비교해보면, 1970~1980년대에는 후기 벤야민이 활성화되었다면 1990년대 이후에는 전기 벤야민이 부각되는 기이한 현상을 목격할 수 있으며 나아가 마치 좌우파적 해석의 대립이 형성되는 듯이 보인다(물론 좌우파적이라는 표현이 과연 타당한지에 대해서는 토론의 여지가 있을 수 있다). 그러나 한 가지 분명한 점은, 벤야민 텍스트의 "본래" 의미란 전혀 존재하지 않고 그 대신 수용자의 해석 행위를 통해서 텍스트 의미가 만들어지는 경향을 엿볼 수 있다는 것이다. 시니컬하게 말하면,

---

**17** W. Menninghaus, Walter Benjamins Theorie der Sprachmagie, Frankfurt am Main 1980; B. Menke, Sprachfiguren. Name, Allegorie, Bild nach Benjamin, Weimar 2001; S. Weigel, Entstellte Ähnlichkeiten. Walter Benjamins theoretische Schreibweise, Frankfurt/Main 1997; A. Haverkamp(Hg.), Gewalt und Gerechtigkeit. Derrida-Benjamin, Frankfurt/M 1994; A. Hirsch(Hg.), Übersetzung und Dekonstruktion, Frankfurt/Main 1997.

**18** B. Lindner(Hg.), "Links hatte noch alles sich zu enträtseln [……]", p. 9 sq.

해석이란 궁극적으로 수용자의 구성적 산물이라는 원론적 시각이 벤야민 연구 동향에서도 입증되고 있는 셈이다.

아무튼 전체적인 수용 과정을 목도할 경우 점차 정치적 맥락에서 탈정치적 맥락으로 전환하고 있는 듯이 보이지만, 그러나 이것이 과연 정당한 판단일까? 1990년대 이전과 이후의 벤야민 수용은 정말 서로 상반된 것일까 아니면 그러한 상반된 수용의 근원은 혹시 단계별로 다른 모습을 보이는 벤야민의 사유에 기인하는 것이 아닐까 등등의 여러 가지 질문이 제시된다. 초기/중기 벤야민과 후기 벤야민 사이에는 분명 차이점이 있으며 상반된 것처럼 보이기도 한다. 예컨대 철학적이고 신학적인 인식이론, 예술 이론의 성향이 초기/중기에 강했다면, 1930년대 이후 벤야민은 점차 꿈과 유물론을 상호 결합시키는 소위 정신분석학적 마르크스주의(혹은 마르크스주의적 정신분석학)에 심취하는 경향을 보인다. 이러한 도식적인 구분을 고착화할 경우 분명 1970~1980년대의 수용 경향과 1990년대의 수용 경향을 "정치적 맥락에서 탈정치적 맥락으로의 전환"이라고 부르게 되는데, 이는 특히 1990년대를 기점으로 포스트모더니즘 및 해체론이 부각하는 가운데 비판이론에서 해체론으로의 전환을 흡사 정치에서 탈정치로 전환하는 것으로 바라보는 시각과도 비슷하다. 그러나 언어이론 · 예술이론 · 해체론 등을 모두 탈정치적인 이론으로 매도하는 시각은 적지 않은 논리 비약과 결점을 지닌다. 또한 비판이론과 해체론 간의 친화성이 가능하듯이, 초기/중기 벤야민과 후기 벤야민의 모습에서도 어떤 공통점을 발견할 수 있다. 아울러 벤야민의 후기 텍스트를 오로지 정통 마르크스주의의 관점인 경제결정주의에서만 해석해왔던 시각도 약간 문제시될 수 있다. 사실 경제결정주의적 시각에 대한 반성적 단초는 벤야민 스스로가 이미 제시한 바 있다. 벤야민은 "자본주의는 유럽 전역 새로운 꿈의 잠을 가져온 자연 현상이었으며, 신화적 힘들이 자본주의에서 재활성화되었다"[19]고 말하고 있지만, "경제와 문화 간의 인과적 연관성"을 밝히려 했던 마르크스와는 달리 양자 간의 "표현 연관성"이 더욱 중시된다고 밝힌다. 즉 "문화의 경제적 발생이 아니라 문화 내에서의 경제의 표현"[20]이 중시된다는 것이다. 사회과학자들이 추상적이고 도표나 숫자를 통해서 경제가 문화에 끼치는 영향을 인과적으로 설명하는 일에 충실하다면, 심미적 비평가는 "파사주(그런 점에서 19세기)의 모든 삶의 현상이 출현하는 근원 현상"[21]으로서 경제가 어떻게 표현되고 있는지, 그리고 그것을 문화기호학적인 차원에서 어떻게 읽어내야 하는지를 자신의 과제로 삼는다. 자본주의 경제에 의해 만들어진 대도시적 환등상과 관련된 벤야민의 사유와 글쓰기를 벅-모스는 다음과 같은 흡사 탈마르크스주의적인 관점에서 설명해주고 있다.

> 벤야민의 출발점은 자본의 경제적 분석이 아니라 역사적 경험의 철학이었으며, 그런 벤야민에게 있어서 새로운 도시 환등상(즉 그가 19세기의 파리에서 발견한 환등상)을 밝히는 열쇠는 시장에 있는 상품이 아니라 쇼윈도에 있는 상품이다. 그런 상품에서 이제 사용가치 못지않게 교환가치도 실제적 의미를 잃고 있으며 그 대신 다른 재현가치가 전면에 나서고 있는 것이다.[22]

사용가치나 교환가치가 아니라 완전히 다른 재현가치가 중시된다는 것이다. 여기서 재현가치란 사물을 있는 그대로 보여주는 의미에서의 가치가 아니라 연출성 · 수행성 · 가상성 등이 가미된 의미에서의 가치를 말한

---

**19** GS 5, 494.
**20** GS 5, 573 sq.
**21** GS 5, 574.
**22** S. Buck-Morss, Dialektik des Sehens, p. 108.

다. 즉 사물 · 사용 · 화폐 간의 관계가 중시되는 것이 아니라 포장 · 색깔 · 취향 같은 형식적이고 심미적 요소가 가치를 결정할 수 있는 요인으로 작용하는 것이다. 이 점은 가령 기술복제 시대에서 새로운 매체예술이 일종의 전시가치를 지닌다는 주장과도 연결되며, 또한 비판과 도취에 젖어 배회자에 의해 관찰되고 있는 수많은 상품이 사용가치와 교환가치에서 벗어나 일종의 연출가치(Inszenierungswert)를 지닌다는 시각과도 연결된다. 상품이 더 이상 어떤 필요에 의해 사용되거나 돈의 매개로 교환되는 것이 아니라 단순 소유나 전시의 가치를 지닐 때 비로소 연출가치라는 새로운 개념이 나타나게 되는데, 이를 두고서 게르노트 뵈메(G. Böhme)는 "심미적 경제"(ästhetsiche Ökonomie)가 도래한 상황이라고 서술하고 있다.

> 심미적 경제란 교환가치와 사용가치 이외에 제3의 가치가 들어서는 자본주의의 다른 단계를 말하는데, 그 가치를 나는 연출가치라고 명명한 바 있다. [……] 상품의 교환가치, 즉 교환가치의 매력이 교환의 연관성에서 [……] 중요할 뿐만 아니라 [……] 일종의 새로운 사용가치가 된다는 점이 드러난다. 그것은 이미 초기에 상품에서 나타났는데, 당시 상품의 순수한 소유는 지위의 상징으로 작용하였다. 여기서는 상품의 필요성이 중시되는 것이 아니라 그 대신 상품 구입 능력을 과시할 수 있는 점이 중시된다. 점점 더 상품은 구입 후 사용되는 물건이 되는 것이 아니라 어떤 의미에서는 전시물로 보관된다. 상품들은 특정한 라이프스타일의 연출을 위해 기여하는 데 그 사용가치를 두고 있는 것이다. 이제 새로운 가치 유형, 즉 연출가치를 논하는 것이 중시된다.[23]

**23** Gernot Böhme, Aisthetik. Vorlesungen über Ästhetik als allgemeine Wahrnehmungslehre, München 2001, p. 21 sq.

이와 같은 상품의 가치와 기능 변화는 재래시장과 파사주(아케이드)라는 비유를 통해서 설명될 수 있다. 가령 재래시장의 경우 상품은 사용가치와 교환가치의 맥락에서 벗어날 수 없지만, 아케이드의 경우 단지 진열장에 전시된 자체에서만 상품의 가치와 기능이 작동한다. 다시 말하면, 진열장의 상품은 더 이상 사용가치나 교환가치에 종속되는 것이 아니라 진열된 것 자체로서 가치를 지니며 진열장의 모습 그대로 소비자의 몸, 내부공간, 거주지 속으로 들어와 연출해내는 가치를 지닐 뿐이다. 진열된 상품을 마주하는 소비자도—역설적인 표현이지만— 상품의 사용가치를 다름 아닌 연출가치에서 찾는다. 이와 같은 상품의 연출가치를 확대할 경우 디자인 자체가 생활 세계 내지는 존재 양식을 만들어나간다는 심미적 사유가 싹트게 된다. 즉 인간이 의식적으로 삶을 꾸려나가려는 의지에서 디자인을 도구로 사용하는 것이 아니라 오히려 사물세계의 형상화로서의 디자인이 "생활 조건의 편제에 영향을 끼치고 행동양식을 주조해내는"[24] 것이다. 사실 자본주의 사회에 대한 수많은 파편적 단편이 실려 있는 『파사젠-베르크』에는 그와 같은 상품의 전시가치 혹은 연출가치와 관련된 벤야민의 가치중립적인 언술이 상당수 발견되는데, 가령 8장에서 설명하겠지만 사물의 카스파르 하우저 시선(Kaspar-Hauser-Blick: 마치 처음 본 듯이 놀랍게 쳐다보는 시선)이 존재하는 공간에 대한 분석을 그 예로 들 수 있다.[25] 또한 벤야민은 광고와 예술, 저급 취향과 고급 예술 간의 경계 설정을 비생산적인 것이라고 비판하면서 "세계사적 형세에서는 양 극단이 서로 접촉한다"는 급진적인 인식을 제시하기도 한다. 그렇기 때문에 산만 속에서

**24** Wolfgang Welsch, Äthetisches Denken, Stuttgart 1990, p. 217.

**25** GS 5, 672.

의 수용에 대한 대표적인 예로서 영화뿐만 아니라 광고나 플래카드가 긍정적으로 옹호된다. "플래카드 앞에서는, 예전에 경배하는 그림 앞에서와는 달리, 예술애호가나 비루한 자(바나우제, Banause)가 존재하지 않는다."[26] 이처럼 기술 매체, 상품문화와 관련된 다양한 언술이 벤야민 해석에 새로운 단초를 제공해준다. 그런 선상에서 요헨 회리쉬(Jochen Hörisch)도 경직된 마르크스주의적 관점에 의한 벤야민 해석을 비판하면서 벤야민 텍스트가 보드리야르의 시뮬레이션 이론(탈사물화 이론)과 접목될 수 있는 가능성을 제시하고 있다.

> 최근 프랑스 시뮬레이션 이론은 전혀 비의적이지 않은 벤야민을 고찰하는 데 관심을 쏟고 있으며 그 계기는 어렵지 않게 설명된다. 왜냐하면 벤야민의 후기 작품은 신마르크스주의적 이론 전통에서 의미심장한 전환을 취하고 있기 때문이다. 즉 그 이론은 사물화(Verdinglichung)에 대한 비판에서 탈사물화(Entdinglichung)에 대한 비판으로 선회하고 있다. 자본주의 사회의 조건 하에서 "인간 자체의 특정한 사회적 관계는 [……] 사물 관계의 환등상적 형식을 취하며" 결국 "실상의 의인화와 생산관계의 사물화"로 나가게 된다. 마르크스에 의하면, 그러한 교차대구법이 자본주의적 근대에서의 '일상생활의 종교'를 특징짓는다. 선험적인 주관성이라는 기본 구조가 사물화되는 것, 즉 상품의 사물과 돈의 사물로 각인된다는 점은, 루카치나 존-레텔이 주장한 마르크스적 사물화 진단을 신마르크스주의적으로 급진화하는 것이었다. 벤야민은 그와 같은 전도된 질서의 논거(사물이 주체로 상승되고 주체가 사물화되는 논거)를 인정하면서 동시에 그것을 전복시키는 신마르크스주의자들 가운데 첫 번째 주자였다. 즉 상품의 사물과 돈의 사물이 사물화하는 힘을 가질 수 있는 까닭은 바로 그것들이 사물을 탈

**26** GS 1, 1044.

사물화하기 때문이다.[27]

인간이 사물화되는 과정을 비판하는 단순 논리가 아니라 "사물이 주체가 되고 주체가 사물화되는" 경향을 인정하면서도 동시에 그런 과정을 전복하는 이중적 논리가 바로 벤야민, 리오타르, 보드리야르, 데리다 같은 신마르크스주의자들의 사유 방식을 관통하는 공통점이라고 할 수 있다. 요컨대 대상이나 현실을 명시하기 위해 사용된 상징적 기호가 그 기호에 의해 명시된 것과 분리되는 가운데에서도 그 자체의 현실성을 지니듯, 상품과 돈도 사물과 분리되는 가운데 그 자체의 현실을 만들어간다는 것이다. 이 점이 후기구조주의적 사회의 현상이며, 이러한 현상에 대한 비판적 시각을 벤야민과 보드리야르가 열어주고 있다는 것이다.

마르크스주의와 해체론 사이의 이데올로기적 차이점이나 공통점을 넘어서 완전히 다른 차원에서 벤야민을 해석하는 경향이 제기되곤 한다. 그것은 『기술복제 시대의 예술작품』을 중심으로 논의된 매체이론가로서의 벤야민 발굴이다. 과거 글자 매체를 중심으로 정신적 능력만을 강조했던 사유에서 벗어나 시각적 · 촉각적 수용을 중시하는 경향 혹은 "문화학으로서의 매체학"이라는 경향 내에서 벤야민의 글은 새로운 의미를 획득하고 있다. 매체이론의 양상을 보면 사실 거기서도 마르크스주의적 매체이론과 탈마르크스주의적 매체이론이 서로 대립하고 있으며, 영화 매체에 관한 벤야민의 글은 주로 마르크스주의적 매체이론으로 분류되곤 한다. 그러나 벤야민의 글을 꼼꼼히 분석할 경우 매체에 대한 그의 시각은 결코 간단치 않음을 알 수 있다. 위에서 사물화와 탈사물화 간의 긴장 가능성을 벤야민에게서 찾을 수 있다고 말했듯이, 새로운 기술 매체에 대한 벤

**27** J. Hörisch, Kopf oder Zahl. Die Poesie des Geldes, Frankfurt a.M. 1996, p. 253.

야민의 분석도 산업사회와 후기산업사회, 마르크스주의적 시각과 탈마르크스주의적 시각 간의 사이 공간에 위치해 있다.[28] 이와 같은 점을 정확히 지적한 보드리야르에 의하면, 벤야민과 맥루한은 "복제와 시뮬레이션 사이의 경계 공간, 즉 지시준거적 이성이 사라지고 생산이 도취의 상태로 빠져든 지점"에 놓여 있다.[29] 물론 벤야민 텍스트 자체에서 근대와 탈근대, 복제와 시뮬레이션에 모두 적합한 현상과 분석을 동시적으로 찾아내기란 쉽지 않은 작업이지만, 그러나 탈근대적 시대, 시뮬레이션 시대에 대한 논리적 단초를 찾아내는 일은 그리 어렵지만은 않다. 이에 대한 대표적인 예로 매체 및 이미지 연구가인 미첼(W. J. T. Mitschell)의 시각을 들 수 있는데, 그에 의하면 기술적 복제 시대에 대한 벤야민의 시각은 오늘날 바이오사이버네틱스(biocybernetics) 복제 시대로 규정될 수 있는 탈근대적 시대를 분석함에 있어서 다음과 같은 세 가지 차원에서 매우 적절하게 응용할 수 있다는 것이다.

> 나는 바이오사이버네틱스 복제라는 새로운 형태의 세 가지 결과에 초점을 맞추고 싶은데, 그 개개 결과는 기술적 복제에 대한 벤야민의 분석에서 나름의 상응하는 점을 두고 있다. 그것을 세 가지 범주로 내세우면 다음과 같다. 첫 번째로 복제품은 더 이상 오리지널보다 열등하거나 아래에 놓인 유물로 관찰될 수 없으며 오히려 오리지널을 원칙적으로 개선한 것이다. 두 번째로 예술가와 작품 간의 관계, 작품과 모형 간의 관계는 기술적 복제의 영역에서 가능했던 그런 것들보다 더욱 친밀하지만 동시에 동떨어져 있다. 세 번째로 사건의 부식 그리고 중

28 벤야민의 매체이론을 다각도로 조명한 연구서로는 다음을 참조할 것(Walter Benjamins Medientheorie, hrsg. v. Christian Schulte, Konstanz 2005).

29 J. Baudrillard, Der symbolische Tausch und der Tod, München 1982, p. 89.

요한 과거에 전념한다는 특징을 지닌 시간성이 우리의 역사관에서는 '가속화된 정지'라는 특이한 감정을 생산한다.[30]

벤야민이 강조한 복제품 자체의 고유한 특성, 가령 지각 수단과 작품 간의 새로운 관계, 과거와 현재가 정지된 시간 속에서 서로 교차한다는 측면 등이 바이오사이버네틱스의 복제 시대에서 더욱 증폭되어 확장될 수 있다는 것이 미첼의 결론이다. 이밖에도 바로크 연구에서 벤야민이 제시한 다양한 측면들, 즉 상형문자 · 엠블렘(Emblem) · 알레고리 등에 대한 인식도 새롭게 대두된 문화학에 커다란 영향을 끼치고 있다. 즉 과거에 존재했던 것, 나아가 현실적인 것조차도 수수께끼 같은 이미지언어(Bildersprache), 이미지글(Bilderschrift)의 특성을 획득한다는 벤야민의 인식은 소위 도상적 전환(iconic turn)의 문화학에서 매우 중요한 의미를 지닌다고 크리스티안 엠덴(Ch. Emden)은 거듭 강조한다.

이와 같은 문화사적 방식의 모델은 [……] 15~17세기에서의 상형문자를 알레고리컬하게 수용하는 것이며, 그리고 상형문자가 엠블렘의 이미지 우주로 변형되는 것이기도 하다. 이러한 점은 벤야민에게서 변화의 조짐을 맞이하는 가운데 19세기 근대적 대도시의 경험 공간 속에서 반복하였는데, 이것이 문화학을 점차 기호 해독의 학문으로 이해하는 역사철학적 관점의 출발점이 된다.[31]

---

**30** W. J. T. Mitschell, Das Leben der Bilder, München 2008, p. 202(Eng. What Do Pictures Want The Lives and Loves of Images, Chicago, 2005). 이 책은 다음의 제목으로 번역되었다(미첼, 『그림은 무엇을 원하는가』, 김유경 역, 그린비, 2010).

**31** Christian J. Emden, Kulturwissenschaft als Entzifferungsunternehmen. Hieroglyphik, Emblematik und historische Einbildungskraft bei Walter Benjamin, in: A. Assman/J. Assmann(Hg.), Hieroglyphen. Archäologie der literarischen Kommunikation VIII, München 2003, p. 297.

특히 대도시 및 19세기의 근원사를 발견하기 위해 벤야민이 제시한 다음과 같은 세 가지 차원이 문화학적 단초로서 매우 중시된다. 그 하나는 "대도시적 기호세계는 언어적 매체성을 지닌다"는 것이며, 다른 하나는 "엠블렘이 상품으로서 영위하고 있다"는 것이며, 마지막으로 "일상적 사물은 상형문자와도 같다"는 것이다.[32] 현재의 문화학은 이와 같은 세 가지 측면을 적극 도입하여 문화 현상을 해독해나가는 토대로 삼아야 한다는 것이다.

벤야민의 전체 글을 바라볼 때 설혹 언어이론 · 문학이론 · 신학 등에 집중된 초기/중기의 글, 마르크스주의와 정치적 정신분석학 등에 집중된 후기의 글 같은 식의 도식적인 구분이 타당한 것처럼 보일지라도 사실 그 경계는 유동적이라는 점이 항상 전제되어야만 한다. 물론 시기 구분이 틀린 것은 아니지만 그렇다고 해서 벤야민 사유 세계를 분석하는 데 있어서 명확한 진리처럼 고정될 수는 없다. 그것은 시기와 관계없이 벤야민의 글 전체를 관통하는 몇 가지 점이 발견되기 때문이다. 우선 그 하나는 신학적 사유와 마르크스주의적 사유를 결합하는 것으로서 일종의 '정치적 신학'의 사유 방식이며, 다른 하나는 흔히 탈정치적인 측면으로 간주되는 언어이론적 · 문학이론적 사유 방식의 지속성이다. 낙원 상태에서의 신과 인간의 언어 행위, 순수 언어를 향한 언어적 행위(번역), 메시아적 시간에 의한 구원 같은 주로 초기에서 제시된 신학적 사유는 사실 후기의 정치적 사유, 즉 계급 없는 사회에 대한 정치적 유토피아와 불가분의 관계를 맺는다.[33] 더욱이 비평 · 언어 · 알레고리 · 형세 등은 초기부터 후기까지 지

**32** Ibid., p. 316.

**33** 가령 부르크하르트 슈미트(Burghart Schmidt, Benjamin zur Einführung, Hannover 1984)

속하고 있는 핵심적인 개념이기도 하다. 특히 초기 언어이론에서 언급된 유사성의 지각이나 후기 글에서 자주 언급된 변증법적 이미지를 아우르는 공통점은 다름 아닌 "반짝 빛남"(Aufblitzen)에 내재되어 있는 순간성의 심미적 지각 방식이다. 그러한 심미적 지각 방식은 초기 박사학위 논문인 『독일 낭만주의에서의 예술비평 개념』, 『독일 바로크 비극의 기원』[34]뿐만 아니라 후기의 단편적 글쓰기(특히 『파사젠-베르크』)에서도 끊임없이 지속적으로 표현되고 있으며 어쩌면 벤야민의 전체 글을 지탱해주는 일종의 중추신경일 수도 있다. 또한 『독일 바로크 비극의 기원』에서 제시된 알레고리에 대한 인식은 보들레르 문학과 마르크스주의적 사유를 접목하는 후기의 글에서도 결정적이다. 여기서 알레고리는 근대에 대한 비판적 시각뿐만 아니라 해체론적 글쓰기와 연결될 수 있는 가능성까지도 지닌다. 알레고리나 형세 같은 측면 이외에도 예외상태, 정치적 메시아니즘 같은 사유의 단초도 초기 글인 『독일 바로크 비극의 기원』과 마지막 글인 「역사의 개념에 대하여」를 묶어주는 핵심적인 특징이다.

---

와 이르빙 볼파르트(Irving Wohlfarth, Das Medium der Übersetzung, in: Übersetzen: Walter Benjamin, hrsg. v. Christiaan L. Hart Nibbrig, Frankfurt am Main 2001, pp. 80~130)를 참조할 것.

**34** 『Ursprung des deutschen Trauerspiels』의 번역은 "독일 비극의 기원"으로 이미 고착화되었다. 사실 "Tragödie"와 "Trauerspiel"을 서로 구분하여 번역하는 것은 불가능한 것처럼 보이기 때문에 그 대안으로 의미상의 번역을 꾀할 수밖에 없다. 즉 전자를 "전통적 비극", 후자를 "바로크 비극"이라고 번역하는 것이다. 벤야민의 또 다른 두 가지 글(「Trauerspiel und Tragödie」, 「Die Bedeutung der Sprache in Trauerspiel und Tragädie」)도 각기 「바로크 비극과 전통적 비극」, 「바로크 비극과 전통적 비극에서의 언어의 의미」라는 식으로 의미상의 번역을 시도하는 것이 좋을 듯싶다. 따라서 이 책에서는 "독일 비극의 기원"은 "독일 바로크 비극의 기원"이라는 식으로 대체하여 사용한다. 조만영은 "비애극"이라는 번역어를 제안한 바 있다(『독일 비애극의 원천』, 조만영 역, 새물결, 2008).

## 3. 심미적 비평가

벤야민의 글과 사상은 주로 철학적 · 신학적 · 정치학적 · 정신분석학적 · 심미적 차원에서 연구자의 시각에 따라서 상이하게 해석되어왔지만 그 가운데 철학적 · 신학적 해석이 지배적이고 이를 다시금 정치적 · 역사적 해석과 연결시키기도 한다. 그러나 마르크스주의 · 정신분석학 · 신학 등에 의존하는 가운데서도 벤야민이 항상 스스로 잃지 않으려 했던, 아니 조심스럽게 간직하려 했던 점은 바로 심미적 비평가로서의 자신의 모습이었다. 다르게 서술하자면, 아도르노가 1929~1930년에 쓰고 이듬해에 교수자격 취득논문으로 제출한 『키에르케고르. 심미적인 것의 구성』에서 밝힌 근대 주체의 주관적 자아의 특성, 즉 내면의 자기준거성을 뜻하는 "내부공간"(Interieur)에서만 외부(도시적 · 사회적 삶)를 관찰하는 몽상적인 주체의 모습, 극도의 심미성과 내면화에 심취해 있는 근대적 주체의 모습은 다름 아닌 친구 벤야민에게 적용될 수 있었다.[35] 정치철학적 차원에서 벤야민을 마르크스주의자로 해석해왔던 많은 연구가들은 그러한 아도르노의 시각을 날카롭게 비판해왔지만, 어쩌면 아도르노의 지적이야말로

35 아도르노의 키에르케고르 연구서는 그야말로 논쟁거리 그 자체다. 일찍이 벤야민에게 보낸 편지에서 숄렘은 아도르노가 벤야민의 사유를 교묘하게 베껴냈다고 비판하고 있다. 그것은 1923~1924년에 집필된 벤야민의 『독일 바로크 비극의 기원』에 대해 아도르노가 잘 알고 있었으며, 특히 내면성의 논증이라는 아도르노의 책 3장에서 서술된 바로크 · 우울 · 알레고리 등의 내용이 벤야민의 그것과 상당히 흡사하기 때문이다. 그렇지만 양자 간의 차이점이 없는 것은 아니다. 벤야민의 경우, 4장에서 살펴보겠지만, 허무에서 부활로의 전환이 아무런 매개 없이 구원처럼 일어나는 식으로 서술되고 있지만, 아도르노는 그러한 전환을 알레고리 자체의 변증법적 특성으로 간주하고 있다. 또한 벤야민의 경우 멜랑콜리한 작가나 군주의 심리적 상태를 서술하기 위해 슈미트의 예외 상태, 정치적 결단주의를 심미적 차원에서 응용하고 있지만, 아도르노는 그러한 점을 제시하지 않는다.

가장 적절한 시각일지도 모른다.

아도르노의 키에르케고르 연구와는 관계없이, 키에르케고르가 시도한 심미적 인간에 대한 정의는 사실 심미적 비평가로서의 벤야민을 언급하려는 우리의 시도와 관련하여 매우 중요한 의미를 지닌다. 물론 이를 위해서는 전복의 논리가 필요하다. 우선 키에르케고르는 『불안이라는 개념』(1844), 『공포와 전율』(1844), 『양자택일』(1843), 『죽음에 이르는 병』(1849) 같은 다양한 저서에서 불안, 절망, 이성 없는 믿음, 황량한 자아 등을 토대로 근대의 실존적 양상을 분석한 바 있다. 불안한 실존적 상황 속에서 인간 개개인은 자신의 개성(인격)을 완성해나가기 위해 소위 세 가지 실존 가능성을 밟아나간다. 우선 첫 번째 심미적 단계에서 인간은 관조적 · 쾌락적 · 비활동적, 무책임한 상태에 놓이며 또한 순간이라는 시간에 의존한다. 일종의 심미적인 면이 우세한 나머지 쾌락주의나 절망감에 빠질 수 있다는 것이다. 두 번째 윤리적 단계에서 인간은 수많은 가능성 중 어느 하나를 취하고 다른 것을 배척하는 결단 및 행동의 의무를 갖게 되며 또한 지속이라는 시간에 의존한다. 그렇다고 해서 실존적 불안감이 완전히 극복되는 것은 아니다. 마지막 종교적 단계에서 인간은 윤리적 결정의 한계와 유한성을 인식하게 되고 그 결과 유한성과 무한성을 결합하려 한다. 신의 은총을 통해서 절망과 불안이 극복됨으로써 신과 인간의 동일성이 다시 회복되는 단계와도 같다.

인간이 점차 심미적 · 윤리적 · 종교적 단계를 밟아나간다는 것이 키에르케고르의 핵심적인 사유인데, 여기서 벤야민의 사유와 글쓰기를 적절하게 자리매김하기 위해 우리는 키에르케고르의 사유 및 개념을 차용해볼 필요가 있다. 그 차용은 두 가지 방식으로 이루어진다. 그 하나는 벤야민의 경우 심미적인 측면, 윤리적인(정치적인) 측면, 종교적인 측면이 '단계'라는 식의 소위 발전 과정을 형성하는 것이 아니라 세 가지 측면이 항상 동시적으로 공존해 있다는 것이다. 다른 하나는 그 세 가지 측면 가운데 심미적인 측면은 윤리나 종교를 위한 도구적 역할을 수행하는 것이 아니며 또한 극복되어야만 하는 부정적인 측면이 결코 아니라는 것이다. 심미성에 대한 강조는 쾌락주의 · 순간주의 같은 식으로 실존적인 차원에서 부정적으로 인식될 수 없으며 오히려 심미적 작가와 비평가가 반드시 갖추어야만 하는, 아니 포기될 수 없는 문학적 특성이자 덕목인 것이다.

이제 심미적 비평가로서의 벤야민이라는 표현에서 세 가지 의미가 강조된다. 그 하나는 '심미적'이라는 개념과 관련된 의미다. 이 개념이 각별히 강조되어야만 하는 까닭은, 벤야민의 정치철학적 · 신학적 사상은 단지 배경이고 사실은 그만의 독특한 심미적 주관성이 그 이면에서 핵심적으로 작용하고 있기 때문이다. 따라서 심미적 비평가라는 표현은 벤야민을 매우 폭넓은 의미에서 "비평가로서의 지성인"으로 지칭한 베른트 비테(B. Witte)의 시각과는 구분된다.[36] 비평가로서의 지성인이 계몽적 비평가를 답습하는 것이라면, 여기서 제시된 심미적 비평가는 계몽보다는 심미성을 더욱 중시하는 비평가의 의미를 지닌다. 다른 하나는 '비평가'로서의 벤야민과 관련된 의미다. 즉 벤야민은 존재나 삶에 대하여 관념론적 혹은 유물론적 철학을 펼치는 철학가가 아니며, 또한 그런 이론을 바탕으로 사회 개혁을 외쳐대는 정치가도 아니다. 물론 특정 종교의 믿음을 연구하는 신학자는 더더욱 아니다. 궁극적으로 그는 언어적 표현의 실험, 즉 일종의 새로운 글쓰기를 시도하는 비평가다. 물론 그의 비평적 글쓰기가 어떤 진리를 찾고 그것을 사회 개혁과 연결시키는 인식론적 · 실천적 사유에서 촉발되었음은 부인할 수 없지만, 그러나 진리 추구의 인식론적 행위나 사회 변혁을 위한 실천적인 꿈은 소재나 배경이었을 뿐 궁극적인

36 B. Witte, Walter Benjamin: Der Intellektuelle als Kritiker, Stuttgart 1976.

목적은 새로운 글쓰기의 실험에 놓여 있었다.

심미적 비평가에 내재해 있는 세 번째 의미는, 개념적 사유와 표현 이미지(Bild, Image)를 서로 연결시키려는 행위에서 벤야민은 표현 이미지에 더욱 방점을 두었다는 것이다. 아도르노와 벤야민은 전통적인 주관주의적 철학의 동일성 사유 및 개념적 사유를 비판의 대상으로 삼았다는 공통점을 지니고 있지만, 그것을 극복하는 길 위에서 양자는 미묘한 차이를 내보인다. 아도르노가 궁극적으로 개념적 사유를 포기하지 않았다면, 벤야민은 개념적 사유보다는 오히려 심미적 글쓰기 혹은 표현 이미지를 추구하였던 것이다(이 점은 두 사람의 텍스트를 읽으면 쉽게 감지될 수 있다). 그렇기 때문에 벤야민의 글쓰기는 철학적 텍스트라기보다는 문학적 텍스트에 가깝다. 다르게 말하자면, 심미적 글쓰기의 측면에서 벤야민은 아도르노의 개념적 사유를 훨씬 능가했던 것이다. 벤야민의 심미적 글쓰기란 바로크 비극에 관한 연구에서 그 이론적인 근거를 마련한 알레고리 · 인용 · 순간 · 몽타주 · 형세 등과 관련된 심미적 방식, 즉 자신의 책 제목으로 삼았던 "사유이미지"(Denkbilder) 같은 방식을 말한다. 여기서 사유이미지에 대한 새로운 이해가 필요하다. 본래 사유이미지라는 용어는 독일의 18세기 철학자이자 문헌학자인 헤르더(Herder)가 『순수이성 비판에 대한 메타비판』(1799)이라는 책에서 처음으로 사용한 것이다. 그렇지만 "인간의 오성 개념의 사유이미지"(Denkbilder menschlicher Verstandesbegriffe)라는 헤르더의 표현에서 알 수 있듯이 이미지(형상)는 단지 개념을 관조할 수 있도록 해주는 도구로 파악되었으며, 그런 사유이미지의 구체적인 예로 헤르더는 알레고리컬한 서술 방식인 엠블렘을 들었다. 헤르더의 용어인 사유이미지를 다시금 널리 통용시킨 이는 벤야민이 잘 알고 있던 시인 슈테판 게오르게(Stefan George, 1868~1933)다. 1908년에 출간된 『영혼의 해』라는 시집에 실린 「예언가의 낱말은 소수자들만이 공유한다」라는 시에서 그는 "사유이미지가 태양으로 올라가준다면"이라는 구절을 남긴 바 있다. 그렇게 시어로 사용된 사유이미지라는 낱말을 벤야민은 자신의 철학적 · 심미적 사유와 글쓰기를 나타내는 개념으로 끌어들이고 있는데, 자신의 『사유이미지』라는 제목의 저술뿐만 아니라 그의 글 전체에 그와 같은 사유이미지의 특성을 부여하고 있다. 여기서 사유이미지에서 간과되지 말아야 할 점은, 이미지가 개념적 사유를 위한 수단이 결코 아니라는 것이다. 사유이미지에서 사유와 이미지는 서로 수단과 목적의 관계를 맺지 않는 그 자체가 하나이며 내적으로 서로 변증법적 관계를 형성하고 있다. 즉 사유이미지에서 사유는 이미지로, 이미지는 사유로 전환하는 것이 가능하다. 냉정하고 차분한 성찰적인 능력으로서 사유는 수시로, 곳곳에서 감정에 말을 건네는 심미적 이미지로 전환하며, 역으로 감정에 말을 건네는 심미적 이미지는 냉정한 사유로 전환하기도 한다. 이러한 사유이미지에 의한 벤야민의 글쓰기와 관련하여 아도르노는 "모든 개개의 문장들 뒤에서 아주 극단적인 흥분이 정적인 것으로 전환하고 있음을 느낄 때, 즉 흥분에 대한 정적인 표상을 느낄 때 비로소 벤야민을 제대로 이해"[37] 할 수 있다고 언급한 바 있다. 그러나 아도르노의 서술에서 아쉬운 점은, 그가 단지 이미지가 사유로 전환하는 측면만을 중시했을 뿐 사유의 정적인 면이 흥분을 야기하는 이미지로도 전환할 수 있는 가능성을 간과하고 있다는 것이다. 독자를 자신의 글 세계 속으로 끌어들이는 심미적 이미지의 흡인력이 때론 냉정한 사유의 정적인 상태를 불가능하게 만들 수 있다는 것, 이것이 벤야민의 글쓰기에 내재해 있는 사유이미지의 힘으로 작용한다.

자세히 보면, 사유이미지라는 개념은 사유와 이미지로 각기 대변되는

---

**37** Th. W. Adorno, Über Walter Benjamin, p. 44.

것, 즉 철학과 문학의 결합을 뜻한다. 여기서 철학이란 과학적 · 논리적 · 합리적 능력에 의해 전개되는 개념적인 측면을 뜻하며, 문학이란 감성적 · 직관적 · 창조적 능력에 의해 전개되는 비개념적인 측면을 뜻한다. 낭만주의, 니체, 벤야민 등의 공통점은 철학과 문학이 서로 분리되면서도 동시에 결합된다는 것이며, 그와 같은 양자의 관계에 대해서는 하이데거의 관점이 적지 않은 도움을 준다. 하이데거는 "사유(Denken)와 창작(Dichten)"에서 특히 '와'(und)라는 접속사에 주목하면서 그것을 "이웃 관계"로 설명한 바 있다.

> 요컨대 이웃 관계란 하나의 관계(Beziehung)인바, 즉 어떤 하나가 다른 것과의 가까움 속으로 들어가는 것에서 형성되는 관계를 말한다. 이웃 관계란 결과, 즉 어떤 하나가 다른 것의 맞은편으로 자신을 이주시킨 것의 원인과 결말이다. 따라서 창작과 사유의 이웃 관계에 대한 언급은 다음과 같은 점을 뜻한다. 즉 하나는 다른 하나에 마주하여 자신을 이주시켰다는 것, 하나는 다른 하나의 가까움 속으로 들어갔다는 것, 그래서 양자가 서로 마주하여 거주한다는 것을 뜻한다.[38]

사유가 창작의 이웃 관계로 들어가는 경우나 혹은 창작이 사유의 이웃 관계로 들어가는 경우, 이 두 경우 모두 사유와 창작이 밀접한 관계를 형성함에도 불구하고 양자는 서로 분리되어 있는 셈이다. 특히 하나가 다른 것의 이웃이 된다는 것은, 여전히 언젠가는 분리되어 떨어져나갈 가능성을 안고 있음을 말해준다. 하이데거가 염두에 둔 양자 간의 이상적인 이웃 관계는 마지막 문장처럼 "하나는 다른 하나에 마주하여 자신을 이주

**38** M. Heidegger, Unterwegs zur Sprache, in: Gesamtausgabe, 1. Abteilung: Veröffentlichte Schriften 1910~1976, Frankfurt am Main 1985, Bd. 12, p. 176.

시켰다는 것, 하나는 다른 하나의 가까움 속으로 들어갔다는 것"이며, 그럼으로써 하나가 다른 하나의 이웃으로 구분되지 않는 상태를 뜻할 것이다. 사유와 창작이 서로 구분되지 않는 이웃 상태를 형성한다고 했을 때 이는 곧 사유가 창작이거나 혹은 창작이 사유인 그런 상태를 뜻한다. 철학과 문학의 이상적 관계를 언급한 하이데거와 비슷하게 벤야민도, 사유 이미지라는 개념에서 알 수 있듯이, 사유와 창작, 문학과 철학 간의 "서로 마주하여 거주하는" 관계를 자신의 글쓰기를 통해 구현하려 했던 것이다. 그럼에도 불구하고 벤야민은 궁극적으로는 문학이라는 자신의 공간을 더욱 중시한 심미적 비평가의 모습을 견지하고 있다.

정치적 주제와 관련해서도 심미적 비평가는 다른 모습을 취한다. 나중에 자세히 다루겠지만 심미적 비평가로서의 벤야민은 정치적 의식이나 강령을 중시하는 유물론적 비평을 넘어서 새로운 형태의 비평을 찾아 나선다. 벤야민의 시각에서 보면, 유물론적 비평은 소위 계급투쟁과 동일 선상에 놓여 있으며 또한 지나치게 하나의 입장과 의견만을 고수하는 한계를 내보인다. 따라서 유물론적 비평은 벤야민이 염두에 둔 최종 비평 형태가 아니다. 그것을 뛰어넘는 새로운 형태의 비평은 "작품 내에서 보는 것을 배우는 행위"로서 일종의 심미적 주관성에 의한 비평적 글쓰기를 뜻한다. 유물론적 비평이 흔히 현실 세계를 개념적 사유로 읽으면서 경직된 추상적 체계를 제시하는 것에 그친다면, 심미적 비평가는 개념적 세계보다는 자신만의 독특한 이미지적 · 심미적 글쓰기를 생산하면서 독자의 해석과 성찰을 유도한다.

그렇다면 심미적 비평가는 구체적으로 어떤 특징을 지닐까? 무엇보다도 그는 다양한 사상들 속에서 자유롭게 부유하는 정신을 소유한다. 낭만적 비평을 최초로 정립한 슐레겔은 "비평가란 되새김질하는 독자다. 그는 한 개 이상의 위를 갖고 있어야 한다"[39]고 말한 바 있다. 대상을 비평하기 위해 비평가가 몇 개의 위를 가져야만 한다는 것, 이는 곧 심미적 비평가는 다양한 사상과 이념들 사이를 오간다는 것을 뜻한다. 다양한 사상과 이념들 사이에서 부유하는 심미적 비평가는 그 어떤 일치나 통일을 추구하는 것이 아니라 불일치 내지는 양 극을 즐긴다. 그런 특징이 벤야민에게도 적용된다. 바로크로서의 근대를 조명하는 데 있어서 역사철학과 미학 간의 동일성보다는 항상 그 양자의 불일치에서 움직이는 벤야민의 사유, 그리고 역사주의를 비판하는 마지막 글에서 역사적 유물론과 신학 간의 불협화음을 즐기는 벤야민의 사유, 이러한 다양성과 불일치가 곧 심미적 비평가의 본래 모습을 이룬다. 다양성은 최소한 두 가지 사상의 충돌에서 출발하며 주로 양극단을 형성한다. 벤야민이 적지 않게 의존했던 말라르메(S. Mallarmé)의 표현을 빌리자면, "멀리서 반짝이는 상관성 혹은 우연이라고 서술된 상관성"의 심미적 원칙이 벤야민의 사유에서도 작동하고 있으며,[40] 이것이 타원형, 문지방, 형세, 비감각적 유사성, 알레고리, 변증법적 이미지 등 모든 개념의 공통적인 특징을 이룬다. 그런 양극단 사이를 자유롭게 오가는 정신의 심미적 비평가에 대한 적절한 예는 벤야민 자신뿐만 아니라 그가 파악한 카프카에게서도 찾을 수 있다. 카프카 작품과 관련하여 브레히트가 1931년에 카프카를 "정말이지 유일무이한 위대한 볼셰비키 작가"로 일방적으로 칭송하려 했다면, 1938년 6월 12일자 숄렘에게 보낸 편지에서 벤야민은 브레히트의 시각과 거리를 취하면서 타원형 이미지를 통해서 카프카 작품에 미결정성의 특성을 부여하고 있다.

**39** KA XVI, p. 309.

**40** 말라르메의 인용문과, 말라르메와 벤야민 간의 유사한 관계에 대해서는 다음을 참조할 것. P. Missac, Walter Benjamins Passage, pp. 35~45.

카프카 작품은 하나의 타원형(Ellipse)이며 그 서로 대립하는 양극의 초점은 한편으로 신비적인 경험—이것은 무엇보다도 전통의 경험인데—과 다른 한편으로 근대적 대도시인들의 경험으로 규정될 수 있다.[41]

이러한 언술과 관련하여 흥미로운 점은, 신비적 경험과 근대적 경험을 양 축으로 삼는 미결정성의 타원형적 사유는 카프카 작품뿐만 아니라 사실은 벤야민 자신의 글쓰기에도 적용된다는 것이다. 이 점은 벤야민의 글에 대한 두 친구의 반응을 통해서도 간접적으로 입증된다. 그 하나는 1931년 3월 30일자 편지에서 발견되는 친구 숄렘의 반응인데, 숄렘은 벤야민에게는 "유대인 신학의 언어와 역사적 유물론의 언어가 서로 결합되어 있다"[42]는 비판적 언술을 남기고 있다. 다른 하나는, 1950년에 아도르노가 언급한 "불가능성의 가능성이라는 패러독스로 벤야민에게는 마지막으로 신비(Mystik)와 계몽(Aufklärung)이 서로 결합되어 있다"[43]는 언술이다. 각기 다른 뉘앙스로 숄렘과 아도르노는 서로 양립할 수 없는 두 가지 대립적인 사상과 이론을 결합하는 벤야민의 특징을 지적하고 있지만, 우리의 시각에서는 그런 모순성이야말로 벤야민의 글에 끊임없는 현재성을 부여하는 원천으로 작용하는 것이 아닌가 싶다. 계몽과 신비를 결합하는 것과 마찬가지 선상에서 벤야민의 모든 글에는 다양한 형태의 이분법 혹은 양 축이 발견되는데, 그것은 의식과 무의식, 현실과 상상, 고전과 낭만, 아우라와 대중성, 역사철학과 심미성, 아우라와 흔적, 과거와 현재,

**41** W. Benjamin, Briefe, Bd. II, p. 760.

**42** W. Benjamin, Briefe, Bd. II, pp. 525~529.

**43** Th. W. Adorno, Über Walter Benjamin, p. 25.

글자 문화와 기술적 매체 문화, 종교와 문학, 파괴와 구성 등이다. 서로 대립적이고도 이질적인 요소가 일종의 타원형을 이루는 가운데 벤야민의 사유와 글쓰기가 그 안에서 끊임없이 부유하고 있다. 사실 벤야민 스스로도 자신의 사유가 극단적인 이질적 요소들 사이에서 움직이고 있음을 의식하고 있었는데, 이는 1934년 6월 초 그레텔 카르플루스(아도르노의 부인을 가리킴)에게 보낸 편지에서 잘 드러나고 있다.

> 저의 사유와 마찬가지로 저의 삶이 극단적인 입장들 속에서 움직인다는 점을 당신은 분명히 알 수 있을 것입니다. 그런 식으로 주장하는 넓은 시야, 즉 서로 화합할 수 없는 것으로 간주되는 사물과 사유를 서로 나란히 움직이게 하는 자유는 위험을 통해서만 비로소 그 면모를 얻게 됩니다.[44]

"서로 화합할 수 없는 것", 예를 들면 문학의 자율성과 정치적 실천성, 신학적 전통과 역사적 유물론 같은 극단적인 입장을 서로 결합하는 그런 자유로운 의식 상태가 중시됨은 더 이상 설명할 필요가 없을 듯싶다. 따라서 카프카에 대한 브레히트의 시각을 비판했던 벤야민의 관점을 고려한다면, 벤야민을 일방적으로 혹은 단순하게 마르크스주의적 역사철학자로만 분류하는 시각은 결코 적절치 않다. 심미적 비평가로서의 그의 사유와 글쓰기에는 그 어떤 통일성이나 동일성이 존재하지 않으며 단지 기묘한 형세가 형성될 뿐이다. 요컨대, 상이한 경험과 이념들 간의 분리와 결합이 동시적으로 일어나는 형세 말이다. 기묘한 형세의 형성은 아마도 서로 다른 다양한 위치들(포지션)의 공존으로 설명될 수 있으며, 그 점을 미국의 비평가 수잔 손택(S. Sontag)은 멜랑콜리한 언어로 매우 뛰어나게 묘

44 GB IV, p. 441.

사해준 바 있다.

> 열정적으로, 그러나 또한 아이로니컬하게 벤야민은 열린 교차로에 자신의 자리를 위치시킨다. 신학자 · 초현실주의자/미학자 · 공산주의자 등 자신의 '여러 위치'를 열린 채 유지하는 것이 그에게는 중요했다. 한 위치가 다른 위치를 수정한다. 그래서 벤야민은 그 모든 위치를 필요로 했다. 결단은 그 모든 위치들 간의 균형을 깨뜨릴 수 있을지 모른다. 오로지 동요하는 망설임만이 그 모든 것을 유지할 수 있게 했다. 1938년 초에 아도르노를 마지막으로 만났을 때 프랑스를 떠나는 것을 미루는 이유에 대해 벤야민은 자신이 여기서 아직 '지켜야 하는 위치들을 갖고' 있다고 말했다.[45]

다양한 위치의 공존이 벤야민의 사유와 글쓰기의 특징으로 설명될 수 있지만, 이를 좁혀서 말할 경우 벤야민은 양극단의 사이 공간에서 움직였다고도 할 수 있다. 서로 극단적인 두 가지 이념이나 사상이 타원형 형태를 유지하는 벤야민의 사유와 글쓰기를 지칭하는 핵심적인 은유적 언어로는 앞에서 몇 번 언급했던 "문지방"(Schwelle)이라는 기호다. 사실 문지방 은유를 최초로 사용한 시인은 벤야민도 잘 알고 있던 폴 발레리(P. Valéry)다. 1914년 자신의 단편과 잡언을 『노트』(*Cahiers*)라는 제목으로 출간한 모음집에서 발레리는 문지방(seuil)을 시공간적 차원에서 존재론적으로 파악하였는데, 즉 문지방은 불연속성의 순간이자 갑작스러운 것의 공간을 뜻한다. 그런데 벤야민의 경우 문지방 은유는 더욱 다양하게 사용된다. 문지방은 도처에 있다. 문지방은 의식과 무의식, 즉 "깨어남과 잠 사이에 놓여 있는"[46] 공간이기도 하며, 또한 기억의 문지방처럼 과거와 현

---

**45** S. Sontag, Im Zeichen des Saturn, Frankfurt am Main 1983, p. 147.

재가 동시적으로 존재하는 시간적 기표로 작용하기도 한다. 또한 방문, 성문, 출입구, 파사주 공간 등의 형태처럼 안과 밖을 구분하면서 동시에 포함하는 공간적 기표이기도 하며, 잠과 깨어남, 무의식과 의식, 내면과 외면을 구분하면서 동시에 포함하는 심리적 기표이기도 하며, 순수성과 참여성(사회성), 미메시스(Mimesis)와 포이에시스(Poiesis)를 구분하면서 동시에 포함하는 이념적 · 인간학적, 예술적 기표이기도 하다. 또한 베를린과 파리 같은 대도시 경험도 낡은 것과 새로운 것이 공존하는 차원에서 일종의 문지방 경험이라고 할 수 있으며, 전화와 텔레비전 같은 기술 매체도 내면과 외면, 개인과 세상을 연결해주는 문지방일 수 있다. 문지방에 대한 예로 벤야민은 한 영역으로 다른 영역으로 전환하는 가운데 야기된 심리적인 상태를 들고 있다. 예를 들면 부모님의 방(불안한 상태)에서 조부모의 방(안심된 상태)으로 전환하는 순간의 상태, 책을 읽을 때 낯선 상태가 점차 도취의 상태로 전환하는 순간의 상태도 문지방을 나타낸다. 여기서 중요한 점은, 문지방은 아직 어느 한 곳으로 전환하지 않은 상태이기 때문에 그 자체는 서로 대립적이고 극단적인 것이 부유하는 상태 그 자체를 뜻한다는 것이다. 그런 점에서 벤야민은 문지방이 두 영역을 가르는 '경계'와는 다른 특성을 지닌다고 강조한다.

> 문지방은 경계와 아주 분명하게 구분되어야 한다. 문지방은 하나의 구역이다. '부풀다'(schwellen)라는 낱말에는 변화/전환/범람이라는 뜻이 있으며 어원학은 이러한 의미를 간과하지 말아야 한다. 다른 한편으로 그 말의 의미를 직접 나타내는 건축구조적인, 의례적인 맥락을 이해하는 것도 필수적이다.[47]

---

**46** GS 2, 296.
**47** GS 5, 618; GS 5, 1025.

경계라는 개념이 한곳에서 다른 곳으로 넘어가는 선을 나타낸다면, 양쪽을 구분하고 동시에 포함하는 상태로서의 문지방은 어떤 새로운 변화와 제3의 다른 것이 생산될 수 있는 구역 내지는 영역이다. 그런데 다양한 사유나 이미지가 한곳에 모여 있는 그런 시공간으로서의 "문지방 경험을 우리는 이미 결여한 상태에 있다"[48]고 벤야민은 비판한다. 근대인은 문지방의 시공간을 점차 잃어버리고 있다는 것이다. 물론 문지방에 서 있는 자는 때론 결단력이 부족한 나약하고도 망설이는 자로 해석될 수 있다. 그렇기에 문지방에 걸쳐 있는 인물을 비판하고 그 대신 "하나의 구호", "하나의 행동", "하나의 길"만을 취하는 "파괴적 특성"이 요구될 수도 있지만,[49] 벤야민의 사유와 글쓰기 자체는 철저히 문지방 특성만을 지닐 뿐이다. 공교롭게도 문지방은 벤야민뿐만 아니라 동시대 시인인 파울 첼란(Paul Celan)에게서도 중시되는데, 가령 1955년에 발표된 그의 시집 제목은 『문지방에서 문지방』이다. 매우 의미심장한 은유적 · 시적인 기표로서의 문지방이라는 제목에 대해 첼란은 창조적인 시적 특성과 관련하여 "모든 언술이 요구하는 결코 채워질 수 없는 무한성"을 염두에 두었다고 말한 바 있다. 이와 마찬가지로 벤야민의 글쓰기에서도 문지방 은유는 양가성 · 모순성 · 창조성 · 무한성 등이 내재해 있는 글쓰기, 나아가 결코 특정한 의미로 확정되거나 고정될 수 없는 글쓰기의 속성과 연관된다.[50]

**48** GS 5, 1025.

**49** "파괴적인 특성은 단지 비켜라라는 하나의 구호만을 알며, 그리고 제거하라는 한 가지 행동만을 안다. [……] 파괴적인 특성 앞에는 그 어떤 이미지가 놓여 있지 않다"(GS 4, 396 sq.). "다른 이들이 벽이나 산에 부딪히는 곳에서도 그는[파괴적인 특성: 역자] 단 하나의 길을 본다. 그가 도처에서 단 하나의 길만을 보고 있기에 그는 다른 모든 길을 자신의 길에서 제거하지 않을 수 없다"(GS 4, 398). 파괴적 특성을 지닌 자의 모델로는 브레히트(Brecht), 구스타프 글뤽(Gustav Glück)을 들 수 있다.

양극을 모두 포함하는 문지방에 대한 다양한 예를 벤야민 스스로도 자주 제시한 바 있다. 우선 가장 뛰어난 예는, 북해 근처 선상에서 경험했던 두 무리의 갈매기 떼를 묘사하는 장면을 들 수 있다.

해는 오래전에 졌고 동쪽은 상당히 어두웠다. 배는 남쪽을 향해 가고 있었다. 서쪽은 아직도 약간 밝아 있었다. 새들에게—아니 나에게 무슨 일이 일어난 것일까? 평정심을 갖고서 아주 고독하게 배의 뒤쪽 갑판의 중앙에서 우울한 마음으로 나는 어떤 자리를 선택했는데, 바로 그 자리 때문에 일이 벌어졌다. 갑자기 갈매기 떼들이 두 무리를 지어 나타났다. 그 하나는 동쪽 갈매기 떼였고, 다른 하나는 서쪽 갈매기 떼였다. 그러니까 좌측 갈매기 떼와 우측 갈매기 떼였던 것이다. 갈매기라는 일반적인 이름이 그들에게서 멀어져 나갈 정도로 그 무리는 너무나 달랐다. 생기 없는 하늘의 바탕에 비해서 좌측 갈매기 떼는 자신들의 하얀 모습에서 약간 밝은 색을 띠고 있었고 매번 방향을 선회할 때마다 위아래로 빛을 내던졌으며 서로 부딪히지 않고 피하려 했으며 지칠 줄 모르는, 예측할 수 없는 일련의 신호, 형용할 수 없는 변화무쌍하고도 순간적인 날렵한 날갯짓, 그러나 읽을 수 있는 날갯짓을 내 앞에서 보이려는 행위를 멈추지 않는 것 같았다. 그때 나는 새로이 다른 쪽 갈매기 떼에 익숙해지기 위해 방향을 돌렸다. 여기서는 그 어떤 갈매기도 내 면전에서 아무 말도 내게 건네지 않았다. 다시 내가 동쪽 갈매기 떼를 향해 뒤쫓았을 때, 즉 지는 해의 미광을 향한 비행 속에서 몇 번의 아주 어둡고도 날렵한 움직임으로 먼 곳으로 사라졌다가 다시 돌아오는 그 모습을 보자마자 나는 그 갈매기 떼의 비행을 더 이상 달리 묘사할 수가 없었다. 그렇게 그 비행은 나를 완전히 사로잡았으며, 고통당한 이들로 인해 어둡게, 소리 없이 날아다니는 무리인 나는 저 멀리서부터 나 자신에게로 되돌아왔다. **왼쪽에서 여전히 모든 것이 해독되어야만 했고**, 내 운명은 매 신호에 좌우되었다. 오른쪽에서는 이미 예전부터 그런 상태로 있어왔고 단지 하나의 조용한 신호만이 있었을 뿐이다. 이런 대립의 놀이는 오랫동안 존재해 있었고, 마침내 나 자신이 문지방으로 존재하였다. 이 문지방 위에서 명명할 수 없는 사자(使者)들이 어둡게 그리고 하얗게 대기 속에서 주고받았다.[51] [강조: 역자]

물론 왼쪽의 동쪽과 오른쪽의 서쪽 간의 대립이 언급되고 있지만, 왼쪽과 오른쪽의 두 무리 갈매기 떼가 각기 무엇을 가리키는지는 불분명하고 모호할 뿐이다. 언뜻 동쪽의 좌파와 서쪽의 우파, 즉 변화를 시도하는 동적인 마르크스주의와 변화가 거의 없는 정적인 보수주의 간의 대립을 그린 것처럼 보인다. 혹은 그런 단순한 이데올로기적 대립을 넘어서 정치와 신학, 계몽과 신화, 합리성과 비합리성, 대화와 독백, 개념과 이미지, 참여와 순수, 마르크스주의와 해체론 간의 대립 등 다양한 이분법으로 그 양쪽의 의미가 파악될 수 있는데, 이 경우 각기 어느 것이 동쪽과 서쪽, 좌측과 우측에 해당되는지는 간단히 규정될 수 없다. 왜냐하면 신화 · 독백 · 이미지 · 순수 등을 항상 보수적이고 비합리적인 것으로 고정시킬 필요가 없기 때문이다. 다만 두 무리의 갈매기 떼와 관련하여 분명한 점은, 다양성과 통일성, 해석이 요구되는 상태와 해석이 필요 없는 상태, 의식의 변화와 의식의 정지 같은 두 가지 대립하는 상태가 화자를 중심으로 양쪽으로 나뉘지만, 그렇게 두 상태로 나뉘게 된 것도 사실은 화자(벤야민)

---

**50** 대립과 모순으로서의 문지방이 벤야민 사유와 글쓰기의 특징을 이루며, 그런 의미에서 메닝하우스는 "문지방 지식"(Schwellenkunde)이라는 개념을 제안하고 있다. " '문지방 지식'은 벤야민에게서 매우 폭넓은 의미를 지닌다. 왜냐하면 문지방 경험은 그의 거의 모든 작업의 **주제**로서 존재할 뿐만 아니라 그의 작품의 **형식과 의도**는 문지방을 지키고 있는바, 아니 더욱 좋게 말하자면 문지방을 생산하고 있기 때문이다. 따라서 그 문지방을 측정해보고 통과해보는 것이 중요하다. 즉 모사와 수정, 전복과 회복, 신화의 파괴와 구원 사이의 문지방을" (W. Menninghaus, Schwellenkunde. Walter Benjamins Passage des Mythos, Frankfurt a. M. 1986, p. 8 sq.).

**51** GS 4, 386.

가 자신도 모르게 배의 뒤쪽 갑판의 정중앙에 자리를 잡았기 때문이다. 그리고 종국에는 화자 스스로 어느 한쪽 편으로 기울지 못하고 자기 스스로를 "문지방"이라고 지칭하고 있으며, 어두운 쪽과 하얀 쪽이 서로 주고받는 생각이 자기 자신 속에서 일어나고 있다는 식으로 묘사되고 있다. 이는 훗날 연구자와 독자가 벤야민 자신의 사유와 글쓰기를 두고서 좌파적 · 우파적 이데올로기 해석의 논쟁을 벌이는 것을 마치 예견한 언술처럼 여겨진다. 어쨌든 분명한 점은, 벤야민 스스로는 정중앙에 혹은 문지방 그 자체였다는 것이다. 즉 정치와 예술, 정치와 신학, 철학과 예술, 참여와 순수 등 어떤 형태의 이분법이든지 간에 벤야민은 그 양자를 동시에 품고 있었다는 것이며, 따라서 벤야민 수용과 관련한 종종 제시되는 기이하고도 극단적인 수용은 지극히 자연스런 현상이 아닐 수 없다.

문지방을 통해서 암시된 극단적이고 이질적인 요소의 분리와 결합의 동시성은 벤야민 스스로 표현했던 알레고리커(Allegoriker)와 수집가(Sammler)라는 비유적 형상에서도 찾을 수 있다. 벤야민에 의하면, 바로크 시대에서 처음 대두된 전자(알레고리커)는 사물들의 흐트러진 상태 자체를 존중하며 자신만의 감각으로 사물의 의미를 조명한다면, 근대 사회에서 "넝마주이"와도 같은 후자(수집가)는 흐트러진 사물을 객관적인 친화성이나 시간적 순서 등에 따라 잘 정렬하는 데 힘을 쏟는다. 그런데 이 서로 대립되는 두 이미지는 사실 서로 결합되어 궁극적으로는 동일한 이미지를 형성하게 된다. 『파사젠-베르크』에는 그와 같은 수집가와 알레고리커의 관계가 다음과 같이 제시되어 있다.

> 그럼에도 불구하고—양자 간의 차이를 입증하는 그런 것보다 더욱 중요한 점은 — 모든 수집가에게는 알레고리커가, 모든 알레고리커에게는 수집가가 숨어 있다는 것이다. 수집가와 관련해서 말하자면, 그의 수집은 결코 완전하지 않다. 어

떤 일부분이 그에게 결핍되어 있다면 그가 모은 것은 모두 불완전할 뿐이다. 사물들이 이미 오래전부터 알레고리커에게 그랬듯이 말이다.[52]

이처럼 서로 극단적으로 분리되어 있다가 다시 결합됨으로써 알레고리컬한 수집가 혹은 수집하는 알레고리커로 불릴 수 있는 심미적 비평가는 자신의 글쓰기에 몇 가지 또 다른 특성을 부여한다. 무엇보다도 그의 글쓰기는 역사주의적 글쓰기 방식, 제도로서의 학문적 글쓰기에 저항하는 특성을 지닌다. 사실 제도로서의 학문 체계 내에서의 글쓰기는 당시뿐만 아니라 지금도 비슷한 문제점을 갖고 있다. 소위 학문적 글쓰기는 가능한 주관적 감수성을 억제해야 하고 또한 다양한 영역으로의 넘나들기를 시도하지 못하고 단지 제한된 틀과 시각 내에서만 움직여야 하며, 또한 글의 내용보다는 엄격한 형식이 글쓰기의 척도로 작용한다. 완성된 체계와 형식을 지닌 논문이라는 제도 내에서의 글쓰기가 주로 그와 같은 좁은 운동 반경을 취하기 마련이다. 이와 달리 벤야민의 글쓰기는 자기 주관적인 언어, 영역 간의 경계 해체, 형식의 느슨함 등을 지님으로써 제도권 내의 글쓰기로부터 벗어나려 한다. 가령 역사주의적 · 실증주의적 · 문헌학적 방법론에 의존된 종래의 글쓰기 방식이 소위 일관된 형식적 체계화만을 추구함으로써 소위 "역사화하는 차이 무화"에 고착되어 있다면,[53] 이에

**52** GS 5, 279.

**53** GS 1, 229. 원어는 "historisierende Verflachung"이며, 이것을 직역하면 '역사화하는 평탄함'이지만 여기서는 의역을 취했다. 벤야민이 비판하고 있는 역사주의적 글쓰기 방식은 대체로 제도(Institution)로서의 학문 체계 내에서의 글쓰기 방식을 가리킨다. 그렇다면, 제도권적인 글쓰기에 대항하는 벤야민의 글쓰기를 전범으로 삼으면서 제도로서의 학문 체계와 그 글쓰기 방식을 완전히 부정해도 좋은 것일까? 제도가 지닌 권위, 엄격함, 좁은 반경 등으로부터 벗어나기 위해 주관적 감수성을 마음껏 펼치거나 혹은 영역을 파괴시킬 경우 과연 글쓰기의 문제점은 극복되는 것일까? 이 경우 다른 문제점을 낳게 마련인데, 가령 감수성과 영역 파괴 같은 아방가르드적 글쓰기는 자칫하면 주관적 감상문이나 인상 비평 같은 형식을 띨 수

대항하여 벤야민은 알레고리컬한, 몽타주적 글쓰기를 시도하고 있었다. 예술사 영역에 제출된 벤야민의 글(예: 『독일 바로크 비극의 근원』)은 바로 기존의 체계적인, 역사화하는 글쓰기 방식을 거부하고 그 대신 일종의 심미적 글쓰기를 시도했기 때문에 거부당했던 것이다. 그러나 예술사와 미학의 경계가 해체된 오늘날의 시각에서 보면 영역의 자유로운 넘나들기를 시도하는 벤야민의 글이야말로 대단히 미래 선취적이고 아방가르드적인 특성을 지니고 있었던 셈이다.

알레고리 · 몽타주 같은 방식에 의한 글쓰기에서는 개념들이 느슨하고 또한 자유롭게 서로 결합하는, 여러 영역을 가로지르고 동시에 경계를 넘어서는(Transgression/Überschreitung) 운동을 전개한다.[54] 다시 말하면 벤야민의 사유와 글쓰기는 다양한 사상가들 및 학문 영역 사이를 자유롭게 넘나들었다. 예를 들면 『독일 바로크 비극의 기원』의 경우 때로는 아리스토텔레스와 플라톤 전통으로 소급하며, 때로는 셸러, 코엔, 크로체, 로젠츠바이크, 니체 같은 동시대의 철학적(신칸트주의), 역사적 연구와 대면하기도 하며, 혹은 아이쉴로스로 소급하다가 스트린드베리의 표현주의 연극

---

있으며 또한 소위 객관성까지도 결여될 수 있는 위험이 있다. 여기서 객관성이란 불변하는 초개인적인 타당성을 뜻한다기보다는 자신의 생각과 다른 이의 생각을 냉정하게 비교해보는 행위 등을 말하며, 따라서 특정 개념이 나와 상대방에 의해 다르게 사용될 때는 비록 사소한 개념일지라도 그 차이점을 밝히는 객관적인 방식이 존중되어야 한다. 물론 '객관성이 과연 존재하는가' 하는 극단적인 회의론과 상대주의를 통해서 혹은 '객관성이란 권력의 산물'이라는 식의 권력론에 의존한 대답을 통해서 아방가르드적 글쓰기를 간접적으로 옹호할 수도 있다. 그렇다고 해서 상대주의와 권력론이 곧 모든 문제를 해결해줄 수 있는 완전한 대답은 결코 아니다. 이처럼 글쓰기 방식도 사회적 제도와 개인, 객관성과 주관성 같은 대립과 연결되어 있으며, 이러한 대립을 극복할 수 있는 이상적인 처방은 존재하지 않는다. 결국 그 대립 사이에서 부유하는 방식만이 유일한 대안처럼 여겨진다.

**54** Karlheinz Barck, SCHRIFT/SCHREIBEN ALS TRANSGRESSION. WALTER BENJAMINS KONSTRUKTION VON GESCHICHTE(N), in: http://www.pum.umontreal.ca/revues/surfaces/vol4/barck html

으로 다시 내려오기도 하며, 혹은 르네상스 시대와 고전주의를 비판하기도 하다가 셰익스피어, 칼데론, 낭만주의 문학에 시선을 돌리는 등 다양한 넘나들기 형식의 글쓰기가 실행된다. 요컨대, 17~18세기 예술적 수법인 알레고리가 파편성의 특징을 지니듯이, 벤야민의 글쓰기 자체가 그러한 파편적 혹은 알레고리컬한 특성을 띠는 셈이다. 알레고리컬한 특성으로 인해 그의 글쓰기는 궁극적으로 심미적 주관성에서 나온 글쓰기라고 불릴 수 있다. 그런 심미적 주관성에 의한 글쓰기의 가장 흥미로운 측면은, 이론적 사유나 개념 사용이 하나의 의미로 고착되지 않고 유동적으로 움직인다는 것이다. 그렇기 때문에 벤야민의 글쓰기를 대하면 특정 글에서 부정적으로 언급된 사유나 개념이 다른 글의 맥락에서는 긍정적으로 사용되는 일종의 리사이클링(recycling: 불용품이나 폐품을 새롭게 재활용하는 방식)의 방식이 작동하고 있음을 알 수 있다.[55] 부정적으로 사용했던 개념과 사유를 새로운 맥락에서 완전히 다른 긍정적인 의미로 전환하는 방식으로서 리사이클링에 대한 대표적인 예로는, 가령 언어의 근원과 관련해서 원죄 이후에 나타나는 인간 언어가 주관성 내지는 추상성을 띰으로써 타락 현상으로 해석되지만, 바로크 연구에서는 그러한 주관적 언어가 알레고리의 핵심적인 특징으로 간주되고 있다는 점을 들 수 있다. 경험(Erfahrung) 개념도 마찬가지다. 경험의 경우 부정에서 긍정이 아니라 긍정에서 부정으로 전환하는 리사이클링을 엿볼 수 있다. 가령 벤야민은 경험을 처음에는 전통적인 지식과의 연결 혹은 "회상의 자료"(Data des Eingedenkens)[56]로서 긍정적으로 간주하고, 또한 이야기와 소설을 구분하

55 만프레드 슈나이더는 언어이론, 독일 바로크 비극, 매체 이론, 야수성 이론 등에 있어서 벤야민은 자신의 사유를 전복하는 리사이클링을 시도하고 있다고 말한다(Manfred Schneider, Der Barbar der Bedeutungen, in: Ruinen des Denkens. Denken in Ruinen, hrsg. v. Norbert Bolz/Willem van Reijen, Frankfurt a.M. 1996, pp. 215~236).

는 데 있어서 전자는 "전달의 수공업적인 형식"[57]으로서 경험을 간직해주지만 후자는 경험의 상실에서 나온 형식으로 파악된다. 그러나 「경험과 결핍」(1933)이라는 글에서는 축적되거나 전수된 경험에의 몰입은 오히려 역사주의적 유산으로 비판되고 그 대신 경험의 결핍을 새로운 시작의 토대로서 긍정적으로 파악된다. 이렇듯 경험 개념이 맥락에 따라 그 의미를 달리하는 것은 리사이클링적 사유 방식 때문이다.

심미적 비평가가 실행하는 글쓰기를 표현하자면, 그것은 다채로운 이미지들이 순간적으로 합성되는 글쓰기에 다름 아니다. 변증법적 이미지, 알레고리, 형세 등의 공통점은, 나중에 언급하겠지만, 순간이라는 시간성에 있다. 순간이라는 시간성은 신의 갑작스러운 현현이라는 에피파니(Epiphany)의 종교적 의미와 연관되어 있으며 더욱이 벤야민 스스로도 그러한 순간의 시간성을 "메시아적 정지"라고 표현하고 있다. 이로 인해 벤야민의 사유와 글쓰기를 "의식화하는 비평"(bewußtmachende Kritik)보다는 "구원적 비평"(rettende Kritik)으로 간주했던 하버마스의 시각은 일면 타당한 듯이 보인다. 그러나 종교적이고도 메시아니즘적 맥락을 상기시키는 개념을 사용한다고 해서 벤야민의 사유와 글쓰기를 종교적인 의미로 소급할 필요는 없다. 비록 그의 사유와 글쓰기가 역사적 정황(근대의 낙관주의 이데올로기, 동시대 파시즘 이데올로기 등)에 대한 비판에서 촉발되었고 그리고 메시아니즘 같은 구원적 사유에 의해 암울한 역사가 극복될 것이라는 희망과 믿음에 근접해 있을지라도, 벤야민의 사유와 글쓰기를 메시아니즘적 종교관으로 소급하기에는 적지 않은 어려움이 따른다. 마찬가지로 그의 사유와 글쓰기가 마르크스주의의 역사적 유물론과 정확히 부

**56** GS 1, 639.
**57** GS 2, 447.

합한다고 보기에도 적지 않은 어려움이 뒤따른다. 왜냐하면 마르크스주의의 역사적 유물론에 대한 벤야민의 분석은 전혀 체계적이지 않으며 또한 대단히 피상적으로 다루어지고 있으며, 나아가 그의 역사적 유물론에는 순간 · 이미지 · 메시아 같은 비합리적인 요소가 작동하고 있기 때문이다. 근본적으로 그의 사유와 글쓰기에는 심미적 주관성이 매우 강렬하게 발산되고 있기 때문에 사회과학적 · 종교적 담론과 정확히 일치하지 않는 것이다.

심미적 주관성에 의해 다채로운 이미지가 순간적으로 결합되는 합성적 이미지(synthetische Bilder)의 글쓰기는 매체 이론가들이 주장하는 현재의 심미적 상황을 선취한 것과도 같다. 매체 이론가들에 의하면, 합성적 이미지란 현실적인 시공간 차원에서 서로 결합될 수 없는 이미지들이 모순적으로 결합하거나 혹은 현실과 가상이 결합되는 것을 뜻한다. 바로 이런 의미에서의 합성적 이미지가 벤야민의 글쓰기에서도 분출하고 있는 것이다. 이는 바로크 연구에서 얻어낸 알레고리의 특성, 기술적 복제 시대에 대한 연구에서 얻어낸 카메라 렌즈에 의해 구성되는 새로운 제2의 현실(즉 이미지 현실) 같은 시각이 자신의 사유와 글쓰기에 투영된 것으로 볼 수 있다.

또한 벤야민의 사유와 글쓰기는 파사주(Passage)라는 건축물과도 같다. 나중에 언급하겠지만, 파사주란 당연히 대도시, 근대성, 자본주의 문화를 가리키는 구성물로서 벤야민이 분석하고자 했던 핵심적인 대상이지만 동시에 현실 세계와 상상 세계, 인용성과 독창성 사이를 넘나드는, 미로와도 같은 심미적 주관성에 의한 사유와 글쓰기를 나타내는 은유이기도 하다. 파사주 내에서 부유하는 이(배회자)에게 시각적 · 촉각적 수용이 중요하듯, 파사주와도 같은 사유와 글쓰기에서도 그와 같은 시각적 · 촉각적 수용 방식을 불러일으키는 심미적 언어가 중시된다. 또한 파사주를 걷는 배회자에게 다양한 사물이 순간적으로 스쳐지나가고 갑작스럽게 어떤 형세를 구성하듯이, 마찬가지로 사유와 글쓰기를 전개하는 벤야민 스스로에게나 추후 그런 글을 읽어내는 독자에게도 매순간 다채로운 이미지들이 분리되고 결합한다. 여기서 중요한 점은, 이미지의 결합에서는 그 어떤 인과 원칙이나 필연적 원칙이 작용하지 않는다는 것이다. 그런 점에서 파사주가 분석 대상이지만 동시에 벤야민의 독서 행위(글 읽기와 글쓰기)의 공간으로 작용한다는 비테(B. Witte)의 다음과 같은 설명은 매우 적절하다.

> 다양한 시대와 구역으로 구성된 무한한 도서관으로서의 파리는 텍스트로서 설명 불가능한 것으로 보이며, '거울의 도시'로서의 파리는 탐구하려는 시선에 저항하면서 독자에게 단지 자신의 이미지만을 되던진다. 그럼에도 불구하고 벤야민은 영웅적인 독서 행위를 감행한다. 안과 밖, 꿈과 깨어남, 고대의 지하세계와 근대의 상품세계가 서로 넘나드는 문지방 공간인 파사주를 벤야민은 그 미로 속으로 들어가는 유일한 입구로 간주했다. 그에게 파사주는 꿈과 투시력 있는 사유의 종합—모든 글쓰기와 글 읽기가 만족시키는—이 이루어질 수 있는 그런 독서 행위의 공간이다.[58]

사실 이미 초기 시점인 1920년대 말에 벤야민은 사물과 공간이 서로 넘나드는 파리의 파사주를 묘사하고 있는데, 이 점은 「파사주」, 「파리의 파사주」라고 기획된 글에 드러나 있다.[59] 입구와 출구의 구분이 부재하고, "불분명하거나 혹은 애매한" 듯이 진열되어 있는 상품들, 또한 "어떤

---

**58** B. Witte, Statt eines Vorworts, in: Passagen. Walter Benjamins Urgeschichte des XIX. Jahrhunderts, München 1984, p. 10 sq.

**59** Vgl. GS 5, 1041~1059.

수수께끼 같은 점"을 지닌 건물에 새겨진 각명이나 간판들, 마치 미로처럼 여기저기로 연결되어 있는 통로들, 이와 같은 파사주에서 가장 중요한 점은 분명 공간에 대한 지각이다. 그런 점에서 벤야민의 대표작 『베를린의 유년시절』을 보면 그 글의 전개가 시간적으로 배열되어 있는 것이 아니라 모두 공간과 관련된 사물로 채워져 있음을 알 수 있다. 또한 19세기 자본주의적 근대의 근원사를 추적하는 『파사젠-베르크』에서도 주로 공간을 구성하는 인자들(배회자 · 매춘 · 거울 · 기차 등)을 중심으로 자료(이미지)가 수집되어 있을 뿐 그 자료를 시간적으로 나열해주는 색인은 존재하지 않는다. 그런 점에서 벤야민의 사유와 글쓰기 형식은 이미지의 공간화 내지는 기억의 공간화라고 지칭될 수 있으며, 벤야민 스스로도 파리의 파사주는 시간의 공간화 혹은 "공간이 되어버린 과거"[60]를 간직하고 있다고 말한 바 있다. 파사주 공간 내에서 절대적인 인식 주체는 대상을 인식하고 구성하는 것이 아니라 "이제 대상이 나를 지각한다"라고 일찍이 파울 클레(Paul Klee)가 언급했듯이 주체/객체의 지각 관계가 순간적으로 전도된다.

마지막으로 벤야민의 심미적 주관성에 의한 글쓰기 방식은, 독일 초기 낭만주의자인 슐레겔이 18세기 말의 시대적 상황과 자신의 단편적 글쓰기를 염두에 두면서 사용했던 표현, 즉 일종의 "화학적" 글쓰기 방식에 가깝다. 화학적 글쓰기의 특성은 다름 아닌 부조화 · 이질성 · 우연성이다. 그런데 이 방식은 낭만주의나 벤야민에게만 적용될 수 있는 독특한 형상적 글쓰기 방식이 결코 아니다. 그것은 "마치 해부용 탁자 위에서 재봉틀과 우산이 우연히 만나는 것"을 근대 예술의 미로 삼았던 로트레아몽의 심미적 방식과도 정확히 일치한다.[61] 벤야민의 경우 그 결합은 서로

**60** GS 5, 1041.

극단적으로 대립하는 사물이나 사유의 경계를 해체하는 식으로 나타나는데, 가령 꿈과 현실, 허무주의와 혁명, 보들레르와 마르크스, 유물론과 신학 등 다양한 결합이 그것이다. 이는 초현실주의와 관련하여 벤야민이 직접 언급했던 "다방면의 통합적인 현재성"(『초현실주의』)의 표출에 다름 아니다. 그런 극단적이고 이질적인 것을 결합하는 방식으로 벤야민은 무엇보다도 인용 방식을 강조한다. "텍스트를 인용한다는 것은 그 연관성을 중지시키는 것을 포함한다"고 밝힌 벤야민의 사유를 고려한다면, 그의 글쓰기에서 엿보이는 다양한 인용은 그 인용문의 본래 의미나 시대적 맥락에서 벗어난다. 다시 말하면, 벤야민이 바로크 시대의 작가나 보들레르에게서 인용해온 것일지라도 그것은 벤야민이 구축한 현재의 새로운 맥락 안으로, 완전히 다른 의미로 전이되는 것이다. 이와 같은 인용 방식에 대한 벤야민의 새로운 이해는 두 가지 의미를 지닌다. 그 하나는 그의 인용 이론은 텍스트의 내적·외적 대화성(미하엘 바흐친) 혹은 특정 텍스트는 다양한 여러 텍스트들과 관계한다는 상호텍스트성(롤랑 바르트, 줄리아 크리스테바) 이론을 선취하는 의미를 지닌다. 다른 하나는 자신의 텍스트 운명과 관계된 의미로서 해석의 현재적 상황과 관계한다. 사실 벤야민 텍스트는 그 난해한 의미를 천착하려는 문헌학적 연구에 의해서 활기를 띠고 있을 뿐만 아니라 다른 영역에서 수없이 자주 인용되는 경향을 띠고 있다. 이와 같은 현상에서 대단히 흥미로운 현상은, 벤야민이 염두에 두었던 본래

---

**61** Lautreamont, Das Gesamtwerk. Die Gesänge des Maldoror, Dichtungen(Poésies), Briefe. Aus dem Französischen und mit einem Nachwort von Re Soupault, Hamburg 1988, p. 223. 흔히 우산은 남성으로, 재봉틀은 여성으로, 해부용 탁자는 죽음으로 해석된다. 그러나 의미론적 분석보다 더욱 중요한 점은, 유사성을 연결하는 시각에서 벗어나 전혀 예기치 않은 두 가지 특성이나 사물을 서로 조합하는 것에서 심미적인 아름다움을 찾고 있는 로트레아몽의 방식 자체다. 초현실주의는 그런 로트레아몽을 받아들였고 나아가 예기치 않은 결합은 무의식에서 발생한다고 보았다.

의미 · 의도 · 맥락 등과 관계없이 현재의 독자가 자신이 구축한 새로운 맥락 속으로 벤야민 텍스트를 적극 끌어들인다는 것이다. 이에 대한 간단한 예로는, 벤야민이 급진적 마르크스주의의 맥락에서 요청했던, 실천과 언어가 하나가 되는 의미를 지닌 "이미지공간/몸공간" 같은 언어가, 근대 회화에서 엿볼 수 있는 경향, 즉 형상(이미지) 내의 공간을 들여다보는 방식이 아니라 그 형상이 밖으로 공간을 확장하는 의미로 혹은 몸의 시뮬레이션을 창출해내는 의미로 자주 인용되고 있다.[62] 이밖에 『파사젠-베르크』에 실려 있는 수많은 파편적인 단편도, 벤야민이 긍정적으로 혹은 부정적으로 서술한 맥락과는 관계없이, 마치 전통적인 아포리즘적 언술처럼 독자가 전달하고자 하는 다양한 맥락에서 새롭게 인용되고 있다. 이 모든 현상은 바로 심미적 주관성에 의한 글쓰기에서 나온 결과에 다름 아니다.

62 다음의 책에 담긴 논문들을 참고할 것(Leib- und Bildraum. Lektüren nach Benjamin, hrsg. v. S. Weigel, Köln-Weimar-Wien 1992).

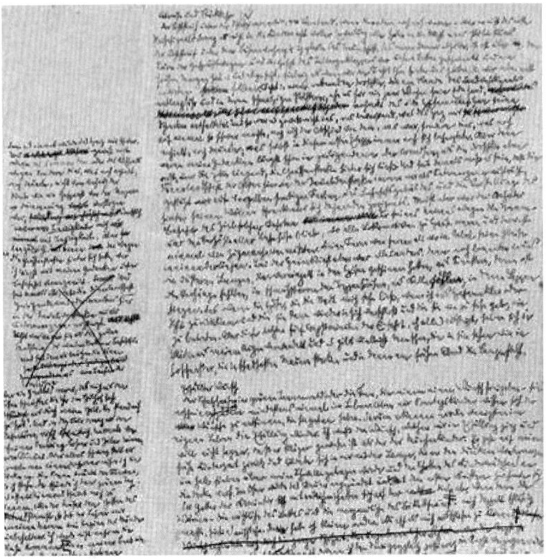

벤야민의 육필 원고

제3장

# 언어의 순수와 타락

## 1. 언어적 · 정신적 본질

언어와 관련된 벤야민의 글로는 「언어 일반과 인간의 언어에 관하여」(1916), 「번역가의 과제」(1921), 『독일 바로크 비극의 기원』(1924~1925) 내의 인식비판적 서문과 말미의 성경 해석, 「유사성의 원리」(1933), 「미메시스적 능력에 관하여」(1933)라는 총 다섯 편의 글이 있다. 각각의 글이 언뜻 다른 주제를 다루고 있는 것처럼 보여도 사실 그 글들과 관련된 한 가지 공통점이 있다. 무엇보다도 벤야민은 언어를 인간의 사유나 감정 등을 표현해내는 도구로 간주하는 전통적인 인간중심주의적 사유에서 벗어나 있다는 것이다. 인간중심주의적 사유의 자리에 언어중심주의적 사유가 들어서 있으며 이를 바탕으로 그의 언어관이 전개된다.

관념론 · 유물론 · 기독교 등 모든 철학적 · 인류학적 · 종교적 세계관에서는 넓은 의미에서 역사철학적 사유 방식이 작동하고 있다. 여기서 역사철학적 사유 방식이란 과거 · 현재 · 미래라는 시간적 단위를 설정하면서 과거에는 통일이 존재했고, 현재에는 분열이 존재하며, 미래에는 새로운 통일이 도래한다는 식으로 상상을 펼치는 사유 방식을 뜻한다. 무엇이 통일－분열－재통일을 이루는지는 사상들마다 물론 다르게 설정된다. 예를 들면 쉴러(Schiller)의 관념론적 미학에서는 자연과 인간, 감성과 이성 같은 단위가 통일－분열－재통일이라는 단계적 사유의 내용을 이룬다. 즉 과거의 이상적인 상태에서는 자연과 인간, 감성과 이성이 통일적인 관계를 유지했다면, 그러한 통일이 깨진 분열된 상태가 곧 현재이며, 양자 간의 균형과 조화를 다시 되찾는 것이 미래적 목표로 설정된다. 현재에서 미래로 넘어가게 하는 매개(혹은 이상적인 미래를 현재로 가져올 수 있는 매개)는 각 사상들마다 서로 다르게 설정되는데, 예를 들면 의식 · 예술 · 혁명 · 예수 등을 들 수 있다.

벤야민의 언어이론도 분명 그런 역사철학적 삼 단계 사유 방식에 놓여 있음은 분명하다. 요컨대, 창세기처럼 신이 세계를 창조하고 그것에 이름을 부여하고 동시에 인간이 그러한 언어적 이름 부여 능력을 신으로부터 부여받아 사물에 이름을 부여하던 상태, 이러한 상태는 곧 낙원과도 같은 과거의 상태이다. 신 · 인간 · 사물 · 언어(낱말 · 이름) · 인식이 서로 하나를 이루고 있는 상태는 그러나 뱀의 유혹으로 깨지고 마는데, 이것이 곧 인간의 원죄를 뜻한다. 뱀의 유혹에 의해 선악과를 따먹은 원죄로 인해 인간은 더 이상 언어 및 자연과 하나의 상태를 유지할 수 없게 되며 그런 상태가 곧 현재를 이룬다. 물론 현재는 극복되어야만 하고 미래에 다시금 신 · 인간 · 사물 · 언어 · 인식이 하나를 이루던 그런 낙원의 상태가 다시 도래해야만 한다. 그렇다면 현재에서 미래로의 전환, 즉 분열에서 새로운 통일로 넘어갈 수 있게 해주는 매개는 무엇일까? 미리 대답하자면, 관념론의 경우 끊임없는 의식적인 성찰이라면 벤야민의 언어이론에서는 끊임없는 언어적 '번역' 행위를 통해서 그 미래에 도달할 수 있게 된다. 이렇게 벤야민은 역사철학적 삼 단계 틀을 유지하지만 그 흔하고 흔한 관념론의 개념들보다는 오히려 자신만의 독특한 언어이론을 내세우면서 현재를 극복하려고 한다. 특히 벤야민의 언어이론적 사유가 독특한 까닭은, 스스로 의식하고 있듯이, 자의성 · 관습 등을 강조하는 시민사회의 언어이론에서 출발하지 않으며 또한 신비주의적 언어이론에 기초하는 것도 아니기 때문이다.

다섯 편의 글 가운데 무엇보다도 「언어 일반과 인간의 언어에 관하여」라는 초기 글이 벤야민의 언어관을 대표한다. 글의 제목에는 두 가지 내용이 내포되어 있다. 그 하나는 "언어 일반"에 관한 내용이며, 다른 하나는 "인간의 언어"에 관한 내용이다. 하나의 제목 하에 두 가지 내용이 다루어진다는 것을 암시하고 있는 셈이다. 그 두 내용은 서로 다른 의미를 지닌다. 우선 "언어 일반에 관하여"가 인간 주체의 인식 활동 이전에 언어 자체의 순수성 내지는 언어 자체의 독특한 특성을 다루고 있다면, "인간의 언어에 관하여"는 언어 자체의 순수성보다는 인간의 언어가 어떻게 생성하고 어떤 상황에 처해 있는지를 논하고 있다.

우선 언어 일반에 관한 논의를 조명해보자. 사물과 언어의 관계를 논하는 데 있어서 벤야민은 언어를 단순히 사물의 특성이나 본질을 표현해내는 도구 내지는 생각이나 표상을 전달하는 도구가 아님을 강조하고 나선다. 물론 전달 기능을 부인하는 것은 아니지만 무엇을 전달하는가를 살펴보면 언어중심주의적 시각이 드러난다. 벤야민은 사물의 정신적 본질과 언어적 본질을 구분하지만, 그 서로 구분된 듯한 언어적 본질과 정신적 본질은 사실 언어의 내적인 특성과 불가분의 관계를 맺는다. 더욱이 양자의 관계를 자세히 읽어보면 거의 동일한 의미를 띠고 있음이 드러난다.

> 언어는 무엇을 전달하는가? 언어는 언어에 적합한 정신적 본질을 전달한다. 그 정신적 본질이 언어를 통해서가 아니라 언어 내에서 자신을 전달한다는 점을 알

아야 함은 기본적이다. 만약 언어의 화자를 언어를 통해서 자신을 전달하는 사람이라는 식으로 이해한다면 언어의 화자란 결코 존재하지 않는다. 정신적 본질은 언어를 통해서가 아니라 언어 내에서 자신을 전달한다.—즉 정신적 본질은 외적으로 언어적 본질과 비슷한 것이 아니다. 정신적 본질이 언어적 본질과 동일시되는 경우는 바로 그 정신적 본질이 전달 가능할 경우에만 그렇다. 정신적 본질에서 전달할 수 있는 것, 그것은 바로 그것의 언어적 본질이다. 언어는 사물의 개개 언어적 본질을 전달한다. 즉 정신적 본질이 직접적으로 언어적 본질 내에 갇혀 있는 한, 그 정신적 본질이 전달 가능할 경우에만 언어는 사물의 정신적 본질을 전달한다.[1]

이 인용문은 매우 복잡하지만 벤야민의 언어관에 접근하기 위해선 반드시 정확히 이해되어야만 하는 대목이다. 우선 언어는 사물과 관계한다. 그러나 사물 자체는 언어적 본질에서 출발한다. 사물의 언어적 본질이란 무슨 뜻일까? 그것은 물 자체의 어떤 본질을 표현한다는 것이 아니라 언어로 표현될 수밖에 없는 특성을 사물이 자신의 본질로 삼고 있음을 뜻한다. 그런 점에서 사물은 언어적 본질을 갖고 있다. 따라서 언어가 어떤 사물을 표현할 때, 다시 말하면 무엇인가를 전달할 때, 그것은 사물 자체의 본질적 특성이 아니라 사물의 언어적 본질을 전달한다는 것을 뜻한다. 또한 언어는 사물의 정신적 본질을 전달한다고 할 수 있는데, 이때 정신적 본질이란 다름 아닌 언어 내에서 자신을 전달하는 것을 뜻한다. 결국 사물의 정신적 본질에서 유일무이하게 전달 가능한 것은 다름 아닌 그것의 언어적 본질 자체인 셈이다.

언어 내에서 전달된 것이 무엇인가라는 질문에 대해서는 언어 외적인

1 GS 2, 142.

것으로서의 사물이 아니라 언어 자체라는 대답만이 가능하다. 예를 들어 '램프'라는 언어는 램프라는 사물이나 그것의 의미를 전달하는 것이 아니라 램프라는 언어적 · 정신적 본질 자체만을 전달할 뿐이다. 벤야민에 의하면, "램프의 정신적 본질은, 그것이 전달 가능할 경우, 램프 자체가 아니다."[2] 언어의 미메시스적 특성과 관련하여 흔히 언어를 언어 외적인 어떤 현실이나 대상을 재현하거나 전달하는 일종의 수단으로 파악하지만, 벤야민의 경우 언어의 미메시스적 특성은 결코 그런 식으로 설명되지 않는다. 언어와 대상은 재현의 관계를 형성하지 않는다. 언어 자체가 대상이 되는, 아니 대상 자체가 언어 내에서만 존재하는, 언어 자체만을 중시하는 시각인 셈이다.

언어가 오로지 자기 자신만을 전달한다는 것은 다름 아닌 이름을 통해서 입증된다. 다르게 말하자면, 언어적 이름이 중요한 까닭은 바로 이름을 통해서만 자신을 전달하는 언어 자체의 순수성 내지는 절대성을 확인할 수 있기 때문이다. 언어 자체의 순수성 내지는 절대성과 관련하여 이름이 어떤 의미와 기능을 지니는지에 대해서 벤야민은 다음과 같이 언급하고 있다.

> 이름은 다른 어떤 것이 더 이상 전달되지 않는 바로 그 자체의 것이며 동시에 그 자체 내에서 언어가 스스로, 절대적으로 자신을 전달한다.[3]

> 이름은 언어의 마지막 외침일 뿐만 아니라 언어의 본래적인 부름이다. 이름 내에서 언어의 본질 법칙이 나타나며, 이 본질 법칙에 따르면 스스로를 밖으로 말

2 GS 2, 142.
3 GS 2, 144.

하는 행위와 모든 여타 말을 건네는 행위는 동일하다. 언어는—언어 내에서의 정신적 본질은— 이름으로 말하는 곳에서만, 즉 보편적인 이름부름(명명)에서만 순수하게 자신을 말한다.[4]

이처럼 언어가 자신을 부르는 순수성은 바로 이름에서 확인할 수 있는데, 이는 신과 인간이 사물에 이름을 부여하는 명명 행위와 관련해서도 중요한 의미를 지닌다. 왜냐하면 그런 순수한 상태에서 신 · 인간 · 세계 · 언어가 하나가 되기 때문이다.

언어를 통해서가 아니라 언어 내에서 자신을 전달한다는 점에서 정신적 본질(전달 가능한 정신적 본질)과 언어적 본질은 서로 동일하다. 정신적 본질과 언어적 본질은 전통적인 형이상학에서처럼 목적과 수단의 관계를 형성하는 정신과 언어의 관계를 뜻하는 것이 결코 아니다. 정신적 본질과 언어적 본질이 서로 동일하다는 점에서 간과할 수 없는 측면은, 정신적 본질이 언어 이전에 혹은 언어 바깥에 존재하는 것이 아니라는 것이다. 정신적 본질은 전달 가능한 것인 바, 그것은 곧

직접적으로 언어 그 자체이다. [……] 아니 더 정확히 말하자면, 모든 언어는 그 자신 속에서 자신을 전달하며, 아주 순수한 의미에서 모든 언어는 전달의 '매개방식'이다. 이 매개방식 같은 것, 이것이 모든 정신적 전달의 직접성이며 언어이론의 근본 문제이고, 우리가 이러한 직접성을 신비적이라고 부른다면 언어의 근본 문제는 곧 그것의 마술(Magie)에 다름 아니다.[5]

4 GS 2, 145.

5 GS 2, 142 sq.

전달 가능할 경우 정신적 본질은 자신을 전달한다는 논리를 벤야민은 펼치고 있다. 이를 자세히 읽을 경우, 정신적 본질의 전달 가능한 것은 다름 아닌 언어 자체이며, 아니 정신적 본질 자체가 언어임을 쉽게 알 수 있다. 그로 인해 동어반복처럼 들리는 "언어는 자신을 전달한다"[6]는 명제가 성립한다. 결국 언어는 전달의 매체이지만 실상은 다른 외적인 것을 전달하는 매체가 아니라 자신을 전달하는 매체이다. 이와 같은 스스로의 매체적 특성을 지닌 언어를 두고서 벤야민은 주저 없이 언어마술(Sprachmagie)이라고 말한다. 인간(혹은 사물)과 언어를 구분하는 것이 아니라 언어 자체가 자신을 전달하는 매체적 주체라는 언어관을 펼침으로써 벤야민의 언어관은 후에 "언어는 스스로 말한다"고 주장한 하이데거의 언어관을 선취하고 있다. 잘 알려진 것처럼, 하이데거도 생각하고 말하는 주체로서의 인간의 활동 차원에서 언어를 도구적으로 파악했던 전통적인 언어관을 비판하면서 언어 자체의 자기준거성을 강조한 바 있다.

> 언어가 말을 한다. 언어의 말하기는 어떠한가? 우리는 어디서 그 점을 발견하는가? 그것은 말해진 것 내에서 가장 잘 발견된다. 바로 거기서 말하기는 스스로를 완성해낸다. 말해진 것 내에서 말하기는 멈추지 않는다. 말해진 것 내에서 말하기는 안전하게 보호되어 있다. 말해진 것 내에서 말하기는 자신이 지속하는 방식, 그리고 자신에게서부터 지속하는 것을 모은다. 요컨대, 말하기의 지속하기, 말하기의 현성하기 말이다. 그러나 말해진 것은 대체로 종종 어떤 말하기의 지나간 것으로서 우리와 마주한다.[7]

---

**6** GS 2, 142.

**7** M. Heidegger, Unterwegs zur Sprache, p. 13 sq.

언어가 스스로 말한다는 하이데거의 언어관과 언어가 자신을 전달한다는 벤야민의 언어관은, 각기 "말하다"와 "전달하다"라는 상이한 표현을 사용함에도 불구하고, 여러 가지 점에서 서로 유사하다.[8] 정신적 본질과 언어적 본질이 서로 동일하고 그 전달 가능성은 언어 내에서만 가능하다는 것, 이러한 특징은 모두 언어의 순수성을 강조하는 언어관에 다름 아니다. 그렇기 때문에 벤야민은 "모든 언어는 자신을 전달한다", "모든 언어는 자신 내에서 자신을 전달한다"는 식으로 서술하고 있다. 이러한 시각은 사물과 언어의 관계에서 사물이 언어에 앞서 존재하고 언어가 그 사물의 존재를 표현해낸다는 전통적인 언어관에서 이탈하는 것이다. 다시 말하면, 벤야민에게 언어는 사물이나 사태를 단순히 모방하거나 그것을 재현해내는 도구가 아니며 또한 사회적으로 합의된 상징체계도 결코 아니다.

## 2. 인간 언어의 타락

사물의 순수한 언어적 · 정신적 본질이 사실은 언어 자체라는 논리를 제시한 후 벤야민은 이제 다른 맥락에서 언어를 다룬다. 그 맥락은 신 · 인간 · 언어 · 사물에 의해 구성된 관계인데, 여기서 핵심은 인간이 개입함으로써 언어의 순수성이 어떻게 상실되는지를 논하려는 데 있다. 이를 위해 벤야민은 창세기의 사례를 끌어들이지만, 자신의 성경 해석은 결코

8 벤야민의 「언어 일반과 인간의 언어에 관하여」가 1916년에 씌어졌다면, 『언어로 가는 도중에』에 실린 대부분의 하이데거 글은 강연 등의 형식으로 1950년대에 씌어졌다. 하이데거가 벤야민의 글을 읽었다고 확인할 수 없지만, 글의 전개에서 두 글은 서로 다름에도 불구하고 주제나 관점에서는 여러 가지 유사성을 공유한다.

신학적인 "궁극적 진리"를 발견하는 데 그 목적을 두고 있는 것이 아니라고 강조한다. 요컨대, 종교적인 해석이 중시되는 것이 아니라 언어학적 탐색 자체가 그 핵심이다.

창세기의 천지창조 장면을 자세히 들여다보면 특이한 점은 다음과 같다. 그것은 신이 세계의 모든 대상에 낮 · 밤 · 땅 · 바다 같은 이름을 부여하는 장면인데, 즉 "신이 말을 하면서 일어나는" 장면이다. 신이 대상에 이름을 부여함으로써 곧 그렇게 되는 창세기의 창조행위에 대해 벤야민은 다음과 같이 설명하고 있다.

> 언어는 창조하는 것이고 완성하는 것이며, 언어는 낱말이자 이름이다. 신에게 이름은 창조적인데, 왜냐하면 그 이름이 곧 낱말이기 때문이다. 신의 낱말은 인식적인데, 왜냐하면 그 낱말이 곧 이름이기 때문이다. '신은 잘 되었다고 보았다'라는 말은 곧 신이 이름을 통해서 그것을 인식하였다는 것을 뜻한다. 이름과 인식의 절대적인 관계는 오로지 신에게만 있으며, 신에게서만 이름은 인식의 순수한 매개물이다. 왜냐하면 이름은 아주 내밀하게 창조적인 낱말과 같기 때문이다. 요컨대, 신은 사물을 그것의 이름에서 인식하도록 한다. 그러나 인간은 인식 때문에 사물을 명명한다.[9]

신의 창조 행위에서 언어(이름 · 낱말) · 사물 · 인식이 서로 분리되지 않는 관계를 형성하고 있음을 알 수 있다. 특히 "신은 잘 되었다고 보았다"는 구절에서 벤야민은 언어와 인식 간의 동일한 관계를 끄집어내고 있다. 이러한 신의 창조적 · 언어적 · 인식적 행위는 근원적이며 언어 · 사물 · 인식 사이에는 그 어떤 분리나 차이가 있을 수 없는 유토피아적 상태를

9 GS 2, 148.

말해주고 있다. 그렇다면, 다른 사물의 창조 이외에 신은 인간을 어떻게 창조하고 있을까? 이름을 부여함과 동시에 천지를 창조했던 것과는 달리 신은 인간 창조의 경우 낱말, 이름 부여를 통해서가 아니라 특이하게도 질료인 흙으로 빚었다고 성경은 언급하고 있다.

> 신은 인간을 낱말로 창조하지 않았고 그를 명명하지 않았다. 신은 인간을 언어에 복종시키지 않았으며, 자신에게 창조의 매개물이었던 언어를 신은 자기 자신에서 자유롭게 인간에게 내맡겼다. 신은 휴식을 취하면서 자신의 창조적인 것을 스스로 인간에게 내맡겼던 것이다. 신적인 활동성을 잃어버린 그 창조적인 것이 곧 인식으로 되어버린 셈이다. 인간은 이제 신이 창조자였던 저 언어의 인식하는 자로 된 것이다. 신이 인간을 자신과 비슷한 형상으로 만들었다는 것, 이는 신이 인식하는 자를 창조하는 자의 형상으로 만들었다는 것이다.[10]

인간이 언어에 종속되지 않기 위해서라고 되어 있지만 일단 언어적 창조 행위 대신에 흙으로 자신과 비슷한 형상을 창조했다는 점에서 신의 인간 창조 행위는 다른 여타 사물의 창조 행위와 대조를 이룬다. 인간 창조와 관련하여 더욱 특이한 점은, 이처럼 언어를 통해 창조되지 않은 인간에게 신은 유독 "언어의 선물"(Gabe der Sprache)을 건네준다는 것이다. 수동적인 여타 사물과는 달리 인간에게만 특별한 능동적인 능력이 부여됨으로써 인간과 언어 간의 특별한 연관성이 강조되고 있는 셈이다.

신으로부터 언어의 선물을 건네받은 인간(아담)은 이제 세부적인 사물에 이름을 부여하게 되는데, 즉 "인간은 이제 신이 창조자였던 저 언어의 인식하는 자"[11]가 되는 셈이다. 사물 및 언어의 창조자는 당연히 신이다.

**10** GS 2, 149.

그런 신으로부터 인간이 언어를 물려받았을 때 그 언어도 창조적인 것일까? 그렇지 않다. 사실은 이미 신에 의해 창조된 사물에 인간은 이름을 부여할 뿐이다. 엄밀히 말하면, 인간이 사물에 이름을 부여하는 것은 사물을 창조하는 것이 아니라 단지 신의 창조를 완성하는 행위에 지나지 않는다. 창세기 2장 19절에는 신이 인간에게 사물을 가져오고 "인간이 그 사물을 일컫는 바가 곧 그 이름"이라고 언급되고 있다. 신의 경우 "창조하는 낱말과 인식하는 이름의 동일성"이 표현되고 있지만, 인간의 경우 "말없는 이름 없는 사물의 언어를 받아들이고 그 사물을 소리 나는 이름으로 전이"[12]하는 행위를 함으로써 인간은 신이 자신에게 부여한 과제를 완수한다.

> 사물의 언어적 본질을 통해서만 그[인간: 역자]는 자기 스스로 사물의 인식에 도달한다—이름 속에서. 사물이 인간으로부터 자신의 이름을 부여받음으로써, 인간에 의해 이름 속에서 언어가 말하게 됨으로써 신의 창조는 완성된다. 이름은 언어의 언어라고 명명될 수 있다. [……][13]

언어 능력을 부여받은 인간이 사물에 이름을 부여함으로써 본래 사물을 만들면서 이름을 부여했고 인식했던 신의 창조를 완성한다는 것이다. 인간이 사물에 부여하는 이름을 "언어의 언어"로 명명할 수 있는 까닭은 인간의 언어는 이름을 본래대로 순수하게 그 자체로 부르는 것이 아니라 사물을 위한 이름으로, 사물의 언어적 본질에 합당한 이름으로 부르기 때

**11** GS 2, 149.
**12** GS 2, 151.
**13** GS 2, 144.

문이다. 한편으로 인간이 자연의 다양한 구성물에 이름을 부여하는 행위는 사물을 명명하는 신의 창조 행위와 비슷한 것처럼 보이지만, 다른 한편으로 신의 명명 행위와 인간의 명명 행위는 서로 다르며 양자 간에는 결정적인 차이가 존재한다.

> 낱말 내에서 창조되며, 신의 언어적 본질은 낱말이다. 모든 인간의 언어는 이름 내에서 낱말의 반사일 뿐이다. 이름은 낱말에 도달하지 못하고 마찬가지로 인식은 창조에 도달하지 않는다. 신의 낱말이 지닌 저 절대적이고 무제한적인, 창조적인 무한성과 비교해볼 때 모든 인간 언어의 무한성은 항상 제한된, 분석적 본질로만 머물고 만다.[14]

신의 언어와 인간의 언어는 각기 무제한성과 제한성, 창조성과 분석성이라는 차이점을 띤다. 또한 앞서 인용한 바 있는 "신은 사물을 그것의 이름에서 인식하도록 한다. 그러나 인간은 인식 때문에 사물을 명명한다"[15]는 대목에서 감지할 수 있듯이 사물의 이름과 사물의 인식이 하나를 형성하는 것이 신의 언어적 행위라면, 인간의 언어 행위에서는 이름과 인식이 분리되고 있다. 여기서 이름과 인식의 분리는 인간의 언어 행위에서 서서히 다가오는 어두운 몰락을 암시한다. 즉 신적인 언어 능력을 부여받은 인간이 낙원에서 추방되기 전까지는, 비록 이름이 인식을 위한 언어로 작용했을지라도, 적어도 언어와 인식 사이에 아직 균열이 일어나지 않는 상태였다. 그러나 뱀의 유혹에 의해 죄를 짓고 낙원에서 추방됨으로써 인간은 새로운 상황에 처하게 되는데, 즉 언어와 인식이 완전한 분리되는 상

**14** GS 2, 149.
**15** GS 2, 148.

황, 나아가 인식도 더 이상 보편적인 인식이 아니라 선과 악을 구분하는 인식으로서만 작용하는 상황이 초래하는 것이다. 인간의 언어는 이름이 부재해 있는 그런 인식, 단순 논리로써 선악을 구분하는 지식으로서의 인식과 관련을 맺는데 이에 대해 벤야민은 다음과 같이 설명하고 있다.

> 뱀이 유혹한 인식, 즉 무엇이 선하고 악한지에 대한 지식은 이름이 없다. 아주 심오한 의미에서 그것은 공허하며, 그런 지식이 바로 낙원의 상태가 알고 있는 유일한 악한 것이다. 선과 악에 대한 지식은 이름을 버린 것인데, 즉 그것은 외부에서 온 인식, 창조하는 낱말의 비창조적인 모방이다. 이름은 그런 인식 속에서 자기 자신에서 밖으로 나가버렸다. 원죄는 이름이 더 이상 온전하게 살지 못하는 인간적 낱말이 발생하는 시간이며, 이름언어, 인식하는 이름언어, 말하자면 내재적인 고유한 마술에서부터 벗어나게 되는 그런 인간의 낱말, 흡사 외부에서부터 단호하게 마술적으로 되려는 그런 인간의 낱말이 탄생하는 시간인 것이다. 낱말이 (자기 자신 밖에 있는) 무엇인가를 전달해야만 한다. 이것이 곧 언어정신의 원죄다.[16]

선악과를 먹는 순간부터 인간의 언어적 행위는 다르게 변한다. 즉 무엇이 선하고 악한지를 아는 것(das Wissen)으로서의 인식이 작용하게 된다. 지식으로서의 인식은 "이름언어"가 더 이상 아닌 "외부로부터의 인식"에 불과하며 창조하는 낱말을 창조적으로 모방하는 것이 아니라 "창조하는 낱말의 비창조적인 모방"에 머물고 만다. 위 인용문의 마지막 구절, "낱말이 (자기 자신 밖에 있는) 무엇인가를 전달해야만 한다. 이것이 곧 언어정신의 원죄다"라는 구절은 언어가 자기 자신이 아니라 다른 외적인 것(가령

---

**16** GS 2, 152 sq.

지식으로서의 인식 혹은 메시지 등)을 전달하는 수단으로 전락했음을 결정적으로 말해준다. 낙원에서의 인간의 언어 행위, 즉 창조 · 낱말(이름) · 사물 · 인식이 하나를 형성했던 신적인 언어 행위를 모방하여 사물에 이름을 부여했던 인간의 언어 행위는 설혹 제한적이고 부족했을지라도 결코 타락한 것은 아니었다. 그러나 원죄 이후 그 상황은 완전히 변하고 만다. 이름 부여 행위 자체가 불가능해지고 단지 옳고 그름만을 판단하는 지식이 인간 언어의 핵심으로 되고 말았다. 그런 타락한 언어에서는 사물과 일치하는 이름언어가 더 이상 존재하지 않으며, 언어는 다른 것을 전달하는 기호 내지는 도구로 기능할 뿐이다. 요컨대, 키에르케고르가 비판했던 "잡담"(Geschwätz), 하이데거가 비판했던 "지껄임"(Gerede)으로서의 언어만이 팽배해 있을 뿐이다.

> 사물의 인식은 이름에 바탕을 둔다. 그러나 선악의 인식은, 키에르케고르가 잘 파악했듯이, 심오한 의미에서 '잡담'일 뿐이며 그런 인식은 순화와 고양만을 알고 있을 뿐이다. 잡담하는 인간, 즉 죄를 지은 인간은 그런 순화와 고양, 즉 판결하에 놓이고 만다. [……] 판결하는 낱말의 마술은 이름의 마술과는 다르지만, 어쨌든 마술과 흡사하다. 판결하는 낱말이 첫 번째 인간들을 낙원에서부터 추방한 것이다. 그들 첫 번째 인간들이 저 영원한 법칙에 따라서 그 판결하는 낱말을 집행하였다. 즉 판결하는 낱말이 자기 자신의 각성을 유일무이한, 아주 심오한 죄로서 벌을 가하고 기다리는 저 영원한 법칙에 따라서 말이다.[17]

낙원에서는 사물의 인식과 이름이 불가분의 관계를 맺고 있었다면, 선악과를 먹음으로써 낙원에서 추방된 인간은 이름과 인식의 분리, 즉 "판

---

**17** GS 2, 153.

결하는 낱말"로서의 선악의 인식을 행사하게 된다. 그와 같은 판결하는 낱말을 알게 된 인간의 언어 행위, 즉 낙원에서 추방된 인간의 언어 행위에는 다음과 같은 세 가지 부정적인 결과가 뒤따른다.

> 이름의 순수 언어에서 빠져 나옴으로써 인간은 언어를 수단(즉 자신에게 부적절한 인식 수단)으로 만들고 그 결과 어떤 점에서는 언어를 어쨌든 단순한 기호로 만들어버린다. 이것이 다양한 언어를 초래한다. 두 번째 의미는, 원죄에서 상처받은 이름의 직접성을 회복시키는 행위로써 바로 그 죄악에서 새로운 주술, 즉 판단이라는 주술이 나타난다는 것이다. 물론 판단의 주술은 그 자체 내에서 더 이상 평온하지 않다. 과감히 추측해볼 수 있는 세 번째 의미는, 언어정신의 능력이라고 부르는 추상화의 근원을 바로 저 죄악에서 찾을 수 있다는 것이다.[18]

이처럼 인간의 언어는 이제 부적절한 인식 수단으로서의 "단순한 기호"로 전락하고 판단의 주술 형태를 띠게 되며 나아가 추상적으로 전락한다. 이러한 세 가지 부정적인 현상 가운데 판결하는 낱말로서의 판단과 추상성은 매우 밀접한 관계를 형성하는데 그 점에 대해 벤야민은 다음과 같이 설명하고 있다.

> 추상화의 전달 가능성의 직접성(이것은 언어적 뿌리인데)은 판결하는 판단에 놓여 있는 것이다. 타락하는 가운데 인간이 구체적인 것의 전달에서의 직접성, 즉 이름을 떠났을 때 그리고 모든 전달의 직접성의 심연, 공허한 낱말로서의 수단인 낱말의 심연 속으로 빠져들자, 요컨대 잡담의 심연 속으로 빠져들자, 추상화 전달 내에서의 직접성은 판결하는 식으로 자신을 제시한다.[19]

---

**18** GS 2, 153 sq.

여기서 흥미로운 점은, 잡담 · 판결하는 낱말로서의 판단 같은 언어정신의 타락한 부정적인 현상과 관련하여 벤야민은 그 논리를 전도시켜서 자신의 바로크 연구의 경우 그 점을 알레고리를 가능케 하는 근원으로 삼고 있다는 것이다. 가령 언어의 순수성이 사라진 이후 나타나는 현상, 즉 기호로의 전락, 판결하는 낱말, 판단의 언어, 추상성 등이 모두 알레고리의 특성으로 파악되는 것이다. 바로크 연구서의 말미에 제시된 키에르케고르와 관련된 언술도 전혀 부정적이지 않다.

> 선악에 대한 지식은 모든 실제적인 지식과 정반대를 이룬다. [……] 악은 키에르케고르가 파악한 그런 심오한 의미에서 '잡담'이다. 주관성의 승리로서, 사물에 대한 자의적 지배의 시작으로서, 모든 알레고리컬한 관찰의 근원은 바로 그러한 지식이다. [……] 알레고리컬한 것은 추상화 속에서 살아간다. 추상화로서, 언어정신 자체의 하나의 능력으로서 알레고리컬한 것의 본래 고향은 원죄에 있다.[20]

원죄의 긍정적 전환이라고 할까? 언어의 추상성 없이는 알레고리컬한 형상화 자체가 불가능한 것으로 제시되고 있는 것이다. 어쨌든 상징에 대항하여 알레고리를 새롭게 인식하기 이전의 벤야민은 언어의 순수성이라는 종교적 · 신화적 사유에 사로잡혀 있었으며 그런 시각에서 판단의 언어, 추상적 언어를 사용하는 인간의 언어 행위가 비판되었다. 이와 같은 벤야민의 시각은 사실 여러 가지 측면에서 동시대의 다른 철학자와 시인

---

**19** GS 2, 154.
**20** GS 1, 407.

들이 지녔던 언어 회의와 비슷한 점을 공유하고 있다. 벤야민과 비슷한 맥락에서 언어에 비판적이었던 대표적인 철학자로는 특히 니체를 들 수 있다. 이성중심주의, 인식중심주의에 대한 비판뿐만 아니라 근대 세계에서의 언어 남용에 대한 니체의 비판은 매우 적나라한데, 그 예는 다음과 같은 대목에서 읽을 수 있다.

> 즉 도처에 언어가 병들어 있고, 이 기이한 병의 중압감이 모든 인간 발전을 짓누르고 있는 것이다. [……] 이러한 근대문명의 짧은 기간 동안의 지나친 자기 확장으로 인해 언어의 힘은 고갈되고 말았다. 그 결과 이제 언어는 자신의 유일한 존재 이유를 더 이상 수행하지 못하고 있는 바, 즉 고통을 받고 있는 이들이 아주 소박한 삶의 곤경에 대해 더 이상 서로 소통을 나누지 못하고 있다. [……] 인간이 서로 의사소통을 꾀하고 하나가 되어 일을 하려고 시도할 경우 그들은 보편적 개념들의 망상, 단지 단어만이 울리는 망상에 사로잡히고 만다. 이러한 상호 전달의 불가능한 결과로서, 공통감각의 창조물들은 결국 상호 이해 불가능성의 표시를 달고 마는데, 그것은 그 창조물들이 현실적인 곤경보다는 단지 저 폭력적인 말과 개념의 공허함에만 부합되어 있기 때문이다. [……] 마찬가지로 이제 사람들은 언어의 몰락 속에서 말의 노예가 되고 만다.[21]

"공통감각의 창조물"로서 언어는 본래 "감정의 전달"에 그 근본 특성을 두고 있었지만, 근대로 접어들면서—이는 벤야민의 경우 선악에 대한 인식과 판결하는 낱말이 지배하게 되는 원죄 이후의 상황을 말하는데— 언어는 그러한 특성을 상실한 채 단순히 추상적이고 보편적인 개념 언어로 전락하고 있

---

**21** 프리드리히 니체, 『바이로이트의 리하르트 바그너/유고(1875년초~1876년 봄)』(니체 전집 6권), 최문규 역, 책세상, 2005, 특히 5장 참조.

다고 니체는 비판한다. 진정한 순수 언어가 몰락하고 "폭력적인 말과 개념의 공허함"이 지배하는 근대적 세계에서 대부분의 사람들은 결국 그와 같은 "말의 노예"로 살아가고 있을 뿐이다. 이러한 니체의 비판적 언술이 벤야민의 언술에서도 그대로 반복하고 있는데, 그 점은 "언어의 노예화"가 곧 "사물의 노예화"를 초래하고 있음을 지적하는 대목에서 엿볼 수 있다.

> 언어가 전달 도구화함으로써 언어의 다양성에 대한 토대를 놓게 된 원죄 이후에 결국 언어가 혼란스럽게 되기까지는 한 걸음 정도 남게 되었다. 인간이 이름의 순수성에 상처를 입힌 후 사물의 관조—그런 관조 속에서 사물의 언어는 인간에게로 들어갔는데—로부터 이탈되어야만 했으며, 그럼으로써 이전에 감동적이었던 언어정신의 공통적 토대를 인간에게서 앗아갔다. 기호는 서로 혼란스럽게 될 수밖에 없었으며 그런 곳에서 사물은 서로 얽히게 되었다. 잡담 속에서 언어를 노예화하는 것과, 그것의 피할 수 없는 결과로서 어리석은 행동 속에서 사물을 노예화하는 것이 나타나게 된다. 사물로부터의 이탈—이는 곧 노예화를 의미하는데— 내에서 탑 건설의 계획이 생겨났고 그와 함께 언어 혼란이 일어나게 되었다.[22]

원죄 이후 이름의 순수성, 사물의 관조 등이 불가능해진 상황에서 언어는 전달을 위한 단순 기호로 전락한 것이다. 다양한 언어가 발생함으로써 언어 혼란이 싹트고 나아가 인간 · 사물 · 이름의 관계가 사라진 상태가 지배한다. 구약성서의 바벨탑 사건의 경우 하나의 언어를 사용하는 인간 공동체가 하늘에 닿는 탑을 쌓으려는 교만함 때문에 벌을 받게 되고 결국

**22** GS 2, 154.

인간 공동체가 분산되고 언어도 다양해졌다고 하지만, 벤야민은 바벨탑 건설의 계획과 그로 인한 언어 혼란은 근본적으로 인간과 언어가 "사물로부터 이탈"하는 데서 비롯한다고 보고 있다.

언어의 추상성으로의 전락은 니체 이외에도 1902년에 발표된 호프만스탈(Hofmannsthal)의 「한 편의 편지」라는 글에서 아주 뛰어나게 형상화된 바 있다. 벤야민은 유미주의자인 호프만스탈의 작품에 정통해 있었는데, 가령 『탑』이라는 희곡에 대한 서평을 썼을 뿐만 아니라 『바보와 죽음』에서 서술된 "결코 씌어지지 않은 것을 읽기"라는 호프만스탈의 뛰어난 표현을 「미메시스적 능력에 관하여」와 『파사젠-베르크』에서 두 번씩이나 인용하기도 했다.[23] 따라서 근대 언어에 대한 벤야민의 비판은 호프만스탈의 언어 회의로부터 어느 정도 영향을 받은 것으로 짐작된다. 세기말의 언어 회의 상황을 매우 뛰어나게 그려낸 글로 평가되는 「한 편의 편지」에서 글의 화자인 젊은 챈도스 경은 언어에 대한 심각한 회의를 다음과 같이 피력하고 나선다.

> 요컨대 제 경우는 이렇습니다. 그 어떤 것에 대해 연관성 있게 사유하거나 말하는 능력을 제가 완전히 상실했다는 것입니다. [……] 저는 정신 · 영혼 · 육체 같은 낱말을 말하는 데 형용하기 어려운 불편함을 느끼고 있습니다. 어떤 판단을 드러내기 위해 제 혀가 자연스럽게 사용할 수밖에 없는 저 추상적인 낱말들이 이제 제 입 안에서는 마치 썩은 버섯처럼 허물어졌기 때문입니다.[24]

**23** GS 2, 213; GS 5, 524.

**24** Hugo von Hofmannsthal, Ein Brief, in: Gesammelte Werke in zehn Einzelbänden, Frankfurt a.M. 1979, Bd. 7, p. 465.

허구적인 편지 형태의 글에서 화자 챈도스는 편지 수신자인 합리주의 철학자 베이컨에게 이와 같은 내용으로 언어에 대한 자신의 회의적인 생각을 밝히고 있다. 특히 판단을 위한 추상적인 낱말에 대한 회의는 벤야민이 제시한 언어정신의 타락 내지는 원죄 이후 인간의 언어 행위와 거의 흡사하다. 그렇게 자신의 언어활동을 부정하면서 챈도스는 그 탈출구로서 작은 일상의 사건과 사물을 그대로 표현해낼 수 있는 직접적인 언어를 찾으려 하지만 궁극적으로는 나와 사물, 주체와 객체가 하나가 되는 언어를 발견하지 못한다. 그는 결국 침묵과 무관심의 길을 택하게 된다. 언어이론적이면서도 철학적인 차원에서 벤야민이 원죄 이후 인간이 처한 상황을 서술해내고 있다면, 호프만스탈은 추상적인 언어 사용에 회의하는 챈도스 경이라는 허구적 인물을 창조하여 근대적인 인간의 회의적인 모습을 그려내고 있다. 낙원에서 인간이 추방되었다는 것은 곧 역사로의 진입을 뜻하지만 이는 동시에 불행의 역사이기도 하다. 삶에서 인간은 판단과 지식에 기초한 합리적 능력을 내보이지만 그것은 추상적 언어활동과 연결되고 종국에는 합리적이라고 믿어왔던 자신의 인식과 언어에 대해 회의하고 부정하게 된다. 이런 점을 호프만스탈과 벤야민은 공유하고 있었던 셈이다.

그런 역사적 상황에서 인간은 한편으로 비관에 젖을 수 있지만, 다른 한편으로 언어의 근원적 순수성이 다시금 회복되기를 소망하게 된다. 그러나 과거처럼 언어 · 사물 · 인식이 하나로 통일되어 있던 그런 상태의 회복은 결코 쉽지 않으며, 아니 불가능할지도 모른다. 선악을 인식하고 판결을 가하는 식의 언어 사용에서 벗어나 낙원 상태에서처럼 저 순수 언어에 다가갈 수 있는 가능성은 인간의 언어보다는 어쩌면 "자연의 언어"에서만 찾을 수 있을지도 모른다. 물론 원죄 이후 자연도 사실은 인간으로부터 더 이상 이름언어를 부여받을 수 없는 상태에 놓여 있으며 또한 판결하는 낱말로서의 판단과 추상성에 의해서 자연 자체도 고통을 받고 있다. 말없는 자연은 더욱더 말을 상실한 상태에 놓이며, 그 결과 "무언(無言)이 자연의 커다란 고통"[25]으로 비추어진다. 말없는 자연의 언어는 결국 암호 내지는 상징으로 존재할 뿐이며 인간은 그런 자연의 언어를 읽고 이해하고 번역해야만 하는 과제를 갖게 된다.

> 언어는 어떤 경우이든 전달 가능한 것의 전달일 뿐만 아니라 전달 가능하지 않은 것의 상징이다. [……] 이것[이름과 판단: 역자]은 전달하는 기능뿐만 아니라 그것과 결부된 상징적 기능을 가질 수 있는 개연성이 크며, 이 점에 대해서는 여기서 그리 강조되지 못했다.[26]

> 자연의 언어는 비밀스런 암호와도 같다. 개개 초병이 아주 가까운 다음 초병에게 자신의 언어로만 내주는 그런 암호 말이다. 그러나 암호의 내용은 초병 자신의 언어이다.[27]

언뜻 보기에 이 대목에서 강조된 상징적 언어를 놓고서 혹자는 알레고리컬한 언어를 중시했던 벤야민의 시각과는 대비되는 대목이라고 생각할 수 있을 것이다. 그러나 여기서 상징적 언어는 알레고리와 대비되는 의미에서의 상징이 아니라 비밀스럽고 비의적인 언어를 말한다. 그런 비밀스런 언어로서의 자연의 언어는 초병이 사용하는 암호와도 같다. 그렇다면 초병이 사용하는 암호는 도대체 어떤 언어일까? 여기서 초병이란 무엇의

**25** GS 2, 155.
**26** GS 2, 156.
**27** GS 2, 157.

침입에 대해 경계를 서는 임무를 지닌 자를 뜻한다. 그런 초병에 대한 대표적인 예로는 일상의 언어 오염으로부터 순수 언어를 지키는 자로 시인을 떠올릴 수 있으며, 따라서 초병이 사용하는 암호 같은 언어는 시인의 시적인 언어를 뜻한다. "자신의 언어로만 내주는 그런 암호" 같은 구절은 사실 신이 태초에 사용했던 이름들(혹은 이름언어)의 특성과도 같다. 앞에서 언급했듯이 신이 사용한 최초의 언어에서는 사물 · 이름 · 인식이 서로 일치하는데, 이를 오늘날의 언어학적 용어로 설명하면 일종의 언어 자체의 자기준거적 특성을 뜻한다. 초병으로서의 시인은 더 이상 도구화되지 않는, 밀폐적이고 자기준거적인 언어를 사용하는데, 그들이 사용하는 "이름들"은 언어 밖의 어떤 대상을 지칭하는 이름이 아니라 일종의 "언어의 언어"와도 같다. 메닝하우스에 의하면, " '낱말'의 '이름'은 언어 자체 속에서의 언어의 성찰성과 표현성을 지시한다. '낱말들'은 (그리고 낱말의 운동은) 그 기의적이고도 대상지시적인 기능을 넘어서 자기 자신에서 독자적인 내용을 취할 뿐이다. 이런 의미에서 낱말의 '이름'은 벤야민의 표현대로 '언어의 언어'로 이해될 수 있다."[28] 야콥슨(R. Jakobson)의 개념을 빌리자면, 언어의 언어란 곧 언어의 메타포에티컬(metapoetical) 기능이라고 말할 수 있다. 근대시는 바로 그와 같은 밀폐적이고 자기준거적인 언어를 통해서 일상에서의 언어 오염에 저항한다. 특히 사회가 균등화 및 표준화의 이데올로기를 강요하거나 위선적인 투명성을 강조한다면, 신비적이고 밀폐적인 난해한 언어를 구축하는 근대시는 그와 같은 이데올로기적 강요에 저항하고 나선다. 다시 말하자면, 지식에 기초한 진리와 허위의 단순 구분, 과도한 약속과 소망을 언어화하는 담론적 소통 사회 등을 비판하는 차원에서 근대시는 비담론적인, 밀폐된 언어적 형상물의 특

**28** W. Menninghaus, Paul Celan. Magie der Form, Frankfurt a.M. 1980, p. 42.

징을 띠게 된다. 이와 같은 비담론적인 시적 텍스트는 해석 차원에서도 더 이상 학문적 담론으로 소급될 수 없는 절대적인 자기 폐쇄성을 유지한다. 말라르메 이후 더욱 강화된 시적 언어의 밀폐적인 특성에 대해 미셸 푸코는 다음과 같이 정확하게 언급하고 있다. "여기서 말하는 것, 즉 그 고독 속에서, 말의 연약한 변화 속에서, 그 무(無) 속에서 말 자체인 것은 말의 의미가 아니라 수수께끼 같은 불안정한 존재"[29] 자체인 것이다. 시적 언어의 고유한 자기 전개 방식, 즉 불안정한 언어의 존재 자체를 이해 불가능한 것이라고 비난할 경우, 그것은 근대시의 기본 특징과 그에 내재한 의미를 오인한 것에 지나지 않는다. 밀폐적이고 자기준거적인 시적 텍스트는 바로 언어가 오염되기 이전의 상태, 즉 원죄 이전의 상태를 암시하는 상징적 언어, 비밀스런 암호의 세계와도 같으며, 그 암호는 완전히 해독되지 않은 채 비밀스런 수수께끼로 남을 뿐이다. 그런 의미에서 벤야민이 말한 초병의 암호 같은 언어는 쉽볼렛 같은 시적인 언어를 가리킬 것이다. "언어, 언어의 시적인 글쓰기에는 쉽볼렛 이외에 다른 어떤 것이 존재하지 않는다."[30] 경계와 문지방의 차이를 언급한 바 있듯이, 경계에

**29** M. Foucault, Die Ordnungen der Dinge, Frankfurt a.M. 1971, p. 406.

**30** J. Derrida, Schibboleth, München 1986, p. 73. 파울 첼란(P. Celan)이 자신의 시 제목으로 사용한 바 있고 데리다가 첼란 문학의 특징으로 명명한 "쉽볼렛"(Schibboleth)이라는 말 자체는 일종의 암호다. 즉 성경에서 차용된 그 말—데리다에 의하면, 이 말은 물결, 강, 이삭, 올리브 나뭇가지를 뜻한다—은 국경을 넘어갈 수 있는 일종의 암호로서 본래 통과를 위한 기호다. 여기서 '쉽볼렛'은 발음은 비슷하지만 정반대의 의미를 지닌 "시볼렛"(Sibboleth)과 구분된다. 쉽볼렛과 시볼렛의 차이를 가져다주는 것은 결국 선험적인 기의가 아니라 기표의 차이이다. "말의 중요성은 그것의 의미에 있는 것이 아니라 그것을 어떻게 발음하는가의 방식에 있다. 의미 준거 내지는 실제 준거는 지양되며, 중성화되며, 제외되어 있다"(J. Derrida, Schibboleth, p. 51). 쉽볼렛이라는 기표는 기의가 중성화된 상태, 즉 통과의 가능성과 불가능성과 관련된 의미가 아직 결정되지 않은 상태를 말한다. 이와 같은 쉽볼렛의 이중적 특성을 우리는 첼란의 시적 텍스트에 적용할 수 있다. 즉 기의가 중성화된 상태로서의 씌어진 모든 첼란 텍스트는 양 영역, 즉 문학성과 정치성 간의 결정이 유보된 상태다.

서는 쉽볼렛이 요구되지만 문지방에서는 쉽볼렛만이 존재한다. 원죄 이전의 상태를 향해 있는 자연의 언어, 그런 언어로 씌어진 시적 텍스트는 문지방이자 쉽볼렛 그 자체다.

## 3. 비감각적 유사성

벤야민이 언어 자체의 순수성 내지는 절대성을 강조하고 있음을 위에서 살펴본 바 있다. 언어를 도구로 사용하려는 인간과 언어의 순수성은 결코 양립할 수 없는 것처럼 보이며, 더욱이 선악을 구분하는 인간의 인식 행위가 언어의 순수성 내로 파고들 경우 더욱 그렇다. 그런데 벤야민의 다른 글을 보면 인간과 언어의 관계가 완전히 새로운 맥락에서 다루어지고 있는데, 그것은 인간의 미메시스적 능력과 유사성과 관련된 논의 맥락이다. 그러나 자세히 살펴보면, 미메시스론이나 유사성론 자체도 사실은 인간의 창조적 능력에 의해 매개되고 실현되는 언어의 순수성 내지는 절대성을 재차 강조하는 것으로 보인다.

유사성론에 관한 벤야민의 논의를 보면, 자연이나 인간은 유사한 것을 만들어내려는 공통점을 지닌다. 특히 미메시스적 능력을 통해 인간은 유사성을 생산해내고 지각해내는데, 그런 인간의 능력이 가장 잘 발휘되는 곳은 다름 아닌 언어라고 한다. 그 논리를 자세히 추적해보면, 벤야민이 모방 이론 및 재현 이론에서 강조되는 미메시스적 능력과 창조 이론에서 강조되는 포이에시스적 능력을 서로 결합하려는 것을 알 수 있다. 특히 감각적 유사성뿐만 아니라 비감각적 유사성을 포함하는 유사성론을 제시하고 있다는 점에서 더욱 그렇다.

우선 벤야민은 사태(혹은 감각적 대상)와 형상화(이미지화) 간의 유사성을 만들어내는 예로 인간의 몸이 유사성을 생산해내는 매개로 작용하는 흥미로운 예를 제시하고 있다.

> 모방적 능력이 스스로를 시험해보는 첫 번째 물질은 바로 인간 육체라는 점, 이러한 인식이 예술의 근원사를 설명하기 위해 지금까지 그랬던 것보다 훨씬 더 힘주어 강조될 필요가 있으리라. 가령 우리는 다음과 같이 자문해보지 않을 수 없다. 가령 가장 초기 원시시대에 대상의 미메시스는 포괄적으로 보면 바로 수행의 미메시스에 기인하는 것이 아니었는지 말이다. 즉 원시인이 대상들과 관계를 맺었던 수행 말이다. 석기시대의 인간이 고라니를 매우 손색없이 그려냈던 까닭은, 바로 화구를 움직였던 손이 고라니를 죽었던 그 화살을 기억해냈기 때문이었을 것이다.[31]

원시인이 남긴 아주 오래된 벽화나 동물을 흉내 내는 춤 같은 행위를 보면, 그것은 체험이나 경험 없이 단지 머리에서 생산해낸 것이 아니며 또한 앞에 놓여 있는 대상을 그대로 옮겨낸 단순 수작업의 결과물도 결코 아니다. 위 인용문을 자세히 읽어보면, 고대 벽화를 보면서 대상의 미메시스를 감탄하는 일반적인 관찰 방식과는 달리 벤야민은 손의 기억, 즉 수행의 미메시스를 강조하고 있다. 즉 우리 몸의 감각적 일부분인 손이 사태(대상)와 형상 간의 유사성을 매개하는 셈인데, 즉 손은 화살로 고라니를 죽인 일과 이를 다시금 그림으로 옮겨내는 일 사이의 유사성을 매개하고 있다. 이는 초현실주의와 관련하여 나중에 다루게 될 몸공간과 이미지공간이 하나가 되는 것과도 같다. 화살로 고라니를 죽였던 손이 화살을 당기던 포획 순간을 기억하면서 그림을 그려낸다는 것, 이는 곧 손의 매

31 GS 6, 127.

개를 통해서 전자와 후자 사이에 유사성이 발생한다는 것을 뜻한다. 그런데 이 대목에서 흥미로운 측면은, 고라니를 향해 화살을 당기던 순간을 감각적으로 기억해내는 손은 모방적이면서 탈모방적일 수 있다는 것이다. 특히 손이 탈모방적일 수 있는 까닭은 포획 순간을 떠올리며 흥분 · 과시 · 상상 같은 비감각적인 심리적 영향에 의존된 나머지 손이 대상을 있는 그대로 모방하기보다는 오히려 다른 식으로 창조(왜곡 · 변형)할 수 있기 때문이다. 그럴 경우 대상과 서술(묘사), 사태와 이미지 사이에는 만들어진, 창조된 유사성이 개입되는 것이다.

자세히 들여다보면, 「유사성에 관한 학설」과 「미메시스적 능력」은 미메시스 자체를 강조하기보다는 미메시스와 포이에시스 사이의 문지방에 놓여 있는 글이다. 벤야민에 의하면, 자연도 처음에는 유사성을 생산하고 인간도 유사성을 생산하는 데 있어서 최고의 능력과 힘을 발휘했다고 하지만, 시간이 경과하면서 인간의 미메시스적 능력과 힘은 사라지거나 변화되기 마련이라고 한다. 그런 변화를 벤야민은 "다른 영역으로 흘러가는",[32] "사멸과 함께 일어난 일종의 변신",[33] "그 능력의 변형"[34]이라고 명명하고 있다. 그도 그럴 것이 유사성을 생산하는 인간의 능력뿐만 아니라 유사성을 지닌 대상들 자체도 시간의 흐름 속에서 자연스럽게 변하기 때문이다. 그렇다고 해서 유사성을 지각하는 능력 자체가 사라지는 것은 아니며 다만 새로운 영역과 방식에서 가능해진다. 이제 유사성과 관련하여 매우 중요한 점은, 유사성을 순간적으로 지각해주는 제삼자의 개입, 즉 감각적인 차원에서 전혀 유사할 수 없는 두 개의 것을 순간적으로 유사하

---

**32** GS 2, 205.
**33** GS 2, 206.
**34** GS 2, 211.

다고 지각해주는 그런 능력이 요구된다는 것이다.

> 유사성의 지각은 어느 경우든 반짝 빛남과 결합되어 있다. 유사성의 지각은 휙 스쳐지나가며, 아마도 다시 얻어질 수 있겠지만 그러나 다른 지각들처럼 붙들어 맬 수는 없다. 마치 성좌(星座)가 지나가듯 유사성의 지각은 눈앞에서 순간적으로 일어난다. 따라서 유사성의 지각은 시각적 계기와 결부된 듯이 보인다. 그것은 마치 순간적으로 포착된 두 개의 천체가 합해지는 현상에 제삼자인 점성술사가 끼어드는 것과도 같다.[35]

두 개의 별자리가 서로 합쳐질 때 점성술사가 끼어든다는 것은, 두 가지 대상이나 표상을 결합하는 순간에 어떤 해석적 능력이 개입한다는 것을 암시한다. 물론 반드시 의식적인 능력만을 뜻하는 것은 아니다. 벤야민의 경우 유사성을 순간적으로 지각하는 것은 무의식적인 환각 상태에서도 가능하다. 왜냐하면 환각적인 상태에서는 덮어씌움(Überdeckung)·상호침투(Durchdringung)·중첩(Superposition) 등이 작동하기 때문이다.[36]

제삼자에 의해 순간적으로 유사성이 지각될 경우, 이때의 유사성이 바로 비감각적 유사성에 다름 아니다. 전통적인 모방이론적·재현이론적 언어관이 물질적인 특성을 토대로 감각적 유사성을 강조하였다면, 벤야민의 시각은 "비감각적"과 "유사성" 간의 패러독스한 상호 결합이 말해주듯 물질적·감각적 유사성 측면을 뛰어넘고 있다. 사실 비감각적 유사성—이는 사물이 상품으로 전환될 때 그 상품을 "감각적으로 초감각적인 사물"이라

**35** GS 2, 206 sq.

**36** 이에 대해서는 브뤼게만의 논의를 참조할 것(H. Brüggemann, Passagen, in: Benjamins Begriffe, Bd. II, p. 584 sq.).

고 부른 마르크스의 용어를 상기시켜주는데—은 그 자체 모순을 내포한다. 왜냐하면 '비감각적'의 경우 사물의 감각적 지각을 강조하는 유물론적 사유와 거리를 취하고 있다면, '유사성'의 경우 주로 사물(혹은 사태)과 언어(이미지) 간의 감각적 · 본질적 모방 관계를 전제하기 때문이다. 따라서 비감각적 유사성은 그 자체 모순적이지만, 지금까지 언급했던 벤야민 사유와 글쓰기의 특성인 "사유이미지" 혹은 모순과 대립의 공간인 "문지방"을 떠올린다면 어느 정도 이해될 수 있다.

벤야민에 의하면, 그런 비감각적 유사성이 가장 잘 감지될 수 있는 곳은 다름 아닌 언어 영역이다. 언어에서는 세 가지 차원의 비감각적 유사성을 엿볼 수 있는데, 즉 "소리로 말한 것과 사유된 것", "글로 씌어진 것과 사유된 것", 그리고 "소리로 말한 것과 글로 씌어진 것"[37] 사이에서 나타나는 유사성이 그것이다. 이 가운데 세 번째 결합, 즉 소리로 말한 것과 글로 씌어진 것 사이에서의 유사성이 "상대적으로 가장 비감각적인 유사성"이라고 벤야민은 말한다. 사실 언어의 두 가지 존재 방식이기도 한 소리로 말한 것과 글로 씌어진 것은, 각각 서로 감각에 의존되어 있다. 전자는 입과 귀와 관련된 것으로 음성적 · 청각적이며 후자는 눈과 관련된 시각적이고 회화적이다. 따라서 서로 대립되는 음성과 문자의 결합을 "상대적으로 가장 비감각적인 유사성"이라고 파악한 벤야민의 주장은 일면 타당하다. 이를 통해 우리는 다시금 벤야민의 독특한 중간적 입장을 인식할 수 있다. 즉 벤야민은 음성중심주의를 내세운 전통적인 플라톤주의자가 아니며 또한 문자중심주의를 강조한 해체주의자(데리다)도 아니며 양자를 모순적으로 독특하게 결합하는 입장을 취하고 있는 셈이다. 그와 같은 음성과 문자가 결합하는 대표적인 예로 벤야민은 "육필로 쓴 글에서 글을

**37** GS 2, 212.

쓴 자의 무의식이 숨겨놓은 상들 혹은 본래 수수께끼 상들을 인식하는"[38] 필상학(Graphologie)을 들고 있다.

결국 비감각적 유사성이란 물질과 표상, 미메시스와 포이에시스(신비성), 확실한 전달과 수수께끼 같은 이미지, 의도와 의도 없음 같은 양극단이 모순적으로 서로 결합된 것을 뜻하며, 이것은 벤야민의 사유와 글쓰기를 이끌어가는 핵심인 심미적 사유이미지 혹은 일그러진 이미지와 관련된다. 심미적 사유이미지로서의 비감각적 유사성의 토대는 다름 아닌 전달자로서의 "낱말들과 문장들의 의미 연관성"[39]이지만, 이는 다시금 읽어내야만 하는 지각으로서의 해석과 밀접한 관계를 맺는다. 즉 심미적 사유이미지로서의 비감각적 유사성을 벤야민은 글과 언어의 근본 특성으로 간주하면서도 동시에 해석학적 행위인 '읽기'의 특성으로 확장시킨다.

> 말하자면 글과 언어의 이와 같은 신비한 측면은 다른 측면, 즉 기호적인 측면과 무관하게 발생한 것이 아니다. 언어의 모든 미메시스적인 것은 오히려 근거 있는 의도이며, 이 의도는 어떤 낯선 것, 말하자면 언어의 기호적이고 전달적인 것—이것이 언어의 토대인데—에서 출현할 수 있다. 결국 글의 글자 그대로의 텍스트가 유일무이하게 일그러진 이미지가 형성될 수 있는 토대다. 그리고 문장의 소리에 숨어 있는 의미 연관성도 토대인데, 거기서 번개처럼 유사성은 순간적으로 하나의 소리에서 출현할 수 있다. 그러나 이와 같은 비감각적 유사성이 모든 읽기에 영향을 끼치기 때문에 읽기(Lesen)의 저 기이한 이중적 의미, 즉 범속하고도(profan) 마법적인(magisch) 의미로 들어가는 문은 그 깊은 층위에서 열리게 된다.[40]

**38** GS 2, 208.
**39** GS 2, 213.
**40** GS 2, 208 sq.

모든 글과 언어는 이중적 측면, 즉 기호적인 측면과 신비한 측면으로 구성된다. 전자를 미메시스적 측면, 즉 명확하게 전달 가능한 것, 의도적 측면이라고 할 수 있다면, 후자는 불명확한 이미지, 의도 없는 측면으로서 넓은 의미에서 포이에시스적 측면이라고 할 수 있다. 이런 두 가지 측면은 언어 자체의 특성을 넘어서 그 언어를 읽는 행위에서도 모두 공통적이다. 순간적으로 언어적 이미지의 비감각적 유사성을 지각하는 것이 읽기(독서) 행위라고 할 때, 그 읽기 행위는 원형의 재인식 혹은 재구성을 목표로 삼는 것이 아니라 생산 · 보충 · 번역 같은 일종의 새로운 창조와 연결되기 마련이다. 이와 관련하여 스벤 크라머(S. Kramer)는 벤야민의 시각을 매주 적절하게 설명해주고 있다.

> 유사성의 지각이란 다름 아닌 유사성의 생산을 뜻한다. 글 안에 어떤 것이 숨겨져 있지만, 플라톤식 학설의 기억과는 다르게 독서란 그 숨겨진 원형을 재인식하는 행위가 결코 아니다. 오히려 일종의 번역 행위가 글의 중심에서 작용한다. 여기저기서 보충하는 행위가 일어남으로써 그 결과 주관적인 계기와 객관적인 계기가 서로 분리되지 않은 채 얽혀져 있다.[41]

유사성의 지각은 결국 유사성의 생산을 뜻하며 그 생산은 다시금 일종의 읽기 및 번역 행위라고 강조하는 크라머의 시각은 설득력을 지닌다. 그런데 생산 · 번역이라는 의미에서 유사성의 지각을 강조하는 벤야민의 시각은 바로 언어철학과 인식비평과 관련하여 그가 초기에 남긴 "지각은 읽기다"[42]라는 짧은 구절을 통해서도 암시된다. 즉 유사성의 지각은 유사

**41** Sven Kramer, Walter Benjmain. Zur Einführung, Dresden 2004, p. 32.

성의 읽기이며, 이는 선험적으로 전제되는 유사성이란 처음부터 존재하지 않으며 반드시 읽기 행위를 통해 유사성이 생산되는 것을 말해준다. 혹은 호프만스탈에게서 가져온 인용 구절처럼, "결코 씌어지지 않은 것을 읽기"[43]도 바로 유사성의 지각과 관계한다. 여기서 유사성은 "단어나 행동이 갖는 의미의 상관관계"를 통해 "섬광처럼" 모습을 드러내며,[44] 그렇게 빛을 발하는 언어적 이미지에 부합하는 독자의 지각 및 인식 방식은 "지금"이라는 시간성을 띤다. 이를 두고 벤야민은 "번개"와 "천둥" 같은 비유를 사용하는데, 즉 "오랫동안 여운을 남기는 천둥"과도 같은 텍스트 속에서 인식은 "번개처럼 반짝 빛나는" 것이라고 언급한 바 있다.[45] 따라서 미메시스적 능력은 더 이상 대상(사물 · 표상)과 언어 간의 감각적이고 직접적인 관계를 읽어내는 것이 아니라 언어 자체, 즉 낱말과 문장 내에서 비감각적 유사성을 읽어내는(즉 생산하는) 능력을 말한다.

> 그런 식으로 언어는 미메시스적 능력을 아주 극도로 사용하는 것일지도 모른다. 즉 유사한 것을 잘 인지하는 이른 시기의 능력이 여지없이 발현된 매개체 말이다. 그 결과 매개체로서의 언어 내에서는 이제 사물들이 더 이상 예전처럼 예언자 혹은 사제장의 정신 속에서 직접적으로 만나는 것이 아니라 그것의 향료, 아주 순간적으로 스쳐지나가는 듯하면서도 아주 세련된 물질로, 그러니까 일종의 아로마(Aroma) 속에서 서로 만나는 관계를 형성한다. 다르게 말하자면, 언어와 글은 이제 역사가 흐르면서 그 옛날 혜안의 힘을 상실하고 만 그런 것이다.[46]

**42** GS 6, 32.
**43** GS 2, 213.
**44** GS 2, 209, 213.
**45** GS 5, 570.
**46** GS 2, 209.

언어의 매개적 역할에 의해서 사물과 표상이 상호 유사성을 갖게 되지만, 그렇다고 해서 사물의 존재 모습을 언어가 있는 그대로 모방해낸다는 의미에서의 유사성을 뜻하는 것이 결코 아니다. 언어는 순간성, 즉 스쳐 지나가는 향료 같은 "아로마"만을 자아낼 뿐이다. 그런 아로마 속에서 사물과 표상 간의 유사성을 확인한다는 것은 이미 탈미메스적인 가능성을 내포한다. 역설적으로 말하자면, 언어는 탈미메시스적인 방식을 통해 미메시스 능력을 간직하고 있는 셈이다. 이를 문학이나 예술로 전이하여 서술하면, 벤야민의 언어관은 마치 문학의 근본 특성을 "흐릿하게 닦인 거울의 어두운 반사"로서 파악했던 낭만주의 문학관을 떠올린다.[47] 즉 문학이 삶과 존재의 반사이기는 하지만, 그것은 결코 투명하고 선명한 거울의 반사가 아니라 "흐릿하게 닦인 거울의 반사"인 것이다. 혹은 아로마 같은 언어가 미메시스적 능력을 보장한다는 시각은, "예술작품이 자연 발생성과 자연의 모사를 절제하면 할수록 잘 성취된 예술작품은 자연에 더욱 가까워진다"[48]는 아도르노의 모순적 예술관까지도 상기시킨다. 요컨대 탈미메시스적 · 포이에시스적 특성을 통해서 미메시스적 행복을 다시 찾을 수 있다는 시각을 벤야민과 아도르노는 언어와 예술작품에 적용하고 있었던 것이다.

---

**47** 낭만주의자들은 '거울'이라는 비유로 예술작품의 특성을 자주 거론했다. 그러나 그것은 대상을 아주 분명하게 비추어주는, 잘 닦인 거울이 아니라 오히려 대상의 존재를 어둡게 만들거나 다채롭게 분열시키는 흐릿한 거울이었다. 호프만의 경우 "시인들은 이 현실적 삶을 마치 흐릿하게 닦인 거울의 어두운 반사 속에서처럼 포착할 수 있다"(E. T. A. Hoffmann, Der Sandmann, Stuttgart 1983, p. 20)고 언급하고 있으며, 아이헨도르프는 문학을 "형상들을 갑자기 무한하게 다채롭게 펼치는 인공적으로 갈고 닦은 거울"(J. v. Eichendorff, Ahnung und Gegenwart, hrsg. v. Ch. Briegleb u.a., Stuttgart u.a. 1984, p. 275)로 여긴다.

**48** Th. W. Adorno, Ästhetische Theorie, in: GS, Bd. 7, p. 120.

## 4. 언어의 친화성과 번역

이미 언급한 바 있듯이 비감각적 유사성이 가장 잘 발현되는 곳은 다름 아닌 언어이며 특히 글로 씌어진 것이야말로 "비감각적 유사성, 즉 비감각적 교감의 아카이브(Archiv)"[49]다. 언어를 다른 언어로 바꾸는 행위, 즉 글로 씌어진 것을 다른 글로 씌어진 것으로 옮기는 행위로서의 번역을 통해서 전혀 유사하지 않은 두 언어 간의 유사성이 생산될 수 있다. 그렇기 때문에 「번역가의 과제」에서 벤야민은 사회적 맥락 및 수용자에 정향된 번역보다는 언어 자체의 유사성, 즉 "언어들 상호 간의 가장 내적인 관계를 표현하기 위해 합목적적인"[50] 번역을 강조하고 있다. 또 다른 대목에서 벤야민은 번역을 맹아적(집중적) 방식을 통해 "언어 상호간의 내적인 관계"를 밝혀주는 것이거나 "번역이란 [……] 언어들이 지닌 이질성과 논쟁을 벌이고 있는 하나의 잠정적 방식"[51]이라고 말한다. 원문(출발어)에 역자가 충실했는지 아니면 번역문(도착어)의 사회적 맥락에 잘 맞추었는지는 각기 서로 다른 방식일 수 있지만, 언어 자체의 내적인 상호관계 차원에서 양자는 서로 같은 방식이다. 이 점을 벤야민은 매우 문학적이고도 심미적으로 표현하고 나선다. 즉 번역은 "순간적으로 그리고 무한히 작은 의미의 점들 속에서 원문을 건드리는데, 이는 충실성의 법칙에 따라 언어

49 GS 2, 208. 바이겔은 벤야민이 구사한 다양한 개념을 비감각적 유사성(unsinnliche Ähnlichkeit), 퍼즐 그림(Vexierbilder), 일그러진 유사성(entstellete Ähnlichkeit) 등과 연결시키고 있다(Vgl. S. Weigel, Entstellte Ähnlichkeit. Walter Benjamins theoretische Schreibweise, Frankfurt 1997).

50 GS 4, 12.

51 GS 4, 14.

운동의 자유 속에서 자신의 가장 고유한 길을 밟아나가기 위한 것이다."[52] 직역에서의 충실성과 의역에서의 자유로움을 결합하면서 번역은 언어 전이를 수행하는데, 넓은 의미에서 번역은 순수 언어를 향해 나아가는 과정 위에 놓이게 된다. 인간의 인식 내지는 판단 행위에 의해 언어가 점차 도구화되고 오염의 늪 속에 빠져 있는 상황에서 어쩌면 순수 언어를 부활시킬 수 있는 유일한 가능성은 오직 번역에만 주어져 있을지도 모른다.

> 이것[언어: 역자]이 그렇게 언어 역사의 메시아적 종말로 치닫게 된다면, 작품의 영원한 지속과 언어의 무한한 소생에서 점화되는 것은 번역이며, 또한 언제나 새로이 언어들의 저 신성한 성장에 대해 시험을 치르는 것은 번역이다. 즉 언어의 숨겨진 것이 얼마나 계시로부터 멀어져 있는지, 그리고 그런 멀어진 상태에 대한 지식 속에 과연 그 숨겨진 것이 현재화되어 있는지 말이다.[53]

혹은 다음과 같은 해석도 가능하다. 언어정신의 타락 내지는 원죄 이후 언어들이 다양해짐으로써 순수 언어와 인간 언어 사이에서 낯섦이, 혹은 역사 속에서의 다양한 언어들 자체들 사이의 낯섦이 발생하는데, 그런 낯섦을 극복할 수 있기 위해 번역이 요구되는 것이다. 혹은 이미 살펴본 것처럼 낙원에서 추방된 이후 사물 · 인식 · 이름 · 언어가 서로 분리된 상황에서 이제 "사물의 언어는 오로지 번역을 통해서만 인식과 이름의 언어로 들어갈 수 있다."[54] 다시 말하면, "순수 언어", "진리의 언어", "진실한 언어"는 바로 "번역 속에 숨어 있는"[55] 것이다. 물론 모든 낯섦을 극복하고

**52** GS 4, 20.
**53** GS 4, 14.
**54** GS 2, 153.
**55** GS 4, 16.

순수 언어에 도달하는 것이 불가능할 수도 있지만 적어도 번역은 "계시로부터의 멀어짐에 대한 앎을 강조하거나 그러한 앎을 시험해보는 것"[56]을 뜻하며, 그런 점에서 순수 언어를 향해 한 걸음 한 걸음씩 내딛는 시도가 요구된다.

이제 번역가의 과제는 다음과 같이 정의된다. 무엇보다도 "낯선 언어 속에 갇혀 있는 저 순수 언어를 자신의 언어로 구원해내는 것, 작품 속에 사로잡혀 있는 언어를 완전히 다른 창작 속에서 해방시키는 것, 이것이 번역가의 과제다."[57] 자신의 언어로 순수 언어를 구원하거나 혹은 해방시키는 것이 번역이며, 이는 곧 언어 외적인 것(역사적 맥락, 수용자의 환경 등)을 토대나 목적으로 삼는 번역에 대한 비판을 담고 있다. 그런 점에서 벤야민은 수용자 중심의 자유로운 번역 이론을 거부하는데, 그렇다고 해서 원문 자체를 무조건 절대시하는 직역의 충실성 이론을 옹호하는 것은 결코 아니다. 직역은 도착어 자체의 언어적 특성을 전혀 고려하지 않기 때문에 비판되고 있다. 마찬가지로 설명과 전달을 추구하는 자유로운 번역 행위(일종의 의역)도 작품(원문) 자체의 독자적 존재론을 고려하지 않기 때문에 비판되고 있다. 이와 같이 모호한 벤야민의 번역 개념과 관련하여 데리다는 세 가지 전제조건을 제시하고 있다. 즉 번역에서는 수용(자)의 문제가 전혀 고려될 수 없으며, 전달 가능성은 번역의 본질적인 문제가 전혀 아니며, 마지막으로 번역을 원작을 재연해낸 모사물로 간주할 수 없다는 것이다.[58] 가령 "문학의 본질적인 것은 전달이 아니며 진술도 아니

---

56 S. Weigel, Die Lektüre, die an die Stelle der Übersetzung tritt, in: Übersetzen: Walter Benjamin, hrsg. v. Christiaan L. Hart Nibbrig, Frankfurt 2001, p. 240.

57 GS 4, 19.

58 J. Derrida, Babylonische Türme. Wege, Umwege, Abwege, in: Übersetzung und Dekonstruktion, hrsg. v. Alfred Hirsch, Frankfurt am Main 1997, p. 135 sq.

다"[59]라고 규정되고 있을 때, 그런 문학에 비해 번역은 상대적으로 전달이나 설명을 목표로 삼는 것처럼 오해할 수 있다. 그러나 벤야민은 번역에서도 전달은 "비본질적인 것"이며 또한 전달을 꾀하는 번역은 "조야한 번역"에 지나지 않는다고 강조한다.[60] 그렇다면 전달이나 진술을 추구하지 않는 진정한 번역을 어떤 식으로 이해하면 좋을까? 그것은 바로 언어 자체에 대한 성찰을 통해서 감지될 수 있다. 우선 벤야민은 원문(작품)과 번역을 다음과 같이 구분하고 나선다.

> 그것[번역가의 과제: 역자]은 번역되는 언어에 대한 의도를 발견해내는 데 있다. 즉 번역어 속에서 원문의 메아리를 깨우려는 의도 말이다. 작품과는 철저히 구분되는 번역의 특징은 바로 그런 점에 놓여 있다. 작품의 의도는 결코 언어 그 자체, 언어의 총체성을 향해 있는 것이 아니라 오로지 바로 특정한 언어의 내용 연관성을 향해 있기 때문이다. 그러나 문학작품과는 달리 번역은 언어 자체의 내적인 숲속에서 자신을 바라보는 것이 아니라 숲속 밖에서 자신을 바라본다. 숲속 건너편에서, 숲속에 발을 들여놓지 않으면서 번역은 원문을 안으로, 저 유일무이한 장소 안으로 부른다. 즉 자신의 언어 내에서의 메아리가 낯선 언어로 씌어진 작품의 반향을 줄 수 있는 그곳으로 말이다. 번역의 의도는 작품의 의도와는 다른 어떤 것, 즉 낯선 언어로 씌어진 개개 예술작품의 전체 언어를 목적으로 삼을 뿐만 아니라 그 자체 다른 언어이다. 시인의 의도가 소박하고 일차적이고 관조적인 의도라면, 번역가의 의도는 파생적이고 마지막에 오는 이념적인 의도이다.[61]

---

**59** GS 4, 9.
**60** GS 4, 9.
**61** GS 4, 16.

벤야민은 원문(작품)과 번역을 다양한 차원에서 구분하고 있다. 전자의 경우 "언어의 내용 연관성", "언어 자체의 내적인 숲속 안에서", "소박한/일차적/관조적" 특성이 중시된다면, 후자의 경우 "언어 그 자체", "언어 자체의 내적인 숲속 밖에서", "파생적/마지막/이념적"이 중시되고 있다. 그런데 여기서 중요한 점은, 그와 같은 차이에도 불구하고 원문(작품)과 번역 간의 경계는 언어 자체의 내적 친화성을 통해서 궁극적으로 지양되고 있다는 것이다. 그 점은 이미 다른 글에서 언급된 바 있듯이 번역을 언어의 "변신"으로 간주하는 언술에서 찾을 수 있다. 「언어 일반과 인간의 언어에 관하여」에는 다음과 같이 정의된 바 있다.

> 번역이란 변신의 다양한 연속체를 통해서 한 언어를 다른 언어로 옮기는 것이다. 추상적인 같음의 영역이나 유사성의 범위가 아니라 변신의 연속성이 번역을 측정한다.[62]

"추상적인 같음"이나 "유사성의 범위"가 번역의 척도가 아니라는 것은, 원문과 번역 사이의 추상적 유사성을 부정하는 것을 뜻한다. 그 대신 중시되는 측면은 바로 "변신의 연속성"이며, 이때 변신의 힘, 즉 다른 언어로 번역될 수 있는 언어적 가능성은 이미 원문의 언어 자체에 내재해 있다. "번역 역시 원문으로부터 생겨난다"[63]는 말은 번역과 원문이, 비록 각기 상이한 언어로 씌어진 글일지라도, 이미 언어적 친화성을 형성하고 있음을 암시한다.

**62** GS 2, 151.
**63** GS 4, 10.

> 그러나 언어들의 아주 신중하고 내적인 관계야말로 고유한 일치의 관계다. 그것은 다음과 같은 점에서 입증된다. 즉 언어들은 서로 낯선 것이 아니라 선험적으로, 모든 역사적인 관계와는 무관하게, 그 언어들이 말하고자 하는 점에서 서로 친화적이라는 점 말이다.[64]

번역은 언어 자체의 내적인 친화성을 발견하거나 확인해나가는 과정이며 그 과정의 끝은 바로 저 최고의 언어인 순수 언어에 도달하는 것에 다름 아니다. 그런데 언어들이 서로 친화적이라고 할 때 친화성이란 무슨 뜻일까? 유사성(Ähnlichkeit) · 유비성(Analogie) · 친화성(Verwandtschaft)을 구분한 벤야민에 의하면, 유사성은 기본적으로 두 대상의 본질이 서로 비슷할 경우를 말하며, 유비성은 "은유적 유사성"으로서 일종의 관계의 유사성을 말한다.[65] 친화성은 유사성 · 유비성과는 전혀 다르며 벤야민은 그것을 우회적으로 다음과 같이 언급하고 있다.

> 역사적인 친화성을 차치하고 볼 때 두 언어 간의 친화성은 어디에서 찾을 수 있는 것일까? 개개 낱말의 유사성에서도 아니며 마찬가지로 문학작품의 유사성에서도 아니다. 언어들 간의 모든 초역사적 친화성은 다음과 같은 점에 기인한다. 즉 개개 언어에는 전체로서 각각 어떤 동일한 것이 사유되어 있으며, 언어들 가운데 어떤 특정한 언어만이 저 동일한 것에 도달할 수 있는 것이 아니라 서로 보충하는 의도들의 총체성만이 저 동일한 것에 도달할 수 있다는 점 말이다. 저 동일한 것이란 바로 순수 언어를 말한다.[66]

---

**64** GS 4, 12.
**65** GS 6, 43.

친화성은 부분과 전체가 하나를 이루는 순수 언어에 근거하는 것이다. 여기서 하나의 동일자로서의 순수 언어는 창조 · 사물 · 이름(낱말) · 인식이 하나를 형성했던 원죄 이전 상태에서의 언어를 뜻한다. 그와 같은 잃어버린 순수 언어는 서로 보충하는 모든 언어적 의도의 총체성에 의해서만 다시 회복할 수 있다. 벤야민의 사유를 들여다보면, 순수 언어 자체에 대한 본질론적 물음 제기는 그리 중요하지 않다. 순수 언어는 단지 원죄 이후 근대의 다양한 심미적 글쓰기, 끊임없는 번역, 상호텍스트성을 역설적으로 변호해주는 신화적 · 은유적 배경으로 작용할 뿐이다.[67] 또한 순수 언어를 미래의 시간에 설정해놓을 경우 그것을 메시아적 세계라고 부를 수 있겠지만, 마찬가지로 메시아적 세계 자체도 그리 중요한 것이 아니다. 오히려 역설적으로 다양한 언어들 간의 번역 가능성 없이는 그 메시아적 세계에 도달하는 것이 불가능하며, 따라서 더욱 절실히 요구되는 것은 번역에서 허락되는 즐거운 언어적 전이 행위 자체인 것이다.

> 메시아적 세계는 [……] 현재 구사되는 언어 혹은 이미 사멸된 언어로 씌어진 모든 텍스트가 무한히 번역될 수 있는 언어를 전제한다. 아니 더 적절하게 말하자면, 메시아적 세계는 언어 그 자체이다. 그것은 씌어진 언어로서가 아니라 오히려 축제처럼 거행된 언어이다. 그 축제는 여타 기념 잔치들과는 다른 순화된 축제이며 [……] 그 어떤 기념 합창을 알지 못한다. 그 축제의 언어는 산물 자체의 이념으로서, 마치 새들의 언어가 행운을 가져오는 아이들에 의해서 이해되는

**66** GS 4, 13.

**67** Vgl. Stephanie Waldow, Der Mythos der reinen Sprache. Walter Benjamin, Ernst Cassirer, Hans Blumenberg. Allegorische Intertextualität als Erinnerungsschreiben der Moderne, München 2006.

듯, 모든 인간들에 의해서 이해되는 언어다.[68]

순수 언어, 언어 그 자체로서의 메시아적 세계, 축제처럼 거행된 언어 전이 행위는 마치 「평화의 축제」라는 횔덜린의 유명한 시에서 상상화된 상태, 즉 사회적 신분 차이나 구분 없이 모든 이들이 하나의 대화이자 합창 그 자체로 존재할 수 있는 그런 상태를 떠올리게 한다. 그 시의 구절은 다음과 같다. "아침부터 / 우리는 곧 하나의 대화. 서로 귀 기울인 이래 / 인간은 많은 것을 경험했다. 그러나 우리는 곧 합창이어라. / 또한 위대한 정신이 펼치는 시간의 형상 / 하나의 징후로 우리 앞에 놓였으니, 그와 다른 이들 사이, / 그와 다른 힘들 사이 하나의 유대가 있노라. / 그 자신뿐 아니라, 누구에게서도 태어나지 않은 자들, 영원한 / 자들 / 모두 그를 통해 알 수 있나니, 마치 초목들을 통해 / 어머니 대지, 빛과 대기가 알려짐과 같다. / 끝내 너희들, 성스런 모든 힘들 / 너희를 위해, 너희들 아직 있음을 증언하는 / 사랑의 징표, 축제일이어라."[69] 한 언어가 다른 언어로 번역됨으로써 원문과 번역의 관계가 성립하지만 사실 모든 언어 자체는 스스로 원문이자 번역이며 서로 넘나드는 과정을 밟는다. 개개 언어들이 서로 번역하고 번역되는 과정은 결국 순수 언어를 향한 과정에 다름 아니다.

> [……] 번역은 원문과 자신을 비슷하게 만드는 것 대신에 오히려 사랑스럽게, 개개의 것 안으로까지 생각하는 방식을 자신의 언어로 스스로에 동화시켜야 한다. 그럼으로써 어떤 그릇의 파편으로서, 어떤 더욱 거대한 언어의 파편으로서

68 GS 1, 1239.

69 횔덜린, 『궁핍한 시대의 노래』, 장영태 역, 혜원출판사, 1990, 348~355쪽 참조.

조각처럼 그 두 언어를 인식하게 된다.[70]

원문(출발어)이든 번역(도착어)이든 두 언어 모두 "어떤 더욱 거대한 언어의 파편", 즉 순수 언어의 파편 조각으로 존재한다. 파편 조각으로서 개별 언어의 번역이 궁극적으로 순수 언어 속에서 용해된다는 벤야민의 인식은, 낭만주의에서의 비평 개념을 고찰하는 가운데 개개 예술작품 및 그에 관한 비평을 결국은 예술이라는 이념을 완성시켜나가는 성찰적 매개로 해석한 자신의 논리와 거의 흡사하다. 다시 말하면, 개개 예술작품과 비평의 차이가 예술 이념으로 나가는 과정 내에서 지양되듯이, 원문과 번역의 차이도 마찬가지로 순수 언어로 나아가는 과정 내에서 지양된다. 결국 비평이나 번역도 비슷한 과제를 지닌다. 사실 벤야민은 비평이나 번역을 모두 형식(Form)으로 간주하고 있으며, 형식으로서의 비평이나 번역은 좁은 의미에서는 "작품의 영원한 삶의 지속"이지만 넓은 의미에서는 "언어들의 무한한 생기", "언어들의 저 신성한 성장"[71]을 향해 나아간다. 그리고 최종적으로 "신성한 텍스트의 행간 번역의 버전이야말로 모든 번역의 이상 혹은 원형이다."[72]

이와 같은 벤야민의 시각은 상당 부분 낭만주의의 번역 이론에 의존되어 있다. 왜냐하면 낭만주의에서도 언어 자체의 잠재적 가능성으로서 번역이 강조되었기 때문이다. 독일 낭만주의에서의 번역과 비평 개념을 연구한 앙트완 베르만(Antoine Berman)에 의하면, 번역에서는 "낯선 것이 친숙해지고 친숙했던 것이 낯설어지는 운동"이 전개되며 이러한 운동은 곧

70 GS 4, 18.
71 GS 4, 14.
72 GS 4, 21.

"자연 언어를 부정하고 모든 경험적 착근으로부터 스스로를 분리해나가는 운동"에서 출발하는 작품 창작과도 비슷하다. 자연 언어에서 인공 언어로 전환하는 번역 운동이 이미 창작 과정 자체에 내재해 있기에 어떤 낯선 작품을 다른 언어로 옮긴다는 것은 곧 "번역을 번역하는 것"에 다름 아니다. 작품은 언어적으로 비평되기를 원하며 또한 다른 언어로 옮겨지기를 원한다. "작품이란 그 자신의 번역을 고유한 운명처럼 요구하는 언어적 산물"[73]이기에 그 자체 번역 가능성을 내포하고 있는 것이다. 결국 창작과 마찬가지로 번역은 자연성이나 인공성의 문제가 아니라 언어 자체의 잠재력을 높이는 작업이다. 또 한 가지 중요한 점은, 한편으로 작품의 완전한 의미를 구현해내는 것이 번역에는 처음부터 불가능한 일이지만, 다른 한편으로 원문과의 간극과 차이 속에서 유한한 의미를 생산해내야만 하는 것이 번역의 필연적인 모습이라는 것이다. 이렇게 불가능성과 필연성이라는 번역의 이중적 운명을 낭만주의자들은 간파하고 있었으며, 이 점을 정확히 주시했던 벤야민은 순수 언어를 향한 필연성과 불가능성의 모순적 시각을 자신의 번역 이론에 적용하고 있었던 것이다.

## 5. 언어적 서술로서의 이념

벤야민의 언어관이 녹아 있는 또 다른 글로는 『독일 바로크 비극의 기원』의 첫 부분이다. 일명 "인식비판적 서문"에 제시되어 있는 진리 · 이념 · 인식 · 언어의 관계는 두 가지 측면에서 새롭다. 그 하나는 언어로서

73 앙트완 베르만, 『낯선 것으로부터 오는 시련: 독일 낭만주의 문화와 번역』, 윤성우 역, 철학과현실사, 2009(특히 6~8장을 참조할 것).

의 진리 혹은 이념을 규정하기 위해 벤야민은 반플라톤적 사유를 취하고 있다는 것이며, 다른 하나는 주체중심주의적 사유에서 벗어난 차원에서 언어로서의 이념을 다루고 있다는 것이다.

우선 벤야민은 다양성을 바탕으로 이념과 진리의 관계를 논한다. 여기서 진리는 영원불변한 고정된 하나의 어떤 것이 아니라 다양한 이념들에 의해 구성된다. "각각의 이념은 하나의 햇살이며 마치 많은 햇살들이 서로 관계를 맺듯이 각각의 이념은 비슷한 종류의 이념들과 관계를 맺고 있다. 그러한 본체들의 울림 관계가 진리이다."[74] "햇살들", "본체들의 울림" 같은 표현에서 암시되고 있듯이 이념은 결코 플라톤 철학에서처럼 "하나로" 절대화되지 않으며 마치 단자 같은 다양한 현상들이 모여서 상호 관계를 맺을 때, 일종의 "형세"(Konstellation)를 형성할 때 비로소 이념 혹은 진리가 싹트게 된다. 이념은 결코 현상의 배후에 놓여 있는 것이 아니다. "이념들은 영원한 형세"[75]이며 그 이념들은 모두 사유와 존재가 일치하는 단자론적 특성을 지닌다.

> 이념은 영원한 형세이며, 수많은 점들로서의 요소들이 그와 같은 모양의 형세로 파악됨으로써 현상은 나뉘고 동시에 구원된다. 현상들에서 요소들을 끄집어내는 것이 개념의 과제이며 그런 요소들은 극단적인 것으로 아주 정확하게 드러난다. 일회적이고 극단적인 것이 그와 비슷한 부류들과 함께 놓여 있는 연관성의 형성으로서 이념은 우회적으로 서술되어 있다. 따라서 언어를 이념으로 인식하는 것 대신에, 언어를 개념이라고 아주 보편적으로 지시하는 것으로 이해하는 것은 잘못된 일이다. 가장 일반적인 것을 평범한 것으로 제시하려는 것은 전도

**74** GS 1, 218.
**75** GS 1, 215.

된 일이다. 가장 일반적인 것이 이념이다.[76]

> 이념은 단자이다. 전사(前史)와 후사(後史)와 함께 이념 속으로 들어가는 존재는 자신의 숨겨진 형체 속에서 다른 여러 이념 세계의 어둡고 축약된 형체를 제시한다. [……] 이념은 단자이다. 요컨대 모든 이념은 세계의 이미지를 담고 있다. 이념 서술의 과제는 다름 아닌 세계의 상을 축소시켜 그려내는 일이다.[77]

이념은 형세와 같다. 마치 개개의 단자처럼 서로 비슷한 "일회적이고 극단적인 것들"이 모여서 어떤 예기치 않은 연관성을 형성할 때 그것이 곧 이념이고, 이러한 이념은 무엇보다도 언어에서 가장 잘 형성된다. 그래서 벤야민은 "이념은 언어적인 것"[78]이라고 함축적으로 규정한다. 이념은 세계 속에 주어진 지적 관조의 대상으로 인식될 수 있거나 개념들로 파악될 수 있는 것이 아니다. 흥미로운 점은, 바로크 비극의 경우 이념에 단자, 근원, 이름의 특성이 부여되지만 『파사젠-베르크』를 중심으로 하는 후기의 글에서 이념은 점차 지각 · 이미지 · 순간 같은 특성을 획득한다는 것이다.[79] 이념, 진리 등과 관련하여 또 한 가지 중요한 점은, 이념들로 구성되는 것을 진리라고 규정할 때 그 진리에서는 인식 주체의 의도가 사라진다.

---

**76** GS 1, 215.

**77** GS 1, 228.

**78** GS 1, 216.

**79** Raffaella Soldani, Walter Benjamins Ideenlehre, Freiburg 2005. 이 논문은 인터넷 상에서도 찾을 수 있음(http://www.freidok.uni-freiburg.de/volltexte/2651/pdf/Dissertation_Soldani.pdf).

이념들의 존재는 관조의 대상, 더욱이 지적 관조의 대상으로도 사유될 수 없다. [……] 진리는 결코 관계 속으로 들어가지 않으며, 더욱이 의도적인 관계 속으로도 들어가지 않는다. 인식 대상이 개념의 의도 내에 있는 특정한 대상이라는 그것은 진리가 아니다. 진리란 이념들로 형성된 의도 없는 존재다. 따라서 진리에 합당한 태도는 인식 내에서의 생각하기가 아니라 진리 안으로 들어가서 사라지는 것이다. 진리는 의도의 죽음이다.[80]

이 대목은 주체의 죽음과도 같은 언술로써 인식 대상과 인식 주체라는 전통적인 이분법적 사유를 비판하고 있다는 점에서 매우 중요하다. 또한 진리는 "개념에서의 통일성이 아니라 존재에서의 통일성"[81]으로 이해된다. 이처럼 진리가 결코 개념적 사유로 파악되는 것이 아니라는 점은 곧 관념론적 철학에 대한 비판적 의미를 담고 있다. 자신의 관점이나 의도로 대상을 인식하려는 주체중심주의적 시각을 벤야민이 부정하는 까닭은 그러한 주체의 인식이 항상 대상을 소유하려는 목적을 띠고 있기 때문이다.

서술이 철학적 트락타트의 본래적 방법으로 주장될지라도 그것은 이념들의 서술이어야만 한다. [……] 인식이란 일종의 소유다. 인식 대상은 의식 속에서—예컨대 선험적으로— 소유되어야만 하는 과정을 통해 인식 대상 자체로 규정된다. 대상에는 소유물의 특성이 주어진다. 이와 같은 소유 특성에 서술은 부차적으로 여겨진다.[82]

**80** GS 1, 215 sq.

**81** GS 1, 210.

**82** GS 1, 209.

흔히 대상을 인식한다는 것을 대상을 소유한다는 것으로 간주하기 십상인데, 이럴 경우 대상은 항상 인식 주체에 의해서 억압된다. 그러한 철학적 전통에서 이탈하여 벤야민은 "의도의 죽음"으로서의 진리를 설정하고 또한 이념들을 언어적으로 서술하는 것을 철학의 주된 과제로 삼으며, 이를 위한 글쓰기 방식으로 주체와 대상 간의 구분이 불가능한 철학적 서술 방식으로서 트락타트를 취한다. 대상이 말을 건네고 주체가 그 말을 듣는 식의 트락타트 같은 서술 방식에서는 절대적인 인식 주체가 사라진다. 자신의 의도에 따라 대상을 파악하고 그 대상을 개념적으로 서술하려는 인식 주체를 부정하고 그 대신 언어적 서술로서의 진리 자체를 회복하려는 시도, 이러한 점은 벤야민과 아도르노에게 모두 공통적이었다. 이는 인식 주체를 시니컬하게 비웃는 대상(혹은 기호)의 비의도적인 힘을 강조하는 포스트모더니즘적 · 해체론적 관점와도 연결되기도 한다. 유럽의 합리주의적 · 관념론적 철학에서 우선시된 인식 주체의 절대성에 대항하는 벤야민의 시각은 『독일 바로크 비극의 기원』뿐만 아니라 『독일 낭만주의에서의 예술 비평 개념』에서도 이미 제시된 바 있다. 가령 독일 초기 낭만주의의 성찰 개념을 "자아로부터 자유로운 사유"로 파악함으로써 벤야민은 객체로서의 대상을 자기중심적으로 점유하는 주체 철학의 맥락에서 해방시켰던 측면이 그것이다.

위에서 언급된 "의도의 죽음"으로서의 진리란 "스스로 서술하는 이념 영역"[83]이며, 여기서 이념도 "언어적인 것"(das Sprachliche)으로 규정되고 있다. 이념, 그리고 대상의 소유와는 무관한 진리는 언어적으로 "자신을 서술하는 것"(ein Sich-Darstellendes)으로서 존재할 뿐이다. 진리 추구가 철학의 과제라고 한다면 이때 진리는 곧 언어적으로 자신을 서술하는 것에

**83** GS 1, 211.

다름 아니다. 그렇기 때문에 『독일 바로크 비극의 기원』의 첫 문장은 다음과 같이 시작하고 있다. "철학적 저술에서 고유한 점은, 모든 표현과 함께 새로이 서술의 문제에 직면해 있다는 것이다."[84] 대상의 본질 파악으로서의 진리가 아니라 끊임없는 질문 제기 방식으로서의 인식, 다양한 개별적인 것의 인식, 그런 인식을 사유이미지의 언어로 서술하는 과제가 철학적 과제인 것이다. "인식의 대상은 진리와 일치하지 않는다. 인식이란 진리가 아니라 문의될 수 있는 것이다. 인식은 개별적인 것을 주시할 뿐 그것의 통일성을 직접 주시하는 것이 아니다."[85] 절대 진리로서의 대상 인식을 추구하거나 혹은 언어 밖에 존재하는 불변의 진리를 발견하려는 철학적 시도와 결별하고 그 대신 언어적 서술로서의 철학적 진리를 주장할 경우, 이는 철학적 언어유희를 강조한 리오타르(Lyotard)와 로티(Rorty) 등의 포스트모더니즘적 사유와 궤를 같이하는 것이다. 왜냐하면 철학적 진리의 핵심을 다름 아닌 서술의 문제로 간주할 경우 그 순간 이미 그것은 문학적 · 수사적 특성을 수용한 것과도 같다. 이와 관련하여 피에르 미삭(P. Missac)의 분석은 상당한 설득력을 지닌다. 그에 의하면, 철학적 서술로서의 벤야민의 글쓰기에는 수사적 · 문학적 특성이 침투해 있으며 수사학의 다섯 가지 핵심 요소(발견[inventio], 표현[elocutio], 배치[dispositio], 기억[memoria], 연기[actio]) 가운데 세 가지가 이미 작동하고 있다고 한다.

> 그[벤야민: 역자]가 문학의 영역에서 취했던, 그리고 그의 글들이 다루고 있던 많은 문제들이 수사학의 하부영역과 직접적인 관련을 맺고 있다. 예술적 장르나

---

**84** GS 1, 207.
**85** GS 1, 209.

착상의 역할에 대한 그의 생각은 발견(inventio)을, 은유의 구상과 사용은 표현(elocutio)을, 글의 집필로 결코 멈추는 것이 아니라 부단하게 그 구조를 바꾸려는 그의 노력은 배치(dispositio)를 가리킨다. 이런 모든 시도의 공통분모는—거의 집착이라고 명명될 수 있을 정도로— 서술을 동경하는 갈망이라고 할 수 있다.[86]

수사적 특성이 작동하는 철학적 서술에 대한 갈망은, 수사를 가능한 한 배제하려 했던 기존의 철학적 관점에서 보면, 더 이상 철학으로 명명될 수 없으며 이미 문학으로 전환한 것과도 같다. 그런 서술은 철학보다는 문학이라는 공간 내에 자리를 잡게 되며, 그 결과 에세이라는 문학적 서술 특성까지도 얻게 된다. 이제 서술(Darstellung)은 다음과 같이 정의되어 있다.

서술은 논문 방법의 총괄 개념이다. 방법은 우회다. 우회로서의 서술—이것이 논문의 방법론적 특성이다. 의도의 중단되지 않은 진행 과정을 포기하는 것, 이것이 논문의 첫 번째 특징이다. 인내하면서 사유는 항상 새롭게 시작하며, 성가실 정도로 사유는 실상 자체로 되돌아간다. 이와 같은 부단한 숨고르기가 바로 명상의 가장 고유한 존재 형식이다.[87]

의도의 포기, 부단한 숨고르기, 느슨하고도 자유로운 사유의 운동 등에 부합하는 글쓰기는 바로 서술이다. 서술이라는 개념은 나름대로 그 역사적 배경을 갖고 있다. 서구의 경우 계몽주의와 낭만주의가 형성되면서 언

**86** P. Missac, Walter Benjamins Passage, p. 168.
**87** GS 1, 208.

어에 대한 물음이 동시에 제기되는데, 특히 언어의 특성을 서술로 볼 것인지 아니면 전달로 볼 것인지에 대한 상반된 입장이 대두된다. 18세기 루소와 함께 시작된 자연과 문명의 대립은 언어 영역에도 전이되어 자연적 언어와 사회적(이성적) 언어 간의 대립으로 발전하며, 그 대립은 다시금 문학과 예술 영역으로 옮겨져 예술의 목적이 서술인지 아니면 전달인지에 대한 논쟁으로 발전한다. 괴테는 엑커만(Eckermann)과의 대화에서 "특별한 것을 포착하고 서술하는 것이야말로 예술의 본래의 삶"이라고 밝힌 바 있다. 서술과 전달 간의 대립은 독일 초기 낭만주의 문학이론에서도 핵심적이었는데, 슐레겔은 서술과 전달의 대립을 통해 각기 운문과 산문, 문학과 철학의 차이를 설명하기도 하였다. 이때 서술은 "불특정성", "무한성" 같은 특성을 지닌다. 그런데 문학이 서술을 근본 특성으로 삼을 경우, 문학적 서술은 언어 자체의 말하기를 자신의 특성으로 삼게 된다. 즉 언어는 더 이상 인간의 사유 및 현실의 이해를 위한 전달 수단이 아니라는 점이 강조된다. 서술은 본래 표상(Vorstellung) · 현재화(Vergegenwärtigung) · 대리(Stellvertretung)와 더불어 고전적인 재현(Repräsentation)의 특징을 구성하는 범주였지만, 푸코의 분석처럼 1775년부터 1825년 사이에 전통적인 재현 모델이 붕괴됨으로써 서술적인 언어는 더 이상 대상이나 객체를 있는 그대로 보여주는 재현 기능에 종속되지 않는다. 그림에서의 서술도 더 이상 단순히 하나의 의미나 대상을 재현해내지 않는다. 마찬가지로 그림을 대체하는 서술의 기술적 매체인 사진이나 영화에서도 몽타주 기법 등에 의해 제2의 현실이 만들어지고 그 결과 재현의 논리는 계속 붕괴되고 만다. 언어의 경우 그러한 붕괴는 너무나 자명하다. 특히 문학적 언어가 전달이 아니라 서술로 규정될 경우, 그것은 기표와 기의, 의도와 표현 간의 불안정하고 유동적인 관계가 중시되는 문학적 글쓰기의 태동을 뜻한다. 그런 문학적 서술의 독자성, 스스로 말하기로서의 서술의 언어, 언어 자체의 자기준거성 등이 강조되는 시점은 푸코가 지적한 것처럼 낭만주의가 싹튼 시기인 18세기 후반이다. 당시 시인 노발리스(Novalis)는 「독백」이라는 글에서 "언어는 오로지 자신만을 걱정한다는 점을 그 누구도 알고 있지 못하고 있다" 혹은 "어떤 이가 사물을 표현해내려는 의도를 갖고서 말하고자 할 경우에도 그가 말하는 것은 정반대가 될 수 있다"고 언급되고 있다. 언어 자체의 내적 운동과 자기준거성을 중시하는 언어관은 "수학 기호" 같은 비유를 통해서 강화된다. "그것[수학 기호: 역주]은 오로지 자기 자신과 유희하며 자신의 놀라운 특성 이외에 다른 어떤 것을 표현하지 않으며, 그렇기 때문에 그것은 표현력으로 가득 차 있으며, 그렇기 때문에 그 안에는 사물의 기이한 관계 유희가 투영된다."[88] 이러한 언어 자체의 유희적 · 자기준거적 특성은 다음과 같이 설명될 수 있다. 즉 "기호 속에서 자신을 재생산하고 감각화하는 근원적인 초감각적인 현존"이 존재하는 것이 아니라 "다양한 표현물질들 사이에서 관계와 지시의 유희로 존재한다."[89] 노발리스의 언어관이 얼마나 급진적인지는 다음과 같은 구절을 통해서도 다시금 입증된다. "누구나 언어를 이해하지는 못하지요. 그것은 언어 자체가 스스로를 이해하지 않기 때문이며 또한 이해하려고 하지도 않기 때문이지요. 진정한 산스크리트어는 말하기 위해 말하는 것입니다. 왜냐하면 말하기야말로 언어의 기쁨이며 본질이기 때문이지요."[90]

독일 낭만주의에서의 예술 비평 개념을 주제로 박사학위 논문을 썼던 벤야민이 오늘날의 기호학적 · 해체론적 사유까지도 선취하고 있는 노발

---

**88** Novalis, Schriften hrsg. v. Richard Samuel in Zusammenarbeit mit Hans-Joachim Mähl u. Gerhard Schulz, Darmstadt 1960 ff., Bd. II, p. 672.

**89** M. Frank, Das Sagbare und das Unsagbare, Frankfurt a.M. 1980, p. 155.

**90** Novalis, Schriften, Bd. I, p. 79.

리스의 독특한 언어관을 잘 알고 있었음은 두말할 나위 없다. 진리와 이념을 일종의 "언어적인 것"으로서, 즉 언어의 자기 서술로서 파악한 벤야민의 시각은 여러 가지 측면에서 초기 낭만주의의 언어관과 유사하다. 앞서 「언어 일반과 인간의 언어에 관하여」라는 글에서 벤야민은 "자기 내에서 자신을 전달하는 언어"를 강조한 바 있는데, 이 점도 사실은 낭만주의자들이 강조한 스스로를 서술하는 언어와 정확히 일치한다. 그리고 원죄 이후 등장한 인간의 언어, 즉 "인식을 위한 언어"란 언어를 전달 수단으로 간주하거나 대상 지시적인 기호로 파악하는 근대적 언어관을 뜻하며, 이에 대해서 낭만주의와 벤야민은 모두 비판적이었다.

그렇다면 느슨하고 자유로운 서술은 어떤 글쓰기 형식을 취하는 것일까? 그에 부합하는 글쓰기 형식으로는 "구성적 파편주의"(konstruktiver Fragmentarismus)라고도 불리는 작은 형식들,[91] 즉 비평(Kritik) · 에세이(Essay) · 단편(Fragment) · 트락타트(Traktat) 등을 들 수 있다. 비평과 에세이는 엄격하고 제한된 의미를 띤 개념을 바탕으로 완전하고도 체계적인 글쓰기를 추구하는 것이 아니라 불완전한 의미의 다양한 개념들을 뒤섞으면서 자유로운 글쓰기를 취한다. 논문 같은 학문적인 글이 개념의 엄격한 의미와 나름대로 완전한 체계를 구축하고 또한 독자를 글의 폐쇄적인 체계 속으로 끌어들인다면, 에세이는 체계와 개념이 강요하는 투명성 및 동일성에서 벗어나 부유하는 듯한 글쓰기를 전개하며 그런 에세이를 읽는 독자 또한 마찬가지로 자유로운 사유를 펼치고 개방적인 글 읽기를 시도하게 된다. 그런 점에서 슐레겔은 일찍이 에세이를 "정신적 중풍에 싸우는"[92] 글쓰기 형식이라고 규정한 바 있으며, 후에 아도르노도 에세이의

91 Detlev Schöttker, Konstruktiver Fragmentarismus. Form und Rezeption der Schriften Walter Benjamins, Frankfurt am Main 1999.

특징을 다음과 같이 강조한 바 있다. "사유를 움직이는 에세이스트의 나직한 순종은 그를 담론적인 사유보다 더 커다란 강도를 갖게 만든다. 그 이유는 담론적인 사유와 달리 에세이는 맹목적으로 자동화된 방식을 취하지 않고 매순간 자기 자신에 대해 성찰해야만 하기 때문이다."[93] 물론 에세이 형식에도 개인과 관련된 정치사회사적 의미가 부여될 수 있다. 가령 사회가 특정한 규범적 모습으로 모든 이들을 정형화시키려 할 때, 그러한 정형화의 강요에 저항하는 개인이 나타날 수 있다. 이 경우 개인은 내적 성찰과 응집력을 보여줄 뿐만 아니라 유연하고도 다채로운 사유 활동을 펼친다. 이런 맥락에서 총체화·균등화·표준화를 요구하는 사회에 저항하는 개인에게 가장 잘 부합하는 표현 형식은 바로 에세이라는 형식이다. 주로 에세이는 지속적이고 일관된 논리보다는 순간적인 지각에 의해 씌어지기 마련인데, 이런 글쓰기의 양상도 바로 사회에 저항하는 개인의 특성과 정확히 일치한다. 에세이에 내재하는 그런 순간적인 특성은 한 걸음 더 나아가 근대 문학작품의 존재론적 특성으로도 해석되는데, 가령 아도르노는 에세이의 파편적이고도 몽타주적인 특성을 근대 예술작품의 특성으로 확장하였고 그 특성을 "순간"과 "불꽃"으로 표현해낸 바 있다.[94]

---

**92** KA XVIII, p. 221.

**93** Th. W. Adorno, Der Essay als Form, in: GS, Bd. 11, p. 32. "에세이"에 대한 최고의 문학적 서술로는 로베르트 무질의 소설 『특성 없는 남자』의 저 유명한 62장을 들 수 있다. 거기서 주인공 울리히는 에세이에 대해 다음과 같이 자신의 생각을 밝힌다. "흔히 그렇게 제시되듯이 에세이를 하나의 시도(試圖)로 번역할 경우 그것은 문학적 범례에 대한 가장 본질적인 암시를 정말이지 부정확하게 담아낸 것일 뿐이다. 왜냐하면 에세이는 괜찮을 경우 진리로 떠받들어지거나 마찬가지로 오류로 인식될 수 있는 어떤 확신을 잠정적으로 표현해내거나 혹은 부차적으로 표현해내는 것이 아니라, [……] 에세이는 한 개인의 내적인 삶을 어떤 결정적인 생각으로 담아낸 일회적이고도 바꿀 수 없는 형상이다"(Robert Musil, Gesammelte Werke, Bd. 1, Hamburg 1978, p. 253).

**94** 아도르노의 『미학 이론』(Ästhetische Theorie, in: GS, Bd. 7)에서는 예를 들면 "모든 예술

닫힌 형식이 아니라 열린 형식으로 순간적으로 불꽃을 태우는 듯한 특성은 비평 · 에세이 · 예술작품에 모두 공통적이다. 벤야민이 유사성의 지각에, 혹은 있었던 것과 지금 시간이 만나는 변증법 이미지에 그런 순간이나 불꽃 같은 특성을 부여했다는 점은 잘 알려져 있다. 물론 『베를린 연대기』, 『베를린의 유년시절』, 『파사젠-베르크』 같은 작품은 그런 에세이적 · 파편적 글쓰기를 실행에 옮긴 글에 다름 아니다.

---

작품은 하나의 순간이다"(p. 17), "예술작품에서 전형적인 것은 바로 불꽃의 현상이다"(p. 125)이라고 규정되어 있다.

# 제4장
# 바로크 · 상징 · 알레고리

## 1. 근대와 바로크 비극

이미 언급한 바 있듯이 『독일 바로크 비극의 기원』은 동시대의 보수적인 학문 풍토에서 전혀 수용되지 않았지만 뒤늦게 그 가치와 의미를 인정받는 벤야민의 대표적인 저서다. 바로크 연구서는 역사적 현상인 바로크 시대의 문학과 예술을 새롭게 해석하는 시도처럼 보이지만, 사실은 30년 전쟁을 겪은 역사적인 바로크 시대와 제1차 세계대전 전후 시대 사이에는 어떤 역사적인 유사성이 저변에 깔려 있다.[1] 그 점을 직접 거론하고 있지는 않지만 글의 서문에서 17세기 바로크 예술과 20세기 초의 표현주의 예술 간의 유사성이 언급됨으로써 두 시대 간의 역사적 · 사회적 공통점이 시사되어 있다. 17세기 독일 바로크 시인 그뤼피우스(A. Gryphius, 1616~1664)의 서정시에 관한 연구에서 빅토어 만하이머(V. Manheimer)가 언급한 두 시기의 유사성에 동의하면서 벤야민은 다음과 같이 자신의 생

**1** S. Buck-Morss, Dialektik des Sehens, p. 210.

각을 덧붙인다.

> 게다가 언어적인 점에서도 당시(바로크 시대)의 노력과, 지난 지 얼마 안 된, 그리고 지금의 노력 간의 유사성이 눈에 띈다. 부자연스러움이 양자에 공통적이다. 두 문학 사조의 형상물들은 공동체적 현존재에서 발현된 것이 아니다. 그것들은 난폭한 수법으로 문필계에 뛰어난 작품들이 없다는 사실을 숨기려고 한다. 왜냐하면 표현주의와 마찬가지로 바로크도 본래의 예술 숙련의 시기라기보다는 다른 곳으로 돌릴 수 없는 예술 의욕의 시기였다. 소위 몰락의 시기에는 항상 그런 식이다.[2]

바로크와 표현주의는 자연스러운 예술이 만개한 사조가 아니라 몰락의 시기와 인위적인 예술 의욕이 서로 결합되는 유사성을 지니고 있다. 그렇지만 단지 17세기와 20세기 초기(표현주의) 간의 유사성에만 국한되는 것이 아니라 사실 바로크는 근대 전체를 포괄하는 그런 의미를 띤다. 즉 바로크 및 표현주의 시기만이 몰락을 걷는 것이 아니라 근대 전체가 바로 화려하고 인위적인 모습을 내세우는 가운데 몰락과 파국의 길을 걷고 있는 것이다. 그와 같은 바로크로서의 근대와 마주하면서 벤야민은 한편으로 역사의 무한한 발전이라는 잘못된 이데올로기를 비판하고 있으며, 다른 한편으로 바로크의 알레고리컬한 수법에서 근대를 극복할 수 있는 예술적 대안을 찾으려 한다.

의도의 죽음으로서의 진리, 주체의 의도가 배제된 언어적 서술, 역사적 실상내용과 철학적 진리내용이 상호 보완되는 글쓰기, 이것이 벤야민이 제시한 새로운 인식론적 전제조건이다. 이를 바탕으로 벤야민은 17세기

---

**2** GS 1, 235.

독일 바로크 비극의 현상을 다양한 관점에서 조명하고 나선다. 우선 벤야민은 전통적인 아리스토텔레스 및 르네상스의 인본주의적 시각으로 바로크를 해석하는 경향에 반기를 드는데, 이런 점에서 벤야민의 반고전주의적 · 반근대적 시각을 쉽게 읽을 수 있다. 그런 반고전주의적 흔적은 무엇보다도 희곡을 파악하는 데서 잘 드러난다. 가령 애도극 · 비애극 등으로 번역되는 "바로크 비극"(Trauerspiel)은 전통적인 아리스토텔레스의 비극(Tragödie)을 지칭하는 것이 결코 아니다. 벤야민에 의하면, 전통적인 비극과 바로크 비극 간의 결정적인 차이점은, 아리스토텔레스가 비극의 특징으로 삼았던 포보스(Phobos)와 엘레오스(Eleos), 즉 공포와 연민이 바로크 비극에서는 더 이상 통용되지 않는다는 것이다.[3] 또한 전통적인 비극의 경우 역사 이전의 신화가 다루어진다면, 바로크 비극에서는 역사가 중심이 된다.[4] 마찬가지로 바로크 비극에서는 전통적인 비극처럼 신화적 영웅의 죽음이 중시되는 것이 아니라 모든 인물들의 죽음, 그것도 역사와 연결된 죽음이 중시된다.

『독일 바로크 비극의 기원』에도 전통적인 비극과 바로크 비극 간의 차이가 언급되고 있지만, 그 점은 이미 발표된 글에서도 다루어진 바 있다. 전통적인 비극의 경우 영웅은 자신의 죄에 대한 벌로서 죽음을 맞이하며 이때 영웅은 거대한 초개인적인 힘에 의해 이미 결정된 죽음을 받아들인다. 또한 전통적인 비극에서 영웅의 죽음은 "아이로니컬한 불멸성"[5]을 획득하는데, 그것은 영웅이 신과 운명에 항거하지만 결국 죽음을 통해 다시금 신과 운명의 힘에 복귀하고 있기 때문이다. 그러나 바로크 비극의 경

3 GS 1, 242.
4 GS 1, 243.
5 GS 1, 135.

우 인물의 죽음은 신의 세계로 복귀하는 “완결성이 아니며, 보다 숭고한 삶에 대한 확신도 없으며, 아이로니도 없는”[6] 죽음 그 자체다. 이밖에도 희곡의 형식적 측면에서 볼 때 전통적인 비극은 삼통일 원칙 하에 “모두 폐쇄적인 형식”을 취하고 있다면, 바로크 비극은 “그 자체 폐쇄적이 아니다.”[7] 바로크 비극은, 알레고리의 특징이 그렇듯이, 독자의 성찰을 유도하는 일종의 개방극인 셈이다. 이런 점에서 벤야민은 현재의 연극 전문가들이 흔히 사용하는 닫힘과 열림, 폐쇄극과 개방극 같은 개념을 이미 선취하고 있었던 셈이다. 또한 전통적인 비극이 “인간들 사이의 구두 언어의 법칙성에 기인한다면”, 바로크 비극은 다름 아닌 “말(혹은 소리)과 의미의 양 축”[8]을 지니며 이러한 측면은 알레고리의 중요한 특징인 표현과 의미 간의 괴리와 연결된다. 이상과 같은 차이점을 도표로 정리하면 다음과 같다.

| 전통적인 비극 | 바로크 비극 |
|---|---|
| 공포와 연민 | 공포와 연민의 부재 |
| 신화 | 역사 |
| 영웅의 결정론적 죽음 | 다양한 인물의 역사적 죽음 |
| 아름답게 변용된 가상(이상화된 자연) | 적나라한 폐허(파괴된 자연/사물) |
| 삶의 발전 → 피안 | 역사의 몰락 → 현세 |
| 폐쇄적 구조 | 개방적 구조 |
| 구어의 법칙성 | 말과 의미의 불일치 |

전통적인 비극의 경우 영웅적인 개인의 죽음이 중심이지만, 바로크 비

**6** GS 1, 136.

**7** GS 1, 136.

**8** GS 1, 139.

극의 경우 인물들의 다양한 죽음이 나타난다. 그런데 마치 여러 개의 별들이 갑작스럽게 어떤 형세를 만들어내듯이 바로크 비극에서도 인물들의 다양한 죽음을 통해 하나의 형세가 형성된다. 이때 죽음은 결코 이상적이고도 도덕적인 의미를 지니지 않는다. 즉 죽음은 도덕적인 의미와 함께 아름답게 변용되는 것이 아니라 적나라한 시체로 제시될 뿐이다. 죽음 너머에 어떤 초월적 고향이 있는 것이 아니라 죽음 자체가 고향이기에 바로크 비극에서는 "운명도 죽음을 향해 굴러가고 있는"[9] 것이다.

> 독일 바로크 비극의 등장인물이 죽는 까닭은, 바로 그들이 시체로서만 알레고리의 고향으로 들어가기 때문이다. 불멸을 위해서가 아니라 시체를 위해서 그들은 몰락한다. [……] 죽음의 관점에서 보면, 시체의 생산은 삶이다. 죽은 것이 조각조각 육체로부터 떨어져 나가는 것은 사지의 사라짐에서만 일어나는 것이 아니며 또한 노화된 육체의 변화에서만 일어나는 것이 아니다. 그것은 배설과 정화의 과정에서도 일어난다. 따라서 살아 있는 자에게서 죽은 것으로 잘려나간 손톱과 머리카락이 시체에서 계속 자라나는 일은 결코 우연이 아니다. [……] 17세기 바로크 비극에서 시체는 최고의 엠블렘 같은 소도구였다.[10]

르네상스의 휴머니즘이나 기독교 전통에서 시체와 그 시체에 의해 표상된 죽음은 불멸로 나아가기 위한 전단계로서 미화되거나 혹은 아름다운 의미로 전이되지만, 바로크 비극의 경우 죽음 · 시체 · 몰락 같은 생물체의 자연적 특성은 더 이상의 아름다운 변용을 필요로 하지 않은 채 그 자체로 남는다. 시체로 남는 것 자체가 목적인 셈이다. "거기서[해골들이

**9** GS 1, 310.
**10** GS 1, 391 sq.

쌓여 있는 무덤의 황량한 모습에서: 역자] 허무는 의미로 나타나는 것이 아니라 [……] 알레고리 자체로 제시되고 있다."[11]

바로크의 엠블렘[12]

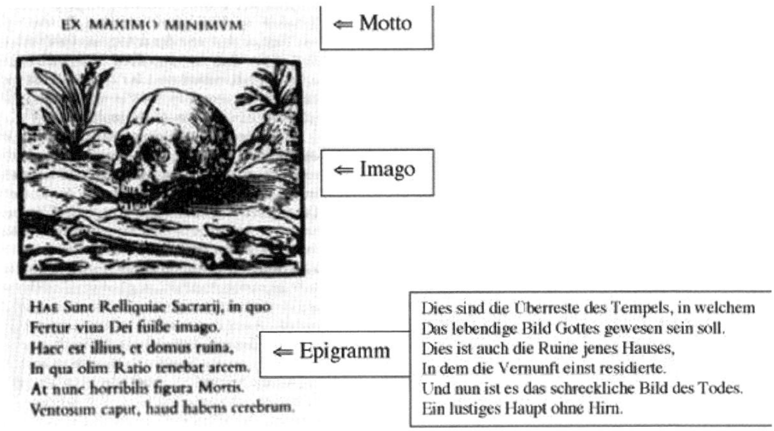


이와 같은 죽은 자, 시체를 보여주는 이미지(그림)와 글자로 구성된 엠블렘은 바로크 시대의 알레고리에 속하는 대표적인 표현 방식이다. 엠블

---

**11** GS 1, 405.

**12** 엠블렘(Emblem): 표제(Motto, Inscriptio) · 그림(Imago, Pictura) · 텍스트(Epigramm, Subscriptio)로 구성된 예술적 표현 양식을 뜻한다. 사실 현재의 상품 광고는 그러한 전통적인 엠블렘의 구조를 그대로 재생산하고 있다. 위에 인용된 엠블렘의 표제는 '아주 거대한 것이 아주 보잘것없는 것으로 된다'라는 뜻이며, 하단부의 라틴어 텍스트는 다음과 같이 번역된다.

"이것이 한때 신의 살아 있는 모습이었다고 하는
거룩한 성전(인간을 뜻함)이 남긴 잔여물이다.
이것이 한때 이성이 거주하고 있던
저 집의 폐허물이다,
그것은 죽음의 무시무시한 형상이며,
골수 없는 바람이 스며드는 머리일 뿐이다."

렘에서 이미지와 글자는 결코 주종의 관계나 목적과 수단의 관계를 형성하지 않고 각기 독특한 가치를 지니면서 서로 교환된다. 즉 각기 본질의 표시로서의 그림과 읽혀진 것의 형상으로서의 글자는 서로 불가분의 관계를 형성함으로써 궁극적으로 글자로서의 이미지, 이미지로서의 글자를 뜻하는 "글자이미지" 혹은 "이미지글자"가 된다.

> 알레고리와 관련하여 이미지(그림)는 덮개에 싸여 있는 본질이 아니라 단지 본질의 표시, 본질의 모노그램일 뿐이다. 그렇다고 해서 글자가 그 자체 어떤 종속적인 것은 아니며 읽을 때 찌꺼기처럼 떨어져 나가는 것도 아니다. 읽혀지는 것의 형상으로 글자는 읽혀지는 것 안으로 들어간다.[13]

그렇다면 위에서 인용된 글자와 이미지로 결합된 엠블렘이나 바로크 비극은 어떤 본질의 표시이며 또한 어떻게 읽혀지는 것일까? 그것은 단순히 삶과 인생의 공허 내지는 허무(Vanitas)의 이념을 형상적으로 재현한 것이 아니라 역사와 "현세"(Immanenz) 그 자체를 가리킨다. 이런 의미에서 "역사적인 삶이 [……] 바로크 비극의 본질적 내용이며 진실한 대상"[14]이며, 이 점이 역사의식을 배제한 채 문체 연구에만 매달렸던 기존의 바로크 해석과는 완전히 다른 벤야민의 독창적인 시각이다. 일그러지고 몰락한 생물체의 자연적 모습, 즉 죽음, 시체 같은 육체/자연의 쇠락한 상태는 허무와 피안이 결합된 숭고한 이념을 지시하는 것이 아니라 파괴된 역사 자체의 진리내용을 보여주는 알레고리인 것이다. 따라서 바로크 비극에서 자연과 역사는 결코 대립을 형성하는 것이 아니라 "생물체 상태

**13** GS 1, 388.
**14** GS 1, 242 sq.

속에 역사적인 것이 여지없이 세속화되어 있다."[15]

> 그 시대의 수많은 동판화와 스케치에서 알레고리컬한 형상의 도식으로 읽혀질 수 있는 저 해골더미의 절망스런 혼돈은 모든 인간 존재의 황량함을 나타내주는 형상만은 아니다. 거기서 허무는 의미로서 지시되어 있는, 즉 알레고리컬하게 제시되어 있는 것이 아니라 오히려 그 자체 의미작용을 하면서, 알레고리로서 제시되어 있는 것이다.[16]

> 무대 위에서 바로크 비극에 의해 제시된 자연–역사의 알레고리컬한 외양은 실제로 파괴된 잔해로 존재한다. 그러한 알레고리컬한 외양과 함께 역사는 감각적으로 무대로 옮겨진다. 더욱이 역사는 영원한 삶의 발전 과정으로서가 아니라 오히려 지속적인 파멸 과정으로 각인되고 표현되어 있다. 결국 알레고리는 아름다움의 저편에서 자신을 드러낸다. 사물의 영역에 폐허가 있다면, 사유의 영역에 알레고리가 있다.[17]

"사물의 영역에 폐허가 있다면, 사유의 영역에 알레고리가 있다"는 구절의 경우, 폐허와 알레고리는 언어 이론에서 언급되었던 저 "비감각적 유사성"을 통해 서로 밀접한 관계를 형성한다. 양자의 공통점은, 폐허가 아름다운 완전한 형체가 사라진 파편화된 조각을 나타내듯, 수사적이고 문학적 표현 수법인 알레고리도 다양한 사유의 파편 조각들을 드러낸다. 물론 사물의 폐허(잔해)와 조각난 사유의 편린으로서의 알레고리는—나중

---

**15** GS 1, 270 sq.
**16** GS 1, 405 sq.
**17** GS 1, 353 sq.

에 알레고리에서 자세히 논의하겠지만— 다른 것에 대해, 즉 파국의 역사에 대해 말을 한다. 언뜻 보기에 생성, 발전, 몰락의 자연법칙을 제시하는 것처럼 보여도 알레고리컬한 표현과 사유에서의 핵심은 역사와 자연의 변증법적 관계다. 그런 의미에서 "역사 과정의 형상이 각인되어 있는 그 자연은 바로 몰락한 자연이다"[18] 혹은 "역사가 자연으로 방향을 전환하고 있다"[19]고 하지만, 알레고리는 궁극적으로 그 몰락한 자연 자체를 보여주는 것에 머물지 않고 다시금 몰락한 역사로 읽혀지기를 요구한다. 이것이 단순한 표현 수법을 넘어서 해석학적 읽기로 전환하는 알레고리의 특성이다. 요컨대, 파괴된 자연의 모습은 파국 내지 몰락의 길을 걷고 있는 역사의 모습에 다름 아니다.

◀ Barthel Bruyn(1493~1555), Vanitas Still-Life

▼ 정현목(Still of Snob, 2011)[20]

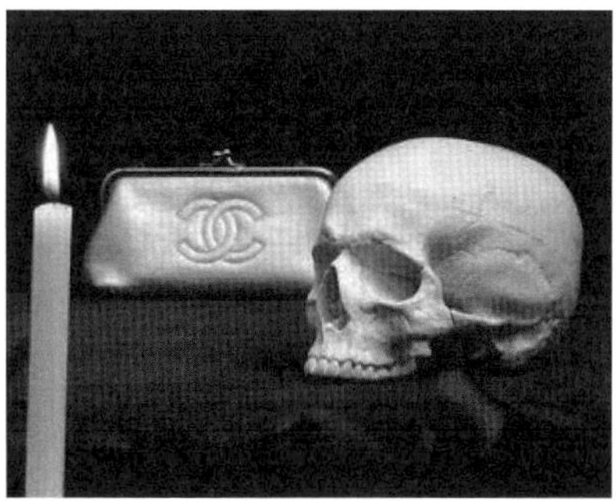

18 GS 1, 356.

19 GS 1, 358.

20 미술 평론가 박영택은 바니타스(허무)를 의미화하는 바로크의 알레고리 형식이 어떻게 현대의 소비사회에서 나타나고 있는지를 사진작가 정현목의 작품을 통해 설명해주고 있다. "정현목은 서구 전통 정물화 형식을 차용해 동시대인의 명품에 대한 헛된 욕망을 은유화한다.

알레고리를 구사하는 이(알레고리커로서의 시인)의 시선은 철저히 어떤 살아 있는 생명체, 즉 사물에 향하고 있다. 다시 말하면 그는 영적인 것, 신적인 것, 정신적 것보다는 현세적 시간 속에서 소멸할 수밖에 없는 사물로서의 "물질적인 자연", "추락한 사물"[21]을 주시한다. 그런 물질적 대상을 주시하고 다룬다는 점에서 알레고리커는 흡사 유물론자와도 같다. 그렇지만 멜랑콜리한 유물론자로서의 알레고리커는 대단히 주관적이고 신비적이다. 그는 자신만의 특권화된 비밀스런 지식을 통해서 사물에 자의적인 지배력을 행사하며, 더욱이 영혼과 정신이 부재해 있는 사물 자체가 아무 말 없이 존재하고 있기에 그에 부합하듯 알레고리커 자신도 수수께끼와도 같은 사물에 침잠하곤 한다. 또한 연금술사가 비밀스런 지식에 의존하듯 알레고리커도 자신만의 추상적 지식을 발휘한다. 그러나 뛰어난 지식을 지닌 알레고리커 자신도 역설적으로 사물의 수수께끼와도 같은 의미를 궁극적으로 완전히 파헤치지는 못한다.

> 왜냐하면 알레고리커의 모든 지혜는 심오함에 속해 있다. 그의 예지는 살아 있는 사물의 생명에 침잠함으로써 얻어지는 것일 뿐, 그 어떤 것도 계시의 소리를 통해 예지로 나아가는 것이 결코 아니다.[22]

왜냐하면 어떤 것은 아는 자에게만 알레고리컬하게 제시될 수 있기 때문이다.

---

짙고 어두운 배경을 뒤로 하고 하얀 천 위에 명품백과 해골, 촛불이 놓여 있다. 해골은 죽음을, 명품백과 촛불은 이내 사라질 유한한 것을 뜻한다. 이런 정물을 서구에서는 '바니타스'라고 부른다. 인생의 무상함과 세속적 욕망의 허망함을 각종 정물로 표현하는 바니타스 정물화 형식을 빌려 명품을 선호하고 그것을 소유하고자 하는 현대인의 세속적 욕망을 비판적으로 표현하고 있는 것이다"(경향신문, 2011년 9월 16일).

**21** GS 1, 355.

**22** GS 1, 330.

그러나 다른 한편 [……] 그 자체의 소박한 특성에 따라 사물들은 깊은 생각으로부터 달아나며, 그 결과 사물들은 수수께끼 같은 알레고리컬한 지시 대상으로서, 나아가 덧없는 티끌로서 깊은 생각 앞에 놓여진다. 알레고리의 의도와 진리를 향한 의도는 서로 대척해 있다. 단순한 앎을 목적으로 하는 호기심과 인간의 아주 거만한 고립, 이 양자는 바로 다른 어느 곳이 아닌, 바로 알레고리의 의도에서 가장 분명하게 서로 결합되는 것이다.[23]

알레고리커는 주관적인 유물론적 변증법자라고 할 수 있다. 즉 생기 없는, 영혼이 사라진 그대로 사물을 보여준다는 점에서 그는 탈인격적인 방식으로 사물을 죽이고 있지만, 동시에 그런 사물에 어떤 의미를 집어넣음으로써 사물을 다시 구원해낸다. 물질이 그의 손에 의해서 정신을 취하게 된다. "알레고리커에게서 물질의 침묵은 두말할 나위 없이 극복되어 있다. 바로 웃음소리에서 극도의 기괴한 변장으로 물질은 넘칠 정도로 정신을 받아들인다."[24] 죽은 사물은 알레고리커의 손을 거치면서 어떤 의미나 연관성을 새롭게 획득한다. 결국 대상을 알레고리컬하게 다룬다는 것은 일종의 변증법적 운동을 뜻한다. 무의미한 사물에 어떤 새로운 의미를 부여하는 운동, 이를 낭만주의가 표현한 아이로니의 변증법적 구조로 말하자면, 파괴(Vernichtung)와 창조(Schöpfung)의 변증법적 운동이 알레고리에 내재해 있는 셈이다. 이와 같은 변증법적 구조는 후에 보들레르의 알레고리, 그리고 벤야민 자신이 구사한 알레고리에서 다시 반복한다.

**23** GS 1, 403.

**24** GS 1, 401.

## 2. 상징과 알레고리

바로크 시대의 알레고리를 강조하기에 앞서 벤야민의 초창기 다른 글을 보면 그가 알레고리보다는 상징을 약간 긍정적으로 다루었음을 알 수 있다. 가령 벤야민은 "진리내용과 실상내용 간의 해체될 수 없는 필연적인 결합이 나타나는 곳에 바로 상징적인 것이 존재한다"[25]고 언급하고 있으며 또한 "상징의 대상은 상상적이다. 상징은 아무것도 뜻하지 않는 것이 아니라 그 본질에 따라서 기호와 대상을 완성하는 의도 간의 통일이다. 이는 객관적으로 의도적인 통일이며 그 대상은 상상적이다"[26]라고 적고 있다. 이러한 시각에서 벤야민은 괴테의 작품을 상징적인 문학으로 간주한다. 사실 상징과 알레고리를 이론적 차원에서 정의하였던 이는 다름 아닌 괴테인데, 벤야민이 그러한 괴테의 정의를 잘 인지하고 있었음은 틀림없다. 물론 후에 알레고리를 더욱 중시했을 때 벤야민은 상징적 문학을 우선시하는 괴테에 대해 거리를 취하게 된다. 상징과 알레고리에 대한 괴테의 잘 알려진 구분은 다음과 같다.

> 상징은 현상을 이념으로, 이념을 이미지로 변환시키며, 그 결과 이미지 속의 이념은 항상 무한히 작용하고 도달할 수 없는 것으로 남아 있으며 모든 언어로 표명되지만 말할 수 없는 것으로 남는다.[27]

**25** GS 1, 152.

**26** GS 6, 21 sq.

**27** J. W. v. Goethe, Maximen und Reflexionen, in: Werke, Hamburger Ausgabe, München 1981, Bd. 12, p. 470.

알레고리는 현상을 개념으로, 개념을 이미지로 변환시키며, 그 결과 이미지 속의 개념은 항상 제한되며 완벽하게 포착되고 소유될 수 있고 그 자체에서 표명될 수 있다.[28]

괴테의 경우 상징과 알레고리는 각기 무한한 이념과 이미지의 연관성, 제한적인 개념과 이미지의 연관성에 그 특징을 두고 있다. 괴테는 제한적인 개념보다는 무한한 이념을 중시했기에 당연히 상징적 문학을 옹호하였다. 이미지가 제한적인 개념(지식)과 관계한다는 알레고리의 기본 특성은 괴테뿐만 아니라 벤야민에게도 그대로 수용되지만, 그러나 그에 대한 인식과 가치평가를 벤야민은 완전히 전도시킨다. 어쨌든 괴테의 그 유명한 상징 정의를 염두에 두어서인지 벤야민은 초창기에 "예술작품에서는 상징으로서의 이념의 현상에 말을 건넨다"[29] 혹은 "상징적인 형상물로서 아름다움은 간극 없이 신적인 것으로 넘어간다"[30]고 강조한 바 있다.

그러나 알레고리를 새롭게 분석하는 가운데 벤야민은 마침내 상징에 대해 서서히 비판적인 입장을 취하는데, 그것은 괴테의 또 다른 구절을 비판적으로 인용하는 대목을 통해서 간접적으로 읽을 수 있다. 가령 괴테는 "보편자를 위해 특수자를 찾는" 것을 알레고리로, "특수자에서 보편자를 주시하는" 것을 상징으로 간주하면서 양자의 차이점을 제시한 바 있는데, 이는 다음과 같은 의미를 지닌다. 즉 특수자가 보편자의 범례 내지는 수단으로 작용하는 부정적인 측면을 알레고리가 지니고 있다면, 보편자를 구체적으로 고려하지 않으면서 특수자를 생동성 있게 포착하는 상

**28** Ibid., p. 471.
**29** GS 1, 336.
**30** GS 1, 337.

징이야말로 문학의 본래적 특성이라고 괴테는 긍정시하였던 것이다.[31] 이러한 괴테의 시각을 비판하면서 벤야민은 알레고리의 부정적 측면을 오히려 긍정적인 측면으로 전복시키는데, 특히 전통적으로 알레고리의 부정적 특성으로 간주되었던 측면들, 예를 들면 상형문자의 수수께끼 같은 특성, 특별하고도 전문적인 지식, 주관성 등이 긍정적으로 해석된다. 이러한 새로운 해석 하에 알레고리는 수사적 테크닉을 넘어서 표현의 근본적 특성까지도 획득한다. 벤야민의 정의에 의하면, 알레고리는 "유희적인 이미지 테크닉이 아니라 언어가 표현이듯 글과 마찬가지로 표현이다."[32]

18세기 이후의 근대적 작가에게나 철학자의 미학 이론에서 대체로 부정적으로 인식되었던 알레고리를 긍정적으로 뒤집는 벤야민의 분석에서 각별한 점은, 상징과 알레고리의 차이를 단순히 예술적 표현 방식의 차이로만 파악한 것이 아니라 이데올로기적 세계관 및 역사관의 차원에서 해석하였다는 것이다. 즉 전자는 총체성 및 조화를 강조하는 보수적인 범주로, 후자는 파편성과 부조화를 강조하는 급진적인 범주로 부각된다. 양자의 차이를 드러내주는 몇몇 중요한 대목은 다음과 같다.

> 상징에서는 몰락의 변용과 함께 자연의 변용된 모습이 구원의 불빛 속에 일순간 계시되지만, 알레고리의 경우 역사의 '죽어가는 이들의 얼굴 표정'(페이시스 히포크라티카: facies hippocratica)이 경직된 근원 풍경으로 관찰자의 눈앞에 놓인다. 역사가 처음부터 시대에 적합하지 않은 것, 고통으로 가득 찬 것, 놓치고

---

**31** Vgl. GS 1, 338. 이밖에도 괴테의 예술관에 대한 벤야민의 비판적 시각은 『독일 낭만주의의 예술비평 개념』에서도 찾을 수 있다(Vgl. GS 1, 110~119).

**32** GS 1, 339.

만 것을 간직하고 있는 모든 것 속에서 역사는 하나의 얼굴, 요컨대 죽은 자의 머리에 각인되어 있는 것이다.[33]

조형적인 상징, 유기체적 총체성의 형상인 예술상징에 강력하게 대립하는 것으로서 다름 아닌 무형적 파편 조각을 떠올릴 수 있다. 알레고리컬한 글의 형상은 그러한 무형적인 파편 조각으로 나타난다. [……] 알레고리컬한 직관 영역에서 형상은 파편 조각, 폐허의 잔재이다. [……] 총체성이라는 거짓된 가상은 사라진다. 그것은 본질이 사라지고 비유가 들어서기 때문이며 또한 그 안에서 우주가 시들고 있기 때문이다. [……] 부자유, 미완성, 감성적이고 아름다운 육체의 파괴 등을 고전주의는 인정하지 않으려 했고 본질적으로 거부하고 있었다. 화려한 모습에 가려졌지만 전대미문의 강조를 통해 바로크의 알레고리는 그 점을 내보이고 있다.[34]

몰락과 함께, 오로지 그 몰락과 함께 역사적인 사건이 수축되어 무대 속으로 들어간다. 그러한 몰락한 사물이라는 포괄적인 개념은 초기 르네상스가 이해했던 변용된 자연이라는 개념과 극단적으로 대립한다.[35]

상징이 아름답고 조화로운 총체적인 미 내지는 정형적인 미를 추구한다면, 총체성을 위선적이고 가상적인 것으로 부정하는 알레고리는 파편적이고 무정형적인 부분들의 결합 자체로만 남는다. 다른 각도에서 보면, 상징에는 아름다움이, 알레고리에는 숭고함이 내재해 있다.[36] 상징은 기

**33** GS 1, 343.
**34** GS 1, 351 sq.
**35** GS 1, 355.
**36** GS 1, 669. 메닝하우스는 벤야민의 알레고리와 칸트, 리오타르의 “숭고함” 범주를 연결시키

호학적 차원에서 기표와 기의의 일치를, 심미적 차원에서는 형식과 내용의 일치를 의도적으로 추구하는 방식이다. 완전한 조형미과 유기체적 총체성을 지닌 상징의 예로는 자유, 완성, 아름다운 형상을 보여주는 고대의 조각상이나 초기 르네상스 및 고전주의 작품 등을 들 수 있다. 이들 상징적 작품은 모두 변용된 자연, 즉 아름답게 승화된 자연을 제시한다. 그와 같은 총체성과 통일성을 지닌 변용된 자연으로서의 상징에 대항하여 알레고리는 몰락한 사물 · 파편 · 잔해 등의 모습을 띤다. 허무와 죽음을 담고 있는 바로크 시대의 예술은 조각조각 파편화된 것을 결합하는 알레고리컬한 형상화로 나타나고 있는데, 요컨대 그것은 거의 모두 "비정형적인 개별적인 것들"[37]이다. 알레고리는 "잔해 속에 침잠되어 놓여 있는 것", "파편 조각"[38] 자체로 남으면서 상징의 변용된 자연에 극단적으로 대립한다. 미술 이외에도 문학의 경우 알레고리는 언어의 파편화, 예를 들면 철자를 바꾸는 수법인 애너그램(Anagram), 의성어적 표현, 모든 관습적인 의미 연관성에서 벗어난 낱말 · 음절 · 발음 등으로 나타난다.[39]

> 그런 방식으로 언어는 자신의 파편 조각의 모습으로 변화된, 상승된 표현에 자신을 내주기 위해 부서진다. [……] 조각조각 파편화된 모습으로 언어는 단순히 전달에 기여하는 일을 중지하며 새롭게 태어난 대상으로서, 신들, 강물, 덕성의 품위에 견주어, 그리고 그와 유사한 알레고리컬한 것으로 전환하여 빛나는 자연

---

고 있다(W. Menninghaus, Das Ausdruckslose: Walter Benjamins Metamorphosen der Bilderlosigkeit, in: Für Walter Benjamin, hrsg. v. Ingrid und Konrad Scheurmann, Frankfurt a.M. 1992, pp. 170~182).

**37** GS 1, 361.

**38** GS 1, 354.

**39** GS 1, 381.

> 형상물의 품위에 견주어 자신의 품위를 제시한다.[40]

알레고리를 구사하는 시인들은 사실 세계의 윤리적 의미란 단지 허구적인 이데올로기에 불과하다고 인지한 근대인들, 나아가 역사가 발전이 아니라 몰락의 길을 걷고 있음을 인지한 멜랑콜리한 근대인들이다. 변용된 자연, 총체성으로서의 상징에 대한 비판은 곧 역사의 항구적인 발전 이데올로기를 거부하는 것이며, 그런 비판적이고 허무주의적 인식을 바탕으로 시인들은 알레고리에 시선을 돌리게 되었던 것이다.

상징과 알레고리의 대립을 벤야민은 예술사조와도 관련시킨다. 가령 초기 르네상스 및 고전주의가 상징을 중시하는 예술사조라면, 바로크와 낭만주의에서는 알레고리가 중시된다. 따라서 흔히 고전주의와 낭만주의의 대립을 내세우는 일반적인 예술사적 관점에서 벗어나 벤야민은 고전주의와 바로크를 더욱 근본적인 대립으로 설정하고 고전주의에 의해 억눌려왔던 바로크가 낭만주의에서 다시 부활하는 것으로 파악하고 나선다. 따라서 바로크와 낭만주의는 아름다움만을 예찬했던 기존 예술을 거부한 예술이라는 공통점을 지니는데, 이러한 벤야민의 시각은 상당히 설득력이 있다.

> 지금까지 사람들이 고전주의와의 대립을 낭만주의에서만 찾아내려 했지만, 알레고리컬한 글의 파편 형상에서는 바로크야말로 고전주의에 대한 탁월한 대립으로 입증된다. 바로크와 낭만주의에서 지속하는 점을 규명하고 싶은 유혹은 뿌리칠 수 없는 일이다. 낭만주의와 바로크가 중시한 것은 고전주의를 교정하는 것이 아니라 예술 자체를 교정하는 일이다.[41]

---

**40** GS 1, 382.

낭만적인 천재가 알레고리의 영역에서 바로크적 기질과 소통하고 있다는 점은 다음과 같은 단편이 증명하고 있다. [⋯⋯] 바로크가 잘 알고 있었던 것처럼, 마법사의 방과 연금술사의 실험실에 널려 있던 파편적인 것, 무질서한 것, 쌓여 있던 것과 알레고리컬한 것이 서로 관계되어 있음은 결코 우연한 일로 간주해서는 안 된다. 독일 시인들 가운데 가장 위대한 알레고리커인 장 파울(Jean Paul)의 작품이 그와 같은 어린아이들 방 물건이나 정신병자의 방 물건에 속해 있는 것은 아니지 않은가? 낭만주의적 표현수단의 진실한 역사는 다른 어느 곳이 아닌 장 파울에게서 단편과 아이로니를 알레고리컬한 것의 변형으로서 아주 잘 입증할 수 있었다. 요컨대 낭만주의의 테크닉은 여러 가지 점에서 엠블렘과 알레고리 영역으로 나아간 것이다.[42]

실제로 낭만주의자들은 장 파울을 자신들의 시학적 전범으로 삼았으며 이 점은 별도로 부연 설명할 필요가 없을 정도로 최근 낭만주의 연구에서 쉽게 입증되고 있다.[43] 또한 단편, 아이로니 같은 문학적 표현 방식을 통해 표현과 의미 간의 차이를 꾀했던 낭만주의와, 엠블렘과 알레고리를 주

---

**41** GS 1, 352.

**42** GS 1, 363 sq. 알레고리커로서의 바로크 시인의 특징은 "연금술사"로 비유되며 이러한 점은 다음과 같은 대목에서 찾을 수 있다. "바로크 시인들의 실험은 연금술사의 실험 행위와 비슷하다. 고대가 물려준 조각조각이 그들에게는 원소였으며, 이런 원소들에서 새로운 전체가 뒤섞여지는데, 아니 만들어진다. 왜냐하면 새로운 것에 대한 완성된 상도 다름 아닌 잔해물이었다"(GS 1, 354). 흥미로운 점은, 파편들의 결합에서 하나의 새로운 전체가 생성되지만 그 전체는 결코 아름다운 조화로운 하나의 상과 연결되지는 않는다. 이에 대한 근대적 예로는 가령 몽타주 원칙으로 다다이즘을 주도했던 한나 회히(Hannah Höch)의 작품을 떠올릴 수 있다.

**43** 슐레겔의 『포에지에 관한 대화』에 실려 있는 「소설에 관한 편지」(Brief über den Roman, 1798)라는 짧은 글은 낭만주의의 핵심 개념인 그로테스크 및 아라베스크는 다름 아닌 장 파울에 빚지고 있다고 강조하고 있다.

로 사용했던 바로크가 서로 긴밀한 관계를 맺고 있다는 벤야민의 분석도 매우 정확하고 타당하다. 이밖에 르네상스와 고전주의, 바로크와 낭만주의, 상징과 알레고리 같은 대립을 단순히 양식사적 대립이 아니라 역사관의 대립으로 파악한 것도 벤야민의 뛰어난 시각이 아닐 수 없다. 전자의 예술사조에서는 모두 역사는 끊임없이 진보한다는 낙관주의적 이념과 상징 의식이 지배적이었다면, 후자의 예술사조에서는 모두 역사가 파국과 몰락의 과정을 걷고 있다는 비관적 · 비판적 의식이 흐르고 있었으며 이를 표현하는 방식으로 알레고리가 우세했던 것이다.

상징과 알레고리의 대립과 관련하여 또 한 가지 흥미로운 점은, 그러한 대립이 마르크스주의 내 여러 이론가들 사이에 흐르는 미묘한 시각 차이와도 연결된다는 것이다. 예컨대 고전주의 및 헤겔 전통에 서 있던 루카치와 블로흐가 유기체적 특성과 변용된 자연을 중시하는 상징의 전통에 서 있다면, 알레고리의 반유기체적이고도 파편적인 특성을 강조한 벤야민의 시각은 브레히트, 아도르노 등과 함께 새로운 심미적 혁신을 옹호하는 진영에 속한다. 그러한 입장 차이는 특히 동시대의 새로운 예술 현상(표현주의 및 아방가르드 예술)에 대한 상이한 반응에서도 표출된다. 가령 루카치는 고전주의와 리얼리즘이 내세운 교양소설이라는 전통적인 장르를 중시하고 표현주의 및 아방가르드적 시도를 가차 없이 비판하였지만, 이와 달리 벤야민과 아도르노는 유기체적인 아름다운 가상을 거부하는 아방가르드적 시도를 적극 수용하면서 파국으로 치닫는 근대 역사를 비판하였다.

바로크와 표현주의 간의 유사성은 벤야민 스스로도 언급했기에 부인할 수 없는 측면이지만, 문제는 바로크 연구가 아방가르드, 표현주의 같은 새로운 예술 현상을 수용하도록 만든 토대가 된 것인지 아니면 역으로 새로운 예술 현상에 대한 벤야민의 독창적인 시각이 바로크라는 역사적인 현상 연구를 위해 도입된 것인지는 아직 불분명하다. 이와 관련해서 벤야민의 경우 이론(알레고리)과 현재적 경험(아방가르드)이 우연히 서로 조우하게 되었다는 페터 뷔르거(P. Bürger)의 시각은 설득력을 준다. "주지하다시피 벤야민은 그 개념(알레고리)을 바로크 문학에서 발전시켰다. 하지만 그 개념은 아방가르드 작품에서 비로소 적절한 대상을 찾는다고 말할 수 있을 것이다. 다르게 말하자면, 아방가르드 작품을 다루었던 경험을 토대로 벤야민은 그 범주를 발전시켰을 뿐만 아니라 바로크 문학에 그 범주를 적용할 수 있었다. 역으로가 결코 아니다."[44] 바로크의 알레고리에 대한 이론적 작업은 아방가르드 예술 현상과의 밀접한 연관 속에서 설명될 수밖에 없다. 뷔르거에 의하면 알레고리의 네 가지 특성으로 파편, 파편의 결합, 우울, 몰락으로서의 역사가 중시되는데, 여기서 첫 번째와 두 번째 특징이 아방가르드 예술의 핵심인 몽타주 특징과 정확하게 부합한다는 것이다.[45] 즉 알레고리와 몽타주는 거의 동일시되며 이 양자의 지배적인 원칙은 다름 아닌 충격이다. 물론 아방가르드의 몽타주, 알레고리, 충격 수법 등과 관련하여 뷔르거는—비판적 차원에서— 알레고리는 "절망적인 상태"[46]의 표현이며 또한 충격은 지속적으로 영향을 끼칠 수 없는 단점을 지닌다고 분석하고 있다.[47] 나머지 세 번째와 네 번째 특징과 관련해서도 뷔르거는 알레고리커의 행동 방식과 아방가르드주의자(전위예술가)의 정신적 활동 간의 상호 유사성을 언급하고 있다. 즉 바로크의 알레고리가 역사를 자연사 내지는 파멸의 운명사로 서술하는 현상은, 아방가르드주의자(특히 초현실주의자)가 자신이 움직이고 있는 대도시를 "수수께끼 같은

---

**44** P. Bürger, Theorie der Avantgarde, Frankfurt a.M. 1974, p. 93.

**45** Ibid., p. 95.

**46** Ibid., p. 96.

**47** Ibid., p. 108.

자연"으로 경험하고 있는 현상과 여러 가지 점에서 유사하다는 것이다.[48]

물론 바로크 비극 및 알레고리에 대한 벤야민의 시각은 자본주의가 본격화된 19세기 이후의 사회적 현상에 대한 심미적 · 정치적 대응 방식으로서의 알레고리와 비교해볼 때 결정적인 차이점을 지닌다. 그것은 바로크 예술(혹은 벤야민의 시각)에는 구원에 대한 종교적 믿음이 흐르고 있었다는 것이다. 벤야민에 의하면, 알레고리를 구사하던 바로크 작가들의 주관적인 의도는 궁극적으로 역사 전체가 구원되는 신학적인 틀 내에서 작동하고 있다는 것이다. 바로크 시인들의 주관성에 의해 만들어진 알레고리가 구원이라는 신학적 의미를 부여받게 됨으로써 궁극적으로는 "부활의 알레고리로서, 특히 바로크의 죽음의 회화에서는 [……] 알레고리컬한 관찰이 급격하게 변한다."[49] 몰락한 사물의 모습을 적나라하게 보여줌으로써 알레고리는 일차적으로 파멸의 도취를 야기하지만, 파멸에의 몰입이나 침잠이 곧 알레고리의 이상은 결코 아닌 셈이다. 오히려 알레고리는 그런 침잠의 한계를 일깨우면서 갑작스럽게 부활로의 도약을 열어준다. 그렇다고 해서 중세 시대의 알레고리와 바로크 시대의 알레고리가 서로 동일시될 수는 없다. 왜냐하면 파멸과 구원의 관계가 양자에서는 완전히 다르게 드러나기 때문이다.

> 중세가 세계사의 쇠퇴와 피조물의 무상함을 구원으로 나아가는 길의 단계로 제시하고 있다면, 독일 바로크 비극은 완전히 세속적 구성 조직의 절망 상태 속에 자신을 파묻는다.[50]

48 Ibid., p. 96 sq.

49 GS 1, 406.

50 GS 1, 260.

요컨대, 바로크 비극과 알레고리에서 파멸과 절망은 마치 구원의 전단계로서 제시된 것이 아니라 철저히 "몰락의 단계"[51] 자체로 유지된다. 그럼에도 불구하고 순간적으로 파멸이 곧 구원으로 돌변한다. 가령 "죽음의 해골이 천사의 얼굴이 된다"는 로엔슈타인(Lohenstein)의 구절을 놓고서 벤야민은 "신의 세계 속에서 알레고리커는 깨어나게 된다"고 해석한다. 순식간에 알레고리에 부여되었던 여러 특징, 즉 "특권화된 비밀스런 지식, 죽은 사물 영역에서의 자의적 지배, 희망 없는 이들이 자처하는 무한성"이 알레고리에서 사라진다. 그런 모든 것이 "단번의 비상으로 연기처럼 사라지며", 알레고리의 궁극적인 의도는 "부활을 향해 가차 없이 비약하는" 것에 있음을 알게 된다.[52] 요컨대, 표현의 차원에서 알레고리 자체는 몰락의 단계 자체에 머물고 있지만, 그런 알레고리를 구사하던 바로크 작가들은 궁극적으로 "구원" 내지는 "기적"[53]이 보장된 틀 내에 거주하고 있었다는 것이다. 그렇기 때문에 "바로크 비극의 알레고리컬한 구성에는 구원된 예술작품의 파편 조각 같은 형태가 본래 명확히 제시되어 있다."[54] 이를 두고서 파편성이라는 미학적 방식과 새로운 구원을 기다리는 의식 간의 상관관계, 혹은 주관적 니힐리즘의 표현과 메시아니즘적 의도 간의 상호 결합이 언급될 수 있다.

그렇지만 구원으로 도약한다고 해서 알레고리가 결국 상징과 비슷해진다는 것을 뜻하진 않는다. 왜냐하면 상징에는 파편 · 허무 · 니힐리즘 같은 시각이 본래부터 부재하기 때문이다. 그렇다면 바로크 작가들에게서

**51** GS 1, 343.
**52** GS 1, 343.
**53** GS 1, 408.
**54** GS 1, 358.

엿볼 수 있는 구원적 사유와 알레고리의 결합이 바로크 이후의 작가들에게서도 지속하는 것일까? 심미적 방식으로의 알레고리는 바로크와 낭만주의를 넘어서 보들레르, 초현실주의, 영화 분석, 파사주 단편 같은 벤야민의 후기 분석 작업에서도 지속한다. 그러나 역사적인 바로크 시대와의 결정적인 차이점은, 19세기 이후의 근대 작가들은 종교적 · 신학적 세계가 자신을 비호해줄 것이라는 희망적 확신을 지니지 않았다는 것이다. 설혹 구원이 기대될지라도, 그것은 완전히 주관적인 바람일 뿐 실제 종교에서 말하는 초월적 존재와 하나가 되는 의미에서의 구원이 아니다. 파울 클레의 그림 「새로운 천사」에서처럼 구원의 천사는 역사의 폐허 속에서 애처로움을 간직한 기이하고도 암울한 모습을 띨 뿐이다.

## 3. 알레고리와 멜랑콜리

벤야민에 의하면 바로크 시대의 작가, 지배자와 순교자로서의 군주, 불충성한 궁신 등은 모두 멜랑콜리에 젖은 인물 형상이며 그들은 다시금 학자, 공상가, 천재적 예술가, 대도시의 배회자(Flaneur) 같은 모습으로 확장된다. 멜랑콜리한 자의 인상학적 특징은 비애 · 우울 · 공상 · 나태 · 광기 등 다양하다. 그런 멜랑콜리한 자에게 제공된 "고유하고도 강력한 디베르티스망"[55](Divertissement, 막간극, 기분전환, 오락)은 다름 아닌 알레고리다. 가령 뒤러의 「멜랑콜리아 I」에서는 정중앙에 위치한 사색하는 이의 주변에 수많은 크고 작은 사물들이 마치 퍼즐 조각처럼 재미있게 흩어져 있는데, 이는 곧 멜랑콜리와 알레고리가 불가분의 관계를 맺고 있음을 보여주

55 GS 1, 361.

는 뛰어난 알레고리컬한 예가 아닐 수 없다. 그런 점에서 벤야민은 보들레르의 문학과 관련해서도 "놀란 상태로 자기 손 안에 있는 파편 조각을 주시하는 사색하는 이는 알레고리커가 된다"[56]고 밝힌다.

멜랑콜리한 자는 무엇인가를 찾기도 하지만 근본적으로는 무엇인가를 상실한 나머지 슬픔에 젖어 있다. 넓은 의미에서의 슬픈 감정에는 비애(Trauer)와 멜랑콜리가 있으며, 이 두 가지 감정은 같은 의미로 쓰이는 경우가 많지만 사실 서로 다르다. 비애와 멜랑콜리를 엄격하게 구분해준 글로는 프로이트의 「비애와 멜랑콜리」(1917)가 있다. 그에 의하면 비애와 멜랑콜리는 공통적으로 애정 어린 타자의 상실에 의해 야기된 매우 고통스럽고 우울한 상태를 뜻하지만, 그러나 양자의 결정적인 차이점을 프로이트는 다음과 같이 밝힌다.

> 비애의 경우 세계가 초라하고 공허하며, 멜랑콜리의 경우 그 초라하고 공허한 것은 자아다.[57]

비애는 궁극적으로 애정 어린 대상의 상실을 이내 인정하고 자신감을 잃지 않으면서 새로운 대상을 찾아 나선다. 이를 프로이트는 "현실성 검사"를 통해 대상 상실을 극복하려는 심리적 대처 행위라는 의미에서의 "비애의 작업"(Trauerarbeit)이라고 부른다.[58] 요컨대, 비애가 상실을 극복하는 정상적 반응이라면, 이와 달리 멜랑콜리는 상실의 우울한 상태를 극복하지 못한 일종의 병리적 증상으로 간주된다. 애정 어린 타자를 잃어버

---

**56** GS 1, 676.

**57** S. Freud, Trauer und Melancholie, in: Melancholie oder vom Glück, unglücklich zu sein, hrsg. v. P. Sillem, München 1977, p. 165.

**58** Ibid., p. 164.

린 자아는 자신을 비난하게 되고 궁극적으로는 자아 결핍의 상태에 이르는 장애를 갖게 된다. 이러한 병리적 현상을 다르게 표현하자면, 멜랑콜리의 경우 잃어버린 대상의 현존이 여전히 자아를 지배하고 있는 상황이다. 프로이트의 말을 빌리자면, "객체(대상)의 그림자가 자아에 드리워져 있다."[59] 그로 인해 멜랑콜리한 자는 상실된 대상과 자신을 동일시하는 나르시시즘에 빠진다.

> 멜랑콜리의 특징은 고통스럽고 기분 나쁜 상태, 외부세계에 대한 관심의 중지, 사랑의 능력 손실, 모든 실행의 장애 그리고 자신감의 경시이며, 이는 곧 자신에 대한 질책과 자신에 대한 비난으로 귀착된다.[60]

정신분석학적 차원에서 비애와 멜랑콜리가 서로 미묘한 차이를 갖고 있음에도 불구하고 벤야민은 바로크 시인들이 알레고리와 멜랑콜리를 바탕으로 역사에 대한 "비애의 이론"[61]을 제시한다고 말함으로써 비애와 멜랑콜리를 명확히 구분하지 않는 듯이 보인다. 다시 말하면, 벤야민은 대상(자연 · 삶 · 세계)을 상실하여 허무하게 바라보는 자에게서 솟아나는 감정으로 멜랑콜리를, 그런 대상 상실로 인한 멜랑콜리하고 슬픈 상태를 나타내는 상위 개념으로 비애를 사용하고 있는 듯이 보인다.

> 이러한 탈인격화의 징후를 비애 상태의 심각한 수준으로 포착함으로써 바로 그 병적인 상태의 개념이 비할 바 없는 엄청난 연관성을 얻게 된다. 그 병적인 상태

59 Ibid., p. 169.
60 Ibid., p. 163.
61 GS 1, 318.

에서는 아주 눈에 띄지 않는 사물도 수수께끼 같은 지혜의 암호로 등장하는데, 그것은 사물과의 자연스럽고 적절한 관계가 결여되어 있기 때문이다.[62]

비애 같은 병적인 상태, 즉 멜랑콜리한 상태에서는 아주 사소한 사물조차도 엄청난 새로운 의미를 획득한다. "사물과의 자연스럽고 적절한 관계가 결여되어 있기 때문에" 비애라는 병적인 상태가 더욱 풍부한 해석의 길을 열어준다는 언급은 매우 역설적이지 않을 수 없다. 이처럼 벤야민이 두 개념을 혼합하여 사용할 수밖에 없었던 까닭은—프로이트의 구분을 적용할 경우— 17세기 바로크 예술에서는 세계와 자아가 동시에 초라하고 공허하게 비추어졌기 때문이다. 이를 표현하는 미학적 방식으로서의 알레고리는 결국 비애이자 멜랑콜리에서 발생될 수밖에 없다. "악을 지배하는 마음의 상태는 비애인데, 즉 알레고리의 어머니이자 알레고리의 내용이다."[63] 다만 알레고리를 생산하는 예술가, 즉 초라하고 공허한 주관적 자아에 초점을 맞출 경우 멜랑콜리가 부각되고, 예술가를 둘러싼 초라하고 공허한 역사적 환경에 초점을 맞출 경우 비애가 강조된다. 또한 멜랑콜리한 자아로서의 예술가가 알레고리를 사용하면서 작업한다면, 이는 마치 자신의 심리적 장애를 극복하는 차원에서 비애의 작업으로 전환하는 것과도 같다. 그렇다고 해서 바로크 예술가들은 현실에 순응하는 이들이 결코 아니었다. 현실을 지배하고 있는 가톨릭 세력에 저항하는 루터 추종자들인 바로크 작가들과 관련하여 벤야민은 그들이야말로 현실의 엄숙함 속에서도 우울과 삶의 허무를 발견해냈던, 그리고 현실을 변혁시키려 했던 멜랑콜리한 자들이라고 해석한다. 그들 바로크 작가들은 삶과 역

**62** GS 1, 319.
**63** GS 1, 403.

사를 결코 낙관적으로 보지 않았다. 왜냐하면 인간적 행위가 보잘것없이 여겨지는 공허한 세계에 대한 인식이 싹트게 되었고, 그로 인해 삶의 예찬보다는 죽음의 전율이 앞서게 되었기 때문이다.

> 삶은 죽음에 대한 생각으로 인해 깊이 경악했다. 공허한 세계를 바라보는 데서 수수께끼 같은 만족을 거두기 위하여 감정이 위장된 채 세계를 생기 있게 되살리려는 마음이 있게 마련인데, 그런 마음이 바로 비애다. 모든 감정은 선험적인 대상과 결합되어 있으며 대상의 서술은 곧 대상의 현상학이다. 비극의 이론에 대한 대조적인 추론서 분명 제시되듯, 비애의 이론은 멜랑콜리한 자의 시선에만 드러나는 세계의 묘사에서만 펼쳐질 수 있다.[64]

공허한 세계를 바라보면서 겉으로 그런 감정을 드러내지 않으려는 마음이 곧 비애라고 밝히고 있는 대목을 보면 이 경우 벤야민은 프로이트식의 멜랑콜리와 비애에 대한 구분을 정확히 인지하고 있는 것처럼 보인다. "세계를 생기 있게 되살리려는 마음"은 프로이트가 언급한 "비애의 작업", 즉 대상 상실의 고통을 극복하려는 마음 상태와 연관되기 때문이다. 이 밖에도 비애는 대상의 충만함과 결합된 감정이라고도 설명된다.

> 바로크 비극에 있어서 비애와 관련하여 부분적으로 전개되거나 부분적으로 전개되지 않은 법칙이 있다면, 비애란 시인의 감정 상태가 아니며 또한 비극적 서술이 향하고 있는 관객의 감정 상태도 아니며, 오히려 경험적 주체와는 무관한, 대상의 충만함과 내적으로 결합된 느낌이다.[65]

**64** GS 1, 318.
**65** GS 1, 318.

비애가 시인이나 관객의 주관적인 감정이 아니라 대상과 관련된 느낌 자체라는 점이 분명해졌다. 특히 "대상의 충만함과 내적으로 결합된 느낌"으로서의 비애, 고통을 이겨낸 듯한 과시로서의 비애는 프로이트가 말한 현실성 검사를 통해 상실을 극복한 비애와 유사한 것처럼 보인다. 더욱이 슬픈 감정을 감추거나 부정하는 차원에서 외적으로 밝게 보이려는 모순적 태도를 벤야민은 "비애와 과시의 친화성"[66]이라고 덧붙인다. 이처럼 비애는 경험적 주체로서의 시인이나 관객이 지닐 수 있는 멜랑콜리한 감정과는 구분되고 또한 분명 대상 상실에 기인한 슬픔을 극복한 감정으로 해석되고 있는 것이다. 그렇지만 대상에 대한 느낌으로서 비애가 궁극적으로 멜랑콜리와 분리될 수는 없는 까닭은, 앞서 인용한 대목에서처럼, "멜랑콜리한 자의 시선에만 드러나는 세계의 묘사에서만" 비애가 펼쳐지기 때문이다. 따라서 바로크 비극과 알레고리에 내재해 있는 근본적인 감정으로 벤야민은 멜랑콜리를 더욱 우선시하였고 그런 멜랑콜리를 넓은 의미에서 비애로 설명하고 있는 것이다.

사실 바로크 시대에서 멜랑콜리한 감정을 읽어낸 벤야민의 시각에서는 정신분석학적 이론의 흔적보다는 오히려 멜랑콜리에 대한 전통적인 세 가지 시각이 더욱 중시되고 있다. 우선 한편으로 체질론(혹은 체액 병리론)에 바탕을 둔 시각이고, 다른 한편으로 신화와 점성학에 근거를 둔 토성(Saturnus)과 관계된 우울 이론이다. 이 두 가지 시각을 비판적으로 재해석하면서 벤야민은 멜랑콜리의 새로운 의미를 찾아내고 있다. 서구 고대와 중세의 철학적 전통에서 우울과 토성이 "악마적인 서술"과 "기독교적 사변"을 피할 수 없었다면, 이와 달리 르네상스 시대를 기점으로 "천재론의

**66** GS 1, 319.

의미에서 토성적 우울을 뒤집어서 해석"하는 새로운 경향이 나타난다고 벤야민은 밝힌다.[67] 알레고리에 대한 재해석을 위해 벤야민은 체질론과 점성학을 끌어들일 뿐만 아니라 흥미롭게도 동시대 칼 슈미트(C. Schmitt, 1888~1985)의 법철학적 · 정치이론적 이론에 기반을 둔 군주론을 멜랑콜리 및 알레고리 이론에 적용하고 나선다. 주권성, 예외상태, 정치적 메시아니즘 등을 다룬 슈미트와의 관련성에 대해서는 벤야민 스스로 1930년 12월 9일에 슈미트에게 보낸 편지에서 다음과 같이 밝히고 있다.

> 근래 교수님은 출판사로부터 저의 책 『독일 바로크 비극의 기원』을 받으셨을 것입니다. 17세기 주권성을 다룬 제 책이 얼마나 교수님께 의존되어 있는지 쉽게 간파하셨을 것입니다. 그밖에도 말씀드리고 싶은 점은, 교수님의 국가철학적 연구방법을 통해 저의 예술철학적 연구방법을 입증해나갔고 이를 저는 교수님의 후기 저서들, 무엇보다도 '독재'를 다룬 저서에서 끄집어냈다는 것입니다. 저의 책을 읽어보시면서 교수님이 그 점을 쉽게 간파하신다면, 책을 보내드린 저의 의도는 이루어진 것이라고 할 수 있을 것입니다.[68]

슈미트의 영향은 사실 초기 바로크 연구에만 제한되는 것이 아니라 후기의 글인 『역사의 개념에 대하여』에서도 지속하고 있다. 그런데 잘 알려진 것처럼, 자유로운 의회민주주의를 부정하는 슈미트의 주권론 및 결단론은 민족의 이름으로 절대적인 주권을 지니는 영도자를 변호하는 이론이며 나아가 예외상태라는 개념을 설정하는 가운데 스스로 규정할 수 있는 절대 권력자를 정당화하는 이론이며, 이러한 이론은 후에 히틀러의 권

**67** GS 1, 328.
**68** GB III, p. 558 sq.

력을 합리화하는 이론적 토대로 작용하였다.[69] 이처럼 파시즘 체제의 정당성을 위해서 결정적인 이데올로기를 제공한 슈미트의 이론에 벤야민이 의존하고 있다는 것은 매우 아이로니컬한 점이 아닐 수 없으며, 더욱이 당시 정치적 현실에서 파시즘과 마르크스주의가 서로 화합할 수 없는 적대적인 양극을 형성하고 있었다는 점을 고려한다면 슈미트와 벤야민 간의 관계는 정말이지 난해함을 넘어서 "위태로운 관계"[70]까지도 암시하고 있다. 그런 곤혹스러움을 의식해서였는지 아도르노는 벤야민 사후 편지를 정리하여 발행할 당시 슈미트에게 보낸 벤야민의 서신을 의도적으로 숨겼으며, 나중에 그런 사실이 알려지자 아도르노의 정당치 못한 행동은 비판을 받았다. 어쨌든 바로크 연구에서 인용부호 없이 벤야민이 언급하고 있는 구절, "전쟁, 반란 혹은 여타 파국이 예외상태를 야기하는 경우, 지배하는 자는 이미 사전에 예외상태에서의 독재적인 권력의 소유자로 존재하도록 규정되어 있는 것이다"[71]라는 구절은 분명 슈미트의 『정치신학』이나 『정치적인 것의 개념』 같은 저서로부터 상당히 영향을 받은 것으로 보인다. 그런 슈미트의 주권론 및 결단론을 토대로 벤야민은 군주를 멜랑콜리한 자의 전형으로 간주하면서 군주의 심리 상태를 분석하고 나선다. 더욱이 군주와 순교자를 동일시하는 사유, 즉 정치와 신학을 일치시키는 벤야민의 사유는 슈미트의 "정치적 신학"의 논리를 그대로 반복하는 것과도 같다. "전제군주와 순교자는 왕위에 오른 자의 야누스적인

69 국내의 경우 1972년에 유신헌법을 제정하기 위해 국내 학자들이 당시 슈미트의 이론을 참조하였다는 사실은 잘 알려져 있다. 대통령을 절대권력자, 즉 예외상태(소위 비상사태)를 결정하고 민족 전체를 대변하는 자로서 설정한 것이 바로 슈미트의 이론을 그대로 수용한 측면이다.

70 Susanne Heil, Gefährliche Beziehungen: Walter Benjamin und Carl Schmitt, Stuttgart 1996.

71 GS 1, 245 sqq.

얼굴이다. 양자는 군주라는 실체가 지닌 극단적인 필연적 모습이다."[72] 역사를 대변하는 전제군주와 특정한 신앙공동체를 대변하는 순교자는 정치와 종교라는 영역에서 서로 구분될 수 있지만 사실은 거의 동일한 논리에서 파악된다. 즉 전제군주는 "자연법"을 내세우면서 "예외상태에서 질서를 복구하는 일"을 수행하려 한다면 이와 비슷한 맥락에서 순교자도 "영혼의 예외상태를 위해 감정을 지배하는"[73] 금욕주의적인 기술을 지니고 있다. 전제군주와 순교자의 또 다른 공통점은, 폭군과도 같은 전자가 "자기 자신의 개인으로서가 아니라 역사적인 인류의 이름 하에"[74] 행동하고 결국 죽음을 맞이하는 것처럼 예수 그리스도 같은 후자도 "인류의 이름 하에서의 왕"[75]으로 수난과 죽음을 맞이한다는 것이다. 전제군주와 예수 그리스도는 동전의 양면인 셈이다.

이렇듯 슈미트 이론과의 복잡한 정치이론적 연관성, 그런 연관성에 파생되는 위험한 관계에도 불구하고 벤야민의 바로크 연구에서 한 가지 점은 간과하지 말아야 한다. 그것은 벤야민이 슈미트의 법철학적 범주와 개념을 국가철학적 이론 차원에서 수용한 것이 아니라 그 개념을 철저히 심미적 차원으로 전이하여 사용했다는 점이다. 다시 말하면, 설혹 슈미트로부터 빌려온 개념일지라도 벤야민은 심미적 차원에서 주관적으로 사용하고 있을 뿐이다. 특정한 언술이나 사유 등을 본래의 문맥에서 탈피하여 완전히 다른 문맥에서 작동하도록 만드는 것이 벤야민의 "인용" 수법임을 알고 있는 독자라면 그 점을 충분히 이해할 수 있을 것이다. 가령 바로크 시대의 군주 분석은 슈미트의 주권자, 예외상태, 절대 권력 같은 이론

**72** GS 1, 249.

**73** GS 1, 253.

**74** GS 1, 251.

**75** GS 1, 252.

에서 가져온 것이지만, 그것은 근대적인 독재자를 정당화하기 위해서가 아니라 탈정치적인 의미에서 멜랑콜리와 알레고리의 연관성을 밝히기 위해 차용하고 있을 뿐이다. 여기서 더욱 흥미로운 점은, 군주가 절대적인 주권을 쥐고 있는 자로서 설정되지만 동시에 그런 주권을 전혀 발휘하지 못하는 무능력한 자로서 파악된다는 것이다. 이러한 군주의 모습은 슈미트가 제시한 절대 권력자의 모습과는 전혀 다르다.

> 통치자의 권력과 통치 능력 간의 대조는 바로크 비극에서 외견상 장르상의 속성처럼 보이지만 사실은 고유한 속성이다. 이러한 속성은 다름 아닌 주권론을 토대로만 제대로 조명될 수 있다. 전제군주의 결단 불가능한 능력이 바로 그렇다. 예외상태의 결단을 쥐고 있는 군주는 최상의 상황에서도 자신에게 결단이 불가능하다는 것을 보여준다.[76]

이제 벤야민과 슈미트의 결정적인 차이가 분명해진다. 물론 벤야민이 분석한 군주의 권력과 권력 실행의 무능력 간의 균열은 언뜻 슈미트가 분석한 법 규범과 법 실행 간의 균열에 부합하는 것처럼 보인다. 그러나 결정적인 차이는, 벤야민의 경우 군주는 그 어떤 최종 결단을 내리지 못한 채 분열 상태에 놓인다면 슈미트의 경우 영도자가 법 규범과 법 실행 간의 균열을 극복한다는 것이다. 그렇기 때문에 슈미트에게서는 "예외상태를 결단하는 자가 주권적이다"[77]라는 명제가 결정적으로 작용한다.[78]

바로크 시대의 멜랑콜리한 자에 대한 예를 벤야민은 군주뿐만 아니라

---

**76** GS 1, 250.

**77** C. Schmitt, Politische Theologie, Berlin 1922, p. 11.

**78** 이 점에 대한 비교적 최근 해석으로는 아감벤을 참고할 것(G. Agamben, Ausnahmezustand, Frankfurt am Main 2004, pp. 66~71).

궁신에게서도 찾고 있다. 군주에게서 엿보이는 무기력과 나태(Acedia)와 궁신에게서 엿보이는 배신과 불충성(Untreue), 이 모든 모습이 멜랑콜리한 자의 공통된 특징인 셈이다.

> 게다가 군주의 우유부단함은 토성적 나태에 다름 아니다. 토성은 '무관심하게, 우유부단하게, 느리게' 만든다. 마음의 나태로 인해 군주는 멸망하고 만다. 여기서 군주의 모습과 마찬가지로, 토성인의 또 다른 특징인 불충성이 궁신의 인물을 통해 제시된다. 바로크 비극이 그려낸 궁신의 의미보다 더욱 흔들리는 모습은 거의 상상하기 힘들 것이다. 배신이 궁신의 특징이다.[79]

멜랑콜리한 자의 전형으로서의 군주, 그러한 군주가 폭군으로 발전하고 그의 우울이 광란으로 발전한다는 부정적인 해석은 흔히 다른 문헌학자들에 의해서도 자주 제시된 결과이기도 하다. 여기서 벤야민은 그런 군주의 모습을 단순 반복하는 것이 아니라 오히려 아무 결단도 내리지 못할 뿐만 아니라 마음의 나태로 인해 군주가 멸망한다는 분석을 제시한다. 우유부단하고 나태한 군주의 유형과 더불어 배신을 일삼는 궁신의 모습은 모두 토성적 인간, 즉 멜랑콜리한 인간의 특징에 속한다.[80] 사실 군주나 궁신 모두 "지옥의 이미지"를 띤 "비애의 장소"인 궁정을 구성하는 핵심 인물이며 그런 궁정이라는 공간 내에는 "우울이 불안의 전율로써 인간을 지배하고 있다."[81] 여기서 궁신의 태도를 충성과 불충성이라는 이중적인

---

**79** GS 1, 333.

**80** 사투르누스는 희랍 신화에서 크로노스와 동일시되고, 로마 신화에서는 농경과 계절의 신을 지칭한다. 사투르누스에 어원을 둔 새턴, 즉 토성은 유럽 중세의 천문학에서 주로 불행 · 근심 · 걱정 · 우울을 뜻하며, 또한 체질론에서도 멜랑콜리한 인간이 새턴에 해당된다.

**81** GS 1, 322.

의미로 해석하는 벤야민의 관점은 매우 흥미롭다. 궁신은 이중적이다. 그는 인간에 대해서는 불충성하지만, 사물에 대해서는 철저히 충성스럽다. 특히 사물에 대한 궁신의 충성은 사물이 핵심 역할을 하는 알레고리 이론과 정확히 부합한다.

> 인간에 대한 궁신의 불충성과 사물에 대한 명상적인 탐닉에 빠진 충성은 서로 필적한다. 피조물과 삶의 죄의 법칙에 희망 없는 충성을 보임으로써 궁신의 행동은 적절하게 실현된 셈이다. 인간 앞에서의 모든 본질적인 결정들은 충성에 위반할 수 있으며, 그런 결정들에는 더욱 고귀한 법칙이 지배하고 있다. 충성은 사물 세계에 대한 인간의 자세에만 단호하게 적용된다. 충성은 그 어떤 숭고한 법칙을 알지 못하며 사물 세계 이외에 자신이 속해 있는 다른 대상을 알지 못한다. 사물 세계는 언제나 자기 주위로 충성을 불러들이며, 충성에서 나온 모든 맹세나 기념이 사물 세계의 파편 조각으로 자신을 둘러싼다. 즉 충성을 과도하게 요구하지는 않지만 충성에 가장 고유한 대상으로서 말이다. 서툴게, 아니 부당하게 충성은 자신의 방식으로 진실을 말하며, 그러한 진실을 위해 충성은 세계마저도 배신한다. 그런 앎을 위해 멜랑콜리는 세계를 배신한다. 그러나 멜랑콜리의 지속적인 침잠은 죽은 사물을 자신의 명상 속으로 받아들이는데, 이는 곧 그 죽은 사물을 구원하기 위해서다.[82]

이와 같은 궁신과 사물의 밀접한 관계는 인간보다 사물을 적극 형상화하는 알레고리와 상통한다. 주변 인물들에 대해서 배신을 일삼고 충성을 보이지 않는 궁신이 유일하게 사물 세계에만 충성을 보인다는 것, 그런 충성스런 마음에서 그들은 여러 소도구들(왕관 · 자의 · 왕홀 등)에서 어떤

**82** GS 1, 333 sq.

법칙이나 징조를 읽어낸다는 것, 이는 충신의 전형적인 태도일 뿐만 아니라 알레고리의 내적 원칙과 정확히 일치한다. 그렇다면 왜 사물에만 향하는가? 인간 세계는 모두 허위적이고 낙관적인 의미를 향하고 있지만, 이와 달리 사물 세계는 역사의 몰락이라는 진리를 그대로 드러내주기 때문이다. 인간 세계에 회의적이고 그 대신 사물에 탐닉한다는 점에서 사물, 알레고리, 멜랑콜리는 서로 친화성을 나눈다. 요컨대, 멜랑콜리에서 생산된 알레고리의 초점은 자연스럽게 죽은 사물에 놓이며, 이 점을 바로크 시대의 예술 이외에도 벤야민은 추후 보들레르 문학의 핵심으로 파악한다. 바로크 예술이나 보들레르 문학에서는, 사물 세계의 이미지 혹은 이미지의 사물 세계가 절대적인 힘을 지니는 것이다. 물론 이를 두고서 혹자는 자본주의 사회의 병폐인 "이미지/사물"(Bilder/Dinge) 혹은 "사물/이미지"(Dinge/Bilder)를 추구하는 물신주의(Fetischismus) 이데올로기가 알레고리에 침투한 것이라고 분석하지만,[83] 그러나 시대적 문화 현상을 옹호하는 듯한 수법을 통해서 역설적으로 시대의 정치사회적 경향을 비판하려 했던 것이 바로크, 보들레르, 벤야민의 공통점이었다.

벤야민은 멜랑콜리한 감정을 소지한 자들 가운데 대표적인 인물 형상으로 햄릿을 들고 있다. 독일 바로크 비극보다는 오히려 셰익스피어의 비극에서 발견되는 멜랑콜리한 군주의 전형인 햄릿에게서 벤야민은 "자기의식의 가벼운 사시(斜視)"[84]를 일깨우는 모습을 찾을 수 있다고 말한다. 왕자로서 햄릿은 군주의 모습이지만 동시에 성찰을 행하는 이로서 몽상가이며, 그런 햄릿의 근대적인 모습은 19세기 산업사회의 공간을 이리저리 거니는 배회자 혹은 시인을 통해 다시 나타난다. 또한 군주가 기거하

83 Paolo Gabrielli, Sinn und Bild bei Wittgenstein und Benjamin, Bern 2004, p. 200.
84 GS 1, 335.

는 화려한 궁정은 사실 어두운 멜랑콜리한 공간으로서 "알레고리의 도식"으로 비추어진다. 요컨대, "산만(Zerstreuung)과 집중(Sammlung)"[85]이라는 원칙은 궁정이나 알레고리에 모두 공통적으로 작동하고 있는 것이다.[86] 알레고리의 대표적인 예인 궁정과 군주도 마찬가지로 근대 사회에서 반복한다. 가령 산만과 집중을 구성 원칙으로 삼는 궁정을 대체하는 근대적 공간은 다름 아닌 파사주라는 대도시의 소비 성전물이며, 그리고 그런 궁정에 기거하는 군주의 자리에 들어선 이는 다름 아닌 파사주 안에서 배회하는 근대적 멜랑콜리한 예술가다. 산만과 집중의 공간인 파사주 내에서의 경험을 표현해야 하는 예술가가 그 방식으로 바로 산만과 집중이 동시적으로 작동하는 알레고리를 선호한 것은 어쩌면 당연한 일인지도 모른다.

다시 한 번 강조하자면, 멜랑콜리 · 사물 · 알레고리는 서로 불가분의 관계를 이룬다. 특히 멜랑콜리한 자는 자신의 삶, 주변 환경, 자신의 육체에 대해 낯설게 되는데, 그로 인해 탈인격화된 사물과 멜랑콜리의 연관성이 발생한다. 멜랑콜리한 자의 주변에 놓인 아주 사소한 사물들이 심오한 어떤 의미를 지닐 수 있다는 점에 대한 예로는 15세기 독일 화가 알브레히트 뒤러(Albrecht Dürer)의 동판화 「멜랑콜리아 I」을 들 수 있다. 그 동판화는 여성처럼 옷을 입은 온화하고 사색에 젖은 인물 형상을 보여주고 있으며 또한 토성과 관계된 동물로서 저녁 무렵 달빛을 받으며 "멜랑콜리"라고 씌어진 글귀를 들고 날아오고 있는 박쥐를 보여주고 있다. 이 두 형상을 통해 멜랑콜리가 암시되고 있음은 두말할 나위 없다. 동판화 중앙의

85 GS 1, 364.

86 잘 알려진 것처럼 집중과 산만은 「기술 복제시대에서의 예술작품」의 경우 각각 전통적인 그림과 새로운 기술 매체인 영화를 수용하는 지각 방식으로 다루어진다. 이에 대해서는 6장을 참고할 것.

깊은 사색에 젖은 인물 주변에는 여러 가지 사소한 사물들이 흐트러져 있다. 개, 대패, 못, 망치, 집게, 둥근 모양의 돌, 다면체 모양의 돌, 모래시계, 종, 저울, 숫자판 등 다양한 기하학적 · 천문학적 · 연금술적인 도구들이 놓여 있으며, 그 모든 사소한 사물들은 어떤 연유에서든지 멜랑콜리와 연관되어 있다.[87] 뒤러의 동판화에 근대적인 해석을 제공한 이는 파노프스키(E. Panofsky)다. 그에 의하면 이 동판화는 토성(새턴)과 멜랑콜리, 사색과 절망, 예술과 과학(기하학) 간의 긴밀한 연관성을 강조하고 있으며 이 모든 특징은 "상상하고 구성하고 사유하는" 자의 멜랑콜리, 즉 "예술가의 멜랑콜리"(Künstlermelancholie)를 드러내고 있다는 것이다.[88] 이러한 해석은 동시대의 철학자와 문인에게 많은 영향을 끼쳤으며, 특히 유럽의 문화적 전통에서 사악하고 방탕한 인간과 절망을 뜻하던 박쥐가 토성과의 연관에서 어두운 밤에서의 사색과 글쓰기 같은 의미로 새롭게 해석되고 있다. 바로크와 멜랑콜리의 긴밀한 관계를 논하는 가운데 벤야민도 뒤러의 동판화를 끌어들이고 있고 또한 키노프, 작슬 이외에도 파노프스키의 새로운 해석에 상당히 의존하고 있다. 가령 잠자는 개, 박쥐, 둥근 모양의 돌 등이 모두 우울과 명상과 관련된 것으로 해석된다. 그런데 새턴(멜랑콜리)을 그려낸 동판화 내에 목성(주피터)을 암시하는 신비한 마방진, 저울

87 그 수많은 소도구들에 대한 해석은 다양하다. 어떤 이는 소도구들의 수가 총 34개라고 하며, 이 34라는 숫자는 오른쪽 상단에 걸려 있는 4×4 마방진의 합인 34와 일치한다는 의견을 제시하기도 한다. 모든 소도구들의 개개 의미는 수수께끼와도 같아서 하나하나 풀어내려는 시도는 정말 흥미로울 뿐이다.

88 Panofsky/Saxl, Dürers "Melancolia I". Eine quellen- und typengeschichtliche Untersuchung, Leipzig/Berlin 1923. 여기서는 다음을 참조하였음. Panofsky, Die Kulmination des Kupferstiches: Albrecht Dürers "Melancolia I"(Auszug), in: Melancholie, hrsg. v. L. Walter, pp. 86~106. 파노프스키는 "Melanchlia I"이라는 제목에서의 "I"를 연속적 나열을 나타내는 숫자보다는 "가치들 가운데 가장 이상적인 순위"로 해석하고 있다.

등이 존재한다는 것은 곧 목성과 토성의 만남(잘 알려진 것처럼 주피터는 새턴의 아들이다)을 말하는데, 이러한 목성과 토성의 만남을 벤야민은 "해로운 영감들"이 "축복의 영감"으로 변하는 것이라고 해석한다.[89]

사실 멜랑콜리는 정신분석학과 사회학 영역에서는 대체로 부정적으로 인식되어왔다. 이미 언급한 바 있듯이 프로이트도 멜랑콜리를 치유해야 할 병으로 간주하였으며 최근까지도 멜랑콜리는 극복해야만 하는 지성인의 심리적 · 정신적 현상으로 해석되고 있다. 가령 독일 사회학자 볼프 레페니스(W. Lepenies)는 멜랑콜리를 18세기의 시민사회의 태동과 함께 개인이 취하게 된 도피주의(Eskapismus)로 여긴다. 그에 의하면, 멜랑콜리는 "행동의 장애"에 기인하며, 그러한 행동의 장애를 갖고 있었던 이들은 대체로 18세기 이후 지식인 중심의 시민 계급이라는 것이다. 이들 계급이 멜랑콜리에 젖을 수밖에 없었던 까닭에 대해 레페니스는 "세계의 현 상태의 원칙에서 고통을 받았기" 때문이라고 한다. 결국 그들이 취했던 방식과 과제는 오로지 "사유"에만 놓여 있고, 그렇기 때문에 그들은 더 이상 안(사유)에서 밖(행동)으로 나가지 못하는 나약함을 드러내고 말았다는 것이다. 소위 18~19세기의 지식인들에게 "성찰의 위험은 다름 아닌 세계도피"였다는 것이다.[90]

그러나 멜랑콜리를 치유해야 할 병으로 파악했던 프로이트나 개인의 현실도피로 해석한 레페니스의 시각은 다음과 같은 점을 결정적으로 간과하고 있거나 오인하고 있다. 즉 멜랑콜리한 자의 사악한 시선은 현실부적응 혹은 사유 속으로의 도피를 목적으로 삼는 것이 아니라 파격적이고 급진적인 현실비판의 언술과 인식을 제시하는 데 있다. 프로이트와 레페

---

**89** GS 1, 329~332.

**90** W. Lepenies, Melancholie und Gesellschaft, Frankfurt a.M. 1969, p. XXIV.

니스에 대항하는 차원에서 하르트무트 뵈메(Hartmut Böhme)는 자신의 연구서 『자연과 주체』에서 "멜랑콜리의 비판"과 "비판의 멜랑콜리"를 구분하면서 멜랑콜리에 대한 기존의 편협한 이해를 다음과 같이 비판한다.

> 우리는 멜랑콜리커의 역사를 새롭게 읽어야만 한다. 우리는 멜랑콜리커가 언제나 권력 구조에서 하나의 균열이었음을 발견하게 된다. 여전히 오늘날 서구 자본주의에서나 동유럽의 국가사회주의에서 울려 퍼지는 프로파간다에 대해서 멜랑콜리커는 불신한다. 그 프로파간다에 의하면, 기존 질서는 가장 좋은 질서는 아니지만 그나마 나은 질서라는 것이다. 규제된 행복과 금지된 멜랑콜리는 서로 부합한다. 멜랑콜리를 비판하는 이들은 대체로 질서의 수호자로서, 건전한 국가의 수호자로서, 작은 일상의 만족에 자족하는 평온한 정상성의 수호자로서 입증된다. 이와 반대로 멜랑콜리커는 **사악한 시선**을 드러낸다. 춤추는 여자의 아름다운 외양 뒤에서 그는 종양과 고름을 발견하며 또한 사회의 육체를 부패의 기념물로 만드는 역겨운 벌레와 비열한 인간을 발견해낸다. 평화의 감성적 구조에서 그는 이미 전쟁을 암시하는 긴장과 균열을 감지해낸다. 시대를 극복하려는 의지 속에서 건설되는 것을 그는 이미 미래의 폐허로 본다. 물론 그것은[멜랑콜리커의 시선: 역주] 계속 진행하고 위로 나가고 더 나은 것으로 간다는 우리의 믿음을 방해한다. 우리는 우리의 힘을 강화시킬 수 있기 위해 행복한 삶의 형상을 필요로 하며, 현재에 하나의 의미를 부여하기 위해 앞을 향하는 형상을 필요로 한다. 그런데 이와 반대로 우리는 멜랑콜리커를 듣게 된다. 현존재의 노래가 영원한 레퀴엠인 양 말이다. 멜랑콜리커는 봉기의 노래가 아니라 몰락한 사물, 먼지로 흩날려진 희망, 파괴된 문화에 관한 죽음의 미사곡을 듣는다. 이에 대해 우리는 저항해야만 한다고 생각하는데, 바로 그런 생각 때문에 멜랑콜리는 차별되어왔고 현재에도 차별되고 있다.[91] [강조: 역자]

17세기 바로크 시대의 문인들을 비롯하여 19세기 보들레르를 포함한 상징주의적 · 유미주의적 시인들에게 공통적인 멜랑콜리한 지성인의 모습은 개인주의적 성찰 내지는 자신만의 사유와 고독 속에 갇혀 있었던 것이 아니라 아름답고 평화로운 현실 이면에 감추어져 있는 것, 즉 "종양과 고름", "부패된 육체", "긴장과 균열"을 발견해낸 이의 모습이다. 그런 이면을 들여다본 멜랑콜리한 자의 시선과 노래는 결코 아름다운 노래가 아니라 고통과 죽음의 노래에 다름 아니다. "현존재의 노래가 영원한 레퀴엠인 양 말이다. 멜랑콜리한 자는 봉기의 노래가 아니라 몰락한 사물, 먼지로 흩날려진 희망, 파괴된 문화에 관한 죽음의 미사곡을 듣는다."[92] 멜랑콜리한 자의 이러한 특성을 벤야민은 정확히 직시하고 있었던 것으로 보인다.

물론 벤야민은 17세기 바로크 시대의 멜랑콜리와 19세기 자본주의 시대의 멜랑콜리를 구분하는데, 그것은 멜랑콜리에서 나온 형상화 수법으로서의 알레고리가 각기 취하는 서로 다른 대상의 현상적 모습을 통해 제시된다.

> 19세기의 멜랑콜리는 17세기와는 다른 특성을 갖는다. 초기 알레고리의 핵심은 시체이다. 이후 알레고리의 핵심은 '회상'이다. 상품이 수집가의 대상으로 변화하는 도식이 바로 회상이다.[93]

회상은 '체험'의 보충물이다. 자신의 과거를 죽은 소유물로 재고 조사

91 H. Böhme, Natur und Subjekt, Frankfurt a.M. 1988. 이 책의 전문은 친절하게도 뵈메의 홈페이지에 실려 있다(www.culture.hu-berlin.de/HB/volltexte/natur.html).

92 Ibid.

93 GS 1, 689.

를 하는 인간의 증가된 자기 소외가 회상 안에 녹아 있다. 내면세계 속으로 자신을 정주시키기 위하여 알레고리는 19세기에 주변 환경을 깨끗이 정리했다. 유골은 시체로부터 오며, 회상은 이미 죽은 경험에서부터 나오는데, 그 경험은 스스로를 완곡하게 체험이라고 명명한다.[94]

요컨대 바로크 시대의 경우 시체 같은 구체적인 사물 자체로써 알레고리컬한 멜랑콜리가 표현되었다면, 상품이 넘쳐나는 근대 자본주의 사회에서는 갑작스럽게 발견된 사소한 대상에 직면하여 좀 더 주관적인 측면, 즉 일종의 "죽은 경험"이라고 할 수 있는 회상하는 주관성으로서의 알레고리컬한 멜랑콜리가 표현되는 것이다. 그 결정적인 원인은 근대 사회의 경우 대상에 대한 직접적인 관조, 대상에 대한 직접적인 경험이 더욱더 불가능해졌기 때문이다. 결국 경험을 대체하는 체험, 그리고 체험을 보충해주는 회상만이 남을 뿐이다. 사물 세계에 대한 충성이 불가능한 상황, 그럼에도 불구하고 사물 세계를 떠올릴 수밖에 없는 시적 회상이 곧 멜랑콜리한 근대 작가(보들레르)의 문학적 과제가 된다.

## 4. 형상과 의미의 불일치

흔히 벤야민 연구에서는 17세기의 바로크 알레고리와 19세기의 알레고리가 구분되는데, 이러한 구분은 초기 벤야민과 후기 벤야민 간의 차이로도 설명되고 있다. 그 차이를 설명하면 다음과 같은 식이다. 가령 바로크 알레고리에 대한 분석에서는 신학적 구원이 지배적이라면, 19세기의

**94** GS 1, 681.

알레고리에 대한 분석에서는 자본주의, 대도시, 상품 사회를 예리하게 비판하는 정치적 의식이 우세하다는 것이다. 신학적 사유에서 정치적 실천성으로의 전환을 강조하면서 연구자들은 주로 초기 벤야민보다는 후기 벤야민을 더욱 부각시키곤 한다. 그러나 정치적 의식의 존재 여부가 벤야민 수용의 기준으로 작용하거나 혹은 바로크 알레고리와 19세기의 알레고리를 구분해주는 기준으로 작용할 경우, 그러한 시각은 벤야민을 제한적으로 수용하는 결과를 낳게 되며 아울러 알레고리 자체의 심미적 특성에 관한 벤야민의 급진적이고도 파격적인 해석을 약화시킬 수도 있다. 따라서 종교적 의식이나 정치적 의식의 존재 여부에서 벗어나 바로크를 포함한 근대 전체와 관련하여 알레고리를 지속적으로 언급한 벤야민의 시각 자체를 중시하는 것이 요구된다. 즉 지각의 예외상태를 통해 지각의 자동화에 제동을 걸 수 있는 잠재력을 지닌 알레고리에 대한 벤야민의 시각 말이다.

알레고리는 단순히 수사학에만 제한되는 것이 아니라 기호 · 언어 · 글의 특성으로 확장된다. 그렇다면 알레고리는 어떤 구조적 특성과 의미를 지니는 것일까? 이미 언급한 것처럼 벤야민에 의하면 시체 · 해골 같은 생명체의 자연적 몰락을 보여주는 알레고리컬한 서술은 자연 자체로의 귀환을 설파하는 것이 아니라 역사의 몰락을 환기시킨다. 그런데 이와 같은 알레고리의 작동 방식은 언어학적 · 기호학적 · 심미적 사유와 밀접한 관련을 맺고 있다. 바로크 시대와 후에 보들레르의 문학에서 부활한 알레고리의 근본 특성은 "엄청난 반예술적 주관성"[95]이다.

모든 알레고리는 실제로 존재하는 것이 아니며 멜랑콜리의 주관적 시선 앞에서

**95** GS 1, 406.

> 그렇게 놓여 있는 모습을 취하게 된다. [……] 모든 알레고리는 원래 주관적 명상을 가리키며, 그것들은 자신의 존속을 그런 주관적 명상에 빚지고 있다. 자신의 알레고리컬한 모습을 통해서 원래 악한 것은 자신을 주관적 현상으로 내보인다.[96]

알레고리, 엠블렘, 바로크 비극을 생산하는 시인들의 공통점은, 그들이 세 가지 악마의 약속을 즐긴다는 것이다. 그것은 "금지된 것을 탐구하는 데 있어서의 자유의 가상, 신실한 이들의 공동체에 이탈하는 데 있어서의 독자성의 가상, 악마적인 것의 공허한 심연 속에서의 무한성의 가상"[97]이다. 여기서 자유 · 독자성 · 무한성이라는 세 가지 가상은 단순히 바로크 시대에만 국한되는 것이 아니라 18세기 이후 발생한 서구 근대성의 핵심이기도 한 주관성의 특성을 나타낸다. 따라서 세계와 역사 전체의 진행을 수난사로 파악하는 가운데 알레고리를 구사하는 시인들은 그런 주관성에 몰입함으로써 자칫 "악의 공허한 심연" 내지는 "깊은 심연의 소용돌이"[98] 속으로 빠져드는 위험에 노출되어 있다.

그렇다면 바로크의 주관적 시인들은 근대성 이념을 옹호한 것일까? 결코 그렇지 않다. 근대성의 세 가지 가상을 취하면서도 바로크 시인들은 역으로 그런 근대를 비판하였던 것이다. 이는 후에 자본주의적 문화 양상을 옹호하는 듯한 시적 수법을 통해 자본주의 문화를 비판하고자 했던 보들레르의 시각과 상통한다. 다시 말하면, 바로크 시대의 시인들과 보들레르는 근대의 주관성에서 나온 알레고리를 통해서 그러한 근대를 비판적

**96** GS 1, 406.
**97** GS 1, 404.
**98** GS 1, 404.

으로 극복하려 했던 것이다. 다만 몰락으로서의 근대의 낙관적 역사를 비판하면서 그것에서 벗어날 수 있는 희망을 신학적 구원에서 찾았다는 점에서 바로크 시대의 시인들은 보들레르와 차이를 보인다.

멜랑콜리커의 주관적 시선과 그의 손 안에서 사물이 본래의 존재 모습과는 완전히 다른 의미를 획득한다는 것이 알레고리의 기본 특성이며, 그래서 알레고리는 근본적으로 "이미지적 존재와 뜻하기 간의 심연"[99]에 놓여 있다. 이와 같은 알레고리의 구조적 특성은 다음과 같은 대목에서도 찾을 수 있다.

> 만약 대상이 멜랑콜리의 시선 하에서 알레고리컬하게 된다면, 만약 멜랑콜리가 대상의 생명력을 사라지게 한다면, 그래서 만약 대상이 결국 죽어 있는, 그러나 영원 속에 안전하게 보관된 대상으로 남겨진다면, 이제 그 대상은 알레고리커 앞에 놓이게 되고 은총이든 불행이든 그에게 맡겨지게 된다. 이는 대상이 이제부터 어떤 객관적 의미나 어떤 주관적 의미를 발산할 수 없다는 것을 뜻한다. 알레고리커가 그 대상에 부여한 것이 이제 대상의 의미가 된다.[100]

> 그[알레고리커: 역자]의 손에서 사물은 다른 어떤 것이 되며, 이를 통해 그는 어떤 다른 것에 대해 말하고 있다. 그가 사물을 엠블렘으로서 경외시할 때 그 사물은 그에게 은닉된 지식 영역의 열쇠가 된다. 이것이 곧 알레고리가 지닌 글의 특성이다.[101]

---

**99** GS 1, 342.
**100** GS 1, 359.
**101** GS 1, 359.

알레고리를 구사하는 주관적인 작가의 손을 거치면서 사물이 "다른 것"으로 된다는 것은 곧 표현과 의미 사이의 차이를 뜻하는데, 이는 좁은 의미로는 기표와 기의의 불일치, 넓은 의미로는 형상과 의미의 불일치라고 부른다. 그런데 형상과 의미의 불일치로서의 알레고리는 결과적인 것일 뿐 알레고리의 생성 과정은 본래 아주 간단하다.

> 알레고리는 관습이자 표현이다. 그 두 가지는 본래부터 적대적이다. 그러나 바로크 사상이 역사를 만들어진 사건으로 파악하듯, 알레고리는 모든 글과 더불어 관습으로 간주됨에도 불구하고 신성한 문자와 더불어 만들어진 관습으로 간주된다. 17세기의 알레고리는 표현의 관습이 아니라 관습의 표현이다.[102]

관습은 기교이며 표현은 감성적 분출이다. 혹은 관습은 일상적인 것이고 표현은 창조적인 것이다. 양자는 언뜻 서로 적대적인 관계를 맺는 것처럼 보인다. 그런 관습과 표현의 적대적 관계가 알레고리에서는 변증법적으로 하나가 되어 일종의 "관습의 표현"이 된다. 그런데 관습의 표현으로서의 알레고리가 획득하는 의미는 일반적이고도 관습적인 의미와 동일시되지 않는다. 다시 말하면, 관습의 표현이라고 해서 알레고리의 의미가 관습적으로 파악된다는 것이 결코 아니다. 오히려 알레고리에서는 항상 표현과 의미 사이에 간극이 발생하게 된다.[103] 완전히 다른 의미가 발생

**102** GS 1, 351.

**103** 알레고리적 기표가 다른 의미, 다른 것을 향할 수 있다는 것은, 곧 언어 기호의 의미는 결코 하나로 고정되지 않고 독자의 해석학적 개입에 의해서, 혹은 역사적인 상황에 의해서 항상 다르게 파악될 수밖에 없다는 것을 뜻한다. 낭만주의에서의 알레고리를 분석하면서 폴 드 만(Paul de Man)은 알레고리컬한 텍스트를 읽는 독자는 수사적 의미와 문법적 의미 간의 긴장 관계에서 끊임없이 망설일 수밖에 없는 상태, 나아가 역사적·시간적 흐름의 상태에 의존할 수밖에 없다고 말한 바 있다(P. de Man, Allegorie und Symbol in der europäischen

하게 되는 까닭은, 표현(혹은 기호)과 의미가 어떤 필연적인 관계보다는 아주 자의적인 관계를 맺기 때문이다. "모든 인물, 모든 사물, 모든 관계는 자의적인 다른 것을 뜻할 수 있다."[104] 관습의 표현으로서의 알레고리를

르네 마그리트(R. Magritte), 「꿈의 열쇠」(La clef des songes), 1930[105]

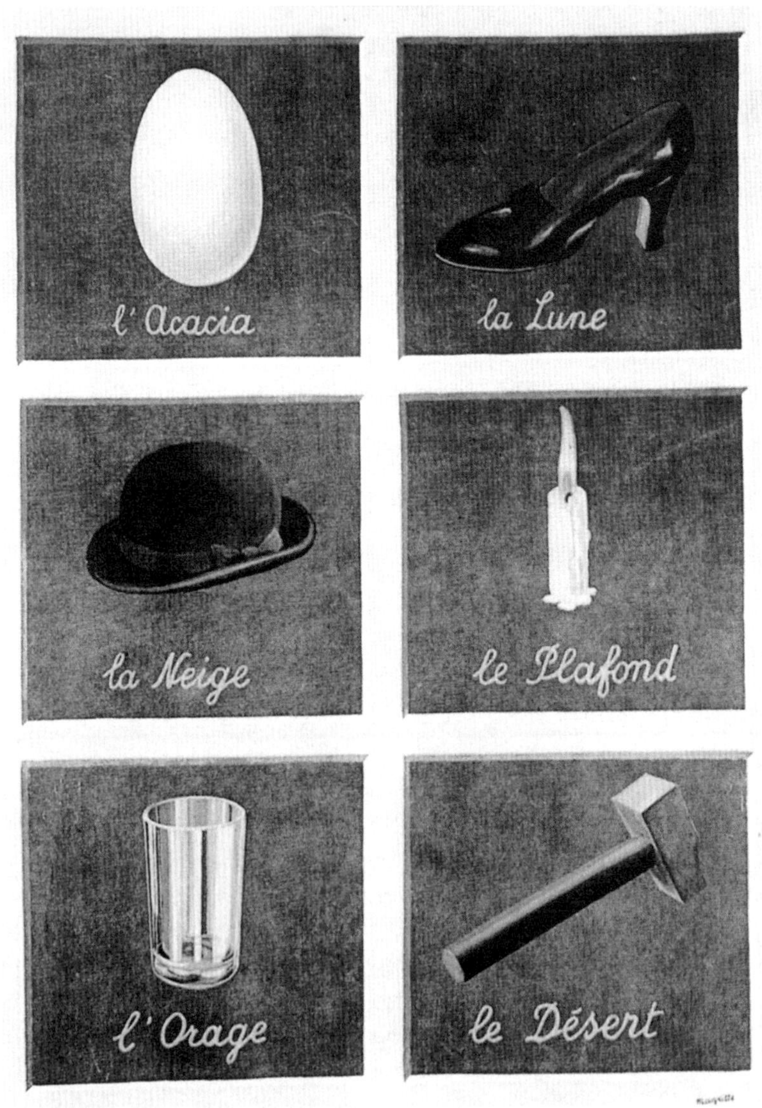

회화나 조형미술과 관련하여 언급할 경우, 일차적으로 관습적인 질료가 완전히 새로운 구성의 장 속으로 들어올 경우 그 질료는 본래 지니고 있던 생명력을 상실하게 되고 이질적인 여러 가지 질료들이 서로 결합되는 이차적인 과정을 통해서 완전히 다른 것이 된다. 즉 새로운 결합을 통해 완전히 자의적인 다른 의미가 발생하는 것이다. 질료의 시각에서 보면, 생명력을 잃은 질료가 자의적이고 주관적인 알레고리커의 행위를 통해서 새롭게 부활되는 셈이다. 그런 점에서 알레고리의 전형적인 수법인 엠블렘도 그림과 텍스트의 결합을 통해서 완전히 "다른 의미"를 향하고 있다.

결국 긍정이 부정으로, 부정이 긍정으로 전환하는 과정을 통해서 알레고리는 새로운 의미를 획득하는 것이다. 하나의 텍스트 자체가 알레고리일 경우, "모든 전달과 내적으로 단절된 상태로서 언어 자체에 구성적으로 속해 있는 간극"[106]으로서의 알레고리컬한 텍스트는 항상 다른 의미로 읽혀야만 한다. 이처럼 형상과 의미의 불일치 내지는 간극으로서의 알레고리는 유기체적 연관성을 강조하는 관념론적 미학에 의해 억압되다가 후에 보들레르 문학에서 다시 부활되는데, 벤야민은 보들레르가 구사한 알레고리의 특성을 다음과 같이 밝히고 있다.

> 사물을 그것의 일반적인 연관성에서부터 떼어놓는 것—물론 이것은 상품이 진열되는 단계에서 자연스러운 일인데—이 보들레르의 매우 독특한 방식이다. 그

---

Frühromantik, in: Typologia Litterarum. Festschrift für Max Wehrli, Zürich 1969, pp. 403~425).

**104** GS 1, 350.

**105** 알레고리는 형상과 의미의 불일치에서 출발한다. 마그리트에게서 계란은 아카시아, 검은 구두는 달, 중절모는 눈, 촛불은 천장, 유리잔은 폭풍, 망치는 사막을 뜻한다. 물론 이는 화가가 자의적으로 부여한 의미일 뿐이다.

**106** B. Menke, Sprachfiguren. Name-Allgeorie-Bild nach Benjamin, p. 14.

것은 알레고리컬한 의도에 내재해 있는 유기체적 연관성의 파괴 방식과 연관되어 있다.[107]

바로크의 알레고리뿐만 아니라 보들레르의 알레고리에서도 반복하는 특성은, 파편적인 사물이 그 본래의 문맥에서 벗어나 자유롭게 인공적으로 결합됨으로써 새로운 문맥에서 완전히 새로운 의미를 획득한다는 점이다. 이러한 특성을 인용도 마찬가지로 지니는데, 따라서 흔히 패러디로 분류되는 인용 기법도 벤야민의 심미적 사유에서는 알레고리에 속한다. 보들레르의 알레고리는 사실 바로크 시대에서 시작한 "관습의 표현", 즉 일상적인 것과 창조적인 것의 결합을 그대로 반복하고 있으며, 이는 초현실주의와 관련하여 벤야민이 사용한 개념을 빌리자면 일상과 신비를 결합한 "범속한 각성"과도 일치한다. 벤야민과 비슷한 시각으로 제네바 학파의 저명한 비평가인 장 스타로뱅스키(Jean Starobinski)는 보들레르의 알레고리 작동 방식을 다음과 같이 설명한 바 있다.

어쨌든 보들레르가 사용한 방식에서의 알레고리가 두 가지 방식으로 나타나고 있다는 점을 언급하지 않을 수 없다. 한편으로 알레고리는 (전체적으로 말하자면) 일상적인 삶의 장면에, 글자 그대로 우연히 일어나는 아주 범속한 만남에 '정신적인' 의미를 부여하는 방식이며, 다른 한편으로 알레고리는 정반대의 방식으로 '추상적인' 존재들에 일종의 물질적인, 육화된, 흡사 시각적인 모습을 부여하는 것이다. [……] 이와 같은 알레고리의 두 가지 경우에서 우리는 의미의 배가(倍加)와 관계하게 된다.[108]

---

**107** GS 1, 670.

**108** Jean Starobinski, Melancholie im Spiegel, München/Wien 1992, p. 76.

보들레르의 알레고리에 대한 스타로뱅스키의 분석은 초현실주의에 관한 분석에서 다루게 될 독일 낭만주의자 노발리스(Novalis)의 낭만화 수법과 긴밀한 관계를 맺는다. 왜냐하면 노발리스의 낭만화란 바로 일상적인 것(물질적인 것)에 비밀스러운 것(정신적 · 추상적인 것)을 부여하거나 역으로 비밀스러운 것에 일상적인 것을 부여하는 수법이며 이것이 곧 알레고리의 특성에 다름 아니기 때문이다.

그렇게 일상과 비밀을 결합하는 알레고리컬한 보들레르 문학에서 형상화된 상품, 대도시, 에로틱한 여인 등은 자본주의의 일상적인 모습을 긍정하거나 자본주의적 삶에의 탐닉을 옹호하는 것이 아니라 오히려 비밀스러운 것으로 비추어지며, 그 결과 알레고리컬한 형상화는 완전히 다른 의미로 해석된다. 즉 한편으로 알레고리는 존재와 사물의 본래적 가치를 말살시키는 탈가치화 및 기만적인 가상 형태를 띠지만, 다른 한편으로 바로 그 탈가치화와 가상을 비판하는 의미를 지닌다. "알레고리컬한 관조 방식은 언제나 탈가치화된 현상 세계에서 구축된다. 상품에 놓여 있는 사물 세계의 특별한 탈가치화는 보들레르에게 있어서 알레고리컬한 의도의 토대이다. [……]"[109] 나중에 다시 언급하겠지만, 보들레르 문학에서 사물의 탈가치화를 조장하는 듯한 기만적인 가상처럼 그려진 알레고리컬한 형상은 사실 가상을 제거하고 물신화 사회를 전복하고 싶은 욕망과 밀접한 관계를 맺는다. 자본주의적 삶에 부합하는 심미적 형상화는 요컨대 그 자본주의적 삶을 제거하고 싶은 욕망에 다름 아니며, 이 점이 관습의 표현을 통해서 다른 의미를 추구하는 보들레르 문학의 요체를 이룬다. 이와 같은 보들레르 문학에서 형상과 의미의 역설적 관계를 벤야민은 다음과

**109** GS 1, 1151.

같이 기술하고 있다.

> 보들레르의 파괴적인 충동은 자신에게 닥친 것을 제거하는 것에 대해 그 어느 곳에서도 관심을 두지 않고 있다. 그것이 알레고리에 표현되어 있으며 알레고리의 역행적 경향을 이룬다. 그러나 다른 한편으로 알레고리는, 바로 그러한 파괴적인 광란 속에서, 가상의 제거와 관련을 맺고 있다.[110]

이에 대한 예로 벤야민은 보들레르의 「지나간 여인에게」(A une passante)를 해석하고 있지만, 사실 알레고리의 다양한 예들은 보들레르의 산문시집 『파리의 우울』에 실려 있다. 그 가운데 대표적인 예는 「가난뱅이를 때려라!」라는 제목의 산문시다. 보름 동안 집에 틀어박혀 책만 읽었던 화자는 독서를 그만두고 밖으로 나간다. 음식점에 들어가려는 순간 동냥을 구하는 육순의 늙은 가난뱅이가 자신에게 다가오자 화자는 그를 사정없이 때려눕힌다. 하지만 놀랍게도 바닥에 쓰러진 늙은 가난뱅이 또한 갑자기 일어나더니 마찬가지로 화자를 두들겨 팬다. 실컷 얻어맞은 화자는 비로소 그에게 돈을 주면서 자신의 "이론"이 다른 이들에게도 전달되기를 소망한다. 이것이 기이하고도 그로테스크한 산문시 내용의 전부다. 이 글의 핵심은 화자와 가난뱅이 간의 상호 구타 장면이지만, 이것이 바로 알레고리에 다름 아니다. 따라서 글의 의미는 늙은 가난뱅이를 구타하는 반도덕적인 행위 자체가 아니라 다른 의미를 향하고 있다. 즉 이 산문시에서 가난뱅이는 1848년에 시민 계급과 함께 혁명을 꾀했지만 곧 그들 시민 계급에 의해 억압되어 무력한 노동자나 부랑자로 전락된 이들, 즉 정치적 · 계급적 의식 없이 대도시에서 떠돌이 생활을 연명하고 있는 룸

**110** GS 5, 417.

펜프롤레타리아트(Lumpenproletariat)를 상기시키고 있는 것이다. 그렇기 때문에 가난뱅이는 "왕권을 붕괴시킬 수 있는, 잊을 수 없는 특별한 시선"을 지닌 자로 표현되고 있다. 이처럼 보들레르의 문학적 악마주의는 동시대의 리얼리즘 작가들이 취했던 현실의 정확한 모사 같은 밋밋한 수법에서 벗어나 일종의 충격적인 상상력에 의한 알레고리컬한 생산과 수용을 제시하고 있다. 그 충격적인 상상력은 선한 양심이나 관대한 아량에 호소하기보다는 일상적 상식에서 일탈하고 정상적 기대감을 전복하는 차원에서 웃음을 야기하는 방식을 취한다. 요컨대, 보들레르의 텍스트는 자본주의의 추한 상황을 은폐하려는 감동적이고 아름다운 서술을 내던져버리고 그 대신 그 상황을 극단적으로 보여주고 동시에 제거하도록 만드는 알레고리컬한 서술을 취하고 있다.[111]

바로크 시대나 보들레르 문학에서 벤야민이 강조한 형상과 의미의 불일치로서의 알레고리는 궁극적으로 다양한 해석(글 읽기) 행위를 옹호하는 것과도 같다. 가령 바로크 시대의 알레고리컬한 서술에서 자연과 역사의 변증법적 관계를 읽어내거나 혹은 보들레르의 알레고리컬한 서술에서 물신 숭배 이데올로기에 대한 비판적 의미를 읽어내는 벤야민의 시도는 그 자체 다양한 글 읽기 방식 가운데 한 가지 유형일 따름이다. 벤야민의 해석이 완전하고 확고한 의미로 고정될 수 없는 까닭은 다양한 해석의 가능성을 열어주는 알레고리 자체의 불완전한 특성 때문이다. 이러한 특성은 사실 벤야민의 글 자체에도 그대로 적용되는데, 즉 벤야민의 글도 알레고리컬한 서술과 형상화를 취하고 있기에 그의 글 또한 다양한 맥락에서 다르게 해석되기를 기다린다. 요컨대, 알레고리컬한 글의 특성은 바로크,

**111** 보들레르 문학의 알레고리컬한 형상화에 대한 상세한 분석은 다음을 참조할 것. 최문규, 「사악한 서술과 웃음의 미학」, 『자율적 문학의 단말마?』, 글누림, 2006, 122~154쪽.

보들레르, 벤야민 모두에게 해당된다. 따라서 그런 알레고리 개념을 심미적 형식과 표현 방식에만 제한하기보다는 오히려 텍스트를 알레고리컬하게 읽어내는 해석의 실천 방식으로 확장할 것을 제안하였던 소피 클루게(S. Kluge)의 시각은 상당한 설득력이 있다.[112]

새로운 의미 구성의 가능성을 지닌 알레고리는 몽타주 · 인용 · 수집 같은 방식과 밀접한 관계를 맺는다. 이미 언급한 알레고리의 특성과 비슷하게 인용의 경우에도 "텍스트를 인용한다는 것은 그 연관성을 중지시키는 것을 포함"[113]하며 또한 인용이란 "각각의 역사적 대상이 그 연관성에서 분리되는 것"[114]을 뜻한다. 마찬가지로 수집도 인용과 비슷하게 정의된다. "수집에서 결정적인 점은, 대상이 그 모든 본래의 기능에서 풀려나와 그것과 비슷한 부류들과 가능한 한 아주 밀접한 관계를 맺는다는 것이다"[115] 혹은 "누구나 알아야만 하는 점은, 수집가에게 세계는 모든 개별 대상에 현존해 있고 더욱이 잘 정리되어 있다는 것이다. 물론 범속한 자에게는 도저히 이해 불가능한, 놀라운 연관성에 따라서 정리되어 있다."[116] 이처럼 모든 본래의 연관성 · 맥락 · 기능 등에서 떨어져나온 이질적인 부분들은 서로 한자리에 모여 어떤 비밀스런 원칙에 따라서 정리되지만, 외적으로는 일반적인 관찰자에게 커다란 충격과 놀라움을 불러일으킨다. 부조화 · 이질성 · 우연성이 작동하는 심미적 방식으로서의 알레고리컬한 글쓰기에서는 이질적인 것이 극단적으로 결합함으로써 정신적

**112** Vgl. Sofie Kluge, Der Allegoriebegriff und die Kritik des Nominalismus in Walter Benjamins Ursprung des deutschen Trauerspiels, in: Internationale Walter Benjamin Gesellschaft, http://www.iwbg.uni- duesseldorf.de/Aufsaetze_1?VarAnf=1;typevar=d

**113** GS 2, 536.

**114** GS 5, 595.

**115** GS 5, 271, 274.

**116** GS 5, 274.

인, 이념적인 영역 간의 경계까지도 파괴된다. 가령 꿈과 현실, 허무주의와 혁명, 보들레르와 마르크스, 유물론과 신학 간의 경계가 모두 해체된다. 그런 점에서 벤야민이 인용한 수많은 텍스트 구절들이나 그가 수집한 수많은 파편화된 인상이나 사유의 조각들은 새로운 맥락에서 다양하게 해석되기를 기다리고 있는 알레고리에 다름 아니다. 특히 벤야민이 즐겼던 인용은 단순히 원텍스트의 역사적인 맥락을 보존하거나 환기하려는 것이 아니며 또한 원텍스트의 권위에 의존하여 자신의 논리에 정당성과 타당성을 부여하려는 것도 아니다. 오히려 원텍스트의 문맥과는 관계없이 새로운 문맥에서 새로운 의미를 생산하기 위해 수많은 인용문이 모자이크화되고 있다.

형상과 의미의 불일치, 기표와 기의의 불일치를 취하는 알레고리는 한편으로 독자를 불확실성의 늪으로 유인할 수 있지만, 다른 한편으로 "언어가 지닌 글의 특성을 구원해준다."[117] 예컨대 보들레르뿐만 아니라 벤야민도 자주 제시했던 대도시의 삶, 사건, 사물 등에 관한 알레고리컬한 서술은 단순한 묘사나 전달이 아니라 무의식적인 집단적 기억을 읽어내는 글의 특성을 지닌다. 또한 "언어는 육체를 지니며 육체는 언어를 지닌다"[118]는 벤야민의 언급처럼 언어와 육체 사이의 유사성을 매개하는 특성도 알레고리에 내재해 있다. 따라서 형상과 의미의 불일치로서의 알레고리컬한 글은 단순히 감각적 유사성에 기초한 미메시스적 특성에서 벗어나 비감각적 유사성을 가능케 하는 포이에시스적 특성까지 획득한다. 이미 언어를 다루는 장에서도 언급한 바 있듯이, 비감각적 유사성은 "순간", "지금" 같은 시간성을 지니며 이를 벤야민은 "순간적으로 빛남" 혹

**117** S. Weigel, Entstellte Ähnlichkeit, p. 96.
**118** GS 3, 138.

은 "스쳐지나감" 같은 형상적 표현으로 강조한 바 있다. 그런 비감각적 유사성은 지금이라는 현재적 시간 속에서 지나간(있었던) 것을 읽어내야만 하는 해석자의 행위와도 연관되는데, 이와 같은 알레고리컬한 형상을 벤야민은 "읽혀지는 형상"[119] 혹은 "변증법적 형상"이라고 명명하고 있다.

형상과 의미의 불일치로서의 알레고리가 몽타주, 인용, 독자의 해석 등과 밀접한 관계를 맺고 있다는 점, 또한 조화나 총체성을 암시하는 상징과는 달리 알레고리는 부조화, 파편성의 특성을 지닌다는 점, 이런 모든 점을 수렴하는 핵심적인 특징은 알레고리에서는 "인격적인 것보다는 사물적인 것"이 우선시된다는 것이다. 그 점을 벤야민은 이미 바로크 연구에서 다음과 같이 함축적으로 서술하고 있다.

> 그리고 자명한 사실이겠지만 오늘날에도 인격적인 것보다는 사물적인 것이 우선하고, 총체적인 것보다는 파편적인 것이 우선한다는 점에서 알레고리는 상징과 대극을 이루며, 또한 바로 그렇기 때문에 대등한 위력으로 상징에 극단적으로 맞서고 있다.[120]

사물적인 것(즉 객체 · 대상)이 인격적인 것(즉 주체 · 인식)을 지배하고 있다는 현상, 이것은 인간의 의식이 부정되고 기호 · 시뮬라크르(복제품) · 언어 · 담론 등이 우선적으로 강조되는 포스트모더니즘적 시각(보드리야르, 리오타르, 데리다 등)과 상통한다. 물론 사물적인 것은 현실의 사물을 그대로 재현해낸 어떤 것이 아니라 오히려 오리지널과 복제품, 원형과 모사, 현실과 상상 사이에 놓여 있는, 벤야민의 용어를 사용하자면 비감각

---

**119** GS 5, 578.
**120** GS 1, 362.

적 유사성 내지는 이미지 특성을 획득한 어떤 것이다. 그런 특성으로 인해 사물적인 것은 항상 참과 거짓, 현실과 상상을 명확하게 구분하려는 인간의 인식을 조소하거나 무력하게 만드는 유희를 전개한다. 그런 유희의 극단적인 결과로서 가령 인간의 의식도 사실은 언어나 사물적인 것에 의해서 만들어진 것에 다름 아니라는 인식에 도달한다. 벤야민 연구자인 빌렘 판 레이옌(W. van Reijen)은 하이데거의 언어를 차용하여 포스트모더니즘 철학을 다음과 같이 정리하고 있는데, 그 언술은 벤야민의 알레고리에 그대로 적용될 수 있다. "주체들은 죽었고 더 이상 아무것도 생산할 수 없으며 정반대로 주체들이 생산된다. 우리가 언어를 말하는 것이 아니라 언어가 [……] 우리에게 말한다. 우리가 전통을 만드는 것이 아니라 전통이 우리를 만들어낸다."[121]

---

**121** W. van Reijen, Das unrettbare Ich, in: M. Frank/G. Raulet/ W. van Reijen(Hg.), Die Frage nach dem Subjekt, Frankfurt/M. 1988, p. 398.

제5장

# 성찰, 명예훼손, 판단 망각으로서의 비평

## 1. 예술의 자율성과 비평

소위 순수문학과 참여문학이라는 이분법적 구분과 마찬가지로 비평에서도 18세기 이후 계몽적 비평과 낭만적 비평이 서로 대립한다. 물론 그것은 매 시대마다 다른 형태의 대립쌍에 의해서 보충되고 확장되었다. 예컨대 사회와 개인, 역사적 현실 인식과 심미적 의식, 계급의식과 예술의 자율성, 역사적 실존과 예술적 삶, 참여와 순수, 진리 인식과 허구 창출, 작가의 의도와 텍스트의 의미, 전체와 부분, 상징과 알레고리 등이 그것이다. 그와 같은 다양한 형태의 대립에서 언제나 우선시된 것은 정치적 의식이었고, 특히 정치적 상황이 극도로 불안했던 19세기와 20세기에는 언제나 계몽적 비평이 주도적인 역할을 담당하였다. 반면에 낭만적 비평은 비현실적이거나 현실도피적이라는 판에 박힌 비난의 소리에서 벗어날 수 없었다.

흔히 계몽적 비평은 작품의 도덕적 내용이나 작가의 정치적 의도를 강조하면서 주로 사회비판적 기능을 수행한다. 이러한 비평 형태는 서구의 경우 18세기 초에 본격화되며 그 결정적 계기는 책이 다양하게 생산되고 소비되는 과정에서 형성된 "문학적 공공성", 그리고 넓은 의미에서 그런 문학적 공공성을 포함하는 "시민적 공공성"(하버마스)의 발생에서 찾을 수 있다. 당시 문학적 공공성과 시민적 공공성은 매우 긴밀한 관계를 맺게 되는데, 이 점은 다음과 같이 요약된다.

> 18세기 문학비평은 포괄적인 이론과 취향 형성의 단순한 문학 내적인 현상이 아니라 시민적 공공성의 형성을 위해 기여하였다. [……] 비평이라는 제도는, 그것이 계몽주의에서 형성되었듯이, 작품과 대중을 매개하였으며, 더욱이 비평가는 대중 편에 서 있으며 또한 대중은 끊임없는 토론을 통해 문학적 공공성에 가담하였는데, 이는 자기 자신뿐만 아니라 이성적인 삶의 실천에 대해서도 서로 소통하기 위해서였다.[1]

비평가는 단순히 작품과 독자를 문학적으로 매개하는 역할에 만족하는 것이 아니라 독자를 "이성적인 삶의 실천"으로 나아가도록 유도하는 중요한 임무를 지니고 있었다. 시민적 공공성 내에서 비평이 차지했던 사회적 위상과 관련하여 코젤렉(Koselleck)은 레싱, 볼테르 같은 계몽적 문인의 활동을 해석하는 가운데 "비평가들은 계몽 자체를 훨씬 능가했으며 그들은 혁명으로 나아간 진보의 아방가르드주의자들이었다"[2]고 분석한 바 있다. 즉 비평가들은 단순히 문학 차원에만 머문 것이 아니라 소위 정치적 · 도덕적 대중성을 확보하는 데 있어서 핵심적인 역할을 떠맡고 있

---

**1** K. L. Berghahn, Von der klassizistischen zur klassischen Literaturkritik, in: P. U. Hohendahl(Hg.), Geschichte der deutschen Literaturkritik, Stuttgart 1985, p. 16.

**2** R. Koselleck, Kritik und Krise, Frankfurt a.M. 1973, p. 100.

었으며, 프랑스의 경우 그들의 활동은 프랑스혁명까지도 가능케 한 매우 중요한 촉진제로 작용하였다. 이처럼 정치적 · 도덕적 차원에서 수용된 비평은 단순히 계몽주의라는 역사적 시기에만 국한되지 않고 현재까지도 지속하고 있는데, 예컨대 비평은 새로운 삶을 위해 "산파적" 역할을 수행해야 한다는 하버마스의 주장도 그러한 계몽의 연장선상에 위치해 있다.[3]

이러한 계몽적 비평에 대항하여 18세기 말에 형성된 독일 낭만주의는 완전히 다른 형태의 비평을 제시한다. 그것은 정치적 · 도덕적 기능에서 벗어나 작품의 구조나 형식, 심미적 · 수사적 특성 같은 예술 내적인 측면을 더욱 중시하는 비평이다. 낭만적 비평은 작품에 도덕적 · 사회적 의미를 부여하는 역할보다는 예술 자체의 발전을 위한 핵심적인 장르로 인식된다. 이러한 인식은 넓은 의미에서 예술이 기능적으로 분화하는 현상과 맞물리는데, 즉 예술은 여타 부분 체계(정치 · 경제 · 종교 등)들과 동등한 자율성을 획득하며 특히 포괄적 의미를 지닌 도덕적 요청을 거부하게 된다. 내적으로 예술은 자신의 영역을 더욱 세분화하는 방식을 통해 자신을 강화시켜나갔는데, 이를 위해 예술사 · 예술이론 · 예술비평이라는 세 가지 세부 영역이 확립되는 가운데 특히 예술 비평이 정치적 · 도덕적 요청에서 벗어난 예술을 옹호하는 역할을 떠맡았다. 이러한 예술의 역사적인 발전 과정을 정확히 꿰뚫어보았던 벤야민은 『독일 낭만주의에서의 예술 비평 개념』에서 비평 개념을 도덕적 · 정치적 관점에서가 아니라 예술 자체의 내재적인 시각에서 해석해냈다.

비평 개념에 대한 벤야민의 시각을 살펴보기에 앞서서 독일 낭만주의가 어떤 식으로 비평을 정립했는지를 간단히 짚어볼 필요가 있다. 프리드리히 슐레겔(F. Schlegel)에 의해 이론적으로 정립된 낭만적 비평은 몇 가

3 J. Habermas, Der philosophische Diskurs der Moderne, Frankfurt a. M. 1985, p. 243.

지 중요한 측면에서 계몽적 비평과 대립한다. 우선 낭만주의는 경험적 독자와의 소통 차원, 즉 시장 논리에 정향된 비평을 비판한다. 예컨대 슐레겔은 독자나 대중이란 "라이프치히 도서 박람회에서 만나 호텔 드 삭스에서 함께 식사한 어떤 이"가 아니라 다름 아닌 "사유, 요청"이라고 강조한다.[4] 이는 시장의 법칙("도서박람회")에 종속해 있는 독자뿐만 아니라 그러한 독자층과의 소통을 꾀했던 17~18세기의 문학 시장에 대한 비판이기도 하다. 또한 도덕적 선악 차원에서 작품의 가치를 논하는 비평 경향이 그의 동시대뿐만 아니라 현재까지도 부단히 지속하고 있지만, 슐레겔은 그러한 시각에 대해서 최초로 반기를 들면서 자율적 비평의 길을 제시하고 나선다. 동시대의 도덕적 비평에 거리를 취하는 낭만적 비평의 대표적인 예로는 괴테의 『빌헬름 마이스터의 수업 시대』에 대한 슐레겔 자신의 비평을 들 수 있다. 그 글에서 슐레겔은 비평이란 절대적인 우월 의식을 지닌 "예술재판관"이 작가와 작품에 대해 일종의 "도덕적 평가서"를 쓰는 것이 아님을 강조한다.[5] 사실 슐레겔과 벤야민의 비평적 글쓰기는 여러 가지 점에서 흡사하다. 작품 내의 인물, 줄거리, 사회적 영향 등을 토대로 도덕적 평가를 내리는 것 대신에 그들은 때론 잔잔하고 유려한 시적인 분위기를 자아내는 글쓰기, 때론 예리하고 지적인 시각을 보이는 글쓰기 방식을 더욱 선호하였다. 이밖에도 슐레겔은 비평이란 합리적이고 오성적인 사유보다는 상상력, 예견 같은 비합리적이고 직관적인 힘에 기초한다고 밝힌다. 예컨대 계몽주의가 추구했던 도덕적 · 경험적 · 심리적 비평과는 완전히 다른 형식의 "예견적 비평"(divinatorische Kritik)이 제시된다. "성찰과 사변의 중간"[6]에 위치한 예견적 비평이란 작품의 가치 판

4 KA II, p. 150.
5 KA II, p. 143.

단에 대한 근거를 합리적이고도 과학적으로 제시하는 것이 아니라 현실을 뛰어넘는 상상력과 미래선취적인 독특한 직관 능력으로 작품에 다가가는 비평을 뜻한다(이러한 비평은 흔히 신비주의적 비평이라고 폄하되기도 한다). 이밖에도 낭만적 비평이 어떤 측면에서 계몽적 비평과 다른지에 관해서는 다음과 같은 슐레겔의 비평 정의에서 쉽게 읽을 수 있다.

> 훌륭한 비평가와 작품 특성의 서술자는 물리학자처럼 세심하고 양심적으로 그리고 다방면으로 관찰해야 하며, 수학자처럼 예리하게 측정해야 하며, 식물학자처럼 조심스럽게 분류해야 하며, 해부학자처럼 해부해야 하며, 화학자처럼 분석해야 하며, 음악가처럼 느껴야 하며, 연극배우처럼 모방해야 하며, 사랑하는 연인처럼 실질적으로 포옹해야 하며, 철학자처럼 조망해야 하며, 조형미술가처럼 반복적으로 연구해야 하며, 재판관처럼 엄격해야 하며, 골동품상처럼 신성해야 하며, 정치가처럼 순간을 이해해야 한다.[7]

화학자 · 해부학자 · 재판관 같은 분석적 · 도덕적 비평을 암시하는 은유적 표현들이 여전히 사용되고 있지만 그 이외에도 다양한 영역의 은유적 표현들을 통해 비평 특성이 강화되고 있다. 전체 내용의 핵심은 비평이란 합리적이고도 과학적인 특성뿐만 아니라, 느낌 · 포옹 · 신성 · 순간 등과 같은 용어에서 알 수 있듯이 비합리적이고 비과학적인 특성을 지닌다는 것이다. 이처럼 낭만적 비평이 다양하고도 포괄적인 특성을 갖게 되는 까닭은 사실 문학에 대한 낭만주의의 인식, 즉 문학은 지금까지 분리된 것을 다시 결합해야만 한다는 인식이 작동했기 때문이다. 작품 자체가

---

**6** KA XVIII, p. 419.
**7** KA VI, p. 138.

통합적인 특성을 갖고 있듯이 비평도 마찬가지의 특성을 갖는 셈이다.

그러한 통합적 특성 이외에도 낭만주의는 여러 가지 측면에서 비평의 근대적 골격을 마련해주고 있다. 우선 비평이란 더 이상 작가의 의도를 찾아내는 기생적 역할을 수행하지 않는다는 점을 들 수 있다. "비평이란 작가가 자신을 이해한 것보다 훨씬 더 작가를 잘 이해한다는 것을 뜻한다."[8] 글을 쓴 주체는 더 이상 글의 주인이 될 수 없으며 오히려 글을 읽는 주체로서의 비평가(독자)가 작품을 더욱 잘 이해할 수 있다는 것이다. 이러한 요청은 매우 혁신적이다. 왜냐하면 흔히 탈구조주의적 요청처럼 작가에서 독자로, 혹은 작가가 의도했던 의미(authorial meaning)에서 읽혀지는 텍스트의 의미(textual meaning)로 그 중심이 이동되고 있기 때문이다. 요컨대, 생산적 측면보다는 수용적이고 해석적 측면이 더욱 중시되는 것이다(물론 나중에 언급하겠지만 낭만주의와 벤야민에게서는 작품과 비평, 생산과 해석 사이의 경계가 해체된다). 마찬가지로 슐레겔은 "비평적 독서는 [……] 다른 이의 책읽기를 읽어내는 데 있다"[9]고 강조하는데, 이는 독서의 독서 혹은 기호의 기호 같은 자기배가적이고 상호텍스트적인 이론의 단초를 담고 있다. 물론 오늘날 자주 시도되는 영향사적 비교 관점에 의한 비평 방식도 암시되고 있다.

그렇다면 낭만적 비평은 낭만주의 문학 내에서 어떻게 자리매김되고 있을까? 이를 위해서는 무엇보다도 낭만주의 문학관을 들여다볼 필요가 있다. 가령 슐레겔은 "문학작품이란 그 자체 한계를 갖고 있지만 동시에 한계 내에서 한계를 넘어서고 무한하다"[10]라는 정의를 남기고 있다. 이는

---

8 KA XVI, p. 168.
9 KA XVI, p. 309.
10 KA II, p. 215.

예술작품의 언어적 · 구조적 내적 한계와 그 한계를 부단히 뛰어넘는 가능성 사이의 변증법적 운동을 암시하고 있다. 물론 이와 같은 작품의 자기운동성은 언어 자체의 변증법적 특성에 기인한다. 예컨대 언어는 글자 차원에서 한계를 갖고 있음에도 불구하고 다의적인 잠재력을 지니듯이, 한 권의 책도 비록 그 자체 형식적으로 완결되어 있음에도 불구하고 독자의 해석 행위를 통해서 다양한 의미로 확장된다. 언어와 작품이 유한한 상태에도 불구하고 의미의 무한한 잠재력을 분출하는 것처럼, 비평도 그러한 힘을 지닌다. 또한 슐레겔은 "비평의 원칙 자체도 비평적(비판적)이 되어야 한다"[11]고 언급하면서 스스로 세운 비평의 원칙까지도 항상 해체시킬 수 있는 열린 의미에서의 비평을 제시하고 있다. 창작이나 비평에서는 흔들리지 않는, 파괴되지 않는 초역사적인 원칙이나 규범이 불가능하다. 그것은 예술적 · 비평적 언어가 스스로를 항상 파괴하기 때문이다.

## 2. 낭만적 비평과 성찰

우리의 경우 비판과 비평은 각기 다른 영역에서 사용되지만, 서구의 경우 "Kritik" 개념은 사회 · 정치 · 철학 그리고 문학에서 모두 공통으로 사용된다. 또한 "Kritik" 개념은 위기(Krise, Krisis)라는 개념과 동일한 어원을 갖고 있는데, 그것은 모두 "분리하다, 구분하다, 조합하다" 같은 의미를 지닌 희랍어 "krinein"에 뿌리를 두고 있다. 1930년에 브레히트와 벤야민은 '위기와 비판'(Krisis und Kritik)이라는 제목으로 잡지를 발행하려는 계획을 세운 적이 있다. 아쉽게도 벤야민이 편집위원에서 탈퇴함으로

**11** KA XVIII, p. 294.

써 그 잡지 발행이 무산되고 말았지만,[12] 그러나 잡지 제목을 통해 알 수 있듯이 그들도 두 개념의 동일한 어원을 의식하고 있었던 것으로 추측된다.

계몽주의뿐만 아니라 독일 관념론과 낭만주의에서도 "Kritik"은 사회정치적 의미에서의 비판뿐만 아니라 문학적 의미에서의 비평으로 동시에 사용되었는데, 이 점을 벤야민은 정확하게 인식하고 있었다. 칸트와 낭만주의자들에게서 비평이 어떤 의미를 지니는지에 대해 벤야민은 다음과 같이 설명하고 있다.

> [……] 비판적[=비평적: 역자]이라는 용어는 객관적으로 생산적이고, 신중함에서 나온 창조적이라는 뜻을 지닌다. 비판적(비평적)이라 함은 모든 속박으로부터 가능한 한 멀리 떨어진 상태에서 사유를 고양시키며 그 결과 속박의 잘못됨을 들여다본 통찰력에서부터 흡사 마술과도 같이 진리 인식이 움직이게 된다.[13]

허위로 가득 찬, 비객관적이고, 전혀 창조적이지 않는 상태에서 벗어나서 자유로운 사유를 전개하는 것을 벤야민은 "비판적"이라는 개념의 의미로 이해하고 있다. 칸트의 삼대 저서가 모두 "비판"이라고 되어 있듯이 비판이 대표적으로 실행되었던 장은 주로 철학의 영역이지만, 18세기 말의 경우 예술비평이라는 영역에서도 마찬가지로 '비판/비평' 개념이 활발히 사용되었다. 그런데 비판에서 요구된 객관성 · 신중함 · 자유로움 이외에도 예술 영역에서의 비평은 또 다른 중요한 특징을 지니는데, 즉 예

**12** U. Steiner, Walter Benjamin, Stuttgart 2004, p. 100.
**13** GS 1, 51.

술의 내적인 전개를 가능케 하는 매개로서의 성찰과 비평이 서로 밀접한 관계를 맺게 된다는 것이다. 이 점을 매우 뛰어나게 해석해준 연구자가 바로 벤야민이다. 흔히 성찰은 낭만주의의 주관주의적 특성과 연결되면서 매우 부정적으로 인식되어왔지만, 벤야민은 그러한 주관주의적 맥락에서 벗어나서 예술의 자기 전개라는 맥락에서 비평과 성찰의 관계를 새롭게 논한다. 이를 위한 중요한 전제조건은 다름 아닌 피히테와 초기 낭만주의자(슐레겔, 노발리스)를 서로 구분하는 일이다. 가령 피히테는 의식적인 성찰을 통해 "근원의 규정, 근원의 존재"를 마련할 수 있다고 믿었다면 슐레겔과 노발리스에게서는 그와 같은 "존재론적 규정이 누락되고"[14] 있다고 벤야민은 밝힌다. 요컨대, 피히테의 경우 성찰은 오로지 지적 관조를 지닌 절대적 자아의 능력에 귀속되고 그런 의미에서 대상에 대한 주관적 자아의 성찰을 뜻한다면, 초기 낭만주의에서 성찰은 "자신의 형식을 만들어내는 사유"[15]로서 그것의 중심은 "자아가 아니라 예술"[16]이라는 것이다. 벤야민의 신선한 해석에 따르면, 낭만주의는 성찰 개념을 예술 영역으로 전이하면서 예술 이념의 절대성을 향한 과정 속에서 "성찰의 주체는 근본적으로 예술적 형상물", 즉 개별 예술작품 자체로 파악하고 있었다는 것이다.

> 비평은 예술작품에서의 실험인바, 그 실험을 통해 작품의 성찰이 일깨워지고, 그 실험을 통해 작품은 자신을 의식하고 인식하게 된다. [……] 성찰의 주체는 근본적으로 예술형상물 자체이며, 실험은 형상물에 **관한** 성찰에 있는 것이 아니

---

**14** GS 1, 29.
**15** GS 1, 30.
**16** GS 1, 39.

라 [……] 성찰의 전개, 즉 낭만주의자들에게 있어서는 정신의 전개, 즉 형상물 속에 있다. 비평이 예술작품의 인식이라는 점에서 비평은 예술작품의 자기인식이다. 비평이 예술작품을 판단할 경우 그 판단 행위는 예술작품의 자기 판단 내에서 일어난다.[17] [강조: 역자]

예술작품에 대한 비평 혹은 성찰로서의 비평과 작품 간의 관계를 주체와 객체의 관계로 파악한다면 이는 낭만주의뿐만 아니라 그것을 새롭게 해석한 벤야민의 관점까지도 잘못 이해한 것이다. 그 점을 명확하게 밝히기 위해 벤야민은 "이 두 가지[사물과 인식하는 주체: 역자]는 단지 성찰의 상대적 단위일 뿐이다. 따라서 사실은 주체에 의한 객체의 인식이란 존재하지 않다"[18]는 파격적인 주장을 제시한다. 물론 인식하는 주체인 독자나 비평가 없이 비평이 행해질 수는 없다. 비평이 주체로서의 특정 개인에 의해서 실행되는 것은 분명하다. 그렇지만 여기서 간과될 수 없는 중요한 점은, 대상으로의 작품을 읽고 인식하고 판단하는 행위는 예술작품을 위해 매개의 역할을 수행하는 것일 뿐 인식 주체가 객체로서의 작품을 마음대로 관장하고 지배하는 것이 결코 아니라는 것이다. 아니, 매개이자 성찰로서의 비평은 궁극적으로 작품 내에서 용해되고 만다. 다시 말하면, 인식 주체(비평가 · 독자)가 객체(예술작품)를 분석하고 평가하는 순간 그 주체와 객체의 관계는 단지 예술 자체의 항구적인 자기 성찰 과정에서 작동하는 가상적 단위일 뿐 절대적인, 존재론적 단위가 아니다. 더욱 정확하게 말하면, 예술의 무한한 자기 전개 과정 내에서 비평적 성찰의 주체는 인식하는 인간 주체가 아니라 개개 예술형상물인바, 요컨대 "비평은 예

**17** GS 1, 65 sq.
**18** GS 1, 58.

술작품의 자기 인식"에 다름 아니다.

이처럼 낭만주의 예술 이론에서 작동하는 성찰 개념을 "자아로부터 자유로운 사유"로 파악함으로써 벤야민은 객체로서의 대상을 자기중심적으로 점유하는 주관주의적 철학의 맥락에서 벗어나 해체론과의 유사성까지도 내보이고 있었다. 소위 탈주관주의적 시각에서 낭만적 비평을 해석하였다는 점에서 벤야민의 작업은 대단히 파격적이고 미래선취적인 해석이 아닐 수 없다. 특히 당시뿐만 아니라 지금도 절대적 자아를 주장한 피히테의 주관주의적 관념론에 의해서만 낭만주의를 파악하려는 연구가들이 팽배해 있다는 정황을 고려한다면 더욱 그렇다. 그와 같은 일반적인 시각에서 벗어나 벤야민은 예술 체계 스스로가 걸어 나가는 과정을 인식하는 가운데 "예술작품의 자기 인식"으로서의 비평을 주시하였던 것이다. 결국 서평 · 해석 등과 함께 비평은 작품 자체가 스스로를 절대화하고 완성하려는 방법 가운데 하나로 파악되며, 그런 점에서 비평은 작품을 판단하는 것이 아니라 작품을 완성시키는 방법이다.

> 작품 자체의 의미에서, 즉 작품의 성찰에서 작품은 작품 자체를 넘어서야 하며 작품을 절대적으로 만들어야만 한다. 분명한 점은, 낭만주의자들에게 있어서 비평은 작품의 판단이라기보다는 작품 완성의 방법이라는 것이다.[19]

> 비평이란, 그 개념의 특성에 대한 오늘날의 이해와는 정반대로, 판단이 아니라 한편으로 작품의 완성, 보충, 체계화이며, 다른 한편으로 절대성 내에서 작품을 용해시키는 것이다.[20]

---

**19** GS 1, 69.
**20** GS 1, 78.

비평을 도덕적 사유의 맥락에서 작품의 질에 대한 좋고 나쁨의 가치 판단으로 이해하는 근대적인 사유 방식과는 달리 벤야민은 낭만주의적 비평 개념에 작품을 완성시키는 매개 역할을 부여하고 있다. 물론 이는 자칫 작품을 숭배하는 보수적인 시각으로 비추어질 수 있다. 특히 철학적 비평, 작품을 훼손하는 비평, 유물론적 비평 같은 여타 비평 형태와 비교하면 더더욱 그렇게 보인다. 그러나 예술이라는 체계 내에서 혹은 절대적인 이념을 향해 예술이 걸어 나가는 관점에서 보면, 작품이나 비평 등을 포함한 모든 글쓰기 형식 자체에는 궁극적으로 예술을 항구적으로 보완해나가는 역할이 부여될 뿐이다.

## 3. 철학적 비평과 유물론적 비평

낭만적 비평에 대한 벤야민의 연구와 관련해서는 흔히 두 가지 점이 언급될 수 있다. 그 하나는 낭만적 비평에 대한 벤야민의 서술은 단순한 이차적인 연구자의 시각일 뿐 비평에 대한 자신의 독특한 시각이 아직 심도 있게 개진되지 않았다고 할 수 있다. 따라서 낭만적 비평보다는 다른 형태의 비평, 가령 논증적이고 지적인 인식을 요구하는 철학적 비평과, 상대적으로 정치경제적인 시각이 중시되는 유물론적 비평이 벤야민에게 더욱 본질적이라는 점이다. 다른 하나는 완전히 정반대의 측면인데, 그것은 낭만적 비평에 관한 연구를 통해서 벤야민은 이미 자신의 향후 비평적 작업을 위한 토대를 마련했다는 시각을 들 수 있다.[21] 가령 슐레겔은 "예술작품의 영향력을 설명하는 일은 심리학자의 일이지 비평가의 일이 아니다"[22]라고 말하거나 혹은 "비평의 본래 대상은 작품, 작품의 체계이지 인간이 아니다"[23]라고 역설한 바 있는데, 이러한 낭만적 비평의 시각은 사실 벤야민에게도 지속적으로 영향을 끼친 것으로 보인다. 예를 들면 작품 외적인 면을 중시하는 실증적 비평에 대해 거리를 취하는 모습이 벤야민에게도 자주 발견되기 때문이다. "실증적 비평은, 지금까지보다 더 많이, 낭만주의자들이 성취한 것보다 더 많이, 개개 예술작품에 제한되어 행사되어야만 한다."[24] 이는 텍스트 자체를 소홀히 하고 작가의 삶이나 사회적 상황만을 분석하는 실증적 비평에 대한 비판이다. 뒤집어서 말하자면, 텍스트 자체를 더욱 꼼꼼하게 읽는 행위가 곧 진정한 실증적 비평의 전제조건이라는 것이며 이 점은 대단히 파격적이 아닐 수 없다. 이처럼 작품/텍스트 자체를 중시하는 비평에 대한 강조는 벤야민의 실제 비평 작업에서 그대로 실현된다. 가령 도스토옙스키의 『백치』에 대한 비평에서 벤야민은 "인물에 대한 도스토옙스키의 심리학은 시인이 본래 출발점으로 삼은 것이 아니다. [……] 인물의 심리학 때문에 작가에게 칭찬을 부여하는 것은 일종의 파렴치한 경계 넘기에 다름 아니다."[25] 이밖에도 낭만적 비평과 관련하여 얻어낸 예술 이념 내에서 용해되는 비평 내지는 창작으로서의 비평은 사실 심미적 비평가로서의 벤야민의 비평적 글쓰기 작업을 고찰하는 데 있어서 매우 중요한 측면이 아닐 수 없다(이 점에 관해서는 나중에 언급할 예정이다). 물론 낭만적 비평 이외에도 벤야민은 철학적 비평, 유물론적 비평을 주장한 바 있지만, 궁극적으로 철학적 비평(논리적 · 인식적

**21** 낭만주의와 벤야민의 상호 영향을 다각도로 분석한 글의 모음집으로는 다음을 참조할 것. Walter Benjamin und die romantische Moderne, hrsg. v. Heinz Brüggemann/Günter Oesterle, Würzburg 2009.

**22** KA II, p. 14.

**23** KA XVI, p. 141.

**24** GS 2, 242.

**25** GS 2, 237.

측면에 대한 강조), 유물론적 비평(사회비판적 의미에 대한 강조), 낭만적 비평(심미적 측면에 대한 강조)을 각기 일정 부분 받아들이고 동시에 각각의 비평에서 생겨난 균열과 틈새를 서로 보충해냄으로써 새로운 형태로서의 예술적 비평을 제시하려 했던 것으로 보인다.

이제 낭만적 비평에 대한 천착 이후 벤야민이 일정 기간 주시했던 두 가지 형태의 비평, 즉 철학적 비평과 유물론적 비평을 살펴보기로 하자. 우선 철학적 비평은 낭만적 비평에 대한 비판과 함께 싹트는데, 그에 대한 단초는 벤야민이 1923년 12월 9일에 플로렌스 크리스티안 랑(F. C. Rang)에게 보낸 편지의 다음과 같은 대목이다.

> 비평이란 작품을 훼손시키는 것입니다. 작품 내에서 의식을 상승시키는 것(낭만적!)이 아니라 그 안에 지식을 이주시키는 것입니다. [……] 예술작품의 해석의 과제는 바로 창조적인 삶을 이념 속에서 모으는 것이지요.[26]

원어 "Mortifikation"이라는 개념은 "모욕/굴욕을 가함, 고행, 가치 무효의 선언" 등을 뜻한다. 요컨대, 작품을 긍정적으로 보충하고 완성시키려는 성찰 행위로 파악된 낭만적 비평과는 달리, 철학적 비평은 지식·인식 등을 토대로 작품을 냉철하게 분석하고 비판함으로써 어쩌면 작품의 삶이나 명예를 훼손하는 의미에서의 비평처럼 기능한다. 다시 말하면, 진리 인식을 추구하기 위해 작품의 실상내용을 논리적이고 합리적 방식으로 철저히 분석하고 비판하는 글쓰기로서의 비평을 뜻한다. 편지에서 거론된 비평에 대한 자신의 관점을 벤야민은 『독일 바로크 비극의 원천』에서도 그대로 반복한다.[27] 훼손으로서의 비평을 더욱 정교하게 다듬어 서

**26** W. Benjamin, Briefe, Bd I, p. 323.

술하는 차원에서 벤야민은 철학적 비평과 문헌학적 주석을 서로 대비시킨다. 잘 알려진 것처럼 「괴테의 친화력」에 관한 비평에서 벤야민은 "비평은 예술작품의 진리내용을, 주석은 실상내용을 찾는다"[28]는 식으로 양자를 구분하고 있다.

주석과 (철학적) 비평의 정의를 놓고서 벤야민 연구가들은 흔히 주석에서 비평으로 나아가는 것이 벤야민의 주된 관심사라고 주장한다. 이에 대한 대표적인 예는 국내 벤야민 번역본에 실린 설명에서 쉽게 찾을 수 있다. "비평과 해설[주석: 역자]은 서로 상보 작용을 하지만 궁극적으로 중요한 것은 해설이 비평에 봉사하는 데 있다. 그리고 실상내용을 인식하고 표현하려는 해설자의 입장은 모름지기 진리내용에 접근하려는 노력에 초점을 맞추어야만 한다."[29] 벤야민이 염두에 둔 것은 주석에서 비평으로 나아가는 철학적 비평이라는 것이다. 물론 이러한 설명이 틀린 것은 결코 아니다. 왜냐하면 벤야민 스스로 "모든 의미 있는 작품의 토대를 이루고 있는 역사적 실상을 철학적 진리내용으로 만드는 것"[30]이 예술 형식의 기능이라고 말하면서 이러한 점을 인식하는 것이야말로 철학적 비평의 과제라고 밝힌 바 있기 때문이다. 그럼에도 불구하고 간과할 수 없는 점은, 실상을 진리로 옮기는 것으로서의 철학적 비평만이 벤야민이 염두에 둔 최고의 비평은 결코 아니라는 것이다. 가령 철학적 비평이라는 표현 자체는 다양한 형태의 비평(예를 들면 문헌학적 비평, 유물론적, 예술적 비평 등)의 가능성을 암시하고 있다. 벤야민 연구에서 전혀 언급된 바 없는 가장 중요한 비평은 사실 슐레겔이 이미 언급한 바 있던 "비평적인 예술작품"으로

27 GS 1, 357.

28 GS 1, 125.

29 반성완, 373쪽.

30 GS 1, 358.

서의 "특성서술"(Charakteristik)이라는 형태의 비평이다.[31] 이 특성서술은 역사 · 철학 · 문학이 하나가 되는 비평으로서 일종의 '창조적인 비평' 혹은 '시적인 해석'이라고 할 수 있다. 이러한 비평 유형을 언급한 이는 바로 슐레겔이며 그의 「빌헬름 마이스터에 관하여」라는 글이 그와 같은 특성서술의 대표적인 예로 손꼽힌다. 낭만주의 연구를 통해서 벤야민은 슐레겔이 강조했던 그런 비평의 형태를 분명 알고 있었음에 틀림없다. 사실 벤야민도 주석 · 비평 · 창작이 하나로 결합된 그런 글쓰기를 제시해보고 싶었을지도 모르며, 그가 동시대 작가 및 작품에 대해 쓴 거의 모든 비평적 글쓰기는 바로 슐레겔이 말한 "특성서술"에 가까이 다가가기 위한 과정이라고 해도 과언은 아닐 듯 싶다.

다시 강조하면, 비평과 주석이 각기 추구하는 진리내용과 실상내용은 원래 결코 분리되지 않은 채 서로 결합되어 있다. 알레고리컬한 형상화에서의 기표와 기의, 형상과 의미처럼, 진리내용과 실상내용은 서로 다른 듯이 보여도 내밀한 관계를 형성하고 있다. 특히 의미심장한 작품에서 더욱 그렇다.

> 더욱 의미 있는 작품일수록 그 작품의 진리내용은 더욱 눈에 띄지 않고 내밀하게 실상내용과 연결되어 있다.[32]

"더욱 눈에 띄지 않고 내밀하게"라는 표현은 양자의 미묘한 신비적인 관계를 말해주고 있다. 즉 서로 다른 것처럼 보이면서도 서로 관계를 맺

---

**31** KA XVI, p. 137.

**32** GS 1, 126. 이와 비슷한 내용의 글을 벤야민은 「엄격한 예술학」(1932)이라는 서평에서도 밝히고 있는데, 거기서는 진리내용 대신에 "의미내용"(Bedeutungsgehalt)이라는 개념을 사용하고 있다(GS 3, 367, 372).

고 있는 것이다. 그 내밀한 관계로 인해 주석가가 아니라 비평가가 때론 실상내용인 "저 눈에 띄는 것과 의아한 것"을 분석하는 자, 즉 "더욱 단단한 글의 특성으로 뒤덮인 텍스트"를 분석하는 "고문서 학자"처럼 비추어진다.[33] 그렇지만 시간이 지나면서 양자는 분리된다. 진리내용은 "숨겨진 채 자신을 유지하지만", 실상내용은 더욱 "앞으로 나타난다." 그렇게 분리된 상태, 즉 뒤로 물러나 있는 진리내용을 찾는 비평가와 앞으로 나와 있는 실상내용을 다루는 주석가 사이의 차이점을 벤야민은 다른 식으로 언어로 부연 설명한다.

> 어떤 비유를 들어 말하자면 성장하는 작품을 타오르는 장작더미로 간주하게 되는데, 이럴 경우 주석자는 화학자처럼 작품 앞에 서 있으며 비평가는 연금술사와 비슷하다. 주석자에게는 나무와 잿더미만이 분석의 대상으로 주어진다면, 비평가에게는 불길 자체만이 수수께끼를 간직한다. 생동적인 것의 수수께끼 말이다. 비평가는 진리에 대해 물으며, 이 진리의 생동적인 불길은 과거적인 것의 무거운 장작들과 체험된 것의 가벼운 잿더미 위에서 계속 타오르고 있다.[34]

작품은 "타오르는 장작더미"로, 비평가는 수수께끼처럼 빛나는 불길을 마주한 연금술사로, 주석가는 나무/잿더미의 성분을 분석하는 화학자로 비유되고 있다. 그러나 서로 분리된 연금술사와 화학자가 "타오르는 장작더미"와도 같은 작품을 진정으로 이해하기 위해서 궁극적으로 하나가 되어야 함은 두말할 나위 없다. 주석과 비평, 실상내용과 진리내용은 결코 수단과 목적의 관계를 형성하는 것이 아니라 작품에 접근하는 각기 다

---

**33** GS 1, 125.
**34** GS 1, 126.

른 방식이지만 동시에 항상 상호관계를 맺어야만 하는 것이다.

불길, 나무/잿더미라는 비유로 제시되어 있지만 진리내용과 실상내용이 무엇인지는 여러 각도에서 설명될 수 있다. 우선 전자가 보편적이고도 절대적인 이념 같은 것이라면 후자는 경험적이고도 구체적인 역사를 띤다. 따라서 비평이 예술작품 전체를 지배하고 있는 이념으로서의 진리를 찾는 글쓰기 행위라면, 주석은 형식이나 내용 차원에서의 역사적 전개 양상(존재했다가 소멸하는 양상을 지님)을 짚어내는 글쓰기 행위다. 비록 분리된 상태에 놓여 있음에도 불구하고 비평과 주석, 진리내용의 추구와 실상내용의 추구는 일종의 변증법적 순환 관계를 형성하는 것이다. "경험적인 작품의 형식에서 그 형식의 이상인 진리내용이 열릴 수 있으며, 그 이상을 통해서 다시금 작품의 경험적 형상에 대한 비판적 잠재력이 생성한다."[35] 그런 변증법적 관계에서 실상내용은 결코 진리내용을 위한 수단으로 기능하지 않는다.

> 예술비평은 외피를 벗겨내야만 하는 것이 아니라 외피를 외피로서 아주 정확하게 인식함으로써 아름다움의 진실한 관조로 자신을 끌어올려야 한다.[36]

이 구절은 외피와 내면의 관계가 수단과 목적으로 설정되어 있지 않고 오히려 외피(실상내용) 자체를 철저히 인식할 때 비로소 내면의 예술미를 발견할 수 있다는 뜻으로 이해된다. 결국 「괴테의 친화력」에서 시도된 주석과 비평의 구분과, 『독일 바로크 비극의 원천』에서 언급된 것처럼 실상을 진리로 끌어올리는 시도로서의 비평에 대한 정의는, 각기 미묘한 차이

---

**35** Sven Kramer, Walter Benjmain. Zur Einführung, p. 48.
**36** GS 1, 195.

점을 낳고 있다. 비평에 대한 벤야민의 시각은 여전히 불완전한 것처럼 보인다.

논리적 · 철학적 차원에서 지식과 이념을 작품 안으로 옮겨놓는 비평 행위는, 벤야민이 언어이론에서 비판한 원죄 이후의 인간의 언어 행위, 즉 판단에 기초하고 선악을 구분하는 판결의 언어 수행 행위에 대한 전형적인 예로 작용한다. 즉 실상내용과 진리내용을 중시하는 철학적 비평은 인간의 잘못된 언어 행위에서 나온 부정적인 글쓰기 형태처럼 보인다. 벤야민도 그 점을 스스로 인식하고 있었던 것으로 보이는데, 왜냐하면 그는 선악을 구분하는 잘못된 "비평의 허상"과 "진실한 비평"을 구분하고 있기 때문이다.

> 언어는 실증적인 것, 즉 삶과 가장 내적인 통일성을 추구하는 사태에 근거한다. 사태란 구분(krion)으로서의 비평의 허상, 즉 선악의 구분이라는 허상을 고집하는 것이 아니라 모든 비평적인 것을 내부로, 구분하는 행위를 언어의 마음속으로 옮겨놓는다. 진실한 비평은 대상에 저항하는 것이 아니다. 다른 비평의 화학적 소재처럼 진실한 비평은 대상을 파괴하는 것이 아니라 대상을 분석하면서 대상의 내적인 특성을 벗겨내는 그런 의미로 파악된다.[37]

선악을 구분하는 비평은 "비평의 허상"이라고 비판되고 있으며, 그 대신 진실한 비평은 대상 분석 자체, 즉 언어에만 초점을 맞춘다. 물론 삶과의 내적인 통일성, 대상의 내적인 특성 등이 드러나는 언어 말이다. 논리적이고 철학적인 지식을 요구하는 가운데 벤야민은 "언어의 마음"이라는 내적인 측면을 더욱 강조하고 있으며, 이는 유물론적 비평을 중시하면서

**37** W. Benjamin, Briefe, Bd. I, pp. 131~132.

도 반유물론적 글쓰기가 지양된 특성, 가령 판단이 중지된 비평적 글쓰기의 특성을 강조하는 것과 비슷한 맥락을 형성한다.

낭만적 비평, 철학적 비평 이외에도 벤야민은 또 다른 형태의 비평에 심취한다. 그것은 "반드시 정치적이고 혁명적일 수밖에 없는 강령"[38]에서 출발하는 유물론적 비평으로서 진리 인식과 계급 이론이 서로 결합된 형태다. 그런 비평의 특징은 『일방통행로』를 비롯하여 유고로 남아 있는 「문학 비평의 강령」, 「신세대의 특성 서술」, 「비평가의 과제」, 「잘못된 비평」 같은 글에서 제시되고 있다.[39] 유물론적 비평은 무엇보다도 전통적인 비평을 극복하는 것을 목표를 삼는데, 가령 "작품뿐만 아니라 과거의 개념과 도식을 절대적인 것으로 받아들이는"[40] 전통적인 미학에 기초한 비평을 거부한다. 이밖에도 유물론적 비평은 두 가지 형태의 독자층과 관계된 비평을 비판한다. 벤야민에 의하면, 독자층은 대중이라는 형태와 공동체(Zirkel)라는 형태로 구분된다. 전자는 주로 문학을 "오락의 도구"로서, "서로 간의 친분관계를 고무시키고 심화시키는 것"으로서 혹은 "시간의 소비"로서 받아들이는 층이라면, 후자는 문학에서 "삶의 책, 지혜의 근원, 대체로 그들 공동체의 규약"을 읽어내는 층이다. 전자는 문학을 사교수단과 오락물로 소비하려는 일반 독자를 가리키며, 후자는 당시 시인 스테판 게오르게를 중심으로 형성된 특정 파벌 형태를 암시한다. 벤야민에 의하면, 낭만주의 이후 비평은 "객관적인 타락"의 길을 걷고 있는데 그 결정적인 원인은 비평이 오로지 그러한 두 가지 유형(대중과 공동체)의 독자층에만 제한되어왔기 때문이라고 한다. 문학을 소비물로 받아들이는

38 GS 6, 177.

39 Vgl. GS 6, 161~184.

40 GS 6, 166.

대중에 정향된 비평은 비평적 글 자체의 내적인 질을 상실한 나머지 결국 오락물로 전락하는 위험을 지니는데, 그런 비평과 비교해볼 때 특정 공동체에 정향된 비평, 즉 "파벌"(Sektiertum)이라는 잘못된 집단주의 내에서 전개되는 비평은 더욱 위험한 형태로 간주한다.

이처럼 각기 대중과 파벌이라는 두 가지 형태의 독자층에 정향된 비평 경향을 냉철하게 비판하면서 벤야민은 집단적 활동, 생산력의 조명, 정치적 강령 등이 중시되는 소위 유물론적 비평을 내세운다. 『일방통행로』에서는 비평가가 갖추어야 할 열세 가지 테크닉이 제시되는데, 가령 문학투쟁의 전략가, 당파성을 지닌 자, 과거의 예술 시대와 결별하는 자, 도덕적인 비평, 작가의 면전에서 판결을 내리는 자, 논쟁적인 자, 이념을 지키는 자 등 다양한 기준이 언급되고 있다.[41] 문학투쟁 · 당파성 · 도덕성 · 이념성 같은 유물론적 · 마르크스주의적 특징이 비평에 도입되어 있음을 쉽게 인지할 수 있다. 그런데 유물론적 비평을 위한 열세 가지 항목을 살펴보면 흥미로운 두 가지 점이 발견된다. 그 하나는, 네 번째 항목에서 언급된 "비평은 아티스트의 언어로 말해야만 한다"라는 테제다. 이는 단순히 정치적인 구호나 표어를 잘 만들어낼 줄 아는 그런 능력보다는 독자를 압도할 수 있는 심미적인 언어를 잘 구사할 수 있는 아티스트의 인위적 능력을 뜻한다. 이러한 점이 다시금 아홉 번째와 열 번째 테제와 결합할 경우, 아티스트로서의 비평가는 책을 사랑스럽게 다룰 뿐만 아니라 책 안의 몇몇 문장으로 그 책을 파괴할 수 있는 비판적 논쟁을 전개해야만 하는데, 이럴 경우에도 아티스트의 인위적인 언어는 당연히 독자를 설득할 수 있는 그런 심미성을 지녀야 한다. 또한 언어적 슬로건이 독자와 시장에서 값싸게 나돌 수 있는 위험에도 불구하고 "이념"을 배반하지 않아야 한다

**41** GS 4, 108 sq.

면, 이를 뒤집어서 볼 경우 아티스트로서의 비평가가 만든 언어적 슬로건은 분명 대중적이지 않으면서 동시에 이념적이지도 않는, 양자 사이에서 매우 수준 높은 질적 특성을 유지해야만 한다.

또 다른 한 가지 흥미로운 점은, "비평가들에게 동료는 한 단계 높은 심급이다"라는 일곱 번째 테제다. 이는 비평이란 동료들에 의해서만 검증되는 대단히 전문적인 일임을 말해주고 있다. 동료들의 전문적인 능력만이 비평적 글의 진정성을 검증해줄 수 있다는 것은, 대중과의 소통만을 꾀하려는 유물론적 비평이 안고 있는 위험하고도 천박한 포퓰리즘(가령 동시대 독자 및 후세에 곡학아세하는 비평의 위험)에 대한 경고이며, 또한 전문적인 지식에 의한 비판적 검토를 거부한 채 단순한 파벌 집단 내에서 안주하고 비호 받으려는 전통적인 비평 풍토에 대한 비판을 뜻한다. 특히 유물론적 비평은 당파성 · 이념성만을 주장함으로써 자칫 문학 자체의 전문성이나 특수성을 소홀히 할 수 있는데, 그런 단점을 극복하기 위해서라도 유물론적 비평은 작품 자체를 치밀하게 분석해야만 한다. 요컨대, 유물론적 비평도 단순히 사회적 상황에 대한 찬반 이데올로기를 뛰어넘어서 철저히 작품내재적 분석을 시도해야만 한다는 것이 벤야민의 독특한 입장이다. 가령 정치적 경향문학(Tendenzdichtung)과 관련하여 벤야민은 "간략한 형식에서의 경향이라는 개념은 [……] 정치적인 문학비평의 쓸모없는 수단"이라고 비판하고 있으며 나아가 "어떤 문학의 경향이란 그것이 문학적으로도 적합할 때만 비로소 정치적으로 적합할 수 있다"[42]고 말함으로써 정치성보다는 문학적 심미성을 우선적으로 강조하고 있다. 심미성과 전문성을 지닌 아티스트적 능력 이외에도 벤야민은 스스로 기획한 『새로운 천사』라는 잡지에 발표하려고 집필한 글에서 다음과 같이 적

42 GS 2, 684.

고 있다.

> 위대한 비평은 역사적인 서술을 통해서 가르치려 하거나 혹은 비교를 통해서 교육시키려 하지 말아야 하며 그 대신 침잠(Versenkung)을 통해서 인식해야만 한다. 그런 위대한 비평은 작품의 진리에 대해서도 답변을 주어야 하는데, 철학 못지않게 예술도 그것을 요구하고 있다.[43]

도덕적이고 교육적인 가르침 대신에 오히려 "침잠을 통해서 인식해야만 한다"는 구절을 보면, 과학적이고도 실증적 사유를 표방하는 유물론적 비평이 도저히 받아들일 수 없는 수동적인 자세가 오히려 비평에서도 적극 요청되고 있는 것이다. 이밖에도 유물론적 비평은 자칫 계급투쟁에만 봉사하고 경제결정론적 관점만을 고집하는 경향을 띠곤 하는데, 벤야민은 그런 비평에 거리를 취한다. 가령 벤야민은 생산관계와 작품 간의 관계를 중시하는 시각을 거부하고 그 대신 오히려 "작품의 작가적 테크닉"이라는 의미에서의 작품의 "기능"을 강조한다.

> 한 작품이 시대의 생산관계와 어떻게 놓여 있는지, 작품이 생산관계와 일치하는지, 작품이 반동적인지 혹은 작품이 생산관계의 전복을 추구하는지, 작품이 혁명적인지라고 묻는 것 대신에—이러한 질문 대신에 혹은 이러한 질문 이전에 저는 여러분들에게 다른 질문을 제시하고 싶습니다. 즉 한 문학작품이 시대의 생산관계**에 대해** 어떤 식으로 놓여 있는지를 묻기 이전에 제가 묻고 싶은 점은, 문학작품이 생산관계 **내에** 어떤 식으로 놓여 있을까 하는 것입니다. 이러한 질문은 시대의 작가적 생산관계 내에서 작품이 취하는 기능과 직접적으로 관련됩니

**43** GS 2, 242.

다. 다른 말로 말하자면 그것은 작품의 작가적 **테크닉**과 직접적으로 관련된 질문입니다.[44] [강조: 역자]

생산관계의 측면에서 프롤레타리아 계급과 함께 하는 작가라고 해서 무조건 혁명적인 작품을 쓰는 것은 아니다. 역으로 부르주아지 계급에 속한 작가가 반드시 현실을 은폐하는 보수적인 작품을 쓰는 것은 결코 아니다. 작품이 혁명적 혹은 보수적인지는 작가가 어떤 작가적 테크닉을 보여주는가에 달려 있다. 따라서 비평은 혁명과 보수 같은 이데올로기적 사유와 가치관에 따라서 작가 및 작품을 평가하지 말아야 하며 그 대신 "작품의 작가적 테크닉"을 읽어내는 데 초점을 맞추어야 한다. 혁신적인 테크닉의 존재 여부는 미학적 차원뿐만 아니라 사회를 개혁하는 의식을 유도하는 데 매우 중요한 역할을 하기 때문이다. 이와 같은 벤야민의 언술을 작품에 적용하면 놀라운 결과가 도출될 수 있다. 즉 이념적으로 혁명적인 작가에게서 보수적인 작가적 테크닉을 찾아낼 수 있으며, 역으로 이념적으로 보수적인 작가에게서 혁명적인 작가적 테크닉을 발견해낼 수 있다. 따라서 열세 가지 테크닉 가운데 첫 번째 테제인 "비평가는 문학 투쟁에서의 전략가다"[45]라는 핵심 구절은, 결국 작품 내에서 작가적 테크닉을 제대로 읽어내어 그것을 사회 변혁과 연관시킬 수 있는 비평가의 전략적 능력을 암시한다.

이상과 같은 유물론적 비평의 특징과 그것에 내재해 있는 여러 가지 문제점을 고려할 경우, 유물론적 비평이 벤야민이 구상했던 비평의 최종 형태가 결코 아님을 짐작할 수 있다. 내재적 비평과 유물론적 비평 간의 상

**44** GS 2, 685 sq.
**45** GS 4, 108.

호 대립과 거기서 파생될 수 있는 장단점 등을 거론하는 다음과 같은 대목은 그 점을 결정적으로 입증해주고 있다.

> 서평에는 강령이 근본을 이루고 있어야 한다. 물론 작품에서 그 척도를 일시적으로 찾아내는 비평인 내재적 비평이 개별적으로 성공적인 결과를 거둘 수 있다. 그러나 그것보다 더욱 필수적인 것은 강령이다. 이 강령은 모든 심미적 범주들(척도들)이 더 이상 효력을 갖지 않는다는 통찰력에서 출발해야만 한다. 심미적 범주들은 낡은 미학의 능숙한 발전을 통해 생산될 수 없다. 오히려 책은 시대와의 연관성 속에 설정하는 유물론적 비평으로의 우회가 필요하다. 그러나 그와 같은 비평은 이제 하나의 새롭고도 유연한, 변증법적 미학으로 나아갈 수 있다.[46]

정치적 의식, 단호한 강령을 갖춘 유물론적 비평이 요구되고 있는데, 특히 전통적인 낡은 미학적 범주에 더 이상 의존하지 않은 채 유물론적 비평은 오로지 시대와의 연관 속에서 자신의 비판적이고도 정치적인 시각을 펼쳐야만 한다는 점이 강조되고 있다. 그런 점에서 유물론적 비평은 소위 계급투쟁과 동일 선상에 놓여 있는 것처럼 보인다. 그럼에도 불구하고 유물론적 비평도 나름대로 한계를 지닌다. 그 한계는 지나치게 하나의 입장과 의견만을 고수하는 데 있으며 또한 작품 자체를 철저하게 분석하는 내재적 비평의 장점("성공적인 결과")을 결여하고 있는 것이다. 「잘못된 비평」이라는 글에서 벤야민은 그와 같은 유물론적 비평의 문제점을 예리하게 지적하고 있다. 예컨대 비평의 본래 대상인 "작품 내의 숨겨진 관계들"과 치열하게 부딪치는 것을 피하고 오로지 작품의 "표면적인 것에만 매달리며"[47] 또한 "사회적 내용—사회적 경향이 아니더라도—이 여기저기에

46 GS 6, 166.

서 드러나는"[48] 비평은 진정한 비평이 될 수 없다고 밝힌다. 벤야민에 의하면, 진정한 비평은 "작품 내에서 보는 것을 배우는 행위", 즉 "작품에서 실상내용과 진리내용이 서로 어떻게 관통하는지를 설명하는"[49] 일을 추구한다. 실상내용과 진리내용 간의 접점이 형성되는 곳, 형식과 내용 간의 이데올로기적 대립이 중지되는 곳, 생산적 작업으로서의 작품과 기생적 작업으로서의 비평이라는 차이가 소멸하는 곳, 바로 그런 곳에서 벤야민이 염두에 둔 새로운 형태의 비평이 싹튼다. 요컨대, 유물론적 비평은 최종적인 비평 형태가 아니며 그것을 뛰어넘는 새로운 형태의 비평이 암시되고 있는 것이다.

## 4. 예술적 비평

낭만적 비평, 철학적 비평, 유물론적 비평 등을 다루는 가운데 벤야민은 세심한 주의를 요구하는 "아티스트의 언어", "작품의 작가적 테크닉", "침잠", "작품 내에서 보는 것을 배우는 행위" 같은 표현을 사용하고 있다. 이는 도대체 어떤 연유에서일까? 또한 다음과 같은 구절에서는 유물론적 비평의 결정적인 한계까지도 제시하는데, 이를 통해 일종의 "반유물론적" 비평의 가능성도 엿볼 수 있다. 그 결정적인 대목은 다음과 같다.

유물론적 문학비평의 온전한 비평은 '신비적인', 판단하지 않는 측면을 결여하

---

47 GS 6, 178.
48 GS 6, 179.
49 GS 6, 178.

고 있다는 문제점을 갖고 있으며 또한 언제나 (거의 언제나) 비밀을 캐어낸다는 문제점을 갖고 있다.[50]

부정적인 뉘앙스를 지닌 "신비적인, 판단하지 않는 측면"이 유물론적 비평에 결여되어 있다는 것, 이를 뒤집으면 비평은 신비적인 측면을 지녀야만 한다는 것을 뜻한다. 또한 인식론적 차원에서 진리를 찾아내는 작업은 흔히 "비밀을 캐어내는" 행위와 동일시되는데, 그런 행위가 유물론적 비평의 문제점으로 거론되고 있다. 요컨대, 벤야민의 시각에서는 신비·비밀 같은 비합리적인 측면을 지닌 비평이 오히려 긍정적으로 간주되고 있는 셈이다. 이 점을 어떻게 이해할 수 있을까? 여기서 벤야민과 니체 사이의 유사성이 발견된다. 즉 비밀을 캐내거나 베일을 벗겨낸다는 표현은 절대 진리를 찾아낼 수 있다는 인간중심주의의 오만한 사유 방식과 관련되어 있다. 벤야민에 앞서 니체는 『비극의 탄생』에서 지식과 인식을 절대적으로 신봉하는 사유 방식을 소크라테스적 근대인의 사유 방식이라고 명명한 바 있다. 벤야민도 마찬가지다. 그는 지식과 판단 같은 합리적이고 과학적 능력에 의해 파헤쳐질 수 없는 예술작품의 비의성(Esoterik)을 옹호하고 있으며, 그런 점에서 번역가의 "과제"뿐만 아니라 비평가의 "과제"는 역설적이게도 지식과 판단에 기초한 인식 작업을 과감하게 중지(혹은 포기)하는 것에 있는지도 모른다. 물론 판단 자체를 처음부터 부정할 수는 없다. 다만 항구적으로 흔들리지 않는 "토대"로서 여겨지는 판단만이 거부되고 있을 뿐이다.

진실한 비평가의 경우 본래의 판단은 그가 얻으려는 마지막 것이지 자신의 비평

**50** GS 6, 174.

적 일의 토대가 아니다. 이상적인 경우 그는 판단을 망각한다.[51]

판단은 처음부터 끝까지 흔들리지 않게 존속하는 영원한 토대로 작용하는 것이 아니라 단지 결과로만 작용할 뿐이다. 물론 가장 이상적인 경우 판단이 망각되어야만 한다는 것인데, 이는 무엇을 뜻하는 것일까? 판단 없이 비평이 과연 가능한 것일까? 그에 대한 대답의 실마리는 1931년에 씌어진 것으로 추측되는 「비평가의 과제」라는 글의 다음과 같은 대목에서 읽어낼 수 있다.

책을 감싸고 있는 아우라에 대한 감각의 소유, 이는 무엇을 뜻할까? 아마도 그것은 망각할 수 있는 능력을 뜻할지 모른다. 책에 대한 말과 대화를 망각하는 것, 책의 페이지를 들여다보는 시선을 망각하는 것, 책을 무의식의 판단에 맡겨버리는 것 말이다. 무의식이야말로 매우 순간적인 인상과 형상들에서 그 정수(精髓)를 추출해내는 힘을 갖고 있으며, 우리는 그러한 정수를 종종 꿈에서 만나게 된다. 결국 진실한 비평가는 책을 만나기 전에 이미 그 책에 대한 백일몽을 꾸고 있다.[52]

유물론적 비평은 물질적 토대, 냉철하고도 논리적인 의식 등에 기초하지만, 여기서는 그와는 완전히 다른 상태로서 망각, 무의식 같은 비물질적인 상태가 요청되고 있다. 이는 유물론적 비평뿐만 아니라 내재적 비평에서도 결코 언급되지 않았던 새로운 독특한 특징이다. 사실 엄밀히 말하자면, 유물론적 비평이나 내재적 비평은 모두 작품의 아우라를 벗겨내어

**51** GS 6, 172.
**52** GS 6, 171.

최종 비밀(진리)에 도달할 수 있다는 의식중심주의적 신념을 포기하지 않는 비평 형태들이다. 따라서 의식중심주의적 행위에서 벗어난 비평은 완전히 다른 새로운 비평이라고 할 수 있다. 앞에서 철학적 비평이나 유물론적 비평이 지식 · 이념 · 도덕 등을 통해서 작품의 존엄성과 명예를 훼손하는 특징을 지닌다고 언급되었을 때, 그것은 진리를 얻어내기 위해 책을 꿰뚫어볼 수 있는 통찰력과 인식력을 중시하고 아울러 "말과 대화" 같은 의사소통적인 합리성에 기반을 둔 사회적 비평에 다름 아님을 뜻한다. 그러나 이제 벤야민은 그와 같은 소위 합리적 · 유물론적 사유 방식에서 나온 비평의 특성을 모두 거부한다. 이에 대한 단초는 벤야민의 초기 시절인 1918년에 숄렘에게 보낸 편지에서 이미 발견된다. 거기서 벤야민은 "이론이나 도덕에 관계없이 즉자적이고 대자적인 예술작품"[53]을 관찰하는 것을 낭만적 비평의 장점으로 거론하고 있다. 그와 같은 초기에 심취한 낭만적 비평이 잠시 뒷전으로 물러나고 그 대신 정치적 이념과 도덕 등이 강조된 유물론적 비평이 강조됨에도 불구하고 벤야민은 놀랍게도 책의 아우라에 대한 감각, 순간적인 인상과 형상, 백일몽 같은 비합리주의적 측면을 끌어들이고 있는 것이다. 특히 비판적이고 합리적인 비평을 부정하는 언술을 보면 그것은 마치 인상주의적 비평을 옹호하고 있는 듯한 착각을 불러일으킬 정도다. 그렇지만 벤야민의 시각을 매우 조심스럽게 이해할 필요가 있다. 즉 아우라 · 망각 · 무의식 같은 상태는 그 자체로 절대시되는 것이 아니라 의식적인 상태가 한계를 지닐 때 작동하는 것으로 이해되어야만 한다. 요컨대, 벤야민이 요구한 새로운 형태의 비평에서는 궁극적으로 의식 이전의 상태와 의식적인 상태, 무의식과 정치성, 주관성과 객관성 간의 경계가 해체된다고 할 수 있다. 의식과 무의식의 경

53 W. Benjamin, Briefe, Bd. I, p. 180.

계가 해체되는 그런 새로운 비평에 대한 언급은, 카메라 렌즈의 과학적이고 정밀한 움직임이 작동하는 사진과 영화와 관련해서 벤야민이 "의식을 지닌 인간에 의해 짜인 공간의 자리에 무의식적으로 짜인 공간이 들어서는" 가능성, 요컨대 "시각적 무의식"(das Optisch-Unbewußte)이 꿈틀거리는 가능성을 언급한 것과도 유사하다.[54]

벤야민은 학문적 성격의 글이나 문학작품에 대한 비평적 글 자체 내에서 간헐적으로 비평 개념을 다양하게 규명하려고 시도했지만 그 시각은 결코 일관적이지 않았다. 또한 낭만적 비평, 철학적 비평, 유물론적 비평 같은 개개 형태는 처음에는 긍정적으로 옹호되었다가 다시금 문제점을 지닌 형태로 인식되곤 한다. 이와 같은 비평에 대한 끊임없는 천착 과정에서 매우 흥미로운 점이 발견된다. 그것은 동시대의 작품이나 역사적인 작품에 대한 벤야민의 수많은 주옥같은 비평적 글 자체가 위에서 언급된 특정한 비평 형태에 귀속되지 않고 오히려 자신의 독특한 사유 방식(알레고리 · 형세 등)에 부합하는 그런 새로운 비평적 글쓰기의 산물처럼 보인다는 것이다. 다시 말하면, 다양한 형태의 비평적 관점을 서로 뒤섞는 혹은 그것들이 서로 순간적으로 결합되는 어떤 형세와도 같은 모습을 띤 비평적 글쓰기가 제시되고 있는 것이다. 넓은 의미에서 계몽적 비평과 낭만적 비평, 이념(참여) 비평과 순수 비평이 서로 분리될 경우에도 벤야민은 두 가지 형태 중 어느 하나를 선택했다기보다는 변증법적 관점에서 두 가지 형태를 자유롭게 결합시킨 비평가였던 것이다. 이 점에 대해서는 하인리히 카울렌(Heinrich Kaulen)도 정확히 짚어낸 바 있는데, 그에 의하면 벤야민의 경우 "논쟁적-전략적 비평"(polemisch-strategische Kritik)과 "내재적 혹은 해석적-주석적 비평"(immanente oder exegetisch-kommentierende

54 GS 2, 371.

Kritik)이 서로 분리됨에도 불구하고 실상은 한 단계 더욱 높은 차원에서 서로 결합된다는 것이다. 대립적인 양자를 종합하는 새로운 비평은 "판단하고 동시에 판단하지 않는 방식을 취하며 또한 완성된 비평으로서 논쟁의 과제와 주석의 과제를 한 단계 높은 차원에서 결합하는 자세"를 취하는데, 궁극적으로 카울렌은 낭만적 비평과 벤야민의 비평 간의 친화성을 강조하고 나선다.[55]

이와 같은 카울렌의 관점은 타당하지만, 벤야민이 제시한 새로운 비평과 관련해서 두 가지 측면이 보강되어야만 한다. 그 한 가지 측면은, 두 가지 비평 형태(계몽적 · 논쟁적 비평과 낭만적 · 내재적 비평)의 결합을 일종의 변증법적 결합으로 이해해야만 한다는 것이다. 여기서 변증법적 결합이란 두 가지 비평 형태가 서로 접점을 이룬 상태 혹은 미결정적인 부유 상태에 놓여 있는 것을 뜻한다. 19세기 중반 작가이자 비평가로 활동하였던 하인리히 하이네(H. Heine)의 글쓰기가 그런 변증법적 결합에 대한 대표적인 예이며, 그런 하이네와 흡사하게 벤야민도 역사 및 현실에 대한 정치적 인식과 특유의 심미성을 변증법적으로 결합하는 비평을 전개했던 것이다. 이들에게선 정치적 인식과 문학 내적인 심미성은 결코 배제의 관계를 형성하지 않는다. 다른 식으로 말하자면, 비평은 부정하는 정신과 긍정하는 정신을 동시적으로 지녀야만 하는데, 이와 관련하여 벤야민은 고전주의적 시인을 절대적으로 찬양하는 막스 콤머렐(Max Kommerell)의 저서에 대한 비평의 말미에서 다음과 같이 적고 있다.

> 모든 비평에는 호전성이 존재해 있어야 하며, 모든 비평도 그 악령을 알고 있다.

---

55 Heinrich Kaulen, Die Aufgabe des Kritikers, in: Literaturkritik: Anspruch und Wirklichkeit, hrsg. v. Wilfried Barner, Stuttgart 1990, p. 321 sqq.

과시 이외에 아무것도 아닌 비평은 자신을 소멸시키며 자신이 빚지고 있는 문학으로부터 그것의 해석을 앗아가며 또한 문학의 발전을 앗아간다. 잊지 말아야 할 점은, 무엇인가를 행하기 위해 비평은 자신을 단호히 긍정시해야만 한다는 것이다.[56]

긍정적인 비평이나 부정적인 비평보다 더욱 위험한 비평은 바로 수사적이거나 이데올로기적인 차원에서 단순히 "과시"만을 일삼는 비평이다. 그러한 비평은 작품 내재적(형식주의적)으로만 일관하는 비평이나 사회비판적(내용주의적)으로만 일관하는 비평보다도 훨씬 뒤쳐진, 문학 자체의 발전에 전혀 유용치 못한 비평인 것이다. 어쨌든 벤야민에게 가장 중시되는 비평은 궁극적으로 긍정적인 비평과 부정적인 비평을 통합시키는 비평에 다름 아니다.

벤야민이 추구한 새로운 형태의 비평에서 간과되지 말아야 하는 또 다른 중요한 측면은, 완전히 자신만의 감수성을 발산함으로써 새로운 창작으로 나아갈 수 있는 비평의 가능성이다. 이에 대한 예는 거의 창작 수준에 가까운 벤야민 자신의 비평적 글쓰기를 들 수 있는데, 그의 비평적 글쓰기에서는 정치적 인식, 지식, 판단보다는 매우 강렬하고 고유한 심미적 감수성이 작동하는 언어적 특성이 지배적이다. 그런 심미적 감수성을 이끄는 주된 동력은 역사적이고 비판적 의식이 아니라 판단의 망각과 무의식이라고 할 수 있다. 그렇기 때문에 벤야민의 글은 비평적 대상(작가 · 작품의 내적 관계, 현실 상황 등)을 비판적으로 분석하고 기술하는 이차적인 글로 머무는 것이 아니라 "예술적(창작적) 글로서의 비평"이라는 특질이 분출하는 글, 나아가 독자에게 다양한 해석을 요구하는 작품처럼 일차 문헌

---

**56** GS 3, 259.

의 위상을 획득한 글이 된다. 다르게 말하자면, 벤야민의 글은 작가와 비평가의 경계가 해체된 전형적인 예로 간주될 수 있다. 사실 벤야민은 독일 문학 내에서 으뜸가는 비평가가 되고 싶은 소망, 그리고 미학에 의존된 비평이 아니라 그 자체로서 비평을 하나의 "창작 장르"로 올려놓고 싶은 자신의 의지를 피력한 바 있다.[57] 또한 번역가와 관련하여 이미 언급했던 구절, 즉 "낯선 언어 속에 갇혀 있는 저 순수 언어를 자신의 언어로 구원해내는 것, 작품 속에 사로잡혀 있는 언어를 완전히 다른 창작 속에서 해방시키는 것, 이것이 번역가의 과제다"[58]라는 구절이 암시하고 있는 것처럼, 그러한 과제는 결국 비평가의 과제이기도 하다. 즉 번역가와 마찬가지로 비평가도 자신만의 완전히 다른 글쓰기를 통해서 순수 언어를 구현하거나 혹은 작품 속에 사로잡혀 있는 언어를 구원해내야만 하며, 그런 과제를 성공적으로 수행해냈을 때 비평적 글쓰기는 더 이상 이차적으로 기생하는 글로 머물지 않고 새로운 창작적 · 예술적 글로 상승된다. 아마도 낭만주의를 연구하면서 벤야민은 비평이 창작적 · 예술적 글로 나아갈 수 있는 가능성을 염두에 두었을 것이라고 추측된다. 왜냐하면 비평에 대한 슐레겔의 저 유명한 정의를 인용하면서 벤야민은 다음과 같이 해석하고 있었기 때문이다.

> 이런 의미에서 그들[낭만주의자들: 역자]은 예술적 비평을 요구하였고 비평과 창작의 구분을 지양하였으며 '예술은 오로지 예술에 의해서만 비평될 수 있다. 그 자체 하나의 예술작품이 아닌 예술 판단은 [……] 예술의 영역에서 그 어떤 시민권을 가질 수 없다'고 주장하였다.[59]

---

**57** W. Benjamin, Briefe, Bd. II, p. 505.
**58** GS 4, 19.
**59** GS 1, 69.

"예술은 예술에 의해서만 비평될 수 있다"는 슐레겔의 언술은 비평도 곧 예술(창작 · 작품)이어야만 한다는 뜻을 내포한다. 이밖에 벤야민이 낭만적 비평을 궁극적으로 예술의 이념 내에서 해체되는 것으로 해석한 까닭도 그와 같은 "예술적 비평"의 가능성을 보았기 때문일 수 있다. 예술적 비평의 가능성은 결국 비평가로서의 벤야민이 본래부터 지녔던 소망, 즉 작가로서의 심미적 비평가에 대한 소망과도 정확히 부합한다. 그런 벤야민의 소망은 기술적 매체에 의해 예술이 급격하게 변했음을 분석한 글에서도 여전히 꿈틀거리고 있었는데, 예컨대 "글 읽는 자는 언제나 글 쓰는 자가 될 준비를 하고 있다"[60]는 짧은 구절이 그것이다.

그렇다면, 낭만적 비평에서 일시적으로 제시된, 그리고 벤야민의 비평적 글쓰기에서 실현된 저 예술적 비평의 형태를 어떻게 받아들여야만 할까? 작품과 비평의 경계 해체라는 낭만적 비평에 대해 르네 웰렉(R. Welleck)은 다음과 같은 비판적인 입장을 취한 바 있다. "제2의 예술작품 생산인 예술적 비평은 잘못된 것이며, 예술작품의 불필요한 배가이며 필연적인 구분을 없애고 있다."[61] 이처럼 좁은 의미로는 작가와 비평가, 일차문헌과 이차문헌, 경전으로서의 작품과 그것에 기생하는 비평의 차이를 고수하는 시각, 넓은 의미로 생산적 주인과 소비적 하인을 구분해내는 시각은 사실 문화 영역 내에서 항상 경계를 그으려는 문화보수주의적 시각이 아닐 수 없다. 이와 달리 예술적 비평을 옹호하는 시각은, 읽고 평가하는 행위를 단순한 소비 행위로서가 아니라 새로운 생산(즉 표현) 행위로 받아들임으로써 마침내 창작과 비평, 허구와 사실 간의 경계를 과감하게

60 GS 1, 493.

61 R. Welleck, Geschichte der Literaturkritik, deutsch übersetzt, Darmstadt 1959, p. 270.

해체하는 글쓰기를 추구한다. 즉 예술적 비평은 단순히 대상으로서의 작품을 "읽어내는" 차원에 머무르지 않고 오히려 허구성 · 심미성 · 수사성이 작동하는 "쓰는" 행위로 나아가는 것이다.

비평이 새로운 창작으로서의 글쓰기 특성을 획득해야 한다는 요구는 사실 매우 파격적인 시각이 아닐 수 없다. 왜냐하면 그럴 경우 예술적 비평은 진정한 현실 인식의 과제보다는 허구적인 세계의 생산으로 나아가기 때문이다. 이를 두고 과거 계몽적 비평은 비평의 책무를 망각한 현상이라고 비난해왔다. 그러나 비평에서도 "나는 생각/평가한다, 고로 존재한다"가 아니라 "나는 가상(기호 · 허구)을 생산한다, 고로 존재한다"는 명제가 통용될 수 있으며 이는 곧 "가상으로서의 세계"(니체) 혹은 "기호로서의 세계"(데리다) 같은 시각과 함께 탈근대적 맥락을 구성한다.

제6장

# 기술과 예술의 통합

## 1. 비판이론과 문화산업

21세기는 종종 소위 문화산업 시대로 명명된다. 누구나 단순 노동에 의한 생산 시대는 지나갔으며 앞으로는 기술 · 예술 · 대중이 결합된 문화산업이 국가의 부를 창출해낼 수 있을 것이라고 주장한다. 그런데 문화산업의 등장은 기술적 매체의 발전과 밀접한 관계를 맺는 20세기 초기로 거슬러 올라간다. 당시 전통적인 엘리트 예술에 저항하여 대중이 함께 할 수 있는 문화가 요청되었고 그러한 문화를 가능케 하는 힘으로 기술적 매체에 대한 인식이 싹트기 시작했다. 여기서 두 개념 사이에 미묘한 차이가 발생한다. 즉 소비 주체인 대중에 부합하는 문화적 생산물을 두고서 '대중문화'로 지칭할 것인지 아니면 '문화산업'으로 지칭할 것인지에 대한 질문이 제기된다. 두 개념에는 각기 긍정적 · 부정적 함의가 내포되어 있다. 즉 문화, 기술 매체, 대중의 관계를 긍정적으로 보는 진영은 대중문화라는 개념을 선호하였다면, 그것의 관계를 부정적으로 보는 진영은 문화산업이라는 개념을 사용하였다. 특히 후자의 경우 대중문화 · 문화산업 ·

파시즘 간의 상호 결탁을 강력하게 비판한다. 그 비판적 시각에 의하면, 대중과 기술 매체가 결합되고 이를 바탕으로 생산된 예술적 대상이 대중적인 소비 재화로 물신화되거나 조작된 오락물로 작용하는 등 일종의 잘못된 퇴행으로서의 문화산업이 삶과 존재를 지배하게 된다는 것이다. 더욱이 그런 문화산업은 파시즘이라는 정치적인 이데올로기와 결탁하게 되는데, 즉 기술 매체를 통해 객관적이고도 비판적인 의식을 없애려는 정치 체제가 무감각하고 무비판적인 대중 선동을 꾀한다는 것이다. 문화산업의 향락에 도취된 대중이 비합리적이고 야만적인 정치의 소용돌이 속으로 무감각하게 휩쓸려 들어가는 경향, 이것이 문화산업 · 대중 · 파시즘이 서로 결탁되어 파생된 결과다. 그런 연유에서 1930년대에 태동한 프랑크푸르트학파(비판이론)는 새로운 시각으로 노동 · 혁명 · 대중 · 예술 · 기술 · 문화 · 정치 등의 관계를 조명하고 특히 파시즘적 문화산업을 자신들의 핵심 연구 주제로 삼았다.

그런데 흥미롭게도 1930년대 문화산업을 대하는 비판이론가들 사이에서 위에서 언급한 미묘한 차이가 형성된다. 그 대표적인 이론가로는 아도르노와 벤야민을 들 수 있다. 예컨대 아도르노는 영화를 비롯한 여타 새로운 장르에 대해 문화산업이라는 비판을 가했다면,[1] 벤야민은 오히려 대중매체, 문화산업, 비판적 인식이 서로 결합될 수 있다고 믿었으며 그런 믿음에서 대중문화의 대표적 장르인 영화를 중시하였다. 이와 관련하여 우선적으로 요구되는 점은, 대중과 산업의 결합을 자본주의 경제 체계가 만들어낸 환락적이고 현혹적인 상황으로 무조건 치부할 것이 아니라는

1 문화산업을 본격적으로 비판한 정전과도 같은 글로는 아도르노가 호르크하이머(M. Horkheimer)와 공동으로 1944년에 발표한 『계몽의 변증법』 내의 「문화산업—대중기만으로서의 계몽」이라는 소제목의 장을 참조할 것(Th. W. Adorno, Dialektik der Aufklärung, in: GS, Bd. 3).

점이다. 가령 벤야민은 1928년 베를린에서 개최된 식품 전시회 참관기에서 다음과 같이 산업(광고 · 전시회)과 결탁된 문화의 대중화 혹은 통속화 경향을 적극 받아들이고 나섰다.

> 몇 년 전만 해도 대중화는 학문의 위험한 국경지역, 즉 재미없는 선교사들의 활동 영역이었다. 얼마 전부터 대중화는 거대한 전시회의 도움으로, 즉 산업의 도움으로 자신을 해방시켰다. 관조 기술 속에 도입된 탁월한 개선은 광고가 지닌 관조 기술의 이면일 뿐이라는 것, 이는 정말이다. 광고와 마찬가지로 전시회는 관조 방식 분야에 전진 배치된 초병들이다.[2]

흔히 광고 · 전시회 등은 모두 대중문화의 환등상적인 특성을 조장하는 수단으로 부정될 수 있지만, 벤야민은 결코 그런 단순한 시각을 취하는 것이 아니라 기술적 매체가 새로운 관조, 새로운 지각을 야기하고 있음을 인정하고 있는 것이다. 다시 말하면, 오늘날의 대중이 그러한 매체들에 의해 둘러싸여 있는 상황을 적극 수용하면서 문화적 매체와 대중의 새로운 관계를 모색했던 것이다. 벤야민에 의하면, 넓은 의미에서 기술적 매체에 의해 예술의 요소는 점차 "은닉된" 상태에서 "명백한" 상태로 전환하는 경향을 띠고 있으며 그런 경향의 종착역이 바로 영화라는 것이다. 인공적 기술의 결정체인 영화에 의해서 "의식의 새로운 영역"이 싹트는데, 즉 영화는 근대인의 삶과 공간이 감각적이고 열정적으로 펼쳐진 그런 인공적인 "프리즘"과도 같다.[3] 또한 영화는 근대인이 자신의 주변 환경에 대해 예행연습을 행하는 것과도 같은데, 가령 영화가 만들어내는 "충격

**2** GS 4, 527.
**3** GS 2, 752.

효과에 자신을 내맡겨버리는 욕구"는 실제 현실에서 "자신을 위협하는 위험에 인간이 적응해보는 것"과도 같다.[4] 대도시적 근대인의 존재 자체가 이미 수많은 위험과 충격에 노출되어 있기 때문이다.

그런 벤야민과는 달리 아도르노는 기술적 혁신에 의한 현실 및 지각의 변화에 적응하려는 의식에 회의적이었고 특히 영화는 맹목적인 몰입을 조장하는, 철저히 계산된 문화산업의 도구에 다름 아니라고 보았다. 아니, 라디오 · 텔레비전 · 영화 등 모든 기술 및 문화산업의 매체는 사회적 모순 · 억압 · 갈등 등을 해결하고 싶은 인간의 동경과 소망을 충족시켜주기 때문에 인간은 아무런 비판적 의식 없이 주어진 현실 세계 내에서 살아간다. 요컨대, 현대 인간은 거대한 현혹 체계 내에 사로잡혀 있다는 것이다. 아도르노는 문화산업을 기술 · 지식 · 지배가 교묘하게 작동하는 전략적인 산물로서 일종의 트로이 목마처럼 간주한다. 가령 대중에게 평등과 자유로운 수용 가능성을 보장한다고 부르짖는 문화산업은 사실 궁극적으로 대중에게 위선과 조작된 폭력을 가한다.

> 문화산업은 소비자를 위하여 소비자들이 원하는 것을 제공한다고 주장하지만, 그것은 모두 위선적이다. 문화산업이 부단히 자신의 고유한 자율성에 대한 생각을 금지하고 그 희생자인 소비자를 심판관으로 끌어들이고 있지만, 몰래 전개되는 문화산업의 자기 찬양은 자율적 예술이 범하는 과도한 행위를 지나칠 정도로 능가하고 있다. 문화산업은 결코 고객의 반응에 적응하는 것이 아니라 오히려 고객의 반응을 날조해낸다. 문화산업은 마치 자신이 고객인 것처럼 행동하면서 고객들에게 그러한 반응을 연습시킨다.[5]

---

4 GS 1, 503.
5 Th. W. Adorno, Minima Moralia, in: GS, Bd. 4, p. 226.

사실 요즘도 스스로를 이상화하는 문화산업의 전략으로서 광고의 한 장면을 엿볼 수 있다. 예를 들면 소비자의 취향과 선택을 최종 심급기관으로 삼겠다고 광고는 주장하지만 그것은 일종의 속임수 및 기만에 다름 아니다. 최종 결재의 주체가 자신이 아니라고 부정함으로써 자신의 자율권을 포기하는 듯한 환상을 심어주지만 현실에서는 전혀 다르다. 자기부정은 겉으로 내보인 제스처일 뿐 실제로는 생산과 수용을 관장하는 주체로서 문화산업은 자신의 입지를 더욱 공고히 한다. 이처럼 문화산업의 행위는 "무엇인가를 지껄여서 강매하려 할 때 아이들에게 어울리는 언어로 수증자인 어린이들을 덮치며 또한 유혹적이고도 황홀한 표현으로 대개는 의심스러운 물건을 아이들에게 선사하려는 성인들의 트릭"[6]을 사용하고 있다.

이밖에도 가령 재즈의 수용에서도 벤야민과 아도르노는 서로 차이를 드러낸다. 벤야민은 영화 · 재즈 · 댄스음악 등을 시청각적 · 촉각적 측면이 서로 융합되는 새로운 예술 형태로써 옹호했지만, 잘 알려진 것처럼 아도르노는 초현실주의 · 영화 · 점성술 · 재즈 등을 모두 문화산업이 만들어낸 형식이라고 비판하였다. 가령 7편 가량의 재즈에 관한 짧은 에세이를 쓰면서 아도르노는 재즈를 다각도로 분석한 바 있는데, 재즈음악 소리가 야기하는 단조로운 흥분은 "혁명적인 제스처와 맹목적인 순종의 절망이 서로 결합하는 것"과도 같으며 일종의 "가학피학성(sadomasochism) 요소"가 나타난다고 부정적으로 비판한 바 있다.[7]

대중과 가장 밀접한 관계를 맺는 예술적 · 문화산업적 장르는 영화다.

---

6 Ibid., p. 227.

7 Th. W. Adorno, Über Jazz, in: GS, Bd. 17, pp. 74~108.

그러나 영화는 두 가지 가능성을 지니는데, 그 하나는 마르크스주의적 이데올로기와도 연결될 수 있는 가능성이며 다른 하나는 파시즘적 이데올로기와도 연결될 수 있는 가능성이다. 이미 언급했듯이 벤야민은 전자의 입장에서, 아도르노는 후자의 입장에서 영화를 관찰하였다. 물론 영화에 대한 아도르노의 시각이 처음부터 부정적이지는 않았다. 『문화산업에 대한 요약』, 『영화를 위한 구성』, 『영화의 투명성』 같은 글에서 그는 나름대로 영화의 긍정적인 가능성을 모색하려고 했지만 결국 회의적인 입장을 취하고 만다. 영화의 두 가지 형태(현실에서의 도피라는 의미에서 "에스케이프" 형태와 현실적인 개입과 조작이라는 의미에서 "메시지" 형태)는 모두 아도르노에게 부정적이었다. 그런 비판적인 분석에도 불구하고 사실 아도르노의 시각은 영화의 단점을 정확하게 꿰뚫어본 시각으로 간주될 수 있다. 가령 벤야민이 "관객의 비판적이고 향유적인 자세가 서로 일치하는"[8] 특징을 영화에서 찾았다면, 아도르노는 영상을 보는 쾌락과 연출된 내용에 대한 비판적 사유가 서로 이상적으로 결합한다는 벤야민의 시각에 대해 비판적 입장을 견지하였다. 『계몽의 변증법』에서 찾을 수 있는 다음과 같은 두 대목이 그 점을 잘 입증해준다.

> 영화를 적절하게 포착하기 위해서는 민첩성, 관찰능력, 노련함이 요구되지만, 그러나 관객이 스쳐지나가는 사실을 놓치지 않으려 할 때면 영화는 관객의 사유하는 활동을 금지한다.[9]

> 관객이 그 어떤 자신의 고유한 생각을 필요로 할 수 없다. 생산물이 사전에 반응

**8** GS 1, 497.
**9** Th. W. Adorno, Dialektik der Aufklärung, in: GS, Bd. 3, p. 151, 134 sq.

을 그려낸다. 물론 생산물의 실제 연관성을 통해서가 아니라 신호를 통해서 말이다. 관객이 사유를 요청하면 그 실제 연관성은 붕괴된다. 정신적 호흡을 전제로 하는 모든 논리적 결합은 고통스럽게 기피된다.[10]

영상미를 포함한 다양한 기술적 작동 방식으로 영화는 관객에게서 비판적 · 논리적 성찰의 가능성을 앗아가기 때문에 흔히 전통적인 예술 및 미학에서 강조되었던 "거리를 두고 감상하기"가 불가능해진다는 것이 아도르노의 근본 생각이다. 이와 같은 회의적인 시각은 초기의 글뿐만 아니라 후기의 글에도 지속하는데, 그의 『한 줌의 도덕』에서는 클로즈업 기법을 비롯한 다양한 비현실적 화법으로 관객을 압도하는 영화의 특성이 다음과 같이 비판되고 있다.

따라서 영화에서는 감동적인 음악 제목, 청소년들이 사용하는 진부한 언어, 반짝 빛나는 듯한 민족풍이 나타난다. 말하자면, 시작의 클로즈업은 '정말 아름답구나'를 외쳐대고 있는 것이다. 이런 방식으로 문화 기계는 정면에서 찍은 긴장의 순간을 담은 급행열차의 사진처럼 관찰자에게 가까이 육박한다. 모든 영화의 목소리는 마법을 걸어 아이들을 집어삼키기 위해 '얘야, 맛있는 스프가 여기 있구나. 어때 스프가 맛있지? 네 몸에 좋을 거야. 아주 좋을 거야' 같은 소름끼치는 속삭임으로 음식을 건네주는 마녀의 목소리와도 같다.[11]

문화산업, 특히 영화의 기만적 기술을 동화에 등장하는 "변장한 마녀"의 모습에 비유하면서 아도르노는 전통적인 선과 미의 범주를 위선적으

---

**10** Th. W. Adorno, Dialektik der Aufklärung, in: GS, Bd. 3, p. 162.
**11** Th. W. Adorno, Minima Moralia, in: GS, Bd. 4, p. 227.

로 강탈하는 영화를 비판한다. 또한 영화는 민족의 우수성을 포함한 파시즘적 정치 이념을 미화하는 수단으로 악용될 수 있기 때문에 더욱 부정적으로 인식되었다. 예술적으로 대중에 쉽게 다가갈 수 있다는 점에서 영화는 당시 민족 예술의 새로운 장르로 옹호되었지만, 아도르노는 그러한 영화의 속성을 곧 "세계를 권선징악으로 분할시키는 야만적인 잔혹성을 지닌" 것이라고 비판하고 나섰다. 아울러 재능 있는 사람들이 밀려나고 재능 없는 사람들이 영화산업에 몰려드는 현상이야말로 바로 "거짓과 사기꾼의 친화력"을 간접적으로 입증해주는 것이며 나아가 "총체적인 사회적 기만"이 가능해진다고 보았다.

> 주체가 사회적 기능으로 변신하는 일이 영화에서는 무차별적으로 성공되며 모든 관객은 그 어떤 갈등을 결코 기억하지 않으면서 비인간화를 인간적인 것, 따뜻한 행복으로 향유하게 된다. 그 어떤 것도 그냥 내버려두지 않는 문화산업의 총체적 연관성은 총체적인 사회적 기만과 일치한다.[12]

사실 영화에 대한 아도르노의 비판은 역사적인 사례에 근거하고 있다. 문화산업의 총체적 연관성은 총체적인 사회적 기만과 일치한다는 그의 인식처럼 일차적으로 영화 · 라디오 · 건축 · 미술 · 문학 등 다양한 예술적 · 문화적 장르는 당시 민족의 우수성이나 체제 정당성을 설파하려는 파시즘 정치 체제에 의해 악용된 바 있다. 여기서 중요한 점은, 파시즘 개념이 1930~1940년대 독일 · 이탈리아 같은 개개 국가의 정치 체제에만 제한적으로 적용되기보다는 오히려 보편적인 역사와 문명화 차원으로 확대 해석된다는 것이다. 즉 근대의 낙관주의적 · 계몽주의적 역사 이데올

---

**12** Th. W. Adorno, Minima Moralia, in: GS, Bd. 4, p. 233.

로기, 주체중심주의적 사유 방식, 자본주의의 생산 및 소비 체제, 대중문화 등이 서로 연결되어 궁극적으로 파시즘으로 귀착된다.

이렇듯 아도르노가 영화에서 정치의 미학화라는 문화산업의 파시즘적 위험을 읽어내고 있었다면, 벤야민은 예술이 집단적 혁명을 위한 자극과 계기를 던져줄 수 있다고 믿었다. 물론 벤야민이 기술적 매체의 위험을 전혀 간파하지 못한 것은 결코 아니었다. 가령 영화와 축음기 같은 매체의 탄생과 발전에 대해 벤야민은 아이로니컬한 진단을 제시한 바 있는데, 그에 의하면 인간 상호간의 소외가 팽배하던 시대에 발명된 그러한 대중적인 매체는 인간의 소외를 지양한 것이 아니라 오히려 자기소외를 더욱 배가시키는 결과를 가져온다는 것이다,

> 아주 극도로 인간들이 상호 소외된 시대, 즉 앞을 내다볼 수 없이 매개된 관계—바로 이것이 그들의 유일한 관계가 되고 마는데—의 시대에 영화와 축음기가 발명되었다. 영화에서 인간은 자기 자신의 걸음걸이를 보지 못하며, 축음기에서 자기 자신의 목소리를 듣지 못한다.[13]

기술적 매체가 감각적인 매체임에도 불구하고 그것을 이용하는 수요자는 오히려 자신의 몸으로부터 자신이 소외되는 것을 경험하는데 이것이 기술적 매체의 단점일 수 있다. 그렇다고 해서 기술적 매체가 무조건 비난될 수는 없다. 새로운 매체의 등장과 발전은 분명 낙관적인 측면과 비관적인 측면을 동시에 지닌다. 즉 한편으로 그것은 새로운 형태의 소통 공간을 열어주면서 인간 간의 소외를 극복해줄 수 있지만, 다른 한편 잘못 사용하면 소외가 더욱 배가될 수 있는 것이다. 그러한 기술적 매체의

**13** GS 2, 436.

양가적 측면을 직시하는 가운데 벤야민은 희망의 편에서 기술적 매체를 해석하였는데, 특히 사회주의 이념을 실현하기 위해 대중의 혁명적 힘을 일깨울 수 있는 가장 효과적인 매체로 영화를 수용하였다.

> 영화의 정치적 의미에 관하여. 만약 단지 더욱 아름다운 사물의 질서에 대해서만 노동자 계급을 열광시켰더라면 사회주의는 결코 들어서지 못했을지도 모른다. [……] 예술의 경우에도 그 정황은 마찬가지다. 그 어떤 시기—유토피아적 시기일지라도—에도 사람들은 보다 나은 예술을 이해할 줄 아는 대중을 결코 얻지 못할 것이며 그 대신 자신에게 더욱 가까이 있는 예술만을 이해하려는 대중만을 얻게 될 것이다. 사실 '이것이 더욱 나은 예술이다'라고 가장 양심적으로 주장할 수 있을 정도의 어떤 예술을 만들어내는 것은 어려운 일이다. 시민 계급의 아방가르드가 유포한 것들 가운데 그 어떤 것도 그와 같은 일을 성공적으로 해내지 못할 것이다. [……] 오늘날 아마도 영화만이 그런 과제를 수행할 수 있을 것이며, 어쨌든 그 과제는 영화에 가장 가까이 놓여 있다. 이 점을 인식한 이는 추상 영화—그 시도가 아무리 중요할지라도—의 오만을 제한시켜야 할 것이다. 영화의 공급 원천지인 키치를 위해서 그는 수렵 금지 기간, 자연 보호를 요청할지도 모른다.[14]

노동자 계급이 물질적으로 충족될지라도 결코 이상적인 사회주의는 도래하지 않을 것이라는 진단, 더욱이 추상예술까지도 이해해 줄 수 있는 이상적인 대중은 결코 존재하지 않을 것이라는 진단은 비관적으로 보일 수 있지만 사실 벤야민의 시각은 대단히 현실적이다. 실제 예술과 대중의 관계에서 대중은 오로지 자신이 쉽게 이해할 수 있는 예술만을 수용하려

---

**14** GS 5, 499 sq.

하며, 그렇기 때문에 추상예술보다는 구체적이고 감각적인 예술(영화)을 더욱 선호하기 마련이다. 추상예술이 일정 기간 금지되고 그 대신 일상적이고 대중적인 키치를 담아내는 영화에서 벤야민은 예술의 새로운 기능을 모색하고 나선다. 아도르노가 "더 이상 교환가치에 의해 손상되지 않는 사물의 지킴이"[15]로서 전통적인 의미에서의 순수 예술을 고수하였다면, 벤야민은 대중 · 기술 · 예술의 상호 결합에서 탄생한 영화라는 대중적 장르에서 사회 변혁의 가능성을 찾으려 했던 것이다.

물론 이처럼 단순 논리로써 아도르노와 벤야민의 시각 차이를 논하는 것은 사실 용납될 수 없는 일이다. 특히 벤야민의 『기술복제 시대의 예술작품』을 살펴보면 영화에 대한 그의 치밀한 분석과 복잡한 논리 전개가 결코 녹록치 않음을 알 수 있다. 그것은 수공업적 복제 매체와 기술적 복제 매체 간의 차이, 기술적 장치에 의한 제2의 현실, 촉각적 수용의 가능성 등 다양한 차원에서 벤야민이 영화의 특징을 분석하고 있기 때문이며 또한 곳곳에서는 대단히 흥미롭게도 탈휴머니즘적 · 포스트모더니즘적 단초까지도 제시하고 있기 때문이다. 이제 그 점을 상세히 논해보기로 하자.

## 2. 매체의존적 예술

삶 · 세계 · 현실이 존재하고 이를 우리가 경험하고 어떤 표상을 갖게 된다고 흔히 말한다. 그러나 엄밀히 말하면 세계와 현실에 대한 우리의 표상은 직접적인 경험에 근거하는 것이 아니라 본래부터 매체 의존적인

15 Th. W. Adorno, Ästhetische Theorie, in: GS, Bd. 7, p. 337.

결과일 뿐이다. 각종 매체의 개입과 도움 없이는 세계와 현실에 대한 지각 및 판단은 불가능하다. 아니 지각 및 판단 자체가 사실 매체에 의해 만들어진 결과에 다름 아니다. 구성주의 이론 및 보드리야르의 이론에 의하면, 우리가 세계와 현실이라고 부르는 것 자체도 실제 존재하는 것이 아니라 모두 매체에 의해 구성된 것에 지나지 않는다고 한다. 그만큼 인간의 지각 · 표상 · 지식 등 모두는—매체 형식이 역사적으로 다양하게 변화되는 가운데— 근본적으로 매체의존적이라고 할 수 있다.

> 매체에 의해 매개된 경험과 매체에 의해 매개되지 않은 경험이라는 전통적인 구분은 이미 오래전 그 근거가 없어져버렸다. 도처에 산재되어 있는 매체 제공물에 의해서 개인적 · 사회적 현실 구성이 변화되며 동시에 그 구성의 범주적 질서와 적절성 평가도 변화된다. [……] 지시물과 진정성이 일차적으로 매체의 문제라고 하면, 대상이 아니라 지식이 핵심적이다.[16]

전통적 인식론에서는 대상이 우선적으로 존재하는 것으로, 그리고 이를 전달해주는 매체(언어도 포함됨)는 부차적인 것으로 간주되었다면, 구성주의 이론에 의하면 매체가 우선하며 대상은 그 매체에 의해 생산(구성)된다고 한다. 구성주의적 시각에서는 아니지만 벤야민도 매체의 발달, 특히 기술적 매체가 세계와 현실에 대한 지각을 어떻게 변화시키는지에 주목하고 있으며 그 분석적인 시각도 매우 예리하다. 가령 『베를린의 유년시절』에서 벤야민은 가령 전화 매체가 인간 존재의 운명을 결정짓는 경우를

16 Siegfried J. Schmidt, “Medien, Kultur: Medienkultur. Ein konstruktivistisches Gesprächsangebot”, in: Siegfried J. Schmidt(Hg.), Kognition und Gesellschaft. Der Diskurs des Radikalen Konstruktivismus 2, Frankfurt/M. 1992, p. 447.

다음과 같이 기술하고 있다.

> 젊은 세대에게 전화기는 고독의 위안이었다. 끔찍한 세상을 떠나려는 희망 없는 이들에게 전화기는 마지막 희망의 불빛으로 반짝거렸다. 버림받은 이들과 함께 전화기는 침대를 같이 썼다. 또한 망명지로부터 받았던 날카로운 목소리를 따뜻한 윙윙 소리로 가라앉히는 일을 전화기가 해냈다.[17]

서로 대면하거나 편지를 주고받는 직접적인 소통의 정황과 비교해볼 때 전화기라는 기술적 매체의 등장은 종래의 의사소통적 상황을 완전히 변화시킨다. 더욱이 전화기라는 기술적 매체는 공간의 제한을 뛰어넘는 의사소통을 가능케 하고 나아가 심리적 · 정서적 측면까지도 변화시킨다. 물론 기술적 매체는 상황에 따라 이중적으로 해석되기도 한다. 가령 전화기의 울림은 한편으로 공간의 적막이나 개인의 평화로움을 깨뜨리는 단점을 갖고 있지만, 다른 한편으로 소통의 부재에서 오는 고독을 극복해주거나 혹은 직접적인 대면에서 야기되는 신경질적이고 폭력적인 행동을 완화시켜주는 장점을 지닌다. 이처럼 매체는 감정과 행동 양식에도 변화를 일으키는 힘을 지닌다.

또 다른 기술적 매체에 대한 벤야민의 관심은 사진기에서도 찾을 수 있다. 『보들레르의 몇 가지 모티브에 관하여』에서 벤야민은 대도시적 삶에서 근대인은 신문이나 교통 시스템에 의해 수많은 충격적인 시각적 경험을 갖게 된다고 하며 또한 그에 못지않은 충격을 이미 사진기의 감촉적 경험(haptische Erfahrungen)에서 얻는다고도 한다. 가령 사진기와 관련된 가장 충격적 경험으로는 "사건을 무한한 시간 동안 붙잡아두는 데 손가

---

**17** GS 4, 243.

락을 한 번 누르는 동작이면 충분하다"는 감촉적인 경험이다. "가령 사진기는 순간에 사후 충격을 가했던 셈이다."[18] 그런 금속 사진술을 두고서 보들레르는 "어떤 불안하고도 경악스럽게 하는 면"[19]을 느꼈다고 벤야민은 전하고 있다. 또한 『사진의 작은 역사』에서도 벤야민은 그림에서 사진으로의 전환을 예술 생산과 지각 방식의 총체적 특성을 변화시킨 사건들 가운데 가장 획기적인 사건으로 간주한다. 사진과 예술이 결합하는 새로운 현상을 논하는 가운데 벤야민은 벨기에 화가 앙투안 비에르츠(A. Wiertz)를 인용하고 있는데, 비에르츠는 "나날이 우리 사유의 놀라움이며 우리 눈의 경악스러움인 기계"와도 같은 사진에 의해 예술이 사라지는 것이 아니라 오히려 "천재적인 예술가는 손으로 그 거인과도 같은 아이[금속 사진술: 역자]의 목덜미를 잡고서 '이리 와! 넌 이제 내 것이다. 우리와 함께 일하게 될 것이다'라고 외쳤다"[20]고 한다. 이밖에도 사진기의 결정적인 특징은, 인간의 눈이 아니라 카메라의 눈에 의해서 과거적인 것과 미래적인 것이 기이하게 서로 마주하게 되는 공간이 열린다는 데 있다.

> 오랫동안 사진 속에 침잠해 있다면 누구나 여기서 그 대립이 어떻게 서로 만나게 되는지를 알게 된다. 즉 아주 정확한 기술이 그것의 생산물에 어떤 마술적 가치를 부여할 수 있다는 것인데, 이는 그림이 결코 우리에게 줄 수 없었던 신비한 가치다. 아무리 사진사가 조작을 잘하고 자기 모델이 취하는 자세를 계획적으로 잘 설정했다 하더라도 사진을 바라보는 사람은 그 사진 속에서 작은 불꽃같은 우연, 여기와 지금, 즉 현실이 사진의 이미지적 특성을 흡사 완전히 태워버렸던

**18** GS 1, 630.
**19** GS 1, 644.
**20** GS 2, 384.

> 여기와 지금을 발견하고 싶은 충동을 억누를 수가 없다. 또한 이미 오래전 흘러간 순간의 이런 저런 모습에서 미래의 것이 여전히 오늘날 말을 건넬 정도로 깃들어 있는, 그래서 회고하는 가운데 우리가 그 미래의 것을 발견할 수 있을 정도로 깃들어 있는 그런 눈에 띄지 않는 장소를 발견하고 싶은 충동을 억누를 수 없게 된다. 카메라에 말하는 자연은 눈에 말하는 자연과 다른 법이다. 무엇보다도 의식을 지닌 인간에 의해 짜인 공간의 자리에 무의식적으로 짜인 공간이 들어설 정도로 너무 다르다. 예를 들어 사람들의 걸음걸이에 대해 누군가 대략적으로 설명할 수 있는 현상은 흔히 있는 일이지만, 그렇지만 '걸어 나가는' 작은 순간에서의 자세에 대해서는 그는 더 이상 아무것도 정확히 알지 못한다. 이와 달리 고속촬영, 확대라는 보조수단을 지닌 사진은 그에게 그런 자세를 밝혀주고 있는 것이다. 정신분석학을 통해서 충동적 무의식을 알게 된 것처럼 그는 사진을 통해서 **시각적 무의식**을 경험하고 있는 셈이다.[21] [강조: 역자]

화가 혹은 사진사 같은 개인적이고 의식적인 주체가 대상을 아주 정확하고 치밀하게 계산하여 담아내려고 할지라도 사진기 자체의 기술은 그런 인간의 의도나 의식에 종속되지 않는다. 특히 사진기의 카메라 렌즈라는 기술적 장치 자체는 우연적이고 순간적으로 어떤 것을 제시해주는데, 이때 렌즈에 의해 담겨진 대상은 "신비한 가치"까지도 얻게 된다. 또한 사진의 기표가 과거적인 것임에도 불구하고 그것에서 예기치 않은 미래적인 의미가 생성될 수 있다고 언급함으로써 벤야민은 변증법적 이미지의 가능성을 찾아내고 있는 것이다. 우연 · 순간 · 미래의 것 등은 모두 의식되지 않은 것을 뜻하며, 따라서 그런 점과 관련하여 벤야민은 프로이트의 "충동적 무의식"이라는 빌려온 용어를 비틀어 "시각적 무의식"이라고

**21** GS 2, 371; GS 1, 500.

부르고 있다. 『기술복제 시대의 예술작품』에서도 사용되고 있는 "시각적 무의식"이라는 용어 자체는 벤야민의 시각이 얼마나 혁신적인지를 가늠하게 한다. 그 새로운 용어는 그가 현실을 단순히 있는 그대로 옮겨내는 미메시스적 · 리얼리즘적 시각에서 매체(사진과 영화)를 파악하고 있지 않다는 것을 말해준다. 카메라의 눈은 이미지와 무의식을 결합하는 무시무시한 기계인 셈이다. 언어 분석과 초현실주의 분석에서 "범속하고도 신비한 특성"이라는 이중성이 언급되었듯이, 사진의 특성과 관련해서도 벤야민은 궁극적으로는 세밀한 묘사와 예술성, 의식적인 것과 무의식적인 것이 서로 결합되는 측면을 밝혀주고 있다. 요컨대, 의학과 기술에서처럼 사진은 고속촬영과 확대 등을 통해서 한편으로 아주 세밀한 것을 드러내주고 있지만, 다른 한편 "인상학적 측면", 즉 "작은 것 속에 들어 있는 이미지 세계"(Bilderwelten)도 열어준다. 즉 "백일몽에 은신처를 두었을 정도로 해석 가능하고 동시에 숨어 있는, 그러나 기술과 신비의 차이를 완전히 역사적인 변수로서 가시화할 수 있을 만큼 거대하고 동시에 표현 가능한"[22] 그런 이미지 세계 말이다. 사진에서의 시각적 무의식에 다가가려는 독자는 더 이상 재현의 논리에만 의존할 수 없는 일이다. 정신분석학자가 꿈을 전이 · 은유 · 환유 등으로 읽듯이, 사진의 독자도 자유로운 연상 및 결합을 통해서 그러한 무의식적 이미지 세계를 해독해야만 한다.

그러나 벤야민은 기술적 매체의 발전에 대해 무조건 낙관적인 입장만을 취하지는 않았다. 기술적 매체에 대한 그의 분석과 사유에는 한편으론 긍정적인 시각이 자리 잡고 있지만, 그런 긍정에 균열을 일으키는 회의적인 시각이 적지 않게 곳곳에 깔려 있다. 사진술에 의해 대상과 현실의 이미지(영상)가 인위적으로 만들어지는 순간, 그 이미지는 지나간 것에 대한

---

**22** GS 2, 371 sq.

온전한 기억으로 남을 수 없고 시간이 흐름으로써 점차 기억과 독해가 불가능한 상태 속으로 빠져들고 만다. 그것은 대상과 이미지, 이미지와 해석 사이에 시간적 차이가 개입되기 때문이며, 그로 인해 본래 대상뿐만 아니라 이미지의 정확성까지도 상실하게 된다. 가령 그림이나 사진의 경우 아무런 문자적 설명(가령 엠블렘에서처럼 글로 씌어진 제목이나 암시문)이 주어지지 않은 채 오로지 이미지 자체로만 제시될 경우 그 이미지를 어떻게 읽어야 할지 모르는 상황이 초래할 수 있다. 더욱이 사진에서 촉발된 이미지 세계의 범람 현상을 염두에 두면서 벤야민은 매우 흥미로운 진단까지도 제시하는데, 미래의 문맹자는 아마도 글자를 모르는 사람이 아니라 이미지를 읽을 줄 모르는 사람일 것이라고 설명하면서 "자신의 이미지를 읽을 수 없는 사진사가 바로 그러한 문맹자와 다를 바 없을 것"[23]이라는 비판적 여운을 남긴다. 무언가를 간직하기 위해 이미지로 저장해놓았음에도 불구하고 그것을 보고 지각하는 사람들이 어떻게 읽어야 할지, 무엇을 표상해야 좋을지 모르는 상태에 빠지게 되는 상황, 이런 현상을 두고서 후에 매체이론가인 파울 비릴리오(P. Virilio)는 "독서 장애적 응시"(ein dyslexisches Sehen)[24]라고 명시한 바 있다. 실재에 대한 명확한 기억처럼 작용하는 시각적 이미지가 아이로니컬하게도 일종의 난독증을 불러일으키는 셈이다.

어쨌든 삶 · 현실 · 지각 · 표상 등에 있어서 매체가 결정적인 역할을 수행해왔다고 해도 과언은 아니며, 그런 전제 조건 하에서 예술도 매체 의존적으로 발전해왔음은 틀림없는 사실이다. 흔히 매체는 그림 · 언어 · 사진 · 영화 같은 도구적 의미에서의 매개 수단을 뜻하지만, 촉각 · 인상 ·

**23** GS 2, 385.
**24** P. Virilio, Die Sehmaschine, Berlin 1989, p. 29.

느낌 같은 지각의 방식도 매체라고 할 수 있다. 예를 들면 벤야민은 "인간의 지각이 조직되는 방식(Art und Weise), 즉 인간의 지각이 일어나는 매체(Medium)는 자연적일 뿐만 아니라 역사적으로 결정된다"[25]고 말하고 있다. 이렇듯 예술과 매체(지각이 조직되는 방식)의 밀접한 관계는 부정될 수 없으며, 특히 그 관계에서 매우 중요한 점이 바로 복제라는 현상이다. "예술작품은 근본적으로 항상 복제되어왔다. 인간이 만들었던 것은 인간에 의해서 항상 추후 다시 만들어졌다."[26] 매체에 의존된 상태에서 예술작품이 생산되지만, 그 생산된 것을 기술적으로 대량으로 생산해내는 복제 기술 매체의 등장은 예술의 변화에서 결정적이다. 복제에는 두 가지 유형이 있는 셈이다. 즉 단순 물리력을 바탕으로 하는 제한적인 수공업적 복제가 있다면, 만들어진 것을 대량으로 재생산하는 기술적 복제가 있다. 수공업적 복제에서는 주로 오리지널과 손으로 복제된 모사품 간의 관계가 성립되지만, 기술적 복제에서는 오리지널이 무의미해지고 그 대신 기술적 장치에 의해 무한정 재생산된 복제품 자체가 중시된다. 전자의 경우 인쇄술 이전 시기의 책이나 회화를 들 수 있으며, 후자의 경우 주조 · 인쇄 · 석판 · 사진 · 영화 등을 들 수 있다.

이처럼 다양한 예술적 매체가 있으며 그것의 특성 자체도 각기 다양하게 파악될 수 있다. 그럼에도 불구하고 모든 예술적 매체에 관통하는 한 가지 공통점이 있는데, 그것은 바로 매체 자체의 시간적 · 역사적 운명이다. 다시 말하면, 언뜻 영원한 것처럼 보여도 모든 매체는 나타났다가 사라질 수밖에 없는 시간성의 산물이다. 낡은 매체는 새로운 매체에 의해 대체되기 마련인데, 가령 그림의 묘사는 사진에 의해서, 전통적인 내러티

**25** GS 1, 478.
**26** GS 1, 474.

브 장르인 소설은 영화라는 기술적 매체의 새로운 장르에 의해서 대체된다. 이 점을 벤야민은 다음과 같이 밝히고 있다.

> 이런 모든 것들이 영원한 것으로 간주될 수 있지만(예를 들면 이야기하기), 그러나 또한 아주 시간적으로 제한된, 문제 있는, 미심쩍은 것으로 간주될 수도 있다. 이야기하기의 영원성. 그러나 아주 완전히 새로운 형식들이 있다. 텔레비전, 축음기 등은 그런 모든 것들을 미심쩍게 만든다. 핵심은, 우리가 정확하게 그 점을 알고 싶어 하지 않는다는 것이다. 어째서일까? 모든 것이 부인될 것이라고 우리가 걱정하고 있기 때문이다. 가령 텔레비전에 의해서 묘사가 부정되고, 축음기에 의해서 영웅의 말이 부정되고, 서술자에 대해 알고 있는 모든 것에 의해서 서술자 인물이 부정되는 것이다. [……] 그래 더 잘 된 일이다. 슬퍼하지 말자. 비판적 진단의 무의미. 이야기 대신에 영화.[27]

새로운 매체에 의해서 낡은 매체가 대체됨에도 불구하고 그 변화를 인정하고 싶지 않은 것이 동시대를 살아가고 있는 이들의 의식이지만, 그러나 궁극적으로 그 변화를 받아들일 수밖에 없는 상황을 벤야민은 거론하고 있다. 그 예로 "이야기 대신에 영화", 즉 전통적인 내러티브 장르(소설)가 사라지고 영화라는 새로운 시각적 · 촉각적 장르가 등장할 수밖에 없는 시대적 상황이 언급되고 있다. 시간성의 한계는 모든 매체에 해당되기에 향후 영화를 대체하는 새로운 기술적 매체의 출현도 필연적이다. 그 어떤 매체도 영원할 수 없는 것이다.

이야기 양식을 무력하게 만들고 지금까지 지속하고 있는 기술적 매체는 영화다. 영화는 어원적으로 하나였던, 그러나 서로 적대적인 관계를

---

**27** GS 2, 1282.

맺고 있는 기술과 예술이 다시금 통합되는 새로운 예술적 · 기술적 장르다. 사실 기술과 예술은 아리스토텔레스의 테크네(Techné) 개념에서는 하나를 형성하였고, 또한 그 양자는 자연의 단순한 모방뿐만 아니라 자연이 만들어내지 못한 것까지도 만들어낼 수 있다는 공통점을 갖고 있다. 이처럼 기술적 매체와 예술의 본래적인 밀접한 관계를 재론하면서 매체 이론가들은 이제 전통적인 "예술작품"(Kunstwerk)이라는 개념 대신에 "매체작품"(Medienwerk)이라는 새로운 개념도 제안하고 있는 상황이다.

매체예술 혹은 매체작품의 대표적인 장르인 영화는 문화의 발전 과정에서 지속되어왔던 저급과 고급, 전문성과 대중성 간의 경계를 해체시키는 가능성을 가져온다. 고급문화적 가치관에 의해서 배제된 타자의 욕망과 가치가 영화 안으로 적극 수용되어 표현되며 그 결과 문화적 생산물로서의 영화는 처음부터 전문가들만의 향유물이 아니라 대중적 향유물이자 소통 매체로 여겨진다. 특히 벤야민이 영화를 적극적으로 수용하였던 까닭은 바로 영화가 오늘날 예술이 당면하고 있는 위기를 적극적으로 극복한 대표적인 예로 비추어졌기 때문이다. 물론 영화의 구성 요소로서 대중과 자본은 부정적일 수도 있지만 동시에 영화가 작동하기 위해서는 필연적이다. 영화는 자본과 기술의 도움 없이는 생산될 수 없는 장르다. 즉 "신화적 힘들의 재활성화"가 꿈틀거리는, "새로운 꿈의 잠"이 모습을 드러내는 "자연현상"[28] 같은 자본주의를 대표하는 양식이며, 다른 양식(유행 · 건축 · 광고 등)과 마찬가지로 "집단적인 꿈의 의식"[29]을 표현하고 있다. 그런데 자본주의에 입각한 영화의 내재적 원리나 방식은 역설적으로 작용한다. 즉 그 원리와 방식을 정확하게 이해할 경우 자본주의의 문제점

**28** GS 5, 494.
**29** GS 5, 497.

이나 예술의 문제점을 모두 읽어낼 수 있는 것이다. 그래서 벤야민에게 영화는 "오늘날의 기계 속에 배태되어 있는 모든 관조형식, 속도, 리듬의 해결 '영향?' "이면서 동시에 "오늘날 예술의 모든 문제가 바로 영화와의 연관성 속에서만 궁극적으로 표현될 정도로"[30] 중요한 의미를 지닌 매체로 여겨진다. 그렇다면, "오늘날 예술의 모든 문제"란 무엇을 뜻하는 것일까? 그것은 다음과 같은 모순을 가리킨다. 즉 전통적인 예술과 달리 오늘날의 매체예술은 "더 이상 아름답지 않은" 반예술, 비예술적 성향을 띰에도 불구하고 예술적인 성향을 지켜야 한다는 모순, 대중적이면서도 대중적이지 않아야 한다는 모순, 키치이면서도 예술이어야 한다는 모순 등이 그것이다. 키치와 예술의 대립을 지양하고 싶은 벤야민의 다음과 같은 언술에서 그러한 모순을 찾을 수 있다.

> 키치는 절대적이고도 순간적인 백 퍼센트의 사용특성을 지닌 예술과 다르지 않다. 그러나 바로 표현의 신성한 형식에 있어서 키치와 예술은 서로 결합될 수 없을 정도로 대립적이다. 이와 반대로 생성되는 살아 있는 형식들에 있어서는 다음과 같은 점이 중요하다. 즉 그러한 형식들은 어느 정도 따뜻하고, 쓸모 있는, 마침내는 행복하게 해주는 무엇인가를 지니며, 그 형식들은 변증법적으로 '키치'를 자신 속에 포함하며, 대중에 가까이 가면서도 대중을 극복할 수 있다는 것이다.[31]

전통적인 예술이 통속적이고 대중적인 것을 받아들이지 않았기에 결국 위기를 맞이하게 되었다면, 이제 현재의 예술은 일상적이고 저속한 것,

30 GS 5, 498.
31 GS 5, 500.

즉 키치를 적극 수용하면서도 동시에 예술성을 간직해야만 하는 과제를 지니며 이를 영화가 가장 잘 수행할 수 있다고 벤야민은 믿었다. 아도르노 또한 키치를 일방적으로 거부하는 시각에 대해서는 비판적이었다. 가령 『미학이론』에서 그는 키치라는 언어의 태동은 은밀히 모방을 추구하던 고상한 예술이 자신의 중요한 수단인 모방을 빼앗긴 결과 그것을 비난하기 위해서 사용되었다고 지적한 바 있다. 어쨌든 예술은 친숙하고 범속한 것을 받아들이면서 동시에 일상적이지 않은 다른 그 무엇으로 남아야 하는 과제를 갖게 되는데, 매체예술의 핵심 장르인 영화는 그런 모순을 자신의 근본적 특성으로 삼고 있다.

## 3. 아우라의 현존과 부재

아도르노는 벤야민을 대도시 내의 고독한 배회자 혹은 내면화에 심취한 고독한 심미적 철학자로 해석하였지만, 벤야민의 『기술복제 시대의 예술작품』은 그러한 모습과는 정반대로 새로운 사회 변화를 적극 관찰하고 그에 부합하는 예술의 변화를 모색하는 글이다. 이 글만 별도로 고찰할 경우 벤야민은 매우 급진적으로 보이며, 반면에 문화산업을 거부했던 아도르노야말로 사회성을 결여한 내면적인 철학자의 모습을 띤다. 다르게 표현하자면, 자신의 심미적 이론에서 아도르노가 수수께끼 · 명상 · 아우라 같은 개념으로 전통적인 예술양식을 고수하고 있었다면, 벤야민은 적어도 이 글에서만큼은 아우라 같은 전통적인 개념을 과감하게 내던지면서 새로운 매체에 의한 세계의 변화 가능성을 꿈꾸었다.

그런데 기이하게도 『기술복제 시대의 예술작품』은 매우 역설적인 반응에 휩싸인다. 이 글은 본래 예술과 새로운 기술적 매체의 관계, 그런 매체의 특성 및 작동 방식 등을 파헤치기 위해 일종의 매체 내재적인, 탈정치적인 분석 방식에서 출발하고 있지만, 분석의 목표는 분명 파시즘과는 대척하는 차원에서 영화라는 매체를 통한 정치적인 변혁에 놓여 있다. 그런 두 가지 묘한 특성으로 인해 글의 효과는 상이하게 나타난다. 즉 전자의 측면에서 볼 때 벤야민의 글은 오늘날에도 유효한 매우 앞서가는 분석적 시각을 제시하고 있지만, 나중에 언급하겠지만 대중의 집단적 · 혁명적 의식과 영화를 연결하려는 "산만한 시험관" 같은 테제는 약간 진부한 선언이나 구호 같은 느낌을 자아내고 있다. 우선 전자와 관련하여 벤야민은 매우 정치적인 글임에도 불구하고 정치 논리에 의존하지 않은 채 철저히 예술 및 매체 내재적인 분석을 취하겠다고 밝히는데, 1935년 10월 16일에 호르크하이머에게 보낸 편지가 그 점을 입증해준다.

> 이러한 성찰[『기술복제 시대의 예술작품』이라는 제목의 성찰: 역자]은 예술이론의 질문에 대해 정말이지 현재적 모습을 부여하려고 시도할 것입니다. 더욱이 정치와의 직접적인, 매개되지 않은 관계를 피하면서 내부로부터 시도하려 합니다. 결단코 그 어느 곳에서도 역사적 자료에 의존하지 않으려는 그 글은 그렇게 방대하지는 않을 것이며 단지 기본적인 특성만을 갖출 것입니다.[32]

정치와의 직접적인 매개 관계를 거부하고 오로지 "내부", 즉 예술과 매체의 내적인 발전 과정에서 대상을 다루어보겠다는 점, 그리고 "역사적 자료"에 의존하는 소위 역사주의적 방식을 취하지 않겠다는 점, 이러한 점은 마치 신비평주의나 작품 내재적 방법을 연상시킨다. 이렇듯 예술과 매체의 관계를 논하는 데 있어서도 벤야민은 동시대 마르크스주의자들이

---

**32** W. Benjamin, Briefe, Bd. II, p. 690 sq.

취했던 실증주의적 · 역사주의적 방식과 거리를 취한다.

그런데 글의 목표, 즉 기술적 매체예술인 영화를 통해 정치적인 변혁을 모색하려는 의도는 지나치게 이상주의적일 뿐만 아니라 현실적으로도 거의 실현되지 않는다. 그런 아이로니컬한 점은 『기술복제 시대의 예술작품』이 씌어진 배경이나 역사적 정황에서 찾을 수 있다. 당시 영화를 정치적으로 장려하였던 러시아의 사회주의 리얼리즘 정책에 보조를 맞춘다는 생각 하에 작성된 벤야민의 글은 모스크바의 『국제 문학』 잡지에 기고되었지만 최종적으로는 거부당하고 말았다. 벤야민은 "러시아에 보탬을 주려고 쓴 글이 다른 곳도 아닌 러시아에서 아무런 성과를 거두지 못하는"[33] 씁쓸한 결과를 맛보게 된다. 역사에서 흔히 볼 수 있는 장면은, 마르크스주의적 이론가와 실제 마르크스주의적 현실 정치가들은 서로 대조적인 모습을 보인다는 것이다. 가령 마르크스주의적 현실 정치가들이 주로 전통적인 교양 문화 및 심미적 사유를 답습하고 있던 반면에, 마르크스주의적 이론가들은 새로운 예술적 시도를 통해 사회 변혁의 가능성을 기대하였다. 그것을 다시 한 번 입증해준 것일까? 이론적인 차원에서 새로운 기술적 매체, 예술, 정치의 상호연관성에 대해 매우 파격적으로 그 분석과 전망을 제시한 벤야민의 글은 현실 정치에서는 전혀 수용되지 않았던 것이다.

물론 글의 의미와 가치는 결코 정치적인 맥락 차원에서의 수용 여부에 의해 결정되지 않게 마련인데, 아마도 그 대표적인 예가 『기술복제 시대의 예술작품』이라고 할 수 있다. 왜냐하면 비록 마르크스주의 정치의 맥락에서 적극 수용되지 않았을지라도 그 글에서 벤야민은 매우 뛰어난 통찰력이나 분석 등을 담아냄으로써 후세에 오히려 대단히 의미심장한 글

**33** B. Witte, Walter Benjamin, Hamburg 1985, p. 103.

로 인정받고 있기 때문이다. 가령 영화를 현실의 모방 내지는 반영이 아니라 기술적 매체로 만들어진(구성된) 이미지 세계로 읽어내고 있다는 점, 혹은 현실과 허구의 경계가 해체된 매체예술을 끌어들이는 과정에서 촉각적 수용이라는 새로운 지각 방식을 요청하고 있다는 점, 이러한 점은 오늘날의 매체 이론가들의 시각을 선취해낸 것으로 평가받고 있다. 실제 『기술복제 시대의 예술작품』은 마르크스주의라는 정치적 시선과는 관계없이 곳곳에서 매우 파격적인 언술을 드러내고 있다. 또한 그 글은 사진과 영화를 현상적으로 다루기보다는 기술적 매체에 의해 야기된 현실 지각, 복제, 장치(Apparat), 촉각성 등 매체 내재적인 다양한 특성을 다루고 있으며, 그런 점에서 벤야민의 분석은 탈근대적인 미학과 연결될 정도로 시사하는 바가 매우 크다.

우선 벤야민의 분석은 기술적 매체에 의한 예술의 거대한 변혁을 읽어냈던 시인 폴 발레리를 인용하면서 시작하고 있다.

> 물질 · 공간 · 시간 같은 물리적 요소는 지난 20년 사이 옛날의 그것과는 전혀 다른 것이 되어버렸다. 따라서 우리는, 위대한 신발명들이 예술 형식의 기술 전체를 변화시키고, 또 이를 통해 예술적 발상에도 영향을 끼치며 나아가서는 예술 개념 자체에까지도 놀라운 변화를 가져다주리라는 것을 예상하지 않으면 안 된다.[34]

기술적 혁신과 그로 인한 예술의 변화를 주장하는 순수문학의 거장 폴 발레리의 언술은 지금 우리 시대의 변화에도 그대로 적용될 수 있을 정도로 매우 적절한 현재성을 지닌다. 실제로 1990년 이후 지금까지 대략 20

**34** GS 1, 472.

년 동안 사회의 역동성을 구성하는 물질 · 공간 · 시간 같은 요소가 엄청나게 빠른 속도로 변하고 있으며, 소위 디지털 혁명 혹은 기술공학적 혁신에 의한 신발명(컴퓨터, 레이저 사진술, 디자인, 위성, 비디오 등)은 예술에 대한 전통적인 표상, 예술 형식의 전체를 크게 변화시키고 있다. 이와 유사한 변화를 벤야민은 이미 20세기 초에 읽어냈던 것이다.

기술적 매체의 발달은 체험에 바탕을 둔 전통적인 이야기에 위기를 가져온다. 이야기는 과거로부터 전승된 경험, 그런 경험의 전달 가능성에 기초한 형식이었다. 또한 이야기는 집단적 기억에 간직되어 있는 특별한 경험을 전제하게 마련인데, 이때 경험은 연속적이고 총체적이고 응집력을 지닌다. "경험은 집단적인 삶이나 사적인 삶에 있어서 전통의 실상이다. 경험은 회상 속에 엄격하게 고정된 개개 사건들에서 형성되기보다는 기억 속에 함께 흐르는 축적된, 의식되지 않은 자료들에서 형성된다."[35] 그렇지만 근대의 대중(사실은 파편화된 익명적 개개인들의 집합체)은 다양한 매체의 발달로 인해 점차 전승된 고유한 경험을 서서히 상실하게 된다. "충격형식을 규범"[36]으로 내세우는 다양한 새로운 매체들이 힘을 갖게 되고, 그로 인해 경험에 근거하는 이야기의 근대적 양식인 소설이 점차 뒷전으로 밀려나지 않을 수 없는 상황인 것이다. 그런데 엄밀히 말하면, 전근대적인 이야기인 서사시와 비교해볼 때 책이 대량으로 생산되는 근대 사회에서 탄생한 소설은 사실 집단적인 경험에 바탕을 둔 양식이 아니었다.

> 소설의 탄생 공간은 고독한 개인이다. 그는 자신의 아주 중요한 관심사에 대해 더 이상 어떤 표본처럼 말할 수 없으며, 스스로 조언을 구하지 못하고 또한 조언

---

**35** GS 1, 608.
**36** GS 1. 614.

을 줄 수도 없는 그런 개인이다. 소설을 쓴다는 것은 인간 삶의 서술에 있어서 헤아릴 수 없는 점을 극단으로 몰고 가는 것을 뜻한다. 충만한 삶의 한가운데서, 그런 충만함을 서술하는 것을 통해서 소설은 살아 있는 이들의 깊은 망연자실한 상태를 알리고 있다.[37]

그나마 고독한 개인이 삶에 대한 자신의 사색과 체험을 늘어놓을 수 있는 장르로서 소설 형식이 근대 사회에서는 가능했지만, 현재의 상황은 완전히 다르다. 경험이 아닌, 일회적이고 파편적인 충격으로서의 체험 양상이 대중 사회 혹은 생산 사회를 지배하고 있는데, 물론 개인이나 집단의 직접적인 체험이 아니라 신문 · 라디오 · 텔레비전 · 영화 같은 다양한 매체에 의한 매개된 간접적 · 매체적 체험이다. 소설은 그런 기술적 매체와 경쟁하는 상황에 처해 있다.[38]

어쨌든 발레리를 수용하면서 벤야민은 새로운 기술적 변혁의 가장 두드러진 특징으로 다름 아닌 기술적 복제(재생산)에 주목하고 나선다. 일상품뿐만 아니라 예술적 범주에 속하는 작품 등 모든 대상을 기술적으로 복

---

**37** GS 2. 443.

**38** 물론 『기술복제 시대의 예술작품』을 염두에 두면 소설의 이야기 형식은 영화라는 영상매체와의 경쟁에서 결코 살아남을 수 없을 것으로 짐작된다. 그러나 다른 글에서 벤야민은 소설 자체를 부정하기보다는 그 새로운 매체와의 다양한 관계를 통해서 소설의 새로운 가능성을 탐색하고 있었다. 그것은 두 가지 차원에서 전개된다. 그 하나는 소설 자체의 새로운 특성을 모색하는 것으로서 가령 주관성에 더욱 심오하게 침잠하도록 만드는 프루스트나 수수께끼와 비유라는 전통적인 양식을 근대화한 카프카를 들 수 있다. 다른 하나는 소설과 새로운 매체와 결합하는 것으로서 예를 들면 소설과 사진을 결합한 브르통, 소설의 영화적 가능성을 시도한 되블린을 들 수 있다. 잘 알려진 것처럼 『소설의 위기』라는 글에서 벤야민은 되블린의 『베를린 알렉산더 광장』의 양식 원칙을 몽타주로 파악한다. 몽타주 방식은 단순히 미술과 영화에만 국한되는 것이 아니라 소설의 방식으로 확장됨으로써 소설의 새로운 가능성을 열어주는 것이다. "몽타주는 '소설'을 파괴하고 구성상이나 문체적으로도 소설을 파괴하면서 새로운, 매우 서사적인 가능성을 열어준다"(GS 3, 232).

제해내는 시스템의 핵심적인 특징은 "복제품의 대량생산"과 "복제품의 현재화"다.

> 복제 기술은 복제품을 대량생산함으로써 일회적 산물을 대량 제조된 산물로 대치시킨다. 복제 기술은 수용자로 하여금 그때그때의 개별적인 상황 속에서 복제품과 대면하게 함으로써 그 복제품을 현재화한다. 이 두 과정, 즉 복제품의 대량생산과 복제품의 현재화가 결과적으로 전통적인 것을 마구 뒤흔들어놓았다.[39]

여기서 수공업적 재생산과 기술적 재생산 간의 차이점이 제시된다. 수공업적 재생산의 경우 제한된 양으로 복제되는 가운데 진품의 권위와 순수성이 유지될 수 있었다면, 무한정 대량으로 생산되는 기술적 복제시대의 경우 상황은 완전히 다르다. 누구나 대량으로 생산된 복제품을 언제 어디서나 자신의 것으로 취할 수 있기에 그 복제품은 도처에서 현재적이다. 이와 같은 생산 방식 및 생산물의 획기적인 변화를 토대로 벤야민은 기존 예술의 위기를 분석하고 나선다. 그 대표적인 현상은, 기술적 재생산(복제)시대가 시작되면서 전통적인 예술작품의 일회적이고 독창적인 특성과 결합된 아우라(Aura) 특성이 마침내 사라진다는 것이다. "예술작품의 기술적 복제의 시대에서 위축되는 것은 예술작품의 아우라다."[40] 기술적 복제품의 대표적인 장르인 영화가 불러일으키는 센세이션은 곧 "충격체험에서의 아우라 위축"[41]이라고도 언급되고 있다. 여기서 아우라는 멀리 있으면서도 가까이 있는 듯한 어떤 미묘한 분위기로서 전통적인 예술

39 GS 1, 477.
40 GS 1. 477.
41 GS 2, 653.

작품에 내재해 있는 특성을 뜻하는데 이를 벤야민은 자연물의 아우라를 통해서 자세히 설명하고 나선다.

> 이 후자의 것[자연 대상의 아우라: 역자]을 우리는 아주 가까이 있더라도 멀리 있는 일회적인 현상이라고 정의한다. 어느 여름 오후 누운 상태에서 지평선에 걸쳐 있는 산맥의 줄기 혹은 나뭇가지를 따라 가노라면, 그 산맥 줄기나 나뭇가지는 누워 있는 이에게 그늘을 드리운다. 이것이 바로 산의 아우라, 나무줄기의 아우라를 호흡한다는 것을 뜻한다.[42]

실제 대상이 사실은 저 멀리 있지만 아주 가까이 놓여 있는 듯한 현상적 분위기, 즉 나뭇가지나 산맥 줄기는 실제로는 만질 수 없을 정도로 저 멀리 놓여 있음에도 불구하고 그것의 그늘이 관찰자를 덮고 있기에 아주 가까이 있는 듯한 착각을 불러일으킨다. 이것이 곧 사물의 아우라다. 예술작품의 아우라도 그런 식이다. 즉 예술작품은 그 누구도 손을 댈 수 없을 만큼 저 멀리 있음에도 불구하고 우리에게 친근할 정도로 가까이 있는 듯한 분위기를 자아낼 때 그것을 예술작품의 아우라라고 말할 수 있다. 후에 벤야민은 아우라 개념과 흔적 개념을 구분하는 다음과 같은 단편을 남긴 바 있다.

> 흔적이란, 그것이 뒤에 남겨놓은 것이 아무리 멀리 있을지라도 가까이 있는 현상이다. 아우라란, 그것이 불러일으키는 것이 아무리 가까이 있을지라도 멀리 있는 현상이다. 흔적에서는 우리가 실상을 취하지만, 아우라에서는 실상이 우리를 제 것으로 삼는다.[43]

---

**42** GS 1, 479.

흔적과 아우라는 대상과 주체의 관계에 따라서 구분되는 셈이다. 어떤 대상의 아우라를 경험한다는 것은 결국 우리가 그 대상의 효과 속으로 빨려 들어간다는 것이며, 이와 정반대로 우리가 대상(실상)의 잔존을 우리의 것으로 삼을 경우 흔적이라는 개념을 사용할 수 있다. 아우라의 경우 능동적 주체는 다름 아닌 대상이나 실상 자체이지만, 흔적의 경우 인간이 능동적 주체인 것이다. 그림 같은 전통적인 예술작품이 아우라를 지닌다는 것은, 그림이 감정이입 같은 것을 요구하면서 수용자(관객 · 독자)를 자신 속으로 끌어들이는 것을 뜻한다. 이때 수용자는 수동적 자세에 젖게 된다. 이와 달리 역사적 유물론자에게 요구되는 방식처럼, 흔적으로서의 기억공간에서 주체는 그 대상을 자신의 것으로 삼아야만 하는 적극적인 자세가 요청된다.[44] 이밖에도 아우라와 흔적의 차이는 아마도 시간과 공간의 차이를 통해서도 해석될 수 있을 것이다. 가령 아무리 멀리 있을지라도 가까이 있다는 것(흔적)은 시간적인 여운을 뜻하며, 반면에 아무리 가까이 있을지라도 멀리 있다는 것(아우라)은 공간적인 여운을 뜻한다. 따라서 전통적인 예술작품이 아우라를 지니고 있다는 것은 일차적으로 공간적 차원에서 이해된다. 즉 실제로는 그 누구도 손으로 만질 수 없을 정

**43** GS 5, 560.

**44** 물론 흔적이 반드시 대상의 재현을 뜻하는 것은 아니다. 이에 대해서 데리다는 해체론적 사유를 펼친 바 있다. 그에 의하면, 흔적은 지워짐을 자신의 구조적 특성으로 삼는다. "흔적은 그 어떤 현존이 아니라 현존의 복제품(simulacrum)이다. 즉 자신을 해체하고 지연하고 지시하고 결코 있지 않은 복제품 말이다. 그래서 지워짐은 흔적의 구조에 속한다. 흔적이 항상 종속해야만 하는 그런 지워짐이 아니라—그럴 경우 그것은 흔적이 아닌데— 파괴될 수 없는 기념비적인 실체로서의 지워짐이다. 이 지워짐은 흔적을 처음부터 흔적으로 구성하며 공간변화로서 도입하고 흔적의 나타남 속에서 흔적을 사라지게 하며, 흔적의 입장 내에서 흔적을 자신에게서 나가도록 만든다"(Jacques Derrida, Die différance, in: Peter Engelmann(Hg.), Postmoderne und Dekonstruktion, Stuttgart 1990, p. 107).

도로 진품이나 오리지널이 멀리 놓여 있음에도 불구하고 마치 그것이 가까이서 우리를 끌어들이는 듯한 착각을 불러일으킨다는 그런 의미 말이다.

물론 아우라는 근본적으로 대상이 지닌 미묘한 분위기이지만 동시에 그 대상에 대해 관찰자가 갖는 주관적 인상과도 밀접한 관계를 맺는다. 『보들레르의 몇 가지 모티브에 관하여』에서 아우라와 관련된 관찰자의 주관적 인상은 프루스트가 사용한 "무의지적 기억"(mémoire involontaire)에서 나온 표상으로 설명되고 있다.

> 무의지적 기억에 거주하고 있고 관조의 대상 주변에 위치하려는 표상들을 우리가 대상의 아우라라고 명명할 경우, 그와 같은 관조 대상에서의 아우라에 대응하는 것은 바로 사용 대상에서 연습으로 놓여 있는 경험이다.[45]

전통적인 예술작품의 경우 관조 대상의 아우라와 무의지적 기억이 서로 밀접한 관계를 맺는다면, 기술복제 시대에서는 사용 대상의 경험과 의지적 기억이 밀접한 관계를 맺는다. 예를 들면 아우라를 사라지게 만드는 카메라는 의지적 기억을 확장시키는데, 여기서 의지적 기억이란 "기술적 장치를 통해서 원하는 시간에 언제나 특정 사건의 소리나 형상을 가져오는 것"[46]을 뜻한다. 이밖에도 노발리스의 주의력(Aufmerksamkeit) 개념을 인용하면서 벤야민은 대상의 아우라를 느낀다는 것은 곧 그와 같은 "주의력으로서의 지각가능성"[47]을 갖는 것이라고 설명하기도 한다.

---

**45** GS 1, 644.
**46** GS 1, 644.
**47** GS 1, 646.

아우라의 소멸과 비슷한 맥락에서 기술적 복제 매체의 등장과 관련하여 가장 의미심장한 변화는, 전통적인 회화의 경우 화가의 눈과 대상 사이에 교감이 가능했지만 사진의 경우 눈을 대체하는 카메라 렌즈가 등장하고 카메라 렌즈와 대상 사이에서는 그 어떤 시선 교환이 일어나지 않는다는 것이다.

> 금속 사진술에서 비인간적인 것—치명적인 것이라고도 할 수 있는데—으로서 느낄 수밖에 없는 것은 바로 카메라를 (지속적으로) 들여다보는 행위다. 왜냐하면 카메라는 인간에게 자신의 시선을 되돌려주지 않은 채 인간의 이미지를 받아들이기 때문이다. 그러나 시선에는 그 시선이 주시한 대상으로부터 응답될 것이라는 기대가 내재해 있다. 그런 기대가 응답되는 곳에서 [……] 아우라의 경험이 아주 충만하게 그 시선에 부여된다. [……] 어떤 현상의 아우라를 경험한다는 것은 시선을 여는 능력을 그 현상에 부여한다는 것을 뜻한다.[48]

예술작품의 경우 시인의 뛰어난 시적 능력에 의해서 작품과 독자 간의 시선 교환(응답)이 가능하며 이럴 경우 아우라를 말할 수 있다. 그러나 카메라 렌즈에서는 그와 같은 아우라 경험이 불가능하다. 사진에서는 렌즈의 일방적인 주시만이 일어날 뿐이다. 사진에 의해 찍히는 인간이나 사물이 역으로 렌즈를 바라본다는 것은 불가능하며 그 자체로 무의미하다. 그것은 응답이 아니다. 물론 사진이 발명되면서 전통적인 아우라가 처음부터 즉각 사라지지는 않았다. 왜냐하면 사진 발달의 초창기의 경우 인물사진은 전통적인 초상화의 역할을 대신하는 역할을 수행했는데, 예컨대 그림처럼 사진은 대상(인물)의 아우라를 그나마 나름대로 간직하고 있었

---

**48** GS 1, 646 sq.

다. 그러나 사진술이 더욱 발달하고 나아가 기술의 발달에 의해 대량 생산됨으로써 아우라 자체가 완전히 사라지고 만다. 특히 근대 사회에서 "환경과 인간 사이의 소외"[49]가 들어서는 것처럼 사진에서도 렌즈로 포착된 인물과 환경 사이에 소외가 발생하게 된다. 가령 『베를린의 유년시절』에 실려 있는 「무메레렌」(Die Mummerehlen) 이야기에서 벤야민은 사진에서 엿볼 수 있는 자신과 주변 환경 사이의 소외 혹은 환경으로부터 소외된 일그러진 자기 자신을 언급해주고 있다. 또한 사진이 발명된 초창기와 그 이후 사진의 탈재현적·탈아우라적 특성 간의 차이에 대해서 벤야민은 카프카의 어린 시절을 담은 사진을 예로 들면서 다음과 같이 서술한다.

> 그의[카프카의: 역주] 끝없는 슬픔을 보여주는 사진은 초창기 때 사진과는 대조를 이룬다. 초창기 때의 사진에서 사람들은 여기 사진 속의 소년처럼 그렇게 파괴되거나 신에게 버림받은 모습으로 세상에 던져진 것처럼 보이진 않았다. 그들 주변에는 아우라가 있었는데, 즉 시선이 파고들어 감으로써 그 시선에 충만함과 안정감을 주는 그런 매개 방식이 있었다. 그런 아우라에 분명히 상응하는 기술적 등가물은, 가장 밝은 빛에서 가장 어두운 그림자로 나아가는 명암의 절대적 연속체다.[50]

사진술 자체가 기술적으로 점차 발전하면서 아우라는 더욱 파괴되는데, 특히 "덧칠 기법, 즉 고무판 사진"이 도입되거나 "빛이 강력한 렌즈를 통해 명암을 몰아냄으로써"[51] 마침내 아우라가 사라지고 만다. 또한 그림

49 GS 2, 379.
50 GS 2, 376.
51 GS 2, 377.

을 대신하여 인물을 담아냈던 초창기 사진의 경향도 점차 지양되는데, 가령 "사람의 모습이 보이지 않는 광경으로 1900년경 파리의 거리를 포착한"[52] 프랑스 사진작가 아제(Eugène Atget, 1859~1927)의 수법과 관련하여 벤야민은 소위 "대상을 아우라로부터 해방시키는 것"[53]이라고 언급한다. 더욱이 사진도 무한정 복제될 수 있기 때문에 사진에 포착된 대상은 미묘한 분위기를 잃게 되며 나아가 관찰자의 주관적 인상도 불가능해진다. 즉 대량으로 복제된 대상을 "공간적으로, 인간적으로 가까이 가져옴"[54]으로써 관객이나 대중은 더 이상 대상의 신비로움이나 자신의 주관적 인상에 젖지 않는다. 벤야민의 흥미로운 분석에 의하면, 사진에서와 마찬가지로 보들레르 문학에서도 대도시인의 눈은 "바라보는 능력을 상실한 눈", "시선 없는 눈"으로 묘사되고 있는데,[55] 즉 마치 아우라를 상실한 상태처럼 말이다.

그렇다면 전통적인 예술작품을 위협하는 사진과 영화 같은 새로운 기술적 복제물이 등장할 때 가장 커다란 변화는 무엇일까? 그것은 아우라의 핵심적인 특징인 "여기와 지금"이 사라진다는 것이다.

> 아주 잘 완성된 복제물에서는 딱 한 가지가 결여되어 있다. 예술작품의 여기와 지금이 그것이다. 예술작품이 놓여 있던 그 공간에 작품이 유일무이하게 존재해 있었던 그것 말이다.[56]

---

**52** GS 1, 485.
**53** GS 2, 378.
**54** GS 1, 479.
**55** GS 1, 648, 649.
**56** GS 1, 475.

오리지널 예술작품이 자신의 아우라를 무엇보다도 "여기와 지금"이라는 유일무이한 시공간성에 두고 있다면, 기술에 의해 대량 생산된 복제물은 그것과 정반대인 "언제나"와 "도처"라는 시공간성을 취한다. 가령 전통적인 예술작품(예: 그림)은 화가의 눈과 손으로 만들어진 유일무이한 작품으로서 지금 그리고 여기에서만 볼 수 있지만, 사진과 영화 등의 경우 렌즈에 의해 촬영되고 동시에 수많이 복제되는 생산물은 언제나 도처에서 볼 수 있다. 더 이상 오리지널 자체가 무의미하며 생산과 복제의 구분이 필요 없는 셈이다. "영화작품의 기술적 재생산은 직접 생산 기술 내에 근거를 두고 있다."[57] 음악의 경우도 마찬가지다. 만약 콘서트라는 형식하에 특정 장소에서 음악이 연주될 경우 그 음악은 지금과 여기라는 일회성과 일시성을 지니며, 이것이 곧 현장 콘서트 음악의 아우라를 나타낸다. 이와 달리 콘서트 음악이 테이프나 CD 같은 기술적 장치에 의해서 대량으로 생산(복제)될 경우 그 음악은 모든 이의 집 안으로 옮겨질 수 있고 언제나(수시로) 들을 수 있다. 그 대량 복제물은 더 이상 고상한 가치를 지닌 도큐먼트가 아니다.

『기술복제 시대의 예술작품』의 8장에 분석되어 있듯이, "여기와 지금"이라는 아우라의 현존과 부재는 연극과 영화를 비교해봄으로써 더욱 쉽게 설명된다. 연극과 영화는 마술사와 외과의사, 화가와 카메라맨 등의 차이를 통해서 서로 비교된다. 자연스럽게 거리를 유지한 채 환자의 몸에 자신의 손을 놓으면서 환자를 치유하는 마술사의 모습이나 대상에 거리감을 갖고서 그것을 조심스럽게 화폭에 옮겨놓는 화가의 모습은 모두 전통적인 생산 방식을 나타낸다. 이와 달리 거리를 좁힌 채 자신의 손을 환자의 몸속 깊이 집어넣고 환자를 치유하는 외과의사의 모습이나 카메라

---

57 GS 1, 481.

렌즈를 대상과 연기자의 몸에 가까이 들이대는 카메라맨의 모습은 새로운 기술적 매체의 생산 방식을 나타낸다.[58] 연극과 영화도 서로 극단적으로 대비된다. 연극의 경우 특정한 시공간에 배우와 관객이 함께 현존해야만 하며 또한 관객은 배우의 훌륭한 연기 및 자기 앞에서 전개된 내용에 감정이입할 수 있지만, 영화의 경우 배우는 관객 앞에서 연기하는 것이 아니라 "카메라 앞에서 자신을 연기한다."[59] 요컨대, 카메라가 관객의 자리를 차지한 것이다. 영화의 경우 배우의 연기에 감정이입할 수 있는 것—사실 정확히 말하면, 감정이입이 아니라 배우의 연기를 잘 받아주는 것인데—은 더 이상 관객이 아니라 무생물인 카메라인 셈이다. 배우는 카메라 앞에서 단지 수많은 파편적인 연기를 제시할 뿐 수많이 각각의 장면들을 몽타주하는 편집 과정을 거친 후에야 비로소 자신의 총체적인 연기를 들여다볼 수 있다. 배우의 연기를 포함한 모든 장면을 카메라가 담고 그것을 편집하여 생산된 영화(정확히 말하면 필름)는 수없이 복제되고 도처에서 반복적으로 상영되는데, 이것이 바로 특정한 장소와 일시("여기와 지금")의 고유한 일회성을 지닌 연극과 결정적으로 대비되는 점이다. 그와 같은 "여기와 지금"이라는 아우라의 상실과 관련하여 보리스 그로이스(B. Groys)는 "탈영토성"이라는 들뢰즈 개념을 벤야민에게 적용하면서 다음과 같이 흥미로운 분석을 제시하고 있다.

> 벤야민에게 오리지널과 복제품의 구분은 공간적인 구분인데, 즉 그 자체 작품의 물질적 상태와는 무관하다. 오리지널은 특정한 공간을 갖고 있고 이 특정한 공간에 의해서 오리지널은 유일무이한 대상으로서 역사 속에 기입되어 있다. 반면

---

**58** GS 1, 495 sq.
**59** GS 1, 488 sq.

> 에 복제품은 가상적이고 공간이 없으며 탈역사적이다. 복제품은 처음부터 잠재적인 다수로 나타난다. 복제는 탈공간화·탈영토화이다. 그것은 예술작품을 공간적으로 불특정한 순화의 그물망 속으로 들어가게끔 촉진한다.[60]

벤야민 텍스트의 핵심은, 주로 전통적인 예술작품과 근대적인 기술적 매체작품(즉 대중/문화산업물) 간의 차이, 즉 아우라의 현존과 부재에 놓여 있었고, 특히 아우라의 경우 여기와 지금이라는 시공간성을 동시에 나타내는 것으로 읽혀왔다. 그러나 그로이스의 새로운 해석 제안에 의하면, 아우라와 관련해서 그 핵심은 시간성보다는 공간성에 놓여 있다는 것이다. 즉 "여기"와 "도처"라는 하나의 공간과 다수의 공간 간의 대립을 통해서 아우라가 현존하는 전통적인 작품과 아우라가 부재하는 기술적 복제물 간의 차이가 결정된다는 것이다. 한 걸음 더 나아가 그로이스의 급진적인 해석에 의하면, 무한히 복제되는 것 자체만으로 오리지널과 복제품이 구분되는 것이 아니라 오히려 역으로 탈공간화라는 시대적 현상 속에서는 오리지널과 복제품의 경계가 해체된다는 것이다.

> 아우라에 대한 벤야민의 이론은 정반대로 다음과 같은 점을 뜻한다. 즉 오리지널과 복제품 간의 물질적 차이가 그 타당성을 상실한 후 근대에서 비로소 아우라가 생성된다는 것이다. 복제품이 먼 곳으로 옮겨지게 되면 그 복제품이 오리지널이 된다. 마찬가지로 오리지널이 가까운 곳으로 옮겨질 경우 그것은 복제품이 된다. 오리지널과 복제품의 구분은 오로지 공간적이고 상황적인 구분이다.[61]

---

**60** B. Groys, Topologie der Kunst, München/Wien 2003, p. 36.
**61** Ibid., p. 40.

오리지널과 복제품의 근원적 구분이 불가능해지고 그 대신 무엇이 "가까움"의 공간을 차지하고 있는지가 결정적인 기준이 된다. 뒤샹의 예처럼, 대량 생산된 화장실 변기가 화가에 의하여 자신의 작품으로서 박물관 속으로 옮겨지면 그 화장실 변기는 더 이상 대량 복제품이 아니라 오리지널이 된다. 또한 박물관 내에 자신의 역사적인 공간을 차지해야만 하는 오리지널은 어쩌면 보이지 않는 다른 장소(예: 은행 금고)에 비밀리에 보관되어 있고 그와 유사한 복제물이 버젓이 오리지널로 박물관 내에 전시되어 있을 경우, 이때 오리지널 또는 복제물인가를 구분하고 결정하는 기준은 박물관이라는 공간 자체인 것이다. 즉 박물관에서 관람객이 가까이서 보고 있는 것—설혹 그것이 복제품일지라도—이 오리지널인 것이다. 요컨대, 처음부터 대량 복제를 목표로 생산된 기술적 복제품과 관련해서는 사실 오리지널, 진품이라는 물음 자체는 공허하고 그것이 어떤 공간에서 어떤 기능과 역할을 수행하는지가 중시될 뿐이다. 이와 같은 완전히 새로운 환경과 공간 속에서 기술적 복제품은 제식 기능으로부터 완전히 해방되고 대중 정치의 맥락 내에서 새로운 사회적 기능을 수행하게 된다.

> 예술작품의 기술적 복제 가능성은 세계사에서 처음으로 예술작품을 제식에 기생하는 그런 존재로부터 해방시켜주었다. 복제된 예술작품은 점점 더 복제가능성을 염두에 두어 제작된 예술작품의 복제품이 되어가고 있다. 예를 들면 사진판으로 다량의 인화가 가능하다. 어느 것이 진짜인지를 묻는 질문은 더 이상 의미가 없다. 예술 생산에서 진품의 척도가 거부되는 순간 예술의 모든 사회적 기능도 바뀌게 된다. 제식에 토대를 두었던 예술의 자리에 이제 정치에 토대를 둔 예술이 들어선다.[62]

**62** GS 1, 481 sq.

오리지널과 복제품의 차이가 사라진 상태, 아니 복제품 자체의 심미성이 더욱 중시되는 현상은 오늘날 도처에서 관찰된다. 예컨대 미국 디즈니월드에 전시된 수많은 다른 나라의 문화적 건축물(가령 중세시대의 유럽식 성)은 오리지널과의 차이를 통해서 평가절하되거나 무시되는 것이 아니라 그 자체 자족적 특성을 지니는데, 그것은 관람객들이 그러한 복제품을 대하면서 전혀 반감을 갖지 않은 채 디즈니월드만의 독특함으로 받아들이기 때문이다. "그[이용자: 역자]는 낯선 것에 대한 충격으로부터 보호된 채 복제품의 미를 향유한다. 어떻게든 의식되는 오리지널로 되돌아가려는 마음은 완전히 불필요해진다. 복제품이 그 자족적인 특성을 획득하며 새로운 현실 자원으로 주장된다."[63] 전통적인 순수하고 고상한 예술작품의 통념을 파괴하기 위해 대량생산된 복제품을 마치 낯선 대상으로 예술화함으로써 수용자에게 충격을 안겨준 아방가르드 미학의 경우 여전히 순수와 일상의 경계가 존재했지만, 현재의 기술적 매체 문화에서는 그와 같은 순수와 복제의 경계가 더 이상 중시되지 않는다. 그것은 무엇보다도 먼 것과 가까운 것, 낯선 것과 고유한 것이라는 전통적인 구분을 붕괴시키는 매체적 시공간이 작용하기 때문이다. 이러한 매체적 시공간에서는 복제품 자체가 문화 및 예술 공간의 현실적 토대를 구성하고 있다.

기술적 복제품이 대량생산됨으로써 오리지널 · 순수성 · 독창성 · 아우라 등이 파괴될 뿐만 아니라 예술의 자율성이라는 전통적인 가상도 파괴된다. 왜냐하면 기술적 복제품은 자율적인 법칙과는 상관없이 모든 이들에 의해서 비예술적 공간에서도 자유롭게 수용되기 때문이다. 그런데 아우라가 사라진 복제품이 도처에서 향유될 수 있다는 현상과 관련하여 간

63 G. Großklaus, Medien-Zeit, Medien-Raum, Frankfurt a.M. 1995, p. 246.

과되지 말아야 할 점은, 아우라의 상실이 곧 예술 자체의 몰락을 뜻하는 것이 아니라는 점이다. 벤야민도 결코 그 점을 강조하지는 않았다. 아우라를 지닌 전통적인 예술작품의 자리에 기술적 복제품이 들어서면서 요구되는 점은, 다르게 변해버린 생산과 수용 조건 아래에서 예술의 의미와 기능이 새롭게 정립되어야만 한다는 것이다. 그런 의미에서 벤야민은 전통적 예술작품과 기술적 복제품 간의 차이를 다양하게 분석해주고 있다. 가령 특정 개인과 소수의 사람들에 의해 향유되던 과거의 예술이 "일회성과 지속성"에 그 특징을 두고 있다면, 기술에 의해 대량 생산됨으로써 대중적인 수용이 가능해진 근대 사회에서 예술은 "일시성과 반복성"의 특징을 지닌다. 또한 전통적인 예술작품이 "제식가치"(祭式價値)에 토대를 두고 있었다면, 기술적 복제품은 "전시가치"(展示價値)가 중시된다. 수용자의 태도와 관련해서도 "혼자만의 명상적인 수용에서 대중적인 수용으로의 전환", 즉 "보수적" 태도에서 "적극적" 태도로의 전환이 엿보인다는 것이다. 전통적인 예술작품과 기술적 수단에 의해 다량으로 복제되는 새로운 형식의 예술작품 간의 차이는 다음과 같이 정리될 수 있다.

| 전통적인 예술작품 | 기술적 복제에 의한 매체작품 |
|---|---|
| 아우라 현존 | 아우라 부재 |
| 오리지널 → 진품의 복제 불가능성 | 대량 복제 → 대중적 현존 |
| 일회성 · 지속성 | 일시성 · 반복성 |
| 인간의 눈 → 현실과 허구 | 카메라의 눈 → 제2의 현실 |
| 대상의 관조와 무의지적 기억 | 대상의 경험과 의지적 기억 |
| 제식가치 | 전시가치 |
| 후퇴적 명상 | 정치적 변혁 |
| 고독한 주체의 수용 | 대중적 수용 |
| 피카소 | 채플린 |
| 집중 | 산만 |

## 4. 영화와 시각적 · 촉각적 수용

『기술복제 시대의 예술작품』은 대부분 사진과 영화라는 새로운 예술적 장르의 분석에 집중되어 있다. 특히 아우라가 부재하는 전시가치를 지닌 새로운 시각적 매체예술로서의 영화에서는 주의력 · 명상 · 감정이입 · 집중 같은 전통적인 심미적 범주가 더 이상 유효할 수 없으며 이는 이미 사진의 등장과 함께 예고되었다. 가령 아제(Atget)의 사진들과 관련하여 벤야민은 전통적인 그림 감상에서 요구되던 "자유롭게 부유하는 명상이 더 이상 적절치 않으며" 또한 그의 사진들은 "관찰자를 불안하게 만들며 관찰자는 사진을 향한 어떤 특정한 길을 찾아야만 한다고 느끼게 된다"[64]고 분석한다. 사진 영상 하나하나가 불안과 충격을 야기하는 것처럼, 수십만 장의 사진이 연속적으로 연결된 방식이라고 할 수 있는 영화의 경우 관찰자(관객)는 더더욱 특정 화면에 정지하거나 명상에 잠길 수 없으며 오히려 완전히 다른 지각 방식을 통해서 장면 장면마다 야기되는 충격 효과를 흡수해야만 한다.

> 영화가 흐르는 영사막과 그림이 놓여 있는 캔버스를 비교할 수 있다. 캔버스는 관찰자를 명상으로 초대한다. 캔버스 앞에서 그는 자신을 연상의 흐름에 내맡길 수 있게 된다. 그러나 영사막 앞에서 그는 그럴 수 없다. 그가 영화의 장면을 주시하자마자 그 장면은 다른 장면으로 바뀌게 된다. 영화의 장면은 고정될 수 없다.[65]

---

**64** GS 1, 485.
**65** GS 1, 502.

영화라는 새로운 매체예술의 수용 방식과 관련하여 벤야민은 분산, 긴장 완화 같은 다양한 의미를 내포하는 산만(Zerstreuung)이라는 개념과 그와 결부된 촉각적 수용(taktile Rezeption)을 제시한다. 전통적인 예술작품을 수용하는 지각 방식으로 명상 · 몰입 같은 의미에서의 집중(Sammlung)이 강조된다면, 오늘날의 기술복제 시대에서는 산만이라는 새로운 지각이 적합하다는 것이다. 일상적인 언어 사용에서 집중은 긍정적인 의미를 지니는 반면 산만은 부정적인 의미를 띠지만, 벤야민은 그런 일반적인 언어 사용과 가치를 전도시킨다. 즉 집중은 부정적인 의미로, 산만은 긍정적인 의미로 사용된다. 더욱이 산만과 관계하여 기이한 방식의 개념 결합까지도 엿볼 수 있다. 가령 집중과 침잠이 "비사회적인 행동의 훈련"이라는 의미에서 서로 밀접하다면, "사회적인 행동의 유희 양식"으로 "기분전환"(Ablenkung)과 산만이 서로 긴밀한 관계를 맺는다.[66] 혹은 『기술복제 시대의 예술작품』의 첫 번째 판본에서 벤야민은 "대중에게 예술작품이 오락의 기계라고 한다면, 예술애호가에게 예술작품은 경배의 대상이다"[67]라고 적고 있다. 이처럼 벤야민은 기분전환 · 오락이라는 개념과 거의 동일한 차원에서 산만이라는 개념을 사용하고 있으며 또한 분명하지는 않지만 산만을 영화 자체가 수용되는 상황적 특징으로서 혹은 영화를 수용하는 집단적 대중의 심리적 상태로서 간주한다. 어쨌든 전통적인 철학적 · 심미적 시각에서 보면 부정적으로 사용되는 개념과 그 의미를 전복하면서 벤야민은 산만이야말로 기술복제 시대의 새로운 매체예술에 적합한 지각 특성이라고 긍정적으로 평가한다. 산만은 무엇보다도 전통적

**66** GS 1, 463, 500.
**67** GS 1, 465.

인 작품이 나직하게 발산하는 아우라를 집중적으로 받아들이려는 수용 방식과 결별하는 의미를 지닌다.

> 집중과 산만은 대립을 형성하며, 이는 다음과 같이 설명될 수 있다. 예술작품 앞에서 스스로 집중하는 자는 자기 자신을 그 작품 안으로 침잠시킨다. 마치 자기가 완성한 그림을 바라보면서 그 안으로 빠져들어 갔다는 어느 중국 화가에 대한 전설이 말해주듯 그는 작품 안으로 들어간다. 이와 달리 산만한 대중은 나름대로 예술작품을 자기 안으로 침잠시킨다. 이에 대한 가장 눈에 띄는 예는 바로 건축물이다. 예로부터 건축은 예술작품의 수용이 산만 속에서 그리고 집합체를 통해서 일어난다는 것에 대한 전형적인 예를 제시한다.[68]

집중과 산만이 대상과 수용자 간의 심리적 양태를 나타내는 개념임을 알 수 있다. 전자는 전통적인 예술작품의 수용에서 엿볼 수 있으며 후자는 영화 같은 새로운 매체예술의 수용에서 요구된다. 수용 주체의 형태에 있어서도 양자는 각기 다른 단위의 수용자를 취한다. 집중이 예술작품에 자신의 모든 정신적 능력을 쏟는 개개 수용자와 관련된다면 후자는 예술작품을 산만하게, 집단적으로 수용하는 대중과 관련된다. 이렇듯 개인과 집단으로서의 수용자가 각기 예술작품과 맺는 관계를 보면, 집중에서는 개인이 예술작품에 종속되는 수동적인 관계가, 산만에서는 집단적 수용자가 예술작품을 자신에게로 끌어오는 능동적인 관계가 강조된다. 다르게 말하자면, 집중하는 개개 관찰자는 대상 속으로 들어감으로써 대상을 비판적으로 관찰할 수 있는 거리감을 확보하지 못한다면, 이와 달리 산만한 관찰자는 집중하지 않는 상태 덕분으로 대상을 자유롭게 바라볼 수 있

**68** GS 1, 504.

다는 것이다. 집중과 산만에 해당되는 각각의 예로는, 무비판적인 감정이입으로서의 카타르시스를 요구하는 전통적인 아리스토텔레스의 비극과 비판적 거리감을 요구하는 브레히트의 서사극을 들 수 있다. 물론 전통적인 아리스토텔레스의 비극 형태를 비판한 브레히트의 서사극일지라도, 사실 브레히트의 연극도 완전한 산만을 보장하지는 않는다. 어쨌든 부분적으로 산만한 상태와 비판적 거리감을 주장하는 브레히트의 서사극과 영화는 친화성을 형성하는 가운데 전통적인 예술의 카타르시스에 대항하고 있는 셈이다.

> 비극에서 카타르시스의 가치가 발전되었듯이, 영화에서 산만의 가치가 발전될 수 있다. / 산만과 카타르시스는 생리적인 현상이라고 바꾸어 쓸 수 있다. / 산만과 파괴는 동일한 과정의 주관적이고 객관적인 측면이다.[69]

지금까지 언급된 내용은 도식적이지만, 사실 자세히 분석할 경우 몇 가지 점에서 난해하다. 흔히 영화를 관람할 경우 관객이 오히려 영화 자체 속으로 흡수되는 것이 상식인데, 벤야민은 어떤 연유에서 "산만한 대중은 나름대로 예술작품을 자기 안으로 침잠시킨다"라고 서술하고 있는 것일까? 이미 언급한 바 있듯이, 벤야민은 『기술복제 시대에서의 예술작품』의 원고를 다양하게 수정한 바 있다. 위의 구절과 관련하여 첫 번째 판과 두 번째 판에서 벤야민은 그 문장 다음에 "산만한 대중은 자신의 파도로써 예술작품을 둘러싸고 자신의 밀물 안에 예술작품을 감싼다"[70]고 덧붙이지만 셋째 판에서는 이를 삭제한다. "파도", "밀물"이라는 은유는 대중

**69** GS 7, 678.
**70** GS 1, 465; GS 7, 380.

의 움직임이나 규모를 나타내줌으로써 집단적인 수용 양태를 상기시킨다. 따라서 "산만한 대중은 나름대로 예술작품을 자기 안으로 침잠시킨다"라는 문장은 침잠 혹은 거리 같은 의미보다는 예술작품의 집단적 수용을 내포하고 있는 셈이다. 그런 의미에서 인쇄 원고에 벤야민이 남긴 "예술작품이 자신에게 영향을 끼치도록 하는 산만한 대중"[71]이라는 표현과 파도, 밀물 같은 대중이 "예술작품을 자기 안으로 침잠시킨다"는 표현은 무엇보다도 산만한 대중의 적극적인 수용 자세를 뜻하지만, 이때 중요한 전제조건은 산만한 대중이 자신 속으로 침잠시키는 예술작품이 전통적인 문학이나 회화 같은 정적인 장르가 아니라 영화라는 새로운 동적인 장르라는 점이다. 이처럼 대중의 산만한 지각, 아이스테시스, 시각적 무의식 등 다양한 특징을 제시한 벤야민의 영화 매체에 대한 시각을 악셀 슈미트(Axel Schmitt)는 한 비평에서 다음과 같이 잘 기술해준 바 있다.

> 대중의 산만한 지각은 촉각적인 것에 의해 지배되고 극장에서 연습되는 아이스테시스의 새로운 모델이다. 이 모델은 벤야민이 다양한 대목에서 언급한 저 충격적인 가까움을 작동하게 만든다. 재생산 매체들에 의해 '무의식적'으로 침투된 그런 공간을 벤야민은 정신분석의 습득과 비슷한 맥락에서 '시각적 무의식'이라고 부른다. 요컨대 카메라 눈은 분명하게 보지 못한 것을 명확하게 하는 것이 아니라 잘 알려진 현상 속에서 잘 알려지지 않은 구조 특성을 보여준다. 따라서 벤야민은 영화를 기억에 의해서 명시된 모든 것을 분해하고 신뢰할 만한 것의 그물망을 찢어놓는 매체로서 해석한다.[72]

**71** GS 1, 1044.

**72** Axel Schmitt, Die Selbstentfremdung des Menschen vor den Apparaten, in: http://www.literaturkritik.de/ public/rezension.php?rez_id=9828.

벤야민의 시각은 언뜻 보기에 아주 쉽게 이해될 수 있는 것처럼 보인다. 그러나 그 근거를 어떻게 제시하고 있는지를 추적해보면 사실 그 논의는 그리 간단치 않다. 가령 산만한 대중과 영화의 상관관계를 좀 더 구체적으로 설명하기 위해 벤야민은 건축의 예를 끌어들이고 있지만 그 논리 전개에는 상당한 비약이 담겨 있다. 도대체 건축과 영화가 어떤 점에서 공통점을 지니는 것일까? 사실 양자 사이에는 이런저런 공통점과 차이점이 동시에 있다. 영화의 경우 거대한 스크린이, 건축의 경우 거대한 외양의 건물이 수용자에게 다가옴으로써 두 장르 모두 거대함이라는 공통점을 갖고 있으며, 스크린이나 건물 앞에서 수용자는 대체로 압도당하기 마련이다. 그러나 영화의 경우 스크린 위에 영상이 끊임없이 흐르면서 지속적으로 수용자에게 충격을 가한다면, 건축의 경우 고정된 물리적 형태를 띠고 수용자는 비교적 정적인 상태에서 그 외양을 바라볼 뿐이다. 그럼에도 불구하고 벤야민은 영화의 수용 방식에 대한 적합한 예를 건축에서 찾을 수 있다고 강조한다. 그렇다면 건축에서의 수용 방식은 어떠한가?

> 건축물은 이중적인 방식으로 수용된다. 즉 사용을 통해서 그리고 건축물의 지각을 통해서 수용된다. 더욱 정확히 말하자면 촉각적으로 그리고 시각적으로 수용된다. 이를테면 관광객이 어떤 유명한 건물 앞에서 집중하는 방식을 취할 경우 그 건물의 수용은 이루어지지 않는다.[73]

여기서 건축의 수용과 관련된 개념쌍을 정리해보면, 건축물을 촉각적

---

**73** GS 1, 505 sq.

으로 수용한다는 것은 곧 건축물을 몸으로 사용한다는 것을 뜻하며, 건축물을 시각적으로 수용한다는 것은 곧 건축물을 눈으로 지각한다는 것을 뜻한다. 건축의 촉각적 · 시각적 수용은 자명하다. 왜냐하면 적어도 자연 상태가 아니라면 건축물은 우리가 거주하고 있는 공간, 즉 우리 몸과 접촉하는 가운데 사용되는 물리적인 공간이며, 또한 건축물 자체뿐만 아니라 주변 환경과의 (부)조화 등을 바라보는 시각적 행위가 요구되기 때문이다. 따라서 건축에서 촉각적 수용과 시각적 수용은 서로 분리될 수 없는 관계를 이룬다.

그런데 시각적 수용과 관련하여 벤야민은 매우 중요한 전제조건을 내세운다. 위 인용문의 마지막 문장에서 엿볼 수 있듯이 가령 여행자가 어떤 특정 건축물을 시각적으로 집중하면서 바라보는 경우는 철저히 배제된다. 왜 그런 것일까? 여행자와 건축물의 경우, 전통적인 예술작품을 받아들일 때 취하는 수용 자세, 즉 시각적 수용과 관계된 명상이 작동하기 때문이다. 다르게 말하자면, 잠시 건축물을 시각적으로 바라보고 명상(주의력)에 젖는 여행자의 수용 자체에는 건축물을 몸으로 받아들이는 촉각적 수용이 결여되어 있기 때문이다. 요컨대, 여행자는 건축물을 사용하는 이가 아닌 것이다. 따라서 건축물을 수용하는 이에게 가장 중시되는 점은 시각적 수용이 아니라 무엇보다도 습관으로서의 촉각적 사용이며, 시각적 수용은 그것에 의해 부차적으로 좌우된다. 이제 건축물과 관련하여 촉각적 수용과 시각적 수용의 관계는 다음과 같이 제시된다.

> 촉각적 수용은 주의력의 방식에 의해서는 결코 일어나지 않으며 오히려 습관의 방식에 의해서만 일어난다. 건축과 마주해서는 심지어 습관이 시각적 수용을 결정한다. 시각적 수용도 본래부터 긴장된 주의력에서보다는 오히려 우연한 주시에서 일어난다.[74]

언뜻 보면 아주 단순한 언술처럼 보여도 이해하기 어려운 대목이다. 건축의 경우 촉각적 수용과 시각적 수용이 동시에 일어나지만, 궁극적으로는 습관으로서의 촉각적 수용이 시각적 수용까지도 결정할 정도로 강력한 힘을 갖게 된다는 점은 별도의 이해를 요구한다. 앞서 인용된 구절에선 촉각적 수용의 특징으로 "사용"이 언급된 바 있는데, 그런 사용으로서의 촉각적 수용은 이제 "습관"과 긴밀한 관계를 맺는다.

건축에서 촉각적 수용과 시각적 수용이 작동한다는 것은 쉽게 이해될 수 있지만, 그러한 이중적 수용 방식을 영화에 적용할 경우 바로 그 점이 결코 녹록치 않다. 또한 벤야민의 글을 자세히 읽어보면, 건축의 예를 논하는 부분에서는 촉각적 수용이라는 개념이 강조되고 있지만, 영화를 논하는 부분에서는 촉각적 수용보다는 "산만 속에서의 수용"으로 대체되고 있다. 그렇다면 촉각적 수용과 산만 속에서의 수용(혹은 산만한 자의 수용)은 같은 의미를 지니는 것일까? 이 점도 분명치 않다. 이밖에 가장 난해한 점은, 사진을 비롯한 영화는 일반적으로 시각적 수용의 핵심 장르인데, 왜 촉각적 수용 혹은 산만 속에서의 수용이 중시되는 것일까 하는 점이다. 특히 촉각적 수용이 시각적 지각을 결정할 정도로 우세한 힘을 지니는 현상이 건축을 넘어 영화에서도 발견될 수 있다고 하는데, 만약 그렇다면 그것은 무엇을 뜻하는 것일까?

이와 같은 질문과 관련하여 『기술복제 시대에서의 예술작품』의 여러 가지 판본은 벤야민 스스로도 명확한 논리 제시를 위해 상당히 고민했었음을 추측하게 하는 흔적을 남기고 있다. 특히 첫 번째 판(18장), 두 번째 판(18장), 세 번째 판(15장)의 결론 부분의 경우 모두 기술복제 시대의 새로

74 GS 1, 505.

운 예술로서의 영화가 사회 변혁을 위한 첨병으로 기능할 수 있다는 내용으로 일관하지만, 이를 입증하려는 대목이 기이하게도 각기 다르게 서술되고 있다. 물론 각 판본 간의 차이는 결론 부분뿐만 아니라 글 전체의 곳곳에서도 상당히 드러나고 있다. 그러나 특히 결론 부분이 중요한 까닭은 새로운 매체예술로서의 영화가 지닌 사회적 의미와 역할 등이 서술되는 가운데 영화의 특징이 거론되고 있기 때문이다.

앞서 살펴보았듯이 건축의 경우 "사용"으로서의 촉각적 수용이 "습관"에 의해서 일어난다고 언급되었고 그런 습관이 기이하게도 산만과 밀접한 관계를 맺는다. "산만한 자도 습관에 젖을 수 있다. 아니 산만 속에서 어떤 과제를 극복할 수 있다는 것은 이제 그런 과제를 해결하는 것이 누구에게나 습관이 되었음을 입증해준다."[75] "산만한 자도 습관에 젖을 수 있다"는 구절뿐만 아니라 벤야민이 남긴 인쇄 원고에서는 "촉각적 수용과 산만은 서로를 배제하지 않는다"[76]고 적혀 있다. 말하자면, 촉각적 수용과 산만(혹은 산만 속에서의 수용)이 각 판본마다 각기 다르게 거론되지만 서로 비슷한 의미로 혹은 동일한 의미로 교환되고 있는 것처럼 보이기도 한다.

어쨌든 앞서 건축에서 언급한 촉각적 수용과는 달리 영화를 논하는 결론 부분에서 벤야민은 "산만한 자", "산만을 통해서", "산만 속에서의 수용" 같은 표현을 사용하면서 영화와 관객의 수용 방식을 설명하고 있다. 그런데 이 점과 관련해서도 벤야민은 스스로 명확한 논증을 제시하기보다는 판본마다 다른 식의 논증을 전개하고 있다. 우선 첫 번째 판본의 경우 다음과 같다.

**75** GS 1, 505.
**76** GS 1, 1049.

집합체(집단)가 자신의 산만을 찾는 여기[영화: 역자]에서는 지각 재편을 지휘하는 촉각의 우세함이 결코 결핍되어 있지 않다. 촉각의 우세함은 본래 건축에서 근원적이다. 그러나 우리 시대의 대단한 긴장감을 가장 명확하게 드러내주는 점은, 바로 촉각의 우세함이 시각에서도 점차 중시되고 있다는 현상이다. 그런 현상이 바로 영화에서 일어나고 있는데, 즉 연속적인 영상의 충격 효과를 통해서 말이다.[77]

이 첫 번째 판본에서 벤야민은 건축의 예에서 언급했던 촉각적 수용과 그것의 우세함을 영화에 그대로 적용하고 나선다. 특히 시각적 장르인 영화에서도 마침내 시각적 수용을 압도하는 촉각적 수용이 더욱 중시된다고 말한다. 그리고 촉각적 수용의 우세 현상은 다름 아닌 "연속적인 영상의 충격 효과"를 통해서 입증된다는 것이다. 이에 대한 설명이 구체적으로 제시되어 있지는 않지만 촉각적 수용과 연속적인 영상의 충격 효과 간의 밀접한 관계가 암시되고 있다.

이와 달리 두 번째 판본과 세 번째 판본에서는 약간 다른 식의 논리가 전개된다. 두 판본에서는 촉각적 수용 대신에 오히려 산만 속에의 수용이 더욱 강조되고 있다. 물론 두 판본 간의 차이점이 없지는 않은데, 가령 세 번째 판본의 경우 산만 속에서도 비판적인 의식을 지닌 시험관으로서의 관객이 강조된다면 두 번째 판본에서는 그 점이 전혀 거론되고 있지 않다. 두 번째 판본과 세 번째 판본은 각기 다음과 같다.

산만 속에서의 수용은 예술의 전 영역에서 더욱 강조되면서 두드러지고 있으며

77 GS 1, 466.

> 또한 지각의 심오한 변화를 나타내는 징후이며, 그런 산만 속에서의 수용은 영화에서 바로 자신의 고유한 연습 수단을 두고 있다. 그 충격 효과로 영화는 [산만 속에서의: 역자] 수용 방식에 부응하고 있다. 그런 점에서 현재 영화는 그리스인들이 감각학(Ästhetik)라고 부른 지각 이론의 가장 중요한 대상임이 입증되고 있다.[78]

> 산만 속에서의 수용은 예술의 전 영역에서 더욱 강조되면서 두드러지고 있으며 또한 지각의 심오한 변화를 나타내는 징후이며, 그런 산만 속에서의 수용은 영화에서 바로 자신의 고유한 연습 수단을 두고 있다. 그 충격 효과로 영화는 [산만 속에서의: 역자] 수용 방식에 부응하고 있다. 영화는 관객을 평가하는 자세로 옮겨놓는다는 점을 통해서뿐만 아니라 극장에서의 평가하는 자세는 주의력을 포함하고 있지 않다는 점을 통해서 제식가치를 몰아낸다. 관객은 시험관인데, 하지만 산만한 시험관이다.[79]

두 번째 판본이나 세 번째 판본 모두 거의 비슷한 언술로 산만 속에서의 수용을 강조하고 있으며 또한 그러한 수용 방식에 부합하는 것은 다름 아닌 영상의 충격 효과라고 언급하고 있다. 첫 번째 판본에서는 촉각적 수용과 영상의 충격 효과가, 두 번째, 세 번째 판본에서는 산만 속에서의 수용과 영상의 충격 효과가 서로 연관되어 있다. 두 번째, 세 번째 판본의 차이점으로, 새로운 지각으로서의 감각학과 산만한 시험관으로서의 관객에 각기 방점이 놓여 있다. 그렇지만 두 판본은 촉각적 수용이라는 개념을 전혀 사용하고 있지 않다.

**78** GS 7, 381.

**79** GS 1. 505.

다시 한 번 정리해보자. 예술작품의 수용 방식으로서 집중과 산만이 구분되었고 이를 토대로 전통적인 예술은 개개 수용자에게서 집중을, 새로운 매체예술로서의 영화는 집단적 수용자에게 산만을 요구한다. 아니, 벤야민은 때론 "대중은 산만을 찾는다"[80]고 표현하기도 하며, 그렇기 때문에 집단적인 영화 관객은 "산만한 자"[81]로 명명되고 있다. 산만은 도대체 무엇을 뜻하는 것일까? 집중과 마찬가지로 산만은 수용자의 수용 상태와 관련된 것일 뿐 결코 예술적 생산 과정이나 생산물의 특성을 뜻하는 것은 아니다. 그렇지만 산만한 자가 놓여 있는 상황, 가령 극장을 염두에 두면 산만은 다음과 같은 의미로도 파악된다. 즉 수많은 장면의 조합인 영상물이 스크린에 펼쳐지고 끊임없이 영상의 충격 효과를 야기하는 상황 속에서 관객은 특정 장면에 집중할 수 없다. 따라서 영화관이라는 공간에 들어서는 순간부터 관객은 이미 자연스럽게 집중을 포기한 산만한 상태, 오락적인 상태, 기분전환에 젖게 되는 셈이다. 결국 산만 속에서의 수용이란 집중이 불가능한 공간 상태 속에서 대중이 산만함을 야기하는 예술품(영화)을 집단적으로 지각하는 행위를 뜻한다.

산만 속에서의 수용이 그렇게 이해된다면, 이제 습관에 의해 이루어지는 사용으로서의 촉각적 수용은 어떻게 이해될 수 있을까? 벤야민은 "촉각적 수용과 산만은 서로를 배제하지 않는다"고 말하고 있지만 양자가 동일한 의미를 지니는 것은 결코 아니다. 특히 처음의 질문, 즉 건축에서 사용으로서의 촉각적 수용이 영화에서도 요구된다면 그것은 무엇을 뜻하는 것일까? 건축의 경우 거주자가 자신의 몸으로 건축물을 사용하고 이러한 사용이 습관적으로 일어나는 것을 뜻하지만, 습관에 의해 이루어지는 사

**80** GS 1, 504.
**81** GS 1, 505.

용으로서의 촉각적 수용이 영화의 경우 무엇을 뜻하는 것일까? 여기서 건축물과 그 안에 거주하는 이들 간의 관계를 영화에서는 (극장 안의) 영상물과 그것을 바라보는 집단적 수용 주체 간의 관계로 파악해볼 수 있다. 이 경우 사실 촉각적 수용보다는 여전히 시각적 수용이 여전히 중시된다. 다시 말하면, 영화는 근본적으로 관객의 시각에 영향을 끼치고 관객 또한 충격 효과의 장면을 시각적으로 바라볼 수밖에 없는 장르가 아닌가? 그럼에도 불구하고 벤야민은 영화에서 촉각적 수용이 점차 우세해지고 있다고 말한다. 영화에서의 촉각적 수용이라는 질문에 대한 대답의 단초는 세 가지 판본보다는 벤야민 아카이브에 보관되어 있는 인쇄 원고의 한 대목에서 찾을 수 있는데, 거기서 벤야민은 촉각적 수용을 더욱 구체적으로 설명해주고 있다.

> 산만한 자, 그는 습관에 젖을 수 있다. 촉각적 수용과 산만은 서로를 배제하지 않는다. 가령 '아주 어떤 다른 곳'에 대한 생각에 젖어 자신의 손상된 차에 앉아 있는 자동차 운전자는, 주차장 앞에서 그것의 양식을 탐구하려고 애쓰는 예술사가보다 그것의 근대적 형태에 더 잘 익숙해 있다. 산만 속에서의 수용이 예술의 전체 영역에서 더욱 강조되면서 두드러지고 있으며, 또한 그런 수용은 집단적으로만 해결될 수 있는 과제에 대면하여 인간의 지각 기관의 기능이 결정적으로 뒤바뀌고 있음을 보여주는 징후이기도 하다. 산만 속에서의 수용은 동시에 촉각적 인지의 의미 증가를 보여주는 징후이기도 하다. 본래 건축물에 근원을 두고 있는 촉각적 인지는 이제 여타 예술 영역으로 넘어가고 있다. 음악에서의 촉각적 인지가 아주 분명하게 그 경우에 해당되는데, 즉 음악의 가장 최근 발전의 핵심적인 요소인 재즈는 자신의 가장 중요한 대리인을 바로 댄스음악에 두고 있다. 약간 불분명하지만, 그러나 적지 않게 두드러지게 그 경향이 영화에서 중시된다. 즉 영화는 연속적인 영상의 충격 효과를 통해서 촉각적 요소를 시각 자체 속

으로 옮겨놓고 있다.[82]

부분적으로 첫 번째 판, 두 번째 판, 세 번째 판에서의 서술과 내용이 반복하고 있지만, 그러나 여기서는 촉각적 수용과 관련된 구체적인 예가 제시되고 있다(물론 그 예들이 세 가지 판본에서는 모두 생략되어 있다). 우선 운전자의 예를 통해 알 수 있듯이, 산만한 상태에서도 운전자가 자신의 주차장 양식을 더욱 잘 알고 이해할 수 있는 까닭은 그의 몸이 주차장 사용에 익숙해 있기 때문이다. 이는 단순히 시각적으로만 주차장 양식을 바라보고 이해하려는 예술사가보다 사용과 습관이라는 촉각적 수용에 젖어 있는 운전자가 더욱 뛰어난 이해력과 적응력을 지니고 있음을 말해준다. 특히 주목해야 할 점은, 촉각적이란 손으로 무엇인가를 만지는 행위를 넘어서 몸 전체로 받아들이는 행위로서 대상에 대한 느낌까지도 포함한다는 것이다. 건축과 관련하여 벤야민이 언급한 습관에 의해 이루어지는 사용으로서의 촉각적 수용도 결국 사용자가 산만한 상태에서 몸의 느낌으로 대상을 수용하는 행위를 내포하고 있는 것이다. 그와 같은 촉각적 수용이 점차 예술에서도 강해진다. 가령 청각적 수용이 절대적인 음악 영역에서 재즈는 단순한 소리를 넘어서 몸의 율동으로서의 촉각적 수용을 중시하는 "댄스음악"이라는 새로운 음악장르로 발전한다. 이 장르에서는 춤, 즉 습관적으로 사용하는 몸의 동작(촉각적 수용)이 소리(청각적 수용)를 압도하고 있는 것이다.

이렇듯 재즈에서 댄스음악이라는 새로운 장르가 만들어지듯, 시각적 장르인 사진에서 영화가 발전한다. 언뜻 보기에 사진의 발전 형태인 영화에서도 여전히 시각적인 수용이 중시되는 것으로 생각할 수 있지만, 벤야

**82** GS 1, 1049.

민은 촉각이 더욱 강해진다고 진단한다. 그렇다면 영화에서 촉각은 어떻게 파악되어야만 할까? 그 개념은 두 가지 차원, 즉 한편으로 촉각적 요소가 강한 영상물의 생산적 차원에서, 다른 한편으로 그 영상물을 산만 속에서 (촉각적으로) 받아들이는 관객의 수용적 차원에서 이해할 필요가 있다. 두 차원은 서로 구분되지만 동시에 결합된다. 양자의 결합이란, 촉각적 요소에 의해 생산된 충격을 야기하는 영상물과 그것을 자주 습관적으로 대하면서 받아들이는 관객 간의 쌍방향적 관계를 뜻한다. 특히 전자, 즉 생산적 차원에서 촉각적 요소가 강한 영상물이란 다름 아닌 몸의 행동, 움직임, 공간 같은 촉각적 현실의 수많은 단편 조각이 시각 기계인 카메라의 눈을 통해 서로 결합되고 조합된 영상물을 말한다. 여기서 시각 기계인 카메라가 사실 촉각적 역할을 수행한다. 이미 앞 장에서 분석한 바 있듯이, 자신의 손을 환자 몸속으로 집어넣어 수술하는 외과 의사처럼 카메라 렌즈를 대상과 연기자의 몸에 가까이 들이대는 카메라맨의 촬영 방식, 이를 벤야민은 촉각적 방식에 의한 영화의 생산 과정으로 이해한 바 있다. 따라서 영화는 "연속적인 영상의 충격 효과를 통해서 촉각적 요소를 시각 자체 속으로 옮겨놓고 있다"고 표현될 수 있다. 그렇다면 이와 같이 촉각적 차원에서 만들어지고 충격 효과를 자아내는 영화는 왜 오늘날 산만한 대중에 의해서 적극 수용되는 것일까? 그에 대한 대답을 벤야민은 다음과 같이 제시한다.

> 영화가 새롭고 절박한 자극 욕구에 적합한 것이 되어버린 날이 왔다. 영화에서는 충격 형태의 지각이 형식 원칙으로 타당성을 갖게 되었다. 컨베이어 벨트에서 생산 리듬을 결정하는 것이 영화에서는 수용 리듬의 근본을 이룬다.[83]

**83** GS 1, 630.

공장에서의 기계적인 생산 방식, 대도시 내의 복잡한 교통 체계 등 근대인의 삶의 방식에는 항시 위험과 충격이 도사리고 있다. 그런 점에서 영화는 곧 "근대인들이 처한 중대한 삶의 위험에 부합하는 예술 형식"이며, 따라서 실제 현실과 생활에서 "지각체계의 심각한 변화들"과 영화에서의 충격 효과는 서로 일치한다.[84] 그런 위험과 충격에 종속되지 않기 위해서 근대인은 영화를 자주 보게 되는데(즉 자신의 사용과 습관 속으로 끌어들이는데), 이를 벤야민은 "산만 속에서의 수용은 영화에서 바로 자신의 고유한 연습 수단을 두고 있다"고 표현한다. 위에서 언급한 주차장과 운전자, 소리와 춤 사이에서 몸에 의한 직접적인 사용과 습관이 강조되었듯이, 영상물과 관객 사이에서도 마찬가지로 그런 촉각적 수용이 요구되는 것이다.

그러나 촉각적 요소에 의해 생산된 영상물을 산만한 상태에서 대중이 습관적으로 자신 속으로 수용할지라도, 영상물을 바라보는데 있어서는 시각적 수용이 여전히 핵심적이기 마련이다. 엄밀히 말하면, 영화의 경우 시각적 수용과 촉각적 수용은 서로 대립하면서도 동시에 하나의 융합적인 새로운 관계를 형성하고 있다. 이러한 모순적이고도 통합적 관계를 어떻게 설명할 수 있을까? 건축과 영화의 공통점으로 벤야민이 거론한 시각과 촉각 간의 상관관계는 그가 이미 바로크 연구에서도 언급한 바 있던 오스트리아 빈 학파의 예술사가 알로이스 리글(Alois Riegl, 1858~1905)로부터 영향을 받은 것으로 추측된다.[85] 형식주의적 예술사가인 리글은 이

84 이와 같은 설명이 초판에는 본문(GS 1, 464)에 실렸고 뒤늦게 1989년에 발견된 2판에서는 각주(GS 7, 380)로 처리되었지만 3판에서는 제외되어 있다.

85 리글과 벤야민의 밀접한 관계에 대해서는 다음의 글을 참조할 것. Wolfgang Kemp, Fernbilder. Benjamin und die Kunswissenschaft, in: "Links hatte noch alles sich zu

집트-그리스 건축에서 로마 건축으로의 전환을 살피는 가운데 건축양식의 변화 원인을 예술의욕(Kunstwollen)이라는 심리 상태와 지각의 변화에서 찾았다. 리글의 시각은 주로 목적 · 질료 · 기술 같은 세 가지 요소를 중심으로 예술상의 양식 변화를 설명했던 기존 예술사들과는 대척하는 것인데, 그렇게 심리 상태를 끌어들여 양식 변화를 설명하는 차원에서 리글은 "근시적-원시적", "주관적-객관적", "유기적-수정체적" 같은 다양한 대립쌍뿐만 아니라 시각적(optisch)-감촉적(haptisch)이라는 개념을 도입하였다. 여기서 감촉적(haptisch)라는 개념은 기존의 촉각적(taktil)이라는 개념의 좁은 의미를 탈피하는 차원에서 사용된다. 사전적 의미로 감촉적 지각이란 "모든 피부감각과 민감한 감수성을 통합하여 어떤 대상의 크기, 윤곽, 표면구조, 무게 등을 활발하게 느끼는 지각을 나타낸다. 모든 감촉적 지각에 의해서 뇌는 기계적인 자극, 온도 자극, 고통을 찾아내고 평가하게 된다."**86** 이러한 의미뿐만 아니라 감촉적 지각이란 다름 아닌 시각을 통해 촉각적 느낌을 받아들인다는 것을 뜻한다. 즉 자신의 눈으로 보는 방식대로 대상의 느낌을 받아들이는 것이 감촉적 지각을 뜻한다. 최근의 영화 이론에서도 들뢰즈/가타리 또한 그러한 리글의 감촉적 개념을 다시 끌어들이고 있는데, 벤야민은 그러한 리글의 이론을 잘 알고 있었던 것으로 보인다. 가령 들뢰즈/가타리도 시각과 촉각을 서로 대립시키는 것이 아니라 눈에 촉각적 기능을 부여함으로써 일종의 시선의 감촉적 수용을 강조하고 있다. 그들에 의하면, "촉각적보다는 감촉적이 훨씬 좋은 낱말이다. 왜냐하면 감촉적이란 낱말은 두 개의 감각기관을 서로 대립시키는 것이 아니라 오히려 눈 자체가 비시각적 기능을 지닐 수 있다는 여운

---

enträtseln [……]" Walter Benjamin im Kontext, pp. 224~257.

**86** http://de.wikipedia.org/wiki/Haptische_Wahrnehmung

을 남겨주기 때문이다."[87] 시각적 감각기관인 눈이 비시각적 기능을 지닌다는 것, 이는 몸으로 느끼는 촉각적 기능을 수행한다는 것을 내포한다. 그런 의미에서 "시선의 감촉적 수용" 혹은 "감촉적 시선"[88]이라는 표현이 가능해진다.

이처럼 촉각과 시각이 하나로 통합되는 측면, 일종의 "시선의 감촉적 수용"이라는 측면과 관련해서 벤야민의 경우 두 가지 예가 그 점을 입증해준다. 그 하나는 『기술복제 시대에서의 예술작품』의 여러 판본에서 벤야민은 촉각적이라는 개념으로 주로 "taktil"을 사용하고 있지만 특이하게도 뒤늦게 발견된 두 번째 판에서는 "taktisch"라고 표현하고 있는 것이다.[89] "taktisch"라는 개념 사용은 실수일까 아니면 의도일까? 이에 대해서는 두 가지 답변이 가능하다. 그 하나는 자신이 사용했던 "taktil"의 앞 음절과 리글이 사용한 "haptisch"의 뒤 음절을 각기 결합하여 신조어 "taktisch"를 만들어낸 것으로 볼 수 있으며, 다른 하나는 시각적(optisch) 측면이 촉각적(taktil) 측면 속으로 이미 들어와 있음을 나타내기 위해서 "taktisch"라고 사용한 것으로 볼 수 있다. 전자의 가능성이 높지만 어쨌든 두 가지 답변 중 어느 것이 옳은지는 불분명하다. 그러나 분명한 점은 "taktisch"라는 표현이 설혹 실수라고해도 그 실수는 이미 시각과 촉각을 결합하고 싶은 의도 혹은 욕망 때문에 나온 것으로 볼 수 있다. 요컨대, "taktisch"라는 신조어는 벤야민이 항상 추구했던 "경계를 넘어서는 접

87 Deleuze/Guattari, Tausend Plateaus. Kapitalismus und Schizophrenie II, Berlin 1997, p. 682.

88 Steffen Siegel, Der haptische Blick oder: Vom Begreifen der Bilder, in: Marcel Lepper/Steffen Siegel/ Sophie Wennerscheid (Hg.), Jenseits des Poststrukturalismus? Eine Sondierung, Frankfurt am Main 2005, pp. 127~148.

89 GS 7, 380 sq.

촉" 내지는 "문지방 경험"이 투영된 것이기도 하다.[90]

또 다른 예는 『기술복제 시대에서의 예술작품』을 위한 인쇄 원고의 한 대목에서 찾을 수 있다. 벤야민은 건축과 영화 이외에도 시각적 수용과 촉각적 수용이 동시적으로 작동하는 예로 광고(Reklame: 상업광고, 삽지광고, 라디오광고 등)를 들고 있다. 일반적으로 건물 표면에 내걸어진 광고의 경우 그것은 한편으로 촉각적으로 수용되는 건물을 구성하는 일부분이지만 동시에 지나가는 행인의 주목을 끄는, 마치 사진의 한 장면처럼 시각적 수용을 요구한다. 그런 건물과 광고의 관계가 벤야민의 시각에서는 전도된다. 즉 광고가 건물의 구성 요소가 아니라 오히려 건물이 "광고의 운반자"로 간주되며 길 위에서 그런 광고를 시각적으로 대할 때 대중은 광고 속의 대상을 몸으로 느끼게 된다(즉 마치 대상을 사용하는 듯한 습관을 갖게 된다). 이를 두고서 벤야민은 마찬가지로 "산만 속에서의 수용"이라고 설명하고 있는데,[91] 그러한 점은 사실 시선의 감촉적 수용에 가깝다.

명확하지는 않지만 "영화는 촉각적 요소를 시각 자체 속으로 옮겨놓고 있다"는 벤야민의 언술은 한편으로 위에서 언급한 것처럼 생산 차원에서 영상물 자체의 특성과 관계하지만, 다른 한편으로 그런 영상물을 촉각과 시각에 의해 동시적으로 수용하는 방식, 즉 시선의 감촉적 수용을 염두에 둔 것으로도 이해된다. 즉 시선이 다시금 그 촉각적 요소를 느낀다고 말이다. 벤야민이 건축에서의 촉각적 수용을 영화에 적용하려 했을 때, 이

---

**90** 이 점을 타카오키 마추이(Takaoki Matsui M. A.)도 자신의 학위 논문에서 정확히 지적해주고 있다(Takaoki Matsui M. A., Walter Benjamin und die Kunst des Graphischen: Photo-Graphie, Malerei, Graphik, Berlin 2007, p. 328). 이 논문은 인터넷 상에서도 읽을 수 있다. (http://edoc.hu-berlin.de/dissertationen/matsui-takaoki-2008-02-20/PDF/matsui.pdf)

**91** GS 1, 1043.

를 마치 촉각적 수용이 시각적 수용을 대체하는 것으로 이해한다면 크나큰 오산이 아닐 수 없다. 카메라의 촉각적 작용에 의해 생산된 영상물을 영화관이라는 공간 속에서 습관적으로 대할 때 관객은 당연히 자신의 시각적 수용에 의존할 수밖에 없다. 그렇지만 관객은 자신의 시선을 통해 영상물의 촉각적 느낌을 수용하는 것이다. 즉 시선의 감촉적 수용을 통해서 말이다.

물론 벤야민은 시선의 감촉적 수용에 대한 논의를 자세히 전개하지 않고 있다. 세 가지 판본의 경우 시선의 감촉적 수용보다는 오히려 "산만 속에서의 수용"만을 주로 언급하고 있을 뿐이다. 벤야민 스스로 "촉각적 수용과 산만은 서로를 배제하지 않는다"고 언급한 것을 보면, 그것은 일차적으로 영화를 자주 대하는 촉각적 습관과 산만 간의 밀접한 관계를 염두에 두었던 것으로 보인다. 그러나 사실 영화의 촉각적 수용과 산만 속에서의 수용은 엄격히 구분되어야만 했다. 아니 더욱 정확히 말하자면, 시선의 감촉적 수용을 산만한 상태, 즉 반복적인 사용 습관과 결합하는 논리가 제시되었어야만 했다.

## 5. 산만한 시험관?

예술의 발전은 다양한 매체에 의존한다고 이미 밝힌 바 있다. 따라서 전통적인 예술과 새로운 예술의 차이는 서로 다른 매체의 차이를 통해서 설명될 수 있는데, 그 가운데 문자 매체와 영상 매체의 차이가 가장 현격하고 첨예한 대립을 형성한다. 인쇄술의 발달 이후 지난 몇 세기 동안에는 소위 글자 매체에 의한 문화, 즉 구텐베르크 갤럭시스가 지배적이었다면, 19세기 중반 이후 다양한 시각적 매체가 등장함으로써 새로운 문화가 형성되었다. 영상(이미지) 매체의 핵심인 사진과 영화가 새로운 문화를 주도해나갔다. 사실 사진의 발명은 모순적인 의미로 해석된다. 그것은 한편으로 인간이 꿈꾸어왔던 완벽한 재현이나 모방을 실현해낸 것처럼 보이지만 다른 한편으로 카메라 렌즈를 어떻게 작동시키는가에 따라서 실재와는 정반대의 상, 극도로 왜곡된 상까지도 만들어진다. 따라서 사진은 사실주의와 자연주의의 완성일 수도 있지만 동시에 탈사실주의 · 탈자연주의의 시작이며, 그 결과 사진을 대면할 경우 그것이 예술의 완성인지 아니면 파괴인지 찬반의 입장으로 갈라진다. 그런 사진을 업그레이드한 것이 바로 영화다. 왜냐하면 마치 수많은 사진 장면을 동시적으로 흘러가도록 한 것처럼 보이는 것이 영화이기 때문이다.

어쨌든 사진과 영화가 전통적인 문자 매체적 예술에 위기를 가져온 것은 틀림없는 사실이다. 위에서 짧게 암시한 것처럼, 사진과 영화에서 가장 혁신적인 점은 현실을 완벽하게 모방해냈을 뿐만 아니라 인간의 눈을 대체하는 카메라 렌즈에 의해서 인위적인 생산이 더욱 자유롭게 되었다는 것이다. 벤야민도 카메라 렌즈의 이중적 속성을 정확히 들여다보고 있었다. 한편으로 그것은 "우리 현존재가 통제되고 있는 강제성을 들여다보는 시각"을 열어주지만 다른 한편으로 "엄청난 예기치 않은 놀이 공간을 우리에게 약속해주고"[92] 있는 것이다. 이렇게 현실 인식과 유희 특성이라는 두 가지 특성을 지닌 사진, 즉 기계적이고 인위적인 눈으로서의 카메라 렌즈가 새로운 매체예술의 핵심적인 요소로 작용함으로써 전통적인 회화와 글자 문화가 뒷전으로 물러나게 된다.

그와 같은 사진과 영화에 의해 촉발된 새로운 매체 문화 및 예술을 분석하는 벤야민의 시각은 현재의 매체 이론가들에게도 상당한 영향력을

**92** GS 1, 499.

끼칠 정도로 대단히 혁신적이다. 그 첫 번째 변화는, 이미 앞 장에서 촉각적 수용과 관련하여 언급되었듯이, 사물을 감각적으로 받아들이는 지각의 변화에서 찾을 수 있다. 벤야민에 의하면, 기술복제 시대에서 지각은 더 이상 자연적인 산물에만 제한되는 것이 아니라 완전히 다른 특성을 지닌 인위적인 생산물과 대면하게 된다. 특히 지각은 아우라가 사라진 동질적인 복제품에 대한 근대인의 욕구와 관계하는데, 벤야민은 전통적인 그림과 복제 사진들(신문 및 영화의 뉴스 장면들) 간의 차이를 통해서 그 점을 설명하고 있다.

> 화보가 실려 있는 신문이나 영화의 주간뉴스가 제공하고 있는 복제물은 그림과는 분명히 구분된다. 그림(이미지)의 경우 일회성과 지속성이 서로 긴밀하게 연결되어 있다면, 복제물의 경우 일시성과 반복성이 서로 긴밀하게 연결되어 있다. 대상을 그것을 감싸고 있는 껍질로부터 떼어내는 것, 다시 말해 아우라의 파괴가 새로운 지각의 특징이다. 이 세상에 있는 동질적인 것에 대한 지각 감각이 너무나 커졌기 때문에 그 결과 지각은 복제물을 수단으로 삼아 일회적인 것에서도 동질적인 것을 얻어내고 있을 정도다.[93]

대량 생산된 복제품은 그 자체 대상의 신비로움을 거부하며 또한 똑같은 대상을 동시적으로 갖고 싶어 하는 대중의 욕구와 부합한다. 전통적인 고독한 주체가 예술작품의 수용자였다면, 기술복제 시대에서의 수용자는 동질적인 것에 대한 지각 감각을 지닌 집단적인 대중이다. 그런 동질적인 것에 대한 지각 감각을 지닌 대중은 철저히 현실과 영향을 주고받는 이들이다. 벤야민에 의하면, "현실이 대중에 맞추고 또 대중이 현실에 맞추는

**93** GS 1, 479 sq.

현상은 사유에서나 직관에서 무한한 중요성을 지니게 될 하나의 발전 과정"[94]이라고 한다. 이와 같은 현실과 대중의 새로운 역학관계에 대한 벤야민의 진단은, 현실이라는 개념이 가상현실이라는 개념으로 대체될 경우, 가상현실과 대중 간의 상호 영향이 더욱 증폭되는 오늘날의 상황을 정확하게 선취해내고 있다.

그런데 동질적인 것에 대한 지각 감각을 지닌 대중이 중시될지라도, 문제는 그 동질적인 것이 어떤 성격을 지니는지를 정확히 이해해야만 한다. 현실과 대중 간의 상호 관계를 자세히 들여다보면, 대중이 자연 그대로의 현실적인 것을 취하는 것이 아니라 사실은 기술에 의해 인위적으로 만들어진 것을 취하고 있다. 가령 사진에 이어 등장하는 영화의 경우 카메라는 순수한 현실을 사라지게 하고 그 대신 "제2의 특성"(즉 인공성)을 지닌 현실을 만들어낸다.

> 영화의 환상적인 특성은 제2의 특성을 띠고 있다. 즉 그것은 편집의 결과다. 요컨대 영화 제작소에서는 장치가 현실에 너무 깊이 개입해 있기 때문에 장치라는 낯선 기구의 영향을 받지 않는 순수한 현실의 측면까지도 사실은 하나의 특수 처리 과정의 결과인 바, 즉 독특하게 작동하는 사진 촬영기구나 똑같은 종류의 여러 촬영을 조립한 결과다. 기계 장치의 영향을 받지 않은 현실의 모습이 여기서는 현실의 가장 인위적인 모습으로 되어버렸고, 직접적인 현실의 광경은 이제 기술의 나라에서는 '푸른 꽃', 즉 최후의 이상으로 되어버렸다.[95]

영화가 있는 그대로의 세계와 현실을 보여주는 것이 아니라 카메라의

---

**94** GS 1, 480.
**95** GS 1, 495.

눈을 포함한 다양한 기술적 작동에 의해 인위적으로 조립된 결과물로서의 현실을 보여준다는 점, 따라서 "직접적인 현실의 광경"은 더 이상 포착하기 불가능한 "푸른 꽃"이 되고 말았다는 점, 이러한 점이 앞서 구성주의 이론의 맥락과 연결될 수 있는 벤야민의 뛰어난 시각이다. 이런 매체이론적 시각을 확장하면, 영화뿐만 아니라 각종 기술적 매체에 둘러싸여 있는 현실, 그리고 우리의 사유나 경험이라고 불리는 것도 결국 경험적 사실 자체보다는 기술적 매체가 만들어낸(혹은 구성한) 어떤 인위적인 이미지에 다름 아닌 셈이다. 벤야민의 진단대로, 영화를 포함한 오늘날의 모든 기술공학적 매체는 존재하는 것의 순수성을 해체하고 있을 뿐만 아니라 존재하지 않는 현실까지도 마치 존재하는 현실처럼 생산해내고 있으며, 그 결과 기술적으로 복제된 매체예술품에서는 허구와 실제, 참과 거짓의 전통적인 경계선이 사라지고 만다.

비록 시뮬레이션이라는 개념을 사용하지는 않았지만 이처럼 영화의 생산 과정을 언급하는 가운데 현실을 기계적 촬영의 결과물로 간주하는 벤야민의 시각은 그 당시로서는 혁신적이 아닐 수 없다. 특히 허구를 만들어내는 기술적 장치의 개입 가능성을 배제한 채 영화를 단지 현실의 재현 수단으로만 파악했던 초기 마르크스주의적 시각과 비교해보면, 벤야민은 가상과 현실을 종합한 일종의 시뮬레이션으로서의 가상현실 이론을 제시하고 있었던 셈이다. 기술적 매체의 발달로 인해 전통적인 인간중심주의적 존재론도 무력하게 되는데, 그것은 기술적 매체가 발전함으로써 인간의 의식이 정지되거나 압도당하는 상황이 도래하고 있기 때문이다. 예술의 경우 오늘날의 심미적 생산물의 주체는 더 이상 인간이 아니라 장치(Apparatur) 자체라고 언급해도 무방하다. 새로운 기술적 매체는 일종의 탈개인화의 특징을 지닌다. 즉 기술적 매체는 점차 "생산 과정에 대한 능동적인 관여로부터 인간을 해방시키고 그에게 기껏해야 관찰자의 위상을 부여하는"[96] 경향을 띠고 있으며, 심미적 생산물도 "예술가의 계몽적이고 개인적인 창조 정신에 기초한다기보다는 그 기술에 기초하고 있는 것이다."[97] 기술적 매체 문화의 세계, 즉 제2의 현실로서의 이미지 세계와 대면하는 수용자가 전통적인 지각 방식과는 완전히 다른 지각 방식을 갖게 되는 현상은 어쩌면 자명한 결과가 아닐 수 없다.

그런데 바로 이 지점에서 벤야민은 반전하는 모습을 내보이는데, 즉 계몽적 사유에서 벗어난 듯이 보이지만 동시에 계몽적 사유에서 완전히 벗어나지 못한 모순적 모습을 취한다. 그 점을 가장 잘 드러내주는 것은 바로 "산만한 시험관"이라는 개념이다. 이미 논한 것처럼 촉각적 수용, 산만 속에서의 수용이 언급되는 가운데 시험관이라는 또 다른 특성이 뒤따른다. 영화와 관련하여 충격적인 장면을 익숙하게 받아들여야 한다는 주장은 마치 계몽적인 의식과 관계없이 영화를 즐길 줄 알아야 한다는 것을 옹호하는 것처럼 읽히지만, 벤야민은 그 점을 넘어서 다른 식의 결론으로 글을 맺는다.

> 영화는 제식가치를 몰아낸다. 영화가 관중으로 하여금 평가 자세를 갖도록 하는 방식에 의해서 그러하며, 그렇지만 영화관에서의 평가 자세가 주의력을 포함하는 것이 아니라는 방식에 의해서 그렇다. 관중은 시험관이지만, 그러나 그는 산만한 시험관이다.[98]

산만이나 익숙함이라는 촉각적 수용을 논하면서도 벤야민은 주의력이

96 P. Zec, Das Medienwerk, in: F. Rötzer(Hg.), Digitaler Schein. Ästhetik der elektronischen Medien, Frankfurt am Main 1991, p. 103.

97 Ibid.

98 GS 1, 505.

배제된 상태 속에서의 "평가 자세"를 다시 끌어들이고 있다. 시험관의 평가 자세란 사실 비판적인 인식 가능성을 뜻한다. 다시 말하면, 주의력에 의존하지 않는 산만한 관객은 영화를 즐기면서도 시험관처럼 참과 거짓을 구분해낼 수 있는 평가 능력으로 자신에게 주어진 과제를 극복해야만 한다는 것이다. 또한 산만한 시험관으로서의 관객은 영화가 불러일으키는 충격 효과까지도 극복할 줄 아는 그런 능력의 소지자다. 그런 능력을 지닌 관객과 영화의 충격 효과 간의 관계에 대해 벤야민은 "충격 수용은 자극 극복을 연습함으로써 완화된다"[99]고 하거나 혹은 "대중은 가르침을 받으려 하지 않는다. 체험된 것을 내면 속에 붙잡아두는 작은 충격만으로도 대중은 지식을 자신 속으로 받아들일 수 있다"[100]고 밝힌다. 오늘날의 관객(대중)은 과거의 수용자들의 모습, 즉 예술작품으로부터 어떤 가르침을 받으려는 수동적인 모습을 벗어던지고 스스로 충격과 지식을 능동적으로 적절하게 결부시킬 수 있는 능력을 지닌 자들로 해석되고 있는 것이다. 다시 말하면, 도덕적 판단에서 벗어날 정도로 충격적이고 압도적인 영상물을 대하는 가운데에서도 관객은 "정신의 현재"(Geistesgegenwart)를 유지하는 것이다. 가령 영화는 처음에 수많은 "포탄"(Geschoß)[101] 같은 기술적 영상을 관객을 향해 쏟아 붓고 도덕적 포장으로부터 벗어나도록 만든다. "기술적 구조의 힘으로 영화는 육체적 충격 효과를 [……] 저 포장에서부터 해방시켜주었다."[102] 즉 포탄처럼 쏟아지는 충격적 영상 때문에 관객은 몰입하거나 명상하지 않게 되고 또한 특정한 도덕적 이데올로기에도 사로잡히지 않게 된다는 것이다. 그렇지만 그런 해방적인 충격 효과

99 GS 1, 614.
100 GS 4, 528.
101 GS 1, 502.
102 GS 1, 503.

에도 불구하고 관찰자로서의 관객은 "더욱 상승된 정신의 현재 상태를 통해서만"[103] 그 포탄을 받아낸다는 것이다. 몽타주를 비롯한 각종 기법을 통해 야기되는 영상의 충격 효과 속에서도 수용자가 정신의 현재를 유지할 수 있다는 것, 이는 곧 관객이 익숙하고 산만한 상태 속에서도 비판적 의식을 유지한다는 것을 뜻한다. 바로 이 점이 영화 매체에 대한 벤야민의 낙관적 희망이다. 사실 벤야민의 분석은 충분한 논리적 설명이라기보다는 거의 선언적인 언술에 가깝다. 다시 말하면, 산만한 시험관이라는 표현으로 맺어지는 결론 부분은 기술복제 시대의 새로운 매체로 부각된 영화에 대한 벤야민의 계몽적 · 낙관적 희망이 투영된 것에 지나지 않는다.

새로운 매체예술의 특성을 긍정적으로 수용하고자 했음에도 불구하고 벤야민의 시각은 그 자체 몇 가지 문제점을 내포하고 있다. 우선 "산만한 시험관"이라는 용어를 자세히 들여다보면, 그것은 사실 예술의 전통적인 두 가지 특성을 결합한 것에 지나지 않는다. 호라티우스 이후 미학 및 예술사에서 끊임없이 대립적으로 논의되어왔던 예술의 두 가지 특성은 교훈(prodesse)과 즐거움(delectare)이다. 이 서로 상반된 특성을 놓고서 과거의 미학자나 문학이론가들은 각기 한쪽의 특성을 강조하거나 혹은 표면과 내면, 현상과 본질, 감각과 이성 같은 논리로 양자를 결합해왔다. 결합의 논리는 가령 예술은 감각적인 즐거움을 불러일으키지만 본질적으로는 의식과 정신을 일깨워준다는 식으로 전개된다. 벤야민은 그와 같은 예술이론의 전통을 잘 알고 있었던 것으로 보이는데, 왜냐하면 그 스스로 영화 관객의 "비판적이고 향유하는 자세"에 대해 다음과 같이 언급하고 있기 때문이다.

**103** GS 1, 503.

> 예술의 사회적 의미가 더욱 위축될수록,―그림과 관련하여 그 점이 입증되었듯이― 관중의 비판적인 자세와 향유하는 자세는 서로 멀어진다. 관습적인 것이 무비판적으로 향유되고, 정말로 새로운 것이 적대적으로 비판된다. 극장에서는 관중의 비판적이고 향유하는 자세가 일치한다.[104]

19세기 중반까지 고전주의적 미학은 주로 고급 예술의 장르에서 비판과 향유의 일치를 찾으려 했지만, 그러나 헤겔의 "예술의 종말론" 진단대로 현대 예술에서는 그와 같은 일치를 더 이상 기대하기 어렵게 되었다. 그렇게 전통적인 예술(문학과 회화 등)이 위축될 수밖에 없는 상황에서 기술복제 시대가 발전하게 되었고 새로운 매체예술의 장르로 사진과 영화가 부각되었던 것이다. 바로 이 지점에서 벤야민은 과거 예술이 추구했던 저 두 가지 특성, 즉 "비판적이고 향유하는 자세", "오락과 즐거움", "산만한 시험관"을 다름 아닌 영화에서 재발견하려 했던 것이다. 그렇지만 향유와 비판의 결합 혹은 "산만한 시험관"이란, 과거의 미학에서 이미 확인된 것처럼, 현실적으로 실현 불가능하거나 혹은 이상적인 요구로 그칠 수밖에 없다. 특히 영화의 경우, 영상의 충격 효과와 냉철한 비판 정신은 각기 질적으로 다른 것이기에 서로 결합될 수 없으며, 설혹 양자가 결합될지라도 어느 것이 더 우세한지는 수용자 개개인들과 관련된 문제이지 결코 집단적인 문제가 아니다. 산만과 정신의 현재라는 모순적인 요소가 과연 이상적으로 결합될 수 있는 것인지에 대해서 이미 아도르노도 마치 벤야민을 비판하듯 적절하게 회의를 표명한 바 있다.

---

**104** GS 1, 497.

> 영화 관객의 웃음은 결코 옳고 혁명적이지 않고 그 대신 아주 사악한 시민적 사디즘으로 가득한 웃음이다. [……] 결국 산만의 이론은, 그 충격적인 매혹에도 불구하고, 나에게 전혀 확신을 주지 못한다.[105]

산만 속에서 영화를 즐기는 것이 사회적 변화보다는 사디즘적 단순 쾌락에 빠질 수 있다는 것이 아도르노의 우려 섞인 목소리다. 또한 실제로 당시 소련의 잡지에 기고했던 이 글이 왜 거부당했을까 하는 의문점도 다각도로 답변될 수 있다. 무엇보다도 모순적인 면을 무리하게 결합시키고 있는 데서 찾을 수 있을지도 모른다. 사실 영화의 내적인 측면이자 수용적인 측면인 흥미 · 오락 · 익숙함은 분명 자본주의의 문화산업을 이끌어가는 추동력인데, 그런 추동력을 인정하면서도 벤야민은 그것을 사회주의의 예술이론이 강조하는 진지함, 비판적 의식, 계몽성과 연결시키고 있다. 이는 현실적으로 자본주의 문화산업의 진영에서건 혹은 사회주의 예술이론의 진영에서건 결코 수용될 수 없는 대안이다. 특히 충격 효과와 흥미를 강화하면서 발전하는 헐리웃의 상업영화를 보면, 그리고 무비판적인 의식으로 그러한 영화를 즐기는 오늘날 관객의 성향을 보면 비판적이고 계몽적인 시험관으로서의 집단적 대중을 염두에 둔 벤야민의 시각은 한계를 드러내고 만다. 대중은 영상미에 압도당하고 종종 자신의 판단능력까지도 상실하고 있는 것이다. 연극과 영화의 차이를 거론하는 가운데 벤야민은 연극의 경우 관객은 무대 위의 배우와 하나가 되거나 감정이입될 수 있기에 비판적 의식을 결여할 수 있지만, 영화의 경우 관객은 "배우와 그 어떤 개인적 접촉에 의해서 방해받지 않는 평가자의 태도"를

105 Th. W. Adorno/W. Benjamin, Briefwechsel 1928~1940, Frankfurt a.M. 1994, p. 171 sq.

취한다고 한다. “관중은 카메라의 태도를 취한다. 즉 관중이 테스트한다.”[106] 그러나 이와 같은 벤야민의 기대와는 달리 아쉽게도 비판적 의식보다는 향유를 우선시하는 관중이 더욱더 팽배해졌음은 부인할 수 없는 사실이다. 어쩌면 거리감, 비판적 의식 등을 내세운 아도르노의 미학을 비판했던 야우스(Jauß)의 지적처럼, 감정이입과 향유가 인간학적 사유의 근본일지도 모르기 때문이다.[107]

벤야민의 낙관적인 시각뿐만 아니라 벤야민이 스스로 사용한 개념과 논리적인 틀도 적지 않은 문제점을 내포한다. 가령 영화의 충격적인 효과 속에서도 작동한다는 “정신의 현재”(Geistesgegenwart)라는 개념이 대표적인 예다. 초기에 작성한 두 가지 글인 「전율에 관하여」(Über das Grauen)와 『독일 바로크 비극의 기원』의 경우 정신의 현재라는 개념은 기도 행위 및 명상 행위와 연관되어 사용된 바 있다.[108] 즉 아우라를 자아내는 예술작

---

**106** GS 1, 488.

**107** 아도르노와 야우스의 대립적 관점에 대해서는 필자의 글을 참조할 것. 최문규, 『자율적 문학의 단말마?』, pp. 185~200. 산만과 향유로 인해 대중이 자신의 비판적 의식이나 관점을 상실할 수 있는 가능성을 벤야민 스스로도 인식한 것일까? 가령 파시즘이 추구하는 정치의 심미화와 관련하여 벤야민은 『기술복제 시대의 예술작품』의 후기에 실려 있는 각주에서 다음과 같이 밝히고 있다. “대량 복제에는 대중의 복제가 부합하고 있다. 거대한 축제 행렬, 집회, 대중적 스포츠 대회, 전쟁 등이 모두 카메라로 촬영되고 있으며, 그런 것에서 대중은 자신의 얼굴을 본다. [……] 이는, 카메라에 가장 잘 부합하는 인간 행동의 형식은 바로 대중의 움직임이라는 점을 말해 준다”(GS 1, 506). 생산 차원에서 카메라와 대중의 움직임이 이처럼 서로 잘 부합하기도 하지만, 동시에 수용 차원에서도 파시즘적 대중은 마찬가지였다. 즉 대중은 아쉽게도 카메라가 담긴 자신의 모습에 대해 비판적인 시험관이 되었다기보다는 그 장엄한 장면 속으로 휩쓸려 들어가고 말았으며, 이 점을 벤야민은 간과하고 말았다.

**108** 「전율에 관하여」, 『독일 바로크 비극의 기원』, 『기술복제 시대의 예술작품』, 「프란츠 카프카」 등에 나타난 “정신의 현재”의 의미를 추적한 매우 뛰어난 글로는 다음을 참조할 것. Carolin Duttlinger, Studium, Aufmerksamkeit, Gebet. Walter Benjamin und die Kontemplation, in: Profanes Leben. Walter Benjamins Dialektik der Säkularisierung, hrsg. v. Daniel Weidner, Frankfurt am Main 2010, pp. 95~119.

품의 수용과 관계된 명상이나 침잠에서 정신의 현재가 요구되었다면, 이제 『기술복제 시대에서의 예술작품』의 경우 정신의 현재는 명상과 침잠보다는 산만 속에의 수용과 관련을 맺고 있다. 이러한 개념 사용과 논리를 어떻게 설명할 수 있을까? 물론 이에 대한 답변으로 두 가지가 가능하다. 그 하나는, 벤야민 특유의 리사이클링의 원칙대로, 특정 개념은 긍정과 부정의 의미에서 항상 가변적으로 사용될 수 있기 때문에 전혀 문제가 없다는 것이다. 다른 하나는 정신의 현재는 명상과 산만이라는 상이한 두 가지 수용 방식에서 모두 가능하다는 것인데, 즉 명상 속에서의 정신의 현재, 산만 속에서의 정신의 현재가 모두 가능하다는 것이다. 그렇다면, 영화에서의 정신의 현재는 전통적인 예술작품에서의 정신의 현재와 동일한 효력과 역할을 수행하는 것일까? 전혀 알 수 없는 노릇이다. 다만 또 다른 글을 보면, 영화와 관련된 산만 속에서의 정신의 현재가 무엇을 뜻하는 것인지에 대한 단초를 찾을 수 있다. 그것은 바로 『사유이미지』에 실려 있는 「성공으로 가는 길을 위한 열세 가지 테제」라는 제목의 에세이 가운데 열세 번째 테제에서 제시된 대목으로 다음과 같다.

> 정신이 순간과 공간에 존재한다는 것, 이를 정신은 다음과 같은 경우에만 행한다. 즉 정신이 어조 · 웃음 · 침묵 · 시선 · 몸짓 안으로 들어갈 때 말이다. 왜냐하면 몸만이 정신의 현재를 만들어내기 때문이다.[109]

영화가 촉각적 수용, 산만 속에서의 수용과 관계된 장르이듯, 위 인용문을 참고할 경우 관객에 요구된 정신의 현재란 전통적인 관념론(헤겔)이 강조했던 의식적이고 이성적 활동을 뜻하는 것이 아니라 몸과 하나가 되

**109** GS 4, 352.

는 상태를 뜻한다. 이는 마치 번역 이론에서 언급된 것처럼 추상적일 수 있는 "낱말이 감정의 음색을 가져야만 하는"[110] 것과도 같으며, 또는 초현실주의에 관한 글에서 언급된 것처럼 일상과 신비, 이미지와 몸이 하나가 되는 그런 상태와도 같다. 결국 지금까지 비판적 의식으로만 이해되었던 정신의 현재의 의미는 어쩌면 수정되어야 할지도 모른다. 그러나 그럴 경우에도 문제는 여전히 남는다. 왜냐하면 산만한 시험관이라는 표현에서 "시험관"이란 몸보다는 의식적 활동을 전개하는 자를 가리키고 있기 때문이다. 결국 정신의 현재가 몸과 관련된 것인지 아니면 비판적 의식을 뜻하는 것인지를 구분하는 최종 답변은 불가능한 것으로 남는다.

또한 산만과 집중과 관련해서도 여전히 난해함이 남아 있다. 『기술복제 시대에서의 예술작품』에서 두 개념은 서로 대립적으로 사용되고 있지만 다른 글에서는 불가분의 관계를 이룬다. 이미 분석한 바 있듯이, 독일 바로크 비극에서 산만과 집중은 긍정과 알레고리의 특징으로 서로 분리될 수 없는 관계를 이룬다. 파편적인 것의 상호 결합이라는 특징을 지닌 알레고리는 산만과 집중을 동시적으로 취하는데, 그렇다면 영화를 몽타주 · 콜라주, 나아가 알레고리로 파악할 경우 두 개념이 영화에도 적용되어야만 하는 것이 아닐까? 아니면 영화의 경우 알레고리 개념이 적용 불가능한 것일까? 이런 질문에 대한 최종 답변 역시 불가능할 뿐이다.

이밖에도 벤야민 스스로도 정확히 우려했던 점이 오늘날 영화라는 매체예술의 고질적인 문제점으로 부상하고 말았다. 바로 대중 스타의 재아우라화(Reauratisierung)라는 위험이 그것이다. 상품 숭배의 또 다른 변형으로서 스타를 숭배하는 경향이 싹틀 수 있다는 위험에 대해 벤야민은 다음과 같이 지적하고 있었다. "아우라의 수축에 대해서 영화는 스튜디오 바

**110** GS 4, 17.

같에서의 '유명 인사'를 인위적으로 구축하는 식으로 대답한다. 영화 자본에 의해 장려되고 있는 스타 숭배는 이미 오래전부터 상품성의 부패한 마력에 존재해 있는 개성의 마력을 보존하고 있다."[111] 벤야민은 작품의 아우라 자리에 스타의 아우라가 들어서고 있음을 이미 정확하게 읽고 있었다. 그러나 부패한 상품 같은 영화의 스타 문화는 영화 자본을 쥐고 있는 이들에 의해서 형성될 뿐만 아니라 아이로니컬하게도 벤야민이 기대했던 그 집단, 즉 맹목적으로 스타에 열광하는 집단적 대중(이런 현상이 정치 영역으로 확장되면 스타를 대체하는 이는 바로 절대적인 영도자다)에 의해서 유지된다. 벤야민은 그와 같은 자본 · 스타 · 대중 간의 위험한 밀월 관계를 깊이 천착하기보다는 산만한 시험관으로서의 집단적 대중에 기대를 걸었던 것이다. 자신의 비평 「괴테의 친화력」(1921/1922)의 마지막 부분에 남긴 "희망 없는 이들을 위해 희망이 우리에게 주어져 있다"[112]라는 명제가 『기술복제 시대에서의 예술작품』이 씌어진 시기에도 여전히 유효했던 것일까?

111 GS 1, 492.
112 GS 1, 201.

제7장

# 초현실주의와 이미지공간

## 1. 초현실주의, 하이데거, 아도르노

1925년 1월 17일 파리에 모인 예술가 집단(아라공[L. Argagon], 수포[Ph. Soupault], 에른스트[M. Ernst] 등을 비롯한 26명의 예술가)은 일명 '초현실주의 사무실'을 열면서 자신들은 "반란의 전문가"이며 또한 "정신의 외침"으로서의 초현실주의는 "그 어떤 예술 형식이 아니다"라고 선언한다.[1] 그들은 도대체 무엇에 대항하여 반란을 꾀한 것일까, 그리고 "초현실주의는 예술 형식이 아니다"라는 구절은 무슨 뜻일까? 초현실주의의 급진성은 무엇보다도 앙드레 브르통(A. Breton)이 두 차례에 걸쳐 작성한 『초현실주의 선언문』(1924, 1930)에서 매우 강렬하게 드러난다. 특히 2차 선언문에서 브르통은 초현실주의의 가장 기본적인 자세는 다름 아닌 "손에 총을 들고 거리로 나가 대중을 향해 맹목적으로 쏘아대는 것"[2]이라고 설명하고

**1** Surrealismus in Paris 1919~1939, hrsg. v. K. Barck, Leipzig 1990, p. 135 sq.

**2** A. Breton, Die Manifeste des Surrealismus, Hamburg 1968, p. 56.

있다. 이 충격적인 대목은 글자 그대로 읽어서는 안 되며 일종의 상상적이고 은유적인 표현에 다름 아니다. 요컨대, 그것은 새장(문명 발전을 주도하는 실용적 · 합리적 · 논리적 사유의 시대)과도 같은 틀 속에서 무감각하게 살아가고 있는 우리의 현존재를 급진적으로 비판하고 자유를 쟁취하려는 언술일 따름이다. 이를 위한 해방의 수단으로 초현실주의는 어떤 다른 현실적인 논리와 폭력적인 행위를 선동하기보다는 극단적인 예술적 상상력을 내세웠다. 이런 점에서 아방가르드의 급진성은 낙관주의, 지배적인 합리성, 실용적이고도 이론적인 공리주의를 비판했던 니체(『비극의 탄생』), 그리고 통일적이고 합리적인 담론을 절대화하는 계몽의 신화를 비판했던 호르크하이머/아도르노(『계몽의 변증법』)와 비슷한 사유 선상에서 이해된다.

"음성적 · 문자시각적 변화 놀이" 같은 "신비로운 낱말 실험"을 전개하는 "미래파, 다다이즘 혹은 초현실주의"[3]는 아방가르드를 형성하며, 벤야민은 그와 같은 새로운 예술 유형을 곳곳에서 조심스럽게 분석하면서 예술적 · 정치적 운동으로서의 아방가르드를 적극 수용하였다. 물론 그 세 가지 유형의 수용과 관련해서는 약간의 미묘한 차이가 드러난다. 가령 「초현실주의: 유럽 지성인의 가장 최근의 스냅사진」(1929, 이하 「초현실주의」)의 경우 초현실주의는 "혁명을 위해 도취의 힘을 얻는 것"이라고 긍정적으로 해석되고 있고, 「기술복제 시대에서의 예술작품」에서는 다다이즘과 미래파가 동시에 언급되고 있다. 그러나 「기술복제 시대에서의 예술작품」의 후기에서 마리네티로 대변되는 미래파는 "정치의 심미화" 경향을 띤 파시즘적 예술로서 부정적으로 간주되고 있는 반면에, 그 글의 본론 14장에서는 다다이즘이 넓은 의미에서 수동적이고 명상적인 영역인 회

3 GS 2, 302.

화에 속해 있음에도 불구하고 영화와 긍정적인 관계를 맺는 것으로 해석된다. 요컨대, 다다이즘은 “관객이 오늘날 영화에서 찾으려는 효과를 회화(내지는 문학)의 수단으로 생산해내려 했다”[4]는 것이다. 물론 영화와 다다이즘 간의 차이점이 없지는 않다. 가령 “육체적 충격 효과를 다다이즘은 도덕적인 충격 효과 속에 포장해놓았다면 영화는 기술적 구조의 힘으로 육체적 충격 효과를 그 포장으로부터 해방시켰다”[5]고 벤야민은 말한다. 이밖에도 비교적 긍정적으로 해석된 초현실주의와 다다이즘을 놓고서 벤야민은 『파사젠-베르크』에서 “초현실주의의 아버지는 다다이즘이고 어머니는 파사주이다”[6]라고 언급한다. 이는 초현실주의가 다다이즘이 제시한 몽타주 같은 심미적 지각 형식을 이어받으면서 현란한 상품문화의 집결지인 파사주를 자신의 모태로 삼았다는 것을 뜻한다.

정치적 이데올로기 차원에서 아방가르드 내의 세 가지 유형 간에는 미세한 차이가 있음에도 불구하고 벤야민은 급진적 실험성을 보인 아방가르드 전체 경향을 비교적 긍정적으로 수용하고 있었다. 특히 그가 전통적인 예술을 전면 부정하는 초현실주의와 다다이즘을 적극 수용하고 있다는 점은, 마르크스주의 내에서 그의 예술관을 가늠하게 하는 중요한 의미를 지닌다. 왜냐하면 아방가르드의 수용은 그가 전통적이고 폐쇄적인 리얼리즘적 예술관보다는 개방적이고 실험적인 모더니즘적 예술관을 더욱 중시하였음을 보여주는 단적인 예로 작용하기 때문이다. 이미 알레고리를 분석하는 대목에서도 언급한 바 있듯이, 동일한 마르크스주의적 이념을 표방했을지라도 루카치가 계급이론적 관점에서만 문학과 예술의 사회

**4** GS 1, 501.

**5** GS 1, 503.

**6** GS 5, 1057.

적 기능을 강조하고 이를 위해 총체성 · 완결성 · 상징성 같은 전통적인 심미적 개념을 고수하였다면, 벤야민은 총체성 · 완결성 같은 고전적이고 보수적인 범주와 결별하는 가운데 파편성 · 불완전성 · 알레고리 같은 새로운 형식을 적극 옹호하고 나섰다.

표현주의 문학과 비슷한 차원에서 퇴폐적이고 실험적인 유희처럼 여겨질 수 있는 아방가르드 운동을 수용하는 가운데 벤야민은 특히 「초현실주의」라는 제목으로 초현실주의의 예술적 의미를 뛰어넘어 그것의 정치적인 의미를 짚어내려고 시도한다. 그 점은 초현실주의자들을 예술가로 간주하기보다는 "지성인"으로 파악하고 있는 글의 부제에서 쉽게 읽어낼 수 있다. 그런데 벤야민은 왜 표현주의보다는 초현실주의를, 그것도 '유럽'이라는 이름 하에 자신의 분석 대상으로 삼았을까? 사실 그 글은 초현실주의 자체에 대한 단순한 소개가 아니라 벤야민 자신의 정치적인 선택적 상황에서 씌어진 것으로 보인다. 선택적 상황이란, 삶의 매우 중요한 순간에 혁명적 입장과 보수적 입장 중 하나를 택해야만 하는 갈림길에 서 있는 것을 뜻하며, 여기서 벤야민은 초현실주의와 하이데거의 대립을 통해서 그 갈림길을 표현하고 있다.

> 발전의 특정 궤적에서 갈림길의 사유를 인식하는 삶의 중대한 관심사, 이는 보수적이거나 혹은 혁명적인 평가의 결정을 내려야 하는 지점에서 역사성을 지닌 세계에 대한 새로운 시선이기도 하다. 이런 의미에서 초현실주의와 하이데거에게는 동일한 점이 작동하고 있다.[7]

하이데거의 『존재와 시간』이 발표된 시기는 1927년이고, 파리에서 초

---

**7** GS 5, 1026.

현실주의 사무실이 개소된 시기는 1925년이다. 초현실주의와 하이데거의 대립은 매우 흥미로운 비유가 아닐 수 없다. 왜냐하면 한 편에는 하이데거라는 사상가의 이름이, 다른 한편에는 초현실주의라는 집단적인 새로운 예술적 경향의 명칭이 언급되고 있기 때문이다. 역사와 세계에 대한 "새로운 시선"을 취해야만 하는 갈림길 위에 놓여 있다는 공통점에도 불구하고 하이데거와 초현실주의는 서로 갈라질 수밖에 없다. 그런 양자 가운데 하나를 선택할 수밖에 없는 기로에서 벤야민은 하이데거보다는 초현실주의를 택하고 있는 것이다. 따라서 초현실주의는 1920년대 프랑스에서 발생한 예술 현상을 지칭하는 기호가 아니라 벤야민 자신의 정치적 입장을 드러내는 은유적 기호로 작용하고 있는 셈이다. 결국 초현실주의를 적극적으로 분석하고 수용하려는 글의 목적은, 『기술복제 시대의 예술작품』처럼, 자신의 유물론적이고도 혁명적 입장을 강조하려는 벤야민 개인의 의도와 밀접한 관계를 맺는다. 그런 점에서 초현실주의자들은 "진실한 역사적 실존의 신호"를 포착한 이들로서 "혁명적이고 유물론적 토대"[8]를 취했다는 언술은 곧 벤야민 스스로에게도 해당된다.

물론 정치적인 관점에서 보수적 · 혁명적이라는 구분 이외에도 벤야민은 다른 역사적 · 심미적 · 철학적 개념을 통해서 하이데거와 거리를 취하는데, 그것은 바로 자신이 염두에 둔 이미지와 하이데거가 내세운 "역사성"이라는 개념 간의 차이를 통해서다. 그 점은 다음과 같은 벤야민의 언술에 암시되고 있다.

> 이미지를 현상학의 본질성[머무르고 지속하는 것: 역자]과 구분해주는 것은 그것의 역사적 색인이다. (하이데거는 현상학의 역사를 추상적으로 '역사성'을 통

---

**8** GS 5, 493 sq.

해서 구원해내려 했지만 헛수고였다.) 이미지는 '정신과학적' 카테고리인 소위 아비투스, 양식 같은 것들과 분리되어야만 한다. 이미지의 역사적 색인은 이미지가 특정한 시대에 속해 있음을 말해줄 뿐만 아니라 이미지가 특정한 시기에 비로소 읽혀질 수 있음을 말해준다. 더욱이 읽혀질 수 있음에 도달한다는 것이 바로 이미지 내면에서의 운동의 특정한 비판적인 지점이다. 모든 현재는 그 현재와 동시적으로 존재하는 이미지들에 의해서 결정된다. 모든 지금은 특정한 인식 가능성의 지금이다.[9]

벤야민은 초현실주의가 강조한 (혹은 자신이 주장한) 이미지 개념이 하이데거의 본질성 혹은 역사주의적 정신과학에서 주장된 아비투스, 양식 같은 개념과는 명확하게 구분된다는 점을 밝히고 있다. 그 결정적인 차이점은 시간성에서 찾을 수 있다. 가령 아비투스, 양식 같은 개념은, 후에 벤야민이 역사주의를 비판했을 때의 논거와 마찬가지로, 장시간의 흐름에 기초된 역사적이고 통시적인 시간에 의존한다면, 이와 달리 벤야민의 이미지 개념은 지금이라는 현재적 시간과 관련을 맺는다. 인식 가능성의 지금이라는 순간적 시간성을 지닌 이미지, 이는 역사적 유물론이 중시하는 변증법적 이미지(dialektisches Bild)의 핵심적인 특징이며, 벤야민은 "인식 가능한 지금 속에서 반짝 빛나는 과거의 이미지는 그것의 폭넓은 규정에 따르면 하나의 기억이미지다"[10]라고 말하고 있다. 특정한 지나간 대상이나 실상에 대한 기억이미지에서 중요한 점은, 과거의 것이 어떠했는가가 아니라 지금이라는 시간과의 연관 속에서 과거의 것을 인식하는 행위인 것이다. 가령 문학작품이 지나간 대상을 언어적으로 이미지화하거나 혹

**9** GS 5, 577 sq.
**10** GS 1, 1243.

은 사진이 카메라 렌즈를 통해 대상을 영상이미지로 담아낼 경우, 이때 언어 이미지나 영상 이미지는 과거의 본래 모습과 의미에 초점을 두고 있는 것이 아니라 바로 지금이라는 시간과의 연관 속에서 읽혀질 수 있을 때 비로소 그 의미를 새롭게 얻게 된다.

이처럼 이미지와 지금이라는 시간과의 결합은, 초현실주의라는 예술적 경향을 자신의 분석 대상으로 삼고 있는 벤야민의 글쓰기 작업에서도 찾을 수 있다. 물론 역사적으로 오래전에 존재했던 과거의 특정 현상은 아님에도 불구하고 초현실주의를 자신의 분석 대상으로 삼았을 때 벤야민은 그 예술적 현상이 어떻게 발생했고 발전했는가에 대한 역사주의적 관심사를 제시하는 것이 아니라 초현실주의를 하나의 이미지로서 받아들이고 그 이미지를 자신의 인식가능한 지금이라는 현재적 시점 속에서 적극 분석해내고 있는 것이다. 따라서 벤야민이 초현실주의를 제대로 파악했는지에 대한 역사적인 실상과 관련된 물음은 전혀 중요치 않으며 그 대신 벤야민에 의해 인식되고 구성된 초현실주의, 그런 초현실주의를 통해서 제시된 벤야민의 심미적 · 정치적 시각이 중시될 뿐이다. 그 결과 하이데거의 현상학적 존재론을 거부하고 초현실주의를 택하고 분석하는 가운데 벤야민은 자신의 마르크스주의적 혁명적 입장을 천명하는 현재적 의미를 초현실주의를 통해서 제시하고 있다.[11] 혹은 후에 정신분석학의 기본 개념인 꿈과 깨어남의 대립을 받아들이면서 벤야민은 "깨어남과 잠 사이에서 언제나 다채롭게 분해되는 의식의 그런 요동치는 상태를 개인에서 집단으로 전이시켜야만 한다"[12]고 요청하였는데, 그런 도취와 각성, 깨어남

11 초현실주의, 벤야민, 마르크스주의 간의 정치이념적 연관성은 분명하다. 그런데 흥미롭게도 미에서 진리가 현현하는 방식(하이데거)과 아우라의 현현 방식(벤야민)은 서로 연관되어 있다고 볼 수 있다. 이와 같은 하이데거와 벤야민의 친화성에 대해서는 다음을 참조할 것. W. van Reijen, Schwarzwald und Paris. Benjamin und Heidegger, München 1998.

과 꿈(잠), 심미적 감수성과 정치적 의식 간의 결합 가능성을 벤야민은 바로 초현실주의를 통해서 강조하고 있다.

「초현실주의」의 또 다른 의미는 벤야민의 절친 아도르노와의 관계에서도 찾을 수 있다. 사실 벤야민과 아도르노는 새로운 예술과 형식을 적극 수용하는 자세를 보였음에도 불구하고 초현실주의라는 예술적 경향과 관련해서는 약간의 미묘한 차이점을 드러낸다. 위에서 언급한 바 있듯이, 벤야민의 「초현실주의」가 발표된 시기가 1929년이지만, 「초현실주의를 회고하며」(1956), 「앙가주망」(1962) 같은 아방가르드와 관련된 아도르노의 글은 비교적 뒤늦게 발표된다. 초현실주의가 절정에 다다른 시점에 벤야민이 그 예술적 흐름을 적극 수용하는 글을 발표했다면, 아도르노의 글은 "지나간 것"에 대한 일종의 회고적 성격을 띤다. 따라서 두 사람의 논조는 적극성과 거리감이라는 차이를 띠고 있다. 특히 양자의 시각이나 글의 성격을 결정짓는 요인으로 제2차 세계대전이라는 역사적 경험이 작용한다. 벤야민의 글에는 그러한 경험이 부재하기 때문에 초현실주의를 적극 옹호하고 있다면, 아도르노의 글에는 암울한 경험이 다음과 같이 표현되어 있다. "유럽의 파국 이후 초현실주의의 충격은 무기력하게 되고 말았다."[13] 이는 유대인 대학살이라는 유럽의 파국 내지는 충격 앞에서 그 어떤 예술적 현상도 더 이상 충격적으로 다가올 수 없다는 점을 시사하고 있다. 아방가르드가 도입한 충격 범주를 아도르노는 아이로니컬한 톤으로 정치적인 사건에 적용하고 있는 셈이다. 또한 전통적인 예술 형식을 파괴하는 반예술적 행위를 통해서 정치적 성향을 강조하는 것이 벤야민의 시각이라면, 어느 정도 시간이 흐른 후 아도르노는 이미 예술로 제도

12 GS 5, 1012.

13 Th. W. Adorno, Rückblickend auf den Surrealismus, in: GS, Bd. 11, p. 102.

화된, 박물관에 안치된 초현실주의를 바라보면서 그 특성을 "예술이 예술을 뒤흔들었던" 것으로 해석하고 나선다. 글자 그대로 회고의 형식으로 씌어진 글에서 아도르노는 초현실주의가 개인적 차원에서만 진행된 예술적 방식일 뿐 사회적 변혁을 위해서는 한계를 지닌다고 지적하고 있다. 특히 초현실주의는 아무런 희망을 주지 못한 채 병적인 충동과 물신주의가 서로 결합된 그런 이미지만을 생산한 예술적 흐름이라고 비판되고 있다.

> 초현실주의의 변증법적 이미지는 객관적 부자유의 상태 속에 놓인 저 주관적인 자유의 변증법과 같은 것이다. 마치 자신의 아이를 잃어버린 니오베와 흡사한 모습으로 유럽의 세계 고통이 그 이미지 내에 경직되어 있지만, 동시에 그 이미지로 시민사회는 자신의 존속에 대한 희망을 자신에게서 내던져버리고 있다. [……] 그런 이미지는 결코 내향적인 사람의 이미지가 아니라 오히려 주관적인 것, 리비도가 결합된 물신주의, 즉 상품물신주의에 다름 아니다.[14]

이처럼 현실을 훼손하는 자기주관적인 이미지만을 극대화한다는 식으로 초현실주의를 부정적으로 평가한 아도르노와는 달리 벤야민은 꿈같은 무의식적인 이미지와 혁명적인 정치 운동을 결합시키려는 초현실주의 운동을 옹호하고 나섰던 것이다. 이와 같은 양자의 차이점을 뷔르거는 다음과 같이 적절하게 요약한 바 있다. "벤야민은 초현실주의적 경험을 최소한 그 의도에 따라 집단적으로 가져올 수 있는 경험으로 규정하려고 시도하고 있다면, 아도르노는 총체적으로 소외된 사회 내에서 개인에게 끼치는 초현실주의적 작품의 영향을 분석하면서 그 결과 예술적 처리 방식을

14 Th. W. Adorno, Rückblickend auf den Surrealismus, in: GS, Bd. 11, p. 104.

강조한다."[15] 어쨌든 다시 한 번 요약하자면, 아도르노의 글은 가능성과 한계를 어느 정도 명확하게 파악할 수 있는 시점에서 초현실주의를 분석하고 있다면, 벤야민은 지금과 여기라는 현재적 시점 하에서 자신의 정치적 입장을 명확히 밝히기 위해 현재적인 대상을 끌어들이고 있는 것이다. 그것도 단순히 초현실주의 작가나 작품(가령 브르통의 『나자』[Nadja])의 의도를 파헤쳐내는 전통적인 해석학적 입장에서가 아니라 독자와 텍스트, 관찰자와 대상이 서로 사유를 교환하는 그런 (탈)근대적인 해석학적 입장에서 말이다.

## 2. 도취와 혁명

이처럼 자신의 혁명적 · 유물론적 입장을 강조하기 위해 초현실주의를 분석 대상으로 삼은 벤야민은 흥미롭게도 바쿠닌(1814~1876)에 의해 대변되는 극단적인 무정부주의에서 그것의 정치적 뿌리를 발견한다. "바쿠닌 이래 유럽에는 그 어떤 극단적인 자유 개념이 존재하지 않았다. 그런데 초현실주의자들이 그 자유 개념을 갖고 있다."[16] 초현실주의에 대한 벤야민 시각의 옳고 그름을 떠나서 사실 초현실주의 자체의 정치적 입장을 획일적으로 단정하기란 그리 간단치 않다. 그것은 초현실주의적 예술가들 개개인이 자유주의 · 마르크스주의 · 무정부주의 · 파시즘 등 다양한 이념적 스펙트럼을 형성하고 있었기 때문이다. 다다이즘과는 달리 초현실주의는 예술적 · 정치적 차원에서 결코 하나의 입장이나 노선을 형성할 수

15 P. Bürger, Der französische Surrealismus, Frankfurt am Main 1996, p. 17.
16 GS 2, 306.

가 없었으며 그로 인해 항상 분열과 이탈의 가능성을 지니고 있었으며, 그 점을 벤야민도 정확히 꿰뚫어보고 있다. "이와 같은 운동에서는 어떤 순간이 있게 마련이다. 즉 그 비밀 단체의 근본적인 긴장이 권력과 지배를 둘러싼 현실적 · 세속적 싸움 속에서 폭발하거나 혹은 대중적인 선언으로서 붕괴되고 변용되는 순간이 그것이다. 그런 변형의 단계에 초현실주의가 현재 놓여 있다."[17] 다양한 이념적 스펙트럼에도 불구하고 벤야민은 초현실주의의 특징을 무정부주의로 소급시킨다. 비록 초현실주의가 1920년 후반에는 점차 붕괴되고 변형의 단계에 처해 있지만 그 근본적인 특징은 총체적인 "불신", "전 노선에서의 염세주의"를 표방한 무정부주의에서 출발하고 있다고 벤야민은 함축적으로 정리한다.

> 문학의 운명에 대해 불신하고 자유의 운명에 대해 불신하고 유럽 인류의 운명에 대해 불신하고 무엇보다 계급 간의 의사소통, 민족 간의 의사소통, 개인들 간의 의사소통에 대한 불신, 불신, 불신이다.[18]

초현실주의가 기존의 삶 전체 영역에서 전승되어온 의사소통 방식을 극단적으로 거부하는 소위 염세주의를 주장했을 때 그들이 불신한 대상은 구체적으로 어떤 세력을 지칭하는 것일까? 그것은 18세기 이후 역사와 문명의 무한한 발전이라는 낙관주의 이념을 내세운 시민 계급 및 현실안주를 조장하는 가톨릭 세력을 말한다. 물론 뒤에 다시 언급하겠지만, 그 불신의 대상에는 보수적인 시민 계급뿐만 아니라 마르크스주의를 내세운 현실 사회주의자들도 포함된다. 특히 후자에 대해서 벤야민은 「초현

---

**17** GS 2, 296.
**18** GS 2, 308.

실주의」뿐만 아니라 「역사의 개념에 대하여」에서도 매우 매섭게 비판하고 있다. 이와 달리 초현실주의자들이 자신의 선구자로 삼고 있는 이들로는 다름 아닌 좌우파 진영으로부터 모두 배제되어왔던, 때론 소위 비의적인, 병적인 시인으로 분류되거나 때론 비이성적인 악마주의자 혹은 문학적 니힐리스트로 낙인찍혔던 노발리스, 호프만, 랭보, 로트레아몽, 도스토옙스키 같은 시인들이다. 벤야민은 특히 『지옥에서의 한철』, 『말도로르의 노래』, 『악령』 같은 작품들을 강조하는데, 사악한 서술 방식으로 반휴머니즘적인 세계를 적나라하게 그려낸 그런 작품들은 소위 정치의 도덕화를 꾀하는 기존 좌우파 세력을 모두 거부하였다는 공통점을 지닌다. 정치의 도덕화를 꾀하는 기존 정치 세력에는 전통적인 헤겔 좌우파의 두 시각이 모두 포함되어 있다. 그들의 공통점은 주로 아름다운 변용, 총체성, 상징적 미학을 중시하며 또한 그런 미학을 사이비 도덕적 이념과 결합시키려 한다는 것이다. 이와 달리 랭보, 로트레아몽, 도스토옙스키 같은 사악한 시인들은 언뜻 악을 숭배하는 것처럼 보이지만 사실은 기존 질서를 전복하려는 정치적인 급진성을 표방하고 있다.

> 랭보와 로트레아몽의 악마주의를 예술을 위한 예술의 짝으로서 속물주의의 재산 목록 속으로 집어넣고 싶은 유혹이 너무 컸다. 그러나 우리가 이 낭만적 모조품을 열어보고자 결심한다면 우리는 그 안에서 쓸 만한 것을 찾게 된다. 즉 정치를 도덕화하는 딜레탕티슴에 대항하여 낭만적이기는 하지만 소독하고 격리하는 장치로서 악에 대한 숭배를 우리는 발견한다.[19]

이처럼 무정부주의자이면서 니힐리스트로 간주되는 랭보, 로트레아몽

---

**19** GS 2, 304.

같은 19세기 시인들을 자신의 선배로 받아들인 초현실주의는 이제 기존 현실을 총체적으로 전복하고 삶과 현실을 새롭게 구성해내기 위해 서로 극단적으로 대립하거나 모순처럼 보일 수 있는 두 영역, 즉 현실과 꿈을 결합시키는 방식을 취한다.

우선 벤야민은 초현실주의가 경험과 현실의 측면을 중시하였음을 밝힌다. 여기서 경험과 현실에 대한 강조는 '창작으로서의 예술'에 대한 전통적인 표상을 거부하는 것과 밀접한 관계를 맺는다. "문학의 비밀을 발견했다고 믿었지만—사실 그들은, 당시의 모든 강렬한 집단들처럼, 창작을 그만두었다"[20]라고 거론하고 있다. 창작을 거부했다면 초현실주의는 그 대신 무엇을 받아들였던 것일까?

> 이들 무리의 글에서는 문학이 아니라 다른 것, 즉 선언문 · 구호 · 도큐먼트 · 허풍 · 위조가 중시되었다. 문학이 전혀 중시되지 않았다는 사실을 인식한 자는 이 운동에서는 이론이나 환상이 중요한 것이 아니라 글자 그대로 경험이 중요하다는 것을 알고 있는 셈이다.[21]

초현실주의가 창작으로서의 예술(문학)을 거부하고 그 대신 경험을 중시했다는 것, 이 점은 전통적인 미학과 예술이론의 여러 가지 측면을 비판하는 함의가 내재해 있다. 그 가운데 무엇보다도 경험에 대한 강조는 사물을 구원하는 심미적 방식, 즉 예술사에서도 자주 거론되는 초현실주의의 특징인 "우연히 발견된 사물"(troube object), 즉 낡은 것, 사라진 것, 우연히 발견된 것 등을 강조하는 심미적 방식과 연결된다. 이에 대한 대

20 GS 2, 621.
21 GS 2, 297.

표적인 예는 초현실주의자인 브르통의 소설에서도 찾을 수 있지만, 브르통 이전의 사진 분야에서도 발견된다. 그것을 벤야민은 초현실주의의 선구자로 분류하고 있는 아제(Atget)에서 찾아내고 있는데, 그의 사진 작업에서는 인간이 사라지고 그 대신 우연히 발견된 사물의 모습이 들어서는 특징이 발견된다.

> 아제의 파리 사진들은 초현실주의 사진의 선구이다. 그 사진들은 초현실주의가 움직일 수 있었던 유일하다고 할 수 있는 진정 광대한 대열의 전위대다. 그는 몰락기의 관례적인 초상 사진술이 퍼뜨린, 사람을 질식시킬 듯한 분위기를 말끔히 소독해낸 최초의 인물이다. 그는 그 분위기를 깨끗이 청소했는바, 아니 말끔히 제거했다. 그는 최근의 사진술이 이룩한, 의심할 나위 없이 명확한 공적이라고 할 수 있는 대상을 아우라에서 해방시키는 작업을 개시하였다. 아방가르드 잡지들인 「비푸르」, 「바리에테」는 '웨스트민스터', '릴', '안트베르펜', '브레슬라우' 같은 도시 이름의 표제를 달고서 오로지 세부적인 것들, 가령 난간의 일부, 나뭇가지들이 어느 가스등과 겹쳐 나타나는 앙상한 나무의 우듬지, 아니면 방화벽, 또는 도시 이름들이 씌어 있는 구명 튜브가 달려 있는 등잔걸이를 싣고 있는데, 이것들 모두가 아제가 발전시켜낸 모티브를 문학적으로 부각한 예들이다. 그는 실종된 것과 표착된 것들을 찾아다녔고, 그래서 그러한 형상들은 도시 이름들이 지니는 이국적이고 화려한 낭만적인 음조를 거부했다. 형상들은 침몰하는 배에서 물을 빨아들이듯이 현실에서 아우라를 빨아들인다.[22]

아제의 사진은 전통적인 예술작품(가령 회화)에 내재해 있던 인물 초상의 아우라를 완전히 사라지게 만들었으며 그 대신 우연히 발견된 사물

---

**22** GS 2, 378.

("세부적인 것", "실종된 것과 표착된 것들")의 형상을 보여주고 있다. 인간과 삶의 중심에 있는 거대한 사물이 아니라 주변으로 내버려진 사물의 형상 말이다. 그런데 사진 속의 주변적 사물의 형상은 사물 자체와 동일한 것이 아니다. 사진 속 사물의 모습은, 이미 언급한 바 있듯이, 카메라 렌즈를 통과하였기 때문에 초현실적인 이미지의 특성을 획득하고 있는 셈이다. 즉 일상적인 것과 비밀스러운 것이 카메라 렌즈에 의해 결합됨으로써 만들어진 이미지의 특성이다. 사진에서 아제가 그렇게 사물을 구원하고 있다면, 벤야민은 초현실주의자 브르통이 자신의 소설 『나자』에서 어떤 혁명적인 기운을 뿜어내고 있는 주변 사물을 그려내고 있는 대목에 주목한다.

브르통은 놀라운 발견에 스스로 자랑스러워했다. 우선 그는 '낡은 것으로 된 것'에서 분출하는 혁명적 에너지와 마주했다. 그것은 최초의 철로 만든 구조물, 최초의 공장 건물, 최초의 사진들 같은 것들이며, 또한 유행이 지나가버리면 곧 사라져가기 시작하는 대상들, 예컨대 살롱 피아노, 5년 전의 의상들, 사교적인 모임 공간 같은 것들이며, 그는 이러한 것에서 혁명적 에너지를 발견하였다. 이러한 사물들이 혁명과 어떤 관계를 지니는가에 대해서는 그 누구도 이 작가들만큼 정확하게 파악해내지 못했다. 어떻게 해서 사회적 빈곤뿐만 아니라 건축상의 빈곤, 실내 장식의 빈곤, 노예화된 사물들과 노예화하는 사물들이 혁명적 니힐리즘으로 전복되는지, 바로 이 점을 이 예언가들과 기호해석자들 이전에는 그 누구도 인지해내지 못했다. 아라공의 『오페라 파사주』를 굳이 언급할 필요는 없다. 브르통과 나자는 사랑하는 한 쌍의 연인이다. 우리가 슬픈 기차여행 중에(기차는 낡은 것이 되고 마는데), 신으로부터 버림받은 어느 일요일 오후 대도시의 프롤레타리아 계급이 살고 있는 어느 지역에서, 새로 지은 집의 빗물로 촉촉이 젖은 창문을 통해 첫눈으로 경험했던 모든 것을 그들은 행동이 아닌 혁명적인 경험 속에서 되찾아주는 그런 연인이다. 그들은 사물 속에 숨어 있던 '분위기'의 강력한 힘들을 폭발시킨다.[23]

낡고 사라진 것 속에서 어떤 혁명적 에너지를 발견하는 것, 그것도 우연이라는 시간성을 강조하는 것은 다양한 의미를 지닌다. 물론 그와 같은 시도는 정치적인 차원에서 예술과 삶의 결합이라는 아방가르드의 의도를 구체화하는 방식으로 읽힌다.[24] 이밖에도 우연히 사물을 발견하는 과정에서 초현실주의자들은 사회적 빈곤뿐만 아니라 "건축상의 빈곤, 실내장식의 빈곤, 노예화된 사물들과 노예화하는 사물들"[25]을 관찰하고 추적하였다는 벤야민의 분석도 매우 중요한 의미를 암시한다. 그것은 바로 벤야민의 글쓰기 특성과도 관련되기 때문이다. 초현실주의자뿐만 아니라 벤야민도 사실은 그와 같은 "노예화된 사물들과 노예화하는 사물들"에 대한 인식을 바탕으로 그에 합당한 미묘한 글쓰기를 전개하였으며, 특히 파사주 · 상품 · 배회자 간의 상호 연관성을 자신의 분석 및 글쓰기 대상으로 삼았던 『파사젠-베르크』가 그에 적합한 예다. 어쨌든 초현실주의는 낡은 사물과 우연적인 교감을 나눔으로써 혁명적인 힘을 얻어냈으며 이를 벤야민은 "과거에 존재해 있던 것에 대한 역사적인 시선을 정치적인 시선으로 교체하는 것"[26]이라고 서술한다.

"우연히 발견된 사물"에 대한 강조는 현실과 경험을 중시하는 초현실

---

**23** GS 2, 299 sq.

**24** P. Bürger, Theorie der Avantgarde, p. 78.

**25** 아방가르드 건축과 벤야민의 관계에 대해서는 다음의 연구를 참조할 것. Michael Müller, Architektur für das "Schlechte Neue", in: "Links hatte noch alles sich zu enträtseln [……] " Walter Benjamin im Kontext, pp. 278~323.

**26** GS 2, 300.

주의의 심미적 의도뿐만 아니라 자신의 의식이나 관점으로 사물을 관장하려는 전통적인 작가중심주의적 · 주관적 미학과 결별하는 의미를 지닌다. 예를 들면 예술작품을 생산하는 예술가를 천재로 규정하였던 시각(칸트)이나 혹은 예술가를 심미적 관조 혹은 지적 관조의 소유자로 파악하였던 시각(셸링)이 초현실주의에서는 더 이상 유효하지가 않다. 전통적인 미학과 예술이론의 경우 작가는 자신의 의식과 무의식을 바탕으로 하나의 완전한 작품을 만들어내는 천재로 규정되었는데, 이 천재로서의 작가는 자신의 작품을 마치 하나의 세계로 간주하고 자신이 만든 규칙과 통일성을 그 세계에 부여하는 자이기도 했다. 서구 문화에 내재해 있는 그와 같은 작가의 신화를 해체하려 했다는 점에서[27] 초현실주의는 후에, 바르트(Barthes)나 푸코(Foucault)에 의해 다시 강조된 바 있는 "작가의 죽음"을 처음으로 선언한 운동인 셈이다. 고독한 절대 주체로서의 특정한 천재적인 작가를 거부하며 "공동의 책임을 지는 노력 속에서 개인주의를 지양하려는"[28]것이 초현실주의의 새로운 미학적 행위일 뿐만 아니라 정치적 도발성인 것이다.

그런데 우연히 발견된 이질적인 사물 파편들이 상호 결합되는 방식의 근원은 사실 19세기 중반 로트레아몽이 천명한 심미적 원칙이 부활한 것과도 같다. 실제 아라공(『로트레아몽과 우리들』)과 브르통은 로트레아몽을 초현실주의의 선구자로 언급한 바 있다. 이미 언급한 바 있듯이, 소설 『말도로르의 노래』에서 로트레아몽은 어느 젊은이의 아름다움을 묘사하기 위해 "마치 해부용 탁자 위에서 재봉틀과 우산이 우연히 만나는 것이 그렇듯이 그는 아름다웠다"라는 기이한 은유적 언술을 남긴 바 있는데, 그

27 Vgl. M. Ernst, Was ist Surrealismus?, in: Surrealismus in Paris 1919~1939, pp. 617~620.

28 K. Barck, Kontinente der Phantasie, in; Surrealismus in Paris, p. 745.

런 로트레아몽의 언술을 빌려온 듯이 아라공은 “시를 낳는 중요한 요소는 서로 가능한 한 멀리 떨어진 두 개의 사물에 대한 비교, 혹은 어떤 방법으로든지 돌발적이고 충격적으로 이 둘을 대치시키는 것이다”[29]라고 반복하고 있다. 여기서 예술가의 절대적인 의식에 더 이상 의존하지 않는, 사물 자체를 우연히 경험하는 방식은 두 가지 양상으로 전개된다. 그 하나는 자본주의 사회에 대한 비판적, 아이로니컬한 의미를 추구하는 차원에서 레디메이드 같은 방식처럼 공장에서 생산된 대량 생산물(상표 같은 글자도 포함됨)을 예술 공간 속으로 끌어오는 경우이며, 다른 하나는 삶의 현실에서 그 본래적 기능을 상실한 채 점차 소외되는 사물을 끌어들이는 경우다. 이러한 초현실주의적 행위는 회화와 문학에서도 자주 실험적으로 행해지는데, 그것은 일상에서 발견되는 다양한 광고 문구, 상품명, 기사 문구 등을 그대로 가져와서 결합시키는 알레고리 및 몽타주 같은 방식을 통해서 가능해진다. 물론 구체적이고 경험적인 현실에서 끌어들인 다양한 파편 조각을 서로 결합시키는 과정에서 간과할 수 없는 점은, 그 경험적 파편 조각들이 합성되는 순간 그 조각들은 마치 영화에서 그렇듯이 현실의 모사 혹은 반영에서 벗어나 인위적인 제2의 현실을 구성하게 된다는 것이다. 다시 말하면, 몽타주 방식으로 조합된 결과물은 마치 초현실적 세계 내지는 경험의 초현실성을 띠게 된다.

경험과 현실을 강조했음에도 불구하고 더욱 흥미로운 점은, 초현실주의는 경험의 정반대인 꿈 · 도취 · 무의식 같은 비합리적인 상태를 옹호하였다는 것이다. 아니 어쩌면 “우연히 발견된 사물”이라는 표현 자체에는 이미 그런 꿈 · 도취 · 무의식이 내포되어 있는 셈이다. 왜냐하면 우연이란 곧 무의식적이고, 꿈과도 같은 상태에서의 발견 가능성을 뜻하기 때문

29 S. Alexandrian(이대일 역), 『초현실주의 미술』, 열화당, 1992, 132쪽.

이다. 결국 경험(현실)과 꿈(도취 · 무의식)은 서로 대립하는 것이 아니라 상호 결합됨으로써 그 결과 경험과 꿈 간의 변증법적인 관계가 발생하게 된다. 그렇다면 꿈(무의식)은 어떤 의미를 지니는 것일까? 흔히 낮 · 의식 · 이성의 세계에서는 모든 것이 철저히 억압되고 통제되지만 꿈의 상태에서는 모든 유희가 자유롭게 펼쳐진다고 인식되며, 이 점에 대해서는 이미 18세기 역사철학자이며 문인인 헤르더(Herder)도 다음과 같이 간결하게 언급한 바 있다. "꿈과 유희에서 인간은 자신이 어떤 존재인지를 내보인다. 특히 꿈에서."[30] 꿈이 지닌 또 다른 특징은, 꿈에서는 의식적인 "나" 혹은 "자아"가 존재할 수 없으며 또한 꿈의 내용은 결코 확실할 수가 없다는 것이다. 꿈은 그 어떤 확신에 찬, 의식적인 언술을 허용하지 않는데, 이 점에 대해서 언어철학자 비트겐슈타인은 다음과 같은 예로 설명한 바 있다. "설사 들을 수 있을 정도로 누군가 꿈꾸면서 '나는 꿈꾸고 있어'라고 말하는 이도 옳지 않지만, 정말 밖에서 비가 올지라도 그가 꿈에서 '비가 오네'라고 말하는 경우도 마찬가지로 옳지 않다. 설혹 그의 꿈이 실제로 빗소리와 연관되어 있을지라도 말이다."[31] 자아의 언어적 발화 행위는 오로지 의식적인 상태에서만 가능한데, 자아가 작동하는 언술은 결코 진정한 꿈의 상태가 아님을 비트겐슈타인은 강조하고 있다. 뒤집어서 말하면, 의식 이전의 상태, 자아 이전의 상태가 곧 꿈의 상태인 것이다. 이처럼 자유로운 유희가 허락되는 꿈과 무의식을 옹호했다는 점에서 프로이트의 정신분석학과 초현실주의는 서로 긴밀하며, 그 점에서 양자의 그런 긴밀함은 브르통이 작성한 『초현실주의의 선언문』에서 분명히 언급되

---

**30** Johann Gottfried Herder, Ideen zur Philosophie der Geschichte der Menschheit, Zweiter Teil. Achtes Buch, IV.

**31** Ludwig Wittgenstein, Über Gewissheit, in: Werkausgabe 8, Frankfurt a.M. 1984, § 676.

고 있다. 초현실주의와 정신분석학은 한 걸음 더 나아가 마르크스주의와도 친화성을 형성하는데, 즉 꿈, 무의식, 프롤레타리아 계급은 모두 기존 질서에 의해 억압되어 있으며 동시에 그러한 억압에서 해방되어야만 하는 힘으로 파악되었다. 그리고 꿈같은 상태에서의 자유로운 유희 내지는 무의식의 해방은 곧 부르주아 사회의 제도화된 질서를 붕괴시키는 프롤레타리아 계급의 혁명적 운동과 억압된 자연의 회복을 뜻한다.

꿈은 데카르트 이후 서구 철학의 중심으로 형성된 의식적이고도 합리적인 주체에 대한 비판적 의미를 지니지만, 초현실주의는 그와 같은 꿈을 극단적으로 밀고 나가 초현실을 생산하는 힘으로 간주한다. 예컨대, 달리는 꿈의 절정을 엑스터시 내지는 도취로 파악하였으며 이러한 도취에 의해서 "소박하고도 지극히 예민하고 동시에 생명력 있는 통찰력의 순수 상태"[32]가 회복된다고 보았다. 꿈의 극단적인 도취 상태 혹은 무의식 상태에서는 가장 자연스러운 예술적 행위가 가능해진다. 이처럼 초현실주의가 꿈을 강조하였다는 점은 예술사나 문학사에서도 쉽게 확인할 수 있는 점이다. 그러나 문제는 꿈(도취 · 무의식)을 어떻게 수용하는가에 따라서 초현실주의 자체에 대한 이해 및 초현실주의에 대한 수용이 다르게 전개된다. 우선 꿈에 대해서는 초현실주의 자체 내에서도 서로 다른 주장이 발견된다. 가령 아라공의 경우 꿈의 상태가 초현실로 간주된다.

> [……] 사물의 본질은 결코 그 현실과 결합되어 있지 않다. [……] 현실적인 것과는 다른 관계들이 존재한다. 정신이 그 관계들을 파악하며, 그 관계들은 우연, 환상, 상상적인 것, 꿈과 마찬가지로 원천적인 것이다. 이러한 다양한 현상들이 초현실이라고 불리는 범주 속에서 서로 합일되고 화해된다.[33]

---

**32** S. Dali, Das Phänomen der Ekstase, in: Surrealismus in Paris, p. 583.

이처럼 꿈과 초현실을 동일시하는 아라공의 시각과는 달리 브르통은 현실과 꿈, 의식과 무의식 간의 경계가 해체된 상태를 다름 아닌 초현실이라고 불렀다.

> 나는 꿈과 현실이라는, 언뜻 보기에 서로 대립하는 두 상태가 궁극적으로는 하나의 절대적인 현실, 즉 사람들이 말할 수 있는 일종의 '초현실'에서 해체되리라고 믿는다.[34]

그렇다면 동시대 예술적이고도 정치적 현상으로서의 초현실주의를 목도한 벤야민은 어떤 시각을 갖고서 초현실주의를 이해하고 있는 것일까? 그 점은 아라공과 자신 간의 차이를 밝히고 있는 다음과 같은 단편에서 찾을 수 있다.

> 이 작업 경향은 아라공과 경계를 긋는다. 즉 아라공이 꿈의 영역에 머물러 있다면, 여기서는 깨어남의 형세가 발견되어야 한다. 아라공에게 인상주의적 요소가 남아 있다면—즉 신화가 있다면—, 여기서는 역사 공간 내에서 그 신화를 해체하는 일이 중시된다. 두말할 나위 없이 그것은 있었던 것에 관한 아직도 의식되지 않은 지식을 일깨우는 것을 통해 일어날 수 있다.[35]

아라공이 일종의 환유법으로서 초현실주의 전체를 나타내는 것일 수도

---

**33** L. Aragon, Eine Traumwoge, in: Surrealismus in Paris, p. 66.

**34** A. Breton, Die Manifeste des Surrealismus, p. 18.

**35** GS 5, 1014.

있겠지만, 그러나 위 구절은 분명 자기 자신과 아라공과의 차이를 밝히는 것일 뿐 초현실주의 운동 자체에 대한 비판은 아닌 것으로 보인다. 따라서 아라공을 비판하고 나아가 꿈을 지식의 일깨움, 즉 비판적 의식으로 전환하는 점을 강조했다고 해서 벤야민이 초현실주의의 핵심인 꿈(도취)을 부정하고 있는 것은 결코 아니다. 꿈(도취) 자체는 전통적인 관점에서처럼 부정적인 것이 아니라 오히려 그것은 억압된 자아를 해방시켜주는 긍정적인 동인으로 작용하며, 이 점을 벤야민은 "도취에 의한 자아의 완화는 생산적이고 생경한 경험이며, 이러한 경험이 인간을 도취의 마력에서 벗어나게 만든다"[36]라는 식으로 역설적으로 표현해주고 있다. 이처럼 꿈(도취)이 강조됨에도 불구하고 벤야민은 초현실주의가 도취를 절대시한 것처럼 자칫 왜곡하는 시각에 대해 경계를 취한다. 왜냐하면 도취 자체만이 절대적인 것으로 예찬될 경우 그것은 마치 아편에 의해 환각 상태에 젖는 것만을 옹호할 수 있기 때문이다. "초현실주의적 경험을 우리가 단지 종교적 도취 혹은 아편의 엑스터시로만 안다고 생각하는 것은 아주 큰 실수이다."[37] 도취만을 강조할 경우 그것은 마치 "사전 연습과 축제를 구분하지 못한 채 들떠 있는 실천 행위"로서 도취를 수용하게 되며, 그런 일면적 수용은 "혁명의 방법론적이고 전문적인 준비 과정을 뒤로 밀쳐두는"[38] 잘못된 결과를 초래한다는 것이다. 도취를 일면적으로만 수용하는 시각에 대한 비판을 다른 식으로 표현하자면, 꿈(도취)에 대한 "낭만적 편견"이 극복되어야만 한다는 것이다. 그 점은 "푸른 꽃"을 꿈꾸는 것에 대한 비판적 경고와 비슷하게 이해된다. "더 이상 푸른 꽃에 대해 꿈을 꿀

**36** GS 2, 297.
**37** GS 2, 297.
**38** GS 2, 307.

수는 없다. 오늘날 하이린히 폰 오프터딩엔으로 깨어난 자는 너무 늦잠을 자서 무엇인가를 놓칠 것이 틀림없다."[39] 비록 노발리스의 소설 제목과 개념을 쓰고 있지만, 그렇다고 해서 벤야민이 자신을 낭만주의와 구분하려는 것은 결코 아니다. 마찬가지로 "낭만적 편견"이라는 벤야민의 표현도 독일 낭만주의나 초현실주의에 대한 비판을 염두에 둔 것이 아니라 도취만을 통해서 순수하고 이상적인 상태에 도달할 수 있다는 그런 소박한 믿음 내지는 기대감 같은 의미에서의 낭만적 편견을 뜻한다(물론 "낭만적 편견"의 극복과 관련된 벤야민의 서술에는 약간의 모호함이 없지는 않다. 그것은 꿈에 대한 초현실주의 자체의 입장이 곧 낭만적 편견이라는 것인지, 아니면 초현실주의를 해석하는 가운데 단지 꿈의 상태만을 절대화하는 일반 수용자의 태도를 말하는 것인지 불분명하기 때문이다).

초현실주의와 꿈의 관계에서 벤야민은 또 다른 측면에 방점을 찍고 있는데, 그것은 꿈을 어떤 이상적 상태로 혹은 몽상에 젖어 있는 상태로 간주하지 않고 사물, 진부한 것, 일상적인 것과의 연관성에서 파악하고 있다는 측면이다. 벤야민에 의하면, 초현실주의에서 꿈은 현실 내지는 사물세계 속에 놓여 있음으로 해서 양자 간의 경계가 궁극적으로 해체되어 있다는 것이다. "꿈은 푸른 먼 곳을 더 이상 열지 않는다. 꿈은 회색빛으로 되어버렸다. 사물에 대한 회색빛 먼지 층이 꿈의 가장 소중한 부분이다. 꿈들은 곧 진부한 것(das Banale)으로 들어가는 지름길이다."[40] "사물에 대한 회색빛 먼지 층이 꿈의 가장 소중한 부분"이라는 분석은 꿈이 일상

39 GS 2, 620. 초기 낭만주의의 핵심적인 인물인 노발리스(Novalis)의 대표작은 『하인리히 폰 오프터딩엔』(1802)이다. 소설의 주인공 오프터딩엔은 푸른 꽃에 대한 꿈을 꾸고 깨어나자마자 바로 그 푸른 꽃을 찾아서 여행을 떠난다. 이후 낭만주의 문학에서 푸른 꽃은 자아 · 사랑 · 진리 등을 뜻하는 상징으로 해석되곤 한다.

40 GS 2, 620.

적이고 범속한 것과 분리될 수 없음을 말해주고 있는 결정적인 대목이다. 일상적이고 범속한 것을 나타내주는 다른 언어는 키치(Kitsch)이며, 그런 점에서 벤야민은 "사물이 꿈에 향하는 측면은 키치"[41]라고 말한다. 키치와 꿈은 인간과 사물 간의 새로운 매개로 작용한다.

> 그런 확신으로 초현실주의자들은 영혼보다는 사물을 알아내려고 한다. 그들은 대상의 토템 사상이 깃든 나무를 원시사의 밀림 속에서 찾는다. 그 토템 사상이 깃든 나무의 가장 맨 위쪽의, 최후의 찡그린 얼굴은 키치다. 키치는 범속한 것의 마지막 가면이다. 이미 사멸된 사물 세계의 힘을 우리 안으로 받아들기 위해서 우리는 꿈과의 대화에서 그런 가면으로 자신을 위장한다. 우리가 예술이라고 명했던 것은 육체로부터 2미터 떨어져서 시작하였다. 그러나 이제 키치에서 사물 세계는 인간에게로 다가간다. 사물세계는 인간의 더듬는 손아귀에 자신을 맡기고 마침내 인간의 내면 속에서 자신의 형상을 만든다.[42]

"우리가 예술이라고 명했던 것은 육체로부터 2미터 떨어져서 시작하였다"라는 언술은 전통적인 예술, 즉 구체성이 결여된 채 단순히 이상만을 찾아 나섰던 기존 예술에 대한 비판을 뜻한다. 육체로부터 멀어져 있는 기존 예술과는 달리 초현실주의적 예술은 사물 세계, 감각적인 현실, 육체 등 범속한 것을 끌어들임으로써 일종의 반예술의 모습을 띤다. 그런 사물 세계가 모두 꿈이나 무의식에서 자유롭게 분출된다는 것이다. 꿈이 현실과 가까이 놓여 있다는 벤야민의 지적은 결코 틀린 것이 아니다.

결국 꿈(도취)과 초현실주의 간의 관계를 분석하는 가운데 벤야민이 강

---

**41** GS 2, 620.
**42** GS 2, 622.

조하고 있는 점은 분명하다. 그것은 꿈을 깨어남과 연결하려는 것, 신화화에만 머무는 것이 아니라 역사적 탈신화화로 나아가는 것, 다시 말하면 꿈과 현실, 도취와 혁명의 결합을 추구하는 것이며, 바로 이 점이 「초현실주의」라는 글의 핵심 내용으로 드러난다. "신비스럽고 초현실주의적이고 환등상적인 소질과 현상" 같은 특징을 지닌 도취는 반드시 깨어남, 비판적 의식과 연관이 되어야만 하는데, 이를 벤야민은 "변증법적 교차 방식"이라고 명명하고 있다.[43] 다시 말하면, 변증법적 교차 방식이란 꿈같은 상태에서의 비판적 의식, 비판적 의식에서의 꿈, 차가움(일상 · 냉정 · 경험) 속에서 따뜻함(비밀 · 열정 · 도취)을, 따뜻함 속에서 차가움 같은 식으로 서로 뒤섞이는 방식과도 같다.

> 오히려 일상적인 것을 꿰뚫어볼 수 없는 것으로, 그리고 꿰뚫어볼 수 없는 것을 일상적인 것으로 인식하는 변증법적 시각을 통해서 우리는 비밀을 일상적인 것 속에서 발견하는 그런 정도로만 비밀을 꿰뚫어볼 수 있다.[44]

이와 같이 초현실주의에 대해 적절한 이해를 위해서 벤야민이 제시한 변증법적 교차에 대한 언술은 사실 그가 잘 알고 있던 독일 낭만주의의 문학적 방식에 크게 빚지고 있음을 알 수 있다. 왜냐하면 일상적인 것과 꿰뚫어볼 수 없는 것(비밀스러운 것) 간의 변증법적 관계에 대한 벤야민의 언술은 사실 "낭만화"에 대한 노발리스의 정의를 그대로 반복하는 것처럼 보이기 때문이다.

---

**43** GS 2, 297.
**44** GS 2, 307.

> 세계는 낭만화되어야만 한다. 그럼으로써 우리는 근원적인 의미를 다시 발견하게 된다. 낭만화란 질적인 강화 이외에 다름 아니다. 이러한 작동 속에서는 저급한 자아가 더 나은 자아와 동일시된다. 우리 자신이 그와 같은 질적인 잠재력의 연속이듯이. 그러한 작동은 아직도 알려지지 않고 있다. 내가 저급한 것에 숭고한 의미를, 일상적인 것에 비밀스런 외양을, 잘 알려진 것에 잘 알려지지 않은 것의 품위를, 유한한 것에 무한한 가상을 부여함으로써 나는 그것을 낭만화하게 된다.[45]

이와 같은 노발리스의 낭만화 수법은 사실 자아를 포함하여 예술적 형식미를 강화하는 과정을 설명해준 것에 다름 아니다. 전자의 경우, 일상적인 것에 비밀스런 외양을 부여하거나 혹은 역으로 비밀스런 것을 일상적인 모습으로 전환시키는 "범속한 각성"(profane Erleuchtung)[46]의 문학적 형상화 방식은 호프만, 랭보, 로트레아몽, 보들레르를 넘어서 초현실주의 및 1960~1970년대의 팝 아트까지로 이어지는 예술 운동에서 반복된다.

이처럼 벤야민이 신비와 일상, 꿈과 현실, 도취와 혁명 간의 변증법적 관계를 강조한 대목은 도처에서 찾을 수 있다. 가령 그는 초현실주의의 핵심을 "혁명을 위한 도취의 힘을 얻는 것"[47]이라고 두 차례 언급하고 있다. 이는 초현실주의를 단순히 도취에만 젖은 예술적 행위로만 파악하는 것이 아니라 정치적인 행위와 연결될 수 있는 운동으로 파악하고 있다는 것을 뜻한다. 레닌이 가령 종교를 도취를 야기하는 아편과도 같은 것으로 비판하였다면, 이와 달리 벤야민은 도취를 정치적 행위와 연결시키고 있으며 나아가 이를 초현실주의의 근본 특징으로 파악하고 있는 것이다. 그

---

**45** Novalis, Schriften, Bd. II, p. 545.
**46** GS 2, 297.
**47** GS 2, 307; GS 2, 308.

런 점에서 "자유의 경험을 다른 혁명적인 경험, 즉 [……] 혁명의 구성적이고 독재적인 것과 결합시키는" 가능성, "반란(Revolte)을 혁명(Revolution)과 결합시키는"[48] 가능성을 벤야민은 초현실주의에서 발견해내고 있다. 벤야민에 의하면, 자본주의의 경제적 토대가 본격화되었던 19세기의 상황을 최초로 비판적으로 읽어낸 운동이 바로 초현실주의이며, 그런 "초현실주의의 혁명적이고 유물론적 토대"[49]를 통해서 벤야민은 자신이 서 있던 20세기 초엽의 자본주의를 비판하고 극복할 수 있다고 본 것이다.

통제와 억압을 작동시키는 자본주의적 현실에서는 일상과 비밀이 근본적으로 구분되어 있지만, 초현실주의와 벤야민은 그런 구분에 대해 근본적으로 불신하고 있다. 사실 비밀과 일상을 구분하는 것 자체가 사회가 만들어놓은 인위적 구분에 다름 아니며, 그런 인위적 구분에 의해서 특히 도취 · 혁명 · 비밀은 항상 억압되게 마련이다. 따라서 초현실주의와 벤야민이 일상에서 비밀을, 비밀 속에서 일상을 발견하는 변증법적 교차를 내세웠을 때 그것은 현실과 이상, 가능과 불가능을 구분하는 시민사회를 극복하기 위해서였던 것이다. 그렇게 비밀과 일상의 변증법적 결합이 작동하는 곳이 바로 초현실주의가 추구했던 초현실이며, 이를 벤야민은 "범속한 각성", "시적인 삶", "이미지공간/몸공간" 등 다양하게 명명한다. 그런 점에서 "읽는 자, 사유하는 자, 기다리는 자, 배회자"이면서도 동시에 "아편 복용자, 꿈꾸는 자, 도취된 자"[50]만이 범속한 각성, 시적인 삶, 이미지공간 속에서 움직이는 초현실주의자인 셈이다. 이러한 초현실주의자의

**48** GS 2, 307.
**49** GS 5, 494.
**50** GS 2, 308.

이중적 특징은, 이미 조명한 바 있듯이, 벤야민이 자신을 "문지방"에 놓여 있는 자로 명명한 것이나 혹은 카프카의 작품 세계를 신비적 경험과 대도시인들의 경험이라는 양극단의 "타원형"으로 파악했던 바와 거의 동일한 의미 선상에 놓여 있다. 문지방과 타원형은 모두 양극단을 동시에 포함하는 공간으로서 초현실주의뿐만 아니라 벤야민도 초현실주의자로서 그런 공간 내에 놓여 있었다.

## 3. "범속한 각성"과 "시적인 삶"

삶 자체를 예술로 혹은 예술 자체를 삶으로 받아들이려는 초현실주의는 칸트 이후 삶과 예술의 차이를 전제로 예술의 자율성을 주장해왔던 관념론적 미학 전통을 거부한다. 초현실주의는 예술에서 가능한 것은 삶에서도 가능하며 삶에서 가능한 것은 예술에서도 가능하다는 사유에서 출발하면서 궁극적으로 양자의 차이를 지양하려 한다. 삶과 예술의 결합은 곧 일상적인 것과 비밀스러운 것의 변증법적 결합을 뜻한다. 이러한 초현실주의와 관련하여 벤야민은 아주 독특한 개념을 제시하는데 그것은 "유물론적이고도 인간학적인 영감"이라고도 불리는 "범속한 각성"이라는 개념이다. 유물론적 영감, 범속한 각성이라는 표현을 자세히 음미해보면, 그것은 일반적으로 결합될 수 없는 것으로 여겨지는 개념들의 결합임을 알 수 있다. 왜냐하면 영감이란 주로 신비롭고 비과학적인 것으로서 흔히 유물론적 시각에 의해서 철저히 배제되며, 더욱이 정신적인 것으로서의 영감은 인간을 포함한 삶의 물질적인 면에서 출발하는 유물론적 사유와 거리가 멀다. 그렇기 때문에 유물론적 영감이라는 벤야민의 표현은 그 자체 모순적으로 들린다. 범속한 각성의 경우도 마찬가지다. 범속이란 일반적이고 세속적인 면을 뜻하며 "빛나게 하다, 비추다, 계몽하다"라는 뜻을 지닌 "erleuchten"이라는 동사에서 파생된 명사 "각성"(혹은 계몽 · 영감 · 깨달음)은 모두 정신적이고도 성스러운 능력을 뜻한다. 따라서 범속한 각성도 서로 대립적인 개념의 결합이다. 이처럼 언뜻 결합될 수 없는 듯한 두 개념을 하나로 묶어서 벤야민은 초현실주의의 변증법적 운동을 아주 적절하게 표현해낸 셈이다. 그런데 더욱 넓은 의미에서 생각해보면, 범속한 각성은 초현실주의에만 한정되는 것이 아니라 형상과 기의의 불일치로서 정의한 바 있는 알레고리컬한 형상화에도 해당되며, 나아가 벤야민이 염두에 둔 비평가, 배회자 등도 모두 그러한 범속한 각성을 추구하는 이들임을 알 수 있다. 배회자의 경우 상품사회를 대변하는 파사주라는 화려하고도 세속적인 공간 내에 도취되어 있으면서 동시에 그런 공간 및 자기 자신에 냉철한 비판을 가하는 모습을 드러내고 있기 때문이다.

범속한 각성은 개념상으로 이해될 수 있지만 더욱 중요한 점은 그것이 초현실주의에서 어떻게 표현되었을까 하는 것이다. 이를 쉽게 설명하기 위해 벤야민은 두 가지 예를 언급하고 있다. 그 하나는 브르통의 소설 『나자』에서 표방되고 있는 소위 "유리집에서 사는 것"인데, 유리집이란 곧 일상과 비밀, 안과 밖, 삶과 예술, 의식과 무의식이 서로 변증법적으로 연결된, 궁극적으로 결국 그 경계가 해체된 상태를 뜻한다. 그런 점에서 브르통과 나자, 삶과 예술, 혹은 벤야민 스스로 그렇게 명명했듯이 "예술소설이자 실화소설"[51]이라는 특성을 지닌 『나자』라는 소설 자체는 일종의 유리집과도 같다. 범속한 각성에 대한 또 다른 예로는 민네(Minne)라는 중세 시대의 사랑/연애 형태를 포함하여 『나자』에서도 엿볼 수 있는 연인 간의 신비스런 사랑을 들 수 있다. 그런 사랑을 벤야민은 엑스터시와 멀

**51** GS 2, 298.

쩡한 정신, 순결함과 황홀함이 서로 변증법적으로 결합되어 있다고 해석한다.[52] 가령 "브르통과 나자는 사랑하는 한 쌍의 연인이다"라는 대목은 각별한 의미를 지닌다. 비의적이고 몽환적인 여주인공 나자와 소설의 화자이자 작가인 브르통이 서로 나누는 사랑은 어떤 의미를 지니는 것일까? 나자에 대한 브르통의 사랑을 이해하기 위해서는 나자라는 여인이 무엇을 뜻하는지를 우선적으로 파악해야만 한다. 벤야민에 의하면, 나자는 바로 파리 · 대중 · 혁명이 서로 상호 연관성을 이루고 있는 저 세계, 즉 집단적 무의식의 세계를 나타내는 알레고리컬한 형상으로 읽고 있다.

> 나자는 이 대중의 대변인이며 대중에 혁명적인 영감을 불어 넣는 것의 대변인이다. '나자는 나의 유일한 믿을 만한 행동을 고취하는, 살아 숨 쉬고 울려 퍼지는 위대한 무의식이며, 나는 그것이 내 소유의 모든 것을 영원히 지배하고 있음을 항상 입증하고 싶다.'[53]

소설의 허구적 인물 나자를 곧 현실의 대중 또는 해방을 향한 정치적 무의식으로 해석하고 있는 것이 벤야민의 새로운 해석이며, 이는 그가 바로크 비극에서 제시했던 기표와 기의의 불일치 내지는 씌어진 것과는 완전히 "다른 의미"를 향하는 알레고리 수법에 근거한 해석이라고도 할 수 있다. 이렇게 벤야민은 초현실주의를 포함한 아방가르드의 핵심을 예술에 대한 총체적인 거부로만 인식하는 것이 아니라 삶과 예술이 하나가 된 소위 "시적인 삶"을 실현하려는 예술적이면서도 동시에 정치적 운동으로 해석하고 있다. 이를 위해서는 예술 자체의 내적인 자기 부정이 전제됨은

**52** GS 2, 299.
**53** GS 2, 301.

두말할 나위 없다.

> 여기선 문학의 영역이 내부로부터 폭파되는데, 친밀하게 단합한 일군의 사람들이 '시적인 삶'을 아주 극단적인 가능성의 경계까지 몰고 갔다.[54]

그런데 왜 시적인 삶이 요청되는 것일까? 그것의 역사적 배경은 어떻게 설명될 수 있는 것일까? 근대 사회를 계몽적이고 합리적인 사회의 성립이라고 규정한다면, 그 사회의 특징은 바로 사회 내의 부분영역들이 점차 자율성을 갖게 되는 분화 현상에서 찾을 수 있다. 그와 같은 근대 사회, 근대성 이념, 영역들 간의 분화 현상을 두고서 흔히 근대의 탈주술화(막스 베버), 가치 차원의 분리(하버마스), 부분체계의 분화(루만) 등 다양한 분석이 뒤따른다. 그렇지만 근대 사회에서 부분영역들의 끊임없는 분화는 매우 부정적인 현상처럼 인식되어왔고, 관념론이나 유물론 모두 그런 분화를 극복하려 했다는 점에서 서로 공통적이다. 그런 맥락에서 초현실주의도 분화 현상에 저항하여 새로운 통합을 꾀하고 나선 것으로 볼 수 있다. "초현실주의가 접촉했던 모든 것이 서로 통합되었다"[55]라는 벤야민은 분석을 두고서 초현실주의가 어떤 점에서 통합적이었는가를 질문해 볼 수 있다. 그 점은 예술적으로 서로 이질적인 요소들을 결합시키는 몽타주 방식과 그러한 심미적 방식에 내재해 있는 함의에서 찾을 수 있다. 즉 몽타주 방식이란 시민사회 이후 서로 분리되었던 것을 다시 통합하려 했던 초현실주의의 정치적 의도를 표출한 것에 다름 아니다. 언뜻 보기에 상이한 파편 조각의 조합으로서 몽타주 방식은 마치 파편과도 같은 개인,

---

**54** GS 2, 296.
**55** GS 2, 296.

부분을 옹호하는 것처럼 보이지만, 그 이질적인 것들의 조합은 부분들의 지양을 노린 것이다. 이를 정치적 차원에서 해석할 경우, 부분들의 지양은 부르주아 사회의 이데올로기인 개인주의에 대한 부정을 뜻한다. 이는 동시에 단일한 특정 지역 및 혈연에 기초하는 민족주의나 지역주의에 대한 거부와도 연결된다. 서구 유럽에 오랫동안 지배해 있던 예술적 · 문화적 전통을 몽타주 방식을 통해서 급진적으로 해체하려는 행위는 그 전통문화에 내재해 있는 이데올로기를 부정하는 의미를 지닌다. 요컨대 그것은 개인 · 민족 같은 정치적인 삶의 이데올로기를 거부하는 함의를 지닌다. 그런 점에서 초현실주의는 당시 이미 싹트고 있던 "민족주의와 쇼비니즘적 유럽중심주의"[56] 같은 이데올로기에 대항했다. 개인주의 · 민족주의 · 쇼비니즘 등에 대한 거부는 그들의 작업 형태에서도 드러난다. 즉 초현실주의는 장르를 뛰어넘어서 일종의 집단적인 공동 작업 내지는 그룹을 결성하는 방식으로 자신들의 예술적 작업을 진행하였다. 이에 대한 대표적인 예로는 바로 초현실주의에 대한 분석에서 벤야민이 자주 언급하고 있는 브르통의 『나자』로서 이 소설은 소설가(A. Breton)와 사진작가(J.-A. Boiffard) 간의 협업의 소산이다. 영역에 관계없이 모든 개인은 동등한 예술가이지만 동시에 자신의 절대성을 지양해야만 한다는 사유가 초현실주의의 예술적 형식에 내포되어 있던 셈이다.

그런데 여기서 초현실주의가 내세운 시적인 삶에 대한 요구, 즉 영역들 간의 경계를 해체하고 예술과 삶을 통합하려 했던 소망은 초현실주의만의 독특함이 아니라 사실 낭만주의로 소급한다. 가령 독일 초기 낭만주의인 슐레겔이 내세운 "점진적 보편시학"(progressive Universalpoesie)이라는 프로젝트는 바로 그와 같은 시적인 삶을 추구하는 목적을 담고 있었으며,

**56** GS 2, 296.

벤야민 또한 그 점을 이미 낭만주의에 관한 자신의 학위 논문에서 충분히 인지하고 있었음이 틀림없다.

> 운문과 산문, 천부성과 비판, 인공적 포에지와 자연적 포에지를 서로 섞고 융합하며, 포에지를 생동감 있고 사회적으로 만들면서 동시에 삶과 사회를 포에틱하게 만들며, 위트를 포에틱하게 만들고 동시에 예술 형식에 모든 유(類)의 풍부한 소재를 채워서 충만하게 포화시키고 유머의 표현을 통해 영혼을 불어 넣으려 하며 또한 그렇게 해야만 한다.[57]

이 단편은 좁은 의미에서는 분리된 장르를 하나로 묶는 것을 뜻하며 넓은 의미에서는 예술과 삶의 분리를 통합하려는 소망을 나타내며 그런 소망이 한 세기 지난 후 다시 초현실주의에서 반복되고 있는 셈이다. 낭만주의와 초현실주의는 그 출발이나 결과에 있어서 여러 가지로 흡사하다. 가령 시적인 삶을 표방하는 낭만주의와 초현실주의는 정치 · 경제 · 예술 같은 모든 부분 영역들 간의 분리를 극복하려는 운동이라는 공통점을 지니며, 그런 점에서 그들이 내세운 몽타주 방식도 단순한 심미적 기법을 넘어서 분화를 극복한 새로운 사회적 통합을 암시하고 있다. 그러나 삶과 예술 간의 경계를 해체하려는 급진적 목표 혹은 기존 예술을 부정하는 반예술적 시도는 현실 사회 내에서 결코 실현되지 않았으며, 그 결과 낭만주의와 초현실주의는 다시금 예술 자체에 새로운 혁신을 가져온 시도로만 그치는 한계를 드러낸다.

물론 새로운 통합을 추구하는 이들의 모습은 반드시 낭만주의와 초현실주의에서만 찾아낼 수 있는 것은 아니다. 벤야민에 의하면, 그러한 소

---

57 KA II, p. 182.

망은 사회주의를 표방하는 소위 협회 소속의 시인들에게서도 발견된다. 그러나 기존 사회주의적 정치와 연관된 협회 소속의 시인들이 내세운 새로운 통합에 대한 소망 내지는 시적인 삶에 대한 갈망은, 초현실주의자들의 그것과는 근본적으로 다르다. 기존 정당 정치인의 언어나 제도권에 기생하는 협회 소속 시인들이 내세우는 유토피아적 언어는 역사의 발전을 낙관적으로 채색하는 이데올로기만을 제공하는 수단일 뿐이다.

> 시민 정당의 프로그램은 과연 어떠한가? 봄의 분위기를 풍기는 형편없는 시에 불과하다. 직유들로 가득 채워져 폭발할 듯하다. 사회주의자는 '우리 미래의 아이들이 갖는 더욱 아름다운 미래'를 다음과 같은 데서 찾는다. 즉 그들 모두가 '마치 천사인 양' 행동할 것이며, 모든 이가 '마치 부자인 양' 그렇게 많이 갖게 될 것이며, 모든 이들이 '마치 자유로운 양' 그렇게 행동할 것이라는 데서 말이다. 천사 · 부 · 자유는 그 어떤 흔적을 남기지 않는다. 모든 것이 단지 이미지일 뿐이다. 그렇다면 사회민주주의협회 소속 시인들의 귀한 이미지들은 어떠한가? 그들의 고답파 운율은? 다름 아닌 낙관주의다.[58]

정치가이든 시인이든 온갖 미사여구로 미래의 삶을 낙관적으로 그려내는 천박한 마르크스주의를 가차 없이 비판하고 있는 벤야민의 사유를 읽어낼 수 있다. 여기서 비판되고 있는 사회주의자의 모습은 후에 「역사의 개념에 대하여」에서도 비판의 대상으로 거론된 저 사회민주주의자들의 모습과 흡사하다. 즉 미래의 후손에게 아름다운 해방과 구원의 역할을 부여하고 기술적 발전을 통해서 역사의 발전을 꾀할 수 있다고 믿는 낙관주의 이데올로기에 젖어 있는 사회민주주의 정당의 이론가들의 모

58 GS 2, 308.

습 말이다.

여기서 새로운 통합으로서의 시적인 삶을 구현하려 했던 초현실주의과 이를 해석한 벤야민에 대해서는 매우 흥미로운 시각이 대립하고 있다. 그것은 가령 하버마스(Habermas)와 바이겔(Weigel)이 제시한 시각이다. 하버마스는 초현실주의와 벤야민이 내세운 요구는 결코 정치적 행위와 연결될 수 없다고 비판하고 있으며, 이와 달리 바이겔은 시적인 삶은 오히려 정반대로 정치적 행위와 연결될 수 있다고 강조하고 나선다. 우선 하버마스는 초현실주의와 관련하여 벤야민이 제시한 범속한 계몽, 시적인 삶 등을 완전히 오독하고 있는데, 특히 자세한 텍스트 분석 없이 하버마스는 사회적 영역 간의 경계를 해체하고 새로운 통합을 부르짖은 초현실주의와 벤야민을 비판하고 있다. 요컨대 벤야민의 언어를 차용하여 하버마스는 "충격의 경험은 결코 행위가 아니며 범속한 각성도 그 어떤 혁명적 행위가 결코 아니다"[59]라고 비판한다. 그러나 이와 같은 하버마스의 독해 방식이야말로 적지 않은 문제점을 내포하고 있다. 우선 일상과 비밀, 꿈과 깨어남, 어두움과 밝음 간의 경계가 해체된 변증법적 상태는 은유적인 차원에서 이해되어야 한다. 즉 초현실주의가 꾀한 시적 통합의 경우 그것을 행위적인 차원에서 이해하기보다는 그것의 비판적 의미를 조명해야만 하는데, 특히 그 비판적 의미의 화살이 양쪽을 겨누고 있다는 점이 부각되어야만 한다. 한편으로 문학과 삶, 비밀과 일상 등을 엄격하게 구분했던 전통적인 부르주아적 시각에 대한 비판이며, 다른 한편으로 시적인 언어로써 문학과 삶, 현실과 이상의 통합을 미화시키는 사이비 사회주의의 정치 프로그램에 대한 비판이 그것이다. 이들 부르주아적 시각

59 J. Habermas, Bewußtmachende und rettende Kunst: die Aktualität Walter Benjamins, p. 215.

과 사이비 사회주의적 시각의 공통점은, 양쪽 모두 파국으로 치닫는 역사의 모습을 은폐하고 있다는 것이다. 이에 대해서는 바이겔이 비교적 정확하게 지적해준 바 있다.

> 벤야민에게서 '시적인 삶'이란 하버마스가 그것과 동일시한 것, 즉 '서술로서의 정치'를 뜻하는 것이 아니며 초현실주의와도 관계되는 것이 아니다. 초현실주의의 동인에 대한 벤야민의 비판이 도취의 정치적 의미를 지나치게 낭만적으로 채색하는 방식에 대항하는 것이라면, '시적인 정치'라는 시니컬한 주석은 그 반대로 오히려 지배적인 정치를 비판하는 맥락에 놓여 있다. 즉 다양한 정당 정치의 프로그램을 비판하는 맥락 말이다. 벤야민은 '시적인' 수단을 이용하는 정치를 비판하고 있다. 즉 문학작품에서 유래하는 그런 수단, 가령 직유의 수단을 이용하는 정치 말이다.[60]

"도취의 정치적 의미를 지나치게 낭만적으로 채색하는 방식"에 대해 벤야민이 비판적이었다는 바이겔의 시각은 설득력 있는 지적이다. 왜냐하면 우리가 이미 분석한 바 있듯이, 벤야민은 도취뿐만 아니라 냉정 · 깨어남 같은 측면을 중시하였기 때문이다. 그렇지만 이미 앞에서 밝힌 바 있듯이, 벤야민은 초현실주의를 도취만을 강조한 예술 사조로서만 파악하고 있는 것이 아니라 도취와 냉정, 꿈과 깨어남의 변증법적 교차를 초현실주의에서 찾아내고 있었던 것이다. 따라서 바이겔의 분석은 양가적이다. 바이겔은 한편으로 하버마스에 대해 적절한 비판을 가하고 있지만, 다른 한편 낭만주의, 초현실주의, 벤야민 간의 연관성을 놓치고 있는 것이다. 이는 1970년대 낭만주의 · 초현실주의 · 마르크스주의의 연관성을

**60** S. Weigel, Entstellte Ähnlichkeit, p. 219.

밝혀냈던 수많은 연구서를 통해 간접적으로 입증되고 있다.[61]

어쨌든 넓은 의미에서는 새로운 사회적 통합을 목표로 삼고, 좁은 의미로는 의식 주체인 자아에 의해 합리적으로 계획되고 실행되는 삶이 아니라 타자(즉 세계 · 경험 · 사물 · 무의식 등)와의 교감을 나누는 삶, 이것이 초현실주의가 실현하고자 했던 시적인 삶의 핵심이라고 할 수 있다. 그렇다면 시적인 삶은 어떤 방식으로 가능한 것일까? 초현실주의는 그 어떤 도덕적 · 심미적 고려 없이 꿈과 무의식을 자유롭게 기술하는 방식으로서 "자동기술법"(Automatism)을 제시한 바 있다. 자동기술법이란 의식적이고도 이성적인 통제에서 벗어나 자신들의 느낌과 사유를 그대로 써나가는 방식을 뜻한다. 자동기술법을 통해서 예술이 삶이 되고 삶이 예술이 된다. 브르통에 의해 집필된 『초현실주의의 선언문』에서 자동기술법의 특징이 다음과 같이 설명되고 있다.

> 초현실주의. 남성 명사—순수한 심리적 자동기술법을 통해 구두로 혹은 언어로 혹은 다른 방식으로 사유의 실제적 과정을 표현하려고 노력한다. 그 모든 심미적 혹은 윤리적인 고려 없이, 그 어떤 이성에 의한 통제가 없는 사유의 구술. [……] 초현실주의는 지금까지 경시된 연상 형식의 보다 한 차원 높은 실제에 대한 믿음, 꿈의 전지전능한 힘, 목적으로부터 자유로운 사유의 유희에 대한 믿음에 기초한다.[62]

인용된 구절은 초현실주의의 제반 특징을 응집시켜놓은 대목이기도 하

**61** 대표적인 연구서로는 다음을 참조할 것(Elisabeth Lenk, Kritische Phantasie, München 1986).

**62** A. Breton, Die Manifeste des Surrealismus, p. 26 sq.

다. 자동기술법에 내재되어 있는 핵심적인 의미는 전통적인 미학 및 이성에 대한 저항이며, 그 구체적인 저항 방식으로 연상 형식, 꿈, 자유로운 사유의 유희 등이 제시되고 있다. 이러한 방식에 의해 생산된 글의 대표적인 예는 브르통(A. Breton)과 수포(Ph. Soupault)가 공동으로 집필한 『자장』(磁場, Die magnetischen Felder)이다. 이 글의 특징은 전통적인 예술이론에서 중시되었던 심미적인 형상화를 거부하는 데 있다. 대상에 비해서 주관적 의식을 우월한 것으로 전제하는 전통적인 주관주의적 미학의 경우, 사물 자체는 결코 그대로 제시되는 것이 아니라 의식적인 주체로서의 예술가에 의해 승화되거나 변용되는 과정을 거치게 되며, 그 결과 대상과 의식, 예술과 삶 사이에는 괴리가 발생한다. 이와 달리 자동기술법은 예술과 삶, 주체와 대상 간의 차이를 전제하지 않으면서 양자를 자연스럽게 일치시키려는 글쓰기 방식이다. 주관주의적 미학을 거부하면서 새로운 시적인 삶을 찾으려는 초현실주의를 두고서 벤야민은 "깨어남과 잠 사이에 놓여 있는 문지방이, 마치 이리저리 넘쳐나는 수많은 이미지들의 발자국에 의해서 넘쳐나듯, 모든 이들 안에서도 넘쳐나는 곳에서만 삶은 살 만한 가치가 있는 것처럼 보인다"[63]라고 언급하고 있다. 이미 분석한 바 있듯이, 문지방이란 깨어남과 잠, 의식과 무의식이 서로 넘나드는 사이공간이다. 그런 사이공간에는 이미지들의 발자국만이 가득할 뿐이다. 초현실주의와 벤야민이 목표로 삼은 시적인 삶은 그와 같은 사이공간 내지는 문지방의 특성을 지닌다.

**63** GS 2, 296.

## 4. 이미지공간/몸공간

벤야민의 사유와 글쓰기에서 가장 중요한 개념은 "이미지"(형상, Bild, Image)이며 그 개념은 가령 단수/복수로서 이미지(Bild), 이미지들(Bilder)에서부터 이미지세계(Bilderwelt), 이미지공간(Bildraum), 변증법적 이미지(dialektisches Bild) 등 다양한 어법으로 사용된다. 사실 이미지 개념은 이론적으로 완벽하게 규명하기 어려울 뿐만 아니라 그것의 활용 영역도 수사적 · 철학적 · 회화적 · 영상이론적 등 다양하다.

일반적으로 실재(혹은 사태)가 있다면, 그 실재를 바라보거나 떠올린 자는 언어를 비롯한 다양한 매체를 통해서 구상적이든 혹은 추상적이든 그것을 표현해내게 마련이다. 그리고 독자는 그 매체에 의해 표현된 것과 마주하게 된다. 이런 과정에서 이미지는 어디에 위치하는 것일까? 여기서 실재를 형상으로, 형상을 말(음성)로, 말을 개념으로 전이시키는 세 단계를 제시한 니체를 언급할 필요가 있다. 니체에 의하면, 인간은 근본적으로 "심미적인 행동", "수사적 행동"을 취하는 동물이며 이는 곧 "자유롭게 창작하고 생각해내는 힘", "전이의 힘", "은유의 힘"으로 불린다. 니체의 전문적인 개념으로 표현하자면, 그 힘은 "가상에의 의지"에서 나온다. 심미적인 행동인 전이 과정이 언어에서 어떻게 일어나는지를 살펴보자. 인간은 실재를 언어로 표현해내게 마련인데, 언어화되는 순간부터 그 표현된 것 자체는 실재 자체와는 결코 일치하지 않는다. 니체 스스로 들었던 예는 다음과 같다. 번개가 번쩍이는 사태가 일어났을 때 그 사태 자체는 번개와 번쩍임이 구분되지 않는 일종의 통합적인 구조를 지닌다. 그러나 그 사태를 "번개가 번쩍이다"라는 언어로 표현할 경우 나름의 독자적인 특성과 구조를 형성한다. 즉 언어적 표현은 문법적으로 "번개"와

"번쩍이다"라는 주어와 술부로 분리된다. 요컨대, 사태(실재)가 언어화 이전 상태에서 통합적 구조(즉 번개와 번쩍임이 구분되지 않았던 상태)를 지니고 있었다면, 이와 달리 분리의 문법적 구조를 지닌 언어가 그 사태를 표현함으로써 사태와 가깝고도 먼 관계를 맺게 된다. 사태와 언어가 결코 동일하지 않은, 서로 다른 것이다.[64]

이처럼 형상을 말로 전이하는 과정에서 추론할 수 있듯이, 결국 사태를 형상으로, 형상을 말로, 말을 개념으로 전이하는 과정에 각각 차이가 발생하고 또한 동일성의 논리를 적용하기 힘든 과정이 일어나는 것이다. "이미지가 정신에서 어떻게 발생하는지 설명되어야 하지만, 첫 번째는 형상(이미지)이며, 그리고 형상에 해당되는 말이 있다. 마침내 개념이 있다. 개념은 말이 있을 경우에만 비로소 가능하다."[65] 즉 세 단계 전이 과정이 제시되고 있다. 실재(사태)가 존재할 때 그것을 형상으로 옮기는 것이 첫 번째 전이 과정이며, 이 형상을 말(음성)로 옮기는 것이 두 번째 전이 과정이며, 마지막으로 말을 개념(글자)으로 옮기는 것이 세 번째 전이 과정이다. 이 세 단계의 전이 과정을 놓고서 니체는 매우 흥미로운 점을 언급한다. 즉 실재를 형상으로 옮기는 첫 번째 전이 과정에서 전이의 충동이 가장 강하게 작용한다는 것인데, 이를 니체의 언어로 말하자면 "신경 자극"이 강하게 작용한다는 것이다. 반면에 말을 개념으로 옮기는 세 번째 전이 과정에서는 신경 자극이 완전히 무뎌지는데, 가령 개념에 의한 과학적 · 철학적 인식 작업이 그에 해당된다. 이러한 논리를 펼친 니체는

---

**64** Vgl. F. Nietzsche, Kritische Studienausgabe in 15 Bänden, hrsg. v. Giorgio Colli/Mazzino Montinari, München und New York 1980, Bd. 5, pp. 278~281. 이에 대한 분석으로는 다음을 참조할 것. W. Hamacher, Entferntes Verstehen, Frankfurt am Main 1998, p. 86.

**65** F. Nietzsche, Kritische Studienausgabe in 15 Bänden, Bd. 11, p. 58.

사실 영국 경험론의 감각적 인식론을 받아들였다고 할 수 있다. 18세기 경험론적 철학자인 데이비드 흄(D. Hume)이나 당시의 시학교수인 조셉 트랍(Joseph Trapp)은 감각적 인식과 표현 과정을 '대상적/근원적 인상 → 이념적/정신적 이미지 → 말(언어)'이라는 세 단계로 설명하면서 "낱말이 생각의 이미지이듯, 생각은 사물의 이미지"라고도 밝힌 바 있다. 여기서 대상(사물 · 인상) · 생각 · 낱말은 사실 모두 이미지에 다름 아니다. 그것은 대상은 어떤 실재의 이미지이며, 생각은 대상의 이미지, 낱말은 생각의 이미지이기 때문이다. 따라서 모두 이미지로의 전이 과정인 셈이다.[66]

결국 언어로 무엇인가를 표현한다고 할 때 그것은 실재로부터 완전히 멀어지는 과정에 다름 아니다. 왜냐하면 대상과 형상 간이 이미 그렇듯이, 형상과 말, 말과 개념 사이에서도 그 어떤 동일성의 논리나 논리적 필연성이 성립할 수 없기 때문이다. 흔히 어떤 대상에 적합한 특정한 형상을 제시할 경우, 이 첫 번째 전이 과정에서는 유사성이나 모사의 원칙이 중시된다고 한다. 그러나 이 첫 번째 단계에서 '대상과 형상이 비슷하다'는 것도 사실은 이미 착각과 환상이 작동한 결과에 다름 아니다. 이 점을 벤야민도 명확히 지적한 바 있다. 『베를린의 유년시절』에 실려 있는 그 유명한 「무메레렌」(Die Mummerehlen, 숙모[Muhme]와 그녀의 이름 레렌[Rehlen]이라는 두 낱말이 합쳐진 복합어) 단편에서는 대상과 형상(이미지) 간의 유사성이 철저히 부정되고 있다. "유사성을 인식하는 능력은 비슷해지고 비슷하게 행동하라는 저 오래된 강요가 희미하게 남아 있는 잔여물에 다름 아니다. 낱말이 바로 그런 강요를 나에게 행사하고 있다."[67] 대상과 그

66 이에 대한 자세한 설명은 다음을 참조할 것. W. J. T. Mitschell, Was ist ein Bild?, in: Bildlichkeit, hrsg. v. V. Bohn, Frankfurt am Main 1990, p. 30 sqq.

67 GS 4, 261.

것을 표현한 낱말 사이에 유사성은 전혀 존재하지 않음에도 불구하고 해석적 차원에서는 유사성을 인식하는 능력이 요구되는데, 이는 바로 태초부터 내려오는 저 미메시스적 능력을 가리킨다. 정확히 말하자면, 유사성의 인식은 단지 해석의 인위적인 결과일 뿐 대상과 낱말 사이에는 그 어떤 필연적 유사성이 존재하지 않는다. 이 점은 언어의 경우에만 해당되는 것이 결코 아니다. 어떤 화가가 특정인의 자화상을 가능한 한 똑같이 그려냈다고 하더라도 그림 속의 '그'는 그림 밖에 실제 존재하는 그와는 전혀 다르다. 또한 유사성을 가장 잘 드러낸다는 사진에서도 사실 유사성의 부재는 마찬가지다. 가령 어떤 대상을 사진으로 담을 경우 이미 카메라 렌즈가 인위적으로 작동함으로써 실제 대상과는 전혀 다른 제2의 '그' 대상이 만들어지는데, 다만 비슷하다고 우리가 인식하고 해석할 뿐이다. 그렇게 강요된 유사성 앞에 놓인 '나'의 일그러진 존재 상태를 벤야민은 다음과 같이 서술하고 있다.

> 나 자신과의 유사성을 사람들이 나에게 요구할 때 나는 정말이지 어찌할 바를 몰랐다. 그것은 사진에서였다. 내가 주시하는 곳이면 어디서나 나는 저승의 망령들이 제식 동물의 피를 갈구하듯 나의 형상(이미지)을 갈구하는 그런 아마포로 만든 우산, 쿠션, 받침대에 의해 내 자신이 둘러싸여 있음을 보았다. [……] 나는 여기 내 주위에 놓여 있는 모든 것과의 유사성 앞에서 일그러져 있었다.[68]

그림이나 사진은 대상과의 유사성을 생산하는 대표적인 매체로 여겨지지만 오히려 유사성이 부재한 그런 일그러진 존재만을 보여줄 뿐이다. 그림이나 사진뿐만 아니라 언어의 경우 대상과 낱말, 낱말과 개념 사이의

---

**68** GS 4, 261.

유사성은 더욱더 희미할 뿐이다. 그런 언어를 읽어야만 하는 '나'에게 과연 유사성 인식이 가능한 것일까? 그에게 주어져 있는 유일한 것은 아마도 언어와 관련된 글에서 벤야민이 자주 사용한 바 있는 "비감각적 유사성"을 인식하는 능력일지도 모른다.[69]

이제 약간의 설명이 가능해졌다. 니체의 사유에 의존하면, 이미지란 대상(사태 · 표상)을 처음에 옮겨낸 형상을 뜻하며, 말이나 개념도 마찬가지로 전이의 결과인 이미지에 속한다. 정신과학의 경우 정신적인 표상이나 추상적인 이념을 말이나 개념으로 표현해낼 경우 우리는 그것을 흔히 철학적 · 수사적 의미에서 이미지라고 부른다. 이때 이미지는 결코 사물이나 표상 자체와 동일시되지 않는다. 넓은 차원에서 이미지에 접근하는 방식은 크게 세 가지로 나뉜다. 그 하나는 전통적인 방식처럼 이미지를 "대상에 대한 기호"로서 보는 것이며, 다른 하나는 이미지를 "시각방식의 기호"로서 간주하는 것이며, 마지막으로 이미지를 "상상력을 강화시켜주는 것"으로도 파악하는 것이다.[70] 오늘날 바이오사이버네틱스의 포스트모던 시대에서도 이미지가 중요한 개념으로 다시 부각되는데 그것의 다양한 의미에 대해서 미첼(W. J. T. Mitschell)은 다음과 같이 정의하고 있다.

> 이미지란 낱말은 잘 알려진 것처럼 다의적이다. 그것은 물리적인 대상(회화 혹은 조각)뿐만 아니라 정신적이고 상상적인 실체, 즉 심리적인 심상(Imago), 꿈/기억/지각의 시각적 내용을 나타낼 수도 있다. [……] 그리고 모방의 이름으로서, 우화/유사/유추에 대한 개념으로서 이미지는 흡사 논리적인 상태를 띤다. 즉 기호 형성의 세 가지 질서 단위 가운데 하나인 '아이콘'의 상태가 그것이며, 아이

**69** 이 책의 3장 참조.

**70** Lambert Wiesing, Phänomen im Bild, München 2000, pp. 12~29.

콘은 (퍼스가 말한 '상징', '색인'과 함께) 모든 기호학적 관계의 총체를 구성한다.[71]

이처럼 이미지는 그 적용 영역이 다양하고 매우 복잡한 논의를 필요로 한다. 그렇지만 가장 기본적인 점은, 이미지는 단순히 형상화하는 수단이나 기능 역할로 파악되는 것이 아니라 독특한 심미성, 창조성, 독자적 인식 등을 지닌다는 것이다. 어쩌면 이미지는 본래의 대상에서 다른 것으로 전이된 것이라는 점에서 탈대상적이며 동시에 나름의 독창적이고 창조적인 방식으로 새로운 대상을 만들어낸다는 점에서 대상적이다(여기서 이미지가 본래 대상을 모방했기 때문에 대상적이지만 다시금 이미지 자체가 독자적인 대상이 되기 때문에 탈대상적이다 라는 식으로 서술할 경우 이는 이미지를 수단으로 간주한 논리에 불과하다). 다시 말하면, 이미지는 처음부터 대상의 모사물이 아니며 또한 대상과 유사한 것도 아니다. 설혹 유사성을 띤다고 할지라도 그 유사성의 의미는 새롭게 정립되어야만 한다. 벤야민이 언어이론에서 밝혔듯이, 어쩌면 이미 낙원에서 추방되어 문명의 길을 걷고 있는 인간의 역사 속에서는 그 역사 이전에 존재했던 완전무결한 미메시스적 유사성은 사실 불가능할 뿐이다. 그 잃어버린 태초의 유사성에 다시 다가가기 위해서는 아마도 우회적인 길 이외에는 다른 방식이 없을 것이다. 그 우회적인 길은 역설적으로도 대상과 이미지가 서로 불일치하는 것이며, 그 결과 불일치는 "비감각적인 유사성", "일그러진 유사성"의 모습을 띠게 된다. 언어를 포함한 모든 형태의 매체가 작동할 경우 이미지 · 말 · 개념은 본래부터 사물(대상)과 일치할 수 없게 마련인데, 그것은 그것들 모두가 인위적으로 만들어진 것이기 때문이다. 그 과정을 벤야민은 다음과 같

**71** W. J. T. Mitschell, Das Leben der Bilder, p. 18.

이 서술한 바 있다.

> 우리가 주시하고 있는 사물에 합당한 낱말들을 찾는 것—이는 얼마나 어려운 일인가. 그 낱말들을 찾았을 때 그 낱말들은 작은 망치로 실제적인 것(das Wirkliche)을 두드리며 마침내 마치 동판처럼 실제적인 것에서 하나의 이미지를 만들어낸다.[72]

벤야민의 사유에서 니체의 사유와 비슷한 점을 읽을 수 있다. 실제적인 것과 말 간의 일치는 불가능하고, 또한 그 양자를 매개해주는 제3의 것이라고 할 수 있는 이미지가 발생한다. 실제적인 것과 말 사이에 존재하는 이미지는 그러나 양자 중 그 어떤 것에도 속하지 않는다. 벤야민이 직접 들고 있는 예를 살펴보자.

> '저녁 무렵 커다란 항아리에 물을 긷기 위해 여인들이 성문 앞 우물가로 모여든다'는 말을 찾아냈을 때 그 말은 어느 저녁 무렵 성문 앞 풍경이라는 실제적인 것에서 다시금 돋을 새기고 음영을 띠게 함으로써 어떤 이미지가 만들어진다. 예를 들면 '성벽을 지키는 하얗게 빛나는 들판', '서로 의지해 있는 열세 개의 탑들', '넓은 광활한 공간' 같은 복합적인 이미지 말이다.[73]

이렇게 대상(실상)과 말 사이에서 갑작스럽게, 상상적으로, 추가적으로 만들어지는 어떤 제3의 것으로서의 이미지가 생겨난다. 또한 더욱 중요한 점은, 이미지가 결코 주체에 의해 의식적으로 만들어지는 것이 아니라

---

**72** GS 4, 364
**73** Ibid.

오히려 의식적으로 어떤 이미지를 만들어내려는 그런 자아를 비워낼 때 비로소 이미지가 만들어진다는 것이다. 프루스트의 이미지를 분석하는 글에서 벤야민은 그와 같은 이미지의 생산 방식을 설명하고 있다. 이를 위해서 우선 벤야민은 일상에서의 유사성과 꿈에서의 유사성을 구분한다.

> 어떤 사물과 다른 사물 간의 유사성, 그것은 우리가 일반적으로 기대하는 유사성, 즉 깨어난 상태에서 우리가 몰두하는 유사성이며, 그런 유사성은 꿈의 세계의 더욱 심오한 유사성을 단지 둘러싸고 있을 뿐이다. 꿈의 세계에서 일어나는 것은 결코 동일한 것이 아니라 유사하게, 즉 서로를 전혀 꿰뚫어볼 수 없이 그냥 유사하게 나타날 뿐이다.[74]

일상에서의 유사성이 제1의 유사성이라면, 꿈에서의 유사성은 제2의 유사성이다. 양자를 비교해볼 때 전자보다는 후자가 더욱 심오한 의미를 획득한다. 실제 현실에서는 사물 간의 직접적인 유사성이 존재한다면, 꿈의 세계에서는 두 사물 간의 동일성이 불가능하며 다만 전혀 알 수 없는 유사성만이 형성된다. 꿈에서의 유사성, 즉 예기치 않게 유사성을 형성하는 이미지에 대한 예로 벤야민은 생일이나 명절에 아이들이 받는 양말을 든다.

> 아이들이 그 두 가지, 즉 주머니와 그 안에 들어 있는 것(선물)을 잽싸게 잡아채면서 제3의 것으로, 즉 양말로 변화시키는 데에 싫증내지 않듯이, 프루스트도 지칠 줄 모르게 자아라는 포장물을 단숨에 비워버렸다. 이는 언제나 다시금 제3의

**74** GS 2, 314.

것, 즉 그의 호기심, 아니 그의 향수를 달래주는 이미지를 가져오기 위해서였다. 그렇게 향수에 젖어서, 즉 유사성의 상태 속에서 일그러진 세계—현존재의 진실한 초현실주의적 모습이 돌출하는 그런 세계—를 향한 향수에 젖어서 그는 침대 위에 누워 있었었다.[75]

주머니와 그 안에 있는 선물이 완전히 다른 의미에서의 양말로 변하는 예가 말해주듯, 언어의 경우 언어적 기호와 그 언어적 기호가 뜻하는 것을 넘어서 제3의 것으로 존재하는 것은 다름 아닌 이미지, 즉 "유사성의 상태에서 일그러진 세계"인 것이다. 다시 말하면 이미지는 언어적 기호 자체(형식)와도, 또한 그 언어적 기호가 뜻하는 의미(내용)와도 동일하지 않

75 Ibid. 물론 프루스트의 이미지를 설명하기 위해 벤야민이 들고 있는 선물 · 주머니 · 양말의 상호관계에 대한 예는 『베를린의 유년시절』에 실려 있는 「장롱들」이라는 제목의 단편에서도 발견된다(1981년 조르주 바타이유의 유고에서 발견된, 1938년에 씌어진 최종본에서 이 단편은 「양말」이라는 제목으로, 그리고 1932~1933년에 씌어진 것으로 추측되는 소위 기센 판본에서는 「장롱들」이라고 되어 있다). 그 단편에서 벤야민은 다음과 같이 서술하고 있다. "나는 [서랍장의] 구석까지 손을 뻗쳐야만 했으며, 거기서 나는 차곡차곡 쌓여 있는, 옛날 방식대로 잘 말아져 접혀 있는 양말들을 보게 되었다. 양말 켤레들은 모두 작은 주머니 모습을 하고 있었다. [……] 언제나 잘 말아진 그 안에서 내가 손에 쥐게 된 것은 '그 선물'이었으며, 그 선물이 나를 안 속 깊이 끌어당겼던 것이다. 내가 주먹으로 그것을 움켜쥐고 부드럽고 모직으로 만든 주머니 덩어리를 소유하게 되었음을 온힘으로 확인하게 되었을 때 숨을 앗아가는 듯한 비밀의 벗겨짐을 야기하는 유희의 제2부가 시작되었다. 나는 모직으로 만든 주머니에서 '그 선물'을 끄집어내기 시작했기 때문이다. 내가 그 선물을 내 자신에게 더욱 가까이 가져오려 하자, 놀랄 만한 일이 벌어졌다. 즉 '그 선물'은 주머니로부터 완전히 사라졌는데, 아니 그 주머니 자체가 더 이상 있지 않았다. 나는 저 수수께끼 같은 진리에 대한 실험을 끊임없이 계속 했어야만 했다. 즉 형식과 내용, 껍질(포장)과 껍질에 싸인 것, '선물'과 주머니는 하나라는 진리 말이다. 양말은 하나이면서 더욱이 제3의 것이며, 그 안에서 양자는 서로를 변화시켰던 것이다"(GS 4, 284). 벤야민이 사용한 양말 · 주름 같은 이미지의 의미에 관한 연구 논문으로는 다음을 참고할 것. Philipp Ekardt, Benjamins Bekleidungsmodelle. Strumpf und Rüsche als Topologien der Bildtheorie, in: Visuelle Modelle, hrsg. v. I. Reichle/S. Siegel/A. Spelten, München 2008, pp. 85~98.

은 채 그 자체로 독립적이다. 그리고 의식적인, 논리적인 자아를 완전히 비울 때 이미지는 지속적으로 생산된다. 자아가 아니라면 이미지는 어디에서 생산되는 것일까? 그곳은 아마도 깨어남과 잠, 의식과 무의식, 일상과 꿈 간의 사이공간 내지는 문지방 같은 공간일 것이며, 이미지가 생산되는 일종의 예외 상황 혹은 의식의 한계 상황을 벤야민은 초현실주의의 진실한 현존재를 파악할 수 있는 기준으로 삼고 있는 것이다.[76] 이와 관련하여 바이겔도 벤야민의 이미지 개념을 다음과 같이 정의해주고 있다.

> 벤야민의 경우 전통적인 형식과 내용이라는 이분법적 예술 범주의 자리에 바로 이미지라는 개념이 들어서고 있다. 여기서 이미지 개념은 유희적으로 작동하고 있다. 즉 유럽 예술사에서만 그 개념을 끄집어낸 것이 아닌, 이미지 전통에 부합하여 이미지가 결코 재현이나 글에 대한 대립으로만 파악되지 않는 그런 유희 말이다.[77]

바이겔은 글자와 이미지 간의 전통적인 구분보다는 오히려 그 양자를 포함하는 상태를 전제할 때 비로소 벤야민의 "이미지의 글자 특성"을 이해할 수 있다고 강조하는데, 이는 설득력 있는 분석이다. 일그러진 유사성에 기초한 "이미지의 글자 특성"은 미메미스 이론과 언어마술 이론 중 어느 한쪽에 귀속되는 것이 아니라 양자가 동시적으로 작동하는 시각에 의해서만 제대로 파악된다.

**76** Vgl. Helmut Kaffenberger, Denkbilder des dritten Raums? Walter Benjamins Theorie des Ähnlichen, in: Figuren der/des Dritten. Erkundungen kultureller Zwischenräume, hrsg. v. Claudia Breger u. Tobias Döring, Amsterdam 1998, p. 60 sq.

**77** S. Weigel, Walter Benjamin. Die Kreatur, das Heilige, die Bilder. Frankfurt am Main 2008, p. 304.

이상과 같은 방식으로 제3의 것으로서의 이미지가 생성된다. 그런데 범속한 각성, 시적인 삶 등 나름대로 독특한 시각으로 초현실주의를 분석하는 가운데 벤야민은 그 제3의 것으로서의 이미지에 공간(Raum)이라는 개념을 덧붙여서 이미지공간(Bildraum)이라는 신조어를 사용한다. 또한 이 신조어를 부연 설명하는 차원에서 벤야민은 "몸공간"(Leibraum)이라는 또 다른 신조어를 사용한다. 언뜻 추상과 구상, 표상과 대상 같은 대립을 연상시키며 부연설명이라고 하지만 그 모호함을 더욱 증폭하는 두 개념은 도대체 어떤 의미를 지니는 것일까? 우선 이미지공간 · 몸공간에서 공통분모인 '공간'이라는 개념은 건축학적 의미에서의 장소를 가리키는 것만은 아니다. 왜냐하면 다른 글에서 벤야민이 "언어는 몸을 지니고 몸은 언어를 지닌다"[78]라고 말한 것처럼, 몸과 언어가 동일시되면 위에서 사용된 몸공간은 곧 언어공간으로도 이해된다. 그럴 경우 언어 · 이미지 · 몸은 서로 유사한 의미로 파악될 수 있다. 그 각각에 공간이 덧붙여지면 이미지공간 · 몸공간 · 언어공간도 마찬가지로 유사한 의미로 받아들여진다. 이미 언급한 바 있는 초현실주의의 자동기술법적 글쓰기란 사실 무의식과 언어, 몸과 이미지, 소리와 이미지 등이 하나가 되는 그런 글쓰기와도 같은데, 벤야민은 바로 그 점을 초현실주의에서 읽어내고 있다.

> [……] 소리와 이미지, 이미지와 소리가 '의미'라는 한 푼의 동전이 더 이상 들어갈 틈새가 남아 있지 않을 정도로 자동적으로 정확하게 잘 서로 꼭 맞물려 있는 경우에만 언어는 언어처럼 보인다.[79]

---

**78** GS 3, 138.
**79** GS 2, 296.

이처럼 소리와 이미지가 하나가 된 언어, 그런 언어는 "의미보다 앞서며, 자아보다도 앞선다."[80] 초현실주의가 경험하는 소리와 이미지가 하나가 된 언어는 언어적 발화 이전에 전제된 선험적인 의미나 언어적 발화 이후에 만들어지는 사회적인 의미를 갖지 않는다. 이처럼 이미지와 소리가 하나를 이루는 언어의 원초적이고 근원적인 경험 공간은 전통적인 주관적인 자아가 아직 들어서지 않은 상태다.

> 이미지와 언어가 앞선다. 아침에 잠자려고 누우려 할 때 생 폴 루는 자신의 문 앞에 '시인이 작업 중입니다'라는 문패를 걸었다고 한다. 또한 브르통은 '조용. 나는 지금까지 그 누구도 지나가지 않았던 곳을 지나가려고 합니다. 조용!—사랑스런 언어여, 그대가 먼저 들어가시지요'라고 밝힌 바 있다. 요컨대 언어가 선행하는 셈이다. 언어는 의미보다 앞설 뿐만 아니라 자아보다도 앞선다.[81]

이처럼 소리와 이미지와 하나가 된 언어를 두고서 그것이 혹시 의성어를 강조하는 미메시스적 언어관이 아닌가 하는 질문을 제기할 수 있지만 전혀 그렇지 않다. 왜냐하면 언어이론을 다루는 장에서 언급한 것처럼 벤야민의 언어관은 언어와 현실, 언어와 대상 간의 유사성을 추구하는 그런 언어관이 결코 아니기 때문이다.

이밖에도 이미지공간을 설명하기 위해서 벤야민은 아라공의 책 『문체론』(Traité du Style)에서 제시된 이미지와 직유의 차이점을 끌어들이면서 그것을 초현실주의의 이미지공간에 적용한다.

---

**80** GS 2, 296.
**81** GS 2, 296 sq.

문체 문제를 잘 파악한 이 통찰력을 확장할 필요가 있다. 그것은 다음과 같다. 직유와 이미지가 정치에서만큼 노골적으로, 화해 불가능할 정도로 충돌하는 곳은 없다고 말이다. 염세주의를 조직한다는 것은 다름 아닌 정치에서 도덕적 메타포를 추방한다는 것, 정치적 행동의 공간에서 백 퍼센트 순수한 이미지공간을 발견한다는 것을 뜻한다. 이 이미지공간은 명상적으로 더 이상 측정될 수 없다.[82]

기술복제 시대에 관한 글에서 다다이즘과 영화를 논하는 가운데 벤야민은 양자의 공통점을 충격 효과에서 찾았고 양자의 차이점을 각기 도덕과의 연관성(다다이즘), 도덕의 극복(영화)으로 설명한 바 있다. 영화와 마찬가지로 초현실주의도, 삶의 전체 영역에서 염세주의를 조직하기 위하여, 도덕 및 도덕적 메타포를 추방하고 오로지 백 퍼센트 순수한 이미지 자체만이 존재하는 정치적 행위 공간을 추구한다는 것이다. 정치 영역에서 도덕적 메타포를 몰아낸다는 것은 이미 언급한 것처럼 기존 정치 세력의 아비투스를 거부하는 것을 뜻하는데, 즉 시적인 언술로써 낙관주의적 · 유토피아적 삶을 조장하는 현실 정치가나 시인의 행위를 거부하는 것을 뜻한다. 왜냐하면 직유나 은유 등 모든 수사적 이미지는 정치의 심미화를 추구하는 수단으로 작용하기 때문이다.

물론 직유와 이미지를 구분한 아라공에 의존하면서 벤야민은 도덕적 메타포로서의 직유를 정치에서 밀어내고 오로지 이미지 자체만을 강조하고 있지만, 사실 은유를 포함한 모든 수사적 수법이 이미지에 해당된다. 따라서 백 퍼센트 순수한 이미지공간의 강조는 은유 자체를 절대시하는 맥락에서 이해된다. 가령 전통적인 수사학에서는 은유가 사물을 표현해내는 이미지로서 일종의 수단 기능을 갖지만, 말라르메 이후 상징주의 ·

**82** GS 2, 309.

유미주미 · 초현실주의 같은 예술 운동에서는 은유적 이미지 자체가 절대적인 것이 된다. 근대 문학에서는 특히 대상(실상)과 이미지 간의 틈새가 넓은 부조리한 은유, 유사성이 부재해 있는 은유가 많을수록 작품의 심미성은 더욱 강화된다. 후고 프리드리히(H. Friedrich)의 다음과 같은 언급은 그와 같은 근대 문학에서의 은유의 절대성을 적절히 설명해주고 있다. "근대적 은유는 유사성을 휘발시키거나 파괴시키며, 또한 상호 공유를 표현하는 것이 아니라 상호 대립하는 분열을 강요한다. 은유의 일반적인 특징은 실상과 이미지 사이에 놓여 있는 가능한 한 커다란 거리감인 것이다."[83]

은유의 절대성과 마찬가지로 벤야민이 강조한 순수한 이미지공간이란 따라서 특정한 정치적 · 사회적 의미 전달을 위해 이미지(비유 · 은유)가 보조 수단으로 사용되는 그런 공간이 아니라 이미지와 정치가 구분되지 않는 그런 공간을 뜻한다. 염세주의를 조직하는 초현실주의를 설명하기 위해서, 아니 자신이 실현하고자 하는 시적인 삶을 위해서 벤야민이 강조한 이미지공간에 대해서는 바이겔도 다음과 같이 적절하게 서술해주고 있다.

> 벤야민의 이미지공간에서는 은유법, 가령 소위 이미지적인 혹은 '비본래적인' 낱말이 중시되는 것이 아니다. 그런 낱말에서는 이미지가 다르게도 명명될 수 있는 개념이나 사유의 자리에 들어서 있다. 오히려 직유와의 변별, '직유와 이미지의 구분'은 초현실주의 논문에서 계획된 현재성의 모델을 위한 전제이다. 여기서는 하버마스처럼 의미를 이미지로 암호화하는 것이 토론의 대상이 아니다. 그런 이미지적 정치(bildliche Politik)가 아니라, 기억과 행동이 이미지로 표현된

**83** H. Friedrich, Die Struktur der modernen Lyrik, Hamburg 1956, p. 151 sq.

다는 통찰력, 표상이 상상적으로 구조화되고 그 결과 이미지와 교감된 실천, 즉 이미지의 정치(Politik der Bilder)가 중요하다는 안목이 토론의 대상이다.[84]

하버마스 같은 정치철학자는 암호화된 이미지와 의미, 비의적인 형상과 정치적 의미 같은 식의 상관관계를 토대로 일종의 "이미지적 정치"에 사로잡혀 있지만, 벤야민은 그런 "이미지적 정치"를 거부하고 "이미지의 정치"를 내세우고 있는 셈이다. 이미지 자체가 정치라는 시각 말이다.

삶의 전 영역에서 염세주의를 조직하기 위하여 백 퍼센트 순수한 이미지공간을 발견하는 것은 이제 현재성(Aktualität, Actuality)과 밀접한 관련을 갖는다. 다른 단편에서 현재성은 양극화된 선사와 후사가 변증법적인 관계를 맺는 "힘의 영역"[85]으로 설명되고 있지만, 초현실주의와 관련하여 현재성은 이미지공간/몸공간을 부연 설명해주는 개념으로 작용한다.

어떤 행위가 스스로 그 자체에서 이미지를 생산해내고 이미지로 존재하고 이미지를 자신 속으로 끌어들이고 집어 삼키는 곳, 가까움이 자신의 눈으로 스스로를 바라보는 곳, 그런 곳 어디에서나 지금까지 찾았던 이미지공간이 열린다. 이 이미지공간은 '아늑한 방'이 사라진, 다방면의 통합적인 현재성의 세계이다. 한마디로 말하면, 정치적 유물론과 물리적 피조물이 내적 인간을, 영혼을, 개인을 혹은 우리가 그것들에게 비난했던 모든 것을 변증법적 공정함에 따라서 [……] 공유하는 그런 공간이다. 그럼에도 불구하고—바로 변증법적 파괴 후에도— 그 공간은 여전히 이미지공간으로, 더 구체적으로 말하면 몸공간으로 존속할 것이다.[86]

**84** S. Weigel, Entstellte Ähnlichkeit, p. 223 sq.
**85** Vgl. GS 5, 587 sq.

초현실주의에 관한 글의 핵심인 이 대목을 자세히 읽어보면, 이미지와 행위는 수단과 목적의 관계를 형성하는 것이 아니라 서로 하나를 형성하고 있음을 알 수 있다. 즉 이미지가 행위이며 행위가 이미지인 것이다. 이미지로서의 행위에서는 생산 · 매체 · 수용이 서로 구분되지 않는다. 인용문의 말미에서는 이미지공간이 몸공간과 동일시된다. "이미지는 몸이다", "이미지는 행위다"라는 언술은 마치 미디어를 메시지 전달을 위한 수단으로 간주하지 않고 미디어 자체를 메시지라고 강조한 맥루한의 시각과 유사하다. 즉 벤야민도 이미지를 어떤 메시지를 감각적으로 전달하려는 그런 수단적 의미에서 파악하고 있는 것이 아니라 이미지 자체가 메시지(즉 몸)라는 점을 강조하고 있는 셈이다. 정치적인 영역과 연계시켜 말한다면, 이미지 자체가 정치적 행위, 몸, 메시지인 것이다. 그렇기 때문에 이미지를 만들어내는 작가로서의 예술가도 부정된다. 예술가는 정치적 행위를 위해 어떤 특정 이미지를 만들어내는 생산자로 존재하는 것이 아니라 예술가 자신도 행위 속에서 기능하는, 즉 이미지 자체 속에 녹아버린다. 다시 말하면, 이미지를 생산하고 관장하는 위대한 주체로서의 예술가는 더 이상 존재하지 않으며 예술가는 단지 이미지 내에서 기능할 뿐이다. 이러한 맥락에서 벤야민은 어떤 예술가를 "프롤레타리아 예술의 거장"으로 만드는 것을 부정하고 그를 "이미지공간의 중요한 장소에서 기능을 발휘하도록 만드는 것"[87]이 중요하다고 강조한다. 또한 초현실주의를 포함한 아방가르드 예술이 개인주의 · 민족주의 같은 시민사회 이데올로기를 부정하였다고 밝힌 바 있듯이, 벤야민도 예술가라는 개인적 주

**86** GS 2, 309.
**87** GS 2, 309.

체가 사라진, 예술가와 이미지가 하나가 된 이미지공간/몸공간에서는 집합체(Kollektivum)만이 존재한다고 강조한다.

> 집합체도 몸을 지닌다. 기술 속에서 자신을 집단의 일원으로 조직화하는 그런 자연적 특질은, 그것의 전체 정치적이고 객관적인 현실에 따라서, 오로지 저 이미지공간에서만 생산될 수 있다. 이런 이미지공간 내에서 범속한 각성이 우리를 친숙하게 만든다. 이 범속한 각성 내에서 몸과 이미지공간은 서로 깊이 침투하여 모든 혁명적 긴장이 몸적인 집단적 신경감응이 되고, 집단의 모든 몸적인 신경감응이 혁명적 발산이 될 경우에 비로소 현실은, 공산당 선언문이 요구한 것처럼, 자신을 뛰어넘게 될 것이다. 현재로서는 초현실주의자들만이 그 공산당 선언문의 현재적 명령을 파악한 유일한 이들이다.[88]

개개인이 이미지공간 속에서 몸으로 서로 접촉하여 하나의 집단을 형성하고 이를 통해 혁명적 발산을 현실화한다는 것, 이는 언뜻 유물론적 시각으로 초현실주의를 해석한 벤야민의 개인적 의견처럼 보인다. 그러나 범속한 각성 내에서 이미지와 몸이 서로 구분되지 않은 채 하나가 되는 그런 공간에 대한 상상력을 펼치는 벤야민의 모습이야말로 초현실주의자처럼 다가온다.

다시 한 번 강조하면, 이미지는 행위, 몸과 동일시되기 때문에 이미지공간을 벤야민은 몸공간이라고 표현한 것이다. 그런데 벤야민은 왜 육체 대신에 몸이라는 용어를 사용하고 있는 것일까? 그것은 정신과 육체는 전통적으로 관념론적 이분법을 구성하는 개념이기 때문이다. 따라서 인간학적 유물론으로 초현실주의를 파악하려는 벤야민의 시각에서는 몸이

**88** GS 2, 310.

라는 용어의 사용은 자연스럽게 받아들여진다. 유물론적 신경감응이 바로 몸의 영역에서 일어나는 것도 마찬가지로 당연시될 수 있다. 그런데 다른 글에서 벤야민은 독일어 몸(Leib)과 육체(Körper)를 정확히 구분해주고 있다. 두 개념 모두 인간의 보편적 연관성을 말해주고 있지만, 그 결정적인 차이를 벤야민은 "몸은 인류와, 육체는 신과" 관련이 있다고 보았다. 즉 "인간에게서 역사적 현재의 기능인 몸이 인류의 몸으로 성장한다면", "육체는 인간에게서 고독의 직인이며 죽음 속에서도 결코 파괴되지 않는데, 그것은 고독이야말로 바로 인간이 직접적으로 신에 의존되어 있다는 의식에 다름 아니기 때문이다." 요컨대 양자의 결정적인 차이는, 몸은 "소멸"(Auflösung)을 향하지만 육체는 신과 관련되어 있기에 "부활"(Auferstehung)을 향해 있다는 것이다.[89] 이제 벤야민이 왜 육체라는 용어 대신 몸이라는 용어를 사용하고 있는지가 분명해졌다. 초현실주의자뿐만 아니라 벤야민도 신학적 · 형이상학적 전통과 결별하고 인간학적 · 유물론적 시각에서 출발하고 있었던 것이며, 또한 이미지공간/몸공간에서는 전통적인 이분법 대립(정신과 물질, 내면과 외면, 과거적인 것과 현재적인 것)이 해체되고 그 대신 이미지 · 몸 · 행위가 하나가 되는 가능성이 열린다.

그렇다고 해서 이미지공간/몸공간이 완전히 이해된 것은 아니다. 가령 이미지, 몸, 행위가 서로 하나가 된다고 해서 그것이 오로지 물리적이고 감각적인 행동만이 통용되는 일차원적 공간으로 이해되지는 않는다. 왜냐하면 그 신조어는 여러 가지 복잡한 의미를 내포하고 있기 때문이다. 우선 "다방면의 통합적인 현재성의 세계"로 부연 설명된 이미지공간은 단순함을 넘어서 다차원적인 현재적인 사유의 공간을 뜻하는데, 이는 벤야민 자신이 항상 강조했던 알레고리 내지는 "사유이미지"를 상기시켜준

**89** GS 6, 80.

다. 특히 알레고리 내지는 사유이미지는 결코 하나의 특정한 이념이나 사상이 하나의 이미지로 고정되는 것이 아니라 다양하고 이질적인 이념들과 사상들이 모순적으로 통합되어 있는 "형세"를 뜻한다.

이미지공간이 "다방면의 통합적인 현재성의 세계"로 설명되었다면, 그런 표현과 관련하여 또 한 가지 매우 흥미로운 점이 제시될 수 있다. 그것은 「역사의 개념에 대하여」의 인쇄 원본에서 벤야민이 변증법적 이미지를 설명하는 가운데 다름 아닌 "다방면의 통합적인 현재성의 세계"라는 같은 표현을 남기고 있는 것이다.

> 메시아적 세계는 다방면의 통합적인 현재성의 세계이다. 그런 세계 내에 비로소 보편사가 있다. 그러나 글로 씌어진 보편사로서가 아니라 축제같이 거행된 보편사로서. 그것은 여타 모든 잔치들과는 구분된 그런 축제다. 그 축제는 그 어떤 축제의 노래를 알지 못한다. 그 축제의 언어는 글자의 구속을 부수고 모든 인간들에 의해 이해되는 그런 통합적인 산문이다.—산문의 이념은 보편사의 메시아적 이념과 일치한다.[90]

"다방면의 통합적인 현재성의 세계"라는 표현이 한편으로는 초현실주의의 이미지공간과 관련해서 사용되고 있으며, 다른 한편으로는 「역사의 개념에 대하여」의 핵심인 "지금시간으로 충만된 시간"의 특성을 지닌 메시아적 세계와 관련해서 사용되고 있다. 따라서 이미지공간은 이미지 · 몸 · 행위 등이 하나가 되는 역사적인 공간을 뜻할 뿐만 아니라 메시아적 세계라는 신비적인 시공간을 뜻하기도 한다. 어쩌면 모순처럼 보이는 두 가지 측면의 결합은 그러나 "범속한 각성", "시적인 삶" 같은 표현과 비

---

**90** GS 1, 1238; GS 1, 1239.

슷한 맥락에서 이해되는데, 즉 서로 결합될 수 없는 점을 결합시키는 벤야민 특유의 사유 방식 말이다.

"다방면의 통합적인 현재성의 세계"로서의 이미지공간과 관련하여 또 한 가지 흥미로운 점은, 그것이 반드시 정치적인 의미에만 고정되는 것이 아니라 글쓰기 공간 차원에서도 이해될 수 있다는 것이다. 이미지 · 몸 · 언어가 서로 연관된 구체적인 예로는 심미적 비평가로서의 벤야민 자신의 글쓰기 자체를 들 수 있다. 가령 『베를린의 유년시절』, 『베를린 연대기』, 『사유이미지』, 『일방통행로』 같은 글에서는 정치적 의도보다는 비감각적 유사성 내지는 사유이미지로 전개되는 벤야민 특유의 글쓰기가 돋보인다. 결코 지나간/사라진 실상을 재현해내거나 모사해내는 글쓰기가 아니라 항상 이미지공간/몸공간이 열리는 글쓰기 말이다. 이밖에도 이미지공간/몸공간에 대한 또 다른 예로는 안과 밖의 경계가 해체된 공간으로서의 파사주, 경제적 전시가치를 지닌 상품의 환등상적 이미지가 배회자를 압도하는 공간으로서의 파사주를 들 수 있다.

> 도취, 환상적인 체험 속에서 자아를 해체시키고 완화시킴으로써 파사주는 관찰자가 들어서는 이미지공간으로 변화된다. 빙 둘러싸인, 창문 없는 공간의 경험 속에서 안과 밖, 거리와 내부공간이 서로 관통하고, 시각의 우세가 사라지고, 촉각적 인지, 운동감각적 느낌, 활기찬 서사적 상상력, 상상적인 기억 능력이 배회자를 엄습하기 때문에 파사주는 그에게 몸공간이자 이미지공간이 된다.[91]

이미지공간/몸공간 같은 파사주를 거니는 배회자에게 요구되는 지각 능력은 다양한 지각 능력(촉각적 인지, 운동감각적 느낌, 서사적 상상력과 기억

**91** H. Brüggemann, Passagen, p. 578 sq.

능력 등)으로서의 아이스테시스(Aisthesis), 말하자면 감각적으로 생산하고 수용할 수 있는 지각 능력이다.

정신과 이성에 종속된 감각이 아니라 감각 자체가 자연스럽게 발현되는 지각, 일종의 몸에 대한 강조는 벤야민만의 독특한 시각이 아니다. 그 점은 또한 아도르노에게서도 발견된다. 물론 몸은 매개되지 않은, 즉각적인, 충동적인 면을 지니고 있기에 비합리적인 것으로 인식될 수도 있다. 이와 달리 의식과 정신만이 강조될 경우 그것은 직접적인 실천, 몸적인 것을 결핍할 수 있다. 따라서 오히려 몸적인 것이 작동할 때 비로소 주관성의 책략에서 벗어난 진정한 상호주관성이 실현될 수 있을지도 모른다. 그렇기 때문에 "가능성 있는 실천" 혹은 "진실한 실천"을 언급하는 가운데 아도르노는 그와 같은 "몸적인 것"(das Leibliche)을 요구하고 있다.

> 자유 이념을 충족시키는 행위의 총합 개념인 진실한 실천이란 완전한 이론적 의식을 필요로 한다. [……] 그러나 동시에 실천은 의식 내에서 결코 파헤쳐질 수 없는 다른 것, 몸적인 것, 즉 이성을 통해서 매개되지만 이성과는 질적으로 다른 몸적인 것을 필요로 한다.[92]

진실한 실천이란 이론과 행위, 의식과 몸이 서로 결합된 상태를 나타내는데, 이는 언뜻 보기에 독일 관념론적 미학에서처럼 감성과 이성, 자연과 정신의 대립이 지양된 예술적 상태를 반복하는 것처럼 보인다. 대립이 지양된 유토피아적 상태와도 같은 "가능성 있는 실천"을 아도르노는 "진실한 실천"이라고 명명하고 있다. 그런데 아도르노의 시각을 반드시 유토피아와 계몽의 시각에서만 수용할 필요는 없다. 예컨대 "이성을 통해 매

92 Th. W. Adorno, Negative Dialektik, in: GS, Bd. 6, p. 228.

개되지만 이성과는 질적으로 다른 몸적인 것", 혹은 "몸의 충동"(der leibliche Impuls)을 강조하는 대목을 보면, 아도르노의 사유가 탈근대적 맥락에서 수용될 수 있는 것처럼 보인다. 특히 아도르노에게 있어서 "몸적인 것"이란 비개념적이고 비동일적인 어떤 상태를 뜻하며, 거기에는 쾌와 불쾌, 행복과 고통 같은 의식 이전의 감각적 상태가 존재한다. 이와 같은 "몸적인 것"에 대한 아도르노의 강조는 "몸공간"이라는 개념을 사용하였던 벤야민의 사유와 상통하는 것처럼 보인다.

몸공간에 대한 벤야민의 강조는 몸이성을 내세운 니체를 상기시킨다. 잘 알려진 것처럼 니체는 "몸은 커다란 이성이며, 하나의 의미를 지닌 다양성이다. 그것은 전쟁이며 동시에 평화이며, 양떼인 동시에 목자이다. 형제들이여, 그대들이 '정신'이라고 부르는 그대들의 작은 이성(자아)도 그대들의 몸의 도구다. 그대들의 커다란 이성은 작은 도구이며 장난감인 것이다. 그대들은 '나'라고 말하면서 이 말에 자부심을 가진다. 그러나 더욱 위대한 것은—그대들은 이것을 믿으려 하지 않지만— 그대들의 몸이며, 몸의 커다란 이성이다. 이 이성은 나라고 말하지 않지만 나를 행한다."[93] 전통적으로 의식 주체와 연관되어 있는 이성과 정신을 거부하면서 니체 또한 일종의 몸이성을 강조하고 있는데, 즉 몸이야말로 "다양성"이며 동시에 "나를 행하는" 주체인 것이다. 이처럼 이성중심주의의 전통적인 사유에 대항하는 선상에서 니체, 초현실주의, 벤야민, 아도르노는 몸을 중심으로 어렴풋이 서로 간의 담론적 공통점을 교환하고 있었다.

「초현실주의」는 벤야민이 초현실주의 자체를 분석한 글이기도 하지만 초현실주의라는 예술적 현상을 다양한 사조와 이념(가령 낭만주의 · 무정부

93 Nietzsche, Also sprach Zarathustra, in: Werke in drei Bänden. München 1954, Bd. 2, p. 300.

주의 · 마르크스주의 등)과 연결시키면서 벤야민 스스로 자신의 독특한 심미적 · 정치적 입장을 천명하는 글의 성격을 지닌다. 시적인 삶과의 연관성에서는 낭만주의적 뿌리를, 정치의 도덕화 및 이상화를 거부하는 점에서는 이상주의와의 결별을, 이미지공간/몸공간에 의한 집단의 신경감응과 혁명적 발산에서는 유물론 및 무정부주의와의 결합을 읽어낼 수 있다.

그러나 초현실주의와 관련하여 벤야민이 제시한 범속한 각성, 시적인 삶, 염세주의의 조직화, 이미지공간/몸공간, 현재성, 집단적 감응 등 다양한 개념과 그것의 상호 연관성은 정작 기존의 마르크스주의적 정치이론 내에서는 항상 신비적이고 비합리적인, 주관주의적 사유의 측면이라고 비판되어왔다. 가령 낭만주의와 표현주의 같은 예술 현상이 부르주아적 · 모더니즘적 유산으로 비판되었듯이 말이다. 이러한 기존 선입견에 비추어볼 때 초현실주의에 대한 벤야민의 시각을 적극 수용한다면 이는 곧 마르크스주의의 스펙트럼이 상당히 유연해졌음을 뜻하게 된다. 아니, 초현실주의와 이를 해석하고 있는 벤야민의 시각이야말로 어쩌면 마르크스주의를 뛰어넘는 더욱 급진적인 것처럼 보인다. 이미 언급한 바 있듯이 "바쿠닌 이래 유럽에는 그 어떤 극단적인 자유 개념이 존재하지 않았다"라고 밝히면서 벤야민은 초현실주의자들을 급진주의자 바쿠닌을 추종하는 이들로 해석하고 있다. 정치사에서 잘 알려진 것처럼, 마르크스와 바쿠닌은 사회주의 실현을 위한 노동자 계급의 혁명을 추구하였다는 점에서 서로 공통적이었지만 그 혁명을 실행하는 방법상의 차이로 인해 두 사상가는 결코 양립할 수 없었다. 가령 계획적이고 체계적인 사고방식을 지닌 이론가로서 마르크스가 과학적 사회주의를 표방하였다면, 바쿠닌은 집단주의, 몸, 혁명적 폭력 등을 강조하는 본능적 사회주의를 내세웠기 때문이다. 여기서 벤야민은 마르크스와 바쿠닌의 종합을 다름 아닌 초현실주의에서 찾고 있다. 가령 바쿠닌의 후계자들로 초현실주의자들을 수용하면서 벤야민은 그들을 "혁명의 입양아들"[94]로 명명하고 있는데, 이는 초현실주의자들이 마르크스주의의 적자가 아닌, 다른 태생임을 암시하고 있다. 이와 달리 글의 말미에서 벤야민은 흥미롭게도 초현실주의자들을 마르크스의 "공산당 선언문의 현재적 명령을 파악한 유일한 이들"[95]을 실천하는 이들로 간주하고 있다. 이처럼 그 의미와 뉘앙스에서 비일관성을 야기하는 모순적인 대목들을 들여다보면, 벤야민이 초현실주의를 통해서 마르크스와 바쿠닌을 종합하려는 듯이 보인다. 물론 마르크스와 바쿠닌은 각기 고유명사이지만 사실 환유로 사용되고 있으며, 따라서 마르크스와 바쿠닌의 종합은 과학적 사회주의와 급진적 사회주의 간의 상호 보완을 뜻한다. 이는 벤야민이 항상 두 가지 의미론적 차원에서 초현실주의를 파악하는 방식을 통해서 뒷받침되는데, 즉 비판과 도취와, 의식과 무의식, 깨어남과 꿈이 변증법적 교차를 통해 상호 보완되는 방식 말이다. 한편으로 꿈과 무의식은 합리적이고 과학적인 훈련에 의해서 보완되고, 다른 한편으로 의식적이고 과학적 사유는 혁명적 긴장, 상호 신경감응, 혁명적 발산 등에 의해서 보완되는 것이다. 이런 식으로 벤야민은 마르크스주의를 수용하는 가운데 그 외연을 넓히고 있다.

그런데 이미지공간/몸공간을 강조하는 벤야민의 시각은 일차적으로 이미지에 대한 전통적인 관념론적 사유와 결별하면서 유물론적이고도 마르크스주의적 의미를 부각하려는 시도로 이해되지만, 그렇다고 해서 이미지/몸공간을 마르크스주의 이데올로기와 관련된 역사적인 의미에만 국한시킬 필요는 없다. 그것은 오히려 지금, 여기라는 시공간에서 새로운 현재성을 지닌다. 특히 예술과 삶의 경계 해체로서의 "시적인 삶"이나 혹

---

**94** GS 2, 298.
**95** GS 2, 310.

은 이미지가 곧 몸이라는 사유 방식은 새로운 매체 시대의 문화적 현상을 설명해주는 이론적 단초로 작용한다. 그 점은 기술복제 시대의 핵심 매체인 영화와 그에 적합한 촉각적 수용이 사회적 변화를 이끌 수 있다는 주장에서 이미 암시된 바 있다. 거기서 촉각적 수용은 단순한 손의 접촉을 넘어서 몸 전체의 지각을 뜻한다. 영화의 경우 이미지공간과 몸공간이 하나가 되는 가능성이 존재하듯, 기술복제가 강화되고 있는 21세기의 지금, 여기에서도 비감각적 물질성의 이미지(시뮬레이션)와 물질적 현존재로서의 촉각적 현실 간의 경계 해체에 의한 이미지공간/몸공간의 일치 현상은 벤야민 시각의 또 다른 현재성을 암시해준다. 이에 대한 좋은 예는 다음과 같이 건축의 특징을 몸공간, 영화의 특징을 이미지공간으로 설정하면서도 궁극적으로 건축과 영화, 몸공간과 이미지공간 간의 차이를 해체시킬 수 있는 가능성을 발견하는 일이다. 그 점을 마르틴 젤(Martin Seel)은 다음과 같이 제시하고 있다.

> 이와 같은 복잡한 건축공간은 항상 이미지들을 지닌 공간이다. 즉 자신을 둘러싸고 있는 풍경에 대해 건물이 제시하는 조망들의 공간이며, 또한 그런 풍경의 장면 속에서 건물의 모습을 보여주는 조망들의 공간이다. 그러나 건축 공간은 건축가의 설계에 따라서 실제로 건설된 장소에서의 실제 공간으로 존재한다. 그렇게 만들어진 공간은 항상 **몸공간**이며 따라서 지각적인 관찰에 있어서 항상 공감각적 공간이며, 이러한 공간은 극장과는 다르게 모든 감각을 자극할 수 있다. 설혹 건축공간이 배치에 의해서 자기 공간의 이미지를 디자인하고 그것이 건축작업에 날개를 달아주는 이미지들로 남게 될지라도 건축공간은 결코 이미지 공간이 아니다. 이와 달리 영화는 **이미지공간**이다. 영화는 가상 운동공간을 펼치고 유발시키는데, 시청각적 주체들로서의 관찰자는 그 가상 운동공간 안으로/안에서 이끌어진다. 영화의 탐색을 위해서는 극장 공간 내에 관객의 몸이 현존하

는 것이 필수적이긴 하지만, 영화의 운동이미지는 몸으로 생생하게 탐구할 수 있는 그런 경험 공간을 생산해 낸다. 그런데 건축공간에서처럼 여기서도 철저히 구성된 공간이 중시된다. 즉 적지 않게 공간 분할, 공간 구성, 다채로움, 공간의 열림과 닫힘 등으로 구성되는 그런 공간 말이다. 다시 말하면 조망 불가능한 공간의 전체 속에 공간의 공간, 공간을 위한 공간이 생성하는 그런 공간 말이다. 다음과 같은 점이 나의 테제다. 내가 건축공간에 대해 대략적으로 언급했던 모든 점이 영화의 가상운동공간에 그대로 적용된다. 물론 건축이 물리적인 운동의 공간이라면 영화는 활동적인 이미지공간이라는 결정적인 차이점이 있기는 하다. 그럼에도 불구하고 그런 차이점이 유지될 때, 사실 우리는 영화적 상상은 근본적으로 건축적 상상이며 건축적 상상은 본래부터 영화적 상상이라고 말할 수 있을 것이다.[96] [강조: 역자]

96 Martin Seel, Architekturen des Films, in: J. H. Gleiter, N. Korrek, G. Zimmermann (Hg.), Die Realität des Imaginären. Architektur und das digitale Bild, Weimar, p. 91.

제8장

# 대도시 · 이미지 · 배회자

## 1. 근대성과 대도시

근대성의 중요한 특징들 가운데 하나로는 18세기 중반부터 가속화된 기술의 발전을 들 수 있으며, 그 기술의 발전이 가져온 가장 커다란 변화는 다름 아닌 '(대)도시'라는 공간의 탄생이다. 기술이 발달하지 않았던 시기에는 도시와 농촌 간의 격차가 그리 심하지 않았지만 기술에 의한 산업화 과정이 본격적으로 진행됨으로써 농촌은 붕괴하고 대도시는 정치·경제·문화의 중심지로 부상한다. 이후 대도시는 이중적인 양상을 띤다. 대도시는 한편으로 전통적인 삶의 형태나 가치로부터 해방된 자율적인 개인들이 모이는 시민적 공간이지만, 다른 한편 아이로니컬하게도 그 개인의 고유한 특성이 사라지는, 점차 탈개인화되는 익명적 공간으로 변모한다. 비슷한 맥락에서 대도시의 다양한 양면성이 언급될 수 있다. 즉 대도시는 시민적 공공성, 평준화, 건강한 위생 등을 기반으로 밝고 투명한 삶을 보장하는 공간처럼 보이지만, 다른 한편 무관심·고독·병·범죄·불안 같은 심리적으로 어둡고 불안한 내면이 증가되는 공간이기도 하다.

또한 경제적 차원에서 대도시는 빈부 격차로 인해 서로 대립하고 투쟁하는 계층 및 계급의 공간이며, 문화적 차원에서 대도시는 자유로운 문화의 다양성을 보장하지만 동시에 모방과 유행에 의해 획일성이 급속도로 전파되는 공간이다. 결국 대도시 내에서 살아가는 개인은 밝은 외적 현실과 어두운 내적 심리 사이에서 분열을 겪게 된다.

이상과 같은 현상 이외에도 대도시 및 대도시적 삶의 현상은 근본적으로 현실성과 비현실성, 도취와 냉정, 현실과 가상 같은 모순적 특징을 띤다. 그렇기 때문에 분석과 서술 대상인 대도시는 반영이론적 차원에서 서술 가능한 대상으로 간주되거나 혹은 완전히 정반대의 의미에서 서술 불가능한 가상으로 비추어지기도 한다. 어쩌면 대도시는 언어 및 자아와도 구조적인 유사성을 지닌다. 즉 한편으로 명확한 의미의 언어나 명증한 의식의 자아처럼 대도시도 매우 투명한 질서의 공간처럼 보이지만, 다른 한편으로 다양한 의미를 내포한 모호한 언어나 무의식적 욕망에 사로잡혀 있는 자아처럼 대도시 또한 매체 · 기호 · 상상력 · 욕망 등이 거주하는 공간이다. 벤야민의 표현을 빌리자면, "도시는 미로에 대한 고대 인류의 꿈을 실현한 것이다. 자신도 모르게 배회자는 그런 현실화를 쫓아간다."[1]

이러한 모순적이고도 다양한 특성을 지닌 대도시라는 공간은 특정 지역에만 제한되는 것이 아니라 자신의 영역을 끊임없이 확장시켜나가는 역동적인 힘을 지닌다. 이에 대해서 앙리 르페브르(Henri Lefèbvre)는 다음과 같이 적절히 서술해준 바 있다.

> 도시라는 구조물이 번성하기 시작한다. 자신을 확장하고 지방의 여타 남은 부분을 집어 삼킨다. 도시 구조물이란 엄격한 의미에서 도시라는 건축 지형을 뜻하

**1** GS 5, 541.

는 것이 아니라 오히려 그 개념은 도시가 지방보다 우세하다는 점을 입증해주는 모든 현상을 뜻한다. 그렇게 이해할 경우 제2의 주거지, 고속도로, 지방의 슈퍼마켓이 도시 구조물의 일부분인 셈이다.[2]

르페브르의 시각은 지방 자체 내로 스며드는 대도시적 확장의 비물질적 흔적을 짚어냄으로써 도시와 지방 간의 외형적 대립을 해체시켰다는 점에서 의미심장하지만, 그러나 대도시적 삶, 인간의 의식구조 등에 대한 천착이 이루어지지 않았다는 아쉬움을 남긴다. 다행히 르페브르보다 훨씬 이전에 그와 같은 대도시적 삶 및 인간의 의식 구조 등을 연구한 이들이 있는데, 바로 게오르크 짐멜(Georg Simmel, 1858~1918)과 벤야민이다. 사회학적 · 철학적 지평에서 짐멜이 19세기에서 20세기로의 전환기에 대도시적 삶의 현상과 심리적 상태를 가장 뛰어나게 규명해준 학자로 간주된다면, 반세기 정도 뒤늦게 태어난 벤야민도 대도시적 삶과 의식구조를 파헤친 뛰어난 문필가에 속한다. 짐멜이 사회철학적 사유에만 머물러 있었다면, 벤야민은 심미적 · 정치철학적 차원에서 대도시적 현상에 접근하고 그것의 대안적 사유를 모색하고 나섰다.

그렇다면 벤야민의 시각을 더욱 세밀하게 밝히기 위해서라도 먼저 짐멜의 시각을 짧게 다루어보지 않을 수 없다. 벤야민과 마찬가지로 대도시 베를린에서 태어난 짐멜은 그곳에서 수학한 후 1885년부터 베를린대학에서 강의한다. 유태인 출신인 짐멜은 마르크스주의가 성행했던 20세기 초의 사상적 분위기와 거리를 취하면서 자유주의 사상에 기초하여 자신의 사회학적 글을 발표한다. 서서히 명성을 얻었음에도 불구하고 그는 반유태주의적 분위기로 인해 대학에서 정식 교수직을 얻는 데 어려움을 겪

**2** H. Lefèbvre, Die Revolution der Städte, Frankfurt am Main 1990, p. 9 sq.

다가 다행히 뒤늦게 1914년 슈트라스부르크대학에 정식 교수로 재직하게 되지만, 그러나 아쉽게도 4년 후 간암으로 세상을 뜨고 만다. 짐멜은 자유기고자로서 수많은 에세이를 발표하며 그 대표작은 『돈의 철학』(Die Philosophie des Geldes, 1900)이다. 이 역작 이외에도 가장 많이 인용되는 글로는 본래 『돈의 철학』의 서문으로 기획되었지만 3년 후 드레스덴에서의 강연 원고로 발표된 「대도시와 정신적 삶」(Die Großstädte und das Geistesleben, 1903)이라는 글이다. 이 글은 대단히 복잡한 논리를 통해 대도시와 대도시인의 심리적 상태를 예리하게 규명해준 글로 평가받으며 후에 대도시 연구와 관련된 미국 사회학에 지대한 영향을 끼친다.

짐멜이 분석한 대도시적 삶의 특징은 몇 가지로 정리된다. 우선 18세기에서 19세기로 전환하는 시기에 본격적으로 형성된 대도시적 삶의 가장 큰 특징은, 대도시에서는 자연적인 삶이 사라지고 인공적인 문화와 기술, 노동 분화 등에 의해서 개인적 삶이 위협을 받게 되고 그 결과 "사회적 · 기술적 메커니즘 속에서 중성화되고 소비되는"[3] 경향이 두드러진다는 것이다. 지방이나 시골에서 지내는 이들은 변화가 전혀 없는 틀에 박힌 일상과 환경에 처해 있지만, 대도시인은 주변 환경으로부터 매순간 스쳐지나가는 수많은 자극과 인상을 받게 된다. 이는 개인의 심리 차원에서 곧 "내적 · 외적 인상의 빠르고 끊임없는 변화에서 생겨나는 신경성적 삶의 증가"[4]를 야기한다. 물론 이 점은 짐멜만의 독특한 분석이 결코 아니다. 짐멜 이전부터 대부분의 철학자 · 정신분석학자 · 문인들은 대도시 내에서의 신경성적 삶을 지적해왔으며 그로 인해 대도시인은 히스테리와 우

---

3 G. Simmel, Die Großstädte und das Geistesleben, in: Gesamtausgabe, Frankfurt am Main 1995, Bd. VII, p. 116.

4 Simmel, p. 116.

울증 같은 병을 얻게 된다는 진단이 자주 제시되곤 했다. 그런데 그들과 짐멜 간의 차이점은, 짐멜이 단순히 그러한 진단에만 머물지 않는다는 것이다. 신경성적인 삶의 증가를 진단하면서 짐멜은 자신의 시각을 반전시킨다. 그에 의하면, 대도시인은 그와 같은 심리적인 증세에 자신을 내맡기는 것이 아니라 오히려 의식적 활동, 정확히 말하면 냉정하고도 분석적인 사유로서의 오성(Verstand)을 더욱 강력하게 발휘한다는 것이다. 요컨대, 오성적 사유를 통해 대도시인은 신경성적 삶의 환경을 극복한다. "오성의 위치는 우리 영혼의 투명하고, 의식적인, 가장 위에 있는 층위이며, 오성이 곧 우리 내면의 힘들 가운데 가장 적응력 있는 힘이다."[5] 의식적인 활동으로서의 오성적 사유에 의존함으로써 개인은 자신을 보호하는 차원에서 외적 자극과 인상에 적극 대응한다는 것이다.

그런데 신경성적 삶을 극복하려는 냉정하고도 의식적인 오성적 사유는 도대체 어디에서 오는 것일까? 이러한 질문과 관련하여 짐멜은 자신의 시각을 다시 한 번 발전시킨다. 그러한 오성적 사유는—이는 그가 『돈의 철학』에서 제시한 시각과도 일맥상통한데— 다름 아닌 실용성/즉물성(Sachlichkeit)을 추구하는 돈의 경제에 의존된 대도시적 삶 자체에 기인한다는 것이다. 재화 생산의 핵심 척도인 실용성으로 인해 대도시인의 삶과 사유는 이미 계산적으로 작동한다고 짐멜은 설명한다.

> 돈의 경제와 오성의 지배는 아주 심오한 연관성을 형성한다. 양자의 공통점은 인간과 사물을 취급하는 데 있어서의 실용성이며, 그런 실용성 내에서는 형식적 정의와 가차 없는 냉혹함이 한 쌍을 이룬다.[6]

5 Simmel, p. 117.
6 Simmel, p. 118.

돈의 계산적 작동과 인간의 오성적 사유가 서로 일치함으로써 넓은 의미에서 대도시적 삶의 방식과 그 안에서 살아가는 인간의 의식이 서로 완전히 하나가 된다. 현상을 관찰하는 사회학자들(만하임, 루만 등)의 모습처럼, 그 어떤 긍정적 · 부정적 가치 판단을 제시하지 않는 짐멜의 진단은, 어쨌든 넓은 시각에서 보면, 계산적 사유 행위와 합리성을 비판했던 프랑크푸르트학파(비판이론)의 입장과 궤를 같이하고 있다.

오성적 사유와 부합하는 대도시적 삶의 또 다른 특징은 정확성(Pünktlichkeit)이다. 대도시적 삶이 다양하고 복잡한 인간관계를 요구하고 있고 또한 외적으로는 혼란스러워 보이지만, 그런 복잡한 삶을 자연스럽게 유지할 수 있는 까닭은 대도시적 삶이 역설적으로 "정확성"에 바탕을 두고 있기 때문이라는 것이다. 대도시인의 삶은 정확성을 담보하는 기술과 장치에 더욱 의존하는 경향을 띠며, 그로 인해 "모든 활동과 상호 관계가 아주 정확하게 하나의 확실하고도 초주관적인 시간 도식에 정렬되는 것"[7]으로 향하고 있다고 짐멜은 밝힌다.

신경성적 삶에 대한 반응으로 대도시인이 계산성 · 정확성을 취한다고 하지만, 이밖에도 짐멜은 "둔감증"(Blasiertheit)이라는 반응 양식에 대해서도 언급한다. 자신만의 독특한 에너지로 외적 자극에 대해 아무 반응을 내보이지 않는 자세로서 둔감증은 일종의 방어 태세와도 같다. 둔감증은 일종의 "사물의 차이에 대한 무감각"이다. 그러나 이것은 아둔한 사람들에게서 흔히 엿보이는 "사물들의 차이를 인지하지 못하는" 무감각이 아니라 "사물의 차이가 지닌 의미와 가치, 나아가 사물 자체의 의미와 가치를 공허한 것으로 느끼는"[8] 그런 무감각을 뜻한다. 요컨대, 둔감증과 공

7 Simmel, p. 120.

허감은 서로 분리될 수 없다. 그렇다면 이와 같은 둔감증은 무엇에 기인하는 것일까? 짐멜은 그런 둔감증의 근원도 마찬가지로 돈의 경제에서 찾는다.

> 이와 같은 정신적 기분은 다름 아닌 완전히 침투한 돈의 경제의 충실하고도 주관적인 반사물이다. 즉 돈이 사물의 여러 다양성을 동일한 중량으로 만듦으로써, 돈이 사물 사이에 존재하는 질적인 차이를 양의 차이로 표현해냄으로써, 그리고 무색과 무관심의 돈이 모든 가치의 공통분모로 내세워짐으로써, 이제 돈이야말로 가장 무시무시한 중성자가 되며 돈은 사물들이 지닌 핵심, 고유한 특성, 전문적 가치, 비교불가능한 특성을 절망적으로 동공화한다.[9]

돈은 근본적으로 사물의 차이를 무화시키는 재화이며 동시에 그 자체 무감각한 특성을 지닌 재화이기 때문에 그러한 돈의 사용에 익숙한 인간의 지각도 마찬가지로 무감각해진다는 것이다. 그런데 짐멜의 분석은 여기에만 그치지 않고 반전과 점층의 논리를 더해나가는데, 그에 의하면 둔감증은 타인들에 대한 신중함(Reserviertheit)과 연결되고 그런 외적인 신중함은 다시금 은밀한 혐오감(Aversion)으로 발전한다는 것이다. 즉 대도시인의 무감각하고도 신중한 자세 이면에는 "어떻게든 야기된 가까운 접촉의 순간에 증오와 싸움으로 돌변하는 대립적인 배타성과 거부감"[10]이 깔려 있다.

짐멜의 분석은 대도시적 삶과 문화 등을 회의적으로 분석하는 것에 머

8 Simmel, p. 121.
9 Simmel, p. 121 sq.
10 Simmel, p. 123.

물지 않고 오히려 흥미로운 결론까지도 제시한다. 즉 대도시가 돈의 경제, 신경질적 반응, 둔감증, 신중함, 혐오감 같은 복잡한 심리 상태가 펼쳐지는 현장으로 파악되고 있지만, 그럼에도 불구하고 그 대도시적 삶 자체는 다시금 긍정적인 계기를 갖는다. 가령 거리를 취하는 신중함이 한편으로 내심 혐오감을 품고 있지만, 다른 한편으로 개인에게 자유를 가져다준다. "숨겨진 혐오감으로 뒤섞인 신중함은 이제 대도시의 상당히 보편적인 정신적 본질의 형식 혹은 옷으로 비추어진다. 그런 신중함은 개인에게 일정 정도의 개인적 자유를 베풀어준다."[11] 또한 시골과 대도시 간의 다양한 차이(폐쇄성과 개방성, 양식 투쟁과 인간 간의 투쟁, 전근대적 통합과 기능적 분화)를 분석한 후 짐멜은 대도시와 관련하여 우선 부정적인 진단을 내린다.

> 객관적 정신이라고 명명될 수 있는 것이 주관적 정신보다 우세해진다는 점을 통해 근대 문화의 발전이 서술될 수 있다. 즉 언어, 법, 생산 기술, 예술, 학문, 가정환경의 일 등에서 [객관적: 역자] 정신의 합이 구현되고 있는데, 주체의 정신적 발전은 그런 (객관적) 정신의 증대를 단지 불완전하고도 항상 뒤처진 상태에서 따라갈 뿐이다.[12]

독일 관념론적 개념을 차용하여 짐멜은 대도시적 삶에서는 주관적 정신에 대해 객관적 정신이 승리를 거둔다는 식으로 진단하는데, 요컨대 "객관적 문화의 과잉에 의한 주관적 문화의 위축"[13]이 곧 대도시의 특징

**11** Simmel, p. 124.
**12** Simmel, p. 129.
**13** Simmel, p. 130.

을 이룬다. 그러나 짐멜의 논리는 다시 반전한다. 즉 대도시적 삶이 돈의 경제에 의존됨으로써 모든 개개인의 문화가 균등화 · 표준화 · 객관화로 치닫는 경향에 대항하여 짐멜은 "개인적 자유"를 강력하게 요구한다. 대도시적 삶 속에서 표준화되어 익명적으로 존재하는 그런 부정적인 현상 속에서도 개인은 자신을 부각시키기 위해서 "스스로를 핵심 있게, 응집력 있게, 가능한 한 특징 있게 만드는"[14] 능력을 발휘해야만 한다는 것이다. 요컨대, "모든 사회적 · 정신적 관계 속에서도 개인이 지닌 움직임의 자유"[15]가 살아 있는 의미에서의 개인화가 강조되고 있는 것이다. 그런 개인적 자유에서 나온 주관적 정신과 문화만이 객관적 정신과 문화에 저항할 수 있다는 것이 짐멜의 결론이다. 이러한 대도시적 삶에 대한 짐멜의 분석을 벤야민은 익히 알고 있었으며, 보들레르 연구에 관한 글에서는 그런 짐멜을 직접 인용하기도 했다.

## 2. 이미지와 순간성

허무적이고 비관적인 양상에도 불구하고 대도시는 무엇보다도 다양한 시각적인 볼거리가 가득한 공간이다. 특히 19세기 말에서 20세기 초의 전환기에 유겐트 양식(Jugendstil), 표현주의, 인상주의, 아방가르드 같은 다양한 예술적 경향이 동시다발적으로 나타난 것도 사실 예술이 그와 같은 대도시의 시각적 양상을 적극 반영하려 했거나 혹은 나름의 방식으로 그에 대응할 수밖에 없었기 때문이었다. 요컨대, 대도시, 기술적 매체, 시

**14** Simmel, p. 129.

**15** Simmel, p. 131.

각적 이미지 등이 서로 결합하는 대도시의 사회적 현상은 예술에 커다란 변화를 야기했던 것이다.

대도시는 20세기 초부터 다양한 기술적 이미지를 분출함으로써 오늘날의 용어로 말하자면 이미 일종의 시뮬레이션 상태로 전환하고 있었던 셈이다. 즉 실제 현실이나 대상보다는 그것과 유사한 형상 내지는 상상적 이미지가 더욱 증폭된 공간으로서 대도시가 발전하고 있었다. 보들레르뿐만 아니라 벤야민에게도 대도시는 단순히 자본주의적 경제 체계만이 작동되는 단순한 실제 공간을 넘어서, 바르트나 보드리야르가 근대적 도시를 정의한 것처럼, 이미 기호 · 매체 · 코드 등이 동시적으로 작동하는 그런 다변형적 가상공간으로 인식되었다. "도시는 더 이상 정치적 · 산업적 다변형이 아니다. 오늘날 도시는 기호 · 매체 · 코드의 다변형이다."[16] 그런 실제와 가상 사이에서 부유하는 대도시적 공간을 직간접으로 경험/상상하면서 벤야민은 의식과 무의식, 근대적 사유와 탈근대적 감성 사이의 문지방에 놓여 있었다. 초현실주의와 관련하여 그가 언급한 것처럼 "마치 이리저리 넘쳐나는 수많은 이미지들의 발자국에 의해서 넘쳐나는 듯한"[17] 그런 공간이 그의 글과 사유에서 핵심 대상으로 자리 잡고 있었다. 그렇게 자본주의적 생산이 완전히 구현된 공간이면서도 동시에 인공적인 이미지로 구축된 가상현실의 특성을 뿜어내는 대도시를 지각하고 읽어내기 위해서는 현실적 유사성에 근거한 미메시스적 능력만으로는 한계가 있으며 비현실적 · 초현실적 유사성을 만들어낼 수 있는 도취 · 예감 · 선취 같은 비합리적인 능력까지도 한층 요구된다.

---

**16** J. Baudrillard, Kool Killer oder der Aufstand des Zeichens, in: Aisthesis, hrsg. v. K. Barck u.a., Leipzig 1990, p. 215.

**17** GS 2, 296.

이미지, 시각적 수용(정확히 말하면 앞서 영화와 관련하여 언급했던 시선의 감촉적 수용), 기술적 매체 등이 결합함으로써 대도시적 삶 자체에도 거대한 변혁이 일어난다. 예를 들면 시각적 매체의 대표적인 장르인 사진과 인쇄술이 결합함으로써 광고와 플래카드 같은 새로운 매체가 경제적 · 상업적인 차원에서 제2의 현실을 만들어간다. 그런 이미지 세계에 대해 칼비노(Calvino)나 비릴리오(Virilio)는 매우 예리하고 의미심장한 언술을 제시한 바 있다.

> 우리는 이미지의 홍수 속에서 살고 있다. 압도하는 강력한 매체들은 세계를 이미지로 변화시키고 거울놀이의 환등상을 통해 세계를 배가시키는 것만을 행할 뿐이다. 개개 이미지의 특징을 부여하는 내적 필연성이 그 이미지들에는 결여되어 있다. 요컨대, 형식과 내용에서의 내적 필연성, 주의력을 끄는 파워에서의 내적 필연성, 가능성 있는 의미로 가득한 내적 필연성이 결여되어 있다.[18]

> 더 이상 예술에서처럼 유일무이한 이미지는 존재하지 않으며 끝이 없고 관찰자의 자연적인 눈의 움직임을 통합적으로 재구성하는 이미지 세계가 존재한다.[19]

물론 이미지 세계에 대한 칼비노와 비릴리오의 시각은 서로 다른 뉘앙스를 풍긴다. 전자에서는 냉소적 비판이, 후자에서는 다르게 변한 현재적 상황을 어쩔 수 없이 수용하는 듯한 시각이 앞선다. 어쨌든 이미지 세계 자체는 더 이상 부인하거나 외면할 수 없는 존재 상황이 되고 있다. 여기

---

**18** Italo Calvino, Sechs Vorschläge für das nächste Jahrtausend, München/Wien 1991, p. 85.

**19** Paul Virilio, Die Sehmaschine, p. 123.

서 이미지는 결코 유일무이하게 지속적으로 소유되고 간직되는 것이 아니다. 그것은 만들어지는 순간 복제되어 잠시 존재하거나 혹은 아예 이미지로 지각되지 못한 채 사라지기도 한다. 보들레르 문학을 논하는 가운데 벤야민은 "무엇인가에 대해 우리가 그것을 더 이상 우리 면전 앞에 둘 수 없다는 점을 알고 있고 있을 경우 그것이 바로 이미지가 된다"[20]고 적은 바 있는데, 이는 지속적으로 붙잡아둘 수 없는 이미지의 순간적 속성을 가장 정확하게 표현한 언술이 아닐 수 없다. 그렇게 순간적으로 출현하고 사라지는 이미지의 범람을 두고서 흔히 '이미지의 표류'라고 부른다. 그런 이미지와 그것을 바라보는 시선의 관계를 두고서 비릴리오는 "시선의 우생학"이라는 논리를 펼친 바 있다. 비릴리오에 의하면, 수많은 이미지들이 생산되고 있지만 사람들의 눈길을 끌 수 있는 이미지만이 살아남는 이른바 정글의 법칙이 기술적 매체 세계의 결정적인 기준으로 작용하고 있는 것이다. 다시 말하면, 우리의 삶과 존재는 참과 거짓, 현실과 모방 같은 이분법에 의존하는 것이 아니라 '눈길을 끌 수 있는' 이미지의 심미적 영향력에 의해서 만들어진다. 이는 실재와 관계없이 이미지 자체가 실재처럼 여겨지는 광고 산업을 떠올리면 쉽게 이해할 수 있다. 이미지 자체의 보존 및 운동 원칙으로 우발성(偶發性, contingency)의 원칙만이 작용할 뿐이며 이 원리에 따라 수많은 이미지들이 갑작스럽게 일종의 형세를 형성하고 일시적인 문화를 만들어낸다. 기억과 문화가 서로 동일시된다면, 기억으로서의 문화는 순간적인 이미지에 의존하는 것이다. 이미지와 기억(혹은 문화) 사이에도 마찬가지로 그 어떤 인과적이거나 필연적인 관계가 성립하지 않으며 단지 우발적 응시, 우발적 의미 생산, 우발적 기억만이 작용할 뿐이다. 다양하게 산종된 사유의 단초들이 갑작스럽게 어떤

**20** GS 1, 590.

형세를 띨 때 이를 두고 벤야민은 "변증법적 이미지"라는 개념을 사용한 바 있는데, 그런 형세와 변증법적 이미지 개념은 기술 매체에 의해 생산된 시각적 이미지들이 갑작스럽고 우발적으로 서로 결합하는 경우에 정확히 적용된다. 벤야민이 기억은 스쳐지나간다거나 혹은 반짝 빛난다는 식으로 이미지의 우발적이고 순간적인 현현 방식에 대해 언급했을 때, 그것은 기술적 매체 시대의 이미지적 특성을 선취해낸 시각으로 간주할 수 있다. 물론 변증법적 이미지가 마르크스주의적 의미로 해석된다는 점에서 약간의 차이점이 있지만 말이다.

대도시 이론가인 짐멜도 사실 이미지가 무한히 생산되는 대도시적 삶과 시각적 지각 간의 연관성을 강조한 바 있다. 「감각의 사회학」이라는 글에서 그는 대도시인들 간의 인터액션에서는 귀보다는 "눈과 눈의 시선이 만들어내는 상관성"[21]이 중시된다고 언급한다. 그런데 이를 위해서는 무엇보다도 주체가 객체를 점유하는 행위가 중지되어야만 한다. "타인을 받아들이는 시선 속에 누구나 자신을 드러낸다. 주체가 객체를 인식하려는 행위와 함께 주체는 자신을 객체에 내준다. 내주는 행위 없이는 눈을 통해 받아들일 수 없다."[22] 눈을 통해 다른 것(이미지)을 받아들이는 행위를 위한 전제 조건은 곧 자신을 버리는 것, 자신을 내주는 것이다. 다르게 말하면, 합리적이고도 이성적인 주체가 자신의 감각적인 눈으로 대상(이미지)을 파악하는 식의 소위 전통적인 논리를 포기해야만 하는 것이다. 주체가 눈을 매개로 객체를 점유하는 전통적인 논리 가운데 대표적인 예로는 가령 헤겔과 괴테의 시각을 들 수 있다. 『미학 강연』에서 헤겔은 감각적인 눈과 정신적 영혼 간의 관계를 규명하는 가운데 눈을 정신(진리 · 영

**21** G. Simmel, Soziologie der Sinne, in: Gesamtausgabe, Bd. II, p. 285.
**22** Simmel, p. 280.

혼 · 이성)의 매개 기관으로 간주하고 있다.

> 그러나 영혼을 영혼으로 가장 온전하게 나타내주는 특수한 감각기관이 어떤 것인가라고 묻는다면 우리는 곧 눈을 가리킬 수 있다. 눈은 바로 영혼이 집중하는 곳으로서, 눈을 통해서 그리고 바로 그 눈 속에서 영혼을 볼 수 있다.[23]

눈과 정신(진리 · 영혼 · 이성)의 밀접한 관계를 강조함으로써 헤겔은 고대부터 사용되었던 '눈은 영혼의 창문'(oculus animae fenestra est)이라는 저 유명한 토포스를 반복하고 있는 셈이다. 비슷한 맥락에서 괴테 또한 자신의 『색채론』에서 "빛-볼 수 있는 것(대상)-눈-인간"[24]의 관계를 언급하면서 "외면으로부터 세계가, 내면으로부터 인간이 눈 속에 투영된다. 내면과 외면의 총체성은 눈을 통해 완성된다"[25]고 강조한 바 있다. 눈은 신체의 단순한 감각기관이기보다는 주체와 객체가 그 안에서 하나가 되는 감각기관으로 간주되고 있다. 즉 눈을 통해서 내면과 외면, 인간과 세계, 지각하는 이와 지각된 것 간의 동일성 관계가 성립되는 것이다.

이처럼 눈을 정신 · 영혼 · 이성을 받아들이는 주체의 능력과 연관시키는 전통적인 형이상학적 · 이상주의적 시각은 그러나 이미지 세계와 시각적 지각이라는 탈근대적 상황 내에서 더 이상 효력을 지니지 못한다. 가령 기술적 복제의 이미지로 가득한 대도시에서 주체의 눈은 더 이상 정신적 인식을 위한 감각기관으로 작동할 수 없으며 오히려 이미지에 의해 압

**23** G. F. Hegel, Vorlesungen über die Ästhetik, in: Werke in 20 Bänden, Frankfurt am Main 1970, Bd. 13, p. 203.

**24** J. W. v. Goethe, Zur Farbenlehre, in: Werke, Hamburger Ausgabe, Bd. 13, p. 323.

**25** J. W. v. Goethe, Das Auge, in: Sämtliche Werke. Briefe, Tagebücher und Gespräche. Frankfurter Ausgabe, Frankfurt am Main 1986~1999, Abteilung I, Bd. 23.2, p. 268 sq.

도당하는 상황에 처해 있다. 아니, 이미지는 주체와 대상을 매개하는 그런 이미지가 아니라 이미지 자체가 주체이자 객체로서 설정되면서 무한대로 자기 증폭을 강화해나간다. 벤야민은 비평과 광고 간의 차이를 통해 그와 같은 이미지 자체의 자기 재생산적 상황을 서술해내고 있다.

> 결국 광고를 비평보다 더욱 우월하게 만드는 것은 무엇일까? 그것은 붉은 네온사인 글자가 말해주고 있는 것 때문이 아니다. 아스팔트의 물웅덩이 위에서 그 네온사인 글자를 비추어내는 붉은 빛 때문이다.[26]

네온사인 글자와 그 글자의 의미는, 기호학적으로 표현하자면, 기표와 기의라고 말할 수 있다. 흥미롭게도 비평보다 우월한 광고의 힘을 벤야민은 그와 같은 "글자가 말해주고 있는 것"(기의)에서가 아니라 바로 "네온사인 글자를 비추어내는 붉은 빛"에서 찾고 있다. 그런데 앞서 제3의 이미지와 관련하여 언급한 것처럼, 여기서 아스팔트 위의 "붉은 빛"이란 네온사인의 글자와 그 네온사인이 의미하는 것 중에서 그 어느 것에도 포함되지 않는 제3의 이미지다. 요컨대, 이미지는 기표와 기의라는 기호의 전통적인 이분법적 구조에 포함되지 않는 다른 것, 이미지 자체의 내적인 힘을 뜻한다. 네온사인의 글자나 그것이 가리키는 대상(의미)이 더 이상 중요하지 않으며 단지 아스팔트 물웅덩이 위에서 붉게 빛나는 이미지 자체가 네온사인을 바라보는 이를 압도하는 것이다. 글자의 의미를 파헤치는, 비판적 의식을 요구하는 비평보다 광고가 더욱 우월하다는 것, 이는 무엇인가를 의미 있게 말하는 행위에서 벗어난 상황, 요컨대 이미지 자체의 압도적인 힘이 삶과 존재를 이끌어나가고 있는 상황을 암시하는 언술

---

**26** GS 4, 132.

이다. 그렇게 대도시 내에는 수많은 이미지-글자(Bilder-Schrift)가 존재하며, 이 이미지-글자에는 다름 아닌 상품을 비롯한 다양한 것들, 요컨대 "집단적 꿈의 상형문자"와도 같은 유행 · 건축 · 광고 · 플래카드 · 영화 등이 포함되어 있다. 이러한 이미지-글자와 대면하고 있는 벤야민의 시각에 대해 슈미트는 다음과 같은 해석을 제시한다.

> 근대에 들어서 지각의 이론으로서 미학은 기술 담론과 연결되어 있으며, 현실이 그런 기술 장치(현미경 · 망원경 · 텔레비전)의 매개에 의해 지각됨으로써 미학은 대상화된다. 기술 매체는 현실에 대한 시각을 바꾸어놓을 뿐만 아니라 현실을 일그러지게 만든다. 우리 지각을 사전에 주조해냄으로써 말이다. 바로 이와 같은 점, 즉 이미지의 기술적 복제, 책의 좁은 한계로부터 글자를 해방시키려는 것이 벤야민의 매체 심미적 출발점이다. 다시 말하면, 19세기의 근원사를 써내려는 그의 주된 관심사는 19세기는 이미지-글자(Bilder-Schrift), 즉 노베어트 볼츠가 적절하게 명명한 '집단적 꿈의 상형문자로서의 유행, 건축, 광고'로 자신을 써내고 있다는 인식에 기초한다. 벤야민의 눈의 시선에는 대도시가 플래카드 세계로 경직된 촉각적인 글자의 순환으로서 비추어진다. 그것은 흔히 수평적으로 읽어야 하는 책에서 그렇게 읽혀지는 글자가 아니라 수직적으로 정렬되어 있기 때문에 대중의 몸으로 밀려오는 그런 글자다.[27]

아무것도 말하지 않은, 의미하지 않는 이미지의 세계 속에서 현대인은 더 이상 진리와 거짓을 구분할 수 있는 명증한 의식으로 사물을 바라보는 주체가 아니다. 오히려 진리와 거짓이라는 이분법과는 관계없는 이미지

27 Axel Schmitt, Das Paradoxon einer realen Irrealität, in: http://www.literaturkritik.de/public/rezension. php?rez_id=873

가 주시하고 있는 상황에서 주체는 더 이상 자신에게 익숙한 저 이분법을 작동시킬 수 없을 뿐만 아니라 주체 스스로도 점차 이미지 속으로 빨려 들어간다. "이제 대상이 나를 지각한다"는 파울 클레(Paul Klee)의 언술이나 사진과 영화와 관련하여 벤야민이 인용하고 있는 조르주 뒤아멜(G. Duhamel)의 "내가 무엇을 생각하려는지 나는 더 이상 생각할 수 없다. 움직이는 이미지가 나의 사유 자리를 차지해버렸다"[28]라는 언술에서 알 수 있듯이, 이미지에 의해 둘러싸여 있는 주체는 더 이상 자신의 이성적 사유를 온전히 수행할 수 없다. 광고판(네온사인)이 제3의 이미지로 전환하는 그런 상황에 대한 벤야민의 진단은 사진을 "코드 없는 메시지"로 파악한 바르트의 시각, 그리고 매체를 특정 메시지의 전달 수단으로 삼지 않고 매체 자체가 곧 메시지라고 규정한 맥루한의 시각과도 일치한다. 요컨대, 이미지가 어떤 이념과 사유를 포장하여 전달하는 수단이 아니라 이미지 자체가 곧 메시지라는 것이다. 릴케의 대표작 『말테의 수기』에서 주인공 말테가 대도시 파리에서 "나는 보는 법을 배운다"는 저 유명한 화두를 던질 때만 해도 보는 것을 배울 수 있다는 믿음이 가능했다. 그러나 기술적 매체로 인해 볼 수 있는 이미지가 더욱 많아질수록, 역설적으로 보는 법을 상실할 가능성 또한 더욱 높아지는 것도 사실이다. 그런 점에서 비디오 영화 제작자 개리 힐(Gary Hil)의 말처럼 "본다는 것은 더 이상 볼 수 있는 가능성이 아니라 아무것도 보지 못하는 불가능성"[29]을 뜻한다. 이 점을 벤야민은 다음과 같이 적나라하게 묘사해주고 있다.

> 비평의 몰락을 하소연하는 바보들. 비평의 시간은 이미 오래전에 끝나버렸다.

---

**28** GS 1, 503.

**29** P. Virilio, Fluchtgeschwindigkeit, Frankfurt a.M. 1999, p. 126에서 재인용.

비평이란 본래 적절한 거리두기였다. 비평은 관점과 전망이 중시되고 입장을 취하는 것이 가능했던 그런 세계에 터전을 두고 있다. 그사이 사물은 너무나 뜨겁게 인간 사회에 손을 뻗치고 있다. '편견 없음', '자유로운 시선' 같은 말은, 단순한 무능을 소박하게 표현해낸 것이 아니라면, 거짓말이 되어버렸다. 오늘날 아주 실질적이고 상업적인 시선이 사물의 핵심을 들여다보고 있는데, 그 시선은 광고라고 불린다. 광고는 관찰의 자유로운 놀이공간을 파괴하면서 사물을 아주 위험할 정도로 가까이 우리의 이마 앞으로 가져온다. 마치 영화 스크린에서 자동차가 엄청나게 거대한 모습으로 우리에게 소리 내며 다가오듯 말이다.[30]

광고의 개념은 포괄적이다. 그것은 대도시 내의 플래카드, 간판, 진열장, 건물 외관, TV, 영화 등 다양한 영상 이미지, 즉 디자인 세계를 포함한다. 그런 광고의 물결 앞에서 이제 전통적인 철학이 강조했던 인식과 비판을 소유한 주체의 시대는 사라질 수밖에 없다. 비평의 우월한 의식 대신 이미지(광고, 디자인) 자체에 대한 새로운 논리와 지각 패러다임이 모색될 필요가 있는데, 이에 대해서는 가령 대상에 대한 주체의 우월한 표상 능력을 전제하는 전통적인 철학을 비판했던 메를로-퐁티(Merleau-Ponty)의 시각이 그 대안적 예로 작용한다. "살아 있는 현재"를 강조한 메를로-퐁티도 우선 사물을 지각하는 감각기관으로서 눈을 중시한다. 이때 보는 것과 볼 수 있는 것이 서로 만나게 되는 공간은 다름 아닌 몸이며,

**30** GS 4, 131 sq. 여기서 흥미로운 점은, 광고를 두고서 "스크린에서 자동차가 엄청나게 거대한 모습으로 우리에게 소리 내며 다가오듯"이라고 말한 벤야민의 표현과 6장에서 문화산업의 특성과 관련하여 인용한 바 있던 "이런 방식으로 문화 기계는 정면에서 찍은 긴장의 순간을 담은 급행열차의 사진처럼 관찰자에게 가까이 육박한다"(제5장 각주 49 참조)는 아도르노의 표현이 서로 너무 흡사하다는 것이다. 벤야민의 글이 먼저 발표된 것으로 보아 그와 비슷한 착상과 표현을 아도르노가 벤야민에게서 빌려온 것이 아닌가 싶다.

시각적 감각도 몸에 속한다. 그렇다면 시각적 감각으로 이미지를 표현해내는 예술가(가령 화가)는 단순히 모방만을 추구하는 것일까? 전혀 그렇지 않다. 화가의 경우를 보면, 받아들이는 시선을 통해 세계가 화가 속으로 들어가고 자기 시선의 표현을 통해서 화가가 세계로 들어가는 일종의 상호 교차가 일어난다. 결국 내면과 외면, 수용과 표현 간의 상호 교차로 인해 마침내 "누가 보고 있는지 누가 보여지고 있는지, 누가 그리는지 누가 그려지고 있는지를 우리는 더 이상 알 수 없다."[31] 그런 점에서 화가의 그림(즉 이미지)은 더 이상 사물의 단순 복제가 아니다.

> '그림'이라는 말은 오명을 뒤집어쓰고 있다. 왜냐하면 아무 생각 없이 사람들은 그림이란 모사, 복제, 제2의 현실이며, 또한 정신적인 이미지란 우리의 사적인 헛간에 들어 있는 그런 유(類)의 그림이라고 믿고 있기 때문이다. 그림은 느낌의 이중 특성을 가능케 하는 외면의 내면이고 내면의 외면이며, 이것이 없으면 우리는 상상적인 것의 문제를 결정짓는 저 유사 현재(Quasi-Gegenwart)를 이해할 수 없을 것이다. 즉 서술된 것이 상상되어 있을 뿐만 아니라 구현되어 있는 유사 현재 말이다.[32]

이와 비슷한 맥락에서 벤야민도 이미지(그림)에 대해 언급해주고 있다. "한 번의 바라봄에서 그림은 눈이 실컷 스스로 바라볼 수 없는 그것을 다시 내준다."[33] 주체는 주시하는 존재이지만 동시에 이미지(그림)의 시선에 의해 주시되는 존재로 파악되고 있다. 그런 점에서 주체와 이미지는 순간

**31** M. Merleau-Ponty, Das Auge und der Geist, Hamburg 1984, p. 21.

**32** Ibid., p. 18.

**33** GS 1, 645.

의 시간성과 밀접한 관계를 맺는다. 흥미롭게도 '순간'이라는 독일어 'Augenblick'은 눈(Augen)과 시선(Blick)의 결합을 나타낸다. 다시 말하면, 눈의 시선으로서의 순간은 주체와 객체, 나와 대상이 서로 뒤섞이는 시공간의 지각 상태다. 그런데 더욱 정확히 표현하자면, 그런 순간은 상호 교감과 동일성이 생성되는 것이 아니라 차이 · 배리 · 분열이 싹트는 지각 상태에 다름 아니다. 부재하는 동일성의 현존은 단지 꿈같은 상태에서만 가능할 뿐이다.

> 내가 '나는 저기서 그것을 본다'고 말할 경우 나와 사물 간의 비슷함이 깔려 있는 것은 아니다. [……] 이와 달리 꿈에서는 비슷함이 놓여 있다. 내가 본 사물은, 내가 그것들을 본 것처럼, 나를 본다. 꿈의 지각은 다음과 같이 씌어 있는 사원의 특성이다. '인간은 친밀한 시선으로 자신을 관찰하는 상징의 숲을 지나간다'고.[34]

대도시에서 매순간 이미지가 스쳐지나간다. 그런 근대 사회를 염두에 두었기에 보들레르는 영원성과 순간성, 지속성과 일시성이라는 모순적 특성으로 예술의 특성을 설명하기도 했다. 특히 후자가 강조될 수밖에 없는 까닭은, 근대 예술은 인공적으로 만들어진, 순간적이고 일시적인 유행과 필연적인 관계를 맺고 있기 때문이다. 물론 근대 사회의 대도시적 특성이 순간의 시간성에 있다는 것은 보들레르와 벤야민만의 독특한 심미적 인식이 결코 아니다. 벤야민과 동시대인이었던 시인 투홀스키(K. Tucholsky)는 가령 「대도시에서의 눈」(1930)이라는 시에서 대도시, 스쳐지나가는 대상, 순간의 이미지 교환 등을 다음과 같이 그린 바 있다. "아침

34 GS 1. 647 sq.

일찍 / 그대가 일터로 갈 때면, 근심에 찬 / 그대가 기차역에 서면, / 거기서 도시는 / 그대에게 아스팔트처럼 / 수천의 얼굴을 지닌 / 매끈한 인간 깔때기로 / 너에게 보여준다. / 두 개의 눈, 짧은 시선, / 눈썹, 동공 그리고 속눈썹을— / 그것이 무엇이었을까? 아마도 그대의 삶의 행복이었겠지 [……] / 스쳐지나가는, 흩날리는, 결코 다시 오지 않는. / [……] / 하나의 눈이 / 신호를 보낸다, / 영혼이 울린다, / 그대는 그것을 알아차렸지, / 단지 몇 초 동안 [……] / 두 개의 눈, 짧은 시선, / 눈썹, 동공, 속눈썹을— / 그것이 무엇이었을까? 그 누구도 시간을 되돌리지 못한다. / 스쳐지나가는, 흩날리는, 결코 다시 오지 않는."[35] 눈을 구성하는 (속)눈썹 · 동공 · 시선 등을 통해 그 어떤 것도 정지되거나 되돌려질 수 없이 빠르게 스쳐지나가는 순간성을 그려내고 있는 것이다. 시에서 감지할 수 있듯이, 스쳐지나가는 대상과 이미지, 그것을 바라보는 시선 사이에는 오로지 우연과 지금이라는 우발성만이 작동한다. 이와 같은 시적 형상화에 부합하듯, 벤야민은 "이미지란 과거적인 것이 지금과 함께 갑작스럽게 하나의 형세를 이루는 것"[36]이라고 언급하고 있으며 이때 이미지는 그 어떤 실제 대상의 모방이 아니라 현재와 과거가 우연히 조우되어 구성되는 변증법적 이미지를 뜻한다.

> 변증법적 이미지란 순간적으로 빛나는 이미지다. 과거적인 것은 인식가능성의 지금이라는 시간에 순간적으로 빛나는 이미지로서 포착되어야 한다.[37]

---

**35** K. Tucholsky, Gesammelte Werke in zehn Bänden. Hamburg 1989, Bd. 8, p. 69 sq.
**36** GS 5, 576.
**37** GS 5, 576.

변증법적 이미지란 소외된 사물과 상세한 의미 사이의 형세인 바, 즉 죽음과 의미가 서로 무관심한 순간에 지속하는 형세다.[38]

이제 "죽음과 의미가 서로 무관심한 순간 속에서 지속하는 형세"로서의 대도시, 좀 더 정확히 말하자면 이미지로 가득한 파사주와 그 공간을 걷고 있는 배회자의 이중적 자세를 더욱 세밀하게 논해보기로 하자.

## 3. 대도시와 배회자

이성적 주체를 압도하는 상품의 대량 생산, 인공적으로 (재)생산된 환영 같은 이미지로 가득한 공간, 이런 특성으로 인해 대도시 자체는 근대의 환등상(Phantasmagorie)과도 같다. 자본주의 메커니즘에 의해 생산된 교환가치의 상품이 가득 쌓인 대도시적 상황과 관련하여 마르크스는 환등상 개념을 사용하였으며, 벤야민은 이 개념을 다시금 파사주 분석에 적극 도입하였다. 불어로 씌어진 「19세기 수도, 파리」의 말미 부분을 독일어로 옮겨놓은 원고에서 블랑키와 보들레르를 서로 결합하면서 벤야민은 "환등상에 의해 지배된 세계"로서의 "근대"[39] 공간인 파리를 비판하고 있다. 파리, 베를린 같은 19세기의 대도시는 자본주의적 공간과 제국주의적 국가 이념이 서로 결탁한, 전략적으로 미화된 환등상이기도 했다.[40] 물론 환등상 같은 도시와 상품에 내재해 있는 심미적 · 형식적 특성에 대해 벤

---

**38** GS 5, 582.

**39** GS 5, 1258.

**40** S. Buck-Morss, Dialektik des Sehens, pp. 107~118.

야민이 비판적이었다는 점은 자명하지만, 그러나 근대의 환등상인 대도시에 대한 벤야민의 분석은 마르크스주의에서 벗어날 정도로 다양한 독특한 시각을 담고 있으며 또한 벤야민 활성화를 위한 새로운 계기로 작용하기도 한다. 다시 말하면, 환등상 개념은 한편으로 마르크스가 파악했던 상품물신성, 사물화 등과 관계하지만, 다른 한편으로 마르크스의 비판과는 다른 의미에서 사물화의 저편에 놓인 상품 이미지의 변용이나 빛남과 관계한다. 특히 후자는 자본주의 경제 체계의 현혹 연관성이라고 일면적으로 폄하될 수만은 없는 그런 측면을 내포한다. 벤야민의 분석에는 객관성이나 역사의식이 결여되어 있다는 아도르노의 비판도 사실 그가 환등상의 후자적 측면을 잘못 이해했기 때문에 나온 것일 수 있다.[41] 환등상적인 대도시 공간인 파리는 양면적으로 파악되어야만 하는데, 즉 정치적 혁명과 경제적 풍요가 모순적으로 얽혀 있는 공간으로 말이다. 용암이 분출하던 화산이 폭발을 멈춘 채 과수원으로 변했다는 비유처럼, 파리는 정치적 혁명이 들끓는 위태로운 공간에서 화려한 자본주의 경제 체제의 공간으로 변모한 특성을 지닌다.

> 사회적 질서의 파리는 말하자면 지형학적 질서의 베수비오산[이탈리아 나폴리 근처에 있는 화산 이름: 역자]에 해당된다. 분출할 것 같은 위태로운 괴상암은 언제나 유효한 6월 혁명과도 같다. 그러나 베수비오산의 경사면이 그곳을 덮고 있는 용암층 덕분으로 낙원과도 같은 과수원이 되었듯이, 혁명의 용암에서 예술, 축제 같은 삶, 유행이 다른 어느 곳에서는 전혀 볼 수 없었던 것처럼 화려하게 꽃을 피우고 있다.[42]

41 J.-M. Palmier, Walter Benjamin. Lumpensammler, Engel und bucklicht Männlein. Ästhetik und Politik bei Walter Benjamin, p. 759.

"예술, 축제 같은 삶, 유행"이 절정에 도달한 삶의 공간을 부정하고 다시 자연으로 되돌아가는 길은 대도시 근대인에게 차단되어 있다. 물론 그렇다고 해서 환등상 같은 삶의 공간을 무조건 환호할 수만은 없다. 대도시 파리는 비록 지금 경제적으로 완전히 다른 공간으로 변모해 있지만 그래도 한때 "혁명의 용암"이 분출되었던 정치적 공간이기에 근대인은 과거의 역사적 흔적과 기억을 쉽게 지워버릴 수가 없다. 따라서 환등상 같은 대도시는 "고독하게 배회하는 이에게 기억을 도와주는 대용물로서 배회자의 어린 시절이나 청년 시절 그 이상을, 또한 도시의 고유한 역사 그 이상을 호명해주는"[43] 그런 대상으로 비추어진다. 정치에서 경제로 전환한 대도시적 공간에서 배회자는 뛰어난 감수성으로 그 화려한 공간을 거닌다. 대도시 공간 내에서 배회자는 때론 스스로 상품문화를 포식하려는 능동성, 때론 공간 안으로 빨려 들어가는 자신의 모습을 잃어버리는 수동성 같은 이중적이고 모순적인 모습을 내보인다. 전형적인 대도시 공간인 파리를 예로 들면서 벤야민은 유혹적이고 화려한 공간과 배회자의 관계를 다음과 같이 묘사해주고 있다.

> 목적 없이 오랫동안 길을 지나가는 이가 도취에 젖는다. 매 걸음걸이가 더욱더 힘을 얻는다. 선술집, 상점, 미소 짓는 여인들의 유혹은 점점 더 작아지며, 가까운 길모퉁이, 희뿌연 안개 속 어느 먼 광장, 그의 앞에서 걸어가는 여인 등이 뿜어내는 매력은 점점 더 저항하기 어렵다. 허기가 온다. 그러나 그는 허기를 달랠 수많은 가능성에 대해서 아무것도 알고 싶어 하지 않는다. 그 대신 동물처럼 그

**42** GS 5, 1056.

**43** GS 3, 194.

는 낯선 구역을 지나 음식과 여인을 찾으려고 배회하다가 마침내 상당히 지친 나머지 자신에게 낯설게 여겨지는 자신의 방에서 차갑게 자신을 대하곤 쓰러진다. 이런 전형적인 인물을 만들어내는 도시는 파리다. [……] 왜냐하면 파리는 낯선 이들을 갖고 있는 것이 아니라 그들 자체를 만들어냈다. 즉 호프만스탈이 일찍이 명명한 바 있는 '저 순수한 삶에서 만들어진 풍경'이라고 할 수 있는, 저 극찬된 배회자 도시에 속한 파리 사람들 말이다. 배회자에게 파리는 정말이지 풍경이다. 아니 더 정확히 말하자면, 배회자에게 도시는 변증법적 양극단 속에서 날카롭게 대립된 채 나타난다. 도시는 배회자에게 풍경으로 자신을 드러내지만, 방으로 배회자를 감싸고 있다.[44]

길거리 여인을 포함한 모든 시설이 상품처럼 배회자를 유혹하고 있으며 그런 대도시적 풍경을 바라보면서 배회자는 그 안을 거닌다. 그러나 화려한 풍경의 대도시로부터 배회자는 벗어날 수가 없다. 그에게 대도시는 자신의 낯선 차가운 방이기도 하다. 화려한 풍경과 낯선 차가운 방이라는 이중적 모습의 대도시 속에 배회자는 존재론적으로 내던져 있는 셈이다. 배회자가 도취와 비판이라는 모순적 감정에 젖을 수밖에 없는 것은 그런 대도시 자체의 이중적 특성 때문이다. 도시를 벗어나 자연 속으로 되돌아가는 길이 처음부터 더 이상 존재하지 않기 때문에 배회자는 도취와 비판이라는 모순적인 존재 양식을 취할 수밖에 없는 것이다. 배회자에게 대도시는 풍경과 방으로 여겨지고, 때론 대도시와 배회자의 관계가 넓은 의미에서 집과 거주자의 관계로도 확대된다. 도시 자체는 집단의 일원인 배회자가 거주하고 생활하는 집과도 같다.

44 GS 5, 1053; vgl. GS 5, 525. 이와 비슷한 내용이 헤셀에 관한 서평 「배회자의 귀환」에서도 서술되어 있다(GS 3, 195).

배회자에게 거리는 집이다. 시민이 사면의 벽 안에 거주하고 있었다면 배회자는 집 외관 사이에서 거주하고 있다.[45]

집 안에 틀어박혀 있던 소시민이라 불리는 과거의 개인이 직접적인 경험을 행하지 못했다면, 이제 배회자를 비롯한 집단적인 대중에게는 대도시 자체가 자신들의 거주지이며 모든 거리의 사물 자체가 자신의 거주지를 꾸미는 장식물이나 가구로 비추어진다. 그들에게는 안과 밖의 경계가 더 이상 존재하지 않는 셈이다. 요컨대, 배회자에게는 대도시 자체가 곧 그들의 거주지이자 내부공간인 셈이다. 본래 내부공간이란 글자 그대로 시민적 개인이 자신의 집 안에 꾸며놓은 "먼 장래와 과거를 수집해놓은" 하나의 "우주"와도 같은 공간을 뜻한다.[46] 19세기 시민 계급의 내부공간은 모든 세계사적 사건까지도 사물로 압축시켜서 꾸며놓은, 그러나 궁극적으로 허무주의가 자리 잡고 있는 공간으로 해석된다. "19세기의 내부공간. 그 공간은 자신을 치장하며 유혹적인 존재물처럼 분위기의 의상을 입는다. [……] 결국 사물은 단지 마네킹이고 거대한 세계사적 계기들조차도 단지 의상일 뿐이다. 그런 의상들 하에서 세계사적 계기들은 무(無), 저속하고 진부한 것과 일치의 시선을 주고받는다. 그런 허무주의가 시민적 아늑함의 가장 내적인 요체다."[47] 또한 내부공간과 예술이 결합될 경우, 벤야민은 내부공간을 사적 개인이 다양한 사물을 수집하여 자신의 원칙에 따라 배치하고 꾸민다는 점에 착안하여 주관적인 미가 실현되는 예

45 GS 1, 539; GS 3, 196.
46 GS 5, 52.
47 GS 5, 286.

술의 피난처이면서 동시에 사물도 더 이상 가치나 유용성에 종속되지 않은 채 자유롭게 존재하는 공간으로서 파악한 바 있다.

> 내부공간은 예술의 피난처이다. 수집가야말로 내부공간의 진정한 거주자이다. 그는 사물을 아름답게 승화시키는 것을 자신의 본업으로 삼는다. 사물들을 소유함으로써 그에게는 사물로부터 상품 특성을 제거하는 시시포스의 과제가 부과된다. 그러나 그는 사용가치보다는 애호가에게만 통용되는 그런 가치를 사물들에 부여한다. 수집가는 멀리 있는 세계나 지나간 세계뿐만 아니라 동시에 더 나은 세계를 꿈꾼다. 즉 일상 세계와 마찬가지로 인간이 필요로 하는 것이 인간에게 별로 주어지지 않은 그런 세계, 그렇지만 사물이 유용성의 부역으로부터 자유롭게 존재하는 그런 세계 말이다.[48]

이처럼 개인, 사적 공간, 예술이 서로 내밀한 관계를 이루었던 내부공간의 전통적인 의미가 뒷전으로 물러나고 그 대신 내부공간이라는 개념은 배회자 · 대도시 · 상품 등과 새로운 연관성을 구축한다. 요컨대, 대도시 자체가 곧 집단적 대중의 일원인 배회자가 머무르면서 각종 사물을 자신의 것으로 취하는 내부공간이 된다.

> 거리는 집단적 대중이 거주하는 곳이다. 대중은 영원히 불안한, 영원히 움직여지는 존재자다. 개인들이 사면의 벽에 의해서 보호되어 있는 것처럼 대중은 집 벽들 사이에서 많은 것을 체험하고 경험하고 인식하고 생각한다. 살롱 안에서 개인에게 유화 그림이 주어져 있다면, 대중에게는 화려한 에나멜이 칠해진 회사 간판들이 흡사 멋진 벽장식인 셈이다. '붙이지 마세요'(Defense d'afficher)라는

---

**48** GS 5, 53.

> 표지가 박혀 있는 벽들이 대중의 글쓰기 책상이고, 신문 노점이 도서관이고, 우편함이 청동예술품이고, 공원 의자가 대중의 침실 가구이며, 커피를 마시는 테라스가 돌출창으로서 그곳에서 대중은 자신의 살림살이를 내려다본다.[49]

벽을 책상으로, 공원 의자를 침대로 삼는다는 것은 대도시 내의 배회자 및 대중에게는 전통적인 안과 밖, 내면과 외면의 경계가 해체되어 있음을 뜻한다. 파사주 · 거리 · 공원의자 · 간이음식점 같은 크고 작은 다양한 사물 및 공간 등을 배회자가 거닐거나 취한다는 것은 곧 그가 자신의 집에서 생활하는 것에 다름 아닌 셈이다. 17세기 바로크 비극, 엠블렘, 군주 등이 동시대의 테아트룸 문디(Theatrum mundi: "세계의 극장"이라는 뜻으로 공허와 허무를 지닌 바로크 시대를 나타내는 은유)를 구성하는 요소였다면, 안(개인)과 밖(사회)이 더 이상 구분되지 않은 자본주의 사회에서는 배회자, 각종 거리, 광고물, 파사주 같은 구성 요소를 갖춘 내부공간으로서의 대도시가 곧 세계 및 삶의 "현장"이 된다.[50] 그렇기 때문에 "상상의 혈관망 같은 파리 거리의 체계"[51] 속에서 배회자가 읽어 내는 것은 "인간의 이미지라기보다는 오히려 현장의 이미지"[52]다. 특히 배회자의 주목을 이끄는 이미지 공간은 바로 화려하고 아늑한 전통적인 살롱 공간의 기능을 넘겨받은 파사주다. "그것들[도시의 방들] 가운데 파사주는 살롱이다. 그 파사주 안에서 거리는 다른 장소들보다 훨씬 더 대중의 가구 딸린, 텅 비어 있는 내부공간으로 인식된다."[53]

---

**49** GS 5, 533; GS 5, 1051 sq.; GS 3, 196.
**50** GS 5, 437.
**51** GS 5, 1208.
**52** GS 6, 490 sq.
**53** GS 5, 1052.

대도시 내에서 배회자는 유년시절의 이런 저런 공간을 기억해내려 하지만, 그 기억은 개인적 기억이나 실증적 기억을 넘어서 해석과 상상이 넘나드는 심미적 행위에 다름 아니다. 그렇기 때문에 대도시 안을 거닐면서 스쳐지나가는 이미지로서의 기억을 붙잡으려는 배회자의 모습은 다양하게 묘사된다. 그는 대중 속의 불특정한 자, 산책하는 자, 여러 외적인 인상을 수집하는 자, 무엇인가를 엿보는 탐정 등 다양한 이미지와 의미를 지닌다.[54] 물론 그 배회자의 전신은 군중 속의 남자(포), 댄디(보들레르) 등의 모습에서 찾을 수 있다. 그러나 이들 간에는 미묘한 차이점이 있다. 포의 군중 속의 남자와 관련하여 벤야민은 그 남자—혹은 배회자로서의 작가 포라고도 할 수 있는데—에 대해 다음과 같이 기술한다.

> 그는 자신을 군중의 공범자로 만들며 거의 같은 순간 군중으로부터 자신을 분리시킨다. 그는 단 한 번 경멸의 시선을 던짐으로써 예기치 않게 군중을 쓸모없는 존재로 내던져버리기 위해서 군중과 깊이 결탁하고 있다.[55]

군중 속의 남자는 군중과 함께 하면서 군중과 멀리하는 모순성을 띠며 이러한 모순적 존재는 모든 근대인(댄디, 배회자 등)에게서 발견되는 공통점이기도 하다. 그렇지만 포의 군중 속의 남자와 보들레르의 댄디 사이에는 차이점이 없지는 않다. 결정적인 차이점으로는 보들레르의 배회자(즉 댄디)의 경우 "태연한 아비투스"(der gelassene Habitus)를 엿볼 수 있지만, 포의 군중 속의 남자에게서는 "조울증적인 아비투스"가 자리한다고 벤야민은 분석한다.[56] 즉 포의 군중 속의 남자에게서는 다른 사람들에 의해

---

**54** 『파사젠-베르크』에서 특히 다음의 세 단편을 참조할 것(GS 5, 524, 541, 554).
**55** GS 1, 626 sq.

주시되어 "의심 받고 있는 자"이면서도 "전혀 눈에 띄지 않은 자, 안전하게 숨겨진 자"[57]라는 변증법이 내재해 있다. 이와 달리 보들레르와 벤야민의 경우 배회자는 다른 모습을 취한다. 그들에게서 배회자는 군중 · 상품과 더불어 대도시적 삶을 구성하는 중요한 요소이면서 동시에 대도시적 삶에 대한 비판적 인식을 제시한다(물론 자본주의 문화가 더욱 강력해짐으로써 점차 배회자는 그런 능력을 상실하고 만다!). 그는 천천히 걸으면서 대도시 내의 건물 · 상품 · 인간을 관찰하면서 비판한다. 그런 배회하는 댄디의 특징에 대해서 보들레르는 「근대적 삶의 화가」라는 글에서 다각도로 제시한 바 있다. 댄디는 마치 동시대인들을 자신에게 종속시키는 듯한 열정과 독립성을 소유한 것처럼 언급되며, 또한 "한가롭고", "귀족적"이며, "풍요로운" 듯한, 그럼에도 "차가운 표정과 자세"를 지닌 그는 "대립적이고 혁명적인 특성"을 지니고 있다. 귀족적인 댄디는 이제 "몰락의 시기에 출현하는 영웅성의 최후의 폭발"과도 같으며 "지는 해", "지는 성좌처럼 찬연하지만 열정도 없고 우수에 차 있는" 모습으로 나타난다.[58] 여기서 언뜻 부정적인 뉘앙스를 풍기는 "한가로운"과 "귀족적"이라는 개념은 세심한 이해를 요한다. 우선 "한가로움"은 정신이 이완된 상태에 자신을 내맡기는 무력한 상태를 뜻하는 것이 아니라 자본과 노동을 절대적인 원칙으로 삼았던 부르주아 사회에 대항하는 메타포로 사용되고 있다. 마찬가지로 댄디의 "귀족적인" 자세도 부르주아 사회 이전의 정치 체계였던 귀족사회로 복귀하고 싶어 하는, 퇴행적인 정치 이념을 지칭하는 언어가 아니라 부르주아적 시민사회를 비판하는 고독한 정신의 소유자에 대한

56 GS 1, 627.

57 GS 5, 529.

58 Ch. Baudelaire, Der Künstler und das moderne Leben. Essays, Salons, intime Tagebücher. Leipzig 1990.

메타포로 작용한다. 귀족적인 자세와 상통하는, 보들레르 문학에서 부정성 미학의 범주로서 작용하는 권태(Ennui)는 흔히 멜랑콜리(Melancolie)와 동일시되는데, 벤야민도 바로크 시대의 알레고리를 언급하는 가운데 멜랑콜리의 내적 특성으로 아케디아(Acedia)를 언급한 바 있다.[59] 중요한 점은 "귀족적"이라는 개념은 부르주아 사회 이전의 귀족사회를 회상하는 개념이 아니라 바로 부르주아 내에서 배척당한, 그 부르주아 자체를 비판하는 자의 인식과 관련된다는 것이다.[60]

그렇다면 군중 속의 남자, 귀족적 댄디 등의 모습을 넘어서 더욱 산업화되고 자본주의적 양태를 띠는 사회적 환경과 마주하게 된 근대적 도시인, 즉 20세기의 배회자는 어떤 모습을 지닐까? 벤야민은 대도시 내에서

59 독일의 사회학자 볼프 레페니스(W. Lepenies)는 멜랑콜리와 권태를 구분한 바 있다. "멜랑콜리는 자본주의 이래로 부르주아 계급이 취했던 부르주아적 행위방식이다. 반면에 권태는 결코 부르주아적이 아니다. 권태는 귀족주의자들과 아웃사이더들에게 적합하며, 그들은 부르주아의 거실보다는 귀족적 살롱에서 언제나 환영받는다"(W. Lepenies, Melancholie und Gesellschaft. p. 20). 이러한 레페니스의 시각을 보들레르에게 적용할 경우, 문학적 차원에서 권태를 강조했던 보들레르는 반부르주아적인 입장을 취한 것으로 해석된다. 그런데 벤야민의 경우 멜랑콜리와 권태는 서로 분리될 수 없을 정도로 친밀하다. 따라서 레페니스의 시각은 절대적으로 타당한 시각이 아니다.

60 대도시적 삶을 비판적으로 들여다보면서 때론 그런 삶을 극단적으로 전복하고 싶은 고독한 배회자의 마음 상태를 보들레르는 다양하게 그려내고 있다. 산문시집 『파리의 우울』(윤영애 역, 민음사, 1996)에 실린 몇 가지 예는 다음과 같다. "이처럼 대도시에서는 그곳에서 산보하여 그곳에서 일어나는 일들을 눈여겨볼 수 있을 때 얼마나 괴상한 일들을 발견하게 되는 것인가? 그곳의 삶은 무죄한 괴물들로 들끓고 있다"(「마드모아젤 비스뚜리」). "대중과 고독, 이 두 어휘는 풍요하고 적극적인 시인에게는 서로 교환할 수 있는 동등한 어휘일 수 있다. 고독을 채울 줄 모르는 자는 역시 분주한 군중 속에서 홀로 존재할 줄 모른다"(「군중」). "왕을 폐하고 그 사회의 변혁을—사회의 의견을 참고하지도 않은 채— 도모하려는 이 같은 우울증에 걸린 인물들을 당국에 고발하는 인간들이 여는 사회에나 항상 있게 마련이다"(「어떤 영웅적인 죽음」). "나는 흙투성이의 개를 찬양하는 걸. 집도 없는 개, 배회하는 개, 어릿광대인 개를 나는 노래한다. 그들의 직감은 가난한 자, 보헤미안, 익살광대의 그것처럼 필요에 의해— 이 놀라운 지성의 어머니, 이 진전한 지성의 수호신! 필요에 의해— 훌륭한 자극을 받고 있다"(「착한 개들」).

거니는 배회자라는 시적 존재 양식에 새로운 사회적 · 심미적 의미를 부여하고 나선다. 물론 벤야민 스스로도 유럽 대도시의 배회자였음은 잘 알려진 사실이다. 즉 자신의 글에서 근대의 문학적 배회자의 이미지를 극대화시킨 벤야민은 "탐정" 같은 눈으로 몸소 유럽 대도시 풍경을 관찰했던 최후의 지적인 배회자로 활동하였으며, 『베를린의 유년시절』, 「파리, 19세기의 수도」, 『기술복제 시대의 예술작품』 같은 글에는 그런 배회자의 경험이 다양하게 녹아들어 있다. 벤야민의 배회자에 관한 연구에서 쥘비아 슈퇴베(S. Stöbe)는 그 형상에 이중적인 의미를 부여하는 흥미로운 분석을 제시하고 있는데, 그런 이중성의 결정적인 근거로는 배회자가 일종의 전환기, "문지방"과도 같은 상황에 놓여 있다는 것이다. 그 전환기적 상황은 다섯 가지로 정리된다. 첫째, 배회자는 귀족에서 시민으로 전환하는 상황에 놓여 있으며, 둘째, 그는 전근대적인 느린 시간의 경험에서 근대적인 빠른 시간의 경험으로 전환하는 상황에 놓여 있으며, 셋째, 대도시를 지각하는 데 있어서 그는 상세하고 자세히 들여다보는 관찰에서 멀리서 전경을 바라보는 관찰로 전환하는 상황에 놓여 있으며, 넷째, 그는 공간을 상호행위적으로 이용하는 행위에서 공간을 시각적으로만 지각하는 행위로 전환하는 상황에 놓여 있으며, 마지막으로 산업사회 이전의 생산 시기에서 상품이 대량으로 생산되고 판매되는 소위 시장화 시기로 전환하는 상황에 놓여 있다는 것이다.[61] 슈퇴베의 시각에서 아쉬운 점은, 주로 전근대에서 근대로 전환하는 상황과 관련된 특징만이 나열되어 있을 뿐 근대에서 탈근대로 전환하는 상황과 관련된 특징에 대해서는 전혀 언급되어 있지 않다는 것이다. 가령 산업사회 이전의 생산 시기에서 대량

61 Sylvia Stöbe, Der Flaneur und die Architektur der Großstadt. in: http://www.uni-kassel.de/ fb13/stoebe /Flaneur.pdf

생산의 시장화 시기로의 전환이라는 다섯 번째와 관련해서는 다음과 같은 점이 덧붙여질 수 있다. 즉 배회자를 둘러싼 사회문화적 환경에 대한 벤야민의 서술을 보면, 대량 생산의 단순한 시장화에서 (재)생산이 가상적으로 더욱 배가되는 시뮬레이션 사회로 전환하는 상황까지도 엿볼 수 있다고 추론될 수 있다.

어쨌든 다양한 이중적 상황으로 인해 배회자는 스스로 느림과 빠름, 일회성과 반복성, 아우라와 복제, 개인적 고독과 대중적 유혹, 비판과 탐닉, 낡은 것과 새로운 것, 범속과 각성 등 다양한 이중적인 모습을 띨 수밖에 없다. 그렇기 때문에 대도시에 대한 뛰어난 관찰과 분석을 제공해준 프란츠 헤셀(Franz Hessel)의 『베를린 산책』(1929)에 대한 서평 「배회자의 귀환」에서 벤야민은 "조용할지라도 새로운 것이 매우 명확하게 드러나는 그런 남자만이 저 낡은 것에 대해서도 독창적으로 일찍 바라볼 수 있다"[62]라고 언급하면서 새로운 것과 낡은 것을 변증법적으로 결합시킬 수 있는 능력을 배회자에게서 찾고 있다. 여기서 변증법적 능력은 사실 헤셀 뿐만 아니라 벤야민 자신에게도 적용되는 측면이기도 하다.[63]

이제 벤야민이 배회자에게 부여한 몇 가지 특징을 살펴보기로 하자. 공간을 배회하는 자에게 우선적으로 요구되는 것은 고독하게 무엇인가를 주시하고 탐색하는 뛰어난 감각이다. 가령 헤셀에 관한 비평에서 배회자는 대도시 공간 속에 내던져진 "늑대 인간"으로 표현되고 있다.

---

**62** GS 3, 197.

**63** 헤셀과 벤야민에 관한 글로는 다음을 참조할 것. S. Weigel, Traum－Stadt－Frau. In: Die Unwirklichkeit der Städte, hrsg. v. K. R. Scherpe, Hamburg 1988, p. 179 sq. 이밖에도 인터넷 상으로 다음의 글을 참조할 것. I. Bäcker: Berlin-Bilder von Franz Hessel und Walter Benjamin. In: http://www.docstoc. com/docs/21530232/Berlin-Bilder-von-Franz-Hessel- und-Walter-Benjamin

> 파리가 아닌 여기서[베를린: 역자] 우리는 배회자가 철학적인 산책자로부터 멀어지고 사회적 평야에서 불안하게 방황하는 늑대 인간의 용모를 지닐 수 있음을 알게 된다. 물론 그런 늑대 인간상을 포는 「군중 속의 남자」에서 영원한 것으로 고정시킨 바 있지만 말이다.[64]

도시에서 벗어나 자연 속에서 사색과 평온함을 찾으려는 루소(Rousseau)의 고독한 산책자를 상기시키는 "철학적 산책자"의 모습이 아니라 대도시라는 정치경제적 · 사회적 공간 속에서 불안하게 방황하는 늑대 인간 같은 모습을 한 배회자는 또 다른 글에서 다시금 고상한 사제장이나 예리한 탐정의 모습과 결합되기도 한다.

> 배회자는 공간 영혼(genius loci)의 사제장이다. 이 눈에 띄지 않는 행인은 사제장의 위엄과 탐정의 탐색 감각을 지니고 있으며 그의 조용하면서도 전지전능한 능력에는 체스터턴(G. K. Chesterton, 1874~1936)이 만든 저 범죄수사의 달인 브라운 신부에게서 엿볼 수 있는 어떤 면이 있다.[65]

늑대 인간, 탐정 같은 비유는 냉정함을 유지하는 배회자의 모습을 나타낸다. 물론 그런 특성과는 정반대의 면모도 배회자에게서 발견되는데, 예를 들면 "대마초 흡연자"의 특성을 지닌 배회자의 모습이다. 물론 이러한 비유도 사실은 보들레르에게서 가져온 것임은 새삼 거론할 필요가 없다.

---

**64** GS 3, 198.
**65** GS 3, 194.

배회자라는 인물. 그는 대마초 흡연자와도 같으며, 그런 흡연자처럼 공간을 자기 자신 속으로 받아들인다. 대마초의 도취 속에서 공간은 우리에게 '그래, 나에게 도대체 무슨 일이 일어난 것일까?'라고 졸린 듯 눈을 깜박이기 시작한다. 똑같은 질문으로 공간은 배회자에게 가까이 다가온다.[66]

배회자가 자발적으로 단순히 공간을 탐색하는 것만은 아니다. 오히려 공간이 배회자에게 말을 건네면서 자신에게 일어난 일을 읽어줄 것을 요구하고 있다. 다르게 말하면, 대도시 내에서 배회자는 거리를 배회하면서 사물을 관찰하지만 동시에 그 스스로가 사물 및 공간에 의해 주시되고 그것들이 요구하는 바를 읽어야만 한다. 배회자가 자신의 내밀한 공간 및 그에 대한 기억을 더듬어내기도 하지만, 사물 및 공간 등이 배회자에게 예기치 않은 활기와 상상력을 불어 넣기도 한다. 그렇기 때문에 공간을 거니는 배회자의 일은 다양하다. 역사가로서 배회자는 "발견물의 목록"을 만드는 것이 아니라 옛것이 간직된 그 위치와 장소를 명시하는 행위를 한다.[67] 배회자의 가장 흥미로운 모습은, 비록 경제학자나 사회학자가 아니면서도 그는 실물 경제를 가장 정확히 알고 싶어 한다는 것이다. "더 이상 생산에 대해 아무것도 이해하지 못하는 한가로운 자, 즉 배회자는 [물가] 시장의 정통한 자가 되고 싶어 한다."[68] 그런 점에서 그는 경험보다는 체험을 즐긴다. "경험은 노동의 수확이다. 체험은 한가로운 자의 환등상이다."[69]

배회자는 대도시의 빠르고 화려하게 변하는 시공간적 문화에 동화되지

**66** GS 5, 1009.
**67** GS 4, 401.
**68** GS 5, 473.
**69** GS 5, 962.

않기 위해 저항적인 몸짓과 인식을 취한다. 그런 의미에서 배회자는 우선 거북이처럼 자신의 걸음을 느리게 한다는 원칙, 그리고 자신의 특정한 의도를 배제한다는 원칙을 내세운다.

> 1839년 파리에는 거북이 유행이 있었다. 도시의 가로수 길보다는 파사주 안의 맵시꾼들이 얼마나 더욱 경쾌하게 거북이의 속도를 모방하는지를 누구나 쉽게 표상할 수 있다.[70]

> 배회자의 템포는 포에서 서술된 저 대중의 템포와 대립할 수 있다. 그것은 대중의 템포에 대한 저항이다. [……] 생산 과정에서의 지루함은 (기계에 의한) 생산 과정의 가속화와 더불어 발생한다. 태연함을 과시하면서 배회자는 그런 생산 과정에 저항한다.[71]

빠름의 사회적 분위기에 대항하여 배회자가 거북이 걸음걸이나 태연함을 취한다고 해서 그것을 산업사회 이전으로 되돌아가려는 몸짓 혹은 자연 속으로 도피하려는 보수적인 정치문화적 이데올로기로 해석할 수는 없으며, 모든 사회적이고도 문화적인 혁신을 거부하는 탈역사적인 행위로 해석할 수도 없다. 문명의 발전에서 벗어나 자신만의 고독한 삶을 영위하거나 무기력하고 공허한 삶을 옹호하려는 행위는 결코 진정한 대안이 될 수 없다. 거북이 걸음걸이, 즉 느림의 여유를 내세우는 것은 기계적인 리듬에 종속되지 않는 가운데 내적인 감수성을 확보하고 동시에 삶의 성찰적인 리듬을 회복하려는 제스처에 다름 아니다. 최후의 인디언처럼

---

**70** GS 5, 162; Vgl. GS 5, 532.
**71** GS 1, 679.

느린 걸음걸이로 시인은 화려하고 빠르게 변모하는 대도시 공간을 거닐며 주시한다. 그러나 배회자의 운명은 그리 밝지만은 않다. 왜냐하면 19세기 후반을 지나 20세기로 접어들면서 배회자도 결국 빠른 속도의 기술과 매체에 동화될 수밖에 없는데, 그러한 애처로운 상황을 벤야민은 다음과 같이 언급한 바 있다.

> 일시적으로 1840년 경 파사주 안에서 거북이를 산책시키는 일은 기품 있는 태도에 속했다. 배회자는 자신의 속도를 거북이들에 따라 맞출 수 있었다. 그런 배회자에 따라 모든 것이 진행되었더라면 진보도 그러한 템포를 배웠을지도 모른다. 그러나 배회자가 아니라 '배회하는 일을 집어치워라'라는 말을 부르짖은 테일러가 결국 최종 결정을 쥐고 말았다.[72]

속도를 요구하는 사회적 환경이 보편화됨으로써 결국 거북이 걸음걸이도 사라지고 마는 절망적 상황이 도래하며, 이는 기술의 발전이 가속화되면서 이미 예견된 것이기도 하다. 어쨌든 자본주의적 상품문화로 채색된 대도시 공간 내에서 배회자의 마음은 이중적이다. 한편으로 그는 자신을 내맡길 정도로 이미지 세계의 화려함에 도취되지만, 다른 한편 위험한 도취에도 불구하고 그는 환등상 같은 이미지 세계에 대해 거리를 두고서 관찰하려 한다. 후자의 의미에서 배회자는 다름 아닌 알레고리커의 모습을 띤다. 즉 "배회자로서 그는 상품의 영혼에 감정이입되지만, 알레고리커로서 그는 상품이 시장에 들어설 때 갖게 되는 '가격표'에서 자신의 사색의 대상, 즉 의미를 다시 인식해낸다."[73] 이처럼 도취와 비판이라는 배회

---

**72** GS 1, 556 sq.; GS 1, 627.
**73** GS 5, 466.

자의 이중적 모습은, 사용가치와 교환가치라는 두 가지 상반된 가치 사이에서 움직이는 상품의 운명과도 흡사하며 나아가 자신의 개성을 지켜야 하지만 동시에 집단의 익명적 개체로서 살아갈 수밖에 없는 사회적 개인의 운명에 근접해 있다.

개인이자 집단의 운명을 지닌 배회자의 대표적인 유형으로는 지식인과 시인을 떠올릴 수 있다. 이들 배회자는 상품으로 전락된 사물(혹은 자기 자신)을 바라보면서 동시에 소외된 자의 시선으로, 알레고리커의 시선으로 다양한 타자(풍경, 사물, 자기 자신)를 비판적으로 읽어낸다. 물론 벤야민은 "시인은 놀이에 참여하지 않는다. 그는 구석에 서 있다"[74]고 말하지만, 근대 사회에서 시인은 더 이상 소극적으로 구석에 머물 수 없으며 "산만한 시험관"으로서 현실 같은 영화를 즐길 뿐만 아니라 영화 같은 현실(즉 환등상 같은 놀이)에 참여해야만 한다. 보들레르뿐만 아니라 비평가로서의 벤야민도 그런 정황을 받아들여야만 했다. 냉소적이고 우울한 생각만으로는 버틸 수 없는 배회자로서의 근대적 시인은 도취와 비판의 이중적 시각으로 대도시적 삶을 그려낸 자신의 글을 읽어줄/구입해줄 소비자를 찾아 나선 것이다.

## 4. 보들레르와 벤야민

인공적 대도시의 다양한 현상을 자신의 글쓰기 대상으로 삼고 동시에 자신의 글쓰기 자체에도 그런 인공성을 한층 더 부여함으로써 대도시적 · 인공적 글쓰기의 대가로 평가되는 두 명의 작가가 있다. 그 한 사람

**74** GS 1, 636.

은 작가로서의 보들레르이며, 다른 한 사람은 그의 작품 및 글쓰기를 새로운 비평의 장 안으로 끌어들인 벤야민이다. 대도시를 서정시의 대상으로 삼았던 보들레르 문학에 대한 벤야민의 다음과 같은 언술은 보들레르 문학의 특성을 정확히 꿰뚫어보고 있을 뿐만 아니라 실은 벤야민 자신에게도 적용된다.

> 멜랑콜리를 먹고 자란 보들레르의 재능은 알레고리컬한 재능이다. 파리는 최초로 보들레르에게서 서정시의 대상이 된다. 이 문학은 향토문학이 아니라 오히려 도시를 쳐다보는 알레고리커의 시선, 소외된 자의 시선이다. 그것은 배회자의 시선이기도 하며 그의 생활양식은 대도시인의 다가오는 절망적인 생활양식을 아직은 화해의 빛으로 감싸고 있다. 배회자는 시민 계급과 대도시라는 문지방에 서 있다. 양자 중 어떤 것도 배회자를 완전히 압도하지 못하고 있다. 양자 중 어떤 것에서도 그는 거주하지 못하고 있다. 그는 대중 속에서 자신의 피신처를 찾는다. 대중의 인상학에 관해 일찍 출간된 엥엘스와 포의 글들이 있다. 대중은 베일이며, 그 베일을 통해 익숙한 도시는 환등상으로서 배회자에게 눈짓을 보낸다. 군중 속에서 도시는 때론 풍경이고 때론 방이다. 이 두 가지가 백화점을 세우며, 백화점은 배회 행위 자체를 자신의 매출액에 유용하게끔 만든다. 백화점은 배회자의 마지막 홍등가인 셈이다.
>
> 지식인층은 배회자의 모습으로 시장에 서 있다. 그들은 시장을 보기 위해서라고 생각하지만 사실은 소비자를 발견하기 위해서 거기에 있다. 후원자를 둔 중간 공간에서, 서서히 시장과 친숙해지기 시작한 중간 공간에서 그들 지식인층은 보헤미안으로 나타난다. 그들의 경제적 지위의 애매함과 그들의 정치적 기능의 애매함이 서로 부합한다.[75]

---

**75** GS 5, 54.

보들레르에 관하여 벤야민은 다양한 글을 남기고 있지만 그 가운데 위 인용문은 보들레르/벤야민, 알레고리로서의 대도시 문학, 시장과 배회자(시인) 등 모든 관계를 가장 뛰어나고도 압축적으로 서술해주고 있다. 알레고리컬한 시선으로 대도시를 때론 유혹적인 풍경으로 보거나 때론 차갑고 쓸쓸한 방으로 취하는 자, 즉 자신의 내면에서 분출하는 이미지를 던지거나 혹은 자신을 둘러싸고 있는 상품문화의 이미지를 읽는 자가 바로 배회자의 모습이다. 그는 그 어떤 곳에 완전히 발을 들여놓지 못한 채 항상 문지방에 서 있는 대도시인이다. 그래서 그는 항상 모순적이다. 이미지 세계에 도취하거나 그에 대해 비판적이기도 하고, 꿈에 젖어 있지만 어느 순간 깨어나 있다. 그는 돈과 명성에 비판적이지만 어느 순간 자신도 모르게 그것을 쫓고 있다. 그렇게 그는 항상 도처에서 모순적으로 존재한다.

작가로서의 보들레르와 비평가로서의 벤야민은 여러 가지 점에서 공통점을 지닌다.[76] 물론 서로 생존했던 시기가 다르기 때문에 양자의 직접적인 교류는 애초부터 불가능했으며, 따라서 양자의 공통점이란 사실 예리하고도 뛰어난 감수성으로 보들레르 문학을 재해석했던 벤야민의 일방적인 시각과 작업(「보들레르에게서의 제2제정 시대의 파리」, 「보들레르의 몇 가지 모티브에 관하여」, 「중앙공원」 등)에 의해서 구성된 결과일 뿐이다. 보들레르를 새롭게 해석한 벤야민의 업적 가운데 가장 의미 있는 점은, 과거에 (혹은 현재에도 여전히) 부정적인 낙인이 찍혀 있는 틀, 즉 자본주의 문화에 탐닉

---

**76** 보들레르, 블랑키, 벤야민의 밀접한 상관관계에 대해서는 다음을 참고할 것. Hartmut Stenzel, Dekonstruktion der Sinnstiftung und geschichtsphilosophischer Pessimismus. Baudelaire und Blanqui als antiromantischer Vordenker Benjamins, in: Walter Benjamin und die romantische Moderne, pp. 299~321.

한 부르주아 문학이라는 부정적인 수용의 틀을 부수고 보들레르 문학의 시적 형상화에 진정한 의미를 되찾아주었다는 것이다. 이 점을 벤야민 스스로 다음과 같이 간결하게 서술하고 있다.

> 보들레르의 유일무이한 의미는, 첫 번째 시인으로서 그리고 아주 흔들림 없이 자기 자신에 소외된 인간을 말의 이중적 의미로 포착('사물-확실하게')했다는 데 있다. 즉 그런 인간을 확인하고 동시에 그를 물화된 세계로부터 지켜주었다.[77]

벤야민은 보들레르 문학의 특성을 무엇보다도 알레고리에서 찾고 있다. 바로크와 낭만주의에서 중시되었다가 총체성 및 조화를 이념으로 내세운 계몽주의적 · 고전주의적 문화에 의해 억압당했던 알레고리가 다시금 보들레르 문학에서 부활하고 있었음을 최초로 감지했던 이가 벤야민이었던 것이다. 그런 정황에 대해 벤야민은 "보들레르의 알레고리컬한 관조 방식은 (보들레르) 동시대인의 그 누구에 의해서도 이해되지 않았고 언급조차도 되지 않았다"[78]고 지적한다. 그렇게 알레고리의 부활은 보들레르 사후 60~70년이 지난 1930년대에 벤야민에 의해서 인식되었지만, 그러나 아이로니컬하게도 벤야민의 인식도 즉각 인정받지 못하고 사후 30~40년이 흐른 1970년대 이후에야 비로소 수용되었다.

다시 한 번 강조하자면, 보들레르의 알레고리컬한 관조가 비판적으로 주시하고 있는 것은 다름 아닌 자본주의의 상품문화다. "상품이 알레고리컬한 관조 형식의 자리에 들어 서 있다."[79] 혹은 "상품 속에 녹아 있는

---

77 GS 5, 405. 이와 비슷한 언술은 1938년 4월 16일에 호르크하이머에게 보낸 편지에서도 발견된다(W. Benjamin, Briefe, Bd. II, p. 752).

**78** GS 5, 426.

**79** GS 1, 686.

사물세계의 특별한 평가절하가 바로 보들레르의 알레고리컬한 의도의 토대다."[80] 알레고리컬한 의도를 갖고서 보들레르는 사용가치에서 교환가치로 전락한 사물로서의 상품을 대하지만, 그런 의도와 사물의 관계는 전혀 친밀하지 않고 오히려 낯설고 생소하기만 하다.

> 다른 누구보다도 보들레르는 파리에서 집처럼 편안한 느낌을 전혀 갖지 못했다. 사물과의 친밀함이 알레고리컬한 의도에는 생소하다. 알레고리컬한 의도의 경우 사물을 건드린다는 것은 사물에 폭행을 가한다는 것을 뜻하며 사물을 인식한다는 것은 사물을 들여다본다는 것을 뜻한다. 알레고리컬한 의도가 지배하는 곳에는 습관이 형성될 수 없다. 사물이 포착되자마자 그 상황은 이미 알레고리컬한 의도에 의해서 비난된다.[81]

시인이 자본주의 사회 혹은 그 안에 놓여 있는 수많은 사치스런 사물을 언어적으로 형상화하고 있지만 그 언어적 형상화는 보여진(씌어진) 것 자체보다는 다른 것을 의미할 수 있는데, 그런 점에서 알레고리컬한 의도가 작동하고 있는 셈이다. 형상과 의미 사이의 낯섦 내지는 불일치라는 바로크 알레고리의 기본 특징이 보들레르의 대도시적 서정문학에도 그대로 적용된다. 따라서 자본주의 사회를 예찬하는 듯한 보들레르의 언어적 형상화는 글자 그대로의 예찬이 아니라 그 사회적 상황에 대한 비판으로 읽히며, 이와 관련하여 아도르노는 「서정시와 사회에 관한 강연」뿐만 아니라 후에 『미학이론』에서도 다음과 같이 보들레르 문학의 특징을 정리해주고 있다. "예술은 사회에 저항하면서도 사회의 피안에 위치하는 관점

---

**80** GS 1, 1151.
**81** GS 5, 423.

을 취할 수 없다. 예술은 자신이 저항하는 것에 동화함으로써만 성공적으로 저항할 수 있다. 이것이 바로 보들레르의 악마주의가 지니고 있는 내용이며 그것은 이미 당시의 시민적 도덕에 대한 비판을 훨씬 넘어서고 있다."[82] 벤야민은 아도르노가 언급한 방식대로 보들레르 문학을 읽어냈던 것이며, 아니 어쩌면 아도르노의 시각은 이미 벤야민의 보들레르 재해석에 크게 의존되어 있었다고 말하는 것이 정당할지도 모른다.

형상과 의미의 불일치로서의 알레고리는 야누스적이다. 보들레르 문학이 퇴행과 진보(비판)라는 양극단 사이에 놓여 있는 것도 바로 그와 같은 알레고리컬한 문학의 근본 특성에 기인한다. 즉 형상화 차원에서 사회적 참여에 무심한 듯, 그래서 자본주의 사회 에서의 현존재를 예찬하는 듯한 순수한 예술은 "퇴행적 경향"을 띠지만, 그러나 이는 다른 의미 차원에서 그 자본주의의 허위적인 가상(조화 · 총체성 · 질서)을 전면적으로 부정하는 "진보적 경향"과 맞물려 있다. 순수 예술과 이데올로기 비판적 사유는 하나가 된다.

> 예술과 마찬가지로 알레고리는 현존재가 파괴와 폐허 속에 놓여 있음을 본다. 그런데 예술을 위한 예술은 범속한 현존재의 밖에서 예술의 영역을 일으킨다. 양자(알레고리와 예술을 위한 예술)는 조화로운 총체성의 이념을 포기하는 공통점을 지닌다. 가령 독일 이상주의나 프랑스 절충주의의 가르침처럼 예술과 범속한 현존재가 서로 관통하는 그런 조화로운 총체성 말이다.[83]

그 어느 곳에서도 보들레르의 파괴적 충동은 자신에게 닥친 것을 제거하는 데

82 Th. W. Adorno, Ästhetische Theorie, in: GS, Bd. 7, p. 201 sq.
83 GS 5, 416.

관심을 보이지 않는다. 그 점은 알레고리에 표현되어 있으며, 이런 점이 알레고리에서의 퇴행적 경향을 결정짓는다. 그러나 다른 한편 알레고리는 바로 그 자체의 파괴적인 광란으로 가상을 몰아내는 데 관계한다. 예술에서든 혹은 삶에서든 '주어진 질서'에서 나오는, 그리고 그것을 받아들이도록 하고 동시에 그것을 승화시키는 총체성과 유기체적인 것의 질서에서 나오는 저 가상을. 이 점이 바로 알레고리의 진보적 경향이다.[84]

따라서 후자의 측면에서 보면, 보들레르 문학은 단순히 프랑스 수도가 아닌, 19세기 "유럽의 도시"라고 할 수 있는, 자본주의 문화를 대표하는 대도시 파리를 극복하려는 시도와 밀접한 관계를 맺는다. 파리는 자신이 태어난 곳이었음에도 불구하고 그 배회하는 시인에게는 더 이상 고향이 아니라 관찰 대상으로서 자본주의의 "현장"[85]으로 비추어졌으며, 그런 대도시의 화려한 상품문화에 시인은 적대적이었던 것이다. 마지막 글인 「역사의 개념에 대하여」에서 벤야민이 역사의 진보 이념을 바로 파괴의 대상으로 삼았던 것처럼, 보들레르에게서도 인류의 진보, 역사의 진보, 기술의 진보 등이 철저히 부정되어 있었으며 이 점을 벤야민은 정확히 간파하고 있었다.

보들레르에게서 '새로운 것'은 결코 진보를 위한 기여가 아니라는 것, 이 점이 매우 중요하다. 말하자면 진보에 대한 생각과 진지하게 논쟁하려는 시도조차 보들레르에게서는 발견할 수 없다. 무엇보다도 그는 '진보에 대한 믿음'을 일반적인 오류처럼 본 것이 아니라 적개심을 갖고서 마치 이단이나 잘못된 학설처럼 그

**84** GS 5, 417.
**85** GS 5, 437.

'진보에 대한 믿음'을 추적하고 나섰다.[86]

보들레르가 진보에 적대적이었다는 점, 이는 그가 파리를 자신의 문학에서 극복했다는 것에 대한 필수적인 조건이다. 그의 서정시와 견주어볼 때 후에 나온 다른 대도시 서정시는 매우 미약하다. 그런 대도시 서정시에는 주제에 대한 저항력이 결핍되어 있다. 그러나 보들레르는 그런 저항력을 지니고 있었고 이는 진보에 대항하는 자신의 열렬한 적개심 덕분이었다.[87]

보들레르의 알레고리는 그를 둘러싸고 있는 세계의 조화로운 정면을 부수기 위해 반드시 필요했던 저 폭력 행위의 흔적을 담고 있다.[88]

보들레르의 알레고리는—바로크 알레고리와는 달리— 증오의 흔적을 담고 있는데, 이 증오는 이 세계 속으로 침입하기 위해서, 그리고 이 세계의 조화로운 형상을 산산조각내기 위해서 필요로 했던 것이다.[89]

이처럼 아름다운 조화, 진보, 위선적 인간성 등을 비판하는 보들레르 문학을 이해하기 위해서는 몇 가지 사유이미지가 새롭게 조명되어야만 한다. 가령 여성은 관능적인 탐욕, 증오, 사랑과 관련된 구체적인 성적 대상(아직도 여성을 향한 관능적 욕망의 투영으로 보들레르의 시를 읽는다면 문제점이 많은 해석이 아닐 수 없다!)이 아니라 다름 아닌 상품문화에 대한 비판, "죽음을 의미하는 삶" 등에 대한 알레고리이며, 매춘부를 비롯한 미망인, 늙은

**86** GS 1, 687.
**87** GS 5, 437.
**88** GS 5, 414.
**89** GS 1, 671.

과부 등으로 표현된 시적 형상화는 대중과의 신비로운 합일, 현대 작가의 운명 등을 암시하는 시적 언어로 이해되어야만 한다.

> 보들레르 문학이 지닌 전무후무한 점, 그것은 바로 여성의 이미지와 죽음의 이미지가 제3의 것, 즉 파리의 이미지에서 서로 관통하고 있다는 것이다. 그의 시에 나타난 파리는 침몰한 도시로서 땅에 있다기보다는 해저에 있다. 그 도시의 지하 세계적 요소들—그것들의 지형학적 구성, 센 강의 오래된 황량한 하상(河床)—은 보들레르에게서 잘 각인되었다. 그렇지만 보들레르의 경우 도시의 '죽은 자와도 같은 전원시'에서는 사회적인 토대, 즉 근대적인 토대가 결정적이다. 근대적인 것이 그의 문학의 핵심이다. 그는 이상을 우울로써 갈기갈기 찢는다(「우울과 이상」). 그러나 근대는 항상 원사(原史)를 인용한다. 여기서 그것은 그 시대의 사회적 관계와 생산물에 고유한 모호성을 통해서 제시된다.[90]

죽음, 여성, 신화적인 것, 대도시 간의 상관관계는 결코 사적인 차원에서가 아니라 사회적인 토대, 즉 근대적인 토대의 차원에서만 파악된다. 이에 대한 대표적인 예로는 보들레르의 『악의 꽃』에 실려 있는 「백조」, 「지나간 여인에게」 등을 들 수 있으며, 특히 「지나간 여인에게」를 해석하는 가운데 벤야민은 비애에 젖은 여인의 알레고리컬한 이미지를 개인들의 사적인 감정 교환을 넘어서서 다음과 같이 서술하고 있다.

> 대도시인들의 황홀감은 일종의 사랑의 감정이다. 그것은 첫 시선으로 느끼는 사랑이 아니라 마지막 시선으로 느끼는 사랑이다. 그것은 일종의 영원한 이별이며, 이 시에서 영원한 이별은 도취의 순간과 일치하고 있다. 이처럼 이 소네트는

---

**90** GS 5, 55.

충격의 이미지, 아니 파국의 이미지를 보여준다.[91]

대도시인들이 순간적으로 나누는 사랑의 감정이 "마지막 시선"에서 나온 "이별"로서 일종의 "파국의 이미지"를 띠고 있다는 것이 벤야민의 독특한 해석이다. 물론 그것이 어떤 상황인지 또한 무엇과의 이별이며 동시에 그 파국이 무엇인지는 명확하지 않다. 그러나 다른 글에서 브르통의 소설 『나자』를 논하는 가운데 벤야민은 저 지나간 여인의 형상과도 흡사한 나자를 "이 대중의 대변인이며 대중에 혁명적인 영감을 불어넣는 것의 대변인"[92]으로 해석하고 있다. 이처럼 나자를 집단적 대중과의 합일 혹은 혁명 이념을 의인화한 인물로 해석하는 벤야민의 시각은 보들레르의 시에 그려진 "파국의 이미지"가 암시하는 의미를 가늠케 해준다. 이러한 시적 형상화의 전통은 1830년 7월 혁명을 그려낸 들라크루아(E. Delacroix)의 「자유가 민중을 이끈다」(La Liberté guidant le peuple)라는 그림에서 매춘부처럼 비추어지는 여인에 내재해 있는 의미, 즉 자유와 혁명 이념으로 소급될 수 있다. 또한 「현대적 삶의 화가」에서 보들레르 스스로도 매춘부 같은 에로틱한 여인의 모습은 단순한 인공적인 아름다움을 뜻하는 것이 아니라 현실을 전복하고 싶은 세속적인 야수성과 무질서에 대한 강렬한 욕망과 연관되어 있다고 서술한 바 있다.

그녀는 문명 내의 황무지(무질서)를 대변한다. 그녀는 악의 요소에 근거하는 아름다움을 지니고 있으며, 그 아름다움은 언제나 아무 생각 없는 듯이 보이며, 때로는 멜랑콜리를 위장할 수 있는 그런 피곤함으로 채색되어 있기도 하다. 그녀

91 GS 1, 623.
92 GS 2, 301.

의 시선은 맹수의 시선처럼 지평선을 뒤덮고 있다. 무질서하게, 무관심한 듯 산만하게, 때로는 주의 깊게 무엇엔가 집착한 듯이. 규칙화된 사회의 경계를 헝클어진 방식을 통해 넘어서려는 집시 타입이 그녀를 나타내듯, 그녀 삶의 세속성, 즉 술책과 싸움으로 점철된 삶의 세속성은 아무리 자신을 인공적으로 치장해낼지라도 어쩔 수 없이 드러나고 만다.[93]

여성 이외에도 보들레르 문학에서 중요한 형상인 배회자는 생산 · 노동 · 기술 등을 바탕으로 역사의 발전이라는 자본주의의 낙관적 이데올로기를 거부하는, 일종의 "태연함을 과시하는 몸짓으로 생산과정에 저항하는" 의미를 지닌다. 따라서 『악의 꽃들』에 실려 있는 「살인자의 술」이나 「넝마주이들의 술」 등은 단순히 부랑자를 묘사한 시가 아니라 이미 자본의 힘이 득세했던 19세기 "유럽의 수도" 파리 자체를 고발하고 부정하는 문학이며, 벤야민은 그런 "부랑자 문학"(Poesie des Apachentums)을 보들레르 이전에는 찾아볼 수 없는 새로운 형태의 근대 문학 장르라고 평가한다.[94] 또한 벤야민은 기존의 정치사회학적 시각과 이론을 완전히 뒤집어서 보들레르 문학을 재해석하고 있다. 가령 동시대의 일반적인 사회이론이 노동과 도박을 구분하고 있었다면, 영화와 관련된 촉각적 수용을 정치적으로 읽어내려는 『기술복제 시대의 예술작품』에서의 독법과 마찬가지로 벤야민은 노동과 도박에서 엿보이는 지각 현상을 역사적이고도 정치적으로 읽어내고 있다. 즉 기계적인 노동에서 오는 급격한 "충격"은 다름 아닌 도박에서의 "한탕"과 유사하며, 자동화된 작업 과정에서 엿볼 수 있는 노동자의 몸짓은 카드를 분배받을 때의 민첩한 손동작과 유사하다는

**93** Ch. Baudelaire, Der Künstler und das moderne Leben, p. 317.
**94** GS 1, 582.

것이다.

> [……] 임금노동자의 부역은 그런 식으로 도박꾼의 부역에 대한 상충물이다. 두 사람의 노동은 내용으로부터 똑같이 상당히 벗어나 있다.[95]

> 언제나 다시 새로운 시작은 (임금노동뿐만 아니라) 도박의 규제 이념이다.[96]

이처럼 손의 움직임에 정치적인 의미를 부여하는 벤야민의 독법은 사실 노동과 도박이 보편화되는 역사적인 근거를 통해 더욱 타당성을 획득한다. 왜냐하면 17~18세기에 소수의 귀족만이 즐겼던 도박은 19세기의 자본주의 사회에서 노동과 마찬가지로 보편화되기 때문이다. 이러한 역사적인 사실을 근거로 『악의 꽃들』의 「노름」(혹은 「도박」이라고도 번역함)에서 엿볼 수 있는 도박꾼들("핏기 가신 입술들에, 이빨 빠져 합죽한 턱들, / 초록색 도박대 둘러앉아, 지옥의 열에 떠는 손가락으로, / 텅 빈 호주머니나 설레는 가슴을 뒤지는, / 입술도 제대로 없는 얼굴들")[97]의 모습은 단순한 도박꾼들이 아니라 바로 자신의 순수한 경험과는 차단된 채 자본주의 사회에서 오로지 부역의 삶만을 살아가는, 그리하여 "허무보다는 지옥을 택하게 되고 마는"[98] 이들과 관련된다. 언뜻 이들을 시샘하는 화자도 사실은 도박꾼들처럼 "자신의 경험을 기만당한 사람, 즉 한 사람의 근대인"[99]에 속해 있음은 두말할 나위 없다. 이밖에 보들레르 문학의 흥미로운 점은, 대도시적 삶을 알

---

**95** GS 1, 633.

**96** GS 1, 636.

**97** 『보들레르 시선집』, 박은수 역, 민음사, 1995, 183쪽.

**98** 같은 책, 184쪽.

**99** GS 1, 636.

레고리컬하게 형상화하고 있는 시 자체가 알레고리컬한 인식과 방법을 독자에게 직접 요구하고 있다는 것이다.[100]

이렇게 대도시를 자신의 주제로 삼아 시적 상상력을 펼친 보들레르와, 그런 보들레르 문학의 알레고리컬한 특성을 제대로 읽어낸 벤야민은 여러 가지 측면에서 심미적 특성을 공유하고 있다. 우선 그들은 순간적으로 스쳐지나가는 다양한 사물의 이미지(인물 · 건축 · 상품 등)를 인상학적 미학의 수법으로 읽어냈다. 여기서 인상학적 미학은 대상과 이미지의 모방적 관계를 중시하는 미학이 아니라 인공성이 가미된 미학적 방식을 말한다. 대도시적 환경에 직면하여 그들은 자연을 찬미하는 문화보수적인 입장을 취한 것이 아니라 대도시의 인공적인 특성에 부합하는 새로운 인공적인 예술미를 더욱 강화하는 방식으로 그 대도시적 환경에 저항하였다. 대도시 문학과 관련해서는 추의 미학, 충격의 미학이라는 새로운 심미적 형상화 방식을 사용함으로써 종래의 문학 성향까지도 바꾸어놓았다.[101] 또한 그들은 위선적인 인본주의자들이 내세우는 인간성 · 평화 · 진보 이념을 파괴하고 교란시키는 그런 미학적 방식을 추구하였다. 이와 관련하여 수잔 손택은 파괴자로서의 벤야민을 다음과 같이 서술하고 있다.

> 벤야민은 지성인의 '비인간성'이라는 깃발을 용감하게 높이 들어 올림으로써 저속물적인 비방에 대해 스스로를 방어했다. 벤야민은 "매춘이 단순한 섹슈얼리티

100 『악의 꽃들』에 실려 있는 대표적인 시 「백조」의 한 대목은 다음과 같다. "파리는 변해요! 한데 울적한 내 마음속에서는/ 움직인 게 하나도 없군요! 새 궁전들도, 비계들도, 돌덩이들도,/ 낡은 변두리들도, 모두가 내게는 알레고리로 바뀌니,/ 그리운 옛 생각들이 바위보다도 더 무겁군요."

101 이에 대해서는 필자의 졸고 「사악한 서술과 웃음의 미학」을 참고할 것(최문규, 『자율적 문학의 단말마?』, 122~154쪽).

의 이름 하에 존재하듯, 문인의 일은 단순한 정신의 이름 하에 존재한다" [「칼 크라우스」라는 글에 적혀 있음: 역주]고 쓴 바 있다. 매춘과 문인의 일이 모두 존중되고 있는 것이다. 매춘이 존중되는 까닭은, 크라우스가 그렇게 받아들였듯이, 단순한 섹슈얼리티가 그 순수한 상태에서의 섹슈얼리티이기 때문이다. 마찬가지로 문인의 일이 존중되는 까닭은, 벤야민은 자신과는 비교할 수 없는 칼 크라우스를 끌어들이는 가운데 그렇게 분석했듯이, 평화를 교란하는 것이야말로 순수한 정신의 진정한 악마적인 기능이기 때문이다. 현대 작가의 윤리적 과제는, 창조자가 되는 것이 아니라 파괴자가 되는 것이다. 즉 천박한 내면성을 파괴하는 자, 너무나 인간적이고 딜레탄트적인 창조성이라는 저 희망적인 개념 그리고 그것의 공허한 문구를 파괴하는 자가 되는 것이다.[102]

다시 정리하면, 보들레르와 벤야민의 결정적인 공통점은 그들이 대도시 및 자본주의적 문화를 일방적으로 옹호하거나 거부하는 소위 양자택일의 방식을 취한 것이 아니라 탐닉과 비판의 변증법을 통해서 자신과 타자를 새롭게 인식하려 했다는 것이다. 그렇기 때문에 주체와 객체, 형상과 의미가 일치하는 재현 이론의 틀로 그들의 문학적 글쓰기 특성을 파악하려 한다면 그것은 거의 실패로 그칠 수밖에 없다. 보들레르와 벤야민의 문학적 글쓰기는 형상과 의미의 불일치에서 생산되는 아이로니 · 풍자 · 알레고리 같은 부정성 미학으로 귀착된다. 이러한 특성을 가장 잘 드러내주는 것이 다름 아닌 배회자라는 형상이다. 그들에게 배회자는 글의 주체이면서 객체이다. 그런 배회자의 서술과 배회자에 대한 서술은 모두 근대 자체의 모습이며 동시에 근대에 속해 있는 개개인의 자화상인 셈이다. 탐닉과 비판의 시선으로 그들 배회자는 대도시의 인공적 환경과 삶을 적극

**102** S. Sontag, Im Zeichen des Saturn, p. 145.

대한다.

> 회상하는 도취에 젖어 배회자는 도시를 지나간다. 그 도취는 배회자의 눈앞에 감각적으로 다가오는 것에서만 양분을 섭취하는 것이 아니라 종종 단순한 지식과 소멸한 자료를 마치 어떤 경험된 지식과 사용했던 자료처럼 자신의 것으로 취한다.[103]

회상에 젖은 배회자는 감각적인 것뿐만 아니라 지식과 자료를 취한다는 점, 이러한 배회자의 모습은 감각적인 화려함과 대상에 대한 전문적인 지식을 결합시켰던 바로크 알레고리커의 특성을 상기시켜준다. 바로크 시대의 알레고리커가 배회자의 모습을 통해 다시 근대에 복귀하는 것이며, 보들레르와 벤야민 같은 작가들이 그런 근대적 배회자이자 알레고리커로 간주된다. 물론 바로크 시대 작가들이 보여주었던 알레고리와 근대적 배회자로서의 작가가 보여주는 알레고리 사이에는 결정적인 차이점이 있다. 요컨대, 과거 바로크 시대의 경우 쇠락한 자연(파편들, 시체)이 알레고리의 구성요소라면, 근대의 자본주의적 사회에서는 상품이 알레고리의 구성요소로 나타난다. 바로크의 경우나 일반적인 알레고리의 구성요소는 본래 사물이었지만, 보들레르의 경우 매춘부라는 인간의 모습이 알레고리가 된다. 즉 인간이 노동을 통해 상품을 파는 행위를 넘어서 자기 육체 자체를 상품으로 제시하는 가장 추악한 근대에 대한 알레고리 말이다.

> 매춘부는 상품의 구현으로서 보들레르 문학에서 중심적 위치를 차지한다. 매춘부는 다른 한편 인간이 된 알레고리이다.[104]

---

**103** GS 5, 525.

상품형식은 보들레르에게서 알레고리컬한 관조 형식의 사회적 내용으로 드러나게 된다. 형식과 내용이 그것의 종합으로서 매춘부에게서 하나가 되었다.[105]

매춘부에 대한 사랑은 곧 상품에 대한 감정이입의 신격화다.[106]

4장에서 분석한 것처럼 바로크 알레고리에는 과시와 비애가 결합되어 있는데, 그와 마찬가지로 보들레르의 알레고리컬한 서술에서도 상품의 화려함과 죽음의 이미지가 서로 연관되어 있다. 그렇기 때문에 벤야민은 보들레르의 전혀 어둡지 않은, 화려한 알레고리컬한 서술을 두고서 "일종의 죽음의 미메시스"[107]라고 부른다. 바로크 문학과 보들레르 문학 간의 차이점이 있다면, "바로크 알레고리는 시체를 밖에서 본다. 보들레르는 시체를 안에서 보고 있다"[108]는 식으로 요약된다. 그러나 바로크 시기이든 보들레르의 19세기이든 두 시기 모두 근대를 구성하고 있다. 바이드만(H. Weidmann)의 분석처럼 17세기 바로크와 19세기 자본주의 사회는 벤야민의 시각 내에서 서로 교차되는데, 즉 바로크가 "근대의 축소 모형"이라면 19세기는 "근대의 확대 모형"인 것이다.[109] 후자의 경우, 근대를 비판적으로 분석하는 알레고리커는 신화적 사유보다는 역사적인 의식에 근거하여 역사의 발전이라는 낙관주의 이데올로기를 비판하고 나서는데,

**104** GS 1, 1151.
**105** GS 5, 422.
**106** GS 5, 637.
**107** GS 1, 587.
**108** GS 1, 684.
**109** Heiner Weidmann, Flanerie, Sammlung, Spiel. Die Erinnerung des 19. Jahrhunderts bei Walter Benjamin, München 1992(특히 1, 2장을 참조할 것).

특히 알레고리를 통해서 보들레르는 몰락과 부패의 길을 걷고 있는 저 자본주의의 상품문화의 내부를 통렬하게 들여다보고 있었다. 그래서 알레고리와 신화는 서로 대립한다. "알레고리와 신화 사이에서 안티테제가 발전될 수 있다. 보들레르가 자신의 글에서 신화의 심연에 함몰되지 않았을 때 그는 그 점을 알레고리 정신에 빚지고 있던 것이다."[110] 혹은 보들레르의 문학은 "신화에 대한 해독제는 알레고리에서 찾아질 수 있다"[111]는 것을 보여준다.

## 5. 파사주와 상품

배회자가 대도시 내에서 가장 즐겨 거닐고 머무는 공간, 그에게 다양한 인상 · 자극 · 성찰 등을 불러일으키는 공간인 파사주의 의미를 살펴보기로 하자. 앞서 이미 언급했듯이 프랑스어 파사주는 요즘처럼 상점이 즐비한 그런 공간은 결코 아니었다. 프랑스 최초의 근대적 파사주는 파리에 있는 팔레 로얄(Palais Royal)이며, 이 건축물은 원래 아름다운 정원과 가로수 길을 갖춘 거대한 저택으로서 파리시 추기경의 소유물이었으나 후에 루이 14세가 유년기에 잠시 머물렀던 공간으로 사용되었다가 나중에는 오를레앙 가문의 소유물이 되었다. 귀족의 사치스런 휴식처였던 셈이다. 그러나 1784년 이후 당시 소유자가 그곳에 정원을 중심으로 회랑을 꾸미거나 작은 공간을 방이나 점포로 임대하면서부터 시민의 공간으로 점차 용도가 바뀌게 되었다. 이후 카페 · 마켓 · 극장 · 서점 · 클럽 · 술집 ·

**110** GS 5, 344.
**111** GS 1, 677.

19세기 파사주의
내부 모습

점포 · 아파트 등 다양한 공간이 함께 어우러짐으로써 누구나 그 안에 들어서면 모든 일을 처리하고 생활할 수 있는 일종의 자족적인 공간이 된다. 이후 파리를 비롯한 대도시에는 많은 파사주가 세워지고, 파사주 건축물은 마치 다양한 신들이 자리하고 있는 신화적 공간처럼 집단의 일상을 지배한다. 집단의 꿈과 욕망이 꿈틀거리는 공간 내에서 비판적 지성인도 도취되어 거닐지만 동시에 깨어나야만 하는 쉽지 않은 상황에 처한다.[112]

112 파사주와 벤야민의 지각과 글쓰기, 그리고 초현실주의와의 공통점에 대한 연구로는 다음을 참고할 것(고지현, 「건축모델 "파사주": 지각의 공간」, 『뷔히너와 현대문학』 29권, 2007년, 237~263쪽).

1819년 유럽 전체에서 최초로 문을 연 영국 런던의 벌링턴 아케이드의 현재 모습

> 건축은 잠재적 '신화'의 중요한 증거이며, 19세기의 그런 건축은 바로 파사주다.—꿈에서 깨어나는 시도는 변증법적 전환의 가장 뛰어난 예이다. 이와 같은 변증법적 기술의 어려움.[113]

그와 같은 파사주는 몇 가지 특징을 지닌다. 파사주에 대한 뛰어난 연구를 제시한 가이스트(J. F. Geist)에 의하면, "건축사적 연관성에 볼 때 파사주는 통로, 들어가고 나가는 공간이다. 그것은 단지 외면일 뿐 하나의 건축물을 지녀야 하는데, 이 건축물은 독자적이며 그 기능은 분리된다.

**113** GS 5, 1002.

소유자는 배회자(passant)다."[114] 이밖에도 통로인 파사주를 포함한 건축물의 내부 및 외부에 대해서는 다음과 같이 서술되기도 한다.

> 파사주라는 이름은 생기 넘치는 거리 사이를 지나는, 유리로 덮인 연결 공간을 나타낸다. 그 공간의 양편에는 작은 가게들이 즐비해 있다. [……] 파사주는 디테일 상점의 조직 형태다. 그것은 사적인 대지 위에서 공적인 공간을 내놓은 것이며 지나가는 행인에게 접근 가능한 평면을 제공한다. [……] 파사주는 건축 투기물이다. 파사주의 번성은 대개 그것이 위치한 도시건축적 연관성에 의존되어 있다. [……] 파사주는 고유한 대지 위에 세워진 독자적인 건물이다. 파사주의 환상적인 요소는 파사주 공간, 즉 교묘하게 만들어진 내부공간으로서의 외부공간이다. 내부 속으로 이어지는 외부공간의 건물 전면이 그것이다. [……] 유리 천장, 균형 잡힌 건물 전면, 걸어 다니는 통로, 이 세 가지 요소에 의해서 파사주는 여타 유사한 공간물과 차별성을 띤다.[115]

대도시 내의 새로운 신화적 궁전과도 같은 파사주를 관찰하면서 벤야민은 화려한 건축물, 상점과 상품, 통로, 배회자, 환락 등과 관련된 다양한 대상을 인상학적으로 바라보면서 분석 · 성찰 · 회상 · 기억 같은 관찰 방식을 제시한다. 배회자가 즐겨 다니는 파사주를 벤야민은 "거리와 내부공간의 사이공간"[116]이라고 혹은 "꿈처럼 그 어떤 바깥쪽을 갖고 있지 않은 집들 혹은 통로"[117]라고 명명한다. 여기서 바깥쪽을 갖고 있지 않은 사이공간이란 안과 밖, 내부공간과 거리를 동시적으로 연결해주는 공간

---

**114** Johann F. Geist, Passagen. Ein Bautyp des 19. Jh., München, 1969, p. 11.
**115** Ibid., p. 12.
**116** GS 1, 539.
**117** GS 5, 513.

을 뜻한다. 그런 점에서 파사주는 개인과 사물, 내면과 외면, 사적인 것과 공적인 것이 넘나드는 특성을 지니는데, 따라서 이미 언급한 바 있는 문지방뿐만 아니라 파사주도 단순한 공간적 특성을 넘어서 벤야민의 사유와 글쓰기 특징을 나타내는 은유적 기표로 사용된다.

사실 벤야민의 분석에서 파사주는 결코 하나의 모습만으로 비추어지지 않는다. 가령 대도시의 화려한 공간으로 변하기 전에 파사주는 본래 개인의 심미적 감수성을 자극하는 아름다운 서정적 공간으로 비추어지기도 했다.

> 베를린의 다양한 파사주를 떠올릴 수 있다. 라이프치히 가의 슈피텔마켓 근처에 있는 콜로나데[전면에 여러 개의 원통형 기둥이 나열해 있는 건축물: 역자], 콘펙치온 구역의 조용한 거리에 있는 콜로나데, 할레 토어 가에 있는 콜로나데, 사적인 거리로 들어가는 입구로서의 대문들. 할레 토어 가의 푸른색 관광 엽서도 기억될 수 있다. 그 엽서는 달빛 아래에서 빛나고 있는 모든 창문을 보여주는데, 달이 내뿜는 빛에 의해서 반사된 채 말이다. 그것을 보면 건드릴 수 없는 일요일 오후의 풍경이 떠오른다. 즉 테센트의 고독하고도 조용한 거리 끝에서 솟아나는 그런 풍경인데, 이 풍경은 근처 수상쩍은 구역의 집들을 갑자기 궁궐의 고상한 지위로 끌어올린다.[118]

한때 아름다운 풍경을 자아냈던 파사주는 상업화 물결이 밀려들어옴으로써 결국 서정성을 상실한 상업적 공간으로 변모되고 만다. 파사주를 소유하던 개인들도 처음에는 이중적이었다. 즉 본래 개개인의 작은 사적 공간들이 모여 있는 공간에서 출발한 파사주는 점차 상인 개인의 소유 공간

---

**118** GS 5, 1022.

슈피텔마켓 근처의 콜로나데

으로 인식되기보다는 새로운 상품이 전시되는 공간, 그런 상품을 모든 이들이 주시하고 만끽하고 소비하는 공간, 즉 대중의 공적 공간으로 변한다. 그래서 위에서 가이스트가 밝힌 것처럼 파사주의 주인은 배회자인 셈이다. 결국 파사주는 사적인 것과 공적인 것의 경계가 해체된 공간 또는 예술과 상업의 경계가 해체된 공간이다.

벤야민에게 파사주는 과거에 대한 회상을 가능하게 하는 대상일 뿐만 아니라 현재적인 경험의 대상이기도 하고, 나아가 심미적 상상의 공간으로도 여겨진다. 그런 파사주의 기능과 의미를 벤야민은 역사적으로 세 단계로 나누어 파악하고 있는데 이 점에 대해서는 브뤼게만(H. Brüggemann)이 적절한 분석을 제공하고 있다.

벤야민은 파리 파사주의 역사를 세 단계로 구분하고 있다. 즉 시작 단계인 19세기 초반 당시에는 부분적으로 대리석을 대고 나무를 입히고 놋쇠 대들보를 올린 파사주는 사치 상업의 호화로운 궁전으로 여겨졌으며, 1852년 이후의 단계에는 백화점의 승리 물결과 함께 파사주에도 상품들이 광고와 함께 세력을 떨쳤으며, 마지막으로 20세기까지 지속하는 몰락의 단계를 들 수 있다. 이 시기에 파사주는 19세기의 판옵티콘(원형감옥)으로 변화된다. 즉 엄청난 상품 축적이 흡사 자연사 안으로 가라앉으면서 동식물 보호구역으로 변화되는 그런 기억공간을 뜻

하는데, 알레고리화하는 시선이 그런 기억공간을 드러낸다.[119]

생성 · 발전 · 쇠락의 길을 걷는 파사주의 역사와 관련하여 벤야민은 공간의 변증법, 즉 "화려한 공간"이 "영락한 공간"으로 변하는 "첫 번째 변증법"을 인식한다.[120] 다시 말하면, 밀랍인형으로 만들어진 이런저런 역사적 인물이 파사주 건물 입구에 시각적으로 전시되어 사람들의 눈길을 유혹하는 일종의 "공간의 행상 현상"(Kolportagephänomen)이 일어나고,[121] 마침내 교환가치를 띤 상품으로 전락된 사물이 그 모든 공간을 잠식해나간다. 그런데 상품뿐만 아니라 예술도 그런 변증법적 과정에 함께 한다. "파사주는 사치스런 물건의 상업 중심지다. 그런 물건을 배치하는 데 있어서 예술이 상인을 위해 종사하고 있다."[122] 전통적인 순수예술(혹은 고급예술)이 더 이상 존재하지 않고 예술은 대중 및 상품과 함께 하는데, 이러한 상황을 비판적으로 파악할 경우 그것은 예술의 매춘 행위에 다름 아니다. 그렇지만 예술이 처한 새로운 상황을 반드시 부정적으로만 해석할 수는 없다. 왜냐하면 기술과 산업이 결합하여 발전하는 대도시적 환경 속에서 예술은 더 이상 전통적인 역할과 의미에 안주할 수 없기 때문이다. 기술복제 시대에서 예술의 역할, 기능, 수용 등은 변화할 수밖에 없으며, 따라서 파사주 내에서 상품의 공간적 배치에 예술이 이용되는 것은 피할 수 없는 상황이다. 또한 파사주 내부에는 교환가치의 상품이 넘쳐날 뿐만 아니라 건축적으로도 그런 상품을 반사하는 반사경이 도처에 설치됨으로써 환상적이고도 예술적 분위기는 더욱 강화되는데, 벤야민은 그런 상황을

---

**119** H. Brüggemann, Passagen, in: Benjamins Begriffe, Bd. II, p. 581.

**120** Vgl. GS 5, 1213.

**121** GS 5, 527; GS 5. 659.

**122** GS 5, 45.

받아들이고 있다. 가령 반사경이 가득한 공간 내에서 배회자는 무엇보다도 사물의 있음과 없음, 존재와 무(無)가 서로 은밀하게 순간적으로 시선을 교환하는 과정을 읽어내는데, 그런 새로운 현실적 상황이 다음과 같이 초현실적으로 서술되고 있다.

> 파사주의 이중성을 보며주는 한 가지 단면은 다음과 같다. 즉 공간을 동화처럼 확장하고 방향성을 어렵게 만드는 반사경들로 가득 차 있다는 것이다. 그런 반사경의 세계가 다의적이고 애매할지도 모르겠지만, 그럼에도 불구하고 반사경의 세계는 어쨌든 이중적이다. 반사경의 세계가 깜빡이면 아무것도 존재하지 않는 것이 아니라 어떤 하나가 생기고 그것에서 다른 하나가 즉각 솟아나게 된다. 스스로 변신하는 공간은 무(無)의 품 안에서 그런 이중성을 행한다. 어둡고 더러운 반사경 속에서 사물은 무(無)에 대해 카스파르 하우저 시선(Kaspar-Hauser-Blick: 마치 처음 본 듯 놀랍게 쳐다보는 시선)을 던진다. 열반(Nirwana)의 이중적인 깜빡거림이 이쪽으로 다가온다. 그리고 다시 오딜롱 르동[Odilon Redon, 1840~1916: 프랑스 상징주의 화가]이라는 우스꽝스런 이름이 차가운 입김으로 우리를 가볍게 스쳐지나간다. 사실 오딜롱 르동처럼 무의 반사경 속에서 사물의 시선을 포착한 이는 없었으며 또한 사물과의 동의 하에서 존재하지 않음에 자신을 뒤섞을 줄 아는 이도 없었다. 시선의 속삭임이 파사주를 채운다. 적어도 그런 것을 기대하는 곳에서는 흘낏 쳐다보는 눈이 사물을 열어주며 깜빡이면서 닫아준다. 그렇지만 네가 좀 더 가까이 들여다보면 사물은 사라져 있다. 공간은 그런 시선의 속삭임에 메아리를 부여한다. 공간이 '내게 무슨 일이 일어난 걸까' 하고 깜빡거린다. 우리는 주춤한다. '그래, 네게 무슨 일이 일어난 걸까?' 우리는 공간에게 나직이 되묻는다.[123]

---

**123** GS 5, 672.

주체가 공간에 의해서 주시될 뿐만 아니라 반사경으로 구성된 공간과 그 안의 사물(상품)이 서로 시선을 주고받는 장면에 대한 서술은 마치 사물의 인간화처럼 서술되고 있지만 동시에 인간과는 무관한 탈역사적 상황처럼 비추어진다. 화려한 파사주 내에서 여기저기 진열된 사물이 내던지는 시선은, 인간의 역사와 의식과는 무관하게, 또한 사용가치에서 교환가치로 전락한 것에 대한 애처로움과는 관계없이, 그저 다양한 반사경에 의해서 자신의 존재와 무를 생산하고 무한히 배가할 뿐이다. 이처럼 벤야민은 공간과 그 공간을 구성하는 사물 간의 시선의 주고받음, 다가감과 사라짐 간의 질문과 대답이 일어나는 파사주 내의 다양한 즉물적 정황을 상상적으로 그려내고 있다. 이와 같은 상품의 탈역사적 현상과 관련하여 피에르 미삭(P. Missac)은 벤야민이 이미 "유리에서 반사경으로" 전환하는 문지방 위에 서 있다고 분석한다. "이제 반사물의 역할이 입증되고 완성된다. 조각 형태인 유리에 가졌던 기대감에 대해 반사물은 냉담하다. 이제부터 유리 조각의 자리에 반사경이 들어서는 것이다. 차가운 기능성 유리에서 금지된 것으로 여겨졌던 모든 것이 이제 다시금 모습을 내보이고 유리를 압류해간다. 반사경은 눈을 즐겁게 해주는 일에만 만족하는 것이 아니라 시선을 착각하게 만든다."[124]

물론 벤야민의 인식은 파사주 내의 탈역사적 상황을 심도 있게 천착하는 식으로 전개되지는 않는다. 그의 근본적인 관심은 어쨌든 자본주의 경제 체계가 만들어놓은 상품문화의 환등상을 분석하는 데 있으며, 그런 점에서 배회자는 상품의 교환가치가 아름답게 변용된 만국박람회(엑스포), 파사주 같은 공간을 비판적으로 읽어내는 데 주력한다.

---

**124** P. Missac, Walter Benjamins Passage, p. 249.

만국박람회는 소비에서 밀려난 대중이 교환가치로의 감정이입을 배웠던 상류 학교였다. '모든 것을 보아도 괜찮지만, 어떤 것도 만져서는 안 된다.'[125]

만국박람회는 상품의 교환가치를 아름답게 승화시킨다. 만국박람회는 상품의 교환가치가 후퇴하는 테두리를 만들어놓는다. 만국박람회는 환등상이며, 인간은 자신을 산만하게 만들게 하기 위해 그 안으로 들어간다. [……] 상품의 즉위식, 상품을 둘러싼 산만함의 영광이 바로 그랑빌(Grandville, 프랑스 화가) 예술의 비밀스런 테마다.[126]

Grandville, 1803~1847

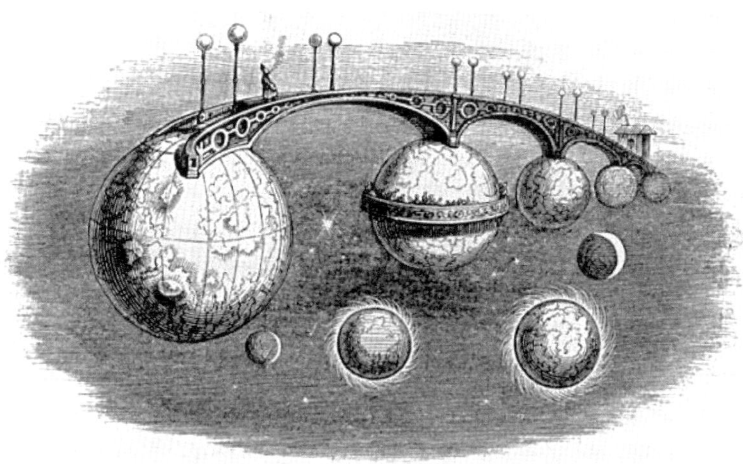

환등상으로서의 대도시에는 상품의 근대적 신전인 파사주뿐만 아니라

125 GS 5, 968.
126 GS 5, 50.

향락 산업의 원조로서 상품을 종합예술작품처럼 진열하는 만국박람회가 자주 개최된다. 이는 "혁명 없는 대중을 위해 사회 진보를 약속"하듯 펼쳐진 동화의 나라와도 같으며, 그런 만국박람회를 벤야민은 "상품 숭배를 위한 순례지"[127]라고 명명하고 만국박람회에 의해 조성된 유행은 "상품 숭배가 성스럽게 치르는 예식을 지시한다"[128]고 덧붙인다. 여기서 새로운 것과 유행은 허위의식에 다름 아니다. 새로운 것의 유행은 낡은 것을 사라지도록 하지만 사실 그 새로운 것 자체가 낡은 것이 되고 마는, 즉 사라지는 운명을 지니고 있다. 아니, 새로운 것의 유행 자체는 이미 있었던 것의 반복, 즉 같은 것의 회귀와도 같다. "모든 같은 것의 영원한 회귀뿐만 아니라 가장 새롭고 모던한 것의 센세이션이 바로 사건의 꿈의 형식이다."[129] 상품이 전혀 새로운 것이 아님에도 불구하고 마치 새로운 것처럼 현현하는 것은 허위의식의 발로이며 이러한 논리는 문화사에도 그대로 적용된다. 즉 항상 새로운 것이 축적되어 장구한 역사를 담은 문화사가 만들어진다고 하지만 그것 또한 허위의식으로서의 환등상에 지나지 않는다.

> 새로운 것은 상품의 사용가치와는 무관한 질적 특성이다. 새로운 것은 집단적 무의식이 만들어내는 이미지에서 빼앗을 수 없는 가상의 근원이다. 새로운 것은 허위의식의 핵심이며, 그 지칠 줄 모르는 대리인이 바로 유행이다. 새로운 것의 가상은, 마치 거울 속의 거울처럼, 언제나 다시금 같은 것의 가상 속에 자신을 투영한다. 그런 투영의 생산물이 바로 부르주아지들이 자신의 허위의식을 만끽하

**127** GS 5, 50.
**128** GS 5, 51.
**129** GS 5, 679.

는 '문화사'라는 환등상이다.[130]

『기술복제 시대의 예술작품』에서 영화의 촉각적 수용을 토대로 "산만한 시험관"이 요구되었다면, 상품의 교환가치와 이미지로 가득 한 환등상 같은 파사주나 박람회에서 배회자는 산만한 가운데 사물의 애처로움을 읽어낼 줄 아는 그런 시험관이 되어야만 한다. 산만한 시험관처럼 배회자는 자신을 둘러싼 풍경이자 자신의 집(방)이기도 한 대도시 내에서 특히 화려한 파사주를 드나들면서 상품으로 전락한 사물의 운명, 즉 순간적이고 일시적인 시간에 의존된 채, 새로운 것이자 동시에 낡은 것이 되는 그런 태생적 한계를 지닌, 그래서 가능한 한 누군가에 의해 재빨리 구입되어 소비되기를 기다리고 있는 대량 생산된 상품의 운명을 읽어낸다. 이런 점에서 마르크스의 『자본론』에 실려 있는 사용가치의 사물이 교환가치의 상품으로 전환하는 저 유명한 대목을 벤야민은 기꺼이 인용하고 나선다.

첫눈에 상품은 자명하고 평범한 사물로 보인다. 상품을 분석해보면 상품은 매우 복잡다단한 사물임이 드러나는데, 즉 그것은 형이상학적인 궤변과 신학적인 변덕으로 가득한 사물이다. 상품이 사용가치인 한에서 상품에는 아무런 신비함이 없다. [……] 나무로 탁자를 만들면 나무의 형태는 변화된다. 그럼에도 불구하고 탁자는 여전히 나무인데, 즉 일반적인 감각적 사물이다. 그러나 탁자가 상품으로 나타나면 그것은 감각적으로 초감각적인 사물로 변화된다.[131]

---

**130** GS 5, 55.

**131** GS 5, 262. 이 구절의 원문은 마르크스의 『자본론』에 실려 있다(Karl Marx/Friedrich Engels, Werke, Berlin 1968, Band 23, p. 85).

평범한 사물이 "형이상학적인 궤변과 신학적인 변덕"을 지닌 사물로 변하는 것, 즉 사용가치로서의 고상함을 잃어버리고 상품의 교환가치로 전환하는 순간 비루한 것으로 전락하는 사물의 애처로움이 발생한다. 잘 알려진 것처럼, 사물의 사용가치와 교환가치가 어떻게 다르게 설정되는지를 설명하기 위해 마르크스는 사물(Ware, 상품)과 돈(Geld)의 두 가지 순환형식을 제시한 바 있다. 그 하나는 "사물－돈－사물"(W－G－W)의 순환형식처럼 물건의 사용가치가 중시되는 것이라면, 다른 하나는 자본주의 사회에서 흔히 엿볼 수 있듯이 "돈－사물(상품)－돈"(G－W－G)의 순환형식처럼 사물(상품)은 잉여가치, 자본 축적, 이윤을 취하기 위한 구매의 논리 속에서 작동하게 된다. 다르게 말하면, 교환가치 자체가 목적이 되는 셈이다.[132] 결국 위의 인용문에서처럼 자본주의 사회의 경우 나무로 만든 식탁의 순수한 사용가치는 더 이상 존재하지 않고 그 대신 상품으로 기능하는 식탁의 교환가치가 마치 사물의 본질처럼 인식되게 마련인데, 이 경우 마르크스는 상품을 "감각적으로 초감각적인 사물"이라고 표현하고 있다. 그 점을 벤야민은 흥미롭게도 알레고리컬한 수법에 의한 사물의 탈가치화(가령 보들레르 문학)와 실제 상품세계에서의 사물의 탈가치화를 서로 비교하는 식으로 서술해낸다. "알레고리 내에서 사물세계의 평가절하는 사물세계 자체 내에서 상품에 의해 추월된다."[133] 상품으로 전락한 사물의 운명에 대한 마르크스의 정치경제학적 시각을 더욱 명확하게 설명하기 위해 벤야민은 상품과 구매자 편에서 일어나는 두 가지 감정이입을 미출간 인쇄 원고에 다음과 같이 기록해놓고 있다.

---

**132** Karl Marx, Das Kapital, in: MEW 23, Zweiter Abschnitt: Die Verwandlung von Geld in Kapital 참조.

**133** GS 1, 660.

> 감정을 이입하는 도식. 그것은 이중적이다. 그것은 상품의 체험과 구매자의 체험을 포함한다. 상품의 체험은 감정을 구매자에 이입한다는 것이다. 감정을 구매자에 이입한다는 것은 감정을 돈에 이입한다는 것이다. [……] 구매자의 체험은 감정을 상품에 이입한다는 것이다. 감정을 상품에 이입한다는 것은 감정을 가격(교환가치)에 이입한다는 것이다.[134]

상품 구입 과정에서 발생하는 감정이입은 한편으로 상품의 체험, 다른 한편 구매자의 체험 차원에서 동시적으로 작동한다. 물론 궁극적으로 상품과 구매자 사이에서 상호 감정이입이 일어나게 되는데, 즉 사물이 어떤 용도로 구매자에게 필요한 것일까라는 질문보다는 돈과 가격 간의 상호 부합이 상품 구입 과정에서 결정적으로 작용하는 것이다. 사물이 생활에 필요한 것인가에 따라 구입의 결정이 이루어지는 것이 아니라 구매자가 보유하고 있는 돈과 상품의 가격이 서로 부합할 때 상품 구입이 진행되는 것이다.

사물이 교환가치를 지닌 상품으로 전환하는 상황, 그리고 구매자 또한 그런 상품에 완전한 감정이입을 이룬 상황, 이와 같은 상황을 비판적으로 표현해내는 유일한 방식은 이미 언급했듯이 다름 아닌 알레고리다. 근대적 알레고리로서의 상품 가운데 가장 뛰어난 예는 매춘부라는 알레고리다. 인간 몸의 근본적 가치는 본래 몸 자체의 생산력에 있다. 그러나 자본주의 사회에서는 인간의 몸과 생산력은 서로 소외되고, 그 소외가 절정에 도달해 있음을 보여주는 상황은 매춘부 알레고리를 통해 표현되고 있다. 매춘부 알레고리는 인간의 몸이 하나의 상품으로 전락하는 것이며 동시

**134** GS 1, 1178.

에 역설적으로 상품이 인간의 몸을 통해 자신을 드러내는 것이기도 하다. 초현실주의와 관련하여 정치적인 의미에서 벤야민이 사용하였던 이미지공간과 몸공간이라는 용어를 빌리자면, 몸과 상품 이미지가 하나가 되는 매춘부도 어쩌면 이미지공간과 몸공간이 하나가 된 상태와도 같다.

> 대상들에 의해 둘러싸인 인간의 주변 환경은 언제나 마구 상품의 표현을 취한다. 동시에 광고는 사물의 상품 특성을 숨기는 차원에서 오버랩을 시도한다. 알레고리로 일그러진 상품 세계의 모습은 바로 상품 세계의 기만적 변용에 대항한다. 상품은 자기 자신의 얼굴을 들여다보려 한다. 상품은 매춘부를 통해 자신의 인간화(강생, 降生)를 기념한다.[135]

> 엠블렘이 알레고리의 순수성을 보장하는 직인이듯, 상품숭배(Fetisch)가 상품의 순수성을 보장하는 직인이다. 영혼이 사라진, 하지만 쾌락에 봉사하는 몸에서 알레고리와 상품이 서로 결합되어 하나가 된다.[136]

알레고리컬 형상은 스스로를 일그러지게 만드는데, 그 일그러진 모습은 사실 상품문화에 의해 지배된 모든 존재 양식, 특히 광고와 결탁하여 자신을 숨기려는 상품의 자기기만을 비판하는 데 의미를 두고 있다. 그런 점에서 매춘부 또한 사물 자체의 전환된 모습, 즉 본래의 사용가치를 상실한 채 상품으로 전환된 사물에 대한 비판적 알레고리인 셈이다. 여기서 흥미로운 점은, 몸이 상품이 되고 상품이 몸이 되는 매춘부 알레고리는 사물의 운명뿐만 아니라 배회자로서의 작가(혹은 그의 예술작품)에도 적용

**135** GS 1, 671.
**136** GS 1, 1151.

된다는 것이다. "배회의 사회적 토대는 저널리즘이다. 사실 배회자로서 문인은 자신을 팔기 위해 시장에 나간다."[137] 저널리즘이란 대중이 지배하는 사회적 환경을 뜻한다. 그런 사회적 환경 속에서 대중과 부합하기 위하여 그리고 자신의 부과 명성을 축적하기 위하여 작가는 시장에서 소비자에게 자신(작품)을 구입해줄 것을 요구하고 나선다. 이러한 현상은 이미 『일방통행로』에서 제시된 책과 창녀 간의 13가지 공통점을 통해서도 충분히 감지할 수 있다.[138] 아우라를 지닌 전통적인 작품이나 연극에서 핵심적인 수용 방식이 감정이입이었다면, 그 개념을 다시 사용하면서 벤야민은 상품에 도취된 배회자의 상태를 "상품의 교환가치에 감정이입한 상태, 상품의 평등 토대에 감정이입한 상태"[139]라고 표현하고 있다. 배회자의 대표적인 유형인 작가도 그렇게 교환가치를 지닌 상품에 몰입되고 나아가 타락의 모험에 자신을 내맡기는데, 즉 자기 자신의 몸을 통해서 상품을 선전하는 배회자가 되고 만다. 요컨대, 그의 최종적인 모습은 자신을 상품의 일부분으로 만들고 마는 "샌드위치맨"이라는 형상이다.

> 근본적으로 상품에의 감정이입은 교환가치 자체에의 감정이입이다. 배회자는 그런 감정이입의 달인이다. 그는 상품성 개념 자체를 산책하려 나선다. 백화점이 그의 마지막 가두 유객 매춘지인 것처럼, 배회자의 마지막 화신은 샌드위치맨이다.[140]

> 진짜 '월급쟁이 배회자'(앙리 베로)는 샌드위치맨이다.[141]

---

**137** GS 5, 559.
**138** GS 4, 109 sq.
**139** GS 5, 488.
**140** GS 5, 562; GS 5, 565.

댄디 같은 19세기 중반기의 배회자는 비록 현실을 전복하는 힘을 발산하지는 못했을지라도 거리를 두고서 비판적으로 관찰하는 수동적인 자아를 그나마 간직하고 있었지만, 자본화 물결이 더욱 거세게 기승을 부리는 20세기 중반 이후의 문화산업 환경에서는 그러한 19세기적 배회자의 유형이 완전히 사라지고 만다.[142] 대중 모두가 관광객으로서의 배회자로 존재할 뿐이다. 수잔 벅-모스가 적절하게 해석한 바 있듯이, 작가로서의 배회자도 결국 오락과 기분전환을 추구하는 대중문화의 생산자로 기능하는 위험에 노출되어 있으며 그런 우려가 오늘날에 더욱 현실화되고 있음은 두말할 나위 없다.

> 자본주의 사회에서 한가로운 배회자는 허구적인 타입이다. 그는 정말 픽션을 생산해낸다. 산책은 19세기 글쓰기 형태를 지배하고 있던 관찰 스타일을 지원한다. 그런 글쓰기로부터 대중 신문의 수필 난에 많은 것이 생산된 바 있었다. 작가로서의 산책자는 대중문화의 생산자로서의 작가의 원형일 수도 있는데, 즉 도시적 삶의 진실한 조건을 투영해내는 대중문화가 아니라 그런 삶의 지루함으로부터 독자의 기분을 전환시키는 그런 대중문화의 생산자로서 말이다.[143]

샌드위치맨은 대중문화와 함께 하는 작가에 대한 알레고리다. 그렇지

**141** GS 5, 967. Henri Beraud(1885~1958): 프랑스 작가. “월급쟁이 배회자”는 그의 소설 제목임.

**142** S. Buck-Morss, Der Flaneur, der Sandwichman und die Hure, in: N. Bolz/B. Witte(Hg.), Passagen. Walter Benjamins Urgeschichte des XIX. Jahrhunderts, München 1984, p. 98.

**143** S. Buck-Morss, Der Flaneur, der Sandwichman und die Hure, p. 102.

만 그런 샌드위치맨으로서의 작가로부터 여전히 이중적 전략을 기대할 수 있다. 즉 그는 외적으로 스스로 대중문화의 생산자로 존재하지만 동시에 내적으로 그런 대중문화에 비판적인 시각을 간직한다는 것이다. 이에 대한 대표적인 예로는 보들레르의 문학적 전략을 들 수 있다. 이미 언급한 바 있듯이, 자본주의의 야만적 생산문화 및 소비문화에 저항하기 위해 자본주의적으로 강렬하게 채색된 글쓰기 방식을 이용했던 그런 전략 말이다. 배회자로서의 시인이나 비평가는 대중문화의 생산 방식(유희적이고 자극적인 방식, 나아가 현재의 대중문화를 옹호하는 듯한 방식)을 자신의 글쓰기에 도입하지만, 이는 곧 자본주의 문화를 알레고리컬하게 비판하고 있는 텍스트 전략에 다름 아니다. 위에서 언급한 상품과도 같은 매춘부 알레고리를 작가와 예술작품에 적용한다면, 매춘부 알레고리를 그려낸 예술작품은 시장의 논리뿐만 아니라 그런 시장의 논리에서 벗어날 수 없는 자신의 처지를 비판적으로 드러내고 있는 것과도 같다. 이에 대해서는 베른트 비테가 적절한 해석을 제시하고 있다.

> 상품으로서 예술작품은 항상 같은 것의 회귀를 표현해낸다. 아름다운 가상은 [……] 유행적 변장으로 붕괴된다. 알레고리로서 예술작품은 사회적 근대에 내재해 있는 모순을 변증법적으로 전개해낸다. 생산 이데올로기의 근간인 자연적인 증대 충동이 언제나 죽음으로 끝난다는 점을 예술작품은 볼 수 있게 해준다.[144]

**144** B. Witte, Von der allegorischen Lektüre zur Idee der 'integralen Prosa'. Walter Benjamins Begriff der Moderne, in: Rene Buchholz/Joseph A. Kruse(Hg.), Magnetisches Hingezogensein oder schaudernde Abwehr. Walter Benjamin 1892~1940, Stuttgart/Weimar 1994, p. 103.

대중 및 상품문화와 함께 하지만 동시에 그에 대항해야만 하는 배회자는 이밖에도 사물이 자신에게 건네는 애처롭고도 은밀한 말을 읽어야 하는 임무를 띤다. 본래 외모를 근거로 품성 · 직업 등을 알아냈던 인간의 인상학자에서부터 배회자는 이제 "사물세계의 인상학자"[145]로 전환하는데, 즉 사물의 이미지를 읽고 해독하는 것을 자신의 과제로 삼는 인상학자로 말이다. 배회자에게 "지각은 읽기"[146]에 다름 아니다. 그런데 배회자는 사물을 읽으면서 동시에 그것을 표현해야 하며 이를 위해 그는 낯설게 하기로서의 알레고리컬한 방식, 즉 잘 알려지고 익숙한 사물을 기이하고도 비밀스러운 사물로 전환시키는 방식을 택한다. 알레고리의 본래 의도는, 무엇보다도 탈가치화된 사물 혹은 아우라를 상실한 사물에 그 본래의 가치를 되찾아주는 데 있다. 기술복제 시대에서 일회적이고 고유한 예술작품이 지닌 독특하고 미묘한 분위기를 아우라라고 부른 바 있다. 이제 그 개념을 사물에 적용할 경우 가령 사용가치의 사물이 일회성과 아우라를 갖고 있다면 "이미지의 대량 복제"[147] 내지는 교환가치를 지닌 상품의 대량 생산 속에서 사물은 더 이상 아우라를 갖지 못한다. 그렇게 상품으로 몰락한 자신의 상태를 사물은 진열대에서 살며시 하소연하고 있는 것이다. 더욱이 상품으로서의 사물은 유행이라는 일시성으로 인해 시장에 나오자마자 곧 사라져야만 하는 운명을 지니는데, 즉 일종의 죽음의 사투를 벌이고 있는 것이다. 도취된 상태에서 혹은 무심한 상태에서 그런 상품을 바라보는 배회자—그런 점에서 짐멜이 언급한 오성과 둔감증을 동시에 지닌 근대인의 모습은 곧 배회자의 모습이기도 한데—는 상품의 빛남을 사물의 애

**145** GS 4, 389.
**146** GS 6, 32.
**147** GS 5, 425.

처로움으로 전환시켜야만 하는 것이다.

물론 상품만이 아니다. 배회자는 상품으로 전락한 사물의 총합이라고 할 수 있는 대도시 자체를 텍스트처럼 읽어야만 한다. 그런 점에서 벤야민 스스로도 배회자로서 파리의 파사주를 자본주의의 근원사, 근대의 근원사로서 일종의 텍스트처럼 읽으려 했다. 대도시 자체가 하나의 텍스트라면, 그 대도시를 구성하는 다양한 요소인 집단 · 사물 · 이미지 · 건축물 · 욕망 · 꿈 등은 텍스트를 채우고 있는 다양한 언어적 기호인 셈이다. 이에 대한 예로 단순한 기호가 아니라 일상을 담고 있는 "거리이름"(Straßname)을 들 수 있다. "언어의 혁명은 가장 일상적인 것, 즉 거리에 의해서 이루어졌다. 거리이름을 통해서 거리는 언어적 우주이기도 하다."[148] 그렇기 때문에 『베를린의 유년시절』에서도 그는 '블루메스호프 12', '크루메 가' 같은 거리이름을 포함한 언어기호가 자신에게 건네는 소리를 듣고 그 의미를 음미해내려 한다. 베를린의 티어가르텐(동물원)과 관련된 에세이는 그렇게 거리를 읽어야만 하는 상황을 암시하면서 시작하고 있다.

> 한 도시 내에서 제대로 길을 찾지 못한다는 것은 그리 놀랄 만한 일이 아니다. 그러나 숲속에서 길을 잃는 것처럼 한 도시 내에서 헤매는 것은 훈련을 필요로 한다. 거기서 거리의 이름은 마치 마른 나뭇가지의 부러지는 소리처럼 틀림없이 헤매는 사람에게 말을 건네며, 도시 내부에 있는 작은 거리들은 산의 우묵한 곳처럼 틀림없이 그에게 낮의 시간을 분명하게 반사해준다. 이런 것을 읽는 기술을 나는 뒤늦게 습득했다.[149]

**148** GS 5, 650.
**149** GS 4, 237.

언어적으로 구성된 대도시를 눈으로 바라보는 행위는 자연히 텍스트를 읽는 행위에 다름 아니다. 벤야민은 "텍스트는 하나의 숲이며, 독자는 그 숲 안에 있는 사냥꾼이다. 낮은 덤불에서의 바스락거림은 사상이며, 겁먹은 야수는 인용문이고 인상적 배열의 한 조각이다"[150]라고 언급한 바 있다. 독자와 텍스트, 사냥꾼과 숲의 관계처럼, 대도시(혹은 그 대표적인 공간인 파사주)와 배회자의 관계도 마찬가지다. 대도시가 거대한 숲 혹은 텍스트라면, 배회자는 숲을 거니는 사냥꾼으로서 혹은 텍스트를 읽는 독자로서 대도시 내를 거닐면서 다양한 현상과 배열을 읽어낸다. 사냥꾼(독자)이 숲의 작은 덤불에서 나는 바스락거리는 소리(사상)를 듣거나 겁먹은 채 숨어 있는 야수(인용문)를 찾아내듯이, 배회자는 대도시의 각종 구성물과 상품 이미지를 보고 그것들의 존재와 관련된 정치경제학적 · 문화학적 사상을 읽어내는 것이다.

그렇지만 배회자의 역할과 임무는 대도시를 바라보는 것, 즉 텍스트를 읽는 것에만 국한되지 않는다. 그는 바라봄으로써의 글 읽기를 넘어서 다시 글쓰기 작업으로 전환해야 한다. 왜냐하면 그는 수집가이자 알레고리커이기 때문이다. 이때 그의 글쓰기는 다른 의미를 불러일으키는 알레고리컬한 글쓰기로 나타난다. 모든 것이 사물화되는 근대의 특징으로 지각의 자동화를 들 수 있다면, 수집하는 배회자(즉 시인)의 알레고리컬한 글쓰기는 자동화된 지각의 예외 상태 혹은 자동화된 지각의 중단을 불러일으키는 방식을 통해 사물의 다른 의미를 추구한다. "호모 스크립터"(Homo scriptor)로서 그는 "수집하고 읽고 쓰고 놀이하는" 인간이다.[151]

---

**150** GS 5, 963 sq.

**151** P. Missac, Walter Benjamins Passage, pp. 59~111.

# 제9장
# 역사성과 심미성

## 1. 기이한 마르크스주의

벤야민의 마지막 글 「역사의 개념에 대하여」는 미국으로 망명한 아도르노를 비롯한 프랑크푸르트 사회연구소가 1942년 벤야민 사후에 출간한 텍스트다.[1] 사망 전 1939년 벤야민은 파리에 머물면서 이 글을 집필한

1 이 글의 제목을 종종 "역사철학적 테제"라고 명명하고 있지만 이는 잘못된 표현이라고 롤프 티데만(R. Tiedemann)은 지적한 바 있다(R. Tiedemann, Historischer Materialismus oder politischer Messianismus, in: Materialien zu Benjamins These "Über den Begriff der Geschichte", hrsg. v. Peter Bulthaup, Frankfurt am Main 1975, p. 115). "역사철학적 테제"로 이해할 경우 두 가지 문제점이 제기된다. 그 하나는 "역사철학적"이라는 개념은 시간의 연속성을 전제로 역사를 구조적으로 파악하는 사유와 관련되는데, 이는 역사의 연속성을 파괴하려는 벤야민의 의도에 부합하지 않는다. 또 다른 문제점으로는 "테제"라는 개념이 이 글의 성격을 제대로 표현해주는 것인지 상당히 애매하다는 점이다. 이와 관련해서는 미삭(P. Missac)의 「그것은 테제다! 그것이 테제인가?」라는 논문 제목이 그 애매성을 잘 드러내주고 있다(P. Missac, Es sind Thesen! Sind es Thesen? in: Materialien zu Benjamins These "Über den Begriff der Geschichte", pp. 318~338). 즉 총 18개의 짧은 테제로 간주할 수도 있지만, 전체가 총 18개의 장으로 서로 연관되어 구성된 것으로 볼 수도 있다. 복잡한 문제가 아닐 수 없지만 여기서는 테제로 명시할 예정이다. 어쨌든 제목 자체의 경우 초창기 국내 번

것으로 알려져 있다. 글의 초안을 벤야민은 당시 자신을 극진하게 살펴준 한나 아렌트(H. Arendt)에게 주었고 아렌트는 이 글을 다시금 프랑크푸르트 사회연구소에 넘겨주었다고 한다. 짧은 분량에 비해 글의 내용은 대단히 함축적이고 복잡하고 난해하다. 글의 핵심 요지는 크게 네 가지로 정리된다.

첫 번째로, 벤야민은 종교(신학)와 정치가 서로 결합한 입장을 제시하고 있다. 여기서 종교는 유대교의 신비주의, 메시아니즘뿐만 아니라 형이상학적 사유 방식을 포함하며, 역사적 유물론은 억압된 계급, 집단적 주체, 노동자 계급 등을 강조하는 마르크스주의뿐만 아니라 현재 상태를 혁명적으로 전복하려는 정치적 의식을 말한다. 그런데 종교를 아편으로 혹은 상부구조의 이데올로기로 비판하였던 전통적인 마르크스주의(역사적 유물론)의 입장에서 보면 종교와 정치의 결합은 도저히 용인될 수 없는 시각이며, 마찬가지로 물질적 삶보다는 정신적 깨달음을 추구하는 전통적인 종교의 입장에서도 그 양자의 결합은 수용되기 힘든 시각이다. 따라서 전통적인 고정관념에서 탈피하여 종교와 정치를 서로 결합하려는 벤야민의 시도는 그가 항상 시도했던 이질적인 것의 결합 혹은 타원형적 사유 형세 차원에서 이해될 필요가 있다.

두 번째로, 벤야민이 비판하는 핵심 대상은 다름 아닌 역사주의라는 의식이다. 즉 과거를 다루는 데 있어서 지나간 것을 영원불변한 것으로 삼거나 과거 · 현재 · 미래의 역사적 연속성을 주장하는 역사주의를 철저히 거부하고 있다. 여기서 역사주의에는 목적론, 실증주의뿐만 아니라 정신적 · 문화적 차원에서 항구적인 진보를 표방하는 낙관주의적 사유 방식

역(반성완, 『발터 벤야민의 문예 이론』, 민음사, 1983)에서는 "역사철학적 테제"로 번역되었지만, 최근 번역에서는 제대로 "역사의 개념에 대하여"(최성만)로 수정되어 있다.

등이 모두 포함된다.[2]

세 번째로, 역사주의뿐만 아니라 마르크스주의에 기반을 두고 있는 동시대 사회민주당(Sozialdemokratische Partei)의 노선에 대해서도 벤야민은 통렬한 비판을 가하고 있다. 왜냐하면 역사주의라는 방법론과 마찬가지로 사회민주주의를 표방하는 현실 정당도 역사가 진보한다는 낙관주의적 이데올로기에 젖어 있기 때문이다. 특히 사회민주당은 19세기 말부터 기술의 발전을 옹호하는데, 그러한 기술의 발전을 설파하는 정치적 낙관주의에 의해 노동자 계급은 현혹되어 결국 타락하게 될 것이라고 벤야민은 비판한다. 벤야민의 비판 대상은, 기술의 발전에 의한 자연 지배를 역사의 위대한 발전이라고 생각하는 테크노크라트 세력이다. 벤야민의 개인적 발전 과정과 관련하여 특이한 점은, 그런 기술의 발전에 대한 벤야민의 거부는 『기술복제 시대에서의 예술작품』에서의 자신의 입장, 즉 기술의 발전에 의해 새롭게 등장한 영화 매체를 통해서 사회적 혁명의 가능성을 모색하고자 했던 과거의 입장과는 상당히 대조적인 양상을 띤다는 것이다.

네 번째로, 역사의 진보 대신에 벤야민은 파국(Katastophe)으로서의 역사를 강조하고 나선다. 이렇듯 파국이 강조됨으로써 언뜻 니힐리즘적인 역사관으로 흐를 수도 있지만, 그러나 벤야민은 지나간 것과 "지금시간"(Jetztzeit)의 인식가능성이 서로 결합하는 순간, 시간이 정지하는 구원의 유토피아를 대안으로 제시하고 있다. 이로써 첫 번째 특징으로 언급되었던 종교적 신비주의와 역사적 유물론이라는 양극단의 기이한 결합이 완성되고 있다.

이와 같이 다양한 의미를 지닌 글의 내용과 관련하여 벤야민 스스로도

2 GS 1, 1233.

다음과 같은 함축적인 메모를 남긴 바 있다. "역사적 기본 개념 정의: 파국—기회를 놓친 자들— 현상태가 보존되도록 위협받고 있음; 진보—첫 번째 혁명적 조치."[3] 사실 벤야민이 죽음을 맞이하기 직전의 상황은 극도로 암울한 시기였다. 그도 그럴 것이 서로 대립했던 두 체제, 즉 독일 파시즘의 히틀러와 소련 마르크스주의의 스탈린이 1939년에 악마의 협약을 맺고 마는데, 이는 파시즘 치하에서 노동자와 지식인들의 유일한 희망이었던 마르크스주의로부터 더 이상 아무것도 기대할 수 없다는 상황을 야기하였다. 히틀러와 스탈린의 협약은 벤야민을 비롯한 상당수 비판이론가들에게 충격과 낙담을 가져다주었다. 물론 그 충격적인 사건은 사실 벤야민에게는 결코 새로운 일이 아니었다. 왜냐하면 마르크스주의의 쇠망은 오래전으로 거슬러 올라가는데, 가령 1875년의 고타강령 이후 독일 사회주의노동당(후에 독일사회민주당)은 억압된 이들을 위한 혁명을 추구하기보다는 기술주의를 바탕으로 역사의 무한한 발전이라는 낙관주의 이념을 내세움으로써 마르크스주의는 이미 몰락의 길을 내딛었기 때문이다. 또한 노동자 계급도 그와 같은 미화된 이념을 추인함으로써 혁명 주체로서의 자기 자신을 포기하고 만다.

숄렘이 표현했듯이, "히틀러-스탈린 협약의 충격에서 깨어나기"[4] 위해 씌어진 「역사의 개념에 대하여」는 19세기 후반기부터 벤야민이 숨을 거두기 직전까지 진행되는 암울한 역사적 상황을 비판하는 글이다. 자본주의뿐만 아니라 마르크스주의까지도 진보라는 무한 질주의 열차에 승차함으로써 그 암울한 상황은 더욱 증폭된다. 따라서 설혹 벤야민이 이 글

---

**3** GS 5, 593.

**4** G. Scholem, Walter Benjamin und sein Engel, in: Zur Aktualität Walter Benjamins, p. 129.

에서 마르크스를 인용하고 있을지라도 그것을 단순히 기존의 마르크스주의를 추종하는 것으로 파악할 수는 없다. 오히려 마르크스 인용은 자신의 고유한 생각을 펼치기 위한 알레고리로 작동하고 있을 뿐이다. 아니, 벤야민의 시각은 기존의 마르크스주의와 거리를 취하고 있다. 왜냐하면 부르주아 사회를 주도한 역사주의뿐만 아니라 그런 부르주아 사회를 부정했던 마르크스주의조차도 역사의 진보와 연속성을 표방하고 나섰기 때문이다. 따라서 파국 · 단절 같은 불연속적인 시간관을 내세운 벤야민의 시각은 역사주의와 마르크스주의와 동시적으로 대적하는 기이한 모습을 띤다.

## 2. 장기 자동기계: 난쟁이와 인형

이처럼 다양한 대상을 비판하고 있는 글의 첫 번째 테제는 장기 자동기계라는 알레고리컬한 이미지로 시작한다.

> 사람들 말에 의하면 어떤 장기 자동기계가 있다고 하며, 이 기계는 그 누구와도 장기를 두면 그때마다 정반대 수를 둠으로써 언제나 이기게끔 만들어졌다. 터키 의상을 하고 입에는 수연통을 문 인형이 넓은 책상 위에 놓인 장기판 앞에 앉아 있었다. 거울 장치를 해놓음으로써 이 책상은 사방에서 훤히 들여다볼 수 있다는 환상을 불러일으켰다. 그러나 실제로는 장기의 명수인 등이 굽은 난쟁이가 그 책상 안에 앉아서는 줄을 당겨 인형의 손놀림을 조종하였다. 우리는 철학에서도 이러한 장치에 상응하는 것을 상상할 수가 있다. 항상 승리하게끔 되어 있는 것은 소위 '역사적 유물론'이라고 불리는 인형이다. 이 역사적 유물론이 만약 오늘날 왜소하고 못생겼기 때문에 어떻게 해서라도 그 모습을 밖으로 드러내어

서는 안 되는 신학을 자기 것으로 만듦으로써, 누구하고도 한판 승부를 벌일 수 가 있을 것이다.[5]

상대방과 장기를 두는 자동기계의 외형

실제 내부의 구성을 보여주는 그림

위에서 서술된 장기 자동기계의 외형 및 내부 구조를 알기 위해서는 두 개의 그림을 참조하면 된다. 그 장기 자동기계는 실제로 1780년에 독일의 발명가, 작가, 건축가, 궁중 추밀 고문관이었던 요한 볼프강 폰 켐펠렌(Johann Wolfgang von Kempelen, 1734~1804)에 의해 발명되었으며 일명 "장기 두는 터키인"이라고 불렸다. 터키인 복장에 수연통을 물고 있는 인형이 모든 사람을 상대해서 장기를 두는 이 기계는 발명되자마자 유럽 전역에 폭발적인 인기를 끌었으며 유럽의 모든 영주들이 켐펠렌과 그의 자동기계를 초청했다고 한다. 그러나 그것이 자동기계가 아니라 사실은 그 기계 내부 안에 작은 키의 장기 명인이 앉아서 인형을 조종하고 있다는 속임수가 알려지면서 자동기계에 대한 관심은 점차 수그러들었다. 켐펠렌이 죽은 후 그의 유언에 따라 요한 네포묵 멜첼(Johann Nepomuk Mälzel)

5 GS 1, 693.

이 계속 자동기계를 관리하였다. 후에 멜첼은 미국으로 건너가 그 자동기계로 공연하였지만 1854년 필라델피아에서 화재로 인해 그 기계는 사라지고 말았다. 1836년에 에드거 알렌 포는 『멜첼의 체스 플레이어』(Maelzel's Chess Player)라는 제목으로 그 장기 자동기계에 관한 에세이를 출간하기도 했다.

장기 자동기계는 일종의 알레고리컬한 이미지다. 수연통을 들고 있는 인형과 기계 내부에 숨어 있는 난쟁이는 각기 역사적 유물론과 신학을 뜻하고, 그리고 장기 자동기계는 양자의 결합을 뜻한다. 인형과 난쟁이에 각각 역사적 유물론과 신학의 의미를 부여한 것은 벤야민의 자의적인 사유 유희일 뿐이다. 그런데 이 자의적인 사유 유희로서의 알레고리가 해석의 애매성을 야기한다. 장기 자동기계가 모든 상대를 이긴다고 할 때 무엇이 승리에 결정적인 역할을 수행한 것일까? 인형일까 아니면 난쟁이일까? 이에 대한 대답은 우선 두 가지로 나뉜다.

우선 인형을 중시하는 대답은 다음과 같다. 기계의 상부(혹은 외면)에 역사적 유물론이라는 인형이, 내부(혹은 내면)에는 신학이라는 난쟁이가 들어 있다는 사유 방식은 일반적인 표상에는 어긋난다. 통 마르크스주의적 도식에 의하면, 상부 구조에는 예술 · 법 등과 함께 종교가, 하부 구조에는 경제(노동자 계급)가 자리하고 있으며 흔히 경제가 모든 것을 결정하기 마련이다. 그런데 장기 자동기계의 경우 상부를 가리키는 바깥에 역사적 유물론이, 하부를 가리키는 내부에 신학이 자리한다. 외부와 내부, 밖과 안이라는 통상적인 이분법적 구조 그리고 이를 바탕으로 내부를 우선시하는 사유를 펼치면, 장기 자동기계의 외부에 자리하는 역사적 유물론보다는 내부에 자리하는 신학이 더욱 중시되는 것처럼 보인다. 즉 신학이 토대, 중심, 본질로 작용하는 것이다. 텍스트의 언술도 그 점을 뒷받침해 주는 것으로 보인다. 왜냐하면 "인형의 손을 끈으로 조정하는" 것은 바로 등 굽은 난쟁이(신학)라고 언급되어 있기 때문이다. 신과 인간의 관계를 다루는 중세의 철학적 사유에서는 흔히 인간은 인형으로, 그런 인형을 끈으로 조정하는 이로 신이 언급되곤 하는데, 이러한 신학적 사유로는 결정론(determinism) · 숙명론(fatalism) · 변신론(theodicy) 등이 있다. 역사적 유물론이 승리를 거두는 것처럼 보여도 결국 숨어서 그 역사적 유물론을 좌우하는 것은 바로 신학이라고 강조할 경우, 이는 어쩌면 인간을 역사의 주체를 내세우는 근대 이전의 사유에 의존한 것처럼 보인다. 종교(신학적 사유)의 지배로부터 벗어나는 것이 근대의 특징임을 떠올리면, 장기 자동기계의 승리에서 신학을 강조하는 시각은 분명 근대에 역행하는 해석이거나 혹은 근대도 신의 지배로부터 완전히 벗어나지 못한다는 해석을 낳는다. 벤야민의 친구 숄렘에 의하면, 역사적 유물론은 글자 그대로 인형에 불과하고 이 글의 핵심은 바로 신비로운 신학에 있다고 한다. 물론 전통적인 신학의 표상과는 달리 벤야민의 신학적 사유는, 카프카 문학의 특성을 논하는 1934년 12월 17일자 벤야민에게 보낸 편지에서 아도르노가 말한 것처럼, 일종의 "전도된 신학"(inverse Theologie)의 모습을 띠고 있다.[6] 즉 절망의 모습으로 희망을, 비신학의 모습으로 신학을, 허무로 구원을, 세속적인 것으로 메시아적인 것을 구하는 모습 말이다.[7] 일종의 파국적 구원이라는 역설적인 모습을 띤 신학인 것이다.

그러나 신학을 우선시하는 시각에 대해서 반박할 수 있는 또 다른 텍스트 독법이 가능하다. 그것은 위에서 서술된 인형과 난쟁이의 공간적 관계를 뒤집을 수 있는 표현이 텍스트 내에 담겨 있기 때문이다. 가령 인형은

---

**6** Th. W. Adorno, Über Walter Benjamin, p. 108.

**7** Vgl. Roland Faber, Messianische Zeit. Walter Benjamins 'mystische Geschichtsauffassung' in zeittheologischer Perspektive, in: Münster Theologische Zeitschrift, 54 (2003), pp. 68~78.

난쟁이를 마치 자신의 시녀처럼 부리고 있는 듯이 보이는데, 이는 "자기 것으로 만듦으로써"라는 구절을 통해서 암시되고 있다. 이 경우 신학을 배척하는 것이 아니라 역으로 자신의 승리를 위해 신학을 이용하는 역사적 유물론이 장기 자동기계의 주인공이 되는 셈이다. 이러한 관점은 더욱이 텍스트를 직접 집필한 작가(벤야민)의 의도를 통해서도 확인된다. 가령 글의 집필을 위한 초안에서 벤야민은 터키 의상을 입은 인형의 절대적인 승리, 즉 역사적 유물론의 승리를 강조하고 있다.[8] 그러나 인형이 어떤 상대방이든 모두 물리친다는 구절은 굳이 벤야민의 초안 집필 및 그의 의도에 의존할 필요도 없이 텍스트 자체에서도 끄집어낼 수 있다.

이와 같은 두 가지 해석의 가능성을 낳는 첫 번째 테제와 관련하여 국내 번역본의 해설은 매우 모호한 시각을 제시해준 바 있다. 가령 "벤야민의 전 사고를 지배하는 신학과 정치의 긴장 관계가 30년대 이후에는 정치화의 경향으로 치닫고 있다면, 그의 생애의 마지막 순간에 가서는 다시 초기의 신학적 경향으로 기울어지고 있다"[9]고 언급됨으로써 마지막 글에서 벤야민이 신학적 입장으로 되돌아가고 있다고 강조된다. 그럼에도 불구하고 첫 번째 테제와 관련해서는 완전히 다른 식의 해설이 동시에 주어진다. "이 알레고리컬한 비유에 의하면 언제나 승리하는, 이른바 역사적 유물론이라는 인형은 실제로는 못생기고 등이 굽은 난쟁이라는 신학에 의해 조종되고 있다. 여기에서 벤야민은 역사적 유물론은 신학을 자기 것으로 만듦으로써만 역사의 승리자가 될 수 있다는 생각을 펴고 있다."[10] 이와 같은 설명에서는 "조종되고 있다"와 "자기 것으로 만듦으로써만"이

8 Vgl. GS 1, 1247.

9 반성환, 『발터 벤야민의 문예이론』, 383~384쪽.

10 반성환, 384쪽.

전혀 모순 없이 결합됨으로써 그 상황과 의미가 매우 애매하게 처리되고 있는 것이다. 위에서 밝혔듯이, 역사적 유물론이 신학에 의해 조종당하고 있다는 것과 역사적 유물론이 신학을 자기 것으로 만든다는 것, 이 두 가지 시각은 일종의 대립과 모순의 관계를 이룬다. 가령 역사적 유물론이 신학에 의해 조종될 경우, 그것은 역사적 유물론이 신학 앞에서 무기력하다는 것을 뜻한다. 역으로 역사적 유물론이 신학을 자기 것으로 만들 경우, 그것은 신학이 역사적 유물론의 도구적 역할만을 수행한다는 것을 뜻한다. 두 경우가 완전히 다르며 서로 배척하는 결과를 낳는다.

이처럼 완전히 상반된 혹은 모순적인 의미를 자아내는 첫 번째 테제와 관련해서 독일의 벤야민 전문가들도 서로 다른 의견을 제시한 바 있으며,[11] 주로 자신들의 종교적 · 정치적 이데올로기를 관철하는 식으로 해석하고 있다. 사실 장기 자동기계라는 알레고리컬한 이미지와 관련하여 역사적 유물론과 신학 간의 우위에 대한 질문은 닭이 먼저인지 달걀이 먼저인지에 관한 질문과도 같으며 이에 대한 최종 대답은 불가능한 듯이 보인다. 물론 이러한 의미의 불확정성이 사실 알레고리의 특성이기도 하다. 또한 인형인가 난쟁이인가라는 일종의 환원 문제에만 급급할 경우 매우 중요한 한 가지 측면을 놓치게 되는데, 그것은 모든 상대자를 이기는 것은 인형도 난쟁이도 아닌, 그 양자로 구성된 장기 자동기계라는 점이다. 만약 인형 없이 난쟁이만이 그 기계 안에 숨어 있거나 혹은 난쟁이 없이 인형만이 바깥에 있을 경우 그 기계는 전혀 작동하지 않거나 혹은 매번 패할 수밖에 없을지도 모른다. 두 요소 중 한 가지라도 결핍되어 있으면

11 R. Tiedemann, Historischer Materialismus oder politischer Messianismus, p. 97; G. Kayser, Walter Benjamins 'Geschichichtsphilosophische Thesen', in: Materialien zu Benjamins These "Über den Begriff der Geschichte", p. 44.

그 기계는 무의미해진다. 따라서 첫 번째 테제와 관련해서는 환원적인 시각이 아니라 장기 자동기계 전체를 파악하는 종합적 사유 내지는 벤야민이 즐겨 사용했던 양극을 연결하는 타원형적인 사유가 요구된다. 여기서 종합적 사유란 환원이 불가능한 상태를 뜻한다. 이분법적 구분(신과 인간, 외면과 내면, 현상과 본질, 중심과 주변, 수단과 목적 등)은 스스로를 해체하는 것이다. 결국 역사적 유물론과 신학이 결합된 상태에서 모든 상대방을 이기는 장기 자동기계—이것은 벤야민의 사유와 글쓰기에 대한 알레고리이기도 한데—를 두고서 무엇이 중심(본질 · 목적)이고 무엇이 주변(현상 · 수단)인지를 구분하는 것 자체는 처음부터 불가능한 일이다. 이미 암시되었듯이, 알레고리는 명확한 구조나 지식을 제시하지 않는다. 장기 자동기계 자체를 놓고 보면 기계 외부에 인형이, 기계 내부에 난쟁이가 있지만, 그렇다고 해서 인형에 해당되는 역사적 유물론이 표면(현상)이고 난쟁이에 해당하는 신학이 내면(본질)이라고 단정할 수는 없다. 이장기 자동기계라는 알레고리는 형상과 의미 간의 불일치를 생산하고 있다.

또 한 가지 확실한 점은, 벤야민이 예로 들고 있는 장기 자동기계는 역사적으로 실제 존재했던 대상이기도 하지만 동시에 역사적 유물론과 신학을 결합하고 있는 텍스트, 즉 「역사의 개념에 대하여」 자체에 대한 알레고리다. 다르게 말하자면, 「역사의 개념에 대하여」라는 텍스트 자체가 장기 자동기계이며 두 상대(역사주의, 기존 사회민주당)와 한판의 장기를 두고 있는 셈이다. 이 장기 자동기계로서의 텍스트에서는 역사적 유물론이 인형의 역할을, 그리고 신학이 난쟁이 역할을 각기 떠맡고 있는 것처럼 보인다. 글의 표면에 있는 역사적 유물론이 신학을 이용하고 있을 수도 있고, 혹은 내부에 있는 신학(순간 · 정지 · 메시아 같은 특징을 지닌 신학적 사유)이 그 역사적 유물론을 조종하고 있을 수도 있다. 그러나 엄밀히 말하면, 역사주의나 사회민주당 같은 상대와 마주하면서 승리를 거두고 있는 것은 궁극적으로 역사적 유물론과 신학을 결합시킨 텍스트 자체다. 신학 없는 역사적 유물론이나 역사적 유물론 없는 신학은 각기 반쪽에 불과하다. 양자를 결합한 텍스트 자체는 중심과 주변, 본질과 현상 간의 구분을 불가능하게 만들며 미결정적인 특성을 간직하고 있다. 나중에 언급하겠지만, 그런 미결정적인 상태로 인해 마치 정치와 종교가 분화되지 않았던 전근대적 특성이 벤야민 텍스트에서 다시 귀환하는 것처럼 보인다(물론 전혀 그렇지 않지만!).

「역사의 개념에 대하여」는 역사적 유물론과 신학이 결합된 알레고리컬한 텍스트로서 이데올로기적 환원을 완강히 거부하고 있다. 따라서 벤야민 텍스트가 정치적인가 신학적인가라는 질문에 대한 최종 대답은 불가능하고 양자 간의 기이한 관계만이 남을 뿐이다. 이에 대해서는 벅-모스의 서술이 가장 적절한 것으로 여겨진다. "신학(초월의 축) 없이는 마르크스주의는 실증주의로 전락하며, 마르크스주의(경험적 역사의 축) 없이는 신학은 신비 속으로 가라앉는다. '신비와 실증주의의 갈림길'에서 변증법적 이미지가 나타난다는 점은 옳지만, 그러나 그러한 중립 지점에서 '두 길'은 부정되는 동시에 변증법적으로 극복된다."[12] 갈림길 앞에는 주로 두 개의 길이 놓여 있고 그 중 하나를 선택해야만 나아갈 수 있지만, 벤야민의 사유는 그 어떤 길을 선택하지 않은 채 갈림길에 서 있을 뿐이다. 그와 같은 신학과 정치(마르크스주의, 역사적 유물론), 초월과 경험이 서로 마주하는 미결정적인 상태에서 벤야민 특유의 변증법적 의미지가 작동하며, 그런 상태에서는 정치나 신학의 개별 특성이 사라지고 서로 융합되고 만다. 양자 간의 결정 불가능한 관계는 자주 인용되는 다음과 같은 단편에서도 읽을 수 있다.

---

**12** S. Buck-Morss, Dialektik des Sehens, p. 304.

> 나의 사유와 신학과의 관계는 압지(押紙)와 잉크의 관계와도 같다. 압지가 잉크에 의해서 흡수되어 있다. 그러나 압지만을 보면 씌어진 어떤 것도 남아 있지 않을 것이다.[13]

역사적 유물론의 사유와 신학의 관계가 압지와 잉크의 관계라는 비유적 표현을 통해 다시 서술되고 있다. 잉크로 쓴 것이 번지거나 묻어나지 않도록 하기 위해 물기를 흡수하는 것이 압지의 역할이라면, 역사적 유물론이 바로 잉크(신학)를 흡수하는 압지의 역할을 수행한다. 압지와 잉크의 일반적인 용도 및 양자의 관계에 대한 일반적인 표상에 의하면, 흔히 '압지가 잉크를 흡수한다'거나 '잉크는 압지에 의해서 흡수된다'라는 식으로 표현되어야만 한다. 그렇게 압지가 잉크를 흡수하는 식으로 서술되었더라면, 역사적 유물론이 신학을 받아들인다는 것을 뜻하게 된다. 그런데 위 인용문에서는 압지와 잉크의 관계는 그런 일상적인 용도와 표현 방식에서 벗어나 매우 낯설게 표현되어 있다. 즉 위의 인용문에서 벤야민은 기이하게도 두 번째 문장을 수동형 형태로 표현하고 있으며 더욱이 "압지가 잉크에 의해서 흡수되어 있다"고 한다. 이를 능동형으로 바꾸면 '잉크가 압지를 흡수한다'가 된다. "압지가 잉크에 의해서 흡수되어 있다" 또는 '잉크가 압지를 흡수한다'라는 문장은 일상적인 용도와 관계와는 정반대의 기이한 표현이지만, 각각의 개념에 실상을 대입하여 말하면 그 표현이나 의미는 전혀 이상하지가 않다. 즉 그 문장은, '역사적 유물론은 신학에 의해 받아들여진다' 내지는 '신학이 역사적 유물론을 받아들인다'를 뜻하게 된다. 일상적 표현 방식을 밀어내고 비유적 표현 방식으로

**13** GS 5, 588.

낯설게 제시되어 있지만 그 의미에는 아무 문제가 없는 것이다. 어쨌든 "압지가 잉크에 의해서 흡수되어 있다"는 비유적 표현 자체를 그대로 받아들이면 역사적 유물론이 신학에 의해서 받아들여지는 것을 뜻하게 되고, 그럴 경우 「역사의 개념에 대하여」의 핵심은 마치 신학인 것처럼 여겨진다.

그렇다고 해서 모든 의문점이 풀린 것은 아니다. 위 인용문의 세 번째 문장을 읽게 되면 다시금 신학중심적 해석은 흔들리게 된다. "압지만을 보면 씌어진 어떤 것도 남아 있지 않을 것이다"라는 문장은 무슨 뜻일까? 압지는 잉크로 쓴 것이 번지지 않도록 해주는 역할을 하며, 이때 압지 속으로 흡수된 것은 사실 잉크가 아니라 잉크의 물기일 뿐이다. 그렇기 때문에 압지 자체만을 보면 아무것도 읽을 수 없고 단지 그냥 백지로 보이게 된다. 씌어진 것의 물기만을 빨아들인 압지는 애초부터 씌어진 것 자체를 재현할 수 없는 성질을 지닌다. 요컨대, 역사적 유물론은 더 이상 신학의 흔적을 지닐 수 없다는 것을 뜻한다. 카이저 또한 그러한 압지의 역할 및 글자의 요소를 중시한 바 있지만, 그의 분석에서 아쉬운 점은 잉크를 글자와 동일시함으로써 궁극적으로 신학적 사유만을 강조하는 해석을 낳고 있다는 것이다.

> 압지가 완전히 (잉크를) 흡수함으로써 압지는 글자를 사라지게 만드는 것이 아니다. 요컨대 글자를 거울 영상처럼 자신 속으로 흡수함으로써 압지는 씌어진 종이 위에 글자를 고정시켜주며 사라지지 않도록 글자를 지켜준다. 그 결과 그 사유는 신학의 세속화가 되는 것이 아니고 사유는 거울 글자 속의 신학이 된다.[14]

---

**14** G. Kaiser, "Der profane Text eines profanen Autors" oder "Rückübersetzung des Materialimus in Theologie?" Rolf Tiedemann zu Walter Benjamins Thesen "Über den

카이저에 의하면, 압지에 의해 글자(신학) 자체가 잘 보호되며 더욱이 잉크를 흡수한 압지 위에도 "거울 영상"과도 같은 식으로 글자의 잔상이 남아 있다는 것이다. 그러나 잉크의 물기를 흡수한 압지, 정확히 말하면 신학을 흡수한 역사적 유물론에는 벤야민의 언급대로 아무것도 남아 있지 않다. 요컨대, 압지(역사적 유물론) 위에는 글자의 잔상이 남아 있을 수 없는 것이다. 압지 위에 남아 있을 수 있는 것은 명확한 글자가 아니라 오히려 "흔적"뿐이며, 그와 같은 점은 『베를린의 유년시절』에 실려 있는 저 유명한 단편 「티어가르텐」에서도 암시되고 있다. 거기서 화자는 도시 내에서 방황하는 기술을 뒤늦게 배웠다고 하면서 "그 기술은 꿈을 실현해 주었으며, 그 꿈 가운데 첫 번째 흔적은 바로 내 공책의 압지 위에 놓여 있는 미로였다"[15]고 언급하고 있다. 공책의 압지 위에는 길을 헤맬 수 있는 기술의 결과(동선이나 흐름)가 명확하게 드러나 있는 것이 아니라 거기에는 미로, 미로의 미로 같은 항구적인 불투명성과 애매함의 "흔적"만이 남아 있을 뿐이다.

마지막으로 압지와 잉크의 관계에서 간과할 수 없는 점은, 압지와 잉크의 관계 자체가 중요한 것이 아니라 양자에서 제3의 것이 생성된다는 것이다. 그것은 잉크에 의해 씌어진, 그 내용이 번지지 않도록 압지에 의해 보호된 것, 즉 궁극적으로 남아 있는 것 자체를 말한다. 다시 말하면, 신학에 의해 씌어지고 역사적 유물론에 의해 보호된 것은 다름 아닌 글로서의 텍스트를 뜻한다. 두 개의 상이한 것이 연결됨으로써 제3의 것으로서

Begriff der Geschichte", in: ders., Neue Antithesen eines Germanisten 1974~1975, Kronberg/Ts. 1976, p. 115 sq.

**15** GS 4, 237.

의 이미지가 생성되듯이, 여기서도 압지와 잉크에 의해 결합된 것, 즉 역사적 유물론과 신학이 결합된 글 혹은 텍스트 자체가 중시되어야만 한다. 이러한 점을 고려한다면, 벤야민의 「역사의 개념에 대하여」는 신학적 사유(잉크)에 의해 씌어졌지만 역사적 유물론(압지)에 의해 그 내용이 흐트러지지 않도록 보호된 것, 그렇지만 양자 중 어느 것에도 귀속하지 않는 텍스트 자체가 핵심이 된다.

어쨌든 신학과 역사적 유물론의 상호 결합을 자세히 들여다보면 그런 사유 방식은 독일 낭만주의로 소급한다. 사실 벤야민은 종말론적 신학과 급진적인 역사 인식을 기이하게 결합시킨 프리드리히 슐레겔의 사유 방식을 잘 알고 있었는데, 슐레겔의 『아테네움 단편』 가운데 다음과 같은 단편은 양자의 결합을 잘 드러내주고 있다.

> 신의 왕국을 실현하려는 혁명적 소망이 진보적 교양의 유연한 중심점이며 근대 역사의 시작이다. 신의 왕국과 아무 관계를 맺지 않은 것은 근대 역사에 있어서 단지 부차적인 것일 뿐이다.[16]

마찬가지로 슐레겔은 역사가와 예언가를 결합시킨 다음과 같은 언술도 남긴 바 있다.

> 역사가란 뒤쪽으로 향해 있는 예언가이다.[17]

독일 낭만주의와 관련하여 벤야민이 슐레겔과 노발리스의 언술과 사유

---

**16** KA II, p. 201.
**17** KA II, p. 176.

방식을 인지했었을 것이라는 점은 새삼 강조할 필요가 없다. 위에서 인용한 슐레겔의 언술을 마치 모방이라도 하듯 「역사의 개념에 대하여」의 원본에서 벤야민은 다음과 같이 적고 있다.

> 역사가는 뒤를 바라본 예언가다. 그는 흘러간 불행을 매개로 자기 자신의 시대를 주시한다.[18]

> 최후 심판은 뒤쪽을 향해 있는 현재다.[19]

"뒤를 바라본"은 과거적인 것을, "예언가"는 미래적인 것을 나타내기에 역사가는 자신의 현재 지평 위에서 과거와 미래를 동시에 주시하고 있는 자와도 같다. 즉 뒤를 바라보는 예언가로서의 역사가라는 형상을 통해 슐레겔과 벤야민은 자신의 현재 시점에서 과거와 미래를 불러들이는 그런 인식을 제시하고 있다. 가령 역사적 유물론자를 규정할 때 벤야민이 지나간 것과 지금시간(즉 메시아적 시간)을 결합시키는 것도 그와 같은 낭만주의의 종말론적 사유로부터 영향을 받은 것으로 짐작되는데, 특히 비록 "연약한 메시아적 힘"[20]으로 해석된 지금시간은 최후 심판, 예언 등이 실현된 시간을 나타내기에 더욱 그렇다. 물론 슐레겔과 벤야민이 공통적인 언술을 사용하고 있을지라도 양자 간의 차이점이 없지는 않다. 전자에게서 종교적인 언어를 단지 시적인 은유로 전이하는 경향이 짙었다면, 후자에게서는 시대의 암울한 상황에서 정치와 신학이 더욱 현실적 차원에서

---

**18** GS 1, 1250.
**19** GS 1, 1232.
**20** GS 1, 694.

결합되고 있다. 나중에 자세히 언급하겠지만, 벤야민은 슐레겔의 사유를 정치적으로 더욱 급진화시킨다.

## 3. 파국과 새로운 천사

인형과 난쟁이(역사적 유물론과 신학)의 도움으로 상대방을 모두 이기는 장기 자동기계와는 달리, 글의 아홉 번째 테제에서 언급된 천사는 마치 패배한 자의 모습처럼 애처롭다. 물론 천사 자체도 장기 자동기계처럼 두 가지 특성의 혼합이다. 즉 천사는 종교에서처럼 각성을 가져오는 신적인 존재이면서 동시에 역사적인 현실, 즉 범속한 세계에 처해 있는 역사적 유물론자다. 그런 의미에서 천사는 초현실주의에 관한 글에서 언급된 "유물론적이고도 인간학적인 영감", "범속한 각성"을 일으키는 그런 존재자와도 같다. 이처럼 종교적이면서 정치적인 의미를 지닌 새로운 천사의 모습을 벤야민은 개인적으로 오랫동안 간직했던 파울 클레(Paul Klee)의 그림 「새로운 천사」를 통해서 제시한다. 벤야민에게 "명상의 그림으로, 정신적인 사명감의 동인"[21]으로 작용했던 클레의 그림에서 천사는 본래 다른 의미를 지닌다. 클레의 경우, 세계와 존재를 더 이상 구체적으로 표현할 수 없는 예술적 상황, 즉 추상적이고도 심미적 현상으로만 표현할 수밖에 없는 상황에 처해 있는 천사는 다름 아닌 근대의 예술적 주체를 비유적으로 나타낸다.

그와 같은 클레의 의도와는 관계없이 벤야민은 자신의 독특한 창조적

**21** G. Scholem, Walter Benjamin und sein Engel, in: Zur Aktualität Walter Benjmains, p. 105.

인 관점으로 천사를 새롭게 해석하고 있다. 그에게 역사의 천사란 도대체 무엇을 뜻하는 것일까? 우선 벤야민의 오랜 친구였던 숄렘이 전하는 「아게실라우스 산탄더」(Agesilaus Santander)라는 제목의 벤야민의 메모집에는 다음과 같은 천사에 대한 기록이 담겨 있다. "카발라에 의하면, 신은 매순간 무한한 숫자의 새로운 천사를 내보내며, 이 천사들은 무(無)로 파괴되어 사라지기 전 한순간 신의 제단 앞에서 신에 대한 찬송을 부르도록 결정되어 있다."[22] 천사의 존재론적 입지는 공간보다는 순간이라는 시간에 의해 규정되어 있으며, 이와 같은 순간의 존재 양식은 벤야민의 역사 인식에서 매우 중요한 의미를 지닌다. 물론 종교적인 의미에 그대로 국한되지 않으면서 말이다.

Paul Klee, Angelus Novus, 1920

**22** Ibid., p. 100.

유대교의 카발라 전통에 의하면 모든 개인은 자기 자신만을 위한 천사를 갖고 있으며 그런 점에서 새로운 천사는 벤야민의 자기 자신을 위한 천사일 수 있다. 그러나 전문적인 종교적 · 정치적 배경에서 벗어나 일단 텍스트와 관련하여 천사의 의미를 다루어보자. 위에서 인형과 난쟁이의 관계에서 서로 이견을 내보인 벤야민 연구가인 카이저(G. Kaiser)와 티데만(R. Tiedemann)은 천사 해석에서도 서로 다른 의견을 제시한다. 카이저의 역사 외재적인 관점에 따르면, "역사의 천사란 그 총체적 개념에 있어서 단순히 역사의 알레고리가 아니다. 왜냐하면 천사는 역사 밖에서, 즉 낙원이나 신으로부터 오고 있기 때문이다."[23] 이와 달리 티데만의 역사 내재적인 관점에 의하면, "아홉 번째 테제의 그림은 자연사로서의 역사에 대한 알레고리다. 천사는 이 그림의 한 부분이며, 천사는 인간 역사에 대한 환상에서 벗어난 진실한 역사가, 즉 역사적 유물론자를 위한 천사다."[24] 두 가지 해석 가운데 티데만의 관점이 텍스트와 관련하여 더욱 설득력이 있으며, 벤야민의 친구 숄렘도 천사를 유대교의 종교적 의미에만 국한되는 "초월적인 본질"로서가 아니라 오히려 "일반적인 본질, 역사 발전의 운반자로서의 인간"[25]으로 확대 해석할 것을 제안한 바 있다.

이제 아홉 번째 테제를 구체적으로 분석해보기로 하자. "그 천사는 눈을 크게 뜨고 있고, 그의 입은 열려 있으며 또 그의 날개는 펼쳐져 있다." 천사의 상은 정상적인 모습이 아니다. 얼굴 전체가 기괴하며 열린 입 안에서 드러난 이빨은 마치 동물이나 괴물의 이빨과도 흡사하다. 이와 비슷한 맥락에서 벤야민은 동시대 오스트리아 작가 칼 크라우스(Karl Kraus,

23 G. Kaiser, W. Benjamins Geschichtsphilosophische Thesen, p. 54.

24 R. Tiedemann, Historischer Materialismus oder politischer Messianismus, p. 86.

25 G. Scholem, Walter Benjamin und sein Engel, p. 86.

1874~1936)에 대한 비평에서 크라우스를 제압하고 있는 천사를 "아이와 식인자로 만들어진 창조물"로서, "그 어떤 새로운 인간이 아니라 마귀"[26] 라고 언급하고 있다. 그런 기이한 모습의 천사가 아마도 어떤 충격을 받은 것처럼 보인다. 보들레르와 벤야민이 대도시 및 자본주의의 상품문화로부터 강한 의식 충격을 경험한 것처럼, 여기서 천사는 인간의 역사로부터 충격을 경험한 듯이 보인다.

> 그러나 천국으로부터는 폭풍이 불어오고 있고, 그 폭풍은 그의 날개를 꼼짝달싹 못하게 할 정도로 세차게 불어오기 때문에 천사는 그의 날개를 더 이상 접을 수도 없다.[27]

이 구절을 자세히 읽어보면 일반적인 이해에 어긋나는 점이 있다. 즉 천사 앞에서 폭풍우가 불어오고 있는 데도 불구하고 이 폭풍우는 기이하게도 천국에서 불어오고 있다는 것이며, 그로 인해 천사는 움직일 수 없는 상황이다. 우리가 일반적으로 갖고 있는 종교적이고도 역사철학적인 시공간적 표상에 의하면, 천국은 주로 인간의 뒤에 있으며 인간은 미래에 그런 천국으로 다시 돌아간다고 한다. 마찬가지로 역사철학적인 패러다임에 의해서도—예를 들면 클라이스트의 유명한 「인형극에 관하여」라는 글의 경우처럼— 천국은 과거이고 파멸은 현재이고 천국으로의 복귀는 미래에 가능하다. 이러한 점을 고려해볼 때 아홉 번째 테제에서 제시된 시공간적 서술은 일반적인 표현과 표상에 어긋나 있는 것이다.

그렇지만 일반적인 표현과 표상에서 벗어나려는 것이 벤야민의 의도일

**26** GS 2, 367.
**27** GS 1, 697 sq.

수 있다. 현재를 구원하기 위해 미래의 공간(천국)에서 현재로 다가오는 천사를 부정하고 오로지 파국으로서의 현재 자체, 그런 현재에만 존재하는 천사가 중시되고 있다. 폭풍우가 불어오고 있는 천국의 위치를 살펴보면, 천사가 날개를 접을 수 없을 만큼 강한 바람이 불어오는 천국은 분명 앞에 놓여 있음이 틀림없다. 천사 앞에 놓인 천국은 따라서 종교적인 의미에서의 천국이 아니라 아이로니컬하게도 파국 혹은 "역사의 잔해"와 동일시된다. 이를 종합해보면, 폭풍우, 천국, 역사의 잔해, 파국, 진보 같은 언어들은 서로 동일한 의미를 형성하고 있으며, 그 모든 언어는 역사의 낙관적 발전을 추구하는 역사주의 및 진보이론을 비판적으로 암시하고 있다.

그렇다면 천사는 구체적으로 누구를 가리키는 것일까? 종교적 의미에서 구원적인 천사는 신의 메시지를 인간에게 전달하기 위해 오는, 역사 밖에 있는 어떤 초월적인 존재로 해석된다. 그리고 그는 인간을 피안으로 이끌고 나갈 준비를 하고 있어야만 한다. 그러나 위 대목에서 천사는 인간을 유토피아적인 미래로 이끌고 나가려 하기보다는 오히려 파국으로 명명된 현재에서 불어오는 폭풍우로 인해 날아갈 수 없는 상태에 처해 있으며, 더욱이 미래에 등을 돌린 채 자신의 앞을 향해 애처로운 시선을 내던지고 있을 뿐이다. 그 천사는 "우리가 체험한 일이 20세기에도 '여전히' 가능한 것에 대한 놀라움"[28]으로 인해 전율에 사로잡혀 있는 듯이 보인다.

종교적인 의미에서 인간, 신, 역사, 신의 왕국 간의 매개자로서의 천사가 아닐 경우, 인간들 앞에서, 인간과는 반대 방향에서 역사를 바라보고 있는 새로운 천사는 도대체 누구를 가리키는 것일까? 천사가 알레고리컬

**28** GS 1, 697.

한 형상이라면, 이미 바로크 연구에서 제시된 것처럼 그것은 어떤 다른 의미를 지시하고 있는 셈이다. 이를 위해 벤야민이 "우리"와 "그"라는 주체를 서로 구분하고 있으며 또한 환기를 요구하는 차원에서 이탤릭체로 "*이* 폭풍우"(*dieser* Strum)라고 표기하고 있는데, 그 부분에 주목할 필요가 있다. "우리가 진보라고 명명하는 것은 *이* 폭풍우이며,"[29] 천사는 그런 폭풍우 속에서 살고 있는 "우리"와는 구분되지만 그렇다고 해서 종교적인 의미에서 천국에서 온 천사를 뜻하진 않는다.

사실 천사가 누구인지는 아홉 번째 테제 자체만을 놓고서는 전혀 알 수 없다. 다른 테제를 읽어보면, "우리"는 다름 아닌 역사의 진보를 꿈꾸거나 그런 진보 이론을 맹목적으로 수용하는 일반적인 인간을 암시하며, 반면에 천사는 그와 같은 인간을 각성시키는 주체, 즉 역사적 유물론자처럼 보인다. 이 역사적 유물론자는 역사를 진보의 아름다운 가상("하늘") 내지는 발전으로 보는 것이 아니라 오히려 어두운 파국으로 바라본다. 또한 위에서 언급한 것처럼 천사는 종교적인 의미에서 천국에서 내려온 천사가 아니며 또한 천국으로 다시 돌아가려는 그런 천사도 아니다. 더욱이 천사는 자기 앞에서 불어오는 폭풍우를 피하지 않고 오히려 정반대로 맞서 있다. 다시 말하면, 천사는 진보라는 폭풍우에 의해 휩쓸려 살아가는 일반적인 우리가 아니라 그런 폭풍우에 맞서는 자, 즉 폭풍우 속에서도 역으로 거슬러 올라가려는 자와도 같다. 이러한 천사의 모습은 다름 아닌 역사적 유물론자의 모습과 정확히 일치하는데, 그 점은 일곱 번째 테제가 말해주고 있다.

그[역사적 유물론자: 역자]는 역사의 결을 그 반대 방향에서 솔질하는 것을 자신

**29** GS 1, 698.

의 임무로 간주한다.[30]

역사를 반대 방향에서 솔질한다는 것은 역사를 더 이상 승리자의 전시물로 기념하는 것이 아니라 역사를 뒤집어서 읽는 방식을 취하는 것을 뜻한다. 그렇게 폭풍우에 맞서서 거슬러 올라가려는 천사나 반대 방향에서 역사를 읽으려는 역사적 유물론자는 이제 억압된 자, 패배자의 고통과 슬픔을 읽어내야만 하는 과제를 지닌다. 따라서 그레텔 아도르노에게 보낸 편지에서 벤야민이 언급한 "좌파적인 글쓰기"도 바로 사물과 현상을 극단적으로 뒤집어서 인식하고 분석하는 그런 역사적 유물론자의 글쓰기 행위와 상통한다.

## 4. 역사주의와 역사적 유물론

신학과 정치(역사적 유물론)로 구성된 장기 자동기계는 모든 상대를 물리치는 힘을 지닌다. 이미 언급한 것처럼, 벤야민 텍스트 자체가 바로 그런 장기 자동기계처럼 상대를 압도하는 힘을 갖고 있다. 신학과 정치로 무장한 텍스트는 역사주의를 상대로 한판의 장기를 두고 있는 것이다. 상대방을 물리치는 장기 자동기계가 그렇듯이, 역사주의를 물리치기 위해 텍스트는 여러 가지 결정적인 묘수를 둔다. 그 첫 번째 묘수는 바로 지나간 것을 이해하는 데 있어서 역사주의의 허를 찌르는 것인데 그 점은 여섯 번째 테제에서 엿볼 수 있다.

---

**30** GS 1, 697.

과거의 것을 역사적으로 표현한다는 것은 '그것이 본래 어떠했는가'를 인식하는 것을 뜻하지 않는다. 그것은 어떤 위험의 순간에 번쩍이며 빛나는 것과 같은 어떤 기억을 자기 것으로 만드는 것을 뜻한다. 역사적 유물론에 중시되는 점은, 위험의 순간에 역사적 주체에 예기치 않게 느닷없이 나타나는 과거의 이미지를 꽉 붙잡는 것이다.[31]

역사주의의 아버지인 랑케(Ranke) 식의 역사 인식의 목적은 "그것이 본래 어떠했는가"를 파악하는 데 있으며, 그리고 다섯 번째 테제에서 인용된 "진리는 우리로부터 달아나지 않을 것이다" 같은 말을 남긴 독일 사실주의 작가 켈러(Keller) 또한 불변하는 근원, 초역사적인 진리 등을 찾으려는 역사주의를 대변하고 있다. 후에 역사주의를 치밀하게 연구했던 지식사회학자 칼 만하임(K. Mannheim)의 분석대로, 역사주의는 역사를 현재적 존재(Sein)가 아니라 흐름 내지는 과정(Werden)으로 파악하는 데 주안점을 둔다.[32] 역사주의에서 과거는 온전하게 보존되어 현재와 미래를 향해 그대로 흘러나가며, 그 결과 역사의 연속성을 무비판적이고도 박물관적 시각으로 바라보는 것이 역사주의의 특징을 이룬다. 그래서 역사주의에서는 "그것이 본래 어떠했는가"라는 인식이 중시되고 그런 인식을 바탕으로 현재와 미래를 이해한다. 따라서 역사주의는 근원(Ursprung)으로서의 과거적인 것을 중시한다. 물론 바로크 비극에 관한 연구나 『파사젠-베르크』 등에서도 자본주의, 보편사 등과 관련하여 벤야민도 "근원"이라는 개념을 자주 사용하고 있지만, 그러나 근원에 대한 이해에서도 벤야민은 역

31 GS 1, 695.

32 Vgl. K. Mannheim, Historismus, in: ders., Wissenssoziologie, Auswahl aus dem Werk, hrsg. von Kurt H. Wolff, Neuwied/Berlin 1964, p. 248.

사주의와는 완전히 다른 시각을 내보인다. 근원은 지나간 것으로서 단순 재구성될 수 있는 것이 아니다. 벤야민은 끊임없이 해체되고 구성되는 과정으로서의 근원을 강조하는데 그 점은 이미 바로크 비극에 관한 연구에서 다음과 같이 서술되어 있다.

> 거의 역사적인 범주일지라도 근원은 그럼에도 불구하고 생성과 아무 관련을 맺지 않는다. 근원이란 생성된 것의 과정을 뜻하는 것이 아니라 오히려 과정과 소멸에서 생성하는 것을 뜻한다. 근원은 소용돌이로서의 생성의 흐름에 놓여 있으며 자신의 리듬 기법 안으로 생성 물질을 끌어들인다.[33]

과거에 생성된 것으로 현재와 미래에 계속 지속하는 근원이 아니라 "소용돌이"로서의 생성 과정 속에서 능동적으로 움직이는 근원, 그 결과 새로운 구성의 힘 자체가 다시 근원으로 작용할 수 있는 것이다. 예를 들면, 순간의 이미지로서 지금시간(Jetztzeit)에서 구성되는 것도 근원이 될 수 있다. 이렇듯 근원은 영원불변하는 것이 아니라 해체와 구성의 변증법 내에 놓여 있는 어떤 것이다.

역사를 인식하는 방법에서 역사주의와 역사적 유물론 간의 차이는 요컨대 "그것이 본래 어떠했는가"와 "어떤 기억을 자기 것으로 만드는 것"이라는 두 표현상의 차이를 통해서도 설명될 수 있다. 물론 이는 역사와 정치뿐만 아니라 문학에도 적용된다. 가령 프루스트의 작품 성격을 논하는 가운데 벤야민은 프루스트의 서술 방식을 역사주의적 작품 서술과는 다른 것으로 파악하고 있다.

---

**33** GS 1, 226.

> 잘 알다시피 자신의 작품에서 프루스트는 삶이 과거에 어떠했는가 하는 방식으로 삶을 서술하는 것이 아니라 삶을 체험한 이가 어떻게 그 삶을 기억하는지의 방식으로 삶을 서술하고 있다. [……] 기억하는 작가에게 중요한 것은 그가 체험한 것이 아니라 기억을 짜내는 일, 즉 회상의 페넬로페의 일이다.[34]

"삶이 과거에 어떠했는가 하는 방식"과 "어떻게 그 삶을 기억하는지의 방식" 간의 구분은 바로 「역사의 개념에 대하여」에서 언급된 역사주의와 역사적 유물론 간의 차이와 정확히 일치한다. 프루스트가 취하고 있는 후자의 방식을 벤야민도 역사적 유물론에게 요구하고 있는 것이다. 그렇다면 문학사에서 상징주의 · 모더니즘 · 데카당스 등으로 분류되는 프루스트는 적어도 "어떤 기억을 자기 것으로 만드는" 방식의 차원에서 역사적 유물론자가 되는 셈이다. 혹은 역으로 말하자면, 역사적 유물론자는 모더니즘적 서술 방식을 취해야만 한다고 할 수 있다. 이처럼 벤야민의 시각에서는, 역사주의가 흔히 주장하는 영원불변한 문학사적 의미까지도 해체되는 것이다. 가령 모더니즘과 역사적 유물론(마르크스주의)은 서로 대립한다는 사이비 진리는 해체되고 오히려 모더니즘과 역사적 유물론을 어떻게 자기 것으로 만드는가에 따라서 서로 접목될 수 있는 길이 열리게 된다. "역사의 결을 그 반대 방향에서 솔질하는" 역사적 유물론의 기본 시각에는 그와 같은 기존 문학사의 고정된 틀을 해체시키는 과감성이 내포되어 있는 셈이다. 그렇게 스스로 전복적인 시각을 갖고 있었기에 역사적 유물론자로서의 벤야민은 보들레르, 프루스트, 카프카 같은 모더니즘

---

**34** GS 2, 311. 잘 알려진 것처럼, 오디세우스가 20년에 걸친 트로이 전쟁에 참가하자 수많은 이들이 그의 부인 페넬로페에게 구혼한다. 페넬로페는 자신이 지금 짜고 있는 자수가 완성되면 그들과 결혼하겠다고 약속하지만, 그녀는 낮에 짠 천을 밤에 다시 풀어버리는 방식으로 시간을 벌면서 정절을 지켜낸다. 따라서 페넬로페의 일이란 '끝없는 일'을 뜻한다.

적 시인과 작품을 새로운 지평에서 적극 수용할 수 있었다.

역사주의를 이겨내는 역사적 유물론의 묘수는 다양하다. 그것은 「역사의 개념에 대하여」의 열여섯 번째 테제, 열일곱 번째 테제, 보론 (A)에서뿐만 아니라 『파사젠-베르크』에서도 다양하게 언급되고 있다. 그 점과 관련한 여러 대목은 다음과 같다.

> 역사주의는 과거의 '영원한 형상'을 제시하지만, 역사적 유물론은 유일무이하게 거기 놓여 있는 과거와의 경험을 제시한다.[35]

> 역사주의는 근본적으로 보편사에서 정점에 도달한다. 다른 여타 역사 서술보다 다름 아닌 그런 보편사에서 유물론적 역사 서술은 방법론적으로 더욱 분명하게 대조를 이룬다. 역사주의의 보편사는 그 어떤 이론적 장치를 갖고 있지 않다. 그것의 방식은 가산적인데, 즉 동질의 공허한 시간을 채우기 위해 자료 뭉치를 제시한다. 유물론적 역사 서술에는 나름대로 하나의 구성 원칙이 그 기저에 놓여 있다.[36]

> 역사주의는 역사의 다양한 계기들의 인과관계를 정립하는 것에 만족한다.[37]

> 실제적인 것도 하나의 텍스트처럼 읽을 수 있어야 한다.[38]

> 역사를 쓴다는 것은 개개 연도에 그것의 인상을 부여한다는 것을 뜻한다.[39]

---

**35** GS 1, 702.
**36** GS 1, 702.
**37** GS 1, 704.
**38** GS 5, 580.

역사는 이야기들로 나뉘는 것이 아니라 이미지들로 나뉜다.[40]

이상과 같은 단편에서 역사주의의 다양한 특징을 찾아낼 수 있는데 가령 영원한 형상, 보편사, 자료의 축적, 동질의 시간 구축, 인과관계 정립 등이 그것이다. 이 모든 점을 종합해보면, 지나간 것을 축적하고 동질적이고 보편적인 시간(과거 · 현재 · 미래) 위에서 분류하고 또한 인과관계에 따라 소위 자료의 색인을 구축하는 것이 역사주의의 특징이다. 역사의 연속성을 주장하는 역사주의는 과거 · 현재 · 미래를 서로 연관시키면서 끊임없이 진보하는 시간을 구축한다. 이처럼 과거 · 현재 · 미래의 시간적 연속성을 구축하려는 역사주의는 어떤 문제점을 지니는 것일까? 그것은 한편으로 시작과 끝의 이름 하에 다양한 형태의 수많은 사건을 왜곡하거나 억압하고 배척하는 논리를 발전시켜낸다는 것이며, 다른 한편으로 그렇게 억압된 역사를 항구적으로 고착화시킨다는 것이다.

그와 같은 역사주의에 대항하는 역사적 유물론은 완전히 다른 인식과 방식을 취한다. 위 인용문에서 알 수 있듯이, 역사적 유물론은 한편으로 "이론적 장치", "구성 원칙"을 지님으로써 사회과학이나 정치철학에서 주장되는 역사적 유물론의 과학적 · 합리적인 모습을 유지한다. 그러나 다른 한편 역사적 유물론은 특이하게도 현실적인 것을 하나의 "텍스트", "인상", "이미지" 등으로 읽으려 한다. 이런 점에서 벤야민의 역사적 유물론은 과학적 · 합리적인 방법에서 벗어나 독특한 심미성을 취하려 한다. 그 점은 우선 기존의 역사적 유물론 내에서 비합리적이고 주관적이라

**39** GS 5, 595.
**40** GS 5, 596.

고 배척되었던 관조(혹은 직관)를 다시금 긍정적으로 전복하려는 대목에서도 엿볼 수 있다.

> 마침내 고찰되어야 할 역사적 유물론의 핵심 문제는 다음과 같다. 즉 역사에 대한 마르크스주의적 이해가 반드시 역사의 관조성을 대가로 치르고 얻어져야만 하는 것인지, 아니면 마르크스주의적 방법의 실행과 고양된 관조성을 결합시키는 것이 어떤 방식으로 가능한 것인지 하는 문제다. 그 길의 첫 번째 단계는 바로 몽타주 원칙을 역사 속으로 받아들이는 것이다. 그러니까 아주 작은, 예리하고 날카롭게 대량 생산된 건축 구조 자재들로 거대한 구성물을 세우는 것과 같다. 그것은 개별적 계기의 분석에서 총체적 사건의 결정체를 발견하는 것과도 같다.[41]

역사적 유물론은 합리적이고 과학적인 측면과 감각적이고 관조적인 측면을 서로 연결해야만 하며 이를 위해서 특이하게도 다름 아닌 몽타주 원칙, 작은 파편화 원칙 같은 방식을 통해서 전체를 구성해보는 시도가 요구된다. 특히 "아주 작은, 예리하고 날카롭게 대량 생산된 건축 구조 자재들에서 거대한 구성물을 세우는 것"이나 혹은 "개별적 계기의 분석에서 총체적 사건의 결정체를 발견하는 것"은 바로크 비극에서 주장된 단자론적 사유 방식과 상통한다. 특히 몽타주 원칙에 의해서 부분들로 전체를 조합해내는 것은 바로 인과원칙으로 역사의 연속성을 구성하려는 역사주의적 방식과 결정적으로 대비되는 측면이다.

역사적 유물론은 관조성을 끌어들일 뿐만 아니라 불연속성, 이미지를 중시한다. 그 점은 "어떤 위험의 순간에 번쩍이며 빛나는 것과 같은 어떤

**41** GS 5, 575.

기억을 자기 것으로 만든다"는 식으로 혹은 "유일무이하게 거기 놓여 있는 과거와의 경험을 제시한다"는 식으로 언급되어 있다. 지나간 것에 대한 경험이 중시되지만, 자세히 읽어보면 그 경험은 기억을 뜻하며 기억은 곧 변형과 창조에 의한 이미지 형성을 뜻한다. 따라서 지나간 실상과의 경험을 끌어들인다는 점에서 언뜻 미메시스적 측면이 중시되는 것으로 보이지만, 다른 한편 그 경험은 이미지로 다가올 수밖에 없기에 탈미메시스적 · 포이에시스적 측면도 강조되고 있는 셈이다. 왜냐하면 이미지는 결코 존재하는 대상의 진정성이나 동질성과는 전혀 관계가 없기 때문이다. 과거의 것, 지나간 것의 실상은 곧 파편적인 이미지로서의 실상으로 다가온다.

> 발굴하기와 기억하기—언어가 분명히 말해주고 있는 점은, 기억이란 지나간 것을 알아내기 위한 도구가 아니라 오히려 매개물이라는 것이다. 옛 도시들이 파묻혀 있는 땅이 매개물이듯, 기억은 체험된 것의 매개물이다. 파묻힌 자신의 고유한 과거에 다가가려는 자는 발굴하는 자처럼 행동해야만 한다. 무엇보다도 그는 항상 다시금 하나의 같은 실상으로 되돌아가는 일을 주저하지 말아야 한다. 즉 땅을 파헤치듯 그 실상을 파헤쳐야 하며, 흙을 흩뿌리는 것처럼 그 실상을 흩뿌려야 한다. 왜냐하면 '실상들'이란 지층들, 즉 조심스러운 탐색에서만 비로소 발굴할 만한 것을 내보이는 그런 지층들에 다름 아니기 때문이다. '실상들'이란 이미지들이다. 즉 모든 이전의 연관성에서 떨어져 나와 귀중품으로서 나중에 얻은 우리 통찰력의 냉정한 방에 놓여 있는 이미지들 말이다. 마치 수집가의 갤러리에 있는 토르소처럼.[42]

---

42 GS 4, 400. 이 단편과 거의 흡사한 내용이 『베를린 연대기』에서도 반복하고 있다(GS 6, 486 sq.)

본래의 연관성에서 떨어져 나와 있는 파편적이고 미완성된 이미지들이 "토르소"(Torso)와도 같다는 것은 바로크 및 보들레르 문학의 핵심인 알레고리를 밝히는 데서도 벤야민이 자주 언급했던 점이다. 발굴과 기억은 결코 과거의 있었던 것 자체를 재현해낸다는 것이 아니라 파편적 이미지로서 다룬다는 것을 뜻하며, 이는 역사적 유물론자가 이미지로서의 어떤 기억을 자기 것으로 삼는다는 방식과 일맥상통한다.

그런데 지나간 것을 자기 것으로 만드는 데 있어서 가장 중요한 특징은, 반짝 빛나거나 스쳐지나가는 이미지 속성에서 알 수 있듯이, 다름 아닌 지금시간이라는 측정 불가능한 시간에서의 인식 행위다. 벤야민은 그런 이미지 속성을 자주 언급하고 있는데 특히 『파사젠-베르크』와 「역사의 개념에 대하여」에서 그 이미지는 다름 아닌 "변증법적 이미지"라고 불린다. 변증법적 이미지란 지나간 것이 지금시간과 결합하여 순간적으로 하나의 형세를 이루는 것을 뜻하며, 이는 정지 속에서의 변증법(Dialektik im Stillstand), 반짝 빛나는 이미지, 사유의 정지 등 다양한 속성을 지닌다. 그와 관련된 다양한 단편은 다음과 같다.

> 지나간 것이 그 불빛을 현재적인 것에 던지거나 혹은 현재적인 것이 그 불빛을 과거에 내던지는 것이 아니다. 이미지에서는 있었던 것이 지금과 함께 섬광처럼 하나의 형세를 형성한다. 다른 말로 말하자면, 이미지는 정지 속에서의 변증법이다. 왜냐하면 현재와 과거의 관계가 온전히 시간적인 관계라고 한다면, 있었던 것과 지금의 관계는 변증법적인 관계이기 때문이다. 즉 시간적인 속성이 아니라 이미지 속성을 지닌 변증법적 관계 말이다. 변증법적 이미지는 순전히 역사적인 이미지일 뿐, 결코 태곳적인 이미지가 아니다. 읽혀진 이미지, 말하자면 인식가능성의 지금이라는 시간에 놓여 있는 이미지는 모든 독서에 근본을 이루

는 비판적이고도 위험한 순간의 표시를 지닌다.[43]

변증법적 이미지란 소외된 사물과 드러나는 의미 사이의 형세이며, 죽음과 의미가 구분되지 않은 순간에 정지하는 그런 형세이다.[44]

변증법적 이미지란 하나의 반짝 빛나는 이미지다. 있었던 것은 인식의 지금에서 반짝 빛나는 이미지로 포착될 수 있다.[45]

변증법적 이미지는 지나간 것의 전체 지평선에 내려치는 공 모양의 번개다.[46]

생각의 운동뿐만 아니라 생각의 정지가 사유에 속해 있다. 긴장으로 가득 차 있는 형세로 사유가 정지하는 곳에서 변증법적 이미지가 출현한다. 그것은 사유 운동에서의 중지이다. 사유가 중지하는 자리는 당연히 자의적인 자리가 아니다. 한마디로 말하면, 그것은 변증법적 대립 간의 긴장이 극대화되는 곳을 찾아내는 것이다. 이에 따라 유물론적 역사 서술에서 구성된 대상은 그 자체 변증법적 이미지다. 변증법적 이미지는 역사적인 대상과 동일하며, 또한 변증법적 이미지는 역사 흐름의 연속성으로부터 자신의 분리를 옹호한다.[47]

이상과 같은 몇 개의 중요한 단편을 보면, 비슷한 내용의 반복에도 불구하고 개념 사용과 그것의 인식론적 의미와 관련된 몇 가지 중요한 점을

**43** GS 5, 576 sq.
**44** GS 5, 582.
**45** GS 5, 591.
**46** GS 1, 1233.
**47** GS 5, 595.

발견할 수 있다. 우선 역사주의가 매우 포괄적이고도 불투명한 차원에서 일종의 총체적인 시간 단위로 과거·현재·미래 같은 개념을 사용하면서 시간의 연속성을 일반화한다면, 역사적 유물론은 과거 대신에 "지나간 것"(das Vergangene) 혹은 "있었던 것"(das Gewesene)을, 현재 개념보다는 "지금"(Jetzt)이라는 시간 단위를 사용한다. 물론 벤야민이 때론 지금시간보다는 포괄적인 의미로 현재라는 개념을 사용했던 대목이 없지는 않다. 가령 「역사의 개념에 대하여」에서 제시한 역사적 유물론과 역사주의 간의 차이점은 「에두아르트 푹스. 수집가이자 비평가」(1937)에서도 이미 제시되고 있는데, 거기서는 역사적 유물론의 경우 역사의 연속성을 파괴하는 매우 넓은 의미에서의 "현재 의식"이 요청되고 있다.[48] 이는 아직 치밀하게 정리되지 않은 사유에서 나온 것일 뿐이다. 그러나 몇 년 후에 씌어진 「역사의 개념에 대하여」와 『파사젠-베르크』에서는 다르다. 즉 과거, 현재 같은 포괄적인 개념은 역사주의와의 연관성 내에서 사용되고, 이와 달리 역사적 유물론의 경우 과거와 현재는 "있었던 것", "지금시간"으로 대체되고 혹은 "시간이 생성하고 정지되는 현재의 개념"이라는 식으로 부연 설명되기도 한다.

있었던 것과 지금시간이 결합하는 변증법적 이미지 혹은 정지 속에서의 변증법은 과거를 단순히 현재에 숭배하는 것이 아니며 또한 있었던 것이 현재에 끼치는 영향사적 측면을 예찬하는 것도 아니다. 마찬가지로 변증법적 이미지는 현재라는 포괄적인 시간으로 과거를 들여다보는 것이 아니라 절박한 지금의 시간에서 있었던 것을 자기 것으로 취하는 방식이다. 그렇게 때문에 변증법적 이미지는 번개처럼 스쳐지나가는 시간성을 취한다. 변증법적 이미지가 가장 뛰어나게 발현된 문학적 예로 벤야민은

**48** GS 2, 468.

보들레르의 문학을 들고 있다.

> 변증법적 이미지란 반짝 빛나는 이미지다. 있었던 것의 이미지는 인식가능성의 지금이라는 시간에서 반짝 빛나는 이미지로서 포착될 수 있으며, 보들레르의 이미지가 그 경우에 해당된다.[49]

변증법적 이미지는 반짝 빛나는 특성을 지니지만 그렇다고 해서 이미지의 의미까지도 명확하게 발현되는 것은 아니다. 오히려 변증법적 이미지의 내적 법칙이자 외적 현상은 언제나 이중성 내지는 "모호성"[50]을 띠며 벤야민은 그런 변증법적 이미지의 예를 보들레르의 소네트 「지나간 여인」에서 읽어낸다. 거기서 슬픈 모습으로 거리를 스쳐지나가는 여인은 "충격의 이미지 내지는 파국의 이미지"로 전환되고 있을 뿐 그 이미지의 의미는 모호할 뿐이다.[51]

변증법적 이미지의 현상학적 특징인 "번개처럼", "반짝 빛나는" 같은 언어는 그 자체 이미지적이면서도 동시에 순간적이라는 시간성을 내포한다. 변증법적 이미지라는 용어는 사실 동어반복이기도 하다. 그것은 "변증법적"이나 "이미지"라는 용어가 모두 "비약적", "순간적", "번개처럼" 같은 특성을 지니고 있기 때문이다. 그런 순간적 특성 때문에 변증법적 이미지는, 언어이론에서 밝힌 것처럼 순간적으로 반짝 빛나는 "비감각적인 유사성의 지각"과 같은 선상에서 이해된다. 지나간 것과 지금시간이 결합하는 변증법적 이미지를 인식하는 역사적 유물론자는, 언어이론에서

---

**49** GS 1, 682.
**50** GS 5, 55.
**51** GS 1, 623.

언급된 저 점성술사, 즉 "마치 순간적으로 포착된 두 개의 천체가 합해지는 현상에 제삼자인 점성술사가 끼어드는 것과도 같다."[52]

비감각적 유사성의 지각에서나 변증법적 이미지에서 작동하는 순간의 시간성은 언뜻 유대교 카발라의 신비주의적 시간관과 흡사하지만 결코 그와 같은 종교적인 시간관과 동일시될 수는 없다. 순간의 시간성은 벤야민의 고유한 심미적 주관성에서 허구적으로 만들어진 것일 뿐이다. 객관적이고 물리적인 시간을 중시하거나 과학적인 논리를 강조하는 이들은 이미지의 순간적 시간성을 신비주의적이라고 비난하기도 하는데, 그와 같은 비난은 사실 정당치 못하다. 왜냐하면 심미적 주관성에서 허구적으로 만들어진 것은 본래부터 보편타당성이나 과학적 합리성을 지닐 필요가 없으며 또한 마르크스주의에서 주장된 저 합리적인 매개(Vermittlung)를 반드시 필요로 하는 것도 아니기 때문이다. 다시 말하면, 변증법적 이미지가 과연 현실적이고 과학적으로 실현 가능한가에 대한 질문은 심미적 주관성을 오인한 데서 비롯된다.

『파사젠-베르크』를 집필하는 시기에 벤야민이 마르크스주의와 정신분석학을 결합하려 했듯이, 변증법적 이미지는 꿈과도 깊은 관련을 맺는다. 물론 이는 꿈이 불명확한 이미지의 조합과도 같다는 점을 고려한다면 쉽게 이해된다. 프로이트의 정신분석학으로부터 많은 영향을 받은 벤야민에 의하면, 있었던 것을 지금시간 에서 인식해야만 하는 역사적 유물론자는, 있었던 것에 내재해 있는 "꿈의 이미지"를 의식으로 불러오면서 자신의 해석적 과제로 받아들이는 자와도 같다. 그와 같은 과제를 벤야민은 프로이트의 정신분석학적 용어를 빌려 "꿈의 해석"이라고 명명하고 있다.

**52** GS 2, 206 sq.

변증법적 이미지에서 어떤 특정 시대에 있었던 것은 언제나 곧 '예전부터 있었던 것' 이다. 예전부터 있었던 것은 그 자체로 매번 어떤 특정 시대의 눈앞으로 나타난다. 즉 인류가 눈을 비비면서 꿈의 이미지를 그 자체로서 인식하는 그런 시대의 눈앞으로 말이다. 그 순간 역사가는 꿈의 이미지에서 꿈의 해석이라는 과제를 떠맡게 된다.[53]

있었던 것을 지금시간에서 인식하는 것은 정신분석학적 차원에서 "꿈의 해석"과도 같다. 지나간 크고 작은 사건들을 과거라는 통짜 개념 속에 집어넣는 역사주의적 방식을 거부하는 역사적 유물론은 어떤 특정한 있었던 것—파편적 이미지로서의 꿈, 기억, 혼돈스런 상태—을 지금시간(의식, 깨어남, 깨어 있는 세계)에서 경험하는데 이때 단순한 역사적 해석을 넘어 정치적 해석이 더욱 강조된다. 요컨대, 기억과 갑작스러운 '깨어남'(Erwachen)의 관계는 역사와 정치적 의식의 관계를 뜻한다.

역사학의 새로운 변증법적 방법이란 우리가 있었던 것이라고 명하는 꿈이 정말로 관계하고 있는 깨어 있는 세계로서 현재를 경험하는 기술(예술)이다. 꿈의 기억 속에서의 있었던 것을 깨우쳐보는 것!—즉 기억과 깨어남은 아주 밀접하게 연관되어 있다. 말하자면 깨어남은 회상의 변증법적 · 코페르니쿠스적 전환이다.[54]

역사적 관조에서 코페르니쿠스적 전환은 다음과 같은 것이다. 즉 사람들이 '있

**53** GS 5, 580.
**54** GS 5, 491; GS 5, 1058.

었던 것'을 고정된 점으로 간주했고 그 고정된 것을 현재가 더듬더듬 인식해나가고 있는 것으로 보았지만, 이제 그런 관계는 전복되어야만 하며, 그리고 있었던 것은 변증법적인 전환, 즉 깨어난 의식의 돌연한 시작이 되어야만 한다. 정치가 역사보다 우선권을 쥐어야만 한다. 자료들은 우리의 신상에 일어난 어떤 것이 되어야 하며, 그것을 포착하는 것이 바로 기억의 일이다.[55]

있었던 것이란 과거 속에 저장되어 있는 것, 즉 항상 누구나 소급해서 가져올 수 있는 어떤 고정된 것이 아니다. 있었던 것은 지나간 과거의 시간 속에 갇혀 있는 것이 아니라 지금 누군가에게 일어난 것으로 전환되는데, 즉 "깨어난 의식"이 자신의 것으로 삼은 어떤 것으로 되어야 한다. "정치가 역사보다 우선권을 쥐어야만 한다"는 점에서 역사적 유물론은 정치적 변혁보다 역사적 보존과 전달을 우선시하는 역사주의와 결정적인 차이를 드러낸다. 다시 말해 역사적 유물론자에게는 있었던 것을 발굴하고 기억하려는 역사를 넘어서, 자신이 처해 있는 정치적 상황과 있었던 것을 결합하는 일이 중시되는 것이다. 여기서 벤야민은 일반적인 깨어난 상태(Wachen)보다는 다른 것과의 관계(가령 정치적 의식)로 이행되는 과정이 갑작스럽게 일어나는 '깨어남'(Erwachen)을 더욱 강조하고 나선다.

꿈의 의식이라는 명제와 깨어난 상태의 의식이라는 반명제에서 갑작스럽게 깨어나는 상태라는 종합명제가 생기는 것일까? 그럴 경우 갑작스럽게 깨어나는 상태의 순간은 '인식가능성의 지금'과 동일시될 것이며, 바로 그런 지금에서 사물들은 진실한—초현실주의적인— 표정을 내보인다.[56]

---

**55** GS 5, 490 sq.
**56** GS 5, 579.

인식가능성의 지금시간은 반복하는 시간이 아니라 일회적이고 유일무이한 시간, 즉 지금 "이후"에는 더 이상의 시간이 다가오지 않는 일종의 정지된 시간이다. 역사주의적 시각에서 있었던 것은 단순한 자료로서 현재와 미래에도 계속 반복하지만, 이와 달리 역사적 유물론이 강조하는 꿈과 깨어남의 변증법적 이미지에서는 반복의 논리가 더 이상 작동하지 않는다. "정치는 각각의 현재적 형세에서 순수하고 일회적인 것, 다시는 결코 되돌아오지 않는 것을 인식한다."[57] "일회적인 것", "다시는 결코 되돌아오지 않는 것"의 정치적 인식이란 지금까지 진행되어왔던 역사의 연속성을 파괴하고 동시에 역사를 완전히 새롭게 구성하는 순간, 일종의 혁명적 순간을 맞이한다는 것을 뜻하다. 역사주의자가 저장하기와 불러오기를 영원히 반복하고 있다면, 역사적 유물론자는 결정적인 순간의 일회성을 인식한다. 마치 순간의 아우라를 경험하는 것과도 같이.

이처럼 있었던 것을 지금시간에서 인식하는 것, 꿈과 깨어남의 관계에서 한 가지 유의해야 할 점이 있다. 깨어남과 정치적 인식이 중시될지라도 그것을 자칫 정치적 주체의 의식중심주의적 사유로 파악해서는 안 된다는 것이다. 있었던 것과 지금시간에서의 인식 가능성은 대상으로서의 있었던 것을 자기 의도적으로 관장하는 그런 절대적인 인식 주체의 능력과 행위를 뜻하는 것이 전혀 아니다. 눈에 띄지 않는 대목에서 양자의 관계는 매우 탈주관적이고도 신비로운 방식으로 서술되는데, 그것은 『기술복제 시대의 예술작품』에서 인용된 "움직이는 이미지가 나의 사유 자리를 차지해버렸다"는 뒤아멜의 언술과도 비슷한 서술이다.

---

**57** GS 5, 674 sq.

사물을 자신에게 현재적인 것으로 만드는 진실한 방법은, 우리의 공간 속에서 (우리 자신을 그 사물들의 공간 속에서 표상하는 것이 아니라) 그 사물을 표상하는 것이다. [……] 우리가 우리 자신을 그것들(지나간 사물) 속으로 옮기는 것이 아니라 그것들이 우리의 삶 속으로 들어온다.[58]

이미지가 의식 주체를 압도하듯이, 지나간 사물이 "우리의 삶 속으로 들어온다." 다시 말하면, 있었던 것은 주체에게 이미지로 순간적으로 다가오는 것일 뿐 기억하려거나 기억하지 않으려는 식의 인식 주체의 자의적 의도와는 무관하다. 그렇게 주체의 의도와 무관하게 위험의 순간에 우리의 삶 속으로 들어오는 있었던 것의 이미지를 마주하면서 역사적 유물론자는 자신의 지금시간에서 현재적인 것으로 만들어낸다.

아주 엄격한 의미에서 역사는 자의적이지 않은 기억에서 나온 이미지다. 즉 위험의 순간에 역사의 주체에게 갑작스럽게 제시되는 이미지다. 역사가의 권한은 역사의 주체가 매번 빠져드는 그런 위기에 대한 첨예한 의식에 의존된다.[59]

사실 이미지는 스스로 생성하고 소멸하는 특성을 지닌다. 그런 생성과 소멸 속에 놓여 있는 이미지로서의 기억이 어떤 위험한 순간에 주체에게 다가올 경우, 이때 역사적 유물론자가 할 수 있는 유일한 것은 순간적으로 자신에게 다가온 이미지가 사라지지 않도록 붙잡는 일뿐이다. 그렇다면 이미지가 주체를 압도하는 것과 인식가능성은 서로 모순되는 것이 아닌가? 왜냐하면 있었던 것을 지금시간에서 포착(인식)한다는 것은 곧 있었

**58** GS 5, 273.
**59** GS 1, 1234.

던 것을 정치적인 의식으로 전환시키는 행위를 뜻하고 이를 위해서는 역사적 유물론자의 의식이 요구되는 것으로 이해되기 때문이다. 결국 합리적이고 과학적인 의식으로 역사적 유물론자는 있었던 것, 꿈, 기억을 해석해야만 하는 것이 아닐까? 여기서 유의해야 할 점은, 벤야민이 의식을 깨어남과 동일시한 것이 아니라 오히려 망각과 기억, 꿈과 깨어 있음 사이에서 부유하는 것으로 파악하고 있었다는 것이다.

> 깨어 있음과 잠들어 있음 사이에서 언제나 다채롭게 분열되어 있는 의식이 실로 요동치는 상태를 우리는 개인에서부터 집단으로 옮겨야만 한다.[60]

이렇듯 잠들어 있음과 깨어 있음, 꿈과 깨어남, 밤과 낮 사이에서 부유하는 상태를 의식이라고 명명하고 있으며 그런 의식 상태가 개인에서 집단으로 전이되어야 하는 점이 강조되고 있다. 그렇다면 그렇게 부유하는 의식이란 무엇을 말하는 것일까? 다른 글을 보면 의식을 깨어남, 낮의 세계와 동일시하고 이를 절대적으로 긍정시하는 사유에 대해 벤야민이 약간 회의적이었음을 알 수 있는데 그에 대한 예로는 프루스트의 이미지론을 떠올릴 수 있다. 위 인용문에서 의식이 깨어 있음과 잠들어 있음 사이에서 부유하는 상태로 규정되고 있듯이, 프루스트의 이미지론에서 강조된 주체의 "자연스런 회상"(spontanes Eingedenken)은 꿈과 깨어남, 밤의 세계와 낮의 세계, 망각과 기억 간의 대립이 지양된 변증법적 상태를 뜻한다.

> 프루스트가 무의지적 기억이라고 부른 무의도적인 회상은 우리가 흔히 기억이

---

**60** GS 5, 1012.

라고 부르는 것보다는 오히려 망각에 훨씬 가까운 것이 아닐까? 기억이 씨줄이고 망각이 날줄이 되는 자연스런 회상의 일은 페넬로페의 일에 부합하기보다는 오히려 페넬로페의 일과는 정반대가 아닐까? 왜냐하면 페넬로페의 일에서는 밤이 짜냈던 것을 낮이 풀어내고 있기 때문이다. 매일 아침 우리는 깨어난 상태에서, 대개는 나약하고 느슨하게, 몇 개의 천 조각에서 망각이 우리 가운데 짜놓은 저 경험된 현존재의 양탄자를 쥐게 된다. 그러나 매일같이 대낮은 목적과 결부된 행동으로, 더욱이 목적에 집착한 기억으로 직물, 즉 망각이 짜놓은 장식을 풀어버린다. 그렇기 때문에 어두운 방에서 인공적인 불빛 하에 방해 받지 않은 채 자기 작업에 시간을 쏟아 넣기 위하여, 그리고 이리저리 얽힌 아라베스크 직물에서 그 어떤 조각도 빠져나가지 않도록 하기 위하여 프루스트는 결국 낮을 밤으로 바꾸어버렸다.[61]

본래 꿈은 낮의 세계(합리적인 세계)에서 억압된 것이 다시 살아나는 혼돈스런 상태와도 같으며 거기서는 다양한 이미지들이 아무런 통제나 법칙 없이 자연스럽게 결합된다. 그런 연유에서 낮의 세계에서 보면 꿈은 혼돈의 상태이자 현실 자체가 망각된 상태이다. 꿈의 세계에서는 수많은 파편 조각들이 자유롭게 결합되어 "아라베스크" 형태의 직물이 짜지게 마련이다. 그러나 다시금 낮의 세계, 즉 의식의 세계(깨어난 상태)에서는 일종의 자기 보존의 계략, 즉 합리적이고 논리적인 의식이 작동하게 된다. 위 인용문에서 페넬로페와 프루스트는 낮의 세계와 밤의 세계가 어떤 관계를 맺는지를 나타내주는 환유로서 서로 다른 의미를 지닌다. 우선 페넬로페의 경우를 보자. 낮이 밝아오면 페넬로페는 "목적과 결부된 행동으로, 더욱이 목적에 집착한 기억으로" 자신이 밤새 했던 작업의 결과물, 즉

---

**61** GS 2, 311.

망각과 꿈의 상태 속에서 짰던 직물을 다시 풀어버린다. 구혼자들에게 했던 약속을 피하고 오디세우스에 정절을 지키려는 목적, 즉 자기 보존의 목적 때문에 페넬로페는 그런 이성적 계략을 펼칠 수밖에 없는 것이다. 깨어남의 상태에 그런 측면이 담겨 있음을 벤야민도 잘 알고 있었다. "갑작스럽게 깨어난 상태는 계략적으로 작동한다. 계략을 갖고서, 아니 계략 없이는 우리는 꿈의 영역에서 벗어나지 못한다. 그러나 잘못된 분리도 있는데, 그 표시는 폭력성이다."[62]

그러나 프루스트의 경우는 다르다. 그는 아예 목적 집착적인 기억, 자기 보존이라는 계략이 작동하는 낮의 세계 자체를 부정하기 위해 "낮을 밤으로 바꾸어"놓는, 즉 낮 동안에도 스스로 어두운 방에서 갇혀 있는 상태를 선택한다. 낮의 세계, 깨어남의 상태가 일상적인 의미에서의 의식의 상태라면, 비록 인위적이지만 그런 의식이 작동하지 않는 "어두운 방"을 택한 것이다. 어두운 방속에서의 프루스트라는 상황은 결국 꿈꾸는 자가 자연적인 어두운 밤을 즐길 뿐만 아니라 낮의 상태까지도 자신의 밤으로 받아들이는 그런 상태와도 같다. 그 결과 프루스트에게는 낮과 밤, 의식과 무의식 간의 경계가 해체된다. 즉 씨줄과 날줄에 의해 짜인 직물, 기억과 망각이 교차되는 그런 자연스러운 회상의 상태만이 주어져 있는 셈이다.

그렇다면 역사적 유물론자는 페넬로페의 모습을 취하는 것일까, 아니면 프루스트의 모습을 취하는 것일까? 역사적 유물론자도 실은 꿈과 깨어남, 망각과 기억의 경계가 해체된 상태에서 부유한다. 자신에게 이미지로 다가오는 있었던 것과 그것을 지금시간에 인식하는 자가 서로 자유롭게 결합되는 것, 이것은 "꿈이 관계하는 깨어 있는 세계"로서의 변증법적

**62** GS 5, 1058.

이미지에 다름 아니기 때문이다.

> 깨어남의 변증법적 구조: 기억과 깨어남은 아주 긴밀히 연관되어 있다. 깨어남은 회상(Eingedenken)의 변증법적, 코페르니쿠스적 전환이다. 그것은 꿈꾸는 자의 세계가 깨어남의 세계 속으로 급격하고도 분명히 형상화되어 전환하는 것에 다름 아니다. [……] 역사학의 새로운 변증법적 방법은 꿈의 빠른 속도와 강렬함으로 정신 속에서 있었던 것을 경험하도록 가르쳐주는데, 이는 모든 꿈이 관계하는 깨어 있는 세계로서 현재를 경험하도록 하는 목적을 지닌다.[63]

인용문은 꿈에서 깨어남으로의 전환을 강조하는 것처럼 보여도, "꿈의 빠른 속도와 강렬함"이 깨어남의 상태에서도 중시되고 있음을 알 수 있다. 이는 마치 꿈과 현실을 결합시키려 했던 초현실주의의 요청과도 같다. 위의 인용문에서 경험이란 실제 현실 세계에서 직접적으로 지각하고 인식하는 의미에서의 그런 경험만을 뜻하는 것이 아니라, "이미지를 대할 수 있는 곳은 언어"라고 씌어진 것처럼, "그 어떤 직접적인 경험이 아니라 언어적으로, 기호적으로 매개된 경험"도 포함한다.[64] 따라서 있었던 것(언어적으로 씌어진 것으로서의 텍스트)을 지금시간에서 인식하는 행위는 분명 읽어내는 자(수용자 · 독자 · 후세)에게 요구되는 과제다. 그렇기 때문에 변증법적 이미지는, 위에서 인용한 바 있듯이, "모든 독서의 근본"을 이루며 동시에 특히 "비판적이고 위험한 순간"과 관계한다. 씌어진 이미지를 "읽혀진 이미지"로 전환해야하는 것, 이것이 역사적 유물론자의 과제

---

**63** GS 5, 1058.

**64** Karlheinz Stierle, Walter Benjamin und die Erfahrung des Lesens, in: Poetica, Bd. 12(1980), p. 229.

다. 결국 독서 행위는 지나간 텍스트를 단순 보존하는 행위가 아니라 해석자가 서 있는 지금시간에 무의도적으로 자신의 텍스트로 읽어냄으로써 새로운 인식을 창출하는 것을 뜻한다. 또한 영화에서 산만한 시험관으로서의 관객에게 요청되었던 "정신의 현재"(Geistesgegenwart)가 마찬가지로 변증법적 이미지를 포착한 해석자로서의 역사적 유물론자에게도 "구원적인 것"으로서 여겨지고 있다.

> 구원적인 것으로서의 정신의 현재. 순간적인 이미지들을 포착함에 있어서 정신의 현재. 정신의 현재와 정지 상태.[65]

## 5. 연속성의 파괴와 구성

역사주의와 역사적 유물론의 대립은 역사의 연속성과 불연속성의 대립을 통해서도 보충된다. 역사의 연속성이 역사의 항구적인 진보를 뜻한다면, 역사의 불연속성은 기존 역사와의 단절을 꾀하는, 새로운 역사가 도래하는 순간을 뜻한다. 이를 계급이론적으로 말하면, 역사의 연속성은 지배 계급의 의식과, 역사의 불연속성은 피지배 계급의 의식과 관계한다. "억압된 자들의 역사는 불연속성이다. [……] 역사의 연속성은 억압하는 자들의 연속성이다."[66] 그러나 연속성과 불연속성이 정치경제적 차원에서 반드시 지배와 피지배 계급에게 각기 인식되는 것은 결코 아니다. 특히 피지배 계급은 불연속성의 시간의식을 결여한 채 존재할 수 있는데,

65 GS 1, 1244.
66 GS 1, 1236.

그 결정적인 원인은 역사의 불연속성이라는 혁명적 순간을 망각하거나 의식하지 못한 채 피지배 계급 스스로가 자신을 억압하는 지배자들의 연속성 논리를 그대로 받아들이고 있기 때문이다. 다시 말하면, 전혀 발전하지 않는 역사의 과정 속에서 피지배 계급은 지배 계급의 역사관, 즉 역사는 무한히 진보한다는 연속성의 시간관에 젖어 있는 것이다. 바로 이들을 일깨우고 동시에 지배의 사슬에서 벗어날 수 있도록 하기 위해서 역사의 불연속성, 즉 시간의 갑작스러운 단절이 요구되는 것이다.

역사의 연속성과 불연속성의 대립은 과거 · 현재 · 미래라는 거대한 시간 단위에 의해 구조화되는 역사관(역사주의)과 그런 거대 시간에 의해 구조화될 수 없는 순간을 상상적이고도 현실적인 차원에서 창출하려는 역사관(역사적 유물론)의 대립으로 설명될 수 있다. 벤야민에게 역사의 진보란 없다. 역사의 진보가 유일하게 있을 수 있다면, 그것은 그 역사의 진보를 부정하는, 역사를 파국으로 인식하는 행위를 통해서만 가능할 뿐이다. 요컨대, 진보를 총체적으로 부정하는 것이 아마도 유일무이한 진보라고 할 수 있다.

> 진보란 시간 흐름의 연속성에 있는 것이 아니라 본래 진보를 훼방하는 데 있다. 즉 진실로 새로운 것이 처음으로 태초의 냉정함으로 느껴질 수 있도록 해주는 그런 곳에 진보가 있다.[67]

역사주의가 직선적인 시간관을 토대로 진보의 신화에 사로잡혀 있다면, 벤야민의 역사적 유물론은 그런 직선적인 시간의 역사를 거부한다. 벤야민을 해석하는 가운데 아감벤(G. Agamben)은 이와 같은 두 시간관의

---

**67** GS 5, 593.

대립을 다음과 같이 설명해주고 있다.

> 근대 시대의 시간 개념은 직선적이고도 불가역적인 기독교 시간의 세속화이며, 그 시간은 끝에 대한 여타 표상들과 분리되어 있을 뿐만 아니라 전(前)과 후(後)의 과정에 의해 구조화되지 않은 여타 다른 의미를 상실하고 만다. 동질적이고 직선적이고 공허한 그런 시간의 서술은 제조업에서의 노동 경험에서 생겨났고, 순환적인 운동보다는 직선적이고 동질적인 운동을 우선시하는 근대 기계공업에서 강화된다. 경험할 수 없는 저 죽은 시간, 근대 대도시와 공장에서 연명하고 있는 저 죽은 시간의 경험이 순간적인 시간만이 유일한 인간적 시간이라는 생각을 지지해주는 것처럼 보인다.[68]

동질적이고 직선적인 시간만을 강조하는 근대적 시간(역사주의)은 그에 대항하는 모든 시간 양식을 부정한다. 예를 들면 갑작스럽고 신비스럽게 다가오는, 전후의 경계가 사라진 어떤 특별한 시간이 그에 속한다. 마치 "경험할 수 없는 저 죽은 시간"과도 같은 불연속적인 시간을 벤야민은 역사주의의 동질적으로 연속하는 직선적 시간에 대항하여 내세우고 있다. 있었던 것을 지금시간에서 유일무이하게 경험하려는 것, 이는 바로 역사주의의 동질적으로 연속하는 직선적 시간을 파괴하는 것에 다름 아니다. 「역사의 개념에 대하여」에는 그러한 파괴적인 불연속성이 다양하게 서술되고 있다.

> 역사의 연속성을 파괴하는 의식이 행동의 순간에 처한 혁명적 계급의 특징이기도 하다.[69]

---

**68** Giorgio Agamben, Kindheit und Geschichte, Frankfurt am Main 2001, p. 138.

> 역사주의라는 유곽에서 "옛날에 [……] 일찍이 그랬다"는 창녀에게 몸을 바치는 일을 역사적 유물론자는 다른 사람에게 넘긴다. 그는 자기 힘, 즉 역사의 연속성을 파괴하기에 충분한 힘을 지닌 자로 머문다.[70]

그와 같은 역사의 연속성을 파괴하려는 의식은 『파사젠-베르크』에서 다양하게 제시되는데, 불연속적인 순간에 대한 의식은 시간의 순차적 나열로서의 서사성, 시대의 동질성 등을 거부하는 의식과 밀접하게 연관된다.

> 역사적 유물론은 역사의 서사적 관점을 포기해야 한다. 역사적 유물론은 사물과도 같은 '역사의 연속성'에서 시대를 폭파시켜야 한다. 또한 역사적 유물론은 시대의 동질성도 파괴한다. 역사적 유물론은 현재라는 폭약을 시대에 설치한다.[71]

연속성 · 서사성 · 동질성 등은 모두 역사주의의 특징이며 역사적 유물론은 그러한 범주들을 모두 부정한다. 역사주의자가 "완만한 마음"에 근거한 "감정이입"으로 연속적인 "문화사" 같은 역사서술을 고수한다면, 냉정한 마음과 비딱한 시선을 지닌 역사적 유물론자는 그런 문화사를 "전리품" 내지는 "억압하는 승리자의 획득물"로 간주한다. 이데올로기적으로 말하면, 문화사 같은 동질적인 역사는 주로 승리자의 역사에 의해 구축된 거대 담론일 뿐이다. 그런 동질적인 문화사 대신에 역사적 유물론

**69** GS 1, 701.
**70** GS 1, 702.
**71** GS 5, 592 sq.

자는 "야만의 역사"를 읽어내는 것을 자신의 과제로 삼는다.

역사적 유물론자는 문화사뿐만 아니라 문학사 · 법학사 같은 개별 영역 내에서 구축된 동질적인 역사도 부정한다. 왜냐하면 역사는 다양성과 상호 연관성에 의해 구성되어야 함에도 불구하고 역사주의는 그러한 점을 외면한 채 개별 영역에서도 동질성과 연속성을 구축하려 하기 때문이다.

> 역사적 유물론은 역사의 동질적인 서술이나 역사의 연속적 서술을 추구하지 않는다. 상부 계급이 하부 계급에 다시 영향을 끼침으로써 다음과 같은 점이 입증된다. 즉 문학사나 법학사가 존재하지 않듯이, 경제의 동질적인 역사란 존재하지 않는다. 한편 과거의 다양한 시대는 역사가의 현재에 의해 아주 상이하게 분석됨으로써 [……] 역사 서술의 연속성은 결코 실행될 수 없는 것이다.[72]

역사적 유물론에 입각한 역사 서술에서는 상부 계급과 하부 계급, 정치와 경제, 문학과 종교, 법학과 종교 등 상호 영향이 일어나며, 따라서 문학사 · 법학사 같은 특정 영역만의 고유한 단일적인 역사 서술을 부정한다. 설혹 문학사 자체의 역사 서술이 가능할지라도 그 안의 수많은 크고 작은 문학적 현상들은 외적으로 종교적 · 정치적 · 경제적 영역과 영향을 주고받을 뿐만 아니라 내적으로는 작품들 간에, 작가들 간에 매우 복잡하게 상호 영향을 주고받을 수밖에 없다. 그렇기 때문에 문학사 자체만의 동질적인 역사의 구축은 처음부터 불가능한 일이며, 설혹 문학사가 구축될지라도 그것은 허위에 지나지 않는다.

역사적 유물론자에게는 "회상(Gedächtnis)은 본질적으로 보수적이며, 기억(Erinnerung)은 파괴적이다"[73]는 테오도르 라이크(Theodor Reik,

---

**72** GS 5, 588.

1888~1969. 오스트리아의 심리학자)의 명제가 유효하다. 그런 의미에서 베를린 유년시절에 대한 서술에서 벤야민은 결코 개인적 삶의 연속적 발전 과정을 보여주는 자서전적 서술을 시도하지 않으며 또한 어떤 역사적 사건을 연속적으로 회상하는 서술을 거부하고 있으며, 그 대신 순간적이고 파편적인 이미지로서의 기억만을 제시한다. 연속적인 삶의 흐름을 보여주는 자서전 형식은 직선적이고 연속적인 시간을 취하기 마련인데, 역사적 유물론자는 역사주의에 근거한 그와 같은 자서전 형식을 철저히 부정한다.

> 설혹 폭넓게 진행될지라도 기억들이 언제나 자서전을 나타내는 것은 아니다. 여기에 제시된 것도 결코 자서전이 아니다. 여기서 언급되고 있는 베를린 시절의 경우도 마찬가지로 자서전이 아니다. 왜냐하면 자서전은 시간 · 진행 · 삶의 항구적인 흐름을 형성하는 것과 관계하고 있기 때문이다. 그러나 여기서는 하나의 공간, 순간들, 불연속적인 것들이 다루어진다.[74]

지나간 역사에는 다양한 사건 · 시대 · 삶 · 작품 등이 불연속적이고 파편적으로 존재하는데, 그렇다면 어떤 방식으로 그것들에 접근할 수 있을까? 우선 "역사의 동질적 흐름"에서 "특정한 시대"를 벗어나게 하고, 시대에서 "특정한 삶"을 벗어나게 하고, 삶의 업적에서 "특정한 작품"을 벗어나게 해야 한다. 사실 사건 · 시대 · 삶 · 작품은, 마치 부분과 전체처럼, 서로 변증법적 관계를 맺고 있다. 왜냐하면 삶의 업적은 그 작품에서, 시

**73** GS 5, 508. 이와 같은 회상과 기억의 구분은 현재 문화학 담론에 내재해 있는 이데올로기적 성향을 파악할 수 있는 단초를 제공해준다.

**74** GS 6, 488.

대는 그 삶의 업적에서, 역사의 흐름은 그 시대에서 간직되었다가 지양되기 때문이다.[75] 이와 같은 변증법적 관계로 인해 전체의 연속적인 흐름에서 부분을 끄집어낼 때도 그 부분은 전체를 담아내는 단자론적인 구조를 지닌 것처럼 보인다. 그러나 자세히 접근하면, 부분 자체(있었던 것)는 전체의 동질적 연속성을 대변하는 것이 아니라 오히려 그것을 파괴한다. 물론 부분이 갖고 있는 파괴적인 특성을 다시금 전체의 연속성 내로 전이하려는 시도가 없지는 않은데, 그와 같은 분석의 예로는 뷔르거의 시각을 들 수 있다.

> 우선 확인할 수 있는 점은, 벤야민이 결코 역사적인 변화를 오로지 도약으로만 진행하는 운동으로 파악하지 않았다는 것이다. 그는 오로지 연속성만을 알고 있었을 뿐이다.[76]

연속성의 논리를 관철하기 위해서 뷔르거는 "삶의 업적은 그 작품에서, 시대는 그 삶의 업적에서, 역사의 흐름은 그 시대에서 간직되었다가 지양된다"는 벤야민의 언술을 강조하고 나선다. 그러한 뷔르거의 분석은 사실 작품이 삶의 업적을, 삶의 업적이 시대를, 시대가 전체 역사를 대변한다는 일종의 재현의 논리에 기반을 두고 있다. 그런 재현의 논리로 인해 뷔르거는 작품, 삶의 업적, 시대, 전체 역사가 각각 다른 의미와 기능을 지닐 수 있는 가능성을 전혀 고려하지 않고 있는 것이다. 가령 고전주의 · 낭만주의 · 사실주의 같은 특정 사조 · 작가 · 작품의 관계를 예로 들어보기로 하자. 역사주의적 시각을 지닌 예술사가는 비교적 장기적인 시

---

**75** Vgl. GS 1, 703.

**76** P. Bürger, Vermittlung – Rezeption – Funktion, Frankfurt am main 1979, p. 163.

간의 관점에서 어떤 경향을 "사조"로 지칭하면서 그 사조 안에 수많은 작가와 작품을 집어넣는다. 역사주의적 시각에 의하면, 부분과 전체는 서로를 대변하는 관계를 맺고 있기 때문에 작품은 작가를 대변하고 나아가 작가는 고전주의를 대변한다는 식의 결론에 도달한다. 그러나 벤야민은 그러한 시각을 부정하고 있다. 작품과 작가, 작가와 시대 간의 연관성이 중요한 것이 아니라 철저히 지금시간에서의 인식, 즙 수용자의 시대적 인식만이 중시된다.

> 저자의 작품을 그 작품의 시대와 연결하여 서술하는 것이 중요한 것이 아니라 그 작품이 생성한 시대 속에서 그 작품을 인식하는 시대—즉 우리의 시대—를 서술하는 것이 중요하다.[77]

이처럼 해석자 자신의 시대적 위기, 비판, 구성 인식만을 중시하고 있으며 이는 있었던 것(작품 · 작가 · 시대 등)이 자리하고 있는 역사적 맥락을 완전히 무시하는, 아니 그 맥락 자체를 파괴하는 것과도 같다. 바로크 알레고리 연구에서부터 벤야민은 그와 같은 역사적 맥락의 파괴, 연관성의 파괴 등을 강조한 바 있다.

> 유물론적 역사서술은 대상을 가벼운 손으로 택하지 않는다. 유물론적 역사서술은 흐름에서 대상을 집어내는 것이 아니라 파괴시킨다. 유물론적 역사서술의 보호 조처는 더욱 광범위하며 그 결과물은 더욱 본질적이다.[78]

---

**77** GS 3, 290.
**78** GS 5, 594.

따라서 뷔르거의 분석대로 만약 불연속적인 단절이 연속성을 만들어낸다면, 역사주의자의 연속성과 역사적 유물론자의 연속성 사이에는 어떤 차이점이 있는 것일까? 물론 단절을 전제하는 연속성과 단절을 인정하지 않는 연속성이라는 논리를 통해서 역사적 유물론과 역사주의 간의 차이를 제시할 수 있지만, 그러나 단절을 전제하는 연속성 혹은 연속성을 위한 단절이라는 논리는 벤야민에게 적용될 수 없다. 왜냐하면 파괴적인 단절은 그 어떤 새로운 형태의 연속성을 구축하기 위한 것이 결코 아니기 때문이다.

역사주의에 대한 벤야민의 비판은 여러 가지 측면에서 역사주의를 비판했던 니체의 시각과 비슷하다. 「삶에 있어서 역사의 유용성과 단점」이라는 글에서 니체는 "기념비적 역사", "골동품적 역사", "비판적 역사"라는 세 가지 역사 서술 방식을 구분하는 가운데 이 세 가지가 서로 균형을 이룰 때 역사가 삶에 유용하게 된다는 관점을 펼친다. 이와 달리 니체가 강력하게 거부하였던 것은 "과학으로서의 역사"라는 근대의 역사관이다. 근대의 역사관에서는 지나간 사건을 마치 "소화할 수 없는 엄청난 양의 지식"으로 저장하려는 과학적 · 실증적 역사의식이 지배적인데, 니체에 의하면 그런 역사의식은 모두 "생동력"을 결여하고 있으며 현재와 미래의 삶에 아무런 도움을 주지 못한다.[79] 니체와 벤야민은 역사주의를 거부하고 그 대신 있었던 것과 지금시간의 결합을 강조하고 나섰던 것이다.

벤야민에 의하면, 역사주의의 가장 큰 문제점은 "감정이입"의 방식에 의해서 역사를 서술하려는 행위다. 감정이입에는 과거적인 것을 신화적 기념물로 무비판적으로 받아들일 수 있는 위험성이 내재해 있기 때문이

79 F. Nietzsche, Vom Nutzen und Nachteil der Historie für das Leben, in: Kritische Studienausgabe, Bd. 1, pp. 242~335(특히 이 글의 2장을 참조할 것).

다. 역사주의의 감정이입을 거부한 것은, 감정이입을 거부하고 산만한 상태를 옹호했던 기술복제 시대의 논리 전개와 비슷하다. 아니, 역사적 유물론이 더욱 급진적이다. 역사주의가 감정이입뿐만 아니라 과거의 것을 "변호"하거나 그것의 "가치 인정"을 추구한다면, 역사적 유물론은 전통과 관계된 모든 범주(연속성 · 존엄성 등)를 전면적으로 거부하고 나선다. 이에 대해서는 「중앙공원」의 다음과 같은 단편이 간접적으로 입증해준다.

> '가치 인정'이나 변호는 역사 과정의 혁명적 계기들을 은폐하려고 노력한다. 거기에는 연속성을 생산하는 일이 중시된다. 가치 인정이나 변호는 오로지 지속적인 영향을 끼치고 있는 작품의 요소들에만 비중을 둔다. 그런 점을 넘어서려는 자에게 버팀목이 되는 **절벽과 돌출부**가 가치 인정과 변호에는 결여되어 있다.[80] [강조: 역자]

"절벽과 돌출부"라는 은유적 표현은 전수된 것에 의존하지 않는 비판적 의식, 즉 연속성을 단호하게 거부하거나 그것을 과감하게 파괴하려는 결연한 의식을 뜻한다. 이미 언급한 바 있듯이, 역사주의의 연속성 혹은 진보 의식을 역사적 유물론자는 전면적으로 거부하지만, 굳이 진보를 언급하자면 벤야민은 "차가운 바람"이 존재하는 곳에서만 진보가 가능할 뿐이라고 말한다. 여기서 "차가운 바람"도 일종의 은유적 표현으로서 감정이입을 중단하는 행위, 즉 역사적 흐름의 연속성을 파괴하는 행위를 뜻한다. 이 점에 대해 벤야민은 예술작품을 예로 들면서 언급한다.

> 모든 진실한 예술작품에는 어떤 부분이 있다. 그것은 작품에 감정이입하려는 자

**80** GS 1, 658.

에게 마치 다가오는 이른 시기의 바람처럼 차갑게 불어오는 그런 부분이다. 그 결과, 진보 교육에 무감각한 것으로 간주된 예술이 진보의 순수한 목적에 기여할 수 있다는 점이 도출된다.[81]

역사주의와 역사적 유물론 간의 차이는 감정이입과 파괴, 재구성과 구성이라는 대립을 통해서도 보충된다. 즉 감정이입은 재구성을 위한 것이지만, 파괴는 구성을 위한 것이다.

유물론적 역사가에게 중요한 점은, 일반적으로 '재구성'이라고 불리는 것과 역사적인 실상의 구성을 엄격하게 구분하는 일이다. 감정이입에서의 '재구성'은 단층적이다. '구성'은 '파괴'를 전제한다.[82]

구성의 전제인 파괴에 대해서 벤야민은 「파괴적인 특성」이라는 글에서 다음과 같이 서술하고 있다.

파괴적인 특성은 젊고 밝다. 파괴 행위는 젊게 만드는데, 왜냐하면 우리 자신의 노령의 흔적을 없애주기 때문이다. 모든 제거는 파괴하는 자에게 자신의 고유한 상태의 완전한 환원, 즉 자신의 고유한 상태의 뿌리를 구하는 것을 의미하기 때문에 파괴 행위는 기운을 북돋아준다.[83]

파괴적인 특성은 곧 갑작스런 중단으로서의 불연속성을 말한다. 파괴

**81** GS 5, 593.
**82** GS 5, 587.
**83** GS 4, 397.

하려는 자는 다양한 길을 나아갈 수 있는 복수성에 직면할 경우 이를 지양하려는 결단성의 길 위에 서게 된다. 여기서 파괴와 관련해서는 유의해야 할 점이 있다. 새로운 구성을 위해 과거의 모든 전통을 부정하고 파괴하는 시도는 사실은 파시즘에서도 발견할 수 있는 위험한 사회적 행위와 언뜻 유사하게 보인다. 그렇다면 벤야민의 파괴와 파시즘의 파괴는 어떤 점에서 서로 다른 것일까? 이에 대해서 부르크하르트 슈미트(B. Schmidt)는 벤야민이 언급한 파괴성, 경험의 결핍, 새로운 야수성을 파시즘의 그것과는 명확하게 구분하면서 그런 파괴를 곧 "유토피아적 특성이 음미되어야만 하는 미래로의 지침"이라고 설명하고 있다.[84] 구체적으로 말하면, 벤야민에게서 파괴는 시민사회 및 자유 이념을 완전히 부정하려 했던 파시즘적 파괴가 아니며 또한 치명적인 허무주의에서 나온 파괴도 아니다. 구성으로서의 파괴는 유일무이한 순간에 애처로운 희망일 뿐이다. 불연속성으로서의 파괴는 곧 순간으로의 선회이다.[85] 전(前)과 후(後)가 더 이상 구분되지 않는 순간은 미래의 부재이면서 현존이다. 그런 순간에는 동질적인 연속선상에서 구조화되지 않는 과거 · 현재 · 미래가 동시적으로 작동한다. 이러한 순간에 대한 희망은 거의 심미적 주관성 내에서만 가능한 것일 뿐 모든 것을 글자 그대로 절멸하려는 사회적 폭력 행위와 연결되지 못한다.

벤야민이 강조한 파괴는 중지(Unterbrechung)라는 의미를 지닌다. 중지로서의 파괴는 다양한 심미적 방식을 취한다. 예를 들면 전통적인 사유방식과의 단절로서 모자이크 식의 파편적 모습을 띠며, 특정한 말과 개념의 반복을 통해 그 의미의 동일성을 중지시키는 경우도 있다. 이처럼 중

**84** B. Schmidt, Benjamin zur Einführung, p. 9 sq.
**85** Vgl. GS 4, 398.

지로서의 파괴를 해석하는 가운데 메닝하우스는 다른 측면들, 즉 인식론적 차원에서의 새로운 구성, 신학적 차원에서의 구원, 정치적 차원에서의 해방을 강조한다. 그에 의하면, 벤야민의 중지와 파괴는 한편으로 글의 내적 구조를 파괴하고 그 의미를 지연시킨다는 점에서 데리다의 차연(Différance)과 연결되지만, 다른 한편 정치적 · 신학적 의미에서의 구원과 해방을 지니기 때문에 데리다의 시각과는 차이가 있다는 것이다. "중지라는 벤야민의 담론은 넓은 의미에서 중지의 사유를 제시하는 데리다를 다시 중지시키는 기능을 지닌다."[86] 요컨대, 파괴와 중지는 벤야민의 경우 "진리, 결정, 메시아니즘의 힘"을 향하고 있다는 것이 메닝하우스의 시각이다. 그러나 이러한 중지의 중지, 즉 최종적인 구원을 강조하는 시각은 한 가지 유형의 해석일 뿐이다. 메닝하우스와는 달리, 그 구원은 아마도 다시금 언제든지 현실 내에서 중지(유예)될 수 있으며 또한 구원으로서의 중지가 일어나는 유일한 곳은 현실이 아니라 순간을 상상할 수 있는 심미적 주관성의 내면 공간일 수 있다.

경험의 결핍으로서의 "야수성"(Barbarentum)도 파괴와 관련된 인식이다. 경험의 풍부함은 대체로 자료의 축적을 뜻하며 대체로 역사주의의 중요한 특징을 이룬다. 그렇기 때문에 풍부한 경험을 내세우는 역사주의에서는 주로 경험과 전통의 권위가 중시되게 마련이다. 이와 달리 있었던 것을 지금시간에 유일무이한 자신의 것으로 만드는 역사적 유물론자는 기존의 모든 경험을 결핍하고 있는 자와도 같다. 물론 기존의 풍부한 경험을 갖고 있지 않다고 해서 그가 어떤 새로운 경험을 동경하는 것은 결코 아니다. 그는 모든 경험에서 해방된 상태, 즉 내외적으로 결핍한 상태

86 W. Menninghaus, Walter Benjamins Diskurs der Destruktion, in: Studi Germanici, Nr. 29(1991), p. 308.

에도 불구하고 “어떤 바람직한 것”이 발생할 수 있는 그런 “환경”을 추구한다.[87] 풍부한 경험을 결핍한 상태와 기존의 것을 파괴하고 새로운 것을 구성하려는 야수성은 서로 친화적이다.

> 야수성? 정말이다. 우리는 ‘야수성’이라는 새롭고 긍정적인 개념을 도입하기 위해 그 점을 언급한다. 경험의 결핍은 야만인을 어디로 데려가는가? 경험의 결핍은 그를 처음부터 다시 하도록, 새로이 착수하도록, 아주 적은 것으로 그럭저럭 지내도록 한다. 그러나 그 적은 것에서 나와서 구성하도록, 그리고 오른쪽도 왼쪽도 아닌 곳을 향해 주시하게끔 한다.[88]

니체가 많은 경험을 저장하는 역사주의적 의식을 비판한 것처럼, 장시간에 걸친 축적된 경험과 자료는 때론 너무나 많은 역사적 사례를 제공하기에 위기의 순간에 새로운 의식이나 행동을 저해하기도 한다. 따라서 경험의 결핍으로서의 야수성이 오히려 지나온 모든 사건들과 그 양상을 고려하지 않은 채 위기의 순간에 즉각적으로 자신만의 고유한 인식을 바탕으로 새로운 구성을 촉발시킬 수 있다.

파괴가 곧 새로운 구성이듯, 파국은 곧 구원이다. 벤야민이 과거에서 현재까지의 역사적 진행을 파국의 역사로 간주했을 때 이를 자칫 니힐리즘이나 허무주의로 이해할 수도 있다. 그러나 역사적 유물론자는 파괴와 파국에만 머무는 것이 아니라 작은 도약에서의 구원을 꿈꾼다.

> 진보 개념은 파국의 이념에서 정립될 수 있다. ‘그렇게 계속 나가야 한다’는 것은

---

**87** GS 2, 218.
**88** GS 2, 215.

파국이다. 파국은 매번 목전에 있는 것이 아니라 매번 있었던 것이다.[89]

구원은 연속적인 파국 내에서의 작은 도약에 의존한다.[90]

파괴에서 구성으로의 전환 혹은 파국에서 구원으로의 전환은 갑작스럽게 도약하는 순간을 통해서만 가능하며, 그런 도약의 순간이 일어나면 사유를 포함한 모든 것이 정지한다. 이미지와 몸이 결합하듯, 도약의 순간은 "정지 속에서의 변증법"을 뜻한다. 그렇기에 열여섯 번째 테제에서 역사의 연속성을 파괴하는 급진적인 현재(이것은 지금시간을 나타냄)는 구조적인 시간 단위로서의 "전환이 아니라 시간이 생성하면서 정지에 도달하는"[91] 시간으로 규정되고 있다. 파괴의 대상을 넘어서 구성의 대상이 되는 역사는 이제 "동질적인 공허한 시간"이 아니라 "지금이라는 시간에 의해 충만된 시간"[92]에 의존한다. 열다섯 번째 테제의 표현을 빌리자면, 역사의 연속성을 파괴하는 의식을 지닌 혁명적 계급에 의해서 "새로운 달력"이 만들어진다고 한다.[93] 카프카의 저 유명한 「법 앞에서」라는 우화에서는 지금이라는 시간이 끊임없이 유보되고 지연된다면, 벤야민의 경우 "매순간 메시아가 들어올 수 있었던 작은 문"[94]이 열리는 지금시간이 현재화된다. 지금까지 인간을 지배했던 역사가 사라지고 그 대신 인간을 해방시켜주는 시간이 들어서는데, 그런 시간을 아감벤은, 시간의 끝(Ende

**89** GS 1, 683.
**90** GS 1, 683.
**91** GS 5, 702.
**92** GS 1, 701.
**93** GS 1, 701.
**94** GS 1, 704.

der Zeit)을 정할 수 있는 크로노스와는 완전히 대비되는, 일종의 끝의 시간(Zeit des Endes)이라고 할 수 있는 "카이로스" 시간이라고 부른다.

역사는 지배 이데올로기가 그렇게 보고 싶어 하듯 인간을 직선적이고 연속적인 시간에 헌신하도록 하는 것이 아니라 그런 시간으로부터 인간을 해방시킨다. 역사의 시간은 인간이 자유로운 결정의 순간에 적절한 기회를 포착하는 카이로스[Kairos: 적절한, 의미 있는, 질적인 시간을 뜻함]다. 천박한 역사주의의 공허하고도 연속적이고 무한한 시간에 대항하여 향유의 충만한, 불연속적이고도 유한한, 완성된 시간을 대립의 각으로 세우는 것처럼, 사이비 역사의 연대기적 시간에 대항하여 진정한 역사의 카이로스 시간을 대립의 각으로 세워야만 한다.[95]

그렇다면 있었던 것을 위기의 순간에 제 것으로 삼는다는 것, 즉 파괴에서 구성으로의 전환, 파국에서의 구원으로의 전환은 어떤 방식을 통해서 가능한 것일까? 추상적으로는 결단을 내리는 순간에 의해서라고 할 수 있으며, 구체적으로는 억압된 자들의 봉기하는 현실정치적인 행동을 생각할 수 있다(그러나 벤야민 생존 당시는 그런 현실정치적인 행동은 사실상 불가능한 상황이었다). 또 다른 방식은 무엇일까? 벤야민은 일종의 심미적 방식에서도 그 예를 찾고 있다. 특히 역사의 연속성, 서사적(순차적) 관점, 시대의 동질성을 파괴하면서도 새로운 구성을 가져오는 구체적인 방법으로는 몽타주 · 알레고리 · 인용 같은 심미적인 방식이다. 있었던 것(기억 · 이미지)을 가져오는 방식을 통해 새로운 구성을 시도한다는 점에서 인용과 유행은 서로 친화적이다.

**95** G. Agamben, Kindheit und Geschichte, p. 151.

로베스피에르에게 있어서 과거의 로마는 역사의 연속성에서 그가 파괴한 지금이 적재된 과거다. 프랑스혁명은 회귀한 로마로 이해된다. 그 혁명은 유행이 지나간 옷을 인용하듯 옛 로마를 인용하였다. 유행은, 비록 현재적인 것이 예전이라는 덤불 속에서 움직일지라도, 그 현재적인 것을 예감해낸다. 유행은 지나간 것 속으로 뛰어드는 호랑이의 도약이다. 단지 그러한 도약이 지배 계급이 호령하는 원형경기장에서만 일어나고 있다. 역사의 자유로운 하늘 아래에서 펼쳐질 그와 같은 도약은 변증법적 도약이며, 마르크스는 혁명을 그런 도약으로 파악하였다.[96]

이 대목을 보면 벤야민이 호랑이의 도약과 변증법적 도약을 서로 비교하는 것처럼 보인다. 유행과 인용에서 엿보이는 호랑이의 도약이 지배 계급이 만들어놓은 원형경기장이라는 틀 내에서 이루어지는 제한적인 도약이라면, 이와 달리 마르크스가 말한 변증법적 도약은 그런 좁은 원형경기장이 아닌, "자유로운 하늘"에서 이루어질 것이라고 선언하는 듯하다. 그런데 자세히 들여다보면, 유행과 인용은 결코 부정적이지 않으며 또한 마르크스를 전적으로 옹호하는 것도 아니다. 그것은 벤야민이 인용 방식을 통해서 자신의 논리를 전개하고 있기 때문이다. 위 대목을 자세히 들여다보면, 그는 마르크스의 「루이 보나파르트의 브뤼메르 18일」에서 나온 글귀들을 인용하면서 마르크스와는 다른 차원에서 인용 방식의 중요성을 서술하고 있다. 잘 알려진 것처럼, 프랑스 혁명주의자들이 고대의 것(의상 · 이름 · 축제 · 예술 등)을 끌어들인 행위를 두고서 마르크스는 시민사회 혁명의 희극적인 측면이라고 비판한 바 있다. 요컨대, 마르크스는 프랑스 혁명 형태에서 엿보이는 과거로의 소급, 인용, 미사여구 등에 대해 비판

96 GS 1, 701.

적이었으며 그 대신 미래와 현실정치적인 내용만을 중시하는 새로운 형태의 혁명을 강조하였다.

> 19세기 사회 혁명은 그 시학을 과거에서가 아니라 미래에서 만들어낸다. 과거에 대한 모든 미신을 제거하기 전에는 사회 혁명이 저절로 일어날 수 없다. 과거의 혁명들은 자신의 고유한 내용에 마취되기 위해 세계사에 대한 재기억을 필요로 하였다. 19세기 혁명은 자신의 고유한 내용이 좋은 반응을 얻게끔 죽은 자들로 하여금 죽은 자들을 매장하도록 해야만 한다. 과거의 혁명들에서는 미사여구가 내용을 뛰어넘었지만, 이제 19세기의 혁명에서는 내용이 미사여구를 뛰어넘는다.[97]

마르크스는 로마를 인용한 프랑스혁명에 비판적이었다. 왜냐하면 미사여구가 현실정치적인 내용을 압도했기 때문이었다. 이와 달리 "19세기 혁명에서는 내용이 미사여구를 뛰어넘는다"는 함축적인 구절은, 마르크스가 기대하는 새로운 혁명에서는 오로지 현실정치적인 내용과 미래 의식만이 중시된다는 것을 뜻한다. 그렇지만 벤야민은 마르크스와 다르다. 그는 로마를 인용한 프랑스혁명에 대해 비판적이라기보다는 유희적이고 탈역사적인 인용 방식을 옹호하는데, 즉 프랑스혁명에서 고대 로마의 인용은 희극적인 것이 아니라 그 자체 완전히 새로운 의미를 지닌다는 것이다. 또한 마르크스는 과거 · 현재 · 미래 간의 역사적 연속성을 중시했으며, 더욱이 소수독점 및 독과점으로 치달을 경우 자본주의는 그 내적 메커니즘에 의해 스스로 붕괴되는 동시에 프롤레타리아 혁명이 필연적으로 일어날 수밖에 없다고 보았다.[98] 이와 달리 벤야민은 과거와 현재 사이에

---

97 K. Marx/F. Engels, Werke(MEW), Berlin 1982, Bd. 8, p. 117.

서, 가령 옛 로마제국과 프랑스혁명 사이에서 그 어떤 자연적이고도 필연적인 연속성을 찾지 않았다. 또한 언뜻 마르크스가 주장한 "변증법적 도약"을 진정한 도약으로 간주하고 있는 것처럼 보여도, 그러나 "호랑이의 도약"처럼 일어나는 갑작스러운 구원의 순간을 결코 포기하지 않는다. 벤야민과 마르크스의 차이점과 관련하여 티데만은 다음과 같이 부연 설명하고 있다.

> 그러나 이와 같은 도약은 변증법적도 아니며, 마르크스도 혁명을 그렇게 파악하지 않았다. 마르크스에게는 역사의 그 어떤 '자유로운' 하늘이 존재하지 않았으며 그에게 역사란 스스로 발전하는, 모든 새로운 세대에 의해 떠맡아지게 되는 생산력의 역사이며 또한 개인들 자체의 힘의 발전의 역사이다.[99]

마르크스가 역사의 발전을 자연사적 차원에서 전개되는 과정으로 파악했고 그리고 계급 없는 사회는 모순을 거듭하는 역사의 발전 속에서 필연적으로 도달할 수밖에 없다고 생각했다면, 이와 달리 벤야민의 경우 로마 혹은 프랑스혁명을 인용하는 식으로 상상적으로 호명되는 도약은 결코 자연사적 · 필연적인 역사 발전의 일부분이 될 수 없는, 어쩌면 인위적이고 주관적인 차원에서만 가능한 그런 특성을 지닌다. 또한 카이저에 의하면, "헤겔, 마르크스 그리고 역사주의에서는 역사란 갑자기 주어지는 것이 아니라 이미 앞에 있으며, 역사는 의미를 지니고 있을 뿐 의미를 받는 것이 아니다."[100]

**98** Ibid., p. 116.

**99** R. Tiedemann, Historischer Materialismus oder politischer Messianismus, p. 106.

**100** G. Kayser, Walter Benjamins 'Geschichtsphilosophische Thesen', p. 48. 물론 티데만은 정치적 메시아니즘 관점에서, 카이저는 종교적 메시아니즘 관점에서 각각 벤야민의 도약

어쨌든 벤야민은 당시 현실(자본주의 타락 및 파시즘 체제의 도래)이 자체의 내적 메커니즘에 의해서 붕괴되기를 막연히 기대한 것이 아니라 오히려 지금까지의 역사를 파괴하면서 동시에 새로운 역사 안으로 진입하는 호랑이의 도약을 상상화하고 있다. 설혹 그것이 있었던 것을 다시 인용하거나 있었던 것을 다시 유행시키는 방식처럼 보여도 말이다. 있었던 것을 하나의 이미지로 취하려는 벤야민의 인용 방식은 어떻게 보면 대단히 심미적이다. 다양한 맥락에서 개개 부분들을 가져오고 그것들을 다각도로 결합시키는 몽타주 방식은 그 파편화된 부분들의 역사적 연속성과 필연성을 더 이상 묻지 않기 때문에 일종의 비역사적인, 예술적 행위와도 같다. 유행 · 인용 · 몽타주 방식은 지금시간 자체에서 생성하는 구원을 위해서만 작용할 뿐이다. 따라서 마르크스주의를 유연하게 확장시키는 첫 번째 방법은, 이미 언급한 것처럼, "몽타주 원칙을 역사로 받아들이는 것"[101]이라고 말한다. 그런 몽타주 원칙에 의해서 역사와 인용의 관계는 다음과 같이 규정되고 있다.

> 역사가를 에워싸고 있고 역사가가 관여하는 사건이 애정 어린 잉크로 씌어진 텍스트로서 역사가의 서술에 근간을 이루게 될 것이다. 역사가가 독자 앞에 제시하는 역사는 흡사 그 텍스트 내에서 인용문을 구성하며, 이 인용문들은 모든 이들에게 읽힐 수 있는 방식으로 놓이게 된다. 역사를 쓴다는 것은 역사를 인용한다는 것을 뜻한다. 그러나 인용의 개념에는, 모든 개개 역사적 대상이 그 연관성

(순간의 유토피아)을 해석하고 있다. 그러나 두 사람 모두 공통적으로 벤야민이 상상적으로 그려낸 도약은 결코 일반적인 정치적 · 종교적 이론 내에서 해석될 수 없다고 주장한다. 한 가지 아쉬운 점은, 티데만과 카이저는 그러한 도약에 심미적 · 상상적 특성을 부여하지 않았다는 것이다.

**101** GS 5, 575.

에서부터 분리된다는 점이 들어 있다.[102]

인용이란 원 문맥과의 연관성을 상실하면서 있었던 것이 새로운 문맥 속으로 들어서는 것을 뜻한다. 인용은 이미 있었던 것의 단순 반복이 아니다. 몽타주 · 패러디 · 풍자 같은 다양한 인용 방식을 역사 인식과 서술 방식에 끌어들이고 있다는 점에서 벤야민의 시각은 심미적 · 상상적 방식을 거부한 사회과학자인 마르크스와 엄격하게 구분되고 있는 것이다.

또한 연속성의 파괴와 구성, 파국과 구원은 변증법적 사유라고 명명될 수 있지만, 여기서 벤야민이 염두에 둔 변증법적 사유도 사회과학에서 주장되는 그런 변증법적 사유와는 다르다. 벤야민은 개념적 사유를 돛으로 비유하면서 다음과 같이 변증법자의 특징을 그려내고 있다.

> 변증법자라는 것은 역사의 순풍에 돛을 단 것과 같다. 돛이란 개념들이다. 그러나 돛을 관장하는 것만으로는 충분치 않다. 결정적인 점은 돛을 올릴 수 있는 기술(예술)이다.[103]

벤야민이 염두에 둔 변증법자는 학문적으로 정립된 개념들의 상호 연관성을 만들어내는 "산문적" 변증법자가 아니다. 예를 들면 혼돈 속의 조화 혹은 비가시성의 가시성 같은 식으로 역설적인 개념을 조합하는 자가 아니다. 변증법자는 개념의 고정된 틀과 의미를 파괴하고 동시에 새로운 이미지를 불어 넣는 상상력을 지닌 "시적" 변증법자를 말한다. "돛(개념)을 올릴 수 있는 기술(예술)"에 대한 요구는 개념적 사유를 뛰어넘는 시적

102 GS 5, 595.
103 GS 5, 592.

상상력의 중요성을 말해 준다. 산문적 변증법자에서 시적 변증법자로의 전환은 노발리스, 슐레겔 같은 초기 낭만주의자들의 수법과도 비슷하다. 즉 문학(상상적 형상)을 철학(개념적 인식)으로 전환하지만 다시금 철학을 문학으로 전환하는 그런 변증법 말이다. 벤야민의 뛰어난 점은, 변증법자라는 철학적 개념을 설명하기 위해서 순풍이나 돛 같은 심미적 이미지를 사용함으로써 스스로 시적 상상력을 발휘하고 있다는 것이다. 또한 "순풍"과 관련해서도 한편으로 역사의 순풍으로, 다른 한편으로 구원의 맥락과 관련하여 "절대자의 순풍"[104]이라고 덧붙이면서 역사적인 세속과 종교적 피안을 동시적으로 암시하는 언어를 사용한 것도 벤야민의 고유한 심미적 사유를 드러내주고 있다.

## 6. '아포카타스타시스'로서의 정지의 순간

열네 번째의 테제는 "역사는 구성의 대상이며, 그 구성의 장소는 동질적이고 공허한 시간이 아니라 지금시간으로 충만한 시간이다"[105]라는 구절로 시작한다. 여기서 "지금시간으로 충만한 시간"은 전통적인 역사의 연속성을 파괴하는 시간이면서 동시에 새로운 구성이 이루어지는 순간이다. 역사의 새로운 구성이 갑작스럽게 일어나는 시간은 도대체 어떠한 시간을 말하는 것일까? 그것은 인간 주체가 어떤 합리적인 계획과 목적을 수립하고 그에 맞추어 행동하는 의미에서의 시간이 아니다. 그 시간은 다양하게 부연되는데, "경과하는 시간이 아니라 그 속에서 시간이 멈춰서

**104** GS 5, 591.
**105** GS 1, 701.

정지한 현재라는 개념",[106] "메시아적 시간의 모델로서 전 인류의 역사를 엄청난 축소판으로 포괄하는 지금시간",[107] "메시아적 시간의 파편들이 박혀 있는 '지금시간'으로서의 현재 개념"[108] 등이다. 더욱이 「역사의 개념에 대하여」뿐만 아니라 『파사젠-베르크』에서도 반복하고 있는 점은, 새로운 역사가 구성되는 순간에는 사유가 정지한다는 것이다. 이는 다시금 사유 운동에서의 중지, 정지 속에서의 변증법이라고도 설명되고 있으며 열일곱 번째 테제는 그 점을 다음과 같이 서술하고 있다.

> 사유에는 사상들의 운동뿐만 아니라 그것의 정지가 속해 있다. 긴장으로 가득 차 있는 형세 속에서 사유가 정지할 때, 바로 그때 사유는 형세에 충격을 가하며 그런 충격을 통해서 사유는 단자로서 투명하게 드러난다.[109]

이처럼 사유가 정지하는 순간, 역사의 새로운 구성이 도래하는 순간은 "지금시간으로 충만된 시간"이며, 이러한 시간은 측량 가능한 인위적인 시간이 아니며 또한 낮과 밤을 반복하는 그런 자연적인 시간도 아니다. 그 지금시간은 마치 계시가 갑작스럽게 이루어지는 듯한, 종교적이고도 신비로운 분위기를 지닌 시간처럼 파악되지만, 그렇다고 해서 특정 종교의 의미를 담보하는 신비적인 시간과 동일시될 수도 없다. 지금시간에는 역사주의가 근원으로 중시하는 '더 이상 아닌 것'(Das Nicht-mehr)이라는 이미 완성된 과거적인 것이 존재하지 않으며 또한 역사철학적 사유가 목표로서 설정한 '아직 아닌 것'(Das Noch-nicht)이라는 앞으로 도래할 것이

**106** GS 1, 702.
**107** GS 1, 703.
**108** GS 1, 704.
**109** GS 1, 702 sq.

존재하지도 않는다. 즉 지금시간은 근원이나 목표가 존재하지 않는 상태, 과거와 미래에 대한 사유가 더 이상 행해지지 않는 정지된 상태 자체를 뜻한다. 역사적 유물론자에게 이념이나 대상은 지금시간에 단자로 다가오며, 그런 이념이나 대상의 단자론적 구조에서 그는 "사건의 메시아적 정지의 표시를 인식해낸다."[110]

그렇다면 역사가 구성되는 "지금시간으로 충만된 시간"이란 도대체 어떤 시간을 말하는 것일까? 그에 대한 암시는 「바로크 비극과 전통적 비극」을 다룬 초기의 글에 이미 제시되어 있다.

> 충만한 시간의 이념은 성경에서 그것이 지배하는 역사적인 이념으로서 다름 아닌 메시아적 시간을 뜻한다. 그러나 어쨌든 충만한 역사적 시간의 이념은 개인적인 시간으로 사유되어 있지 않다. 충만함의 의미를 자연스럽게 완전히 변화시키는 그런 규정이 바로 비극적 시간과 메시아적 시간을 구분해준다. 비극적 시간과 메시아적 시간의 관계는 개인적으로 충만한 시간과 신적으로 충만한 시간의 관계와도 같다.[111]

전통적 비극과 바로크 비극의 구분이 그렇듯이, 여기서도 비극적 시간과 메시아적 시간은 "개인적으로 충만한 시간"과 "신적으로 충만한 시간"이라는 식으로 구분되고 있다. 비극적 시간이 개인적 시간이라면 메시아적 시간은 신적인 시간인 셈이다. 따라서 기존 역사를 파괴하고 새로운 구성이 일어나는 "지금시간으로 충만한 시간"은 곧 메시아적 시간, 신적으로 충만한 시간을 뜻한다. 이상과 같이 보면, 지금시간은 종교적 · 신학

---

**110** GS 1, 703.
**111** GS 2, 134.

적 의미를 지니는 것처럼 보인다. 또한 정치사회학적인 맥락에서 이해할 경우 메시아적 시간의 실현은, 벤야민도 스스로 밝힌 바 있듯이, 마르크스가 표현한 "계급 없는 사회"와 동일시된다.[112] 그렇지만 중요한 전제가 있다. 그것은 벤야민의 사유에서 "계급 없는 사회"는 마르크주의와는 달리 목적이 아니라는 것이다. "계급 없는 사회"가 현세에서 실현되어야만 하는 이상(理想) 혹은 인간이 도달해야만 하는 목적으로만 설정된다면, 그것은 역사주의나 사회민주당이 내세우는 역사철학적 · 목적론적 사유를 답습하는 것과도 같다. 따라서 역사의 연속성을 파괴하고 사유가 중지하는 지금시간—정치사회학적인 의미에서 "계급 없는 사회"—은 그런 목적론적 사유와는 다른 차원에서 이해되어야만 한다. 설혹 "계급 없는 사회"라는 점에서 마르크스주의와 지금시간이 서로 연결될 수 있을지라도, "계급 없는 사회"로서의 지금시간은 결코 근원으로서의 목적이 아니라 진보를 중단시키는 급진적인 의미로만 파악되어야 한다. 그렇기 때문에 벤야민은 마르크스의 "계급 없는 사회"를 완전히 다른 방식으로 받아들일 것을 제안한다.

> 계급 없는 사회는 역사 속에서의 진보의 궁극적 목적이 아니라 종종 실패로 끝난, 결국은 실행된 진보의 중단이다.[113]

계속해서 벤야민은 마르크스의 "계급 없는 사회"를 목적론적 사유에서 이해하는 이들에 대해 다음과 같이 비판한다.

**112** GS 1, 1231.
**113** GS 1, 1231.

그러나 계급 없는 사회는 역사적 발전의 종착역으로 이해될 수 없다. 그러한 잘못된 이해로 인해 무엇보다도 모방하는 아류들이 '혁명적 상황'에 대한 생각을 만들어내곤 하는데, 잘 알다시피 그런 상황은 결코 찾아오지 않았다.[114]

목적을 설정한다는 것은 시간의 연속성을 그대로 유지하는 것과도 같다. 즉 파국으로서의 현재를 다시금 이데올로기적 가상을 통해 은폐하는 행위에 지나지 않는다. 이와 달리 목적을 향해 나아가는 사유 행위가 중지되는 지금시간은 다시 한 번 말하자면 지금까지의 역사가 더 이상 존재하지 않는 상태를 말한다. 그렇다고 해서 진리가 부재하는 탈역사적인 순간도 아니다. 그것은 주체와 객체라는 개념으로 더 이상 파악되지 않는, 완전히 새로운 의미에서의 진리가 싹트는 시간이다.

'시간 없는 진리'라는 개념으로부터의 단호한 이탈이 적절하다. 그러나 진리는 ―마르크스주의에서 주장하듯― 단순히 인식의 시간적 기능이 아니라 인식되는 것과 인식하는 자에 의해 동시에 숨겨져 있는 시간의 핵과 결합되어 있다.[115]

인식 주체가 객체를 파악하는 논리가 아니라 오히려 양자의 시간이 동시적으로 강조되고 있다는 점에서 벤야민의 시각은 전통적인 주체중심주의적 사유를 뛰어넘고 있다.

지금시간은 일종의 극단적인 순간을 뜻한다. 이러한 벤야민의 시간관은 서구 계몽주의에서 태동된 근대성 이념 및 역사철학적 시간관과는 근본적으로 다르다. 계몽주의의 역사철학적 시간관을 연구한 코젤렉에 의

**114** GS 1, 1232.
**115** GS 5, 578.

하면, 근대시대 혹은 근대성 이념은 다양하고도 복수적인 사건들로서의 역사들을 "역사" 혹은 "역사 그 자체"라는 추상적이고도 단수적인 역사로 환원시켰는데, 그런 역사의 추상화 과정에서 결정적인 특징은 바로 역사의 시간화였다. 과거의 공간적 유토피아를 대체하며 나타난 시간적 유토피아의 특징은 미래라는 불투명한 시간을 자신의 현재 시점으로 끌어들이는 데 있다.[116] 지금시간을 불러들이는 벤야민의 시각도 언뜻 보기에 미래를 현재화하는 근대 의식의 한 가지 유형처럼 보인다. 그러나 자세히 들여다보면, 지금시간은 전통적인 역사철학의 시간적 구조화(과거-현재-미래)에서 중간에 위치한 현재에서 미래를 현재화하는 그런 의식구조의 산물이 결코 아니다. 파괴와 구성이 동시적으로 일어나는 지금시간은 과거 · 현재 · 미래라는 비동시적인 시간이 동시적으로 함께 존재하는 시간, 다르게 말하면 과거 · 현재 · 미래라는 시간 구분 자체가 순간적으로 완전히 불가능해지는 그런 시간의 갑작스러운 다가옴이라고도 할 수 있다. 그와 같은 시간은 항구적인 진보라는 직선적 시간을 부정하기 위해 만들어진 허구적이고 비현실적인 시간으로서 벤야민 스스로 그런 시간을 일찍이 "운명의 시간"이라고 부른 바 있다.

> 운명의 시간은 언제나 동시적으로 (현재적이 아니라) 만들어질 수 있는 시간이다. 그 시간은 그 시간 속에서 연관성을 규정하는 죄의 질서 아래에 놓여 있다. 그 시간은 비독자적인 시간으로서 거기에는 현재 · 과거 · 미래가 존재하지 않는다.[117]

**116** Vgl. R. Koselleck, Vergangene Zukunft, 4. Aufl., Frankfurt am Main 1985.
**117** GS 6, 91.

"운명의 시간"은 마치 역사 이전의 상태에만 가능했던 신화적인 시간과도 같다. 역사 이전의 신화 세계에서 운명의 시간이란 모든 신들조차도 예속될 수밖에 없었던 운명의 여신이 관장하는 시간을 말한다(운명의 실을 짜고 실을 측정하고 실을 자르는 세 명의 운명의 여신을 희랍 신화에서는 모이렌[Moiren]이라고, 로마 신화에서는 파르첸[Parzen]이라고 부른다). 그 시간은 글자 그대로 신과 인간 모두가 따를 수밖에 없는 그런 운명의 시간을 말한다. 그런 "운명의 시간"에 대해 벤야민이 언급했다 하더라도, 그것이 곧 역사 이전의 시간으로 되돌아가려는 것을 뜻하진 않는다. 그것은 과거 · 현재 · 미래라는 시간 단위를 통해 역사의 직선적인 진보만을 외쳐왔던 근대를 부정하기 위해서 사용된 은유로서만 이해될 필요가 있다. 다르게 말하자면, 일종의 허구적이고 비현실적인 시간 양식을 통해 벤야민은 기존의 역사주의적 · 역사철학적 시간 양식에서 벗어나려고 했던 것이다. 과거와 미래, 시작과 끝이 부재하는 그런 신비로운 시간에 대해서 벤야민 연구가인 빌렘 반 레이옌(W. van Reijen)이 다음과 같이 서술해주고 있다.

> 역사에 대한 벤야민의 이해는 인과성 · 직선성 · 목적론을 단호하게 배제한다. 그에 의하면 직선적 역사의 시작 앞에, 그리고 직선적 역사의 목적 후에, 그러니까 일직선적 시간 축 위에서가 아닌 곳에, 각각 '처음'과 '끝'이 놓여 있다. '처음'과 '끝'은 낙원 상태의 표상과 결합되어 있다. 우리는 낙원에서 추방되어 있는 상태이며(그래서 직선적 시간이 시작하며), 그러나 목적 이후, 즉 메시아가 직선적 시간에 끝을 마련해줄 경우, (희망컨대) 완전한 치유(restitutio ad integrum), 즉 아포카타스타시스[Apokatastasis: 만물갱신론, 보편구원론]가 일어난다. 이러한 사유는 '처음'과 '끝'을 이전과 이후라는 식으로 이해될 수 없는 그런 시간들로 파악하도록 해준다. 그런 시간들은 시간 축 '바깥'에 놓여 있지만 매순간 현재적이다. 그렇기 때문에 메시아는 매순간 역사 속으로 들어올 수 있다.[118]

지금시간은 더 이상 역사적 시간 위에 놓일 수 없는 시간으로서, 경험과 기대의 차이를 순간적으로 극복해주는 상상적이고 신비로운 시간이다. 이런 특별한 시간 양식을 통해서 벤야민은 근대의 시간관에서부터 벗어나려고 한다. 사실 벤야민은 근대의 역사철학적 시간관에 대해 잘 알고 있었던 것으로 보인다. 왜냐하면 열세 번째 테제에서 그는 세 가지 형태의 진보 이론을 비판하고 있기 때문이다. 그 하나는 인류 자체의 발전이라는 일반적인 시간관이고, 다른 하나는 인류가 무한히 발전한다는 이념으로서의 소위 "완성가능성"(Perfektibilität)의 진보이론이고, 마지막으로 "자기 활동적 혹은 나선형적" 진보이론이다. 첫 번째는 일반적인 시간관이기에 자세히 논할 필요가 없지만, 두 번째와 세 번째 진보이론의 시간관은 오늘날 루만(Luhmann)과 코젤렉의 연구에 의해 확인된 것과 일맥상통한다. 이들의 연구에 의하면, 계몽 이전에는 신에 의해 조종되는 기계론적 목적론이 지배적이었다면 계몽 이후에는 목적이 경험적 역사 속에서 끊임없이 유보되는 논리를 통해 인간의 항구적인 진보를 강조하는 소위 역사철학적 목적론이 대두한다는 것이다. 그리고 코젤렉에 의하면, 혁명과 진보 개념은 헤겔의 경우 "자기 활동적", 마르크스의 경우 "나선형적" 형태로 나타난다고 한다.[119] 특히 나선형적 시간관은 반복성과 일회성, 통시성과 동시성의 양축 사이에서 끊임없이 반복된다. 벤야민은 그와 같은 18세기 이후 싹튼 근대적인 역사관 및 시간 형식을 부정하기 위해 역사적 유물론이라는 틀 안에서 새로운 형태의 시간관을 제시하고 있으

118 Willem van Reijen, Passagen und Tempel, in: Topographie der Erinnerung, hrsg. v. B. Witte, Würzburg 2008, p. 277.

119 R. Koselleck, Revolution als Begriff, in: Merkur, 39. Jg.(1985), pp. 203~211.

며 이는 다음과 같은 단편을 통해 분명히 드러난다.

> 진보에 대한 믿음, 무한한 완성가능성에 대한 믿음, 도덕에서의 무한한 과제에 대한 믿음—그리고 영원한 회귀에 대한 표상은 서로 상보적이다. 그것들은 해결될 수 없는 이율배반이며, 그런 이율배반에 직면하며 역사적 시간의 변증법적 개념이 발전되어야만 한다. 역사적 시간의 변증법적 개념에 비해 영원한 회귀에 대한 표상은 '건조한 합리주의'로 비추어지며, 진보에 대한 믿음은 그런 합리주의라는 좋지 않은 평판을 띤다. 영원한 회귀에 대한 표상과 마찬가지로 진보에 대한 믿음도 신화적인 사유방식에 속해 있다.[120]

호르크하이머/아도르노가 지적한 것처럼, 전근대에서 해방된 근대의 계몽적 의식은 자신을 절대화함으로써 자기 자신의 신화화로 흐르게 된다. 벤야민은 그러한 진보의 신화화뿐만 아니라 영원한 회귀의 신화화에 대해서도 비판하고 있다. 왜냐하면 직선적인 진보에 대한 믿음과 영원한 회귀에 대한 사상은 언뜻 보기에 서로 이율배반적으로 보이지만, 사실 양자는 그 어떤 전복이나 변혁을 용인하지 않는다는 공통점을 지니고 있기 때문이다.

이와 같은 진보 사상과 영원한 회귀를 비판하면서 역사적 유물론자는 지금시간이라는 순간의 시간에 의존하는데, 사실 이러한 시간 양식은 실증적 · 과학적으로 입증될 수 없는 심미적이고도 주관적 상상력에서 만들어진 시간에 다름 아니다. "혁명의 시간"(Zeit der Revolution)을 요구했던 진보 이론이나 여타 마르크스주의적 혁명가들과는 달리 벤야민은 주관적 차원에서 일종의 "시간의 혁명"(Revolution der Zeit)을 꿈꾸고 있는 셈이

**120** GS 5, 178.

다.[121] 다시 말하면, 지금시간이라는 시간 양식은 지극히 개인적이고 주관적인 시간이기에 사회적 · 집단적 현실로 옮겨질 수 없는 한계를 지닌다. 그것은 종교적인 전통—기독교 전통이나 유대교의 카발라 전통이든지 간에—에서 설명될 수 없으며 또한 정치적 이데올로기로부터도 비껴나 있다.

파괴와 구성이 동시적으로 일어나는 지금시간에 대한 심미적 상상력은 사실 낭만주의에서 초현실주의에 이르기까지 일종의 문학적 전통을 구축하고 있다. 극단적으로 말하자면, 지금시간에 대한 호명은 이미 존재해 있던 심미적 방식을 인용한 것과도 같다. 가령 낭만주의 철학자로 활동했던 슐라이어마허(Schleiermacher)는 슐레겔의 소설 『루친데』를 옹호하는 글(「루친데에 관한 친밀한 서한」, 「종교에 관하여」)에서 직관적으로만 가능한 순간의 시간성을 강조하였는데, 그러한 시간성은 당시 기존 교단으로부터 반종교적 · 무신론적이라는 비난을 받았다. 슐레겔 또한 유한과 무한, 파국과 구원이 변증법적으로 결합하는 순간의 유토피아를 심미적으로 표출해낸 바 있다. 가령 『그리스 포에지 연구에 관하여』라는 글에서 슐레겔은 혼란과 파국이 갑작스럽게 구원으로 전환하는 순간을 다음과 같이 상상화하였다.

> 오히려 힘이 잿더미 속에서 불처럼 미광을 던져주는 것처럼 보이며, 밝은 불꽃으로 활활 타오르기 위한 유용한 순간을 기다리고 있는 듯이 보인다. [……] 객관적인 것이 근대의 심미적인 교양에서 지배적으로 될 수 있는 심미적 혁명을 위한 순간이 실제 무르익은 것처럼 보인다.[122]

121 K. H. Bohrer, Zeit der Revolution – Revolution der Zeit, in: Die Ideen von 1789, hrsg. v. Forum für Philosophie Bad Homburg, Frankfurt am Main 1989, pp. 129~155.

122 KA I, p. 269.

현실에 대한 비판적 상상력에서 나온 순간이라는 시간 형식은 사회적 유토피아를 객관화할 수 있는 특성보다는 철저히 주관적이고 심미적인 특성만을 지닐 뿐이다. 다시 말하면, 현실 정치와의 연관성에서 나온 것이지만 실은 현실정치적으로 실현 불가능한 역설적 특성이 슐레겔과 벤야민이 강조한 순간이라는 지금시간의 양식에 공통적이다. 파국으로서의 역사 속에서 "호랑이의 도약" 같은 구원을 찾는 것은, 벤야민 스스로가 분석했던 바로크 시대의 알레고리커를 상기시켜준다. 즉 이미 4장에서 분석한 바 있듯이 알레고리커는 궁극적으로 순간적인 비약을 통해서 구원(부활)으로 나아가기 때문이다.

낭만주의에서 싹튼 순간 혹은 지금시간이라는 시간 양식은 다시금 세기말 시대의 작가들, 가령 호프만스탈, 조이스, 프루스트, 무질 등에 의해서도 수용되었다. 초기 시절 벤야민은 조이스에 상당히 관심을 갖고 있었던 것으로 추측된다. 왜냐하면 자신의 이력서에서 그는 프루스트, 카프카, 조이스에 관한 글을 쓰고 싶다고 말하면서 이들 세 작가를 "현재 시인들 가운데 세 명의 위대한 형이상학자"라고 명명하고 있기 때문이다.[123] 그렇게 벤야민의 주된 관심사였던 조이스는 『젊은 예술가의 초상』(1914~1916)으로 개작된 미완성 소설 『스티븐 히어로우』(1903~1904)에서 이미 현현(Epiphany)이라는 시간 형식에 대한 심미적 이론을 제시하고 있었다. 그 소설에서 순간은 다음과 같이 설명되고 있다.

> 그에게 있어서 현현은 말과 제스처의 천박성에서나 정신 자세의 현저한 형상에서 나타나는 돌연한 정신적 표명이었다. 이러한 현현은 모든 순간들 가운데 가

123 GS 6, 219.

장 연약하고 순간적이기 때문에 그는 이러한 현현을 아주 세심하게 그려내는 것 이야말로 작가의 과제라고 믿었다.[124]

소설 『젊은 예술가의 초상』에서는 현현이 예술적 특성으로 더욱 자세하게 분석되는데, 즉 예술이란 감각적이고 지적인 질료를 이미지로 표현해내며 그런 예술의 심미적 본질에는 "통합 · 조화 · 청징"이라는 세 가지 요소가 속해 있다고 언급된다.[125] 여기서 맑고 깨끗함을 나타내는 청징(淸澄)은 바로 현현(Epiphany)의 미학과 연관되는데, 그것은 사물의 본질, 현재적인 순간, 특별한 광휘 같은 특징을 지니기 때문이다. 이밖에도 벤야민이 비평을 쓰고 서신도 주고받았던 호프만스탈(Hofmannsthal)도 「한 편의 편지」(일명 "챈도스 경의 편지"라고도 불림)라는 작품에서 아무런 매개 없이 일어나는 인식의 직접성과 현재적 순간을 그려낸 바 있다. 이처럼 낭만주의 · 유미주의 · 초현실주의 등에서 자주 강조된 현현의 미학에 대해서는 치올코브스키(Th. Ziolkowski)가 다음과 같이 정리해주고 있다. "현현에서는 사물의 사실적인 경직성이 형이상학적인 상징성으로 상승된다. 사물은 흡사 자신의 경험적인 경직성에서 시적인 삶으로 소생된다."[126] 작은 사물의 현현이 초개인적인 상징성을 지닌다는 치올코브스키의 관점과는 다른 차원에서 보러(K. H. Bohrer)는 표현 너머에 있는 어떤 형이상학적인 의미나 본질을 거부하면서 현현 자체의 현상학적 특성 자체만을 강조하고 나선다. "근대 작가는 세계관적으로 비호되지 못할 경우, 즉 이

**124** J. Joyce, Stephen der Held/Die Porträt des Künstlers als junger Mann, deutsch übersetzt, Frankfurt am Main 1987, p. 224.

**125** Ibid., pp. 480~489.

**126** Th. Ziolkowski, James Joyces Epiphanie und die Überwindung der empirischen Welt in der modernen deutschen Prosa, in DVjs. 35(1961), pp. 594~616.

데올로기적으로 점령될 경우, 그는 전수된 현실의 이해 모형을 극복한다. [……] 순간의 현현만이 그에게 본질적으로 남겨진 유일한 것이 된다. 이것은 더 이상 상징적으로 해석될 수 없으며 또한 그 자체를 넘어서 지시하지도 않으며, 모든 종류의 선취된 연속성을 의문시할 뿐이다."[127]

벤야민에게서 지금시간이라는 시간 양식은 분명 동시대 파시즘적 사회의 위기에서 발현된 것이다. 그러나 위기를 극복하는 메시아적 시간과도 같은 심미적 시간은 실제 사회에서는 실현 불가능한, 주관적 상상력에서 만들어진, 사회적으로 객관화가 불가능한 시간일 뿐이다. 이처럼 심미적 주관성에서 상상화된 시간양식으로서의 지금시간은, 언어철학적으로 말하자면, 참 혹은 거짓으로 판명될 수 있는 확언적인 언어에 속하는 것이 아니다. 그런 지금시간의 정치화는 다만 그 언어를 대하는 이들의 수행 행위, 즉 행동으로 옮기거나 옮기지 않는 행위에 달려 있을 뿐이다.

이처럼 심미적 주관성에서 사유한 벤야민에 대해 하버마스는 보수적이라는 비판을 가하고 있는데, 이는 일정 부분 타당한 지적이다. 하버마스에 의하면, 벤야민의 비평 방식은 양면적이다. 즉 한편으로 지나간 것을 영원하고 아름다운 것으로 간직하려는 역사주의에 저항하고 있다는 점에서, 그리고 계몽주의 이후의 낙관주의적 이데올로기를 부정하면서 해방의 순간을 요청하고 있다는 점에서 벤야민의 시각은 혁명적이다. 그러나 다른 한편으로, 그런 해방의 순간을 꿈꾸는 가운데에서도 벤야민은 여전히 지나간 것을 구원해내고 있고 동시에 자신의 주관성과 메시아니즘이 서로 결합된 차원에서 구원을 기대하고 있다는 점에서 보수적이라는 것이다. 그런 양면성으로 인해 하버마스는 벤야민을 "보수적-혁명적 해석학자" 혹은 "구원적 비평"(rettende Kritik)을 펼치는 문학비평가로 간주하

**127** K. H. Bohrer, Die Ästhetik des Schreckens, München 1978, p. 353.

고 있다.[128] 다시 말하면, 역사 전체를 파괴하고 있음에도 불구하고 지나간 것과 지금시간을 서로 결합하려는 벤야민의 시각은 모순이라는 것인데, 이를 하버마스는 "지나간 것을 구원하기 위해 지나간 것을 파괴하는" 식이라고 요약하고 있다. 논리적으로는 틀린 지적이 아니다. 그러나 뷔르거의 지적대로 지나간 것에 대한 벤야민의 이중적 시각은 지금까지 진행되어왔던 억압적인 역사에 대항하는 정치적인 전략 싸움에서 나온 것임을 하버마스는 간과하고 있다.[129]

## 7. 정치와 종교—그 위험한 결합?

장기 자동기계로 표현되었던 정치와 종교의 결합은 적어도 벤야민이 처해 있던 역사적 상황에서는 선의의 목적을 지닌다. 정치는 역사적 유물론 · 마르크스주의 · 세속적인 것 · 역사적인 것 · 계급 없는 사회 · 혁명적 구성 등의 측면과 관계하며, 종교는 유대교 신학 · 메시아주의 · 메시아적인 것 · 성스러운 것 · 신의 왕국 · 구원 등의 측면과 관계한다. 이와 같은 정치와 종교가 서로 결합됨으로써 소위 "정치적 메시아니즘"이라는 개념이 가능해지며, 이 양자의 친화성은 가령 "마르크스는 메시아니즘적 시간의 표상을 계급 없는 사회에 대한 표상으로 세속화하였다"[130]라는 벤야민의 언술에서 읽을 수 있다.

어쩌면 무해하게 보이는 정치와 종교의 결합은 그러나 사실 심각한 문

---

**128** J. Habermas, Bewußtmachende oder rettende Kritik: die Aktualität Walter Benjamins, p. 291 sq.

**129** P. Bürger, Vermittlung – Rezeption – Funktion, p. 163.

**130** GS 1, 1231.

제점을 야기한다. 가장 커다란 문제점은, 정치와 종교의 결합이 근대 이전으로 회귀하는 것으로 해석될 수 있기 때문이다. 그도 그럴 것이 계몽과 함께 싹튼 근대성은, 그 자체 또 다른 형태의 억압과 지배를 낳기는 했지만, 무엇보다도 정치와 종교를 분리하는 합리적 의식에서 출발한다. 가령 근대 이전에는 믿음과 지식(인간 자신의 인식과 도덕, 정의로운 행동 등을 모두 포함함), 신과 인간, 피안과 역사가 서로 결합되어 있었고 특히 믿음이 지식을 지배함으로써 인간은 비합리적인 질서 속에 갇혀 있었다면, 이와 달리 근대가 시작하면서 인간은 계몽적이고 합리적인 의식으로 스스로를 전통적인 믿음의 세계, 신적인 질서로부터 해방시킬 수 있었다. 소위 정교일체(政教一體)에서 정교분리(政教分離)로의 전환은 계몽과 근대성이 거둔 중요한 역사적 소산인 것이다.

이와 같은 배경을 고려해볼 때 벤야민이 정치와 종교, 지식과 믿음, 세속적 질서와 신적 질서를 다시 결합하려 한다면 이는 곧 근대 이전으로 회귀하는 것이 아닌가? 이것이 과연 용납될 수 있는 것일까? 또한 정치와 종교가 결합되어 정치적 메시아니즘이라고 불린다면 그것은 과연 현실정치적으로 전혀 문제가 없는 것일까? 역사적 유물론을 위해 신학을 이용하는 것, 즉 메시아니즘적 사상을 프롤레타리아 계급에 적용하여 그것의 구원자적 역할을 강조하는 것이 벤야민의 의도라고 할 때 이러한 정치와 종교의 결합에 대해서는 하버마스도 이미 적절한 비판을 제시한 바 있다. 벤야민의 한계를 논하는 글에서 그는 "수도사의 모자"[131]처럼 보수적이고 신학적인 시각을 역사적 유물론에 덮어씌울 수 없는 일이라 지적한 바 있다. 또한 정치와 종교, 계몽과 신비를 결합하려는 벤야민의 의도가 실

**131** J. Habermas, Bewußtmachende oder rettende Kritik: die Aktualität Walter Benjamins, p. 207.

패할 수밖에 없는 까닭은, 하머마스에 의하면, "의식화하는 비평과는 달리 구원적 비평에서는 결코 정치적 실천과의 내재적 관계가 얻어질 수 없기"[132] 때문이라고 한다. 다르게 말하면, "의미론적 잠재력을 구원하기 위해 지나간 지금시간으로의 도약에서 출발하는 비평은 정치적인 실천과의 그 어떤 매개된 위치를 갖지 못한다"[133]는 것이다. 벤야민이 시도한 정치와 종교의 결합을 하버마스는 비현실적인 것으로 간주하고 있는 셈이다. 물론 벤야민을 비판한 하버마스의 시각은 일면 설득력이 있지만, 그렇다고 해서 반론의 여지가 없는 것은 결코 아니다.

현실정치적으로 실천과의 연계를 갖지 못한다는 하버마스의 지적은 역설적으로 벤야민 시각의 한계와 무해함을 입증해주는 것이기도 하지만, 그와 달리 정치와 종교를 결합하는 시각을 현실정치적으로 실천 가능하다고 볼 경우에도 적지 않은 문제가 파생한다. 가령 특정 종교적 질서를 현실정치적 행위를 통해 구현하려는 경우나 혹은 특정 정치적 질서를 종교적으로 채색하려는 경우가 모두 해당되는데, 이 모든 경우 일종의 "신정정치"(Theokratie)의 위험을 야기하게 된다. 이와 같은 정치와 종교의 그럴 경우 누군가(특정 지도자 · 계급 · 민족 등)를 신의 대리인으로 맹목적으로 섬기거나 혹은 자신(특정 지도자 · 계급 · 민족)을 신의 대리인으로 지칭하는 비합리적인 의식이 팽배해질 수 있으며, 또한 자신만의 종교적 · 정치적 공동체를 위해서 다른 공동체의 관습과 역사를 거부하거나 총체적으로 파괴하려는 극단적인 경향을 띨 수 있다. 잘못된 결합에는 기독교 · 이슬람교 등의 근본주의 · 시오니즘 · 파시즘 같은 기형적 형태가 속해 있다.

벤야민 스스로도 정치와 종교를 결합시켰지만, 이와 다른 모습으로 정

132 Ibid., p. 212.
133 Ibid.

치와 종교를 잘못 결합한 형태로는 파시즘 체제를 들 수 있다. 이 파시즘 체제에 이론을 제공했던 이는 법철학자로서 명성을 떨친 칼 슈미트다. 특히 근대의 경우 정치가 종교에서 분리되었음에도 불구하고 정치적 사유가 종교적 사유와 여전히 불가분의 관계를 맺고 있음을 밝힌 슈미트의 『정치적 신학』(1922)은 벤야민의 사유에 커다란 영향을 끼쳤다. 요컨대, 슈미트의 "정치적 신학"과 벤야민의 "정치적 메시아니즘"은 정치와 종교를 결합시켰다는 점에서 공통적인데, 정치와 종교의 상호 연관성에 대해 슈미트는 다음과 같이 서술하고 있다.

> 근대 국가론의 모든 의미심장한 개념들은 세속화된 신학적 개념들이다. 그것들이 신학에서 국가론으로 전이되었기 때문에, 가령 전지전능한 신이 전능한 입법자가 되는 식의 그런 역사적인 발전뿐만이 아니라 마찬가지로 사회학적 고찰에 있어서 필수적인 양자의 체계적인 구조와 그것의 인식에서도 그렇다. 법학에서 예외상태(Ausnahmezustand)란 신학에 있어서의 기적과 비슷한 의미를 지닌다. [……] 오래전부터 나는 그러한 유비의 근본적이고도 체계적인, 방법론적 의미를 제시한 바 있다.[134]

정치의 핵심은 국가론이며 그 국가론의 모든 개념은 일종의 세속화된 신학적 개념에 다름 아니라는 것이다. 이는 마르크스의 "계급 없는 사회"를 "메시아니즘적 시간"과 동일한 것으로 파악한 벤야민의 사유에도 적용될 수 있다. 단순한 개념적 유사성을 넘어서 정치와 종교 간의 일종의 구조적 유사성을 들여다보면서 슈미트는 예외상태는 기적과, 입법자(절대자)는 신과 동일시될 수 있다고 강조한다. 특히 파시즘이라는 야만적인 체

**134** C. Schmitt, Politische Theologie, p. 49.

제를 정당화하기 위해 슈미트는 예외상태를 자신의 정치 이론의 핵심으로 제시한다. 그에 의하면, 예외란 "규칙을 확인하는 것이며 규칙은 예외에 의해서 연명된다."[135] 예외상태에 대한 정치적 옹호는 바로 파시즘 체제의 정당성을 위한 것임을 쉽게 알 수 있다. 20세기 초에 독일은 자유주의 이념에 기초한 의회 민주주의를 구현하고 있었지만, 혼란을 야기하는 의회 민주주의를 부정하려는 목적으로 슈미트는 예외상태를 고안해냈다. 이를 위해 그는 정치적 예외상태를 종교적 기적과 동일하게 간주하는 사유를 펼쳤던 것이다. 정치적 신학이라는 슈미트의 이론이 파시즘 체제를 옹호해주는 결정적인 계기는 바로 "예외상태를 결단하는 자가 주권적이다"[136]라는 명제에서 찾을 수 있다. 이는 순수한 의도로 결단을 내리는 자를 전체(국가 · 민족)로 규정하고 그런 전체를 대변하는 자를 다름 아닌 신의 대리인으로 채색된 독재적 영도자에서 찾게 되는데, 그 결과 정치적 신학은 파시즘 이론과 연결된다.

이미 바로크 연구에서도 거론한 바 있듯이 벤야민은 슈미트에게 보낸 편지에서 자신의 연구가 슈미트로부터 상당히 영향을 받았다고 고백한 바 있다. 물론 당시에는 슈미트와 파시즘 간의 연관성이 아직 성립되지 않았던 시기였다. 또한 바로크 연구에서 벤야민은 역사적 의식과 알레고리의 관계를 조명하는 가운데 구원으로의 도약(혹은 메시아니즘)을 그리 중요시하지 않았다. 그러나 「역사의 개념에 대하여」의 경우 정치와 종교의 결합이 매우 명백하며 더욱이 논리 전개 상에서도 정치적 신학의 측면이 강하다. 가령 역사적 유물론과 신학, 파괴와 구성, 진정한 예외상태와 지금시간 같은 여러 가지 측면이 정치적 신학에 해당된다. 특히 정상처럼

**135** Ibid., p. 22.

**136** Ibid., p. 11.

보이는 현재의 위기를 극복하는 차원에서 "진정한 예외상태"를 불러들이는 시각은 슈미트의 사유를 반복하는 것처럼 보인다.

> 억눌린 이들의 전통이 우리에게 주고 있는 교훈은, 우리가 그 속에서 살고 있는 '예외상태'가 결코 예외가 아니라 상례라는 점이다. [……] 그렇게 되면 진정한 예외상태를 도래시키는 것이 우리의 임무임이 명약관화해질 것이다.[137]

벤야민이 처한 당시 상황은 이랬다. 즉 자본과 기술의 결합을 통해 이상적인 삶을 구현할 수 있다는 환상에 젖은 이들은 비단 부르주아적 시민 계급뿐만이 아니라 마르크스주의에 기반을 둔 독일 사회민주당도 마찬가지였다. 노동자 계급과 기술의 발전을 결합시킨 사회민주당의 노선은 결국 자본주의에 투항한 것과도 같은데, 이를 두고서 벤야민은 "저 과거의 프로테스탄티즘의 노동 윤리가 세속화된 모습으로 노동자들에게서 부활하고 있다"[138]고 시니컬하게 비판하고 있다. "과거의 프로테스탄티즘의 노동 윤리"라는 표현은 자본주의 경제 윤리의 근원을 프로테스탄티즘에서 찾았던 막스 베버를 비판하는 것에 다름 아니다. 그렇게 자본 · 노동 · 기술이 결탁함으로써 진보라는 환상이 더욱 설득력을 얻고 있지만, 실제 역사는 사실 억압과 파국의 길을 걷고 있을 뿐이다. 그런데도 대중은 그런 진보의 환상에 젖은 나머지 위태로운 상태를 예외상태로 보지 않고 오히려 상례, 즉 정상적인 상황으로 받아들이고 있는 것이다. 더욱이 대중이 사이비 유형의 예외상태를 부르짖는 파시즘 이데올로기를 맹목적으로 추종하는 상황이 초래하는데, 즉 게르만 민족 국가를 마치 새로운

**137** GS 1, 697.
**138** GS 1, 699.

신적인 제국으로 간주하고 그런 정치적 목적을 실현하기 위한 새로운 영도자를 마치 신의 대리인처럼 내세우는 정치 이데올로기에 현혹되어 있는 것이다.

여기서 흥미로운 점은, 파시즘 체제가 내세우는 예외상태에 저항하기 위해 벤야민은 그들과 똑같은 언어를 사용한다는 것인데, 가령 "진정한 예외상태를 공표"[139]해야만 한다는 표현을 들 수 있다. 진정한 예외상태는 역사적 유물론자가 소망하는 지금시간의 유토피아를 가리킨다. 동일한 언어는 동일한 의미의 반복이 아니다. 벤야민과 후에 데리다도 마찬가지로 언급했듯이, 말의 인용(기표의 반복)은 동일한 의미를 반복하는 것이 아니라 오히려 그 고정된 의미를 해체한다. 이러한 시각을 토대로 위의 구절을 자세히 읽어보면, 예외상태라는 개념의 의미는 벤야민의 경우 완전히 다른 식으로 파악된다.[140] 가령 벤야민이 요청한 예외상태에 대해서 미하엘 룸프(M. Rumprf)는 다음과 같이 설득력 있는 해석을 제시하고 있다. "규범으로 승화된 예외에서 벤야민은 작은 도약을, 즉 어떻게 보일지, 무엇에서 인식될 수 있을지에 대한 언급 없이 순수한 예외라는 새로운 가능성을 발견하고 있다."[141] 슈미트와 비슷하게 벤야민도 예외상태를 기적 내지는 구원으로 간주하고 있기는 하다. 그러나 결정적인 차이점은 슈미트에게서 그러한 기적(예외상태)은 국가 · 민족 · 영도자가 하나가 되

**139** GS 1, 697.

**140** 물론 동일한 개념에 다른 의미와 논리를 부여하는 일종의 맞불 놓기처럼 보이는 벤야민의 언어적 · 정치적 전략이 그 역사적 정황이나 개념의 의미를 이해할 수 있는 이들에게는 쉽게 파악될 수 있지만, 문제는 그와 같은 역사적 맥락을 공유하지 못한 일반적인 독자는 개념적 의미나 정치적 인식에서 상당한 어려움을 갖게 된다는 것이다.

**141** Michael Rumpf, Radikale Theologie. Benjamins Beziehung zu Carl Schmitt, in: P. Gebhardt u.a.(Hg.), Walter Benjamin: Zeitgenosse der Moderne, Kronberg/Tp. 1976, p. 46.

는 파시즘적 체제에서 구체화되지만, 벤야민에게서 기적은 그 어떤 정치적 체제가 존재할 수 없는, 아무것도 채워지지 않는 상태처럼 일어날 뿐이다. 다만 그런 예외상태를 가져오는 행위자에 관한 대답은 여전히 풀리지 않은 채 남는다. 진정한 예외상태로서의 지금시간이 어떻게 가능한가에 대해서 가령 그것은 순수하고도 신적인 어떤 폭력에 의해 실현될 수 있다고 대답할 수 있으며, 그 근거를 벤야민의 저 유명한 글 「폭력의 비판을 위하여」에서 찾을 수 있다. 그 글에서 벤야민은 수단과 목적의 관계에서 파악되는 "법제정적 폭력"과 "법보존적 폭력"에 완전히 대립되는, 목적 없는 순수한 수단으로 행해지는 "순수한 폭력", "신적인 폭력"을 제시한 바 있다.[142] 이에 대한 아감벤의 해석에 의하면, "행위하고 선언하는 폭력"으로서의 "다스리는 폭력", 즉 순수한 폭력은 언어이론에서 분석된 바 있던 표상이나 사물의 의미를 전달하는 수단으로서의 언어가 아닌, 인간 · 낱말 · 인식 · 사물 등이 하나가 되는 저 "순수 언어"를 상기시킨다.[143] 그렇다면 문제는 누가 무슨 권한으로 "어떤" 폭력을 저 "순수한 폭력"의 행해짐 혹은 "진정한 예외상태로서의 지금시간"이라고 명명할 수

142 이 책에서 자세히 다루지 않은 벤야민의 글 「폭력의 비판을 위하여」는 상당히 논쟁적이고 매우 복잡한 논의를 필요로 한다. 그 글의 말미는 다음과 같이 정리되고 있다. "통제적 폭력이라고 불리는 법제정적 폭력, 즉 신화적 폭력은 비난받아야 마땅하다. 아울러 그런 폭력에 봉사하는 관리된 폭력, 즉 법보존적 폭력도 비난받아야 마땅하다. 신적인 폭력은 성스러운 집행의 수단이 아니라 성스러운 집행의 옥새이자 인장인 신적 폭력은 다스리는 폭력이라고 불러도 될 것이다"(GS 2, 203). 새로운 질서를 위한 시민혁명, 노동자의 총파업 등에서는 법제정적 폭력이 나타나고, 기존 질서를 옹호하려는 국가 행위에서는 법보존적 폭력이 나타난다. 언뜻 보기에 두 가지 형태의 폭력은 서로 대립하는 것처럼 보이지만 사실은 서로 동일한 관계를 맺는다. 가령 법제정적 폭력은 자신을 유지하기 위해 법보존적 폭력을 필요로 하기 때문이다. 이와 달리 신적인 폭력이 일어날 경우에는 그 어떤 법제정이나 법보존이 더 이상 필요 없는 상태다.

143 G. Agamben, Ausnahmezustand, p. 75.

있는 것일까? 만약 「역사의 개념에 대하여」의 경우 프롤레타리아 계급의 혁명적 행위가 저 순수한 폭력의 행위와 동일시될 수 있다면 그에 대한 근거는 풀리지 않는 수수께끼로 남을 뿐이다.

언뜻 보기에 정치와 종교, 역사적 유물론과 신학을 결합하는 벤야민의 사유에는 신정정치적 흔적이 남아 있는 듯이 보인다. 그렇지만 벤야민 스스로 그와 같은 신정정치의 위험에 대해 일찍부터 강력하게 경고했다. 가령 「역사의 개념에 대하여」에서 제시된 역사적 유물론과 신학(메시아니즘)의 결합은 공교롭게도 「신학적-정치적 단편」이라고 불리는 벤야민의 글과 관련되어 자주 언급된다. 블로흐의 『유토피아의 정신』(1918)이 언급되고 있다는 점에서 그 글은 1920~1921년 정도에 씌어진 것으로 짐작된다. 친구 숄렘이 그렇게 추정하였다면, 아도르노는 1938년에 씌어졌다고 보았다. 그런 상이한 시각을 중재하는 차원에서 티데만은 1920~1921년에 씌어진 글을 벤야민이 후에 1938년에 아도르노에게 보냈을 것이라고 말한다. 어쨌든 「역사의 개념에 대하여」나 「신학적-정치적 단편」의 핵심은 모두 정치와 종교, 지식과 믿음, 세속적인 것과 신적인 것을 서로 결합하는 데 있으며, 그러한 자신의 시도를 벤야민은 그 글에서 "신비주의적 역사관"[144]이라고 명명하고 있다.

자세히 살펴보면, 「신학적-정치적 단편」과 「역사의 개념에 대하여」 사이에는 미묘한 차이점이 흐르고 있다. 우선 「신학적-정치적 단편」의 경우 정치와 종교를 결합하는 사유 방식을 분명하게 인식하면서 벤야민은 자신의 시도를 신정정치적 사유와는 구분되는 것이라고 강조한다. 일반적으로 신정정치는 인간이 메시아를 불러들이며 또한 역사적 동력의 목적을 다름 아닌 신의 왕국을 건설하는 데 그 특징을 두고 있지만, 벤야민

144 GS 2, 203.

은 그와 같은 신정정치적 사유를 부정하고 나선다.

> 메시아 스스로 비로소 모든 역사적 사건을 완성하는데, 더욱이 역사적인 사건이 메시아적인 것과 맺는 관계를 메시아가 스스로 비로소 구원하고 완성하고 만들어낸다는 의미에서 그렇다. 그렇기 때문에 그 어떤 역사적인 것도 스스로 메시아적인 것과 관계를 맺으려 할 수 없다. 그렇기 때문에 신의 왕국은 역사적 동력의 목적일 수 없으며 또한 목표로 설정될 수도 없다. 역사적으로 보면, 신의 왕국은 목표가 아니라 끝이다. 그렇기 때문에 세속적인 것의 질서는 신의 왕국에 대한 생각에서 구축될 수 없다. 그렇기 때문에 신정정치는 결코 정치적인 의미를 갖는 것이 아니라 종교적인 의미를 지닐 뿐이다. 블로흐의 『유토피아의 정신』의 가장 커다란 업적은, 신정정치의 정치적 의미를 아주 강도 높게 부정했다는 것이다.[145]

인간 역사(혹은 그 안에서 행동하는 인간)가 주체가 되어 메시아를 끌어들이는, 소위 메시아의 대리임을 자칭하는 사유, 다시 말하면 메시아의 도래, 신의 왕국 실현을 인간의 세속적 삶이 추구해야 할 목표 혹은 목적으로 설정하는 것은 잘못된 신학, 혹은 전근대적인 신정정치의 모습에 다름 아니다. 이와 달리 벤야민에 의하면, 진정한 메시아니즘에서는 무엇보다도 인간과 신, 역사적인 것과 메시아적인 것이 결코 수단과 목적의 관계를 맺는 것이 아니며 또한 모든 완성의 주체는 인간이 아니라 메시아 자신이라는 것이다. 그렇기 때문에 그 글에서는 "모든 지상의 존재가 행복 속에서 자신의 몰락을 추구하는 것", "메시아적 집약성은 고통의 의미에서의 불행을 헤치고 나간다", "몰락의 영원으로 인도하는 속세적인 원상

---

**145** GS 2, 203.

복구", "불멸로 인도하는 종교적 원상 복구"라는 표현 등을 통해 분명 인간과 메시아, 세속적인 것과 메시아적인 것이 서로 분리되고 있다. 그렇게 분리를 주장하면서 벤야민은 글의 말미에 세속적인 것과 관련하여 현재의 세계 정치에 주어진 단 한 가지 방법은 바로 "니힐리즘"이라는 결론을 제시한다.

> 이러한 영원하고도 총체적인 몰락을 추구하는 것—자연이라고 하는 인간의 단계에서도 마찬가지이지만—이 곧 세계 정치의 과제이며, 그 방법은 니힐리즘으로 불려야만 한다.[146]

니힐리즘이란 현존해 있는 모든 것을 부정하고 글자 그대로 몰락만을 추구하는 허무주의적 사유와 행위에 다름 아니다. 니힐리즘의 경우에는 그 어떤 구원조차 불가능한 것처럼 보인다. 따라서 니힐리즘 자체만이 절대시될 경우 그것은 메시아니즘과 철저히 분리되는 것처럼 보인다.

그렇다면 벤야민은 정치와 종교의 분리를 계속 주장하고 있는 것일까? 그렇지는 않다. 파괴와 구성, 파국과 구원의 변증법적 관계가 언급된 「역사의 개념에 대하여」에서는 총체적 부정으로서의 니힐리즘이 다시금 메시아니즘과 연결되기 때문이다. 세속적인 것(역사 · 정치)이 자신을 정당화하기 위해 메시아적인 것을 끌어들이는 신정정치적 사유를 거부했던 벤야민이 다시금 세속적인 니힐리즘과 구원의 메시아니즘을 서로 결합하고 있으며, 그 결과 벤야민 스스로 모순에 젖어 있는 것이다. 또한 「신학적-정치적 단편」에서도 니힐리즘적 의식과 행위에도 불구하고 "메시아 스스로 비로소 구원하고 완성하고 만들어내는" 역사의 가능성이 여전히 주어

---

**146** GS 2, 204.

져 있으며 이것도 정치와 종교가 결합된 사유의 흔적이다.

그런데 사실 매우 복잡한 논의가 내포된 「신학적-정치적 단편」의 경우 정치와 종교, 세속적인 것과 메시아적인 것의 관계와 관련해서는 연구자들 간에도 이견이 없지는 않다. 그 하나는 세속적인 것과 메시아적인 것의 분리 자체에 방점을 두는 시각이며, 다른 하나는 분리보다는 결합의 가능성을 모색하는 시각이다. 안더손(D. T. Andersson)의 다음과 같은 해석은 전자의 예에 속한다.

> 이 텍스트(「신학적-정치적 단편」)에서 벤야민은 파괴 운동에서의 몰락적 측면만을 일방적으로 강조하고 있다. 세속적인 것과 메시아적인 것이 완전히 분리될 경우, 어떤 구원적 개입에 의해서 역사가 정지될 수 있는 지점을 찾는 일은 아무 의미를 갖지 못한다. 「신학적-정치적 단편」에는 [……] 벤야민의 파괴 개념의 특징을 이루는 저 이중성이 결여되어 있다.[147]

「역사의 개념에 대하여」와는 달리 「신학적-정치적 단편」에는 파괴와 구원의 변증법이 결여되어 있다는 것이다. 그런데 이와는 완전히 다른 입장이 있다. 일종의 "분리에 의한 결합"이라는 방식에 의해서 세속적인 것과 메시아적인 것이 서로 만나게 되는데, 물론 그 결합은 신정정치적인 사유 방식과는 완전히 무관하다. 벤야민은 화살의 양방향이라는 이미지적 사유를 통해서 그 역설을 설명한다. 즉 세속적인 것과 메시아적인 것은 분명 양극단에 자리 잡고 있기에 어느 한쪽으로 방향을 취할 경우 다른 쪽으로부터 멀어지는 것은 당연하다. 그러나 벤야민은 "자신의 길을 가는 어떤 힘이 정반대의 방향에 놓여 있는 다른 힘을 촉진할 수 있는 것

147 Dag T. Andersson, Destruktion/Konstruktion, in: Benjamins Begriffe, Bd. I, p. 157.

처럼, 세속적인 것의 세속적 질서가 메시아적 왕국의 도래를 촉진할 수 있다"[148]고 주장한다. 서로 대립하는 것이 서로를 촉진할 수 있다는 논리는 마치 서로 밀어내고 끌어당기는 자기장의 원리처럼 들리기도 한다. 이것이 곧 분리에 의한 결합을 뜻하며 해체 이론가인 베르너 하마허(W. Hamacher)는 그 점을 다음과 같이 부연설명하고 있다.

> 표상된, 의도된 혹은 설정된 메시아적인 것—내키지 않는 세속적 메시아적인 것—으로부터 세속화가 분리됨으로써만, 그리고 세속화가 몰락 속에서도 자신으로부터 자신을 분리시키고 그러한 분리로만 귀착되고 세속적인 것의 절대적인 위기로 나아가게 됨으로써만, 세속화는 메시아적인 것을 위한 공간을 만들게 된다. 이때 메시아적인 것은 세속적인 것에서부터 자유로울 수 있으면서도 세속적인 것의 경향과 자신을 만나게 할 수 있다.[149]

「역사의 개념에 대하여」와 마찬가지로 파괴와 구성, 파국과 구원이 순간적으로 변증법적으로 결합하는 방식과 거의 비슷하다. 물론 이런 해석과 관련하여 다시금 두 가지 문제점이 제기될 수 있다. 그 하나는 '역사 전체를 부정하고 때로는 자신을 파괴하기도 하는 니힐리즘이 과연 사회적으로 용인될 수 있는 것일까' 하는 점이며, 다른 하나는 파괴와 허무를 메시아적인 구원으로 전환시켜주는 구체적인 매개가 명확하게 제시되지 않는다는 것이다. 물론 두 번째 측면은, 아도르노뿐만 아니라 많은 연구가들도 제시했던 근본적인 비판, 즉 계몽과 신비, 정치와 예술, 철학과 문

**148** GS 2, 204.

**149** Werner Hamacher, Das Theologisch-politische Fragment, in: Benjamin Handbuch. Leben-Werk-Wirkung, hrsg. v. B. Lindner, 2006, p. 181.

학 등을 결합하는 벤야민의 사유에는 합리적이고 과학적인 매개가 결여되어 있다는 비판과도 관련된다. 그러나 그런 비판적 우려는 사실 적절치 않다. 비매개적인 방식이야말로 벤야민의 사유와 글쓰기 세계의 특징이라는 점을 고려한다면 두 번째 측면은 전혀 문제시되지 않는다. 더욱이 『독일 바로크 비극의 원천』에서 이미 살펴본 것처럼, 사물이나 사유의 영역에서 파편적 알레고리를 구사하는 예술가는 궁극적으로 "부활을 향해 가차 없이 비약하거나" 혹은 "구원" 내지는 "기적"이 보장된 틀 속에 거주해 있다는 점을 생각하면 알레코리커로서의 벤야민이 지닌 비매개적 사유 방식은 충분히 이해된다.[150] 설혹 비합리적이고 비매개적인 차원에서 정치와 종교가 결합되고 나아가 그것이 반근대적인, 탈근대적인 모습을 띨지라도, 그런 시도는 분명 파시즘 이데올로기에 대한 대항으로서, 당시의 절망적인 정치적 상황이 극복되기를 바라는 주관적 소망으로 이해될 수 있다. 다시 말하면, 벤야민이 시도한 정치와 종교의 결합은, 합리적인 매개의 가능성 여부와 관계없이, 실제 현실에서는 전혀 실현 불가능한, 개인적 소망에서 만들어진 상상적 산물로만 받아들여질 수 있는 것이다.

따라서 지금까지 전개해온 인간 역사의 연속성을 모두 부정하는 니힐리즘을 "세계 정치의 과제"로 삼는다는 언술도 절망적인 상황을 총체적으로 극복하고 싶은 소망에서 나온 상상적이고 허구적인 표현으로만 받아들일 필요가 있다. 이와 달리 벤야민의 개인적 사유 방식을 역사적 · 실존적 상황을 극복하기 위한 필연적이고 현실적인 지침으로 삼을 경우, 위에서 제기한 첫 번째 문제점, 즉 '역사 전체를 부정하고 때로는 자신을 파괴하기도 하는 니힐리즘이 과연 사회적으로 용인될 수 있는 것일까'라

150 이에 대해서는 4장을 참고.

는 문제점에 대해서 회의적인 답변이 제시될 수밖에 없다. 즉 벤야민의 사유 방식이 다른 여느 때보다도 더욱 강력한 잠재력과 현재성을 획득하는 현재, 그의 사유와 글에 사회적 실천성을 부여한다면 아마도 그것은 위험한 사회적 폭력을 옹호하는 결과를 초래할지도 모른다.

사실 신보수주의가 맹위를 떨치는 현재의 분위기는 매우 심각하다. 9·11 사태 이후 현재까지 진행되고 있는 신보수주의 사회에서는, 일찍이 다니엘 벨(Daniel Bell)이 예고했듯이, 다시금 정치와 종교가 더욱 밀접한 관계를 맺는 양상을 띠고 있기 때문이다. 이러한 정치사회적 분위기에서, 물론 완전히 다른 의미지만, 벤야민의 정치와 종교의 관계도 재조명되고 있는 것이다. 신보수주의적 경향과 벤야민 활성화의 경향은 매우 역설적이다. 왜냐하면 정치와 종교가 더욱 강렬하게 유착 관계를 맺고 있는 신보수주의 사회는 분명 근대성의 퇴행이며, 그런 퇴행적 경향 속에서 마찬가지로 정치와 종교를 결합시키는 듯한 벤야민의 사유가 활성화되고 있으니 말이다. 마치 예외상태를 주장한 1930년대의 파시즘적 사회의 분위기, 그리고 그런 사회적 정황을 극복하기 위해 완전히 다른 의미에서 예외상태를 주장했던 벤야민의 사유, 이러한 두 가지 현상이 지금 여기서 반복하는 것 같다.

그렇지만 정치와 종교를 결합하려는 신정정치적 경향을 띤 신보수주의적 분위기, 특히 기독교든 이슬람교든 근본주의자들이 맹위를 떨치는 그런 상황 속에서, 마찬가지로 정치와 종교를 결합하고 또한 니힐리즘적 허무와 파괴를 세계 정치의 과제로 내세우는 벤야민의 사유는 어떤 식의 논리를 통해 그 차별성을 제시할 수 있는 것일까?[151] 대단히 위태로운 현재

**151** 비교적 최근에 나온 대표적인 연구서로는 『신학과 정치』(Theologie und Politik. Walter Benjamin und ein Paradigma der Moderne, hrsg. v. Bernd Witte/Mauro Ponzi, Berlin

상황에서 벤야민의 사유가 지닌 의미에 대해 볼파르트(I. Wohlfarth)는 다음과 같이 정리하고 있다.

> 한편으로 벤야민의 사유는 메시아적 니힐리즘으로 이해되는 것처럼 보인다. 이것은 그의 핵심 텍스트인 '신학적-정치적 단편'에서 강조되어 있다. 이 텍스트에 의하면, 세계 정치의 방법은 니힐리즘으로 불려야 한다는 것이다. 그러나 '정치적 메시아니즘'은 여전히 다시금 자유주의 진영이나 마르크스주의 진영으로부터 아나키즘적 위협을 띤 것으로, 파괴적 잠재력을 지닌 것으로 간주되고 있다. 하버마스와 티데만이 벤야민의 정치에 이의를 제기한 것도 그런 경향을 입증해 주고 있다. 또한 9월 11일 폭파 사건도 모든 형태의 메시아적 정치에 대한 의심을 진리처럼 강화시키고 있다.
>
> 다른 한편으로 현재의 세계 상황은—새뮤얼 헌팅턴(『문화들의 싸움』)과 막스 베버(『신들의 싸움』)에게는 유감스러운 일이지만— 니힐리즘의 투쟁으로 이해될 수 있다. 앙드레 글룩스만이 2001년 9·11 사태에 대해 출간했던 두 권의 책—『맨해튼의 도스토옙스키』(2002), 『서구 대 서구』(2003)—가 그런 시나리오를 그려내고 있다. 두 적대자—이슬람 근본주의와 그에 대항하는 미국의 십자군 출정—의 거울 관계에 대해서는 다각적으로 제시된 바 있다. 마르크스, 프로이트, 니체가 니힐리즘을 시대의 결정적인 문제점으로 규정한 것은 결코 헛된 일이 아니었다.[152]

9·11 테러를 실행에 옮긴 근본주의 세력과 그에 대항하는 차원에서 테

---

2005)와 『세속적 삶』(Profanes Leben. Walter Benjamins Dialektik der Säkularisierung, hrsg. v. Daniel Weidner, Frankfurt am Main 2010)을 들 수 있다.

**152** Irving Wohlfarth, in: http://www.goethe.de/ins/it/rom/prj/rup/woh/deindex.htm

러와의 전쟁을 부르짖는 신보수주의적 · 근본주의적 세력, 이 두 세력의 공통점은 모두 신정정치에 근접한 이데올로기를 펼치고 있다는 것이며 또한 마치 그런 이데올로기를 실행에 옮기는 차원에서 잔인한 파괴 행동을 일삼고 있는 것이다. 당연히 니힐리즘적 정치과 메시아적 구원을 결합시킨 벤야민의 사유 방식은 그런 위태로운 이데올로기와 정치적 행동과는 구분되어야만 한다. 이와 관련된 가장 중요한 전제조건 및 결론은, 벤야민의 니힐리즘적 메시아니즘(혹은 메시아적 니힐리즘)은 결코 폭력에 의한 변화를 정당화하지 않는다는 것이며 그 점은 카프카에 관한 글에서 읽을 수 있다.

> 메시아가 오면 그 남자[난쟁이, 일그러진 삶의 거주자: 역자]는 사라질 것이다. 한 위대한 랍비의 말에 의하면, 그 메시아는 폭력으로 세계를 변화시키는 것이 아니라 아주 조금 세계를 바로잡으려고 온다고 한다.[153]

이처럼 벤야민은 폭력에 의한 세계 변화를 옹호하지 않았으며 또한 그의 니힐리즘적 사유는 지나간 모든 것을 총체적으로 불신하는 니힐리즘적 정치 행위(소련 공산주의, 독일 파시즘, 유럽 및 미국의 신자유주의)와는 전혀 다르다. 볼파르트에 의하면, 자신들만의 유일신 수호를 목적으로 다른 종교와 문화를 철저히 부정하고 파괴하려는 잘못된 니힐리즘을 정당화하는 세 가지 종교(기독교 · 유대교 · 이슬람교)와 벤야민의 구원적 니힐리즘은 서로 분명히 구분될 필요가 있다고 역설한다. 그런 의미에서 "니힐리즘 대 니힐리즘"(Nihilismus kontra Nihilismus)이라는 주제로 그는 근대가 생산해낸 잘못된 니힐리즘과 벤야민의 니힐리즘을 비교 연구할 것을 제안하고

---

**153** GS 2, 431 sq.

나선다.

이에 대해서 나는 다음과 같은 테제를 시험적으로 제시하고 싶다. 벤야민의 '정치적 신학'은 오늘날 세계무대를 지배하고 있는 동일한 이름의 저 도착적인 유희 형태들과는 구분되어야만 할 뿐만 아니라 오히려 그런 것에 대항하는 예방제이기도 하다. 벤야민의 정치적 신학이 그 적대자의 이름인 니힐리즘을 표명하고 있는 것은 결코 우연이 아니다. '나를 들어보시오! 왜냐면 내가 그 자이기 때문이지. 나를 다른 이들과 혼동하지 마시오!' 이처럼 『에세 호모』(Ecce Homo)에서 니체가 외친 것은 벤야민에게도 그대로 유효하다. 물론 어느 정도까지는 현재 지배하는 니힐리즘들은 서로 혼동될 수도 있다. 특히 세 가지 유일신 종교가 정치적으로 도구화되는 그런 지점에서 그 세 종교는 서로 분개하여 반복하면 할수록 더욱더 닮아가는 니힐리즘으로 자신의 정체를 드러낼 것이다. 현재의 세계적 상황을 연구하는 것, 그것은 곧 니힐리즘의 비교 연구를 수행하는 것을 뜻한다.[154]

**154** I. Wohlfarth, Nihilismus kontra Nihilismus, in: Theologie und Politik. Walter Benjamin und ein Paradigma der Moderne, p. 113.

제10장

# 글을 맺으며

카프카의 단편들 가운데 「가장(家長)의 근심」이라는 제목의 짧은 텍스트가 있다. 독일어 원본으로는 한 쪽 정도이니 정말 짧은 글이다. 제목만 보면 어느 가장이 생활고나 실존적 상황에 관한 자신의 근심어린 내용을 들려주는 텍스트처럼 생각될 수 있겠지만 그 내용은 완전히 딴판이다. 독자의 기대와는 전혀 다른 차원에서 텍스트는 대단히 추상적이고 도대체 어떤 존재인지 전혀 알 수 없는 오드라덱(Odradek)이라는 기이한 형상에 대해 말해주고 있다.

만약 오드라덱이라는 존재가 실제로 없었다면 그 누구도 물론 그에 관한 연구에 몰두하지는 않았을 것이다. 그것은 우선 납작한 별 모양의 실패처럼 보인다. 그리고 그것은 실제로 실이 감겨 있는 것처럼 보이기도 한다. 물론 그것은 다만 끊겨진, 낡은, 서로 엉키고 매듭지어진, 여러 모양과 색깔의 낡은 실타래 조각일 수도 있다. 그런데 그것은 그저 하나의 실패만이 아니라 별 모양의 실패 중간에는 작은 막대가 횡으로 돌출해 있고, 오른쪽 모서리에는 또 다른 막대기가 그 막대와 맞닿아 있다. 이쪽 면에서 보면 한쪽 막대기의 도움으로, 다른 쪽 면에서 보면

별이 발하는 빛의 도움으로, 그 전체 모양은 마치 두 다리로 서듯 곧추 설 수 있다.[1]

마치 하나의 실제 존재하는 사물처럼 오드라덱이 형상화되어 있다. 오드라덱은 마치 실이 복잡하게 감겨 있는 실패처럼 보인다고 하는데, 그런 점에서 어떤 추상적인 관념이나 이념을 감각적인 사물처럼 보이게 한 알레고리처럼 읽힌다. 그럴 경우 실패처럼 보이는 오드라덱은 매우 추상적인 차원에서 실존, 텍스트, 언어, 의미 같은 관념을 뜻할 수 있다. 그 점은 오드라덱과 관련하여 "말의 의미를 발견할 수 없다"는 구절이나 혹은 오드라덱의 외적 모습과 관련하여 "그 전체가 의미 없어 보이지만, 그 나름대로 완성된 것으로 보인다"는 구절을 통해서 추론될 수 있다. 혹은 가장으로 추측되는 텍스트의 화자("나")가 오드라덱에 제대로 접근하지 못하고 있는 정황을 고려하다면, 이 단편은 텍스트의 의미를 정확히 파악할 수 없는 독자의 한계 상황을 암시하는 텍스트로 해석될 수 있다.

어쨌든 대단히 모호함에도 불구하고 많은 연구가들은 오드라덱이 어떤 모양을 하고 있는지 상상해보곤 한다. 언어로 묘사된 측면을 고려하여 형상화할 경우 오드라덱은 아마도 다음과 같은 모습을 띨 수 있을지도 모른다.

오드라덱을 우리가 만나서 이야기를 나눌 수 있는 어떤 물체로 의인화하면서 화자는 그 기이한 형상을 어디서 볼 수 있는지에 대해 이제 자세히 말해준다.

> 그 전체가 의미 없어 보이지만, 그 나름대로 완성된 것으로 보인다. 그밖에 그것에 관한 더욱 상세하게 말할 수 있는 것이 없기 때문이다. 왜냐하면 오드라덱은 유난히 움직임이 많아서 붙잡을 수 없기 때문이다. 그는 번갈아가며 천장에 있다가, 계단에 있기도 하고, 복도에 있는가 하면, 현관에 있기도 한다. 가끔 그는 몇 달 동안 보이지 않을 때도 있다. 그때는 아마 그가 다른 집으로 옮겨갔을 것이다. 그러나 그는 어김없이 또다시 집으로 되돌아온다. 가끔 우리가 문밖으로 나올 때, 그가 저 아래 난간에 기대어 있으며, 우리는 그에게 말을 걸고 싶어진다. [……] '넌 이름이 뭐니?'라고 그에게 물을 것이다. '오드라덱'하고 그가 말한다. '넌 어디서 살지?' '정해지지 않은 집에서'라고 말하면서 그는 웃을 것이다. 그러나 그 웃음은 폐에서 만들어질 수 없는 그런 웃음이다. 그것은 마치 낙엽의 바스락거리는 소리처럼 들린다. 대화는 대개 이렇게 끝난다. 덧붙여 말하면, 이 대답조차 언제나 듣게 되는 것은 아니다. 그는 흔히 오랜 동안 말이 없다. 마치 나무토막처럼. 그는 나무토막인 것 같다.[2]

그동안 카프카 연구자들은 "다비드의 별"에서부터 "삶의 의미에 관한 질문", 나아가 "의미에 대한 회의" 등 오드라덱에 대해 다양한 해석을 시도했지만 그 가운데 가장 많이 인용되는 해석은 카프카 연구자로 잘 알려

---

**1** F. Kafka, Die Sorge des Hausvaters(『카프카 선집』 I, 이주동 역, 솔출판사, 2002, 241쪽 참조).

**2** 같은 책, 242쪽.

진 빌헬름 엠리히(W. Emrich)의 시각이다. 그에 의하면, 오드라덱은 "서로 얽혀 있고 대립해 있는 인간의 삶과 사유"를 뜻한다.[3] 이처럼 수수께끼와도 같은 비의적인 형상인 오드라덱에 대해 벤야민도 이미 해석을 시도한 바 있다.

> 오드라덱은 사물들이 망각 속에서 취하는 형식이다. 사물들은 일그러져 있다. [……] 카프카의 인물들은, 그 일련의 형상들을 보면, 일그러진 형태의 원형인 난쟁이와 연관되어 있다. 「작은 난쟁이」라는 전승 민요도 같은 점을 형상화하고 있다. 이 난쟁이는 일그러진 삶의 거주자다.[4]

오드라덱에 대해 텍스트, 의미, 인간의 삶과 사유 같은 추상적이고 관념적인 대답을 제시했던 카프카 연구자들과는 달리 벤야민은 오드라덱을 사물의 일그러진 존재 양태로 읽고 있다. 벤야민의 분석대로, 카프카 문학에서 일그러진 존재는 다양한 기이한 동물 모습과 연관되어 있으며 그 대표적인 예로는 갑충으로 변한 그레고르 잠자의 모습을 들 수 있다. 그와 같은 인간 주체를 포함한 모든 사물의 일그러진 존재 상태는 민요에서 전승되어온 "작은 난쟁이"라는 형상과 연결된다고 한다. 『베를린의 유년시절』의 마지막 단편에서도 형상화된 작은 난쟁이는 분명 미숙하고 좌절한 자 혹은 의식을 결여하거나 망각에 내맡겨진 자 같은 비정상적인 존재

---

3 Wilhelm Emrich, Die Sorge des Hausvaters, in: Akzente. 13, 1966, pp. 295~303. 그러나 후에 엠리히는 오드라덱의 의미를 인간의 실존적 차원에서 벗어나 완전히 다르게 분석한다. "달리 말하면, 이 오드라덱이라는 실제의 물체는 조립된 것이 아니라, 어떤 의미로도 파악할 수 없고, 따라서 의미가 없어 보이는 완성된 전체다. 그것은 완성된 전체로서 인간에게 가능한 모든 의미 해석을 벗어나 있다. 즉 그것은 모순으로 가득 찬 요소들의 통일체다"(벨헬름 엠리히, 『프란츠 카프카』, 편영수 역, 지식을 만드는 지식, 2011, 183쪽).

4 GS 2, 431 sq.

자를 나타낸다. 또한 작은 난쟁이 형상은 「역사의 개념에 대하여」에서처럼 작고 추한 모습으로 장기 자동기계 안에 숨어 있는 난쟁이(신학)까지도 연상시킨다. 설혹 신학이 역사적 유물론에 도움을 주고 있을지라도, 그렇게 신학을 작은 난쟁이로 묘사한다면 이는 곧 왜곡된 혹은 위축된 신학을 암시하는 것이다. 요컨대, 벤야민의 시각에서는 역사적 유물론이나 신학 같은 학문뿐만 아니라 인간 · 사물 등 모든 존재자가 정상적인 모습보다는 일그러진 모습을 취하고 있는 셈이다. 원죄 이후 역사는 그런 상황에 놓여 있기 때문이다. 아마도 메시아가 다가올 때 비로소 사물 · 언어 · 인간 등 모든 존재자는 서로간의 차이를 지양하고 더 이상 일그러지지 않은 진실한 존재를 다시 획득하게 될지도 모른다. 그러나 일그러지지 않은 진실한 존재로서의 구원이 과연 벤야민이 원했던 최종 목적일까?[5]

오드라덱을 사물의 일그러진 존재로 해석한 벤야민의 시각과는 달리, 여기서는 완전히 다른 식으로 오드라덱을 분석하고자 한다. 아니, 벤야민 스스로 오드라덱에 대해 해석의 단초를 제공하고 있는 셈이다. 그것은 오드라덱이 다름 아닌 "사유이미지"들로 합성된 벤야민 글 자체를 지칭한다는 것이다. 요컨대, 『베를린의 유년시절』에서 언급된 바 있듯이, 죽어가는 이의 시선 앞에서 삶 전체가 순간 "이미지들로 합성되어"[6] 스쳐지나가듯, 오드라덱처럼 벤야민의 텍스트도 독자의 눈앞에 매순간 펼쳐지는 사유이미지들의 합성처럼 스쳐지나가는 것이다. 실이 감겨 있는 듯하지

---

**5** 오드라덱에 대한 벤야민의 해석과 관련하여 아도르노는 다음과 같이 형이상학적 · 신학적 해석을 덧붙인다. "확실히 오드라덱은 사물세계의 이면으로서 일그러짐을 나타내는 기호다.—그러나 그 자체 초월의 모티브이기도 하다. 즉 생물적인 것과 비생물적인 것의 경계를 제거하고 화해시키는 모티브 혹은 죽음을 지양하는 모티브다. 즉 오드라덱은 '생존해 있다'"(Th. W. Adorno, Über Walter Benjamin, p. 111).

**6** GS 4, 304.

만 동시에 "끊겨진, 낡은, 서로 엉키고 매듭지어진, 여러 모양과 색깔의 낡은 실타래 조각"처럼 보이는 오드라덱의 이미지야말로 사유이미지들의 합성 방식인 알레고리 · 형세 등으로 표현된 벤야민 텍스트의 특성을 가장 잘 우회적으로 나타내준다.

암울한 동시대의 상황 속에서 벤야민의 글과 사유는 아름답고 완전한 형태를 취할 수 없으며 오히려 기이하고 수수께끼 같은 형태를 띨 수밖에 없다. 그런 의미에서 벤야민의 사유와 글은 일그러진 모습 그 자체다. 의미와 형상이 일치되지 않는 알레고리, 다양한 사유가 얽혀 있는 형세 개념, 양극단이 서로 대립하는 타원형적 · 문지방적인 사유, 그리고 특정한 정착지 없이 여기저기를 부유하는 사유, 이 모든 점은 오드라덱의 모습과 정확히 일치한다. "끊겨진, 낡은, 서로 엉키고 매듭지어진, 여러 모양과 색깔의 낡은 실타래 조각" 같은 대목, "그[오드라덱]는 번갈아가며 천장에 있다가, 계단에 있기도 하고, 복도에 있는가 하면, 현관에 있기도 한다. 가끔 그는 몇 달 동안 보이지 않을 때도 있다. 그때는 아마 그가 다른 집으로 옮겨갔을 것이다. 그러나 그는 어김없이 또다시 집으로 되돌아온다"라는 대목도 간접적으로 벤야민 텍스트의 특성과 부합한다. 본래 일그러짐, 정처 없음 같은 상태는 존재론적 차원에서 왜곡이나 비정상 같은 부정적인 의미를 나타내지만, 프루스트의 이미지 창조 방식과 관련해서 벤야민은 그런 일그러진 상태를 "현존재의 진실한 초현실주의적 모습이 돌출하는 세계"라고 뒤집어서 해석한 바 있다.[7] 물론 사회비판적인 해석을 뛰어넘어서 일그러진 상태는 글의 특성 차원에서도 파악될 수 있다. 가령 해체와 구성, 현존과 부재 사이를 부유하는 텍스트의 특성, 그 어떤 중심이나 하나의 의미가 더 이상 지배하지 않는 텍스트의 특성 말이다.

---

7 GS 2, 314.

그런 일그러진 텍스트 특성으로 인해 벤야민의 글은 지금의 맥락에서도 여전히 현재적이다. 다른 마르크스주의 사상과 이론이 모두 위축되어 있는 상황 속에서 유독 벤야민의 사유와 글만이 더욱 활성화되고 있는 까닭은, 그가 마르크스주의를 매우 유연하게 수용하였기 때문이다. 아니, 마르크스주의뿐만이 아니다. 거의 모든 이념, 학문적 방향, 방법 등을 독자적인 시각으로 해석하고 수용하였기에 그의 사유와 글은 그 어떤 정설이나 통설(orthodoxy)에 묶여 있지 않은 채 변형 · 변이 · 변환 과정을 걷는다. 그런 일그러진 사유와 글의 특성으로 인해 벤야민 르네상스가 지금도 가능한 것이다. 더욱 흥미로운 점은, 그의 텍스트를 분석하는 방법도 다양하다는 것이다. 주로 허구적인 창작 작품들만이 마르크스주의 · 정신분석학 · 실증주의 · 해체론 · 매체이론 · 정신사 · 문화학 · 페미니즘 등 다양한 방법에 의해 해석되게 마련이지만, 그런 다양한 방법론이 벤야민의 글에도 적극 적용되고 있다는 것은 정말이지 특이한 현상이 아닐 수 없다. 또한 특정 방법론(가령 마르크스주의적 방법) 내에서도 그 해석의 스펙트럼은 대단히 폭넓게 형성되고 있다. 그런 해석의 잠재력과 변주의 가능성은 연구자들의 독특한 시각과 착상에 기인하기보다는 벤야민 텍스트의 일그러진 특성 자체에서 나온다고 할 수 있다. 따라서 이제 벤야민 텍스트의 특성과 관련하여 국내의 벤야민 수용과 해석도 마르크스주의적 수용의 일변도에서 탈피하여 관점의 다변화를 추구해야 함은 새삼 강조할 필요가 없을 듯싶다. 일그러진 벤야민 텍스트에 다양한 해석을 부여할 때 비로소 벤야민은 더욱 심도 있게 활성화될 수 있으며, 그것이 곧 "다방면의 통합적인 현재성의 세계"로서의 "이미지공간"이 열려야 한다는 명제에 부합하는 길이다.

그러나 벤야민 텍스트를 다각도로 해석하는 문헌학적 시도의 활성화만이 전부는 아니다. 사실 벤야민은 20세기 초, 중반에 활동했던 철학자 ·

미학자 · 문인이라고 할 수 있으며, 따라서 21세기 현시점에 그의 텍스트는 어쩌면 이미 고전이 된 셈이다. 그의 텍스트에 영원한 진리가 담겨 있다고 생각한다면, 이는 벤야민이 비판했던 역사주의적 관점의 반복이 아닐 수 없으며 마찬가지로 벤야민이 비판했던 변호와 가치 인정의 행위에 다름 아니다. 따라서 흔히 회자되는 '고전의 현재적 의미'라는 표현은 지양되어야만 한다. 그렇다면 벤야민은 어떻게 활성화될 수 있을까? 벤야민이 활성화되었던 1990년대에 노베어트 볼츠(N. Bolz)가 던진 질문에 대해 벤야민 전문가인 우베 슈타이너(U. Steiner)가 행한 대답은 여전히 유효하다. 자신의 연구서 말미에서 슈타이너는 다음과 같이 매우 뛰어난 대답을 제시하였다.

> '벤야민이 활성화되고 있는데, 그가 실제로도 현재적인가?'(1992. 11) 이렇게 노베어트 볼츠는 1990년대 초에 질문한 바 있지만, 벤야민 스스로 현재성이라는 개념에 제시했던 엄격한 척도들 가운데 그 하나에 따르면 그런 질문은 부정될 수밖에 없다. 벤야민이 한때 언급했듯이, '완전히 새로운 과제에 직면하여 완전히 새로운 해결의 기회'란 모든 역사적인 순간에 주어져 있는 것이다. 아마도 벤야민의 현재성은 각각의 현재를 **그의** 현재성에 대한 질문 앞으로 가져가는 데에 있는 것이 아니라 각각의 현재를 **각 시대의** 현재성에 대한 질문 앞으로 가져가는 데에 있을 것이다.[8] [강조: 역자]

벤야민은 새로운 기술복제 시대에 적합하게 예술 개념도 변화해야 한다고 했으며 또한 각 시대마다 주도적인 매체가 있고 그에 합당한 지각의 변화가 일어난다고 했다. 어쩌면 벤야민은 철저한 현실주의자로 비추어

---

**8** U. Steiner, Walter Benjamin, p. 189.

질 수도 있다. 그 점은 슈타이너가 인용하고 있는 "완전히 새로운 과제에 직면하여 완전히 새로운 해결의 기회"[9]를 찾으라는 벤야민의 언술에서도 여지없이 그대로 드러난다. 따라서 벤야민(그의 텍스트)의 현재성과 대안의 모색, 즉 벤야민의 글과 사유에서 우리 시대의 문제를 해결해주는 대안을 찾으려는 일련의 시도는 아마도 시대착오적으로 비추어질 수 있으며, 설혹 그런 시도를 전개할지라도 벤야민 텍스트는 그 어떤 대안이나 해결책을 제시해주지 않는다. 결국 슈타이너의 지적대로, 우리 시대를 벤야민 텍스트 앞에 갖다놓는 행위가 아니라 우리 시대를 향해 질문을 던지고 그 안에서 해결책을 찾는 길밖에 없으며, 그런 방식이—역설적이지만— 벤야민의 현재성을 촉발하는 토대가 된다.

9 GS 1, 1231.

# 참고문헌

## 1차 문헌

Benjamin, Walter, Gesammelte Schriften. Unter Mitwirkung von Theodor W. Adorno und Gershom Scholem hrsg. von Rolf Tiedemann und Hermann Schweppenhäuser Bde. I-VII, Suppl. I-III., 1. Aufl., Frankfurt a.M. 1972~1999.

Benjamin, Walter, Werke und Nachlaß. Kritische Gesamtausgabe. Herausgegeben von Henri Lonitz und Christoph Gödde. 21 Bände(geplant), Suhrkamp, Frankfurt am Main/Berlin seit 2008.

Benjamin, Walter, Briefe, hrsg. v. G. Scholem und Th. W. Adorno, Frankfurt a.M. 1978.

Benjamin, Walter, Gesammelte Briefe, hrsg. v. Ch. Gödde/H. Lonitz, Frankfurt a.M. 1995~2000.

『발터 벤야민 선집』(전10권), 최성만 외, 길, 2007.

『발터 벤야민의 문예이론』, 반성완 역, 민음사, 1983.

발터 벤야민, 『독일 비애극의 원천』, 조만영 역, 새물결, 2008.

발터 벤야민, 『아케이드 프로젝트』(I, II), 조형준 역, 새물결, 2005~2008.

**2차 문헌**


Adorno, Th. W., Gesammelte Schriften. Hrsg. von Rolf Tiedemann unter Mitwirkung von Gretel Adorno/Susan Buck-Morss/Klaus Schultz, Frankfurt am Main 1970~1980.

Adorno, Th. W., Über Walter Benjamin. Aufsätze, Artikel, Briefe, herausgegeben und mit Anmerkungen versehen mit Rolf Tiedemann, Frankfurt am Main 1970.

Adorno, Th. W./Benjamin, Walter, Briefwechsel 1928~1940, Frankfurt a.M. 1994.

Agamben, Giorgio, Ausnahmezustand, Frankfurt am Main 2004.

Agamben, Giorgio, Kindheit und Geschichte, Frankfurt am Main 2001.

Arendt, Hannah, Benjamin-Brecht, 2. Aufl. München 1986.

Assmann, Aleida/Assmann, Jan(Hg.), Hieroglyphen. Archäologie der literarischen Kommunikation VIII, München 2003.

Bäcker, Iris, Berlin-Bilder von Franz Hessel und Walter Benjamin. In: http://www.docstoc. com/docs/21530232/Berlin-Bilder-von-Franz-Hessel- und-Walter-Benjamin

Barck, Karlheinz(Hg.), Surrealismus in Paris 1919~1939, Leipzig 1990.

Barck, Karlheinz, SCHRIFT/SCHREIBEN ALS TRANSGRESSION. WALTER BENJAMINS KONSTRUKTION VON GESCHICHTE(N), in: http://www.pum. umontreal. ca/revues/surfaces/vol4/barck html

Barck, Karlheinz/u.a(Hg.), Aisthesis, Leipzig 1990.

Barner, Wilfried(Hg.), Literaturkritik—Anspruch und Wirklichkeit, Stuttgart 1990.

Baudelaire, Charles, Der Künstler und das moderne Leben. Essays, Salons, intime Tagebücher, Leipzig 1990.

Baudrillard, Jean, Der symbolische Tausch und der Tod, München 1982.

Böhme, Gernot, Aisthetik. Vorlesungen über Ästhetik als allgemeine Wahrnehmungslehre, München 2001.

Böhme, Hartmut, Natur und Subjekt, Frankfurt a.M. 1988.

Bohn, Volker(Hg.), Bildlichkeit, Frankfurt am Main 1990.

Bohrer, Karl Heinz, Zeit der Revolution — Revolution der Zeit, in: Die Ideen von 1789, hrsg. v. Forum für Philosophie Bad Homburg, Frankfurt am Main 1989, pp. 129~155.

Bohrer, Karl Heinz, Die Ästhetik des Schreckens, München 1978.

Bolz, Norbert/Faber, Richard(Hg.), Antike und Moderne. Zu Walter Benjamins "Passagen", Würzburg 1986.

Bolz, Norbert/Reijen, Willem van(Hg.), Ruinen des Denkens. Denken in Ruinen, Frankfurt a.M. 1996.

Bolz, Norbert/Witte, Bernd(Hg.), Passagen. Walter Benjamins Urgeschichte des XIX. Jahrhunderts, München 1984.

Breger, Claudia/Döring, Tobias(Hg.), Figuren der/des Dritten. Erkundungen kultureller Zwischenräume, Amsterdam 1998.

Breton, André, Die Manifeste des Surrealismus, Hamburg 1968.

Brüggemann, Heinz/Oesterle, Günter(Hg.), Walter Benjamin und die romantische Moderne, Würzburg 2009.

Buchholz, Rene/Kruse, Joseph A.(Hg.), Magnetisches Hingezogensein oder schaudernde Abwehr. Walter Benjamin 1892~1940, Stuttgart/Weimar 1994.

Buck-Morss, Susan, Dialektik des Sehens. Walter Benjamin und das Passagen-Werk(Eng.: The Dialectics of Seeing. Walter Benjamin and the Arcades Project, Cambridge 1989), Frankfurt a.M. 1993.

Bulthaup, Peter(Hg.), Materialien zu Benjamins These "Über den Begriff der Geschichte", Frankfurt am Main 1975.

Bürger, Peter, Der französische Surrealismus, Frankfurt am Main 1996.

Bürger, Peter, Theorie der Avantgarde, Frankfurt a.M. 1974.

Bürger, Peter, Vermittlung—Rezeption—Funktion, Frankfurt am main 1979.

Calvino, Italo, Sechs Vorschläge für das nächste Jahrtausend, München/Wien 1991.

Deleuze/Guattari, Tausend Plateaus. Kapitalismus und Schizophrenie II, Berlin, 1997.

Derrida, Jacques, Schibboleth, München 1986.

Eichendorff, J. v., Ahnung und Gegenwart, hrsg. v. Ch. Briegleb u.a., Stuttgart u.a. 1984.

Emrich, Wilhelm, Die Sorge des Hausvaters, in: Akzente. 13, 1966, pp. 295~303.

Engelmann Peter(Hg.), Postmoderne und Dekonstruktion, Stuttgart 1990.

Faber, Roland, Messianische Zeit. Walter Benjamins 'mystische Geschichtsauffassung' in zeittheologischer Perspektive, in: Münster Theologische Zeitschrift, 54(2003), pp. 68~78.

Foucault, Michel, Die Ordnungen der Dinge, Frankfurt a.M. 1971.

Frank, Manfred, Das Sagbare und das Unsagbare, Frankfurt a.M. 1980.

Friedrich, Hugo, Die Struktur der modernen Lyrik, Hamburg 1956.

Gabrielli, Paolo, Sinn und Bild bei Wittgenstein und Benjamin, Bern 2004.

Garber, Klaus, Barock und Moderne im Werk Benjamins, in: Literaturmagazin, Bd. 29(1992).

Garber, Klaus/Rehm, Ludger(Hg.), global Benjamin. Internationaler Walter-Benjamin-Kongreß 1992, München 1999.

Gebhardt, Peter/u.a.(Hg.), Walter Benjamin—Zeitgenosse der Moderne, Kronberg/Tp. 1976.

Geist, Johann F., Passagen. Ein Bautyp des 19. Jh., München 1969.

Goethe, J. W. v., Hamburger Ausgabe, München 1981.

Goethe, J. W. v., Sämtliche Werke. Briefe, Tagebücher und Gespräche. Frankfurter Ausgabe, Frankfurt am Main 1986~1999.

Großklaus, Götz, Medien-Zeit, Medien-Raum, Frankfurt a.M. 1995.

Groys, Boris, Topologie der Kunst, München/Wien 2003.

Habermas, Jürgen, Der philosophische Diskurs der Moderne, Frankfurt a.M. 1985.

Hegel, G. F., Werke in 20 Bänden, Frankfurt am Main 1970.

Heidegger, Martin, Unterwegs zur Sprache, in: Gesamtausgabe, 1. Abteilung: Veröffentlichte Schriften 1910~1976, Frankfurt am Main 1985.

Heil, Susanne, Gefährliche Beziehungen: Walter Benjamin und Carl Schmitt,

Stuttgart 1996.

Hirsch, Alfred(Hg.), Übersetzung und Dekonstruktion, Frankfurt a.M. 1997.

Hoffmann, E. T. A., Der Sandmann, Stuttgart 1983.

Hofmannsthal, Hugo von, Ein Brief, in: Gesammelte Werke in zehn Einzelbänden, Frankfurt a.M. 1979.

Hohendahl, Peter Uwe(Hg.), Geschichte der deutschen Literaturkritik, Stuttgart 1985.

Hörisch, Jochen, Kopf oder Zahl, Die Poesie des Geldes, Frankfurt a.M. 1996.

Joyce, James, Stephen der Held/Die Porträt des Künstlers als junger Mann, deutsch übersetzt, Frankfurt am Main 1987.

Kayser, Gerhard, Neue Antithesen eines Germanisten 1974~1975, Kronberg/Ts. 1976.

Kleiner, Barbara, Links hat sich nichts mehr zu enträtseln. Benjamin-Rezeption in Italien, in: Merkur 40(1986), pp. 82~86.

Kluge, Sofie, Der Allegoriebegriff und die Kritik des Nominalismus in Walter Benjamins Ursprung des deutschen Trauerspiels, in: Internationale Walter Benjamin Gesellschaft, http://www.iwbg.uni- duesseldorf.de/Aufsaetze_1?VarAnf=1;typevar=d

Koselleck, Reinhart, Kritik und Krise, Frankfurt a.M. 1973.

Koselleck, Reinhart, Revolution als Begriff, in: Merkur, 39. Jg.(1985), pp. 203~211.

Koselleck, Reinhart, Vergangene Zukunft, 4. Aufl., Frankfurt am Main 1985.

Kramer, Sven, Walter Benjmain. Zur Einführung, Dresden 2004.

Kritische-Friedrich-Schlegel-Ausgabe, herausgegeben von Ernst Behler unter Mitwirkung von Jean-Jacques Anstett und Hans Eichner, Paderborn/ München/Wien 1958 sqq.

Landfester, Ulrike, "Die ganze entstellte Welt der Kindheit". Walter Benjamins Berliner Labyrinthe, in: Walter Benjamin und die romantische Moderne, hrsg. v. Heinz Brüggemann/Günter Oesterle, Würzburg 2009, pp. 263~297.

Lautreamont, Das Gesamtwerk. Die Gesänge des Maldoror, Dichtungen(Poésies).

Briefe. Aus dem Französischen und mit einem Nachwort von Re Soupault, Hamburg 1988.

Lefèbvre, Henri, Die Revolution der Städte, Frankfurt am Main 1990.

Lenk, Elisabeth, Kritische Phantasie, München 1986.

Lepenies, Wolf, Melancholie und Gesellschaft, Frankfurt a.M. 1969.

Lepper, Marcel/Siegel, Steffen/Wennerscheid, Sophie(Hg.), Jenseits des Poststrukturalismus? Eine Sondierung, Frankfurt am Main 2005.

Lindner, Burghart(Hg.), "Links hatte noch alles sich zu enträtseln [……]", Walter Benjamin im Kontext, Frankfurt/M. 1978.

Lindner, Burghart(Hg.), Benjamin. Handbuch. Leben-Werk-Wirkung, Stuttgart/Weimar 2006.

Man, P. de, Allegorie und Symbol in der europäischen Frühromantik, in: Typologia Litterarum. Festschrift für Max Wehrli, Zürich 1969, pp. 403~425.

Marx, Karl/Engels, Friedrich, Werke, Berlin 1968.

Matsui M. A. Takaoki, Walter Benjamin und die Kunst des Graphischen: Photo-Graphie, Malerei, Graphik, Berlin 2007.

Menke, Bettine, Sprachfiguren. Name, Allegorie, Bild nach Benjamin, Weimar 2001.

Menninghaus, Winfried, Paul Celan. Magie der Form, Frankfurt a.M. 1980.

Menninghaus, Winfried, Schwellenkunde. Walter Benjamins Passage des Mythos, Frankfurt a.M. 1986.

Menninghaus, Winfried, Walter Benjamins Diskurs der Destruktion, in: Studi Germanici, Nr. 29(1991), pp. 293~312.

Menninghaus, Winfried, Walter Benjamins Theorie der Sprachmagie, Frankfurt am Main 1980.

Merleau-Ponty, Maurice, Das Auge und der Geist, Hamburg 1984.

Missac, Pierre, Walter Benjamins Passage, Frankfurt am Main 1991.

Mitschell, W. J. T., Das Leben der Bilder, München 2008.

Musil, Robert, Gesammelte Werke. Bd. 1. Hamburg 1978.

Nibbrig, Christiaan L. Hart(Hg.), Übersetzen: Walter Benjamin, Frankfurt am Main 2001.

Nietzsche, Friedrich, Kritische Studienausgabe in 15 Bänden, hrsg. v. Giorgio Colli/Mazzino Montinari, München und New York 1980.

Nietzsche, Friedrich, Werke in drei Bänden, München 1954.

Novalis, Schriften hrsg. v. Richard Samuel in Zusammenarbeit mit Hans-Joachim Mähl u. Gerhard Schulz, Darmstadt 1960 ff.

Opitz, Michael/Wizisla, Erdmut(Hg.), Benjamins Begriffe, hrsg. v. Frankfurt a.M. 2000.

Palmier, Jean-Michel, Walter Benjamin. Lumpensammler, Engel und bucklicht Männlein. Ästhetik und Politik bei Walter Benjamin, Frankfurt am Main 2009.

Panofsky/Saxl, Dürers "Melancolia I". Eine quellen- und typengeschichtliche Untersuchung, Leipzig/Berlin 1923.

Radatz, Fritz J., Revolte und Melancolie, Frankfurt a.M. 1982.

Reichle, I./S. Siegel, S./Spelten, A.(Hg.), Visuelle Modelle, München 2008.

Reijen, Willen van, Schwarzwald und Paris. Benjamin und Heidegger, München 1998.

Reuter, Peter, Walter Benjamin in Gießen. Die Benjamin-Sammlung in der Universitätsbibliothek, in: http://geb.uni-giessen.de/geb/volltexte/2010/7381/pdf/UB_Festschrift_2007_ 224_257.pdf

Rötzer Florian(Hg.), Digitaler Schein. Ästhetik der elektronischen Medien, Frankfurt am Main 1991.

Scherpe Klaus R.(Hg.), Die Unwirklichkeit der Städte, Hamburg 1988.

Scheurmann, Ingrid und Konrad, Für Walter Benjamin, Frankfurt a.M. 1992.

Schlaffer, Heinz, Denkbilder. Eine kleine Prosaform zwischen Dichtung und Gesellschaftstheorie, in: Poesie und Politik, hrsg. v. Wolfgang Kuttenkeuler, Stuttgart u.a. 1973, pp. 137~154.

Schmidt, Burghart, Benjamin zur Einführung, 2. Aufl., Hannover 1984.

Schmidt, Siegfried J.(Hg.), Kognition und Gesellschaft. Der Diskurs des Radikalen

Konstruktivismus 2, Frankfurt/M. 1992.

Schmitt, Axel, Das Paradoxon einer realen Irrealität, in: http://www.literaturkritik.de/public/rezension. php?rez_id=873

Schmitt, Axel, Die Selbstentfremdung des Menschen vor den Apparaten, in: http://www.literaturkritik.de/public/rezension.php?rez_id=9828

Schmitt, Carl, Politische Theologie, Berlin 1922.

Scholem, Gershom, Die jüdische Mystik, Frankfurt am Main 1980.

Scholem, Gershom, Walter Benjamin. Die Geschichte einer Freundschaft, Frankfurt a.M. 1995.

Schöttker, Detlev, Konstruktiver Fragmentarismus. Form und Rezeption der Schriften Walter Benjamins, Frankfurt am Main 1999.

Schöttker, Detlev/Wizisla, Erdmut(Hg.), Arendt und Benjamin—Texte, Briefe, Dokumente, Frankfurt am Main 2006.

Schulte, Christian(Hg.), Walter Benjamins Medientheorie, Konstanz 2005.

Martin Seel, Architekturen des Films, in: J. H. Gleiter, N. Korrek, G. Zimmermann(Hg.), Die Realität des Imaginären. Architektur und das digitale Bild, Weimar, pp. 91~97.

Sillem, Peter(Hg.), Melancholie oder vom Glück, unglücklich zu sein, München 1977.

Simmel, Georg, Gesamtausgabe, Frankfurt am Main 1995.

Sontag, Susan, Im Zeichen des Saturn, Frankfurt am Main 1983.

Starobinski, Jean, Melancholie im Spiegel, München/Wien 1992.

Steiner, Uwe, Der wahre Politiker. Walter Benjmains Begriff des Politischen, in: Internationales Archiv für Sozialgeschichte der deutschen Literatur, 25(2000).

Steiner, Uwe, Walter Benjamin, Stuttgart 2004.

Stierle, Karlheinz, Walter Benjamin und die Erfahrung des Lesens, in: Poetica, Bd. 12(1980), pp. 227~248.

Stöbe, Sylvia, Der Flaneur und die Architektur der Großstadt. in: http://www.uni-kassel.de/ fb13/stoebe /Flaneur.pdf

Tucholsky, Kurt, Gesammelte Werke in zehn Bänden. Hamburg 1989.

Unseld, Siegfried(Hg.), Zur Aktualität Walter Benjamins, Frankfurt 1972.

Virilio, Paul, Die Sehmaschine, Berlin 1989.

Virilio, Paul, Fluchtgeschwindigkeit, Frankfurt a.M. 1999.

Waldow, Stephanie, Der Mythos der reinen Sprache. Walter Benjamin, Ernst Cassirer, Hans Blumenberg. Allegorische Intertextualität als Erinnerungsschreiben der Moderne, München 2006.

Weidmann, Heiner, Flanerie, Sammlung, Spiel. Die Erinnerung des 19. Jahrhunderts bei Walter Benjamin, München 1992.

Weidner, Daniel(Hg.), Profanes Leben. Walter Benjamins Dialektik der Säkularisierung, Frankfurt am Main 2010.

Weigel, Sigrid(Hg.), Leib- und Bildraum. Lektüren nach Benjamin, Köln-Weimar-Wien 1992.

Weigel, Sigrid, Entstellte Ähnlichkeiten. Walter Benjamins theoretische Schreibweise, Frankfurt/Main 1997. Haverkamp, Anselm(Hg.), Gewalt und Gerechtigkeit. Derrida-Benjamin, Frankfurt/M 1994.

Weigel, Sigrid, Walter Benjamin. Die Kreatur, das Heilige, die Bilder. Frankfurt am Main 2008.

Welleck, René, Geschichte der Literaturkritik, deutsch übersetzt, Darmstadt 1959.

Welsch, Wolfgang, Ästhetisches Denken, Stuttgart 1990.

Wiesing, Lambert, Phänomen im Bild, München 2000.

Witte, Bernd(Hg.), Topographie der Erinnerung, Würzburg 2008.

Witte, Bernd, Walter Benjamin—Der Intellektuelle als Kritiker, Stuttgart 1976.

Witte, Bernd, Walter Benjamin, Hamburg 1985.

Witte, Bernd/Ponzi, Mauro(Hg.), Theologie und Politik. Walter Benjamin und ein Paradigma der Moderne, Berlin 2005.

Wittgenstein, Ludwig, Werkausgabe, Frankfurt a.M. 1984

Wohlfarth, Irving, in: http://www.goethe.de/ins/it/rom/prj/rup/woh/deindex.htm

Ziolkowski, Theodore, James Joyces Epiphanie und die Überwindung der

empirischen Welt in der modernen deutschen Prosa, in DVjs. 35(1961), pp. 594~616.
게르숌 숄렘, 『한 우정의 역사』, 최성만 역, 한길사, 2002.
고지현, 「건축모델 "파사주": 지각의 공간」, 『뷔히너와 현대문학』 29권(2007), 237~263쪽.
고지현, 「발터 벤야민의 '비애극' 개념: 칼 맑스의 '비극과 희극'의 성구(成句)를 중심으로」, 『시대와 철학』(32호), 43~71쪽.
김유동, 「"순수 언어"에 대한 기억: 벤야민의 초기 언어논문의 관점에서 본 『독일 비애극의 원천』」, 『뷔히너와 현대문학』(33호), 265~293쪽.
김유동, 「성좌: 발터 벤야민의 『독일 비극의 원천』의 서술구조」, 『독일어문화권연구』(14집), 109~136쪽.
김유동, 「친화력과 반발력: 발터 벤야민의 괴테 읽기」, 『독일문학』(108집), 5~33쪽.
미첼, 『그림은 무엇을 원하는가』, 김유경 역, 그린비, 2010.
베르너 풀트, 『발터 벤야민: 그의 생애와 시대』, 이기식 · 김영옥 역, 문학과지성사, 1985.
베른트 비테, 『발터 벤야민』, 안소현 · 이영희 역, 역사비평사, 1994.
베른트 비테, 『발터 벤야민』, 윤미애 역, 한길사, 2001.
벨헬름 엠리히, 『프란츠 카프카』, 편영수 역, 지식을 만드는 지식, 2011.
『보들레르 시선집』, 박은수 역, 민음사, 1995.
수잔 벅 모스, 『발터 벤야민과 파사젠-베르크』, 김정아 역, 문학동네, 2004.
알렉산드리안, S., 『초현실주의 미술』, 이대일 역, 열화당, 1992.
앙트완 베르만, 『낯선 것으로부터 오는 시련: 독일 낭만주의 문화와 번역』, 윤성우 역, 철학과현실사, 2009.
윤미애, 「매체와 읽기: 벤야민의 사진 읽기와 문자화 이론」, 『독일언어문학』(37집), 185~210쪽.
윤미애, 「유년의 장소와 기억: 발터 벤야민의 『1900년경 베를린 유년기』를 중심으로」, 『뷔히너와 현대문학』(25호), 293~317쪽.
윤미애, 「현대도시의 지형학과 벤야민의 도시읽기: 발터 벤야민의 『파사주 프로젝트』에 대한 소론」, 『독일어문학』(52권), 153~174쪽.
최문규, 『자율적 문학의 단말마?』, 글누림, 2006.

최성만, 「기술과 예술의 열린 변증법: 발터 벤야민의 『기술복제시대의 예술작품』 읽기」, 『뷔히너와 현대문학』(32호), 183~204쪽.

최성만, 「발터 벤야민의 인간학적 유물론」, 『뷔히너와 현대문학』(30호), 225~252쪽.

『카프카 선집』 I, 이주동 역, 솔출판사, 2002.

프리드리히 니체, 『바이로이트의 리하르트 바그너/유고(1875년초~1876년 봄)』, 니체전집 6권, 최문규 역, 책세상, 2005.

횔덜린, 『궁핍한 시대의 노래』, 장영태 역, 혜원출판사, 1990.